Josef Isensee 교수 논문선집

언어와 헌법 그리고 국가

이덕연 · 강태수 (편역)

신 조 사

Wort, Verfassungsrecht und Staat
Ausgewählte Schriften von Josef Isensee

Herausgegeben
von Duk Yeon Lee / Tae-Soo Kang

SINJOSA
SEOUL, KOREA
2013

역자 서문

당대 독일 공법학계 거두의 한 분인 Josef Isensee 교수의 수많은 글 중에서 선별한 네 편의 글을 번역하여 묶었다. 순전히 정독의 방편으로 번역을 택한 것이었지만, 파일로만 저장해 놓고 말기에는 아까웠다. 독일어가 익숙하지 못한 헌법학도들을 비롯하여 헌법에 관심을 갖고 있는 모든 사람들이 함께 되새겨 볼 기회를 갖게 되어 고맙고 기쁘다.

이 번역서 출간의 구상은 우선 Isensee 교수님과의 학문적 관계에서 비롯되었다고 할 수 있다. 순전히 객관적인 헌법연구자의 입장에서 주옥같은 발표논문들을 추적하여 왔지만, 조금은 더 각별한 관심과 애정을 갖고 정독을 할 수 있었던 것은 독일 Bonn대학교의 박사학위과정에 있을 때 각각 지도교수(강태수)와 부심(이덕연)으로 맺은 인연의 연기(緣起)이기 때문이다. 하지만 이러한 개인적인 연은 시초의 동기이기는 하되, 본 번역서의 출간은 오롯이 객관적인 학문적 의미와 효용에 대한 확신, 그리고 이를 많은 독자들과 함께 공유하고자 하는 기대와 소망의 산물이다.

'청출어람'의 도리를 잊은 적은 없지만, 흔히 그러하기도 하되, 특히 '지행합일'의 실천이 너무나도 어려운 경우가 있다는 것을, 그리고 그 이유를 해명하는데 이 책에 담긴 네 편의 논문들보다 더 확실한 예증은 없다.

우선 학자, 특히 헌법학도의 입장에서 또한 헌법학방법론의 관점에서 볼 때, 심오하고 해박한 지식은 차치하더라도, Isensee 교수의 학문적 열정과 태도, 그리고 고민과 연구의 결과를 글에 담아내는 논증은 전범(典範)으로 삼기에 부족함이 없다. 보수적인 이데올로기에 대한 이견과 비판은 가능할지언정 이는 연구자로서 태도와 내공에 대한 평가와는 무관하다. 헌법학자로서 Isensee 교수는 자리매김이 높되 들떠 있지 아니하고, 자세가 낮되 가라앉지 않고 또한 머물되 집착하지 않고, 빠르되 헛갈리지 않는다. 문제를 제기하여 답을 찾아가고, 다시금 문제를 제시하는 과정 내내 시종일관 진중하되 투박하지 아니하고, 명쾌하되 경박하지 않다. 논증 또한 광범위하되 느슨하지 아니하고, 심오하되 자폐적이지 않다.

이 책에 담긴 네 편 논문의 내용 자체도 그 깊이와 폭이 예사롭지 아니하다. 적잖은 시차를 두고 따로 발표된 글이고 또한 각각의 논문이 개별적으로도 학문적 가치와 실무적 효용이 매우 큰 연구성과로 평가되고 있지만, 의도적으로 본서의 제목으로 설정한『언어와 헌법 그리고 국가』라는 연관표제어의 체계 속에서 보면 그 의미와 가치가 더해진다.

정치적, 사회적 통합체제인 국가는 언어기호로 구성된 통합장치, 즉 언어기호체계에 의해 유지 및 관리된다. 다만, 동일성과 차이의 교차관계 속에서 작동되는 이 기호체계는 가치 또는 가치의 충돌과 무관하거나 중립적이지 않다. 통제적인 관리기제로서 기호체제를 인식하는 부정적인 견해, 말하자면 정교한 조작과 억압의 기호체계를 통합의 수단으로 하는 국가에 의해 사회의 자율성과 사회를 구성하는 개인의 다양성과 고유성이 함몰되고 있다는 비판적인 인식은 적어도 부분적으로는 적확하다.

하지만 이러한 비판의 적실성을 인정한다고 하더라도 그것이 언어를 통한 통합체제로서 국가의 현상을 부정하거나 또는 근본적으로 다른 양식과 형태의 대안을 제시하는 것이 가능하다고 하는 주장의 논거가 될 수는 없다. 통합체제인 국가 자체가 기호체제의 특수한 형식인 헌법에 의해 창설 및 운영된다는 점에서 국가와 기호체계, 특히 언어체계는 내재적으로 분리될 수 없는 융복합체이기 때문이다.

언어공동체인 사회 속에서 개인의 생활이 그러하듯이, 국가와 국가생활 역시 언어기호체제로부터 벗어나거나 유리되는 것은 원천적으로 불가능하다. 통합체제로서 국가의 구조적, 기능적 정체성을 포기하는 것, 즉 국가의 개념을 원천적으로 재정립하는 경우가 아닌 한 국가는 늘 언어와 함께 또한 언어 속에 존재할 수밖에 없다.

문제는 헌법을 중심으로 하는 그 기호체제가 강요와 조작에 의한 통합이 아니라 대화와 협력을 통한 화합의 수단과 장치로 작동될 수 있도록 균형성과 건강성을 유지해 나가도록 하는 것이다. 담론의 개방성과 투명성이 이를 위한 최소한의 필요조건이라고 한다면, 충분조건은 담론의 다양성과 그 내용의 양적, 질적 풍부함이다. 특히 기호체제의 토대와 틀, 그리고 근간이라고 할 수 있는 헌법학 또는 헌법을 준거로 한 국가론의 '근본개념'들에 대한 깊은 성찰과 담론은 '지속(보수)과 변화(진보) 간의 적절한 조화'라는 건강한 타협의 지침과, "의견일치와 이견 간의 바른 혼합"(right mix between conformity and dissent: Cass R. Sunstein, Why Societies Need Dissent)이라는 헌법(학)의 핵심과제에 확고한 토대와 지침을 제공하여 근본적인 문제들에 대한 이견에도 불구하고 기호체제가 – 궁극적으로는 국가가 – 이념과 가치적 공감의 마당을 이탈하지 못하게 제어한다.

이 책에 담긴 글들은 비록 우리의 담론마당에서 나온 것은 아니지만, '통합의 기호체계'인 헌법, 그리고 '헌법을 토대로 하는 통합장치'인 국가의 관점, 즉 '언어와 헌법과 국가'의 관점에서 '정치', '인간의 존엄성', '공공복리' 같은 헌법상 '근본개념'에 대한 천착이 왜 필요한지 또 그 깊이와 폭이 어떠해야 하는지 가늠해 볼 수 있게 하는 준거를 제시해준다. 그 내용도 우리의 담론의 수준을 되돌아보게 하고 또한 담론의 깊이를 더하는데 매우 유용한 지침과 참고자료가 될 것으로 믿고, 기대한다.

한 가지 해명하고, 독자들에게 양해를 구할 것은 네 번째 논문

"헌법국가에서 공공복리와 국가의 과제"(Gemeinwohl und Staatsaufgaben im Verfassungsrecht)가 개정 전의 텍스트(1988)를 번역한 것이라는 점이다. 1996년에 발간된 개정본을 번역하여 소개하는 것이 바람직한 것으로 생각되지만, 편제와 내용이 많이 바뀌었기 때문에 출판 전에 완결하였던 번역문을 전면적으로 새로 개편해야만 했는데 시간 사정상 어려웠다. 다만, 적잖이 개정된 내용에도 불구하고 본서 출간의 취지상 개정 전의 논문만으로도 전혀 부족함이 없고, 오히려 원본의 고유한 의미와 가치도 없지 않은 것으로 생각된다.

정성을 다해서 교정작업에 애쓴 길성용 군(경희대학교 법과대학원 박사과정)과 정영석 군(연세대학교 법과대학원 박사과정)에게 고마움을 표한다. 또한 영리와는 거의 무관할 수밖에 없는 전문번역서의 출간을 맡아주신 '신조사' 이명재 대표님께도 번창 기원으로 감사 인사를 대신한다. 흔쾌히 번역출간을 허락한 C. F. Müller, Carl Heymanns 출판사와, 기꺼이 저작권 관련 협의까지 대신해주신 Isensee 교수님께도 재삼 각별한 감사와 존경의 뜻을 전한다.

2013년 10월

종로5가 광장시장 '먹자골목'에서 막걸리 한 잔 하며

이덕연 · 강태수

차 례

말 속의 국가 - 헌법국가의 요소로서 언어

정치법으로서의 헌법

인간의 존엄성

헌법국가에서 공공복리와 국가의 과제

말 속의 국가 -
헌법국가의 요소로서 언어

Ⅰ. 국가의 요소
Ⅱ. 법의 매개수단으로서 언어
Ⅲ. 인치(人治)가 아닌 법치(法治)
Ⅳ. 법률의 지배로부터 법해석자의 지배로?

말 속의 국가 - 헌법국가의 요소로서 언어*

Ⅰ. 국가의 요소

1. 언어를 통한 국가의 형성 - 담론공동체로서 국가

언어는 국가의 요소이다. 물론 국제법상 국가개념을 설정하거나 국가를 기타의 공동체와 구별하는 맥락에서 제시되는 국민, 주권, 영토의 3요소와 달리 언어는 국가에 특유한 요소는 아니다. 언어는 모든 형태의 인간공동체와 관련되어 있다. 이는 3요소설에 따른 국가개념의 정의를 넘어서 국가를 동적인 현상으로서 관찰할 때 더욱 분명해진다. 국가를 통합의 과정[1]이나 정치적 통일체[2] 또는 결정 및 행동통일체[3] 등 어떤 것으로 이해하건 간에 국가생활이 본질적으로 말하고, 듣고, 쓰고, 읽는 언어소통 속에서 이루어진다는 점은 변함이 없다. 본질적으로 국가는 언어를 매개로 해서 생성된다. 요컨대, 언어는 국제법상의 국가개념 정의에서 3요소 같은 구성요소로서의 의미보다는 물고기와 물, 새와 공간의 관계와 같은 생활요소의 관점에서 이해되는 국가요소이다.

영토고권과 인적 고권의 외적 기준에 의해서 특정되는 국민은 말을 통한 상호이해의 지평에서만 내심으로부터 유대감을 가질 수

---

* Staat im Wort – Sprache als Element des Verfassungsstaates, in: Josef Isensee, J. Ipsen u.a. (Hg.) Sonderdruck aus Verfassungsrecht im Wandel, Zum 180 jährigen Bestehens der Carl Heymanns Verlag KG, 1995.

1) Vgl. Rudolf Smend, Verfassung und Verfassungsrecht(1928), in ders., Staatsrechtliche Abhandlungen,1968, S. 119(136ff.). 새로운 견해: Walter Leisner, Staateinung, 1991.

2) Carl Schmitt, Verfassungslehre, 1928, S. 5f.,20ff.; ders., Der Begriff des Politischen(1932), Ausgabe 1963, S. 28ff., 37ff.

3) Hermann Heller, Staatslehre, 1963, S. 228ff.

있고, 계속성이 유지됨으로써 국가공동체를 형성할 수 있다.[4] 다만 이를 위해서 무조건 통일된 언어가 필요한 것은 아니다. 예컨대 스위스는 네 개의 언어집단이 하나의 「운명공동체」와 「의사(意思)공동체」로 통합되어 있다.[5] 말하자면 스위스라는 「의사국가」(Willensnation) 속에서 정치적 담론에 의해 언어의 한계가 극복된 것이다. 여기에서 알 수 있듯이 국민이 국가권력의 단순한 복종자 이상, 말하자면 민주적인 자결의 주체로서 자리를 잡을 수 있기 위해서는 정치적 대화가 필수적으로 요구된다. 이러한 결정의 주체로서 국민은 임의적으로 결합된 집단이 선거 및 의사결정절차상 다수결원칙에 기속되는 것을 통해서 형성되는 것이 아니다. 민주주의는 의사공동체로서의 국민을 전제조건으로 한다. 민주주의는 선거와 표결을 통해 실현되고 또한 확인되고 갱신된다.[6] 한 국가는 정치적 의지의 산물이지, 자연적으로 주어지는 것이 아니다. 이런 의미에서 모든 국가는 '의사국가'(Willensnation)이다. 공동의 정치적 의사는 언어를 통한 상호이해의 가능성이 없이는 형성될 수 없다. 공동의 모국어를 사용하는 경우에 이러한 의사형성은 간단하고 용이할 것이다. 다만 스위스의 예에서 볼수 있듯이 다양한 모국어를 사용하는 경우나, 주도적인 공용어로 격상된 종교언어(힌두어)나 외래어가 일상적인 관용어로 사용되는 경우에도 정치적 합의는 가능하다. 처음부터 모국어가 통일되지 못한 경우에는 문화적인 노력을 통해서

---

4) 국민(Volk)과 민족(Nation)의 다양한 의미에 관해서는 Walter Bussmann, Nation, in: Staatslexikon, Bd. 3, 1987, Sp 1265ff.; Rudolf Grawert, Staatsvolk und Staatsangehörigkeit, in: Josef Isensee/Paul Kirchhof (Hrsg.), Handbuch des Staatsrechts der Bundesrepublik Deutschland (이하에서는 HStR로 표기함) Bd. I, 1987, §14 Rn. 1ff.

5) Vgl. Yvo Hangartner, Grundzüge des schweizerischen Staatsrechts, 1. Bd., 1980, S. 22f.

6) 국가의 통합과 민주주의의 상호관계에 대해서는 Josef Isensee, Das Volk als Grund der Verfassung, 1995, S. 90ff.

공통된 정치적 언어생활 속에서 합의공동체가 도출되어야 한다. 언어의 다양성의 문제에서 오히려 언어연방주의적인 장점으로 연결될 수 있다. 어쨌든 민주주의는 토론과 경쟁과 합의가 도출될 수 있는 언어의 광장을 필요로 한다. 이 광장이 주어져 있는 경우에만 민주적 대의제도에서 필수적인 대응요소인 여론이 생성된다.[7]

이러한 점에 비추어 볼 때 유럽공동체는 독자적으로 민주적 정당성을 창출하지 못하는 점에서 국민공동체의 양상과는 아직 거리가 멀다. 말하자면 유럽공동체는 개별 구성국가로부터 주입되는 민주적 정당성에 의해서만 명맥이 유지된다.[8] 정치집단과 초국가적인 관료집단의 범주에서는 상호이해의 가능성이 크게 확대되기는 하였지만, 독자적인 유럽국민은 존재하지 아니한다. 유럽의회는 유럽의 '국민대표회의'(Volksvertretung)가 아니라 유럽의 '국가연합'(Staatenversammlung)이다. 유럽연합에서 정치적인 결정권한이 평의회나 위원회 등과 같은 의회가 아닌 기관에게 주어진 것은 우연한 것이 아니다. 말하자면 최고외교관(Spitzendiplomatie)을 통한 통합의 모습이다.[9] 유럽연합 차원에서의 담론에 시민의 참여기회가 주어지지 못하는 것은 물론이다. 국가는 여전히 중요한 정치단위로 남아있다. 말하자면 유럽연합은 민주주의적인 관점에서 볼 때 분극화와 통합의 현상이 공존하고 있다. 유럽민족국가나 유럽국가의 형성에 결정적인 장애는 언어의 다양성이다. "공권력을 행사하는 기관의 의사결정과정과 정치적 목표설정이 일반적으로 분명하게 파악되고, 유권자와 유권자가 복종하는 공권력주체가 같은 언어로 소통할 수 있다"는 민주주의의 근본적인 전제조건이 결여되어 있다.[10]

---

7) 국가적 통일성의 조건으로써 여론에 관해서는 Heller(각주 3), S. 173ff. 이러한 의미에서 BVerfGE 89, 155(184ff.).

8) 이에 관해서는 BVerfGE 89, 155(184ff.).

9) 이에 관해서는 Leisner(각주 1), S. 266f.

10) BVerfGE 89, 155(185). Vgl. auch Paul Kirchhof, Der deutsche Staat im

2. 언어국가

언어의 다양성은 단순히 소통의 기술적인 차원에서의 흠으로 이해되어서는 아니 된다. 그것은 언어에서 민족의 정체성을 찾는 유럽국가들의 본질적인 속성이다. (벨기에 같이 공통의 언어를 기반으로 하지 못한 경우, 민족적인 분열 위험을 극복해야만 하는 경우도 있지만) 언어는 통역을 통해서 대체될 수 있는 의사소통의 수단을 넘어서는 의미를 갖는다. 언어는 정신적 고향이다. "언어 속에서 우리는 서로를 발견하게 된다. 그것은 단순히 자연스러운 의사소통 수단과는 완전히 다른 무엇이다. 왜냐하면 우리는 언어를 통해서 과거와 대화하고 또한 현재의 정치에 의해서 제한·통제될 수 없는 힘의 영향을 계속해서 직접 받기 때문이다. 이를 통해 세대 간의 독자적인 연결고리가 생성되고, 그것을 토대로 하여 우리는 민족정신이라고 이름 붙이는 오묘한 그 무엇인가를 감지한다."[11]

언어 속에는 한 민족의 기억과 소망, 생각과 느낌, 상상력과 음악성, 이성 또한 "글로 쓰이지는 아니하였지만 당연히 우리가 일상적으로 사용하는 글과 말 속에 산재하여 숨겨져 있고 또 그 속에서 움트고 있는 모든 정서"가 체화되어 있다.[12] 한 민족의 언어는 물질적인 고향의 땅에 대응되는 정신의 토양이다.[13] 따라서 문헌은 "민족의 정신적인 공간"이다. 이는 특히 정치적, 종교적인 분

Prozeß der europäischen Integration, in: HStR Bd.Ⅶ, 1992, 183 Rn. 12; Dieter Grimm, Mit einer Aufwertung des Europa-Parlaments ist es nicht getan, in: Thomas Ellwein u.a.(Hrsg.), Jahrbuch zur Staats- und Verwaltungswissenschaft, Bd. 6,1992/93, S. 13(15f.).

11) Hugo von Hofmann Stahl, Das Schrifttum als geistiger Raum der Nation(1927), in: ders., Ausgewählte Werke(hrsg. von R. Hirsch), 2. Bd., 1957, S. 724. Vgl. Karl Vossler, Sprache und Nation in Italien und Deutschland(1936), in: ders., Aus der romantischen Welt, 1948, S. 86ff.

12) Vossler(각주 11), S. 90.

13) So von Hofmann Stahl(각주 11), S. 724.

열에도 불구하고 언어와 고전문학을 통해서 통일의 길을 찾아낸 독일인들에게 해당되는 말이다. 스페인이나 프랑스, 이탈리아, 독일 등 유럽 그 어느 나라도 결코 다른 언어의 패권에 굴복하지 않을 것이다. 언어는 민족적 자긍심의 핵심이고 또한 유럽의 정체성 유지의 요체이기도 하다. 유럽의 유럽다움은 다양한 민족언어들 상호간의 조화 속에서만 존재하기 때문이다. 민족언어에 대한 관용의 요청도 바로 여기에서 나온다. "이웃의 모국어는 세계를 형성해나가는 모든 가능성을 내포하고 있는 그들의 내면의 눈이고, 사고양식이다. 그것은 그들의 동심과 미래, 그들의 기억과 소망을 담고 있는 소리이다. 이러한 점에서 한 민족의 모국어에 대한 모든 폭압적인 조치는 근원적인 정신생활에 대한 유린일 수밖에 없다."[14]

3. 자유의 실현으로서 언어

한 공동체의 자유로움은 언어 속에서 유지된다. 개개인은 말을 표현하고, 받아들이고 또한 의사소통에 참여하면서 자기를 구현한다. 자신을 이해시키기 위해서 언어관행에 적응해야만 할지라도 담론 속에서 자신의 독자성을 구현할 수 있는 것이다. 주관적인 요소와 간주관적인 요소는 동시에 작용된다. 대화는 인격의 주체로서 서로를 인정하는 것이다. 즉 대화는 존중과 관심의 행위이다. 또 한편 대화는 수신인으로 하여금 자유로운 파트너로서 듣고 대답할 수 있는 기회를 인정한다는 점에서 간격도 보장한다. 이 점은 역으로 대화의 거부나 무언의 회피 또는 무분별한 무시의 경우에 분명하게 드러난다. 막무가내로 분노를 폭발시키거나, 정적에 대하여 막무가내로 상소리를 한다든지 또는 말하는 사람을 폄하하는 경우에도 마찬가지이다. 이런 경우에는 물리적인 목소리의 크

14) Karl Vossler(각주 11), S. 99.

기가 말을 통한 의사소통을 방해하게 된다. 소리를 질러대는 것은 폭력이다(Geschrei ist Gewalt).

고전적인 인권이건 현대적인 인권이건 근본적으로는 말로 표현하고, 말을 수용하고, 전파하는 것을 바탕으로 한다. 말과 글로써 자신의 생각을 표현하고 전파할 수 있는 자유 또한 일반적으로 접근가능한 정보원으로부터 자유롭게 정보를 취득할 자유, 신문의 자유와 방송을 통한 보도의 자유, 사전검열금지, 종교적 · 세계관적 인식의 자유, 연구와 강의, 예술과 학문의 자유, 교육과 학교영역에서의 기본권, 통신비밀의 보호, 자기정보결정권, 문서형식을 통한 청원권, 권리보장과 재판상 진술청구권 등이 바로 그것이다.

4. 물리적 힘 대신 언어로 조직된 힘

언어의 자유창조력은 시민들 상호간의 관계에서뿐만 아니라 시민과 국가권력 간의 관계에서도, 또한 대등한 입장에서 이해되는 국가와 시민의 관계에서뿐만 아니라 지배복종의 차원에서도 작용된다. 통치는 근본적으로 말을 매개로 하여 이루어진다. 이는 명령과 법률 등의 고권적인 결정에는 물론이고 청원, 요청 및 청문 등에서도 마찬가지이다. 의회의 법률제정 절차는 발언과 반대발언에 의해 활성화된다. 라틴어 parlare와 프랑스어 parler에서 유래된 「Parlament」라는 개념의 원래 의미는 바로 담론, 협의, 상담, 회합이다. 실제로 구속력 있는 문장(법텍스트: 역자)은 자유롭게 표현되는 말을 통해서 생성된다.[15] 즉 담론을 통한 법제정이 바로 그것이다.

헌법국가에 정당하게 부여되는 힘은 법의 힘이고, 그것은 바

---

15) Etymologie: Jacob und Wilhelm Grimm, Deutsches Wörterbuch, 7.Bd., 1889, Parlament, Sp. 1463; Akademie der Wissenschaften der DDR, Etymologisches Wörterbuch des Deutschen H-P, 1989, Parlament, S. 1231f.

로 말의 형식에 담겨져 있는 힘이다.16) 법의 힘은 말로 표현되고, 말을 통해서 순화된다. 말을 통한 지배의 가장 중요한 형식이 바로 법률이다. 법률은 비록 그것이 명령적인 속성을 가진다고 할지라도 법공동체구성원인 시민의 이해와 순종, 즉 법에 대한 자발적인 복종을 지향한다. 지배수단으로서 법문은 독재체제에서 물리적인 힘과 그에 따른 시민의 공포에 의해 담보되던 기능을 대신한다.

그렇다고 해서 헌법국가에서는 물리적인 힘이 전면 부인된다는 것은 아니다. 헌법국가 역시 경찰이나, 강제집행 및 군대를 통해서 강제력을 행사한다. 그러나 여기에서 물리적인 힘은 법의 관철과 유지를 위한 수단일 뿐이다. 그것은 법익보호를 위한 것일 뿐이다. 그 힘의 행사는 법에 기속되고, 법률상 근거가 있어야만 하고 또한 법에 의해서 통제된다. 현대국가의 형성 초기부터 국가에 독점되어 온 물리적인 강제의 수단은 헌법국가에서도 특별한 의미를 가지는 필수불가결한 도구의 하나이다. 그것이 없다면 법이 무방비상태가 되기 때문이다.17) 다만 헌법국가는 항상 개별적인 일탈자에 대해서만 관철시킬 수 있을 뿐, 시민 다수나 또는 힘 있는 소수에 대해서는 전혀 그렇지 못하다. 그것은 단지 미흡한 강제집행력 때문만은 아니다. 무엇보다도 구조적인 이유들 때문이다. 즉 헌법국가의 통치권은 헌법국가의 존재목적이라고 할 수 있는 시민의 자유를 위해서 필연적으로 제한된다. 권력분립체계 속에서 결정기관이 스스로 집행권을 갖지 못하는 것은 우연이 아니다. 말하자면 의회는 법률을 제정하고, 그 집행은 행정부에 맡겨진다. 정

16) 이에 관해서는 Dolf Sternberger, Staatliche Zwangsgewalt und bürgerliche Kommunikation, in: Deutsche Akademie für Sprache und Dichtung(Hrsg.), Die Sprache des Rechts und der Verwaltung, 1981, S. 16ff.; Paul Kirchhof, Deutsche Sprache, in: HStR Bd. I, 1987, 18 Rn.9ff.

17) 헌법국가에서 힘의 독점의 의미에 관해서는 Josef Isensee, Staat und Verfassung, in: HStR Bd. I, 1987, §13 Rn. 71ff., 74ff.

부는 행정부서에 지침을 주고, 행정부서는 시민을 상대로 그 지침을 이행한다. 법원은 판결을 내리고, 판결된 내용의 물리적인 집행은 집행관에게 맡겨져 있다.

헌법국가의 근원적인 힘이 말 속에 있다는 것이 통치권이 전면적으로 해체되고 또한 통치가 없는 담론에 의해 대체된다는 것을 의미하지는 않는다.[18] 시민들의 자유롭고 개방된 담론은 자유민주주의의 체제의 정치적 에너지의 원천이고, 이로부터 체제유지와 혁신의 동력이 주어진다. 의사표현과 정치적 의사형성의 자유는 바로 이 원천을 확고하게 보장한다. 그러나 민주주의는 자유민주주의 형식의 경우에도 국가로 조직된 고권적인 결정과 힘의 통일체이다. 시민들의 개방된 담론은 국가의 구속력 있는 결정에 수렴된다. 국가의 결정은 수신인(受信人)인 시민들에 대하여 그 결정에 대하여 비판하고 적법하게 개정을 촉구하는 자유를 보장하는 동시에 복종을 요구한다. 국가통치의 매개체로서 말은 피지배자인 시민에게 반박의 수단으로 활용되지만, 물리적인 힘을 통한 저항과는 조화되지 않는다. 권력에 대한 시민의 정당한 대항의 가능성을 내용으로 하는 저항권은 실정법질서와 국가권력의 정당성이 부인되는 예외적인 경우에만 인정된다.

헌법의 법문은 기본권으로 보장되는 사인의 자유영역과 국가권력의 범위 상호간에 분계선을 분명히 설정하고 또한 국가조직 내에 권력분립과 연방국가원리 및 분권주의를 분명하게 규정한다.

---

18) 그러나 그런 유토피아에 관한 견해는 Jürgen Habermas, Erkenntnis und Interesse(1965), in: ders., Technik und Wissenschaft als Ideologie, 1968, S. 146(164); ders., Die Utopie des guten Herrschers, in: Merkur 26(1972), S. 1266ff.; ders., Erkenntnis und Interesse, 1973; ders., Faktizität und Geltung, 1994, S. 151ff. 비판적인 견해는 Robert Spaemann, Die Utopie der Herrschatsfreiheit, in: Merkur 26(1972), S. 735(746ff.); ders., Die Utopie des guten Herrschers, in: Merkur 26(1972), S. 1274ff.

국가기관의 공식적인 말과 마찬가지로 시민의 자유로운 말도 의사소통을 매개한다. 의견이 대립되는 당사자들도 동일한 사안을 가지고 다투는 것이고 또는 적어도 다투는 당사자들이 서로 관계를 맺게 되는 점에서 논쟁은 그 자체가 통합의 효과를 갖는다.

민주적인 의사결정은 시민들 상호간의 자유로운 담론과 의회의 심의를 통해 내려진다. 모든 시민에게 동일한 법적 조건하에 정치적 의사형성과정에 접근할 수 있는 기회가 주어진다. 다만 현실적인 여건은 누구에게나 동일하지는 못하다. 모든 사람의 언어능력이 같지 않기 때문이다. 언어능력의 차이는 바로 영향력을 행사할 수 있는 기회의 차이를 의미한다. 그러나 민주주의는 언어능력이 떨어지는 사람들에게 두 가지 보완책을 준비하고 있다. 그 하나는 말이 아니라 단순한 기호로 의사 표시하게 하는 투표를 통한 결정양식이고, 또 하나는 법률의 일반성이다. 즉 법률은 모든 사람들에게 동일하게 적용되고, 인격적인 명망이나 개개인의 지적·현실적인 능력을 불문하고 권리와 의무를 부여하고 또한 수신인의 주관성을 넘어서 객관적인 질서를 세운다.

5. 언어주의의 약점

언어활동을 통한 국가생활은 그 대가를 요하는바, 즉 명백성을 잃게 된다. 말하자면 국가는 더 이상 형상화된 상징을 통해 구체화될 수 없게 되고, 정신을 대의(代議)할 수 없게 된다.[19] 말하자면 박물관에서 독일의 역사를 말하는 것은 매우 어려운 일이다. 한 나라의 특성은 그림이 아니라 말 속에서 형성되고 또한 전시관이 아니라 강의실이나 도서관 및 기록보관소에서 탐색될 수 있기 때문이다. 국가형태로서 '언어주의'(Verbalismus)는 추상적이고, 무

---

19) 좀 더 자세한 것은 Josef Isensee, Staatsrepräsentation und Verfassungspatriotismus, in: Jörg-Dieter Gauger/Justin Stagl(Hrsg.), Staatsrepräsentation, 1992, S. 223ff.

미건조하다. 사람의 지성만을 편향되게 요구하는 국가는 권태로움을 야기하기 쉽다. 통합력이 급격하게 고갈되고, 더 나아가서는 감성이 퇴보하기 쉽다.

Ⅱ. 법의 매개수단으로서 언어

1. 법의 언어의존성

법은 언어를 바탕으로 한다. 법은 말 속에서 또한 말에 의해서 생명력이 유지된다. 법은 언어를 매개로 생성되고, 이는 공포·해석 및 적용 단계에서도 마찬가지이다. 말로 표현될 수 없는 것은 법으로 규율될 수 없다. 모든 사람들에게 효력을 갖는 법규정들은 '법조문'(Rechts-Sätzen)에 담겨진다. 개별적인 법적 분쟁은 '법을 말한다'는 의미의 '재판'(Rechtsprechung)을 통해 해결된다. "말이 없는 경우에는 아무 것도 존재하지 않는다"는 게오르그(Stefan George)의 단호한 표현은 법의 영역에 딱 들어맞는다.

전통과 현실적인 관행이 법적 당위와 자연스럽게 일치될 수 있었던 고대문화체계에서 법은 말이 없이도 생성될 수 있었다. 희박하지만 오늘날 관습법에서 그 예를 찾아볼 수 있다. 그러나 이러한 관습법조차도 상당한 기간 동안 언어로 표현되어야만 하고, 궁극적으로는 법적 효력에 대한 분쟁을 통해 그 내용이 구속력 있게 확정되어야만 한다.

당연히 오늘날에는 성문법이 압도적이다. 그것은 특정된 '텍스트'로 구체화된다. '텍스트' 속에서 확정되고, 그 계속성이 확보된다. 오로지 성문의 형식만이 법의 객관화, 유효한 법의 명확성, 법적 안정성, 계속성, 법원(法源)에 대한 일반적인 접근가능성, 규범적용의 용이성 등과 같은 현대사회의 요청을 충족시킬 수 있다. 그 적절한 형식이 바로 법률이고, 두말할 나위 없이 법률은 법치

국가적 민주주의에서 가장 중요한 법원이다.[20]

2. 법문의 특성

법률에 규정되는 단어(Wort)는 개별적으로가 아니라 전체로서 법률에 규정되지 않았다면 주어지지 않을 특별한 속성을 가진다. 의미의 표시, 통일된 의미 및 텍스트로서 이해되는 '문구'(Wortlaut)의 의미에 비추어 보아도 그러하다.

법문(法文)은 특정한 법률텍스트를 만드는 입법과정을 통해 '공식적'인 특성을 갖게 된다. 법률텍스트는 명확하게 문서화되고, 특정한 규율에 따라 공포된다.

또한 법문은 '공적'(公的: öffentlich)이다. 여기에서 '공적'이라 함은 두 가지 의미로 이해된다. 법률은 누구나 다 인식할 수 있는 방식으로 공포된다. 또 법률은 시민공중을 수신인으로 한다. 눈으로 보고, 인식할 수 있는 법률만이 법공동체구성원의 합리적인 판단에 따른 이해와 함께 준법의식을 이끌어 낼 수 있다. 비밀명령은 이미 비공개적인 형식만으로도 법률로서의 정당성과 품격이 부인된다.

법문은 입법자의 의지가 구체화된 것이라는 점에서 그 '신뢰성'이 인정된다. 또한 그것은 '부동성'(不動性)을 가진다. 비록 의미가 그대로 유지된다고 할지라도 법문은 다른 문구에 의한 대체가 허용되지 아니한다. 또한 법률텍스트는 동일한 형식에 따라 제정되는 새로운 법률에 의해서만 개정될 수 있다. 법문의 이러한 완고한 속성은 법해석자가 사용하는 문구와는 다르다. 법주해자는

---

20) 여기에서는 사전에 정해져 있는 절차에 따라 의회에 의해서 제정되는 법률, 즉 형식적 의미의 법률을 뜻한다. 법률의 개념과 기능에 관해서는 Christian Starck, Der Gestzesbegriff des Grundgesetzes, 1970, S.21ff., 69ff., 109ff., 157ff.(Nachw.); Fritz Ossenbühl, Gesetz und Recht-Die Rechtsquellen im demokratischen Rechtsstaat, in: HStR Bd. Ⅲ, 1988, §61 Rn. 5ff., 19ff.

자신의 문구를 사용하여 법률의 내용을 전달한다. 물론 법률용어를 사용한다. 그러나 그렇기 때문에 법주해자는 문구를 선택하는데 아무런 제약을 받지 아니하고, 자유롭게 표현할 수 있다. 그의 과제는 법을 보여주고, 설명하는 것이다. 그러나 입법자는 법 자체를 제정한다. 법률은 법주해에 의해 대체될 수 없다. 법문은 그 자체가 핵심이다. 그것은 문구와 병립되거나 또는 배후에 있는 것이 아니라, 바로 그 속에 내포되어 있다. 법률의 동일성은 바로 텍스트 자체에 의해 규정된다.

다만 법률의 동일성은 텍스트만의 문제는 아니다. '의미의 동일성'도 요구된다. 한 법률이 동일한 수신인에 대하여 동시에 다른 의미를 가질 수는 없다. 더 나아가서는 모든 수신인에 대하여 같은 의미를 가져야만 한다.[21] 문학작품의 텍스트와 다른 점이다. 문학적 텍스트의 의미의 가변성은 그것의 예술적 가치를 떨어뜨리지 않는다. 오히려 그 다의성은 작품의 높은 수준을 증명하는 것일 수 있다. 한편의 시는 하나의 해석으로 고착될 수 없다. 위대한 예술작품은 무궁무진한 해석의 잠재적 가능성을 내포한다. 다양한 해석의 가능성은 결코 모순되는 것이 아니다. 괴테의 시 「Füllest wieder Busch und Tal」는 모든 독자가 텍스트의 시적 가치나 수용의 옳음에 대한 아무런 반박도 의식하지 않고 자기 나름대로 해석할 수 잇는 가능성을 열어 놓고 있다. 연극연출가는 실러의 희곡 「Don Carlos」를 자신의 작업에서 선재하는 것이 아니라 독자적인 자기실현과 자기표현, 말하자면 주관적인 자의적 창작을 위한 소재로 취급해도 무방하다. 이에 반해서 법적용자는 자기 맘대로 해서는 아니 된다. 이념적으로 법률은 엄격하게 해석되고 실행

21) 의미동일성의 요청에 관해서는 Josef Isensee, Wer definiert die Freiheitsrechte?. 1980, S. 29ff., 52f.; Otto Depenheuer, Der Wortlaut als Grenze, 1988, S. 15(Nachw.).

되어야 하는 하나의 특정한 규율계획을 바탕으로 한다. 유행에 앞서가는 영화감독이 영화제작의 전통적인 규칙을 완전히 조롱한다고 해서 대중은 전혀 불안해 할 필요가 없다. 영화작품과 그 상영은 단순한 오락이기 때문이다. 그러나 법률과 그 집행은 엄중한 것이다.

법률은 모든 수신인에 대하여 동일한 내용을 요구해야 한다. 물론 실제로 이러한 요청이 완전하게 충족되지는 못한다. 생각이 다른 다수의 사람이 있는 곳에는 항상 다양한 해석이 있을 수밖에 없다. 그러나 법률의 구체적인 집행에 어려운 점이 있다고 해서 규범적인 요청이 무산되지는 않는다. "중요한 것은 법률의 문구들이 모든 사람들에게 같은 내용으로 이해되어야 한다는 점이다."[22] 몽테스큐의 이러한 주장은 초시대적으로 설득력을 가진다. 법률의 정당성의 근거는 바로 수신인 범위의 일반성과 그 내용의 일반성이다.[23] 일반적인 법률은 법률에 의해서 추상적으로 규정된 구성요건을 충족시키는 모든 사람들이 동일한 법적 효과를 부여받음으로써 법평등을 보장한다.[24]

법문구는 명백한 뜻, 즉 특정한 '결정'을 제시해야만 한다. 수신인은 자신이 무엇을 해야만 하는지, 무엇을 하게 해야 하는지를 알아야 한다. 법은 권리에 대한 분쟁이나 이익의 상충 또는 권리

---

22) Montesquieu, De l'esprit des lois, 1748, XXIX, 17.

23) 일반성의 의미에 관해서는 Starck(각주 20), S. 49ff., 195ff.; Hans Schneider, Gesetzgebung, 1991, S. 21ff.; Josef Isensee, Gemeinwohl und Staatsaufgaben im Verfassungsstaat, in: HStR Bd. Ⅲ, 1988, §57 Rn. 17ff.; Ossenbühl(각주 20), 61 Rn. 11ff. 현대적인 의미에 대한 회의와 함께 일반성원칙의 역사에 관해서는 Hasso Hofmann, Die Allgemeinheit des Gesetzes, in: Christian Starck(Hrsg.), 2. Symposion der Kommission「Die Funktion des Gesetzes in Geschichte und Gegenwart」, 1987, S. 9ff.

24) Paul Kirchhof, Der allgemeine Gleichheitssatz, in: HStR Bd. V, 1992, 124 Rn 153ff. Vgl. auch Starck(각주 20), S. 224ff.

범위의 획정 등에 관해서 결정이 내려질 수 있는 경우에만 요구된다. 법제정자와 법적용자는 실망을 각오해야만 한다. 그 어떤 실망도 걱정할 필요가 없고, 사랑이나 시문학의 세계에서와 같이 아무런 행동의 현실적인 한계가 없는 경우에는 법은 필요 없다. 상투적인 말이나 교화적인 말을 규정하는 것도 법의 몫은 아니다. 법률이 어떤 결정을 기만적인 방법으로 믿게 하거나, 그것이 실질적인 타협의 결과로서가 아니라 형식적인 타협의 결과일 때 또는 의회의 정파들 간에 법률규정의 내용에 대하여 의견이 합치되지 못하고 단지 문구상으로만 합의함으로써 사안에 대한 결정을 법률해석자에게 미루는 경우에는 순기능을 발휘하지 못하게 된다.[25] 법문은 그것이 규범적 결정의 표현이 아니라 그 대용물로 전락되면 제 기능을 수행하지 못한다. 이러한 어의학적인 의미에서 대체적인 규정으로 여겨지는 예로는 최근에 개정된 기본법상의 평등취급조항과 환경조항을 들 수 있다.[26] 이러한 형식적인 타협을 하면서 때로는 그러한 대체규정들이 전체적으로 통일된 내용으로 정리될 수 있을 것이라는 희망을 남겨둔다. 그러나 사안에 관해 의견이 일치되지 못하면 사안에 대한 담론의 시발점인 문구에 관해서도 마찬가지이다. 궁극적으로 법실무상 규범의 의미에 관한 결정이 내려지면 실망에 따른 갈등이 초래된다. 자유, 평등, 민주주의 등과 같이 불명확하고, 수사적인(다만 그렇다고 해서 의미가 가변적이라고 할 수는 없지만) 헌법문구의 경우에 이러한 갈등이 빚어지기 쉽다. 그러나 헌법에도 적용되지만, 헌법 스스로 충족시키지 못하는 법치국가원리에 따른 '특정성'의 요청은 결코 파기될 수 없다. 법률규

25) 유예적인 형식적 합의의 법양식에 관해서는 Carl Schmitt, Verfassungslehre(각주 2), S. 31f.

26) Art. 3 Abs. 2 Satz 2 und Art. 20a GG. – 이에 관해서는 Josef Isensee, Mit blauem Auge davongekommen – das Grundgesetz, in: NJW 1993, S. 2583(2585).

정은 시민 개개인이 자신의 권리와 의무에 대하여 신뢰할 수 있고 또한 자신과 관련된 국가행위에 대한 가측성(可測性)이 확보될 수 있을 정도로 충분히 특정되어야 한다.[27]

법문은 '공식적'(amtlich)인 의미를 가진다. 그 배후에는 국가로 조직된 일반시민이 자리잡고 있다. 따라서 그것은 사적인 대화와는 구별된다. 다만 법형식을 취하는 모든 공식적인 의사표명이 자동적으로 법률인 것은 아니다. 공직수행자는 효력 있는 법을 해석하고 비판할 수 있고 또한 다른 법을 요구하거나 예고할 수 있다. 그러나 법문은 구속력을 가진다. 법문은 무엇이 법이어야 하는가와 함께 무엇이 정당한지를 말해준다. 공직수행자와 시민들의 행태와 관련되는 경우 그것은 명령이다. 말하자면 합법률적으로 행동할 것을 요구한다. 또한 법문은 힘에 의해서 실효성이 담보되는 문구이다. 근본적으로 국가는 '강제기구'(Zwangsapparat)를 동원하여 법위반자에 대하여 규범의 명령을 관철시킬 대비가 되어 있다.

표현양식도 법률의 기능의 관점에서 주목된다.[28] 법률규정은 '자명한 결론을 제시하는 양식'으로 표현된다. 법률은 명령을 내리지만, 그 이유를 제시하지는 않는다. 법치국가적 요청을 충족시키기 위해서는 규범적 명령이 합리적인 이유에 의해 뒷받침되어야만 하는 것은 물론이다. 그러나 그것은 사후적인 논증가능성의 문제일 뿐이다. 법텍스트의 배후에 있는 정당성의 근거를 찾아내는 과제는 법적용자의 부담으로 주어진다. 이러한 표현양식의 관점에서

---

27) Eberhard Schmidt-Aßmann, Der Rechtsstaat, in: HdBStR Bd. I, 1987, §24 Rn. 60; Fritz Ossenbühl, Vorrang und Vorbehalt des Gesetzes, in: HdBStR Bd. Ⅲ, 1988, §62 Rn. 5, 23.

28) 법률의 표현양식과 언어에 관해서는 Schneider(각주 23), S. 247ff.(Nachw.). 법률언어와 법전문어의 역사에 관해서는 Hans Hattenhauer, Zur Geschichte der deutschen Rechts- und Gesetzessprache, 1987, S. 34ff.; Jörn Eckert/Hans Hattenhauer(Hrsg.), Sprache-Recht-Geschichte, 1991; Heinrich Triepel, Vom Stil des Rechts, 1947.

법률은 법률과 마찬가지로 공식적인 구속력이 인정되고 또한 명령을 내용으로 할 수도 있는 행정청의 결정과 법원의 판결과는 분명히 구별된다. 행정청과 법원은 그들의 결정에 대하여 이유를 제시해야만 한다. 또한 행정청과 법원의 결정은 개인을 수신인으로 하지만, 법률은 추상적인 시민일반을 대상으로 한다는 점에서 다르다.

법문은 '엄정'(嚴正)하다. 그렇다고 해서 법률이 심미적인 차원과는 전혀 동떨어져 있다는 것은 아니다. 실제로 비문체(碑文體)식으로 간결하고, 힘이 있고 또한 단순명료한 문체로써 정제미가 뛰어 난 법문들이 없지는 아니하다. 다만 이는 예외적인 경우일 뿐이다. 규범텍스트는 대부분 투박하고, 완고하며 또한 일반인들에게는 다소간 이해하기 어렵다. 미라보(Mirabeau)의 말을 빌리면 "표현양식을 정하는 것과 다수결은 본질적으로 갈등을 내포하고 있는 개념이다."

법률의 정당성의 근거는 미학적인 질이 아니라 '이해가능성'에서 찾아진다. 이러한 명제는 법률의 기능에서 도출된다. 프리드리히 대제(大帝)가 말한 바와 같이 모든 법률규정들은 그 해석에 관한 분쟁이 없을 정도로 명확하고 엄정해야 한다. 또한 독일의 법률은 견강부회(牽强附會)식의 곡해를 허용하지 않는다. 법률규정은 문구의 뜻 그대로 가감변경 없이 집행되어야만 한다.[29] 다만 프리드리히 대제가 확언하듯이 시행되는 법률들이 이러한 이상에 꼭 부합되지는 못한다. 대부분의 법률들은 모든 사람들에게 이해되지는 않지만 적어도 규준은 제시할 수 있는 언어로 표현된다. 따라서 정당성이 인정되는 입법자가 존재하는 국가에서 법문의 불명확성과 다의성 때문에 법률전문가들에게 조차 그 해석에 관해 분쟁

29) Friedrich II., Über die Gründe, Gesetz einzuführen oder abzuschaffen(1749), in: Die Werke Friedrichs des Grossen, Achter Band, Philosophische Schriften, 1913, S. 22(36).

이 계속되는 법률들을 그대로 받아들이는 것은 불합리하다.[30]

법규범이 모든 사람들에게 이해될 수 있게 표현되는 것은 민주적인 입법절차에 의해서도 불가능하다. 그것은 원천적으로 규율의 내용 자체의 복잡성 때문에 기대할 수 없다. 오늘날 보통시민들은 자신과 관련된 사회적, 기술적 환경에 대하여 완전하게 통찰할 수 없기 때문에 법률규정을 충분히 이해하기를 기대할 수 없다. 그러나 법률은 적어도 법률집행을 담당하는 법전문가들에게는 이해될 수 있어야 한다. 오늘날의 법률은 이러한 최소한의 요청조차 충족시키지 못하는 경우가 적지 않다.

그러나 민주주의는 당연히 이보다 더 높은 수준의 요청을 내포한다. 법률의 정당성의 원천이 국민의 뜻이라고 본다면 법률은 적극적인 시민에게 그 내용이 전달되고 또한 이해되어져야만 한다. 또한 수신인의 동의는 법률의 실효성확보를 위한 필요조건이다. 민주주의를 국민의 뜻이 정당성의 근거가 되고 또한 스스로 결정하고 그에 복종하는 정치원리의 개념으로 이해한다면 민주주의체제에서 이해될 수 없는 규범은 결코 있을 수 없다.

다만 법률이 평이하고, 누구에게나 쉽게 이해될 수 있는 말로 표현되기를 기대할 수는 없다. 법률은 본질적으로 일상용어가 아닌 법전문용어로 표현될 수밖에 없다.[31] 이는 자연과학의 경우와

30) Allerhöchste Cabinets-Ordre v. 14.4.1780, in: Novum Corpus Constitutionum Prussico-Brandenburgensium praecique Marchicarum(NCCM), Bd. 6, Sp. 1935ff. - 언어학자의 실제적인 비판은 Wolfgang Brandt, Müssen Gestze schwer verständlich sein?, in: Eckert/Hattenhauer(각주 28), S. 339ff. Vgl. auch Theo Öhlinger, Sprache und Recht - eine Problemskizze, in: ders.(Hrsg.), Recht und Sprache, 1986, S. 25(30ff.); Rudolf Wassermann, Die moderne Gesetzessprache als Ausdruck politischer Kultur, ebd., S. 37(45ff.), Ernst Strouhal, Rechtssprache und Bürokratismus, ebd., S. 129(135ff.).

31) Wolfgang Rable, Rechtsprache - Von den Tugenden und Untugenden einer Fachsprache, in: Deutsche Akademie für Sprache und

마찬가지이다. 법전문용어는 명확한 개념의 표상이고 또한 확정된 의미동일성의 담보수단이다. 법률상의 전문용어는 헌법개념과 그 의미가 다른 경우도 적지 아니하다. '소유'(Besitz), '재산권'(Eigentum), '유치'(Bewahrung), '행태'(Benehmen), '심리' (Ein-vernehmen), '항변'(Widerspruch) 등의 용어가 좋은 예들이다. 법률 전문용어의 의미는 일상 사회생활에서 다른 의미로 사용되는 경우에도 독자성이 관철되어야만 한다. 일상의 통용어에서 유래된 법률용어일지라도 그 의미는 일상적인 의미와는 별개의 것이고, 법문에 응집·수용됨으로써 특정한 의미로 고착된다. 예컨대 '종교'(Religion), '양심'(Gewissen), '예술'(Kunst) 등과 같은 개념들은 그것이 일상적인 의미의 맥락을 떠나서 헌법상의 기본권목록에 수용되어 규정되면 법문으로서 독자적인 의미를 가지게 된다.[32]

Ⅲ. 인치(人治)가 아닌 법치(法治)

1. 헌법국가의 정당성이념

「인치가 아닌 법치」 — 이는 전통적으로 헌법국가의 본질을 규정하는 명제이다.[33] 헌법국가의 법률은 하늘에서 떨어진 것이 아니다. 그것은 사람에 의해 만들어지고 또한 사람의 생각과 행동을 통해서만 실현될 수 있다. 그렇기 때문에 헌법은 법제정의 규칙을

Dichtung(Hrsg.), Die Sprache des Rechts und der Verwaltung, 1981, S. 20ff.; Walter Otto, Die Paradoxie einer Fachsprache, ebd., S. 44ff.; Ernst Strouhal, Fachsprache Gesetz: Sind Verständlichkeit und juristische Präzision Gegensätze?, in: Zeitschrift für Gesetzgebung, 1986, S. 117ff.; ders.(각주 30), S. 142ff.

32) Isensee(각주 21), S.46ff.

33) Isensee(각주 17), 13 Rn. 136ff. 사적 고찰은 Hans Hattehauer, Die Herrschaft des Rechts - Grundlagen des europäischen Rechtsbegriffs, in: Veröff. Joachim Jungius - Gesellschaft Wiss. Hamburg 77(1994), S. 27ff.

규정한다. 다만 법제정에 직접 참여하는 사람들 역시 다른 모든 사람들과 마찬가지로 그 법의 효력이 발생되면 그 법에 복종된다. 공직자는 법률상의 수권 근거가 있는 경우에만 고권적인 지위에서 시민의 자유영역에 간섭할 수 있고(법률유보의 원칙), 또한 법률에 의해 설정된 궤도를 벗어나서는 아니 된다(법률우위의 원칙).[34] 자유시민에 대하여 국가권력을 행사하는 사람 자신은 자유로울 수 없다. 시민영역에서 자유가 주관적인 원리를 내용으로 한다면, 국가영역에서 공직은 이타적인 의무를 본질로 하는 객관적인 원리로 이해된다.[35]

그러나 공직수행자가 아닌 일반 시민은 공직영역 밖에서 사인과 시민으로서 일반적인 기본권적 자유를 향유한다. 사인 또한 시민의 자유행사와 공직수행이 혼합되는 것은 허용될 수 없다. 국가기능의 행사는 오로지 공공복리만을 지향해야 한다. 공직수행자의 사적인 자의(恣意)와 주관적의 의사는 아무런 영향력도 미쳐서는 아니 된다. 즉 인치가 아닌 법치이어야 한다.

2. 법률의 객관화

효력이 일단 발생되면 법률은 입법자의 주관적인 생각이나 입법동기 기타 입법의도와는 분리되어 객관성을 갖게 된다. 객관성의 바탕은 문구이다. 문구 속에서 법률은 규범으로서 독자적인 생명을 갖게 된다. 국회의원이나 정부구성원들이 입법과정에서 의도하고 희망했던 것은 핵심적인 의미를 갖지 못한다. 중요한 것은 문구 속에 구체적으로 표현되고 해석을 통해서 밝혀지는 내용이다.

---

34) Ossenbühl(각주 27), 62 Rn. 1ff., 7ff.

35) Josef Isensee, Grundrechtsvoraussetzungen und Verfassungserwartungen an die Grundrechtsausübung, in: HStR Bd. V, 1992, §115 Rn.121ff.

개방된 정치적 의사형성과정과 의회민주주의의 다단계화된 입법절차를 통하여 헤아릴 수 없을 정도로 많은 요소들이 공개적으로·잠재적으로, 명시적으로·묵시적으로 또한 공정한 생각으로 또는 좋지 못한 의도를 가지고 영향력을 행사한다. 참여자들 간의 일치하지 않는 의사표현에서 '입법자'의 의사를 도출해내는 것은 극히 어렵다. 입법동기는 의결의 대상이 아니다. 또한 진정한 입법동기가 밝혀져야만 되는 것도 아니다. 민주주의체제에서 '입법자'는 당연히 주관적인 인격의 주체인 사람(Person)이 아니다. 하나의 독자적인 실체(Hypotase)이다. 규범의 이해에서 입법의 전말(顚末)이 중요한 의미를 갖기는 하지만, 실무상 역사적(주관적) 해석은 법률의 텍스트와 체계 및 목적에 따른 객관적인 해석보다는 중요한 의미를 갖지 못한다.[36] 객관화된 법률은 법률의 제정 당시에는 예견하지 못하였던 현실변화에 적응해 나갈 수 있고 또한 입법자가 상정할 수도 없었던 의미를 발굴해 나갈 수 있다. 입법자보다 법률이 현명하다.[37]

법률작품(Gesetzeswerk)이 창작자로부터 분리되어 객관성을 갖게 되는 것은 작가의 생각과 의도로부터 독립되어 독자적으로 관객들에게 영감을 주는 예술작품의 경우와 마찬가지이다. "…우선 손과 접촉되어 만들어지고, 그 다음에 손에서 벗어나고, 입상(立像)은 결국 독자적인 생명력을 갖게 된다"(Gottfried Benn).

3. 문구를 통한 법의 수신(受信)

문구로 표현되는 법률은 문구를 통해 수신인에게 수용된다. 입법자가 법률을 통해 말한 바를 내심으로는 의도하지 않았다는

36) Dazu mit Nachw. Depenheuer(각주 21), S. 20ff.

37) Gustav Radbruch, Rechtsphilosophie, 1963, S. 209ff., inbs. S. 211. Vgl. auch Heinrich Henkel, Das Problem der Rechtsgeltung, in: Gedächtnisschrift für Rene Marcic, 1974, S. 63(70ff.).

이른바 의중유보(意中留保)는 중요한 의미를 갖지 못한다. 바로 이를 통해 법의 일의성(一意性), 신뢰성 및 계속성이 보장될 수 있는 것이다. 법치국가는 약속을 지켜야만 하고, 이를 바탕으로 시민은 문구와 그 문구로 표현된 법을 신뢰할 수 있다. 물론 개별적으로는 다소간에 불완전하게 실현될 수밖에 없지만 이는 헌법국가의 이념적인 기초이다.

이에 반해서 이전에 실제 존재했던 사회주의체제에서 경험하였던 바와 같이, 전체주의국가에서는 법률의 규범적 객관성이 근본적인 원칙도 아니었고, 전혀 유익한 이상으로 인정되지 못했다. 오히려 스스로는 법률에 구속되지 않는 정치지도자들에 의해서 당파성의 원칙, 말하자면 권력의 필요성에 따라서 좌지우지되었던 법률은 지배집단의 수단에 불과하였다.[38] 사회주의국가들이 국제법상 인권을 인정하고, 그것을 헌법에 수용하였었지만 그것은 법적으로 진지한 의미를 갖는 것이 아니었다. 단지 정치적인 알리바이였을 뿐이었다. 즉 외국의 여론을 현혹시키고, 국내의 반대파들을 무마하기 위한 말잔치였을 뿐이었다.[39] 그러나 그럼에도 불구하고 그 문구를 법텍스트에 수용한 권력자는 시민의 의식과 행동을 통해서 발현되는 법문의 잠재적인 의미와 영향력은 어쩔 수 없었다. 사회주의국가의 소수집권자들이 인권을 상대화시키고 이데올로기적으로 희석시키려고 애썼지만 결국에는 그들도 반대파들이 인권을 주

38) 사회주의적 당파성의 원리에 관한 대표적인 문헌들은 Ernst Bloch, Parteilichkeit in Wissenschaft und Welt(1951), in: ders., Gesamtausgabe, Bd. 10, 1977, S. 330ff., 337ff.; Hilde Benjamin, Die dialektische Einheit von Gesetzlichkeit und Parteilichkeit durchsetzen, in: Neue Justiz 1958, S. 368. Material: Peter Römer(Hrsg.), Der Kampf um das Grundgesetz, 1977, S. 133ff., 224ff.

39) 사회주의적 법치국가와 인권의 관념에 관해서는 Georg Brunner, Das Staatsrecht der deutschen Demokratischen Republik, in: HStR Bd. I, 1987, 10 Rn. 77ff.,; ders., Von der sozialistischen Gesetzlichkeit zum sozialistischen Rechtsstaat, o.J.(1989), S. 5ff.

창(主唱)하고, 권력집단에 대해서 자유와 평등권을 잣대로 비판하는 것을, 또한 신문의 자유와 사생활의 보호를 요구하고, 이전에는 외양상으로만 주어졌었던 사상의 자유와 집회의 자유를 실제로 행사하는 것을 저지할 수 없었다. 헌법국가에서는 극히 당연한 것으로 여겨지는 인권의 주창이 사회주의국가에서는 혁명의 뇌관이었던 것이다. 법문의 힘은 한 세기 동안이나 지속되어 온 전체주의 체제가 결코 이겨낼 수 없는 강력한 것이었다.

Ⅳ. 법률의 지배로부터 법해석자의 지배로?

1. 해석론적 순환

법률의 지배를 헌법국가의 기초로 이해하는 입장에 대해서는 법률 역시 해석과 적용, 보다 정확하게 말하면 해석하고 적용하는 '사람'을 통해서만 실현된다는 반론이 제기된다.[40] 이러한 항변은 최고법규범인 헌법에 대해서도 마찬가지이다. 해석의 뒷문을 통해서 헌법국가체제에서는 이미 폐위된 '사람'이 다시 힘을 가지게 되었다. 회의론자들의 입장에서는 해석이라는 것이 법기술적으로 포장된 새로운 형식의 자의(恣意)가 아닌가라는 의문을 제기할 수도 있다. 헌법의 해석과 개념의 선점(先占)을 위한 일상적인 분쟁은 이를 잘 보여준다. 즉 해석의 박편(薄片)이 바뀌게 되면 헌법텍스트가 개정되지 않고도 헌법의 내용이 변질된다. 조셉 로스(Joseph Roth)의 소설에 보면 혁명 전후의 사정을 다음과 같이 비교한 대목이 나온다. "과거에 우리는 법률이 아니라 해석자의 기분에 의존되어 있었다. 그러나 이 기분이 오히려 법률보다는 더 예측이 가능하였다고 할 수 있다. 법률 역시 사람에 의해서 해석되고, 따

40) 해석론적 순환논리에 관해서 일반적인 설명은 Georg Gadamer, Wahrheit und Methode, 1965, S. 178f., 250ff., 275ff.

라서 기분에 의해서 좌우되기 때문이다."

헌법국가에서 국가의 힘은 법에 구속된다. 그러나 헌법국가에서 법을 해석하는 사람의 힘에 정당성이 부여된 것인지는 의문이다. 법은 사회적 현실의 질서이기 때문에 법의 해석은 이 현실을 형성하는 것이다. 법에 대한 유권해석의 권한은 실제로 힘 자체이다. 따라서 문학텍스트를 해석하는 것과는 그 효력에 있어서 분명히 구별된다. 텍스트를 잘못 해석하는 언어학자는 그 내용을 놓지는 것이지만, 반면에 텍스트를 잘못 해석한 법률가는 그 내용 자체를 변경하는 것이다. 그 법해석이 관철되는 한에 있어서는 어쨌든 그는 실질적으로 새로운 법을 창조하는 것이다. 게다가 헌법의 해석은 법률가들만의 전유물이 아니다. 자유민주주의에서는 공직자를 포함하여 모든 시민이 헌법을 해석할 수 있는 권리를 가진다.[41] 자유, 평등, 민주주의, 사회적 법치국가, 인간의 존엄성 등과 같은 개념에서 잘 드러나듯이 헌법은 법기술적인 전문용어가 아니라 정치적인 수사에서 도출되는 서사적이고 환상적인 개념으로 규정되기 때문이다. 바로 이러한 점에서 매우 당혹스러운 의문이 제기되는바, 즉 도대체 어떻게 정치적인 환상이 의미의 동일성을 유지하면서 실제 적용가능한 내용으로 해석될 수 있을 것인가?

헌법은 선재하는 법적 기본질서인 동시에 해석과 적용의 대상으로 주어져 있다. 법적 질서는 실제적인 전환을 필요로 한다. 공동체생활에 중요한 것은 영국에서 회자되는 이른바 '법전 속의 법'(law in books)이 아니라 '생활 속의 법'(law in action)이다. 좀 복잡한 듯 보이지만 이는 칸트식의 분류에 따르면 명료하게 구별될

---

41) Peter Häberle, Die offene Gesellschaft der Verfassungsinterpreten, in: JZ 1975, S. 297ff.,; ders., Verfassungsinterpretation als öffentlicher Prozeß - ein Pluralismuskonzept, in: ders., Verfassung als öffentlicher Prozeß, 1978, S. 121ff.; Isensee(각주 35), 115 Rn. 117ff.(Nachw.)

수 있다. 헌법의 실효성은 초월적인 헌법에서 나오는 것이 아니라 경험적인 헌법에서 나온다. 말하자면 핵심은 헌법 그 자체가 아니라, 헌법해석자나 공직자를 비롯하여 모든 시민들에게 이해되고 실천에 옮겨지는 헌법이다. 규범의 효력과 국가생활 속에서 그것이 수용되고, 실천되는 것은 별개의 문제이다.[42] 이는 반드시 일치되는 것은 아니다. 해석을 통해서 헌법을 수용하고 실행에 옮기는 것은 일회성의 행위가 아니다. 계속적인 과정이다. 헌법률에 규정된 질서의 내용은 그것이 법의식과 법실무 속에서 계속 갱신되는 경우에만 효력이 유지된다.

헌법률 역시 다른 법률과 마찬가지로 시간이 흐름에 따라 해석을 통해서 그 내용이 확장되고, 변화된다. 법적용자는 더 이상 텍스트 자체에 얽매이지 않고, 다양한 해석론과 행정규칙이나 법원의 판례, 각주서 등을 주목한다. 마르틴 루터의 간명한 생각, 즉 기독교는 성경에 대한 전통적인 해석을 떠나서 오로지 성경 문구 자체만(solar scriptura)에 의지할 수 있다는 사상은 국가생활의 영역에서도 실현될 수 없다. 다만 법해석자가 기존의 자리잡은 법에 대한 이해를 개혁하려는 입장에서 자신의 독자적인 새로운 견해를 관철시키고자 하는 경우에는 법생활영역에서도 '순수한 문구' 자체로의 회귀는 언제든지 가능하다.

2. 법률적 요인(Der juristische Faktor)

법률가들의 해석기술에 의해서 이러한 어려움이 해결될 수 있을 것이라는 기대는 충분히 할 수 있다. 실제로 그러한 것이 요구된다. 그러나 해석기술만으로는 문제를 해결하기에 충분치 못하다.

왜냐하면 형식논리적인 정확성을 가지고 유일하게 옳은 특정

42) 규범의 법적 효력의 요청과 실효성의 구별에 관해서는 Hans Kelsen, Allgemeine Theorie der Normen, 1979, S. 112. 헌법과 관련해서는 Isensee(각주 6), S. 13f. 80ff., 95ff. .

한 해결책을 제시할 수 있는 방법론은 있을 수 없기 때문이다. 좋은 문법규칙이 좋은 문체를 담보하지 못하는 것과 마찬가지로 법해석의 방법론도 옳은 법해석을 보장하지는 못한다. 이는 단지 오늘날 법해석의 기술이 충분히 발전되지 못하였다는 점 때문만은 아니다. 근본적인 이유는 법의 본질에서 찾아진다. 법을 적용함에 있어서 거의 대부분의 경우에 법적용자는 주어진 가치판단을 추적하는 동시에, 그 가치판단에 충실하면서 적용 당시의 생활사정에 비추어서 창조적인 사색을 진전시켜야만 한다. 그러나 가치판단은 완전하게 합리적으로 인식될 수 없다. 법적용은 법적용자의 주관에 의존된다. 즉 인적인 요소가 작용된다. 그렇기 때문에 과세표준이나 보수지급기준 등과 같이 계량화된 법소재를 제외하면 법은 컴퓨터와도 친할 수 없다. 추상적인 법률을 개별 사안에 적용하는 것은 구체화의 과정이다. 다만 이는 논리적인 추론과 단순한 인식의 작업일 뿐만 아니라, 현실적인 결정이고 가치판단작업이기도 하다. 이해력과 함께 판단력도 요구되는 작업이다. 계몽주의시대에 권력분립의 주창자들이 내세웠던 생각, 즉 법관을 단지 '법을 말하는 입'(viva vox legis)으로 보는 견해는 설득력을 잃은 지 오래다.

방법론적 불확실성과 관련해서 판례와 학설은 하나의 준거점을 확보하고 있는바, 즉 법해석상 독자적인 판단여지의 영역이 당연히 인정되고 또한 그 독자적인 판단에는 법률텍스트에 의해서 한계가 주어져 있다는 점이다.[43] 법률텍스트를 한계로 보는 논리형식은 일종의 향도(嚮導)적인 역할을 상정한다. 그렇기 때문에 법률 자체가 독자적으로 그 적용을 유도한다든지 또는 법해석의 수단을 통해서 명백한 해석의 결론이 도출될 수 있을 것으로 기대하는 것은 무리다. 오히려 법해석자에게는 원천적으로 일정한 정도의 독자적인 힘이 주어져 있다. 이 힘은 해석의 대상인 법은 물론이고,

43) Depenheuer(각주 21), S. 1ff.

선재하는 법해석의 규칙에 의해서도 좌우되지 않는다. 바로 이와 같이 법해석에 대한 확실한 통제수단이 내재되어 있지 못하기 때문에 법률텍스트가 외적인 한계로 주목되는 것이다. 법해석상 모든 것이 불확실하고, 법률의 취지와 체계가 명확하지 못하고 또한 입법과정에서도 확실한 단서가 주어지지 않을 때 적어도 교두보를 탐색해낼 수 있는 희망의 단서는 법률텍스트에서 찾아보는 수밖에 없다. 그러나 이 희망도 무산된다. 법해석자에게 주어지는 것은 법문 자체가 아니라, 그가 이해하는 바로써 법문이기 때문이다. 해석을 위해 주어지는 것은 법률텍스트 자체가 아니라 이미 해석된 법률텍스트일 뿐이다. 그것 자체가 해석의 대상이고, 결과이다. 즉 해석에 대하여 한계를 설정할 수 없는 것이다. 해석은 해석을 통해서 제한되지 않는다. 그것은 순환논리일 뿐이다. 이러한 점에서 법텍스트를 해석의 한계로 이해하는 논리형식은 지나치게 불가지론(不可知論)적인 동시에, 지나치게 고지식한 것이기도 하다.[44] 그것은 해석론적인 포기와 규범론적인 완고함 사이에서 바람직하지 못한 타협을 한 것에 지나지 않는다. 즉 한편으로는 법해석자의 주관성에 정당화될 수 없는 면허장을 주고, 또 한편으로 규범성에 대해서는 보험혜택이 전혀 주어지지 않는 보험증서를 교부해 준 꼴이다.

법률의 분명한 적용이란 요청은 (타협이 아니라) 오로지 순정한 논리에 의해서만 해결될 수 있다. 즉 해석이 필요 없는 규범요소에서는 그 어떤 한계와 준거점도 구하지 않는 해석에 의해서만 이행된다. 이 경우에 해석은 일관되게 그 대상에 내재된 규범적 요청, 즉 분명한 적용의 과제에만 초점을 맞춘다.

---

44) 결론적으로 같은 견해로는 Depenheuer(각주 21), S. 38ff.

3. 제도적 요소

다원사회에서 헌법국가는 바빌론식 언어혼란이 법과 헌법에 대한 이해를 침해하는 위험에 직면해 있다. 모든 사람들의 언어소통을 가능하게 하는 오순절(五殉節)의 기적을 기대할 수는 없다. 대신 헌법국가는 실제적인 법공동체와 국가공동체를 확립하고 유지하기 위한 제도적인 대비수단을 준비해 놓고 있다.

국가체제에서 법해석의 불확실성은 제도를 통해서 해소된다. 즉 법률의 내용이 불명확한 경우에도 적어도 최종적인 해석권한을 가지고 불명확성을 제거할 수 있는 관할권은 명백하여야만 한다. 최종적인 해석권한의 문제는 홉스가 처음으로 명확하게 제시하고, 로크가 수용한 이래 현대국가사상의 바탕이 되어 온 것으로서 현대국가의 법적 토대이다. 즉 "누가 결정하는가?"(quis iudicabit)란 질문은 도덕규범, 종교적 계율 또는 자연법규범 등 선국가적인 규범이 존재하지 않기 때문에 제기되는 것은 아니다. 오히려 국가가 없다면 규범의 옳은 해석을 둘러 싼 분쟁에서 모든 사람들이 스스로 재판관이 되어서 대립될 수밖에 없기 때문이다. 홉스와 로크 이래 바로 이러한 상황은 자연상태의 근본적인 해악이고 또한 그것을 극복하기 위하여 분쟁에 연루되지 않은 심판관으로서 국가가 필요한 것으로 이해되어 왔다. 국가가 법해석상의 분쟁을 비롯한 사회에서의 충돌에 대해서 구속력 있는 결정을 내려줌으로써 공동체의 평화가 수립되는 것이다. 즉 결정 및 해석의 통일체를 바탕으로 평화통일체가 구축된다.[45]

그러나 해석의 통일체는 국가기관의 권위적인 평결만으로는 수립될 수 없다. 그것은 모든 규범수신인들 간에 공통된 이해의

---

45) 자세한 내용은 Ernst-Wolfgang Böckenförde, Der Staat als sittlicher Staat, 1978, S. 12ff.; Isensee(각주 17), 13 Rn. 62ff.; ders.(각주 35), 115 Rn. 109ff., 117ff.

지평을 전제조건으로 한다. 법에 대한 적절한 설명과 전달, 홍보와 계몽을 통해서 이 전제조건을 충족시키는 것도 당연히 국가의 과제이다. 따라서 법문과 국가조직상의 제도적인 수단은 상호 연관적인 관계에 있다. "모든 언어와 그에 대한 이해의 동일성은 제도를 근거로 하고 또한 제도적으로만 유지된다. 언어를 통한 이해는 오로지 사회적인 공속(共屬)을 바탕으로 해서만 가능하다."[46]

4. 윤리적 요소

마르크스주의자나 그와 유사한 입장에서는 법현실을 비판하면서 이른바 가면벗기기 이론(Entlarvungstheorie)을 내세웠다. 법해석은 해석자의 사적인 선입견이나 계급적 입장, 정치적 이해에 따라 결정되고, 따라서 객관적이고, 초당파적이며, 이해중립적이고, 비정치적인 법해석의 이념은 법률가들의 직업이데올로기나 헌법국가의 기만일 뿐이라는 주장이다.[47] 이러한 법해석의 주관성에 대한 비판에 따르면 법관들은 오히려 그것을 빌미로 하여 자신들의 사적인 이념과 이익을 법적용의 척도로 삼고, 자신들의 취향에 따라 정치적 진보와 사회적 정당성의 옹호자로서 행동하고, 결국 자신들의 도덕적, 정치적 선입견에 따라 규범을 취급할 수 있는 권한을 스스로 자임할 수 있다는 것이다. 그것은 말하자면 선량한 법적 양심으로 포장된 당파성에 불과하다는 것이다. 실제로 많은 법규정들의 불특정성은 그 해석상 주관성이 개입되기 쉽게 만드는 요인이다. 법의 적용이 법적인 작업에서 정치적인 작업으로 변질되고 있다. 재판이 정치적인 사법작용으로 변질되고 있다.[48] 그러나 정치적인 사법은 사법의 타락이다. 사법이 정치화되면 공정성과

---

46) Helmut Schelsky, Die Arbeit tun die anderen, 1977, S. 325f.

47) 마르크스적 이론에 관해서는 각주 38.

48) 이에 관해서는 Gerd Roellecke, Politische Anfechtung des Richters, in: DRiZ 1994, S. 81ff.

중립성의 이념을 바탕으로 하는 정당성을 잃게 된다. 법의 여신은 안대를 벗고, 자의적으로 법을 적용하게 된다. 법률이 그 해석을 통해서 정치적인 필요성에 따라 좌지우지된다든지 또는 법해석이 여론의 전달자나 시대정신구현의 조수의 역할을 맡게 되면 법률의 도덕적 정당성은 상실된다.

그러나 해석론적인 비판을 맹목적으로 받아들이게 되면 헌법국가의 근본이 흔들리게 된다. 법률의 객관성과 일반성이 실현가능하고 또한 비록 법의 해석이 주관성을 갖는 개인에게 맡겨져 있다고 하여도 법이 개인의 자의(恣意)에 맡겨져 있지 아니한 것이 바로 헌법국가를 지탱해주는 교두보라고 할 수 있다. 법률이 국민의 일반의지로서 인정되는 민주주의나, 가측성(可測性)이 확보되는 규범에 의해서 자유와 평등이 보장되는 법치국가 또한 법제정과 법적용을 분리하는 권력분립원칙 등은 모두 바로 이러한 전제조건을 바탕으로 한다. 언어를 바탕으로 창설된 헌법국가는 그 말의 의미가 상실되거나, 변화될 상시적인 위험에 노출되어 있다. 자유나 평등 또는 민주주의 같은 근본적인 개념들의 의미변질은 정치적인 혼란이나 혁명으로 연결될 수 있다. 말을 통한 기만은 헌법국가의 가장 민감한 부분을 노리는 혁명전술이다.[49] 공자가 오래전에 천명한 바 있듯이 국가를 재건하는 데 있어서 개념을 바로 세우는 일보다 더 시급한 일은 없다.

물론 법해석이 해석자의 주관적인 선입견에 의해 영향을 받는 것은 불가피하다. 그러나 이러한 법이론적인 관점은 법을 해석하는 공직자의 입장에서 자기비판적인 성찰을 통해 자신의 선입견을

49) 이에 관해서는 Wolfgang Bergsdorf, Herrschaft und Sprache, 1983, bes. S. 21ff., 236ff. Vgl. auch Kurt Sontheimer, Das Elend unserer Intellektuellen, 1976, S. 191ff., 239ff.; Paul Kirchhof, Rechtsänderung durch geplanten Sprachgebrauch?, in: Gedächtnisschrift für Friedrich Klein, 1977, S. 227ff.

분명히 확인해야만 한다는 요청으로 이해되어야 한다. 이를 통해서 공직자는 객관적인 시각을 유지하게 되고, 모든 사람들에게 동일한 법집행을 위해서 또한 일반화될 수 있는 법해석을 위해서 이해관계로부터 일정한 거리를 확보하고 자유로울 수 있다.

해석론적인 순환논리는 해석자의 윤리에 의해 해결된다. 그 출발점은 바로 해석자 자신의 성향이나 필요성을 억제하고 또한 주관성을 극복하여야 하는 절제의 요청이다. 결정은 공정성과 합리성 및 일반성의 원칙에 따라서만 내려져야 한다. '동정이 가는'(sympathisch) 당사자에게 인정되는 법적 이익이 동일한 전제조건 하에서라면 '동정이 가지 않는'(unsympathisch) 측에게도 주어지게 되는지 또는 '적'(Feind)에게 주어지는 법적 불이익이 '친구'(Freund)에게도 당연히 주어지는지 등의 문제의 제기는 이러한 객관적인 해석의 가능성에 대한 시금석(試金石)을 제공한다. 결국 해석의 윤리는 칸트의 정언명령(kategorischer Imperativ)에 수렴된다.

법관 권한의 정당한 행사는 그들의 전문성과 윤리성에 의해 결정된다. 그것의 실패에 대해서는 그 어떤 보정수단도 없다. 해석의 권한은 해석의 윤리를 요구한다. 해석의 권한이 자의(恣意)를 허용하는 것이어서는 아니 된다. 헌법국가는 민주주의와 법치국가의 모든 원칙들보다 선재하는 원리, 즉 '공직의 원리'(Prinzip des Amtes)를 바탕으로 유지된다. 법의 지배는 오로지 '봉사의 윤리'(ein dienendes Ethos)를 바탕으로 해서만 가능하다. 이러한 '공복의 윤리'에 충실할 때 법관의 법해석은 횔더린이 말한 시의 해석, 즉 "불변의 시어(詩語) 자체를 소중하게 다루고, 잘 만들어진 시를 정중하게 해석하는 것"과 같게 된다.

정치법으로서의 헌법

A. '정치법'(politisches Recht)의 문의적 의의
B. 헌법의 규범성과 관련하여 본 '정치적인 것'의 다면성
C. 헌법의 일반적 독자적 규범특성
D. 정치와의 긴장국면 속에 있는 헌법

정치법으로서의 헌법*

A. '정치법'(politisches Recht)의 문의적 의의

헌법은 "정치적인 법"이다.** 이는 국가법 및 헌법학 문헌에 서 통용어는 아닐지라도 매우 일상적인 명제라고 할 수 있을 정도로 이를 활용하는 사람은 광범위한 동의를 기대할 수 있다.[1] 하지 1

---

* Verfassungsrecht als "politisches Recht", in; ders./Kirchhof(Hg.), Handbuch des Staatsrechts Bd. Ⅶ(Normativität und Schutz der Verfassung – Internationale Beziehungen), §162, S. 103–163.

** 역자주: 헌법의 정치적 성격과 내용을 폭넓고 깊게 천착한 이 논문에서 'politisch'라는 단어가 수 없이 나온다. 편의상 일반적으로는 '정치적(인)'이란 형용사로 번역하지만, 정치현상 또는 정치적 속성 등을 의미하는 명사로 사용되는 때는(이 경우 원문은 대개는 'Politische'로 표현되어 있음) '정치적인 것'으로 번역한다. 다만, 'politisches Recht'는 우리 헌법학계에서 일반화된 용례에 맞추어 '정치법'으로 번역함.

1) 사례: Rudolf Smend, Die politische Gewalt im Verfassungsstaat und das Problem der Staatsform(1923), in: ders., Staatsrechtliche Abhandlungen, 1968, S. 68(82); Carl Bilfinger, Betrachtungen über politisches Recht, in: ZaöRV 1/1(1929), S. 57ff.; Werner Kägi, Die Verfassung als rechtliche Grundordnung des Staates, 1945, S. 127ff.; Gerhard Leibholz, Verfassungsgerichtsbarkeit im demokratischen Rechtsstaat(1953), in: ders., Strukturprobleme der modernen Demokratie, 1967, S. 168(176); ders., Bundesverfassungsgericht zwischen Recht und Politik, in: DVBl. 1974, S. 396(397); Horst Ehmke, Prinzipien der Verfassungsunterpretation, in: VVDStRL 20(1963), S. 53(65); Herbert Krüger, Allgemeine Staatslehre, 1966, S. 697; Wilhelm Henke, Staatsrecht, Politik und verfassunggebende Gewalt, in: Der Staat 19(1980), S. 181(182); Ernst-Wolfgang Böckenförde, Die Eigenart des Staatsrechts und der Staatsrechtswissenschaft, in: FS für Hans Ulrich Scupin, 1983, S. 317(319, 320f., 323f., 329); ders., Der Begriff des Politischen als Schlüssel zum staatsrechtlichen Werk

만 많은 사람들이 동의를 한다고 해서 그들이 동일한 의미로 이해하는 것은 아니다. 이 표현은 불분명하고 다의적이기 때문이다. 그 내용은 각각의 맥락에 따라 변할 수 있다. 의미가변적인 '정치적' 이라는 단어는 다른 의미들로 이해될 수 있다.[2] 즉 그것은 이 단어의 개념을 파악하려고 하는 사람의 주관적인 관점에 따라 달라진다. 경우에 따라서는 어떤 사람이 동일한 단어를 수차례 사용할 때, 그 전제가 바뀔 위험도 적지 않다. 하지만 '정치법'이라는 언명에서 그 의도만큼은 분명한 것이 있는바, 그 차이의 내용을 어떻게 파악하건 간에 헌법에 대하여 일반법과 구별되는 독자적인 특성을 부여하려는 것이 그것이다. 항상 그런 것은 아닐지라도 흔히 이 언명의 형식에는 규범적 구속력이 미흡한 양식, 정치권력에 대한 취약성, 법학적 방법론의 부분적인 후퇴, '사법적 적용가능성'의 부인 등의 뜻이 담겨져 있다.[3]

Carl Schmitts, in: Helmut Quaritsch(Hg.), Complexio Oppositorum, 1988, S. 283(286, 291); Klaus Stern, Das Staatsrecht der Bundesrepublik Deutschland I, 1984, S. 13ff.(Nachw.); Herbert Bethge, Aktuelle Probleme der Grundrechtsdogmatik, in: Der Staat 24(1985), S. 351(354); Peter Badura, Staatrecht, 1986, S. 13.
Konrad Hesse는 "정치적인 법이라는 여명의 명제"에 대하여 일정한 거리를 두고 있다(Grundzüge des Verfassungsrechts der Bundesrepublik Deutschland, 1991, Rn. 565). Kurt Eichenberger는 이 개념 대신에 헌법을 "정치에 대한 법"(Recht für die Politik)으로 칭하였다(Sinn und Bedeutung einer Verfassung, in: Referate zum 125. Schweizerischen Juristentag, Basel, 1991, S. 143(229).

2) '정치적인'이라는 말의 가변적인 의미로서는 Böckenförde, Die Eigenart(각주 1): "국가에 집중된 정치적인 결정권"(S. 320), Carl Schmitt가 말하는 연합과 분열의 의미에서(S. 320f. mit 각주 9), 사법작용과는 어울리지 않는 정당정치 및 정당정치의 독자적인 "정치적 기능"(전체 정치적인 의미에서)(S. 323f. - Niklas Luhmann과 연관하여). "정치적인 법"이라는 개념 형식의 가변성은 Stern의 표현과 수집자료를 통해서도 주목된다(각주 1, S. 14ff.).

3) '정치적인' 법이라는 명칭 자체부터가 그 규범적 의미의 약화를 내포한다 … '법이성'은 점점 더 '국가이성'에 대하여 후퇴한다 … 규범은 객관적인 의미

'정치법'이라는 언명의 토대가 되는 전제는 분명하다. 정치법이라는 특성 때문에 민법이나 기술적인 성격의 행정법 등 일반적인 법영역과 비교해서 볼 때, 헌법은 '정치법'으로서의 특성 때문에 그 법적 성격은 수정, 약화 또는 위협될 수 있지만, 헌법의 법으로서의 속성은 부인되지 않는다는 것이다. 따라서 헌법은 법학적 해석, 사법적 적용 및 법학적 인식의 대상이다. 헌법은 국가의 법질서를 통합하는 필수적인 구성부분이다. 물론 헌법은 유일한 지위를 부여받고 있으며, '정치'라는 부가적 표현은 그런 신호를 보내고 있다는 점도 유의해야 한다. 요컨대, 헌법을 '정치법'으로 정의하는 것은 그 정치적인 특성을 다양하게 부각시키는 데 초점을 맞춘 것이지 헌법의 법으로서의 속성을 부인하는 취지는 아니다. 2

이론사적으로 볼 때 '정치법'의 관점은 바이마르 국법학의 노력, 즉 게르버(Gerber)와 라반트(Laband)가 정립한 법실증주의의 속박에서 벗어나고 또 모든 역사적, 정치적, 철학적 관점을 국가법이론에서 배제하면서 국가법이론을 오로지 법제도의 법률학적 구성과 논리적인 개념조작에만 국한하였던 개념법학의 영향을 차단하려는 관심사에서 그 근원이 찾아진다. 바로 이 점에서 켈젠(Kelsen)의 순수법학이론의 형식적인 규범논리, 즉 법적 존재와 실증적인 당위를 엄격하게 구별하고, 법학에서 모든 인과율에 대한 고려와 함께 정치적인 고려를 학문적으로 이질적인 목적론으로 배척하는 규범논리와는 대립되는 관점이 드러난다.[4] 예컨대, 트리펠(H. Triepel)에 따르면 국가법은 "정치적인 것을 고려하지 않고는" 3

와 거리가 먼 '유동적인' 의미관계에 따라 약화된다(Kägi, 각주 1, S. 149). C. Bilfinger는 정치적인 법을 구속력이 더 낮은 법이라고 표현한다(각주 1), S. 62, 65, 66.

4) 대표적인 예는 Heinrich Triepel, Staatsrecht und Politik, 1927, S. 8ff.; Richard Thoma, Gegenstand-Methode-Literatur, in: Anschütz/Thoma I, S. 1(6f.).

운용될 수 없고, 푸펜도르프(Pufendorf)는 독일 헌법을 다루는 국법학자가 정치를 알지 못한다면 이는 당나귀가 현악기를 다루는 것과 마찬가지라고 하였다. 트리펠은 국법학의 방법론상 과제를 "한편으로는 국가법규범을 만들고 형성하는 동시에, 또 다른 한편으로는 국가법에 의해서 지배되는 정치세력들과 국가법규범의 내밀한 관계를 설정하는 것"이라고 규정한다. 트리펠은 목적론적 방법을 법학의 대상에 적합한 방법으로 보는 입장에서 국가법에서 "형식논리적인 개념작업과 정치적인 고려를 연계시킬 것"을 요구한다.[5] 토마(R. Thoma)가 제시한 이중적인 방법론의 프로그램도 같은 맥락에서 이해되는바, 국가법의 과제는 일면 모든 국가법적 제도를 실증적으로 고착시키는 것인 동시에, 타면 역사의 흐름 속에 있는 과제로서 정치적 문제를 해결하기 위한 시도로서 파악하는 것으로 이해한다.[6]

4 하지만 국가법을 '정치법'으로 보는 관점(Topos)은, 한 시대를 풍미하기는 하였지만 이미 역사에서 사라진 지 오래된 바이마르 시대의 방법론적 논쟁의 유물 이상의 의미를 갖는다. 이 관점은 원래의 의미로 고착되어 있지 아니하고, 새로운 의미들을 수용하면서 자신의 활력을 보여주고 있다. 말하자면 이러한 '헌법=정치법'의 관점은 법적 소재로서의 정치적인 것의 특성 및 그에 따른 특수한 딜레마에 초점을 맞추어서 헌법의 특성에 대하여 지속적으로 관심을 갖고 인식의 지평을 확대해나가는 전형적인 인식틀이다.

---

5) 직접인용의 부분은 Triepel(각주 4), S. 19, 37. 사안에 따른 방법론적 전제에 관해서는 일찌감치 Georg Jellinek가 언급한 바 있다(Allgemeine Staatslehre 1914, S. 16f.). 뒤의 단락 60. 새로운 시각에서 Triepel의 입장에 찬성하는 견해는: Otto Bachof, Der Verfassungsrichter zwischen Recht und Politik, in: Summum ius summa iniuria, 1963, S. 41(45). 같은 방향에서 정치학적인 논의로는: Wilhlem Hennis, Politik und praktische Philosophie, 1963, S. 122ff.

6) Thoma(각주 4), S. 5.

'정치법'의 관점 자체가 이 글의 주제는 아니다. 다만 이 관점은 주제를 잘 나타내주기는 한다. 말하자면 이 글의 관심은 헌법이 정치현실에 어떻게 대응하는지 또 여타의 비정치적인 법과 확연히 다른 헌법의 효력의 특성이 바로 이러한 관계에서 비롯되는 것인지 등의 의문에 모아진다. "정치가 헌법은 아니고, 헌법 또한 정치는 아니다. 그러나 헌법과 정치 양자는 항상 함께하면서, 때로는 서로 양보하고 때로는 서로 의존하면서, 상호관계가 무난하게 설정될 수 있을지 여부와 그 방법에 관한 문제로 늘 서로에게 부담이 된다(이는 헌법의 측면에서 보면 의미실현의 문제이다)".[7)]

이러한 문제제기는 방법론의 문제가 아니라, 헌법 자체와 그 법적 성격, 말하자면 헌법의 본질에 대한 것이다. 헌법이 무엇인가에 대한 이해는 헌법해석의 방법론을 선결정한다. 헌법해석방법론에 관한 논의와, 옳은 헌법개념 및 헌법이론에 대한 실체적 토론은 서로 연관되어 있다. "한 부분에서의 선결정은 필연적으로 또 다른 부분에 영향을 미친다".[8)]

---

7) Eichenberger(각주 1), S. 228.

8) Ernst-Wolfgang Böckenförde, Die Methoden der Verfassungsinterpretation-Bestandsaufnahme und Kritik, in: NJW 1976, S. 2089(2097). 비슷한 표현은 Ralf Dreier: "어떤 해석론을 취하는가는 어떤 법철학과 국가철학을 갖고 있는가에 달려있다"(Zur Problematik und Situation der Verfassungsinterpretation, in: ders./Friedrich Schwegmann(Hg.), Probleme der Verfassungsinterpretation, 1976, S. 13(25). Bd. V, Kriele, §110 Rn. 15ff. 다음의 Starck, §164 Rn. 1ff.

B. 헌법의 규범성과 관련하여 본 '정치적인 것'의 다면성

I. '정치적인 것'의 의미측면들

5 정치적인 요소들'을 분석하기 위한 단서로서 헌법은 우선 분명하게 그 대상이 획정되어야 한다. 형식적으로는 헌법전에 명기되어 있는 규범의 총체이고, 실질적으로는 국가의 법적인 기본질서이다. 형식적 의미의 헌법과 실질적 의미의 헌법이 모든 점에서 일치되어야만 하는 것은 아니나, 양자 간의 있을 수 있는 불일치와, 헌법과 국가법 간의 있을 수 있는 차이는 여기에서 중요한 의미를 갖지 않는 것으로 본다.[9] 헌법과 국가법의 개념은 동일한 것으로 사용될 수 있다.

6 반면에 '정치적인 것'은 단일한 개념으로 파악될 수 없다. "'정치적'이라는 수식어에서 그 내용을 정하는 것은 우선 정치적인 것의 개념과 본질에 관한 토론의 미궁으로 진입하게 된다. 그러나 이것이 두려워 물러나는 것은 국가와 사회 및 헌법에 대한 분명한 개념설정을 포기하는 것일 뿐이다".[10] 이러한 현상은 가변적이고 상충하는 의미들 속에서 잘 드러나는 데,[11] 이러한 의미의 복수성

---

9) Bd. I, Isensee, §13 Rn.136ff., 140ff.

10) Wilhelm Grewe, Zum Begriff der politischen Partei, in: FG für Erich Kaufmann, 1950, S. 65(69).

11) 어의학에 대한 개관은 Jacob und Wilhelm Grimm, Art. Politik, Art. Politisch, Deutsches Wörterbuch, Bd. 7, 1989, Sp. 1979f.; Volker Sellin, Politik, in: Otto Brunner/Werner Conze/Reinhart Koselleck (Hg.), Geschichtliche Grundbegriffe, Bd. 4, 1978, S. 789ff.; Ernst Vollrath, Politik, in: Joachim Ritter/Kalfried Gründer(Hg.), Historisches Wörterbuch der Philosophie, Bd. 7, 1989, Sp. 1038ff., ders., Politik, Das Politische, ebd., Sp. 1072ff. 개념들에 대해서는 Christian Meier,

은 어의적 우연이 아니라 사실 자체가 표현된 것이다. 따라서 의미의 복합성은 다수의 개념들을 통해서만 포착될 수 있고 또 이 개념들은 각각 상이한 차원에서 제 자리를 갖는다.

'정치적인 것'은 다음과 같은 헌법과 연관되는 기본의미들로 구별될 수 있다.

- 국사(Sache des Staates)
- 권력과 공공복리결정에 대한 영향력의 추구
- 친구와 적의 대치
- 국가의 자기주장(자기보전)
- 국가경영(Staatsführung)
- 국가기관의 법적으로 구속되지 않는 의사결정 및 형성권

1. '정치적인'(politisch)과 '국가적인'(staatlich)의 의미일치

그리스어에서 유래되었고, 아리스토텔레스에 의해 분명하게 7
표현된 '정치적인'의 의미는 원래 공동체, 즉 폴리스와 연관되는 바,[12] 바로 이 점에서 '정치적인'은 '국가적인'과 의미가 일치된다.[13] 사회학적으로는 단체의 통일체이고, 윤리적으로는 공공복리의 의미 및 목적통일체이지만, '국가'는 우선 넓은 의미에서 시민

Die Entstehung des Politischen bei den Griechen, 1980, S. 27ff.; Dolf Sternberger, Drei Wurzeln der Politik, 1978.

12) 이에 관하여는 Ch. Meier(각주 11), S. 40ff. 추가적인 주석은 Vollrath, Politik(각주 11), Sp. 1038ff.; ders., Politik, Das Politische(각주 11), Sp. 1072f.

13) Ulrich Scheuner, Das Wesen des Staates und der Begriff des Politischen(1962), in: ders., Staatstheorie und Staatsrecht, 1978, S. 45(77f.). 더 많은 주석은 Grewe(각주 10), S. 70f. '정치적인'과 '국가적인'을 같은 의미로 쓰는 것에 대한 반론은 Carl Schmitt, Der Begriff des Politischen(Neudruck des Textes von 1932), 1963, S. 20ff.; Hermann Heller, Staatslehre, 1934, S. 203ff.

과 공직자의 통일체로 여겨진다.[14] 시민들의 행동과 마찬가지로 공직자의 국사는 공동체에 봉사하는 것으로 파악된다. 하지만 오늘날의 용례에 따르면 '정치적인 것'은 주로 시민과 대치되는 국가, 즉 국가기관 및 그들의 행위 및 목표들과 관계되는 것으로 사용되고 있다.

8 이러한 좁은 의미의 '국가'는 정당성과 기관의 구조, 이 기관들의 목표와 한계를 확정하는 기본법의 제1의 규율대상이다. 더 나아가서 시민과 사회와 국가의 관계 역시 일반적으로 기본권과 민주적이고 사회적인 헌법규범들에 의해 정해지는바, 이들에 의해 공화국의 규범 전체가 정해진다.[15] 이러한 폭넓은 국가관은 국가를 국가생활의 의미통일체로 또 그 국가생활의 핵심과정을 통합으로 이해한 스멘트(Smend)에 의해 헌법이론에 도입되었다. 물론 여기에서 통합은 국가형성적인 정치적 과정이고, 헌법은 이 과정의 개별적인 측면들을 실정법으로 규범화하는 것인바, 그 실체적인 내용상 국가와 헌법은 공히 통합에 봉사한다.[16]

'정치적인' 것의 의미가 적잖이 다면적인 국가의 개념과 일치하는 범위에서 동 개념은 헌법규범의 실제적인 토대를 표시한다. 헌법규범의 내용과 범위는 '정치적인 것'이라는 그 대상을 통해서 정

---

14) 단순한 기술적인 권력경쟁 및 권력유지의 의미를 부정하면서 공공복리의 좋은 질서와 국가목적설을 통해 정치의 개념을 설정한 것은 Hennis(각주 5), S. 56ff., 62f., 77f. 이론적인 것보다는, 도덕적인 좁은 의미로 오로지 평화라는 유일한 목적으로 정치적인 것의 개념을 설정한 주목되는 예는 Dolf Sternberger, Begriff des Politischen, 1961, S. 5, 17ff. 이에 대한 비판은 Scheuner(각주 13), S. 76.

15) Bd. Isensee, §13 Rn. 4ff., 145ff., 174.

16) Rudolf Smend, Verfassung und Verfassungsrecht(1928), in: ders., Staatsrechtliche Abhandlungen, 1968, S. 119(136ff., 특히 189, 215). Max Müller는 아리스토텔레스와 토마스 아퀴나스가 상정한 국가형상을 지적한다. Philosophische Grundlagen der Politik, in: FS für Erik Wolf, 1962, S. 282(307).

해진다.[17] 하지만 단지 이것만으로 헌법에 특수한 규범성이 부여되는 것은 아니다. 규범프로그램과 생활사태 간의 교차적인 관계는 다른 법영역에도 있기 때문이다. 따라서 이러한 개념론의 맥락에서 헌법을 '정치적인 법'으로 칭하는 것이 헌법의 규범으로서 미흡함을 암시하는 것은 아니다.[18]

2. 공공복리결정에 대한 권력과 영향력의 추구로서 '정치적인 것'

베버(M. Weber)는 아리스토텔레스와는 달리 공동체가 아니라 9
권력을 준거로 하여 '정치적인 것'을 규정한다. 그는 정치를 국가 간의 관계에서든 또는 국가를 구성하는 집단 간의 관계에서든 권력지분이나 권력배분에 대한 영향력을 추구하는 것으로 파악한다. '정치적인 질'을 결정하는 척도는 권력의 배분과 유지 및 그 이전에 대한 관심이다. 이념적인 것일 수도 있고, 이기적인 것일 수도 있는 다른 목표를 위한 수단으로서든 또는 권력 자체(즉 권위 자체)를 위한 것이든 정치를 하는 사람은 권력을 추구한다.[19]

민주적인 선거투쟁을 비롯하여 정당들이 자신의 정강정책의 10
관철을 위하여 의회에서 다투는 것, 말하자면 공공복리의 옳은 결정을 둘러 싼 경쟁은 '정치적'이다. 그러나 실질적인 목표들, 즉 아리스토텔레스가 말하는 정치관계의 요소인 윤리적인 동기들은 이 경쟁과 투쟁 자체에 의해 뒷전에 물러나게 된다. 정치는 안간힘을

---

17) 이 점에 대해서는 예컨대, Dietrich Schindler, Verfassungsrecht und soziale Struktur, 1950, S. 18ff., 118ff.; Konrad Hesse, Die normative Kraft der Verfassung, 1959, S. 6ff.; Friedrich Müller, Strukturierende Rechtslehre, 1984, S. 184ff. 규범프로그램과 규범영역에 대해서는 Bd. V, Isensee, §115 Rn. 54ff., 102ff.

18) Kägi(각주 1), S. 128.

19) Max Weber, Politik als Beruf(1919), in: ders., Gesammelte Politische Schriften, 1921, S. 396(397). 유사한 표현은 Rudolf Smend, Staat und Politik(1945), in: ders., Staatsrechtliche Abhandlungen, 1968, S. 362(370ff.); Eichenberger(각주 1), S. 228.

다하여 투쟁하는 단말마적인 속성을 가지는바, 헌법은 이러한 정치적 추구의 대상인 힘을 제어, 순화 및 조절한다. 하지만 헌법은 이 권력추구 자체를 규율하려는 것은 아니고, 민주적이고, 기본권보장을 위한 권한 및 절차규범들을 통하여 그 통로를 열어준다. 결국 베버의 개념을 빌리면, 이들은 정치과정에 대한 비정치적 게임규칙으로 여겨질 수 있다.[20] 말하자면 헌법은 정치적 자유를 위하여 정치과정 자체의 개방성을 유지한다. 정당[21]과 정치단체[22]나 외국인의 정치적 활동금지(외국인법 제37조)와 관련하여 사용되는 '정치적인'의 수식어는 '정치적인 것'의 바로 이러한 의미 측면에 해당된다.[23]

3. 친구와 적의 구별로서 '정치적인 것'

11 칼 슈미트(C. Schmitt)는 국가를 준거로 하여 '정치적인 것'의 개념을 정의하지 않는다.[24] 그는 '정치적인 것'의 토대를 국가에 선재하고, 국가의 본질을 규정하는 보다 심층적인 것에서 찾는다. 말하자면 그는 선악에 대한 도덕적인 구별이나, 미추에 대한 미학적 구별 또는 효용과 유해성에 대한 경제학적 구별 등과 같이 궁극적인 구별을 출발점으로 한다. "정치적 행위와 동기가 귀착될 수 있는 특수한 정치적 구별은 친구와 적의 구별이다."[25] 여기에서 중요

---

20) 반면에 C. Schmitt는 민주주의적 규범들을 "근대헌법의 정치적인 구성부분"으로 파악한다(Verfassungslehre, 1928, S. 221ff.).

21) Grewe(각주 10), S. 78ff.; Bd. Ⅱ, Kunig, §33 Rn. 6ff., 15ff.

22) 참고할 만한 판례는 BVerfGE 72, 183(189f.) Greenpeace als politischer Organisation. Bd. Ⅱ, Kaiser, §34 Rn. 28ff.; Bd. Ⅵ, Merten, §144 Rn. 10.

23) Bd. V, Rüfner, §116 Rn. 16.

24) C. Schmitt(각주 13), S. 20ff. 이에 대한 분석은 Böckenförde, Der Begriff des Politischen(각주 1), S. 283ff. 보다 오래된 2차 문헌은 Hasso Hofmann, Legitimität gegen Legalität, 1964, S. 101ff.; ders., Feindschaft-Grundbegriff des Politischen?(1965), in: ders., Recht - Politik - Verfassung, 1986, S. 212ff.

25) C. Schmitt(각주 13), S. 26.

한 것은 도덕적인 선과 악이나 사적인 친교나 적대관계에서 애증이 아니라 평화와 전쟁의 문제이다.[26] 정치적인 의미에서 친구와 적은 현실적인 가능성을 놓고 상쟁하는 집단의 이합집산을 통해 생겨난다. 국가는 대외적으로는 친구와 적을 구별할 수 있는 능력을 갖추고, 반면에 대내적으로는 정치적 대치를 수인하지 않음으로써, 즉 힘의 독점을 통하여 사회세력들 간의 물리적인 투쟁의 가능성을 배제하고, 충돌을 평화적으로 해소하여 정치적 의미에서 친구관계가 유지되도록 하는 정치적 통일체이다. 대내적으로 안전과 질서를 해치는 자는 교란자이지 적은 아니다. 근대국가(der moderne Staat)에는 대내적으로 “경찰이 있을 뿐, 더 이상 정치는 없다”(Polizei und nicht mehr Politik).[27] 말하자면, 근대국가는 시민의 정치적 통일을 토대로 한다.[28]

‘정치적인 것’은 외교분야에서 제 자리를 갖는다. 슈미트(C. 12
Schmitt)는 대외적 관계에서 주권적 평등관계 속에서 서로 만나지만, 전쟁권을 요구하고 또 자신에 대해서는 어떤 심판관도 인정하지 않는 19세기의 유럽국가들을 상정하여 정치의 개념을 발전시킨다.[29] 이에 따르면 국가의 대내적인 대립은 ‘정치적인 것’의 개념에 포함되지 않는다. 예컨대, 내치(Innenpolitik)나, 경제정책(Wirtschaftspolitik), 정당정치(Parteipolitik) 등의 경우 ‘정치적인 것’의 의미는 단지 약화된 2차적인 의미로 사용될 수 있을 뿐이다.[30] 다만 이 또한 국가가

---

26) 대립되는 이 두 개념은 그리스어에서는 echthrós-polémios, 라틴어에서는 hostis-inimicus로 관용적으로 사용되었다. 이에 관해서는 C. Schmitt(각주 13), S. 29.

27) C. Schmitt, Vorwort zur Ausgabe von 1963(각주 13), S. 10.

28) Bd. I, Isensee, §13 Rn. 62ff., 74ff.

29) C. Schmitt 스스로 자신의 개념을 상대화하는 시도를 하였다. Vorwort zur Ausgabe von 1963(각주 13), S. 10f.

30) C. Schmitt(각주 13), S. 30ff. ‘친구와 적’ 이론을 국내의 정치적 대립과 연관시키는 오류에 대한 비판은 Böckenförde, Der Begriff des Politischen

정치적 통일체로 존재하는 한에서만 그렇다. 내적인 대립의 강도가 대외적인 대립보다 더 격화되어 분열이 극심해지면 정치적 통일체로서 국가는 파괴되고, 국내적으로 친구와 적의 진영이 나누어지게 되면 어쨌든 잠재적으로는 내전의 상황이 초래된다.[31] 이는 제도를 통한 내전의 극복이라는 그 의도와 구조상 평화공동체인 국가를 부정하는 것과 다르지 않다.

13 칼 슈미트의 '친구-적 이론'은 규범적인 언명을 담고 있지 않다. 폭력적인 투쟁에 대한 법이나, 교전의 정당성에 대해서도 마찬가지다.[32] '정치적인 것'은 존재의 실존적인 양식, 말하자면 불편부당한 제3자에 의한 규범적 규율이나 판정과는 거리를 두려고 하는 인간관계에서 극단적인 투쟁성향을 보여준다.[33] 사회생활에서 모든 문제가 정치적으로 과열될 수 있다. 법적 질서는 이를 막을 수 없다. 형사소송이나 행정집행행위 또는 헌법규범의 해석 등 모두가 '정치적인 것'이 될 수 있다. 여기에서 '정치적인 것'의 개념이 칼 슈미트와 같이 극단적인 전쟁상황에 맞추어서 좁게 정의되어야만 하는 것은 아니다. 이 개념은 정치적 통일체를 창출하기도 하고 또 위협할 수도 있는 대내적 국가생활에서의 구심적 또는 원심적 요소들과 연계하여 확장될 수 있다. 뵈켄푀르데(Böckenförde)는 슈미트의 '친구-적 이론'으로부터 추상적이고 포괄적인 정치개념을

(각주 1), S. 284.

31) Vgl. C. Schmitt(각주 24), S. 32, 46f.

32) 흔한 오해에 대한 적확한 비판은 Böckenförde, Der Begriff des Politischen (각주 1), S. 284. 반면에 Juliane Kokott는 피아의 명제가 규범적인 성격도 갖는 것으로 이해하는 입장에서 기본법규정(제3조 제3항, 제21조 제1항)을 근거로 이 명제를 반박할 수 있는 것을 부정한다(Der Begriff "politisch" im Normenzusammenhang des nationalen und internationalen Rechts, in: ZaöRV 51(1991), S. 603(621ff.,630f., 637). 하지만 헌법에 의거 정치이론을 반박하는 것은 종교자유의 기본권의 도움을 받아서 신앙을 근거로 정당화신학을 반박하거나 인정하는 것과 마찬가지로 가능하지 않다.

33) Vgl. C. Schmitt(각주 13), S. 27.

도출한다. "정치적인 것은 특정한 대상의 범위를 갖지 않는다. 이 개념은 오히려 인간과 인간집단 간의 공적인 관계의 영역, 즉 모든 사안 및 생활영역과 연관될 수 있는 결합 또는 해체의 정도, 경우에 따라서는 친구와 적의 구별에까지도 이를 수 있는 공적 관계의 영역을 표현한다."[34] 결합과 해체의 추상적이고 유동적인 기준은 국가의 대내적인 관계에서도 정치적인 동인들과 함께 정치적 통일체로서 국가를 창출하거나 위협하는 생활과정을 잘 드러나게 해준다. 여기에서 나타나는 것은 정치의 제2차적인 개념인바, 이 개념은 제1차적인 개념과 달리 평화 또는 전쟁에 대한 결단이 아니라 공동체에서 통일 또는 분열, 말하자면 통합 또는 양극화 등에 대한 근본적인 대안선택과 관련된다. 바로 이 점에서, 비록 정치에서 친구라는 동인, 즉 구심적인 동인만을 주목하면서 적대관계의 원심적이고 해체적인 동인들을 무시하기는 하지만, 적어도

34) Böckenförde, Der Begriff des Politischen(각주 1), S. 284f. Vgl. auch ders., Der Staat als sittlicher Staat, 1978, S. 12f. mit Anm. 7. C. Schmitt에 따르면 경제, 종교, 법의 사항영역과 "정치"라는 특수한 영역을 분리하는 것은 불가능하다. "하지만 정치적인 것의 속성은 바로 인간 활동에서 상정가능한 모든 영역이 잠재적으로 정치적일 수 있으며 또 이들 영역에서 결정적인 충돌과 의문이 야기되는 경우에 '정치적인 것'으로 된다는 점에 있다"(Das Problem der innerpolitischen Neutralität des Staates (1930), in: ders., Verfassungsrechtliche Aufsätze, 1958, S. 41(56). C. Schmitt 스스로 자신의 헌법교과서에서 민주주의원리를 "정치적인 것"으로 기술하였고, 현대 헌법의 "정치적인 구성부분"을 "법치국가적 구성부분"과 구별한다(각주 20, S. 123ff., 221ff., bes. S. 110, 200). 하지만 C. Schmitt의 '정치적인 것'에 대한 이해가 일관성과 정합성을 갖춘 것인지는 의문이다(이에 대한 긍정적인 의견은 Böckenförde, Der Begriff des Politischen(각주 1), S. 289f. 이에 대한 논란은 같은 문헌, S. 310ff.). 하지만 기본권을 비롯하여 여타의 법치국가와 관련된 헌법문제의 해석을 둘러 싼 논란은 늘 "정치적인" 현안으로 격화될 수 있다. 이러한 관점에서 특정한 사안영역의 획정과 연관하여 정치적인 것을 이해하는 것을 찬성하는 입장은 Scheuner(각주 13), S. 76. 정치적으로 중립적인 주제가 있는지 여부에 대한 토론이 주목된다. 연방헌법재판소는 우표와 철인에서조차 우편의 정치적 중립성을 부인한다[E. 72, 183(187)].

국가를 통합의 과정으로 이해하는 스멘트의 국가관과 부분적인 합치가 잘 드러난다.

14 '정치적인 것'의 의미는 헌법에 대하여 다면적이다. 국가의 정치적 통일성은 헌법의 전제조건이다. 헌법은 이 전제조건을 공고하게 할 수는 있지만, 담보할 수는 없다. 이 전제조건은 늘 위협에 노출되어 있다. 헌법의 효력에 대하여 '정치적인 것'은 잠재적으로든 가시적으로든 늘 위험으로 존재한다.[35]

4. 국가의 자기보전과의 연관성으로서 '정치적인 것'

15 '정치적인 것'의 본질은 고전적인 국가목표의 하나인 국가의 자기보전(자기유지)의 관점에서 정의될 수 있다.[36] 이 국가목표는

---

35) C. Schmitt와 R. Smend가 부정과 긍정의 통일성과 연관하여 '정치적인 것'을 이해하는 것은 "정치적 선서"의 두 가지 기능으로 상반되는 방향성을 갖는다. Ernst Friesenhahn은 우선 C. Schmitt와 관련하여 정치적 선서의 경계획정기능을 강조한다. 즉 피아의 분리와 적에 대한 위협 및 달리 생각하는 자에 대한 방어 등의 수단으로 정치적 선서를 이해하는 입장이다(Der politische Eid, 1928, S. 14ff.). 나중에 Friesenhahn은 "거시적인 통일체 및 공동체형성력"[Über des Eid des Beamten, in: FS zum 10jährigen Bestehens der Mittelrheinischen Verwaltungsakademie, 1935, S. 62(63)]과 "평화와 공동체를 지향하는 통일지향적인 통합적" 기능을 보다 강조한다[Zur Problematik des politischen Eides, in: Zeitschrift für Schweizereisches Recht, NF 99(1980), S. 1(3)].

36) Bilfinger에게 "정치적인" 국가는 "자신의 생활상의 필요성을 법적인 당위에 대응시키는 국가, 즉 자신의 생활을 보전하고, 관철시켜 나가는 국가"이다(각주 1, S. 59). Ernst Rudolf Huber는 "국가의 본질상 내재적인 자기유지의 의무"를 적시한다[Zur Lehre vom Verfassungsnotstand in der Staatstheorie der Weimarer Zeit, in: FS für Werner Weber, 1974, S. 31(35)]. 이 국가목적에 대해서는 Heinrich von Treitschke, Politik, Erster Band, 1922, S. 67ff.; Jellinek(각주 5), S. 255ff.

§6 IRG에서와 같이 반역죄 및 기타 유사 범죄를 "정치적인 형법"으로 칭하는 것은 국가보호의 목적과 연관된다(이에 관해서는 BVerfGE 46, 214(221); BGHSt 30, 199(203ff.); Eduard Dreher/Herbert Tröndle, Strafgesetzbuch, 1991, §7 Rn. 10). "정치적 형법"은 "국가보호형법"이다[대표적으로 Friedrich-Christian Schröder, Der Schutz von Staat und

국가의 존재이유(Staatsraison), 즉 가변적인 조건 속에서 국가조직의 유지와 권력적 이익을 관철시키고, 대내외적 도전[37]을 극복해야 하는 이유에 해당한다. 국가의 존재이유의 현실적인 필요는 헌법규범과 충돌될 수 있다.[38] 헌법의 수호가 때로는 여건에 따른 필수성이나 현실적으로 주어진 기회와는 상충되는 것으로 나타날 수 있다. 경우에 따라서 헌법이 국가의 존재이유의 정치적인 필요에 순응해야 하는 것인지 여부가 문제로 제기되는 것은 바로 이 때문이다.[39]

기술적인 행정에 대하여 통치의 고유한 영역을 '정치적인 것' 16
으로 파악하는 것은 독일 헌법이론상 하나의 전통적인 입장에 부합된다. 이에 따르면 국가가 행정영역에서는 다른 목적을 위하여 봉사하거나 또는 국가의 기능을 위하여 오로지 기술적인 수단만을 강구한다고 한다면, 반면에 "국가가 자신과 자신의 본질을 결정하고 관철시켜 나가는"[40] 활동영역은 '정치적인 것'으로 칭할 수 있

Verfassung im Strafrecht, 1970; Hans-Heinrich Jescheck, Lehrbuch des Strafrechts: Allgemeiner Teil, 1988, S. 93, 158, 171, 342; Günther Willms, in: Leibziger Kommentar zum Strafgesetzbuch, 1988, vor §80. Vgl. auch Erhard Denninger, Der Schutz der Verfassung, in: HdbVerfR, S. 1293(1302, 1320f.)].

"정치적 형법"이나 "정치사법"이라는 용어는 C. Schmitt가 말하는 정치적 적에 대항하는 투쟁의 수단으로 형사사법작용을 고발하는 관점에서 논쟁적인 개념들로도 사용된다[vgl. Otto Kirchheimer, Politische Justiz(1955), in: ders., Politik und Verfassung, 1964, S. 96ff.; Hans Čopić, Grundgesetz und politisches Strafrecht neuer Art, 1967; Alexander v. Brünneck, Politische Justiz gegen Kommunisten in der Bundesrepublik Deutschland 1949-1968, 1978)].

37) 이에 대해서는 Krüger(각주 1), S. 17ff.

38) Bd. I, Isensee, §13 Rn. 171f.; Bd. Ⅲ, Isensee, §57 Rn. 22.

39) 뒤의 단락 76ff.

40) Smend(각주 1), S. 79. Smend는 Karl-Salomo Zacharia를 인용한다. Vierzig Bücher vom Staate, Bd. I, 1989, S. 124; Johann Kaspar Bluntschli, Allgemeines Staatsrecht, Bd. I, 1868, S. 461ff.; Heinrich von Treitschke, Politik, Zweiter Band, 1898, S. 3; Karl Rothenbücher, Die Stellung des Ministeriums nach bayerischem Verfassungsrecht,

다. 정치권력은 대외적으로는 국가들 간의 공존 속에서 자신을 유지해 나가야만 하고, 마찬가지로 대내적으로는 민주적인 헌법의 조건 하에서 여론과 선거투쟁 및 의회에서의 토론과 표결로부터 일반적인 국가적 지향점과 본질을 확보해야만 한다.[41] 정치의 이러한 측면은 바로 스멘트의 통합이론적 시각에 부합된다.[42] 또한 이는 국가를 대외적으로는 다른 정치적 통일체에 대하여, 대내적으로는 통일을 위협하는 잠재적인 사회세력들에 대하여 자신을 보전해야 만하는 정치적 통일체로 파악하는 슈미트의 견해와도 맞아떨어진다.

17 국가의 자기발현과 자기관철은 헌법에 선행한다. 헌법은 국가목적의 실현을 위한 권한과 권능을 규율하고, 이 권한과 권능이 행사될 수 있는 형식적인, 실체적인 조건을 확정한다. 헌법의 고유한 규율대상은 국가활동의 수단이지 그 목적이 아니다.[43] 그러나 이 수단은 적잖이 법적으로 구속 및 제한되는바, 실제로 헌법상 주어진 수단들이 국가가 자기보전을 하기에 충분하지 못한 경우가 있을 수 있다. 헌법이 불문의 국가긴급권을 허용하는 것인지 여부가 문제로 제기되는 것은 바로 이 때문이다.

5. 국가경영으로서 '정치적인 것'

18 '정치적인 것'의 개념이 국가경영과 관련된다면 그것은 국가목적이 아니라, 국가경영을 위한 국가기관의 활동이 관건이 된다.[44] 법실무적인 관심은 통치의 권한영역을 행정영역과 구별하는 것에 모아지고, 이론적인 관심은 국가법의 영역(실질적인 의미의 헌법)과

1922, S. 71.

41) Smend(각주 1), S. 85.

42) 유익한 논의는 Smend(각주 1), S. 85ff.

43) Bd. Ⅲ, Isensee, §57 Rn. 41,

44) 동지 Scheuner(각주 13), S. 78f.(협의의 "정치적인 것").

(기술적인) 행정법을 차별화하는 것이 된다.[45] 이러한 맥락에서 '정치적인 것'은 (어쨌든 이념적으로는) 제한된 영역, 즉 "통치의 영역"(Bereich der Regierung)[46]으로 이해된다. 이 영역은 대외정치(외교), 대내정치(내치), 재정 및 사회정책 등의 부분영역으로 세분된다. 헌법은 국가기관에 대한 권한배분과 관할원칙을 통해 이들 부문별로 차별화된 사고와 연관될 수 있다.

국가경영의 정치적 기준은 집행부 범주 내에서 통치와 행정을 구별하는 것에 국한되지 않는다. 오히려 이 기준은 국가조직 전체를 대상으로 하는바, 말하자면 의회와 내각을 포함하는 정치운영의 영역과 행정과 사법이 해당되는 전문적인 집행의 영역으로 구별하는 준거가 된다. 말하자면 몽테스큐의 3권분립구조에 중첩되는 이원적 권력분립체계의 토대가 된다. 이 양분법은 민주적 정당성의 양식과 관련하여 중요한 의미를 갖는다. 정치의 영역에서는 선거를 통해서 매개되는 조직적-인적 정당성이 관건이라면, 전문성의 영역에서는 법률에 의해서 매개되는 실무상의 전문적-내용적 정당성이 중요하다.[47] 더 나아가서 공직접근도 두 영역별로 헌법상 각각 다른 양식의 제도로 운영된다. 의회와 내각구성원은 아무런

---

45) 이에 관해서는 Treitschke(각주 36), S. 3f.; Smend(각주 1), S. 79ff., 82. Bd. Ⅱ, Schröder, §50 Rn. 4, 5ff.; Bd. Ⅲ, Loschelder, §68 Rn. 23ff., 37ff.

46) "통치영역"에 관해서는 Smend(각주 1), S. 79; Ulrich Scheuner, Der Bereich der Regierung(1952), in: ders., Staatstheorie und Staatsrecht, 1978, S. 455ff.; ders.(각주 13), S. 76, 78.
국가경영으로서 '정치적인 것'의 의미를 파악하는 것에 따라 내각과의 가까운 거리로 인해서 공무원법상 특수한 지위를 갖는 "정치적 관료"의 개념이 정해진다(이에 관해서는 Josef Isensee, Öffentlicher Dienst, in: HdbVerfR, S. 1149(1182f.)).

47) 민주적 정당성의 양식에 대해서는 BVerfGE 83, 60(71ff.); Matthias Jestaedt, Demokratieprinzip und Kondominialverwaltung, 1993, S. 193ff., 291ff. Bd. I, Böckenförde, §22 Rn. 14ff.

법적 선발기준이 없이 정치적 의지만을 증명하는 선거에 의해서 선출되고, 반면에 행정부와 법원의 공직자는 기본법 제33조 제2항에 의거 법적으로 특정된, 전문적인 적성을 기준으로 하여 선발된다.[48] 그러나 연방헌법재판소의 경우는 기본법 제33조 제2항에 따른 전문성의 기준과 함께 정당의석비례기준에 따른 선거를 통해 정치적인 기준이 혼용되어 적용된다. 순수한 법원인 동시에 판결을 통해서 국가경영을 결정하는, 즉 정치적 영향력도 행사하는 '정치적인' 국가기관(헌법기관)이라는 점에서 연방헌법재판소는 양분법에 부합되지 않는다.[49]

6. 법적으로 구속되지 않는 의사력 및 형성력으로서 '정치적인 것'

19 통상적인 용례, 특히 법률가들의 관행에 따르면 '정치적인'이라는 말은 흔히 '법적인'에 대한 반대개념으로 사용된다.[50] '정치적인 것'은 법적으로 구속되지 않는 의사 또는 형성력으로, 반면에 법적인 것은 정치와는 무관한, 법률적인 합리적인 인식의 대상으로 여겨진다.[51] 말하자면 정치는 법의 원천이고, 법은 정치의 수단

---

48) 이에 관해서는 Isensee(각주 46), S. 1169f., ders., Demokratie – verfassungsrechtlich gezähmte Utopie, in: Ulrich Matz(Hg.), Aktuelle Herausforderungen der repräsentativen Demokratie, 1985, S. 43(46ff.). 이원론에 대한 일반론은 Heller(각주 13), S. 205.

49) 영국식의 이해에 따르면 연방헌법재판소는 "government"의 기능을 수행한다. 이는 1949년부터 1990년 까지 효력이 있었던 'Berlin-Vorbehalt der Westmächte'에 표현된 바 있었다. Bd. I Scholz, §22 Rn. 14ff.

50) 유사한 대응개념례인 "법적 한계들"과 "자유로운 정치적 형성"은 BVerfGE 34, 1(14f.). Bilfinger(각주 1, S. 59)는 정치적인 기준을 "법의 개념에 대한 상반성"으로 적시한다. Eichenberger(각주 1, S. 228)도 필수적인 다양성을 인정한다. 동지 Henke(각주 1), S. 200f. Kägi는 법규가 아닌 모든 헌법조문들을 '정치적인 것'으로 본다(각주 1, S. 131). "활동하는 법"과 "순화된 정치"의 개념쌍을 연방독일의 특유한 현상으로 적시한 Hans Meiers도 동일한 전제를 토대로 한다(Recht und Politik, in: Verhandlung des 57. DJT, 1988, S. H32(34ff., 44).

51) Vgl. Gerhard Leibholz: 정치의 "역동적이고 비합리적인" 속성과 법의 "정

인 동시에 그 결과로 이해된다.[52] 이러한 의미에서 '정치적인 것'은 법률집행과 대비되는 입법을 뜻하는 바, 이 구별은 권력분립구도를 토대로 한다. 헌법제정권력이나 국민의 의지에서 찾는 헌법의 정당성의 근원도 정치적인 속성을 갖는다. 법학방법론에서 법과 정치의 불일치가 주목되는바, 이는 법도그마틱과 법정책론 또는 헌법도그마틱과 헌법정책론의 이분법에서 잘 나타난다.

정치와 헌법은 필연적으로 서로 다를 수밖에 없기는 하지만, 동시에 서로 연관되는 요소로서 대립된다. 정치가 움직임이라면, 헌법은 움직여지지 않는 추동자 또는 움직임을 억제하거나 또는 촉발하는, 하지만 자신은 움직이지 않는 안정된 질서체계라고 할 수 있다.[53]

이러한 상반된 개념의 틀 속에서 보면 헌법을 '정치적인 법'이라고 하는 것은 일종의 '형용모순'(contradictio in adiecto)이다.

하지만 주지하는 바와 같이, 이 개념의 대립은 이상형을 기초 20
로 한 것일 뿐이다. 법과 정치는 분명하게 서로 분리될 수 없다. 헌법국가에서 법으로부터 자유로운 정치는 없다. 입법을 비롯하여 법률의 구속을 받지 않는 행정도 헌법규범을 통해 법적으로 기속

적이고 합리적인" 속성의 대비(Der Status des Bundesverfassungsgerichts, in: JöR NF 6(1957), S. 120(121f.); ders., Bundesverfassungsgericht(각주 1), S. 39f.). Gerd Roellecke는 헌법의 맥락에서 정치를 "공공생활의 부분영역들을 형성하는 것"으로 본다(Poltik und Verfassungsgerichtsbarkeit, 1061, S. 76).

52) Vgl. Dieter Grimm: Das Recht als Zweck, als Produkt, als Werkzeug der Politik(Recht und Politik, in: JuS 1969, S. 501ff.) Bd. Ⅲ, Ossenbühl, §61 Rn. 21ff.

53) Eichenberger에 따르면 정치는 "힘의 마당에서 수행되는 국가와 연관되는 행위"이고, 그 속에는 행동과 계속적인 활동성이 내재되어 있다. "반면에 헌법은 확고하게 사전에 주어진 규범체계 속에 있고, 일정 기간 동안 안정되며, 자극을 주고 유도적인 영향을 줄 수 있다. 하지만 헌법은 행동 자체는 아니다"(각주 1, S. 228).

된다. 입법자의 정치적인 형성의 자유도 헌법의 윤곽조건과 지침의 준거에 따라 허용되는 것일 뿐이라는 점에서 단순한 헌법집행은 아니고, 따라서 그 본질상 일종의 재량의 표현형식, 말하자면 법에 기속되는 정치적 재량이다. 하지만 그렇다고 해서 헌법해석의 영역에 정치로부터 자유로운 법이 있는지 여부나, 헌법규범의 해석이 인식적인 법률학적 방법론, 즉 '비정치적인' 방법론의 틀을 넘어서는 것인지, - 해석자에게 의식되건 그렇지 않건 - 의지적이고 정치적인 행위로 귀착될 수밖에 없는 것인지 등등의 의문이 해결되는 것은 아니다.[54]

법과 정치가 조화되기 어려운 소재라고 보는 관점은 헌법재판제도에 대한 근본적인 헌법이론적 반론의 출발점이 된다. 말하자면 헌법이 '정치적인 것'을 토대로 한다고 보면 헌법은 법관에 의해 좌우되어서는 아니 되고, 그 해석상 논란이 있는 경우 최종결정은 법원이 아니라 '정치적인' 기관(의회, 정부, 국가원수)에 맡겨져야 한다고 보는 견해이다. 헌법재판제도의 시행은 정치의 사법화와 사법의 정치화로 귀결될 것으로 보는 입장이다.[55]

---

54) 정치적 가치판단이 헌법해석에 영향을 미치는 것에 관해서는 Böckenförde, Die Eigenart des Staatsrechts(각주 1), S. 323ff.; Erhard Denninger, Verfassungsrechtliche Schlüsselbegriffe, in: FS für Rudolf Wassermann, 1985, S. 279ff. 헌법해석의 정치도구화에 대해서는 Alexander Hollerbach, Ideologie und Verfassung, in: Werner Maihofer(Hg.), Ideologie und Verfassung, 1969, S. 37ff.; Martin Kriele, Das Grundgesetz im Parteienkampf, in: ZRP 1973, S. 129ff.; Werner Weber, Über die Verlässigkeit des Grundgesetzes, in: FS für Arnold Gehlen, 1974, S. 393ff. "정치법관" 논란에 대한 자료는 Rudolf Wank, Grenzen richterlicher Rechtsfortbilung, 1977, S. 216ff.

55) 바이마르 헌법시대에 헌법재판에 대한 근본적으로 상반되는 입장은 Carl Schmitt, Der Hüter der Verfassung, 1969. 법관의 "정치적 기능"을 강조하는 반론은 Hans Kelsen, Wesen und Funktion der Staatsgerichtsbarkeit, in: VVDStRL 5(1929), S. 30ff. 기본법의 맥락에서 문제점에 대해서는 Bundesverfassungsgericht, Der Status des Bundes-

이 같은 개념이해는 헌법적으로 요구되는 것은 정치적 자의로부터 이격되어 있다는 원칙을 토대로 한다. 예컨대, 개별 사회집단들은 자신들의 특수한 이익을 입법자의 정치적인 접근에서 이격시키기 위하여 그것이 헌법적으로 보장되는 것임을 증명하려고 한다. 말하자면 입법자는 그에게 헌법에 의거하여 저지 또는 부과되는 것에 대하여 정치적으로 책임을 질 필요가 없다. 연방정부가 국제연합의 군사조치에 참여를 거부하거나, 국가공동체에 반대하는 경우에 기본법을 근거로 제시한다면, 정치적 논증을 하지 않아도 되는 것도 마찬가지 논리이다.[56]

Ⅱ. 기본법상 법개념으로서 '정치적인 것'

1. 헌법학적 해석의 주제로서 '정치적인 것'

헌법의 규범성과 관련하여 '정치적인 것'의 의미를 묻는 헌법 21
도그마틱 및 헌법이론적 차원의 근본적인 질문과 헌법텍스트에 있는 '정치적인'이라는 단어에 합당한 내용을 묻는 법해석론의 문제는 구별된다. 기본법은 상이한 맥락에서 여러 차례 '정치적'이라는 단어를 사용하고 있다: 예컨대 제3조 제3항, 제16조 제2항 2문,

---

verfassungsgerichts ("Status-Denkschrift"), in: JöR NF 6(1957), S. 109(120ff. bes. 123-127); Richard Toma, Rechtsgutachten betreffend die Stellung des Bundesverfassungsgerichts, ebd., S. 161(170ff.); Roellecke(각주 51); Klaus Stern, Verfassungsgerichtsbarkeit zwischen Recht und Politik, 1980; Willi Geiger, Recht und Politik im Verständnis des Bundesverfassungsgerichts, 1980.

56) 시대에 뒤떨어진 문제의 정치적 측면에 대해서는 Josef Isensee, Bundeswehr als internationale Krisenfeuerwehr und Friedenstruppe, Mitverantwortung des Deutschen in der Völkergemeinschaft, in: Dieter Wellershoff(Hg.), Frieden ohne Macht?, 1991, S. 210ff. 법상황에 대해서는 Albrecht Randelzhofer, in: Maunz/Dürig, Komm. z. GG, Art. 24 Abs. Ⅱ Rn. 60ff.; Bd. Ⅲ, F. Kirchhof, §78 Rn. 24ff.

제21조 제1항 1문, 제59조 제2항 1문, 제116조 제2항 1문 등에서 '정치적'이란 단어를, 제65조 1문에서 '정치'라는 단어를 사용하고 있다.[57] 전자의 근본적인 질문은 이들 헌법텍스트의 해석론을 통해서 답을 찾을 수는 없다. 하지만 '정치적인 것'이 헌법전 속에서 반영되고 있는 양식으로부터 간접적인 단서는 찾을 수 있다.

헌법규범의 구성부분으로서 '정치적인'이라는 말은 하나의 법개념이다. 이 법개념은 그 자체가 통상적인 법률학적 해석의 대상이다. 이는 '정치적인 것'의 본질을 언급하여 논증할 필요가 없다. 이 개념에 대한 법률학적 해석의 주제가 바로 구체적인 맥락 속에 있는 실증적-법적인 규범내용이기 때문이다. 하지만 이 내용이 그 말 자체에서 도출가능한 모든 상이한 의미들과 합치되는 것은 아니다. 법개념은 그것이 해당하는 규범이 내용상 확정되고, 실제로 준수될 수 있어야만 하는 점에서 의미의 동일성이 특정되고, 정의될 수 있어야만 한다. 다만 '정치적인'이라는 말이 같다고 해서 상이한 기본법규범들 속에서 그 의미가 같은 것이어야 할 필요가 없음은 물론이다. '국민'(Volk),[58] '법률'(Gesetz),[59] '합헌적 질서'(verfassungsmäßige Ordnung)[60] 등과 같이 기본법에서 여러 차례 사용되는 다른 단어들도 다양한 의미의 상이한 개념으로 파악되는 예

57) 이에 대한 개관은 Gerhard H. Reichel, Die auswärtige Gewalt nach dem Grundgesetz für die Bundesrepublik Deutschland vom 23. Mai 1949, 1967, S. 101 Anm. 173; Kokott(각주 32), S. 604f., 629ff.

58) 이에 대한 개관은 Manfred Birkenheier, Wahlrecht für Ausländer, 1976, S. 135ff.

59) Vgl. Christian Starck, Der Gesetzesbegriff des Grundgesetzes, 1970, 법률개념의 다양한 측면의 의미, 특히 기본권장 중 법률유보의 의미에서(S. 32ff.), 기본법 제20조 제3항 및 제97조 제1항상 의미(S. 37ff.), 기본법 제5조 제2항(S. 62), 제80조 제1항(S. 172f.), 제59조 제2항(S. 174), 제21조 제3항, 제38조 제3항, 제41조 제2항, 제45b조 2문, 제48조 제3항(S. 175).

60) Bd. Ⅳ, Maunz, §95 Rn. 8; Bd. Ⅵ, Merten, §144 Rn. 74; Erichson, §152 Rn. 31ff.

들이 없지 않다.

2. 기본법텍스트 속에서 '정치적인 것'의 의미범주

a) 권력과 공공복리를 둘러 싼 투쟁 속에서 정치적 당파성 (제3조 제3항, 제21조 제1항, 제116조 제2항)

누구를 우대하거나 불리하게 취급하는 합당한 이유가 될 수 없는 '정치적인' 견해들은(기본법 제3조 제3항) 국가권력과 공공복리의 옳은 결정을 둘러 싼 토론 속에서 대립되는 입장들이다.[61] 이 견해들은 국민의 '정치적' 의사의 형성과 연관된다. 기본법은 정당에게 — 오로지 정당에게만 해당되는 것은 아니지만 — 이 개방된 과정에 참여하는 것을 보장한다(제21조 제1항 1문).[62] 기본법 제3조 제3항에 의거한 차별금지의 척도는 나치시대에 "정치적, 인종 또는 종교적 이유로" 독일국적을 박탈했던 것에 대한 경과 및 배상규정의 근거가 되기도 한다(기본법 제116조 제2항 1문). 이들 세 조항에서 '정치적인 것'의 특징은 일치한다.[63] 오늘날 차별취급을 22

---

61) Günter Dürig의 해석론과 비교, Maunz/Dürig, Komm. z. GG, Art. 3 Abs. Ⅲ Rn. 129ff. 재판에서 '정치적인 것'의 정의는 문제가 되지 않는다. 하지만 기본법 제3조가 단지 어떤 사상을 갖는 것만을 보호하는 것인지(예컨대 BVerfGE 13, 46(49); 39, 334(368)), 아니면 그 실행도 보호하는 것인지는 의문이다. 예컨대 Mahrenholz의 소수의견 BVerfGE 63, 266(304). 이런 의미에서 망명권을 파악하는 사례로는 BVerfGE 80, 315(336) 참조. → Bd. V. Sachs, §126 Rn. 50.
Kokott는 '정치적인 것'을 야당의 관점에서 파악한다(각주 32, S. 629ff.). 하지만 이 견해는 너무 편협하다. '지배적인' 사상도 포함되는 것으로 보아야 한다. 기본법 제3조 제3항은 불리한 차별취급과 함께 우대도 금지한다.

62) 정당이 지방자치선거만이 아니라 국회의원선거에도 참여해야만 하는 요청은 정당의 개념적 징표이지(Bd. Ⅱ, §33 Rn. 47ff, 52), "국민의 정치적 의사형성"이라는 개념에서 도출되는 제약이 아니다. 지방선거도 정치적 선거이기 때문이다(BVerfGE 6, 104(114)). Vgl. auch BVerfGE 6, 367(372f.); 11, 266(273); "정치적인" 의사형성을 좁게 해석한 예는 BVerfGE 2, 1(76).

63) 연방행정재판소는 '정치적인' 특성을 특수한 보상법의 의미에서 파악하지 아니하고, 일반적인 통용어의 의미로 이해하였다. BVerwGE 1, 234(236)).

금지하고 또 헌법제정 이전에 있었던 차별의 법적 효력을 부인하는 것들과 같은 근거이다. 말하자면 이들 세 규정상 '정치적인'의 말은 동일한 의미를 갖는다. 이는 막스 베버가 사용한 의미에도 부합된다.[64]

b) 외국들과의 적대성(기본법 제16조 제2항 2문)

23 망명기본권은 '정치적인' 박해자에게 인정된다(기본법 제16조 제2항 2문). 여기에서 '정치적인'의 개념은 포착하기가 쉽지 않다. 이 개념은 외국에서의 외국인의 박해와 관련되고 또 기본법은 외국의 현실적, 법적 상황과 연관되는데, 이 상황은 현대의 국제법질서라고 하는 여전히 광범위한 윤곽 속에서 다양하게 형성되기 때문이다. 따라서 '정치적인 것'의 특징은 세계의 다원성 속에서 독일이라는 헌법국가의 좌표를 헌법적으로 설정하는 것과 같은 의미를 포함한다.

24 이 규정상 '정치적인'의 특징은 망명권의 근거가 되는 이유와, 여타의 박해 및 긴급피난의 정황을 구별하는 기준이 된다. 낮은 생활수준, 경제적 곤궁, 높은 범죄율, 국가 간의 전쟁과 내란, 정치적 부자유, 인권침해 등과 같이 어떤 나라의 모든 거주민들이 겪고 있는 불이익은 비정치적인 것이고, 따라서 망명과는 무관한 것들이다.[65] 한 국가로서 독일이 아무런 제약 없이 타국의 행위를 독일 헌법질서의 잣대로 평가할 수는 없다. 독일의 헌법질서에 따라 허용될 수 없는 법의 침해라고 해서 모두 '정치적인' 박해로 규정될 수는 없다.[66] 인권이 침해되거나 민주적인 기본적 자유가 제

64) 앞의 단락. 9f. 기본법 제21조 제1항 1문에 대한 적확한 단서는 Kokott(각주 32), S. 636ff.

65) Vgl. BVerfGE 54, 341(357). 내전에 대해서는 BVerfGE 80, 315(340).

66) BVerfGE 76, 143(157, 166f.) 하지만 인간의 존엄은 보편적인 기준으로 확립되어 있고, 망명권도 이로부터 도출된다. BVerfGE 54, 341(357); 76, 143(158).

한된다고 해서 바로 망명신청권이 주어지는 것은 아니다. 즉 '정치적인 것'의 개념은 망명권의 인본주의적인 목적에서 도출될 수는 없다.[67] 망명권의 사실상 전제조건의 범위가 그 법적 목적에 대한 고려에 의해 정해질 수는 없기 때문이다. 게다가 인본주의적인 인권의 관점에서 보면 비정치적인, 예컨대 경제적인 곤궁의 상황이 정치적인 어려움보다 훨씬 더 심할 수도 있다.

'정치적인 것'의 특징은 박해의 이유, 대상 및 그 주체와 연관 25
된다.[68] 우선 박해는 국가에 의한 것이어야만 한다. 사인에 의한 법침해는, 국가가 그것을 고무, 조장 및 수인하고 또 희생자를 보호하지 않은 이유로 국가에게 책임이 귀속되는 경우라면 몰라도, 박해에 해당되지 않는다.[69] 하지만 국가권력의 해체, 무정부상태나 내전에 따른 위험 등은 그 자체만으로는 정치적인 속성이 인정되지 않는다.[70] 박해자인 외국이 자신의 권력이나 지배체제 및 자신의 권력유지를 위해 긴요한 가치들에 대한 사실상 또는 예상되는 위협을 막기 위하여 취하는 박해조치들이 정치적인 박해에 해당한다.[71] 다만 이것이 망명권의 구성요건의 전부는 아니다. 우선 정치적인 박해라고 해서 필수적으로 권력의 획득 및 유지와 관계되어

---

67) 결론을 같이 하지만 논증을 달리하는 입장은 Kokott(각주 32), S. 632ff. 인권과 법치국가를 근거로 한 논증에 대한 비판은 Wolfgang Zeidler, Einige Bemerkungen zu den Versuchen, den Begriff der "politischen Verfolgung" zu bestimmen, in: FG zum 10jährigen Jubiläum der Gesellschaft für Rechtspolitik, 1984, S. 551(561f.); Volker Neumann, Feindschaft als Kriterium des asylrechtlichen Politikbegriffs, in: NVwZ 1985, S. 628(629f.).

68) BVerfGE 9, 174(180); 54, 341(356f. 358); 76, 143(157, 169f.). 준국가적인 조직에 대해서는 BVerfGE 80, 315(334f.), Bd. Ⅵ, Randelzhofer, §132 Rn. 11.

69) BVerfGE 54, 341(358); 76, 143(169); 83, 216(235f.).

70) BVerfGE 80, 315(336, 340).

71) OVG Hamburg, in: InfAuslR 1983, S. 187(199). 이에 대한 비판은 Zeidler(각주 67), S. 560f.

야만 하는 것은 아니다. 여기에서 '정치적인'이라는 말은 막스 베버의 정치관과 일치하지 않는다.[72] 예컨대, 권력투쟁에서의 패배가 다 망명권과 연관되는 것은 아니다.[73] 오히려 베버에 따르면 '비정치적인' 것인 일상의 사적인 영역에서의 종교행사나[74], 기타 인종이나 성적 취향같이 피박해자의 선천적인 불변의 인적 특성들도 잠재적으로 망명과 관련되는 특징이 될 수 있다.[75]

26 '정치적인'의 수식어는 일정하게 획정된 국가생활의 영역으로 그 대상을 제한하는 의미가 아니라, 특정한 상황하에서라면 언제든, 어떤 사항영역에서의 조치들이든 그러한 것으로 인정할 수 있는 속성을 기술한다.[76] 어떤 박해가 개인에게 망명권과 관련되는 권리침해들, 예컨대 "그 강도가 국가통일체의 포괄적인 평화질서에서 개인을 배척하는 권리침해를 가져오는 경우라면"[77] 그것은 '정치적인 것'이다. 망명권과 관련된 '정치적인 것'의 지표는 칼 슈미트가 사용하는 '정치적인 것'의 개념과 일치된다.[78] 정치적인 피박해자는 국가권력의 보유자가 정치적 통일체(독일 연방헌법재판소의 표현에 따르면 국가적 통일체)[79]로부터 배척하는 공적(公

---

72) BVerwGE 67, 184(187f.). Vgl. auch Neumann(각주 67), S. 630.

73) BVerfGE 67, 184(188).

74) BVerfGE 76, 143(158ff.); 81, 58(66); BVerwGE 74, 31(38, 40).

75) BVerfGE 76, 143(157f.); 80, 315(333ff.); BVerwGE 67, 184(187); 79, 143. 동성애와 관련해서는 Bd. VI, Randelzhofer, §132 Rn. 12.

76) BVerfGE 76, 143(157f.); 80, 315(333). Vgl. auch BVerWGE 67, 1284(188).

77) BVerfGE 80, 315(334f.).

78) Böckenförde에 의해서 더 발전되면서 C. Schmitt의 정치이론이 수렴된 것이 주목된다(앞의 단락. 11ff.) in BVerfGE 80, 315(333ff.). C. Schmitt가 이해하는 의미에서 개념파악은 OVG Hamburg, in: InfAuslR 1983, S. 187(198f.). Kirchheimer(N36)와 연관해서도 주목할 만하다; Karl Doehring, Asylrecht und Staats-schutz, in: ZaöR 26(1966), S. 33(38f.); Neumann(각주 67), S. 630ff. 반대의견은 BVerwGE 67, 184(187); Kokott(각주 32), S. 632ff.

79) BVerfGE 80, 315(334).

敵)이다.[80] 그 피박해자는 특정한 법질서를 침해하였기 때문이 아니라 박해하는 국가의 관점에서 요구되는 사람과 다른 유형이고 달리 생각하기 때문에 적이다. 범죄를 저질렀다고 할 경우 적으로서 그에게는 법의 척도에 따른 실질적인 재판을 포함하여 그 어떤 공정한 절차도 기대할 수 없다.[81] 그는 정치적 사법의 대상이 될 뿐이다. 여기에서 국가는 홉스가 말하는 이중의 얼굴을 보여준다: 보호하는 힘은 박해할 수 있는 힘을 내포한다.[82]

c) 국제관계 속에서 국가의 자기보전(기본법 제59조 제2항 제1문)

연방의 '정치적 관계'를 규율하는 국제조약은 특수한 법률유보 27
의 대상이 된다(기본법 제59조 제2항). 이 형식적 요청과 연관되는 "정치적인 것"의 기준은 해당 조약이 극히 일반적으로 공적 사안, 공공복리 또는 국사를 내용으로 하다는 것만으로 충족되지는 않는다. 오히려 "국가의 존립, 영토적 완전성, 국가의 독립, 국가연합체에서 국가의 지위나 공식적인 힘"과 관계되는 경우, 예컨대, "다른 국가에 대하여 한 국가의 권력적 지위를 주장·보강, 그리고 확장하는 것"[83]을 도모하는 경우이기만 하면 그 조약은 '정치적인 것'이다. 말하자면 '정치적인' 속성은 국가의 자기보전의 목적에 의해서 결정된다.[84] 정치적인 성격이 있는 것인지 여부는 추상적인 규칙에 의거하여 답해질 수는 없고, 구체적인 상황 속에서만 결정

80) BVerwGE 79, 143(146). Vgl. auch BVerfGE 76, 143(157).

81) "정치적 형법"에 대해서는 BVerfGE 80, 315(337f.). Vgl. auch Doehring (각주 78), S. 41f.; Kokott(각주 32), S. 634f. 개관은 Neumann(각주 67), S. 634.

82) BVerfGE 80, 315(334).

83) BVerfGE 1, 372(381ff.). 찬성의견은 Ulrich Fastenrath, Kompetenzverteilung im Bereich der auswärtigen Gewalt, 1986, S. 148, 217ff.; Ondolf Rojahn, in: v. Münch Ⅱ, Art. 59 Rn. 23ff.; Kokott (각주 32), S. 640ff. Bd. Ⅲ, Grewe, §77 Rn. 58.

84) 앞의 단락. 15ff.

될 수 있을 뿐이다.[85] 어떤 조약이 독일의 존립과 국제세계에서 독일의 힘의 크기와 관련되는 점에서 '정치적인 것'으로 확인되는 경우, 헌법에 따라서 그 조약은 정부의 밀실정책에 맡겨져서는 아니 되고, 당연히 국민대표의 토론장에서 논의되어야 한다.[86]

d) **국가의 경영**(기본법 제65조 제1항)

28 연방수상이 그 기본방침을 정하는 "정치"(기본법 제65조 제1항)는 개별적인 국가목표나, 그 목표의 실현을 위한 수단의 차원에서 확정될 수는 없다. 그것은 그 기능이 헌법에 의거 다른 기관에 부여되지 않은 범위에서 일반적으로 최고의 국가경영을 내용으로 한다.[87] 정치의 영역은 광범위하면서 개방되어 있고 또 세부적으로 획정될 수 없다.[88] 또한 행정과 구별되는 점이기도 하지만, 정치는 국가 전체에 대한 조망을 전제로 한다.[89] 다만 기본법 제65조 제1항의 법적 의미는 정치의 영역을 여타의 국가활동의 영역과 구별하여 정하는 데 있는 것이 아니라, 행정 각부 장관의 권한 및 합의제기관인 연방내각의 집단적 권한에 대하여 연방수상의 기본방

85) 연방헌법재판소는 동어반복식으로 "구체적인 정치상황"에 의거하여 "정치적인 것"을 정의한다(BVerfGE 1, 372(383)).

86) "정치적인" 비밀조약의 체결금지에 대해서는 Rojahn(각주 83), Art. 59 Rn. 25.

87) Vgl. Helmuth C. Liesegang, in: Münch Ⅱ, Art. 65 Rn. 7; Kokott(각주 32), S. 342f. 앞의 단락. 16. "정치적인"에 대한 이러한 이해는 "정치적인 형향에 따라 일반적으로 내각의 책임에서 벗어나서 내각과 의회로부터 독립된 다른 기관에게 위임될 수 없는" 통치과제가 있다는 명제를 기초로 한다(BVerfGE 9, 268(282); 이에 관해서는 Matthias Jestaedt, Demokratie unter Bagatellvorbehalt?, in: Der Staat 32(1993), Heft 1.

88) Vgl. Ernst-Wolfgang Böckendörde, Die Organisationsgewalt im Bereich der Regierung, 1964, S. 206; Ernst Ulrich Junker, Die Richtlinienkompetenz des Bundeskanzlers, 1965, S. 2, 46, 54; Badura (각주 1), S. 343; Hans-Peter Schneider, in: GG-AK Ⅱ, Art. 65 Rn. 3. Bd. Ⅱ, Schr der, §50 Rn. 1ff.

89) Vgl. Smend(각주 1), S. 79.

침결정권을 확정하는 데 있다.[90]

C. 헌법의 일반적 독자적 규범특성

I. 헌법국가적 전제

기본법의 헌법국가의 이념에 따르면, 즉 국가권력은 시민의 29
자유를 위하여 법의 수단에 의해서 통제된다("사람의 정부가 아니라 법의 정부").[91] 국가권력의 정당성의 근거인 국민의 의사는 그것이 법률의 형식으로 표출될 때에만 구속력을 갖는다. 국가권력은 법제정의 소재지이지만, 그 자신이 법에 구속된다. 법은 정치의 결과물이기는 하지만, 그 자신이 국가경영과 입법, 즉 정치가 따라서 움직여야만 하는 궤도의 질서를 형성한다. 국가는 법에서 자신의 질서를 찾고, 법은 국가에서 자신의 실효성을 담보하는 힘을 찾는다.[92] 상당 부분 자기기속이지만, 국가가 법에 기속되는 것은 법치국가로서 헌법국가의 고유한 요소이다. 국가의 존재이유는 법 속에 있다. 법이 국가가 정치적 목적을 달성하는데 기여하는 것이기는 하지만, 그렇다고 해서 아무런 제약 없이 법이 수단화될 수 있는 것은 아니다. 바로 이 점에서 법치국가와 전체주의적 국가가 구별된다. 예컨대 과거 동독의 사회주의적 정당 또는 국가기구는 자신이 제정한 법률에 기속되지 않았다. 그들은 사회주의적 정강 우선의 원칙에 의거하여 법률에 대하여 마음대로 처결할 수 있었다.[93]

---

90) Vgl. Böckenförde(각주 88), S. 206.
91) Bd. I, Isensee, §13 Rn. 126ff.
92) 이에 관해서는 Schindler(각주 17), S. 16ff.
93) Bd. I, Brunner, §10 Rn. 19ff., 30ff.

Ⅱ. 헌법의 법적 효력과 통합기능

30 법률의 지배라는 헌법국가적 구상은 헌법률에 대하여 일정한 영향을 준다. 최상의 법률로서 헌법은 독특한 규범적 속성을 갖는다. 하지만 헌법은 동시에 국가법질서 속의 여타의 규범들과 마찬가지로 정규의 규범이기도 하다. 즉 기본법은 법률이다. 형식만을 기준으로 해서 그런 것이 아니고, 그 내용상으로도 법률이다. 기본법은 국가권력의 창설과 기능의 설계라는 구속력 있는 규범프로그램을 담고 있다.[94] 이는 국가기관에 대하여 직접적인 법적 효력을 갖는 의무의 근거가 되고, 국가적인 의사형성의 관할과 절차를 규율하며 또 이를 통해서 정치과정을 부분적으로 법의 테두리 속으로 끌어들이게 된다. 더 나아가서 기본법은 기본권을 통해서 시민들의 주관적 권리를 창출한다.

다른 법률들과 마찬가지로 기본법도 자신의 규범이 현실 속에서 실현되는 것을 요구한다. 헌법규범의 실제적 효과를 가능하게 만들고 또 실제로 구현되게 하는 것이 해석의 원칙으로 요구된다.[95]

31 기본법은 그 내용과 수신인, 효력의 강도, 규율의 밀도 및 고도의 추상성에서 상이한 규범적 질의 규정들을 내포하고 있기는 하지만, 법으로서의 모든 속성 또한 갖는다. 법규범으로서 이들 규

---

94) Alexander Hollerbach는 "특정한 의미를 갖는 원칙들을 지향하면서 공동체의 법적 형상에 대하여 기초를 다지고, 공동체가 이 속에서 정치적으로 존재하고, 자신의 역사적인 임무를 수행하게 되는 구조적 계획"을 실질적 의미의 헌법으로 정의한다(각주 54, S. 46). 헌법의 현대적인 형식으로서 법률에 대해서는 Hasso Hoffmann, Zur Idee des Staatsgrundgesetzes, in: ders., Recht-Politik-Verfassung, 1986, S. 261(269ff., 280ff.). Bd. I, Isensee, §13 Rn. 136ff.

95) Vgl. Hans Hugo Klein, Bundesverfassungsgericht und Staatsraison, 1968, S. 25, 32; 기초적인 것은 Hesse(각주 17), S. 6ff.; ders.,(각주 1), S. 16ff.

정은 법률학적 인식의 대상이지 정치적 의지의 대상이 아니다. 즉 이들은 법관의 결정에 대한 척도로서 속성을 갖는다. 바로 이 점에서 연방헌법재판소제도의 근본적인 전제조건이 찾아진다.[96] 진정한 법원으로서 연방헌법재판소는, 그 해석에 대하여 분쟁이 있는 경우 연방헌법재판소가 최종적인 결정권을 갖는 헌법률이 정격의 법률이라는 점, 그 해석은 법관이 법을 발견하는 수단으로 수행되어야 한다는 점, 연방헌법재판소는 법원으로서 의회 내외의 정치적 권력투쟁에 대하여 공식적인 거리와 내적 독립성을 확보할 수 있는 점, 헌법재판이 정치적 수단으로 변질되지 않고, -눈에 뜨이건 그렇지 않건- 다른 수단으로 정치를 하는 것이 되지는 않는 점 등을 토대로 한다.[97]

기본법, 즉 헌법은 강제적인 법이다.[98] 기본법은 국가와 시민 간의 관계에서든, 국가기관 간의 관계에서든 당사자의 처분에 맡겨져 있지 않다. 연방과 주는 어떤 개별 사안의 경우 관할권을 위반하는 것이 합당한 경우라고 할지라도 양자 합의하에 권한에 대하여 마음대로 할 수는 없다.[99] 공적 편익이 조직법적 헌법규범의 32

96) 이에 관해서는 Klaus Schlaich, Die Verfassungsgerichtsbarkeit im Gefüge der Staatsfunktion, in: VVDStRL 39(1981), S. 99(103ff.); Dieter Grimm, Verfassung(1989), in: ders., Die Zukunft der Verfassung, 1991, S. 11(21). Bd. Ⅱ, Roellecke, §54 Rn. 3. 헌법재판이 진정한 재판인지 여부, 말하자면 진정한 헌법해석인지 아니면 헌법제정인지에 관해서는 Schlaich(a.a.O., S. 132), Ernst-Wolfgang Böckenförde (Diskussionsbeitrag, ebd., S. 172ff.)와 Ulrich Scheuner(Verfassungs-gerichtsbarkeit und Gesetzgebung, in: DÖV 1980, S. 473(477).

97) 이에 관해서는 Böckenförde, Die Eigenart des Staatsrechts(각주 1), S. 329. Bd. Ⅱ, Geck, §55 Rn. 18, 28ff.

98) 이와 관련된 재정헌법의 사례로는 BVerfGE 72, 330(388)f.). Bd. Ⅳ, Vogel, §87 Rn. 120ff.; Isensee, §98 Rn. 212.

99) Vgl. BVerfGE 55, 274(301); 63, 1(39f.). 재정헌법에 대해서는 BVerfGE 72, 330(388f.). Bd. Ⅳ, Isensee, §98 Rn. 100, 177, 181ff.; Rengeling, §100 Rn. 12.

침해를 정당화할 수는 없다. 정치적 이익은 헌법상의 권한배분에 따른 조직체계의 테두리 내에서만 발전시킬 수 있다. 공권력의 기본권적 의무와 객관적인 법치국가적인 의무는 시민과의 협상이나 타협의 대상이 아니다.

33 헌법률은 법률학적으로 그 준수를 확약받을 수 있고 또 그럴 의사를 가지고 있다. 기본법은 독일 헌법사에서 유례를 찾아 볼 수 없고 또 국제적으로도 소수의 나라의 헌법만이 비교대상이 될 수 있을 정도의 법적 구속력과 실효성을 갖고 있다. 기본법은 전통적으로 규범적 구속력이 취약할 수 있는 부분을 제거하고 있다. 예컨대, 기본법은 입법과 외교권 등과 같이 비교적 강한 정치적인 연관성(여러 가지 의미의 '정치적인') 때문에 헌법적 규율의 대상으로 삼기가 쉽지 않은 국가활동의 영역에서도 법적 효력을 관철시키고 있다. 기본법은 바이마르 시대에 논란이 되었던 기본권의 입법부에 대한 구속력을 명시적으로 규정하고 있다(제1조 제3항).[100] 기본법은 기본권을 소구가능한 주관적 공권으로 보장함으로써 자유주의적 전통에 터잡은 기본권의 규범적 효력을 강화하고 있다.

몇 가지 예외를 차치하면, 기본법은 소극적인 지위와 연관되는 기본권의 형식적인 보장만을 규정하고 있다. 이들 기본권만이 그 방어권으로서 구성요건의 범위 안에서 헌법에 의해 직접적으로 시민의 주관적인 권리로 인정된다. 반면에 적극적인 지위의 기본권은 법률을 통한 매개를 필요로 하는 바, 헌법의 차원에서는 단지 국가과제나 규범 및 관할 국가기관에 대한 지침을 줄 수 있을 뿐이다. 국가와 시민의 관계는 시민이 법원의 힘을 빌려 그 준수를 강제할 수 있는 법적 규범에 의해서 지배된다. 기본법은 단지 통합이나 국민교육, 정치적인 미래상 등에 대한 필요성에만 부응

100) 기본권의 법적 특성에 대한 바이마르 시대의 논란에 대해서는 Kägi(각주 1), S. 133ff. Bd. I, H. Schneider, §3 Rn. 36.

하는 촉구성의 규범들은 원칙적으로 배제하고 있다. 즉 기본법은 국가목적 조항이나 사회적, 문화적 기본권 및 방침규정들을 포함하지 않고 있다. 이러한 절제에 따라 기본법의 표현양식은 법률학적인 간결성과 엄정성 및 신뢰가 돋보인다.[101] 이는 많이 채택되고 있는 어의상 화려한 헌법의 유형, 말하자면 수사학적인 선언의 양식을 취하거나 또는 인권과 유사한 규정들을 담고 있는 헌법의 유형과는 극명하게 대립되는 양식이다.

통합 역시 기본법의 목표이다. 이는 자유민주주의에서 헌법의 필수불가결한 과제이다.[102] 하지만 이러한 종류의 과제를 규범적인 34
법률에 담는 것은 적당하지 않다. 기본법은 어떤 법실무상의 관심도 없이 사회가 정신적으로 합치 및 공유할 수 있는 것, 예컨대 국민적 가치나 국제정치적인 희망, 시대정신의 조목 등과 같은 것을 조문화하는 것과 같은 직접적인 방식으로 통합을 추구하지 않는다. 이런 종류의 통합의 계기들은 당연히 그 해석자가 기본법의 법적 규범들 속에서도 찾아낼 수 있을 것이다. 게다가 기본권과 국가구조규정들은 규범적 효력은 없지만 보다 높은 수준에서 촉구되는 통합의 명제를 제시한다. 하지만 기본법의 토대인 통합은 헌법의 바깥이 아니라, 헌법을 경유해서, 즉 헌법이 권력

101) 기본법의 표현양식은 통일조약(Art. 5)의 발안에 따라 많은 국가목적조항과 사회적 권리들이 헌법전에 수용되어야 하는 경우에 근본적으로 개정될 수 있다. 법적 규범과 촉구적 규범의 개념쌍에 대해서는 Bericht der Sachverständigen-kommission Staatszielbestimmungen/Gesetzgebungsaufträge(hg. von den Bundesministerien des Innern und der Justiz), 1983, S. 35f. - 이와 유사하게 Kägi는 헌법상의 법규와 법규가 아닌(또는 아직은 아닌) "정치적인" 규정을 구별한다(각주 1, S. 131).

102) 고전적인 연구로는 Smend, Verfassung und Verfassungsrecht(각주 16), S. 187ff. Vgl. auch Herbert Krüger, Die Verfassung als Programm der nationalen Integration, in: FS für Friedrich Berber, 1973, S. 247ff.; Erhard Denninger, Verfassung und Gesetz, in: KritV 1986, S. 291(309); Hesse(각주 1), Rn. 4, 6f.; Eichenberger(각주 1), S. 207ff.; Bd. I, Isensee, §13 Rn. 115f., 134.

제한과 자유보장이라는 자신의 과제를 효과적으로 완수함으로써 진전된다.

35 기본법의 언어형식은 그 통합의 목표에 어울린다. 특히 전문과 기본권부분을 관철하고 있는 헌법의 전형적인 열망, 즉 매우 간결하고, 누구나 쉽게 이해할 수 있는 기초적인 규정들의 양식, 법기술적인 용어들은 최대한 피하고 있는 것 등이 그것이다.[103] 이로서 기본법은 매우 높은 정도로 공적인 시민의 생활이나, 이익투쟁, 정치적 수사 및 법학 외의 학문분야 등에서 비전문적이고 비법률가에 의한 해석에 개방되어 있다.[104] 인간의 존엄이나 종교, 양심 등과 같은 법외적인 개념들을 기본법에 수용한 것은 통합에 도움이 된다. 이는 인권이나 사회적 법치국가, 민주주의, 공화국 등과 같은 '통행로개념'(Schleusenbegriff), 말하자면 정치이념이나, 국가윤리적, 법적 원칙 및 전통 등에 의해서 원천적으로 제한되지 않는 의미내용들을 내포하고 있는 개념들의 경우에도 마찬가지다.[105] 그 잠재적인 의미는 국가생활의 현실 속에서 실현되고 또 역사 속에서 전개된다. 그 해석과 관련된 정치적 대립과 해석의 주도권을 둘러싼 투쟁의 가능성은 헌법해석을 통한 해체를 초래할 수도 있다. 정치세력이 계획적으로 헌법의 개념과 규범들을 자신이 생각하는 의미로 변환시켜서 정치현실을 변화시켜 나갈 수 있는 위험이 배제되지 아니한다.[106] 헌법의 기호 속의 통합이 실제

---

103) Bd. Ⅶ, Hilf, §161 Rn. 6ff., 59f.

104) 이에 관해서는 Peter Häberle, Die offene Gesellschaft der Verfassungs-interpreten, in: JZ 1975, S. 297ff. 민주주의와 같은 핵심개념인 "정치적인"의 국가법적인 의미에 대해서는 Henke(각주 1), S. 202ff.

105) '통행로개념'의 범주는 Ernst-Wolfgang Böckenförde, Entstehung und Wandel des Rechtsstaatsbegriffs(1969), in: ders., Staat-Gesellschaft-Freiheit, 1976, S. 65; ders., Die Eigenart des Staatsrechts(각주 1), S. 329f.

106) Vgl. Paul Kirchhof, Rechtsänderung durch geplanten Sprachgebrauch?,

헌법이해 속에 있는 의견불일치를 엄폐할 수도 있다. 그러나 장기적으로 보면 헌법은 의미가변적이고 모순적인 의미를 사상하여 그 의미를 모든 경우에 합당한 것으로 만드는 형식적인 합의만으로 통합을 수행하지는 아니한다. 다른 모든 법률들과 마찬가지로 헌법 또한 해석에 의존한다. 헌법도 자체적으로 자신의 정당성을 담보할 수는 없다. 다만 법률로서 헌법은 분쟁 시 무조건 옳은 것은 아니지만 구속력 있는 결정을 내리고, 이를 통해 해석의 동일성의 확보하는 국가기관에 의한 해석과 연관된다. 국가의 관할권질서의 명료성은 규범포착의 불분명성을 보완한다. 헌법소송으로 진행되는 심각한 경우 헌법텍스트의 개념 및 규범들은 의미의 가변성이 아니라 의미의 정체성이 확인된다.[107] 이 정체성을 통해 헌법의 법적 속성이 분명해진다.

Ⅲ. 헌법의 우위와 불가침성

헌법국가에서 법의 지배는 헌법과 일반법의 구별을 전제로 한 36
다. 국가법질서의 틀 속에서 헌법에는 여타의 모든 규범에 대한 우위성이 부여된다.[108] 헌법은 국가활동의 대상이 아니라 국가활동

---

in: GS für Friedrich Klein, 1977, S. 227ff.; Bd. I, P. Kirchhof, §18 Rn.; 16f.

107) 이에 관해서는 Josef Isensee, Wer definiert die Freiheitsrechte?, 1980, S. 46ff., 54ff.

108) 헌법우위의 기원과 도그마틱에 대해서는 Ulrich Scheuner, Die rechtliche Tragweite der Grundrechte in der deutschen Verfassungsentwicklung des 19. Jahrhunderts(1973), in: ders., Staatstheorie und Staatsrecht, 1978, S. 633(642f., 651, 653); ders., Die Überlieferung der deutschen Staatsgerichtsbarkeit im 19. und 20. Jahrhundert, in: FG-BVerfG I, S. 1(40); Rainer Wahl, Der Vorrang der Verfassung, in: Der Staat 20(1981), S. 485ff. Bd. I, Wahl, §1 Rn. 35ff.; Schmidt-Aßmann, §24 Rn. 28.

에 대한 선지침이다. 이러한 점에서 헌법은 근대 이전의 시대에 신의 명령이나 자연법에 해당하는 의미를 갖는다. 하지만 헌법은 국가에 의해 제정된 성과물, 즉 실정법이다. 물론 헌법의 근원은 국가의 합법성체계의 피안, 즉 국민의 헌법제정권력에 있다.[109] 헌법제정권력은 헌법의 법적 효력의 근거이지, 그것이 헌법에 복속되는 것은 아니다. 효력 있는 헌법은 오로지 창설된 권력, 말하자면 헌법기속이라는 점에서 본원적인 것으로 생각되는 헌법제정권력과는 구별되는 헌법에 의해 창설된 권력만을 대상으로 한다. 이 헌법제정권력은 헌법을 통하여 법적 형식으로 굳어지기 이전 상태, 즉 아직 유동적인 국가성의 집합체상태에 해당한다.

37 헌법률은 그 대상만으로도 국가법질서상 여타의 모든 규범들의 상위에 있다. 입법의 규칙을 규정하고 있는 것만 보아도 그렇다. 이 규칙에는 법생산의 관할권과 절차에 관한 규정과 함께 법적 효력의 가능성에 대한 실체적인 조건, 즉 그 내용상의 목표와 한계라는 지침도 포함된다. 말하자면 헌법률은 입법의 법, 즉 규범의 규범으로서 그 표준에 따라 생산되는 규범들에 우선한다. 유일한 법률로서 헌법률은 자신의 변화가능성에 대한 규정과 함께 그 개정의 가능성과 한계를 규정하는 형식적, 실체적인 규칙을 확정하고 있다.

38 헌법은 여타 규범들의 허용성의 한계와 그 효력에 대한 척도를 정한다. 상충하는 경우 일반규범이 헌법에 복속되고, 그 내용상 헌법과 모순되는 경우 일반 규범이 하자 있는 것으로 되는 것은 바로 이 때문이다. 이 법적 하자에 어떤 구체적인 법적 효과가 수반되는지, 즉 무효 또는 취소가능성 둘 중 어떤 결과로 이어지는

109) Vgl. Gerd Roellecke, Verfassungsgebende Gewalt als Ideologie, JZ 1992, S. 929(932ff.); Grimm (각주 96), S. 14. Bd. I, P. Kirchhof, §19 Rn. 15ff.; Bd. Ⅶ, H. P. Schneider, §158.

지, 중지요구권 또는 배상요구권 중 어떤 것이 인정되는지 또 어떤 절차를 통해 어떤 조건들에 따라 그 하자가 주장될 수 있는 것인지 등에 관해서 헌법은 명시적으로, 확정적으로 규정하고 있지 않다. 이러한 문제에 대한 규칙은 일반 입법자의 몫으로 주어져 있다. 하지만 그렇다고 해서 일반 입법자가 헌법충돌의 법적 효과에 관해서 마음대로 규정할 수는 없다. 충돌의 경우 헌법의 우위성을 효과적으로 담보하고, 그에 대한 적합한 제재수단과 함께 기능적으로 적합한 절차질서를 마련하는 것은 헌법에 의거하여 요구된다.

독일 헌법사에서 헌법의 우위가 당연한 것은 아니었다. 전통 39
적으로 헌법률은 여타의 법률들과 마찬가지로 법률로서 효력이 인정되었고, 따라서 일반 입법자의 처분에 맡겨져 있었다.[110] 바이마르 헌법의 시대에도 헌법우위의 원칙은 완벽하지 못하였고, 중요한 측면에서 그 효력에 대한 의문이 없지 않았다.[111] 그에 반해 기본법은 이 원칙을 확립하였고, 이는 어떤 유보도 없이 요구되는 바, 입법자에 대해서도 우위가 인정되는 것은 물론이고, 더구나 이는 모든 사법적 결과에 의해 뒷받침된다. 입법자는 일반적으로는 기본법 제20조 제3항에 의거하여 헌법질서에,[112] 특히 기본법 제1조 제3항에 따라서는 기본권에 기속된다.[113] 기본법은 일반법에 대하여 관철된다. 전체국가의 헌법으로서 기본법은 주의 헌법을 포함하여 모든 규범단계의 주법보다 상위에 있다.[114] 모든 법원이 자신

110) 동지: Paul Laband, Das Staatsrecht des Deutschen Reiches, 1, Bd., 1888, S. 546f.; Georg Meyer/Gerhard Anschütz, Lehrbuch des Deutschen Staatsrechts, 1919, S. 743f.

111) 이에 관해서는 주석과 함께 Wahl(각주 108), S. 491ff.

112) Bd. Ⅲ, Ossenbühl, §61 Rn. 26ff, 69ff.; Bd. Ⅶ, Badura, §163 Rn. 18ff.

113) Bd. Ⅴ, Rüfner, §117 Rn. 13ff.

114) Bd. Ⅳ, Maunz, §95 Rn. 1ff.; Bartlsperger, §96 Rn. 1, 4; Isensee,

의 심판에 관계되는 법률의 합헌성을 심사할 수 있는 근거가 되는 사법심사권은 이 헌법우위원칙의 실제적인 결과이다.[115)]

40 기본법은 전통적인 헌법침해의 가능성을 배척한다.[116)] 일반적으로든, 개별적으로든 입법자가 공개리에 또는 잠복적으로 헌법에 위반하는 것은 허용되지 않는다. 이는 연방의회와 연방참사원이 헌법개정에 충분한 재적의원 3분의 2 이상의 정족수요건을 갖추어서 결정하는 경우에도 마찬가지다.[117)] 기본법의 문언을 명시적으로 고치거나 보충하는 형식적인 헌법개정만이 허용된다(기본법 제79조 제1항 제1문).[118)] 기본법은 성문의 형식을 토대로 하는 경성헌법으로 구성되어 있다. 언어는 공개성의 담보로서 또 그 내용상의 동일성과 계속성의 매개체로서 효용을 갖는다.[119)] 바로 이 형식상의

---

§98 Rn. 84, 91f., 225ff.; Pietzcker, §99 Rn. 24ff.

115) Bd. Ⅱ, Löwer, §56 Rn. 66.

116) 전통적인 견해는 Laband(각주 110), S. 546ff.; Meyer/Anschuetz(각주 110), S. 743f.; Gerfard Anschuetz, Die Verfassungsurkunde des Preußischen Staates, 1912, S. 66; ders., Die Verfassung des Deutschen Reichs vom 11. August, 1933, Art. 70/Nr.4(S. 371), Art. 76/Nr. 1(S. 401). Art. 102/Nr. 3c(S. 476). Bd. I, Wahl, §1 Rn. 38; H. Schneider, §3 Rn. 8f.

117) Vgl. Theodor Maunz, in: Maunz/Dürig, Komm., z. GG, Art. 79 Rn. 1ff. 기본법 제79조 제1항 2문은 명시조항이 헌법전에 담겨져야만 하는 점에서 순정한 헌법침해는 아니지만, 통상 기본법이 따르는 헌법명확성의 원칙에는 저촉된다. 이는 위헌 헌법은 아니지만(Hesse(각주 1), Rn. 699), 기본법의 체제에 위배되는 이질적인 것이기는 하다(이에 대한 비판은 Bruno-Otto Bryde, in: v. Münch Ⅲ, Art. 79 Rn. 15).

118) Peter Häberle는 헌법을 유연하게 이해하는 입장에서, 제한된 범위에서 헌법침해를 허용할 것과 헌법조항의 형식을 취하지 않을 수 있는 법률적인 실험조항 및 경험조항의 도입을 주장한다(Zeit und Verfassung, in: ZfP 21(1974), S. 111(132f.)). 하지만 이 명제는 법적으로 성립될 수 없다. 유효한 헌법을 Häberle가 제시하는 법적으로 이완된, 정치적으로 유동적인 (개방된) 헌법으로 대체한다면 가능한 것일 뿐이다.

119) 법률의 문구에 대한 환상적인, 필수적인 희망에 대해서는 Otto Depenheuer. Der Wortlaut als Grenze, 1988. 헌법률의 불가침성보장에 대한 회의적인 견해는 Georg Jellinek, Verfassungsänderung und

요청은 헌법의 불가침성이 표현된 것이다. 불가침성은 곧 '헌법의 우위'의 배후면이다.

Ⅳ. 헌법의 통일성과 전체관련성

기본법은 합리적인 조문화원칙에 따라 설계되는 폐쇄적인 규범체계를 기초로 하지 않는다. 오히려 다양한 규율관련 이익들을 배려하는 정치적 통합의 산물이다. 그렇기 때문에 기본법은 틈새가 있고, 완결되어 있지 않으며 또 모순되는 내용들이 담겨져 있는 규범소재를 포함하고 있다. 그렇기 때문에 헌법해석자는 선별적으로 헌법에 접근하여서는 아니 된다. 또 자신의 마음에 들지 않는 규정들은 외면하고 자신의 마음에 드는 개별 규정들만을 취하여서도 아니 된다. 그렇지 않은 경우 헌법해석은 법적인 담론이 아니라 정치적인 담론의 작업이 될 수밖에 없을 것이다. 헌법은 외견상으로는 이질적인 것으로 보이지만, 상호 영향을 주고받고 의존하는 요소들로 구성된 통일체로서 해석되어야 한다.[120] 개별 헌법규범들은 전체 헌법의 맥락 속에서만 이해될 수 있다. 상충되는 부분들은 각각 존중되면서 조정되어야 하고, 그럼으로써 모순관계에 있는 규정들은 전체 속에서 차지하는 각각의 비중에 따라 실제적인 효력을 갖게 된다.[121] 하지만 헌법의 통일성은 헌법전이 아니 41

Verfassungswandlung, 1906, S. 8ff.

120) 지침을 제시하는 견해는 BVerfGE 1, 14(32). 연방헌법재판소의 일관된 입장은 BVerfGE 49, 24(56). 이에 대해서는 Hesse(각주 1), Rn. 18, 20, 71f. 연방헌법재판소의 판결상 이 관점의 사용에 대한 상세한 분석은 Friedrich Müller, Die Einheit der Verfassung, 1979; Müller 자신은 이 관점이 없어도 되는 것으로 여긴다(a.a.O., S. 225ff., 234ff.) 또 다른 비판적인 견해는 Christoph Gusy, Staatsrecht und Politik, in: ZöR 35(1984), S. 81(107f.) Bd. Ⅶ, Starck, §164 Rn. 19.

121) 이에 관해서는 Hesse(각주 1), Rn. 71f.

라 국가의 법적 기본질서에 속하는 헌법의 함의와 전제조건들에서 발생된다. 요컨대, 통일성이 관건인 헌법은 실체적인 헌법을 의미한다.[122)]

42 그 자체가 규범적 통일체인 헌법은 국가조직의 범위 같이 하나의 제한된 효력범위에 국한되지 않는다. 헌법은 공동체가 (필연적으로 분과적인) 국가권력 및 (법치국가원리에 따라 제한되는) 국가법의 개입과 연관되는 한 공동체 전체에 전방위적으로 빛을 비춘다. 바로 이러한 기준에 따르면 헌법의 전체연관성이 인정된다.[123)] 기본권과 사회적 법치국가의 객관법적 원리들은 국가권력과 관계되는 모든 생활영역에 고루 스며 퍼진다. 간접적으로는 민주주의원리와 연방국가원리와 관계되는 권한 및 절차규정들도 전체 법질서와 관계된다. 이 규정들은 법효력 도출의 연관관계와 단계들을 창설하기 때문이다.[124)] 또한 다양한 법영역들은 평등조항과 같은 헌법의 포괄적인 지침들에도 구속된다. 사법의 경우 기본법 제6조 및 제14조에 따른 제도보장, 형사소송법의 경우 제102조에서 제104조의 사법절차적 기본권의 보장과 같이 개별 법영역들은 기본법상 각각의 특수한 내용으로 반영된다. 이들 서로 다른 법소재들은 헌법을 중심으로 하여 집중된다. 법질서는 헌법 속에서 중점을 찾고, 그럼으로써 주어진 법소재의 집적체로서 원재료상태를 벗어

122) 상충의 모순들은 P. Lerche가 제시한 형식을 수용한 "상호 최대한 배려하는 조정"(BVerfGE 39, 1(43))의 원칙이나 "실천적 조화"(Hesse(각주 1), Rn. 72)의 원칙에 따라 해결된다.

123) 헌법의 "전체연관성"에 대해서는 Hollerbach(각주 54), S. 51ff. Böckenförde가 "근본적인 법"이라고 칭한 것도 비슷하다(Die Eigenart des Staatsrechts (각주 1), S. 319f.). Bd. I, Isensee, §13 Rn. 139ff.

124) 헌법이론 및 일반 법이론의 관념은 H. Kelsen이 제시한다. Allgemeine Staatslehre, 1925, S. 229ff. bes., 248ff. Vgl. auch Hesse(각주 1), Rn. 18; Michael Nierhaus, Grundrechte aus der Hand des Gesetzgebers? - Ein Beitrag zur Dogmatik des Art. 1 Abs. 3 GG-, in: AöR 116(1991), S. 72(104ff.). Bd. Ⅲ, Ossenbühl, §61 Rn. 62f.

나서 내적 체제의 통일성에 이를 수 있는 기회를 갖게 된다.[125]

V. 헌법의 윤곽규범으로서의 특성과 지침기능

1. 규정구상의 계획적인 불완전성

통일과 단결을 세우는 헌법의 기능은 헌법을 윤곽으로 비유하 43
는 것에서 잘 드러난다.[126] 하지만 윤곽은 헌법의 법질서 전체와 같지 않고 또 헌법이 국가 및 사회생활의 전체를 다 규율하지는 않는다는 것을 뜻하는 것이기도 하다. 헌법은 분명한 의도를 갖고 계획적으로 창조적인 입법정책이나 스스로 책임을 지는 통치작용에 정치적 형성의 여지를 남겨둔다.

순수한 윤곽의 속성은 헌법이 정치적 활동의 한계선을 획정하 44
는 점에서 잘 드러난다. 바로 이 한계 내에서 정치에 자유의 영역, 즉 헌법적으로 구속되지 않는 자유가 주어진다. 이러한 자유의 공간은 헌법재판소가 제시한 "기본법의 경제정책적 중립성"이라는 명제 속에서 부각되는 것으로 보인다. 헌법제정자는 특정한 경제체제에 대하여 명시적인 결정을 한 바 없고, 그것은 기본법을 존중하는 한 상황에 맞는 것으로 판단한 경제정책을 추구할 수 있는 것으로 입법자에게 맡겨져 있는 것으로 보는 입장이다.[127] 하지만 기본법이 어떤 임의의 경제정책적 체제라도 모두 수용될 수 있는

125) 이에 관해서는 Hesse(각주 1), Rn. 18. H. Kelsen(각주 124), S. 249에 따르면 법제정의 단계구조는 "자동성 속에서 유지되는 법질서의 통일성의 토대가 되는 근본규범"을 정점으로 한다. 전제된 근본규범, 즉 법논리적 의미에서의 헌법은 법실증주의적 의미에서의 헌법, 즉 제정된 헌법과는 분명히 구별된다. Kelsen과 연관되지만 비판적인 입장은 Karl Engisch, Die Einheit der Rechtsordnung, 1935, S. 11f. und 18ff.

126) "윤곽규율"로서 헌법에 대해서는 Böckenförde, Die Eigenart des Staatarechts(각주 1), S. 322f.; Gusy(N120), S. 110f.; Eichenberger(각주 1), S. 232ff. Bd. Ⅶ, §164 Rn. 19.

127) BVerfGE 4, 7(17f.); vgl. auch BVerfGE 50, 290(336ff., 338).

자유통행권을 허용하는 것은 아니다.[128] 경제정책적으로 새로운 방침을 정하는 것은 필연적으로 기본권에 의해 보호되는 기득 지위에 영향을 미치게 되고, 따라서 방어권이 주장될 수 있다.[129] 방어권 및 제도보장으로서 기본권은 가능한 정치활동의 전 분야에 걸쳐서 효력을 미친다. 그렇기 때문에 모든 국가기관은 적어도 잠재적으로는 항상 헌법적 기속하에 있다.

45 기본권은 정적인 한계획정만을 하는 것이 아니라 동적인 행동지침을 주기도 한다. 헌법은 제도적인 요소들과 함께 통제적인 요소도 포함하는바, 과잉금지원칙이 이 요소들 중 실무상 가장 중요한 것이다.[130] 헌법에는 가부 간의 수행 여부가 판단될 수 있는 완전하게 세부적으로 규정되고 또 재량을 배제하는 행동지침들(규율들)과 함께, 재량을 부여하고 조정하는 적정성의 요청들(원리들)이 담겨져 있다.[131] 규율로는 연방국가적인 권한규정들이나 언론의 자유에 대한 사전검열금지 등이 있고, 원칙들로는 사회국가적인 국가목표, 일반적인 법률에 대한 사상의 자유의 보장 또는 재산권의 기본권적 보장 등이 있다. 헌법지침과 적정성의 요청은 내재적으로 국가의 정치적 활동을 정하고, 정치적 결정의 자유를 정치적인

---

128) Vgl. Josef Isensee, Wirtschaftsdemokratie-Wirtschaftsgrundrechte-soziale Gewaltenteilung, in: Der Staat 17(1978), S. 161(165ff.). Bd. Ⅲ, R. Schmidt, §83 Rn. 22ff.; Bd. Ⅵ, Breuer, §147 Rn. 19f.; Scholz, §151 Rn. 22ff.

129) 기본법의 경제정책적 중립성의 오랜 명제를 재차 확인한 '공동결정판결'이 좋은 예이다(E. 50, 290(338)), 다만 방어권적 한계에 대한 상세한 언급은 (a.a.O., S. 339ff.).

130) 제도적인 규범들과 지침제시적인 규범들의 범주에 대해서는 P. Lerche, Übermaß und Verfassungsrecht, 1961, S. 61ff., 315ff.; vgl. auch ders., Das Bundesverfassungsgericht und die Verfassungsdirektiven, in: AöR 90(1965), S. 341(350ff.).

131) 규율과 원칙들의 범주에 대해서는 Robert Alexy, Theorie der Grundrechte, 1985, S. 71ff.

재량으로 변환시킨다. 이들 요청의 효력이 미치는 한에서 엄격한 제도적 규범들과 규율의 배후에 있는 정치적 결정들에 대해서는 규율의 밀도와 그에 따른 의무화의 강도가 약하고, 결과적으로 정치적인 재량영역이 주어진다.

2. 법화와 정치화의 중간에 있는 헌법

46 하지만 기본법의 효력하에서 이 재량영역을 법적으로 제한하고, 정치적 결정을 법적 결정으로 전화하는 경향들이 적지 아니하다. 이 경향들은 헌법전의 개정에 의하지 않는 현실적인 헌법이해의 변화를 통해서 나타난다. 그 이유들은 다양하다. 사례 구체화를 통해서 헌법의 내용을 풍부하게 만들고, 결과적으로 우선은 개방된 헌법에 대한 이해들을 유권적으로 확고하게 한 헌법재판의 내적·외적 성장, 헌법도그마틱과 헌법이론의 발전, 사회집단들이 자신의 이익을 헌법해석을 통해 정당화하고 또 그것을 입법자의 정치적 접근으로부터 방어해야 할 실용적인 필요성, 종교의 가치와 소망을 헌법률에 투영하여 그 속에서 재발견하려는 '포스트 종교사회'의 경향 등이 그것이다.[132] 일반적인 의미에서 헌법이 더 이상 법적인 윤곽질서에 머물지 않고 전체적인 질서로 확장되면 일반법은 단순한 헌법구체화로 여겨지게 되고, 입법과 통치는 자신의 정치적 결정 및 형성의 가능성을 상실하고, 궁극적으로는 단순한 헌법집행에 그치게 된다.[133] 이렇게 되면 헌법은 더 이상 법적 윤곽

132) Josef Isensee, Die Verfassung als Vaterland, in: Arnim Mohler(Hg.), Wirklichkeit als Tabu, 1986, S. 11(17ff., 20ff.); Denninger(각주 102), S. 291ff.

133) "의회중심의 입법국가에서 헌법집행적인 사법국가로 변환"하는 것에 대해 비판적인 의견은 Ernst-Wolfgang Böckenförde, Gesetz und gesetzgebende Gewalt, 1981, S. 402; ders., Grundrechte als Grundsatznorm, in: Der Staat 29(1990), S. 1(25); 입법의 헌법집행으로의 귀착에 대해서는 Wilhelm Hennis, Verfassung und Verfassungswirklichkeit, 1968, S.

질서라고 말할 수 없게 된다.

47 이런 헌법의 팽창은 정치생활의 경직화를 초래할 수 있는바, 민주적인 자유의 위축, 전문적인 판단 및 정치적 결정의 문제의 법적 문제로의 변질, 의회와 정부로부터 법원, 특히 헌법재판소로의 국가권력의 이동, 말하자면 유권자의 신뢰에 의존하는 정치생활영역으로부터 법적 독립성의 영역으로의 권력축의 이전 등이 나타난다. 정치적 권력투쟁이 법화를 통해 의회제도권에서 구축되면 그것은 사법적 형식을 통한 헌법해석을 둘러싼 투쟁으로 선회할 수도 있다. 하지만 그렇다고 해서 헌법이 내용상의 지침을 포기하고, 형식적인 권한 및 절차규범만으로 그쳐야 한다는 것은 아니다. 이는 헌법정책적으로 결코 바람직하지 못하다. 의회민주주의는 소수의 동의를 토대로 해서만, 즉 소수가 다수의 지배가 실체적인 한계와 목적의 규범들에 의해 제어되고 또 표결로 결정될 수 없는 것들에 대한 기본권적 한계가 지켜질 것이라는 점을 확신하는 경우에만 정착될 수 있기 때문이다. 내용상의 지침이나 규범적 효력의 엄정성을 포기하는 등 그 어떤 양식으로든 헌법의 후퇴는 정치적 과정의 확장과 탈규율화로 이어진다. 결국 관건은 헌법 또는 사후적인 헌법의 해석은 법화와 정치화의 양극 중간에서 중용의 길을 탐색해야만 한다는 것이다.[134]

20ff.; Ernst Forsthoff, Der Staat der Industriegesellschaft, 1971, S. 143f.; Rainer Wahl, Der Vorrang der Verfassung und die Selbständigkeit des Gesetzesrechts, in: NVwZ 1984, S. 401(406ff.); Hesse(각주 1), Rn. 20; Hans H. Klein, Staatsziele im Verfassungsgesetz – Empfehlt es sich, ein Staatsziel Umweltschutz in das Grundgesetz aufzunehmen?, in: DVBl, 1991, S. 729(735, auch 736f.).

134) 이 위험들에 대해서는 Grimm(각주 96), S. 15f.; Eichenberger(각주 1), S. 229ff.

3. "개방적" 헌법의 이론

헌법이론의 토양 위에서 윤곽헌법에 대립되는 구상이 생겨난 48
바, "개방"헌법이 그것이다.[135] 개방성은 윤곽의 특성에 초점을 맞추지 아니하고, 헌법의 주제와 법적 측면에서 그 경계를 무너뜨리는 함의를 갖는다. 말하자면 사회적 현존재의 전체에 대하여, 법규범, 생활과정 및 문화에 대하여 헌법의 문호를 개방하는 것이다. 다른 한편으로 헌법은 통합에 대한 동인을 반납한다. 개방헌법은 모든 법적인 구별, 즉 국가와 사회, 민주주의와 기본권적 정당성의 영역들 간의 구별을 지양하면서 공동체의 총체성을 대표한다. 헌법의 법적 구속력의 약화[136]와 규범적 경직성의 완화는 헌법의 주제의 보편화에 따른 자연스러운 결과이다. 개방헌법의 근원인 수용 및 통합의 과정은 헌법전과는 무관하게 진행된다. 이러한 맥락에서 헌법전은 모든 사람들이 다 초대되는 헌법해석의 개방된 담론을 위한 표제어의 목록일 뿐이다. 헌법은 법규범이라기보다는 다원사회에 숙제로 주어지는 통합과정의 상징이다.[137]

---

135) 윤곽헌법과 개방헌법의 이상형을 대비한 것은 Ernst-Wolfgang Böckenförde, Zur Diskussion um die Totalrevision der Schweizerischen Bundesverfassung, in: AöR 106(1981), S. 580(597ff.). 개방헌법이론의 대표자로는 P. Häberle(각주 118), S. 111ff.; ders., Verfassung als öffentlicher Prozeß - ein Pluralismuskonzept(1978), in: ders., Verfassung als öffentlicher Prozeß, 1978, S. 121ff.; ders., Verfassungsinterpretation und Verfassungsgebung, in: Zeitschrift für Schweizerisches Recht NF 97(1978), S. 1ff.; ders., Vom Kulturstaat zum Kulturverfassungsrecht, in: ders.(Hg.), Kulturstaatlichkeit und Kulturverfassungsrecht, 1982, S. 1ff. - 비판의견은 Henke(각주 1), S. 190f.; ders., Der fließende Staat, in: Der Staat 20(1981), S. 580ff.; Böckenförde, a.a.O., S. 598ff. Bd. Ⅶ Starck, §164 Rn.25.

136) 대표적인 예는 Häberle(각주 118), S. 132ff. - 기본법 제79조 제2항의 침해에 대하여.

137) Vgl. Häberle(각주 104), S. 297ff. 이에 대해서는 Tomas Vesting, Staatslehre als Wirklichkeitswissenschaft, in: Der Staat 31(1992), S.

개방헌법은 특별한 정도로 "정치적인" 법이다. 한편으로 헌법은 정치적 생활을 수용하고 있지만, 다른 한편 헌법은 정치생활을 제어할 법적 힘을 갖고 있지 못하다. 그 자신이 정치의 흐름 속에 빠져서 규율기능을 상실하기도 한다. 헌법의 실체는 더 이상 '말로 된 법'(verbal-rectlich)으로 포착되지 못하고 스러지게 된다. 헌법은 정치적 권력투쟁의 현실과 거리를 유지하지 못하게 되고, 정치적 기능만을 갖는 것으로 전락한다. 실제로 개방헌법의 실체 자체인 해석의 대상이 되는 가변적인 '표준형'은 당대의 정치상황에 부응하는 시대정신을 반영한다. 원래의 정치적인 헌법제정과 실정법으로 제정되는 것 간의 불일치현상은 시간이 가면 갈수록 확산된다. 결과적으로 헌법해석은 '지속적인 헌법제정'(Verfassungsgebung in Permanenz)이 되고,[138] 이렇게 되면 법과 정치 간의 구별도 사라지게 된다. 이러한 현상을 잘 보여주는 것이 헌법정책(Verfassungspolitik)의 범주이다. 전통적인 이해에 따르면 이는 헌법률의 개정이나 개선을 위한 노력과 관계되는 것인데,[139] 개방헌법의 마당에서는 헌법의 자극을 수용하고 전환하는 일반 입법과 법정책이 헌법도그마틱 및 헌법정책학과 마찬가지로 돌연변이를 일으킨다.[140] 헌법정책의 개념은 헌법과 정치를 구별하는 전통적인 관념에 따르면 모순으로 여겨지지만, 개방헌법의 맥락에서는 정상적인 것으로 보인다. 개방헌법은 정치에 대한 법적 윤곽이 아니라 정치의 관념적인 표

161(176f., 185f.).

138) Vgl. Häberle, Verfassungsinterpretation und Verfassungsgebung(각주 135), S. 1ff.

139) 이러한 의미에서 예는 Badura(각주 1), S. 9f.

140) Vgl. Peter Häberle, Grundrechte im Leistungsstaat, in: VVDStRL 30(1972), S.43(75f.) "기본권정책"에 대해서는 Rudolf Steinberg, Verfassungspolitik und offene Verfassung, in: JZ 1980, S. 385ff. 비판의견은 Christoph Gusy, "Verfassungspolitik" zwischen Verfassungs interpretation und Rechtspolitik, 1983.

현이기 때문이다. 법과 정치, 규범과 현실이 합체되는 개방헌법의 이론에서 헌법의 효력에 대한 규범적 요청은 상당부분 그 과녁을 잃게 된다. 물론 이 이론은 헌법적인 논거에 의해 반박될 수 없다. 소재지가 효력 있는 헌법의 도그마틱이 아니라 헌법이론이기 때문이다. 하지만 개방헌법이론 그 자체는 헌법도그마틱과 양립될 수 없다.

Ⅵ. 헌법의 보완의 필요성과 자립

기본법은 단지 몇몇 소수의 사항영역에서만 일반법을 통한 보 49
완이 허용되지 않고 또 필요하지도 않은 완결된 규정들을 두고 있다. 최고의 연방기관들 상호간의 관계에 관한 규정이 대표적인 예이다. 입법기관들은 다른 연방기관보다 우위에 있지 아니하기 때문에 헌법이 스스로 규율수권을 부여하지 않는 한 입법기관들은 다른 기관들에 대하여 법률상의 명령을 발할 수 없다.[141] 헌법유보는 연방과 주들 간의 — 독자적인 국가성을 갖는 — 권한배분, 연방의 개입권, 전체국가 차원에서 주들의 공동참여권 등과 관련된 관계에도 해당한다.[142] 연방헌법재판소의 판례에 따르면, 법률유보가 없는 기본권은 오로지 헌법유보하에 있다. 즉 상충되는 헌법규정 자체를 통해서만 제한될 수 있다.[143]

하지만 헌법이 완전히 자족적인 것은 아니다. 헌법은 입법위 50
임, 개방 또는 잠복된 지시, 기본법개념과 규범들의 선헌법적 법구

141) 그렇기 때문에 연방의회가 법률이나 단순한 의회결의를 통해서 일방적으로 연방참사원이나 정부 또는 대통령의 소재지를 바꿀 수는 없다. 다만 연방헌법재판소의 소재지는 바꿀 수 있다. 이는 기본법 제94조 제2항에 의거 규율수권이 있기 때문이다.

142) Bd. Ⅳ, Isensee, §98 Rn. 92, 100, 124, 126.

143) Bd. I, Isensee, §13 Rn. 142; Bd. V. Kriele, §110 Rn. 69ff.; Lerche, §122 Rn. 23f.

조, 법제도 및 제도보장과의 연관성 등 여러 가지 측면에서 하위법에 의존한다. 헌법규정들을 구체적으로 형성 및 시행하고, 그 범위를 획정하고 또 그 의미를 분명하게 하는 것,[144] 상충하는 것을 조정하고, 유예된 타협의 형식을 결정하는 것[145] 등은 입법자의 책무이다. 기본권은 기본법 제1조 제3항에 명시적으로 입법자를 직접 구속하는 법으로 규정되어 있지만, 이는 동시에 입법에 대한 지시이기도 하다.[146] 방어권적 자유의 실효적인 범위는 (합헌적인) 법률적 한계에 의해서 비로소 획정되고, 보호의무들은 기본적으로 보호법률들에 의해 구체화된다.

51 이러한 점에서 헌법은 하나의 단편적인 법이라고 칭해지기도 했다.[147] 말은 사물을 포착하지 못한다. 헌법은 토르소(동체만의 조각상)가 아니다. 많은 헌법규정들은 완결적이지 않다. 하지만 그렇다고 해서 모든 규정들에 틈새가 있는 것도 아니다. 이 규정들은 의도적으로 비완결적이다. 따라서 헌법은 늘 상황에 맞는 전환에 개방되어 있다. 헌법은 입법을 통하여 가변적이고 역동적인 대응수단을 확보한다. 헌법의 하위법에의 의존은 고도의 추상성, 간결성, 자명한 것으로 보이는 전제조건이나 체계적 연관성 등을 무시하면서 실제로 의미 있는 개별적 관심사에 국한하는 것, 법기술적인 결함 등과 같은 헌법의 특성에서 비롯된다.

52 헌법이 하위법에 의존하는 것은 그 우위에 대한 위험을 초래한다. 입법자가 자신이 기속되는 헌법의 내용을 좌지우지하게 되

---

144) 기초적인 논의는 Walter Leisner, Von der Verfassungsmäßigkeit der Gesetze zur Gesetzmäßigkeit der Verfassung, 1964, 최근의 논의는 Nierhaus(각주 124), S. 72ff.(Nachw.). Bd. V, Isensee, §115 Rn. 137ff.

145) 이 범주들에 대해서는 C. Schmitt(각주 20), S. 32.

146) Nierhaus가 기본법 제1조 제3항 자체는 어떤 기본권적 내용을 매개하지 않는다고 단언한 것은 적확하다(각주 124), S. 102.

147) Böckenförde, Die Eigenart des Staatsrechts(각주 1), S. 321f. 이에 대한 비판은 Bd. Ⅶ, Starck, §164 Rn. 5f.

면 법률의 합헌성이 헌법의 합법률성으로 변환되고,[148] 이렇게 되면 헌법은 입법정책에 함몰될 수 있고, 헌법의 우위가 전복될 수 있다. 이 위험은 헌법개념들과 헌법규범들의 독립성이 보장되는 경우에만 불식된다. 실제로 이 독립성은 보장되어야만 한다.[149] 일반법과의 연관성에도 불구하고 헌법률은 자신이 직접 규정해야 하는 제몫을 다하기나 또는 일반법에 대한 개방 여부와 그 정도를 스스로 결정해야 한다. 내용상의 독자성을 확보하고 유지하는 것은 차별화된 해석의 과제이다.

Ⅶ. 제재의 흠결 — 상위 규범담보자의 부재

헌법상의 의무들은 일차적으로 연방의 최고국가기관들에게 주 53
어진다. 이는 헌법적 의무의 준수를 감시하고, 그 이행을 담보하는, 경우에 따라서는 그 관철의 책무를 지는 최고기관의 경우에도 마찬가지이다. 여기에서 규범수신인은 — 그렇기 때문에 잠재적인 규범침해자이기도 한 — 동시에 규범담보자이기도 하다. 이는 상호 합치될 수 없는 요청들이다. 이러한 점에서 헌법재판소의 규범적 제재는 모순에 봉착한다. 일반적인 법률의 경우에는 준비되어 있는 기관, 즉 필요한 경우 규범명령을 강제할 수 있는 상위의 기관이 헌법의 경우에는 없다. 최고의 국가기관들에게는 자신들의 상위에 있는 잠재적인 규범담보자가 없고, 동위의 규범담보자들만이 있을 뿐이다. 그렇다고 해서 헌법의 법적 속성이 부정되지는 않는다. 다만 그것이 불안정해지는 것은 분명하다.[150] 이는 헌법의

---

148) 이에 관해서는 Leisner(각주 144), S. 26ff.; ders., Die Gesetzmäßigkeit der Verfassung, in: JZ 1964, S. 201(202f.); Nierhaus(각주 124), S. 74ff.

149) Vgl. Leisner(각주 144), S. 5, 61ff.; Wahl(각주 108), S. 487; Nierhaus(각주 124), S. 106.

150) 이에 관해서는 Heller(각주 13), S. 268f.; Schindler(각주 17), S. 16ff.;

영역에서 제기되어야만 하고 또 헌법의 영역에서만 제기될 수 있는 문제, 즉 헌법의 수호자를 둘러싼 역사적인 논란에서 잘 드러난다.[151] 제재가 취약한 점에서 헌법은 그 법적 속성에 대해서 홉스, 스피노자, 헤겔 등이 밀도 있게 반론을 제기했던 국제법과 유사하게 그 규범성이 문제가 된다.[152] 하지만 오늘날 국제사회는 국제법이 진정한 법이라는 점에 대하여 이견이 없다. 다만 국제법이론상 "정치적인 성격"이라는 국제법의 특수한 법적 속성을 시인하는 것일 뿐이다.[153]

54 제재수단의 흠결은 권력분립을 통해서 해소되지 않는다. 기껏해야 그 크기가 줄어들 뿐이다. 국가권력은 상대적인 독립성과 독자적인 기능책임을 갖는 부분으로 분할됨으로써 견제와 균형을 도모한다. 이는 헌법의 규범적 실효성에도 기여하게 된다. 헌법에 의거하여 그 존립과 관할이 보장되는 국가기관들은 자신들의 법적 기초를 공고하게 하는 노력을 한다. 권력분립은 이들 간의 교차적인 통제를 가능 및 원활하게 한다. 이러한 효과는 동위에 있는 독립적인 힘들의 자유로운 협력을 통해서 발생된다. 하지만 이는 상위의 기관이 준비되어 있지 않은 점에서 아무런 법적 담보도 없는

Grimm(각주 96), S. 15.

151) 고전적인 연구성과로는 C. Schmitt, Der Hüter der Verfassung, 1969. Vgl. auch ders., Das Reichsgericht als Hüter der Verfassung(1929), in: ders., Verfassungsrechtliche Aufsätze, 1958, S. 63ff. 반대입장은 Hans Kelsen, Wer soll der Hüter der Verfassung sein?(1931), in: Hans Klecatsky/Rene Marcic/Herbert Schambeck(Hg.), Die Wiener rechtstheoretische Schule, Bd. 2, 1968, S. 1873(1882ff., 1888ff., 1912f.)

152) 이에 관해서는 주석과 함께 Friedrich Berber, Lehrbuch des Völker-rechts, 1. Bd., 1975, S. 9ff.

153) Berber에 따르면 국제법의 "정치적 특성"은 그것이 법의 바깥에 있다든지 또는 법과 적대적으로 대립되는 것이 아니라 국제법 자체의 본질적인 특징으로 이해되어야 한다(각주 152, S. 24). Vgl. weiter Wilhelm Wengler, Der Begriff des Politischen im internationalen Recht, 1956, passim.

헌법의 기대일 뿐이다. 제재수단의 흠결은 심지어 연방과 주간의 관계에서도 찾아진다. 연방주의는 그 자체가 국가권력을 조직적으로 분산하고 또 권한법적으로 관할권을 획정함으로써 국가권력에 대한 헌법적 기속을 강화한다. 전체국가의 헌법적 지침을 주들에 대하여 보장하는 책무는 연방에 부여되어 있다(기본법 제28조 제3항).[154] 하지만 이에 대한 담보의 기능은 주들의 독자적인 국가성에서 그 한계를 갖는다. 중심국가로서 연방이 부분국가들과 권한이 충돌되는 경우, 연방은 전체국가로서 자신의 관할권에 의거하여 스스로 결정을 내린다. 말하자면 대개의 경우 당사자와 심판관의 역할은 상이한 연방기관들에 배분되어 있지만, 자신의 일에 대하여 자신이 결정을 하는 것이다.

55 헌법재판소의 창설은 기본법이 자신의 제재수단의 흠결을 보완하는 대책의 일환이다. 연방헌법재판소는 자신의 관할권에 의거 헌법해석 문제에 대한 최종결정권을 갖는다. 사법기관으로서 연방헌법재판소는 자신이 그 헌법적 지침에 대하여 결정을 내리는 정치적인 권력투쟁의 당사자가 되지는 않는다. 법원으로서 연방헌법재판소는 여타의 국가기관들과 정당들, 기타 사회세력들에 대하여 조직적으로, 사물관할 및 인적으로 독립성을 갖고, 이로써 정치과정에 대한 외적인 거리와 함께 헌법의 유권해석에서 내적인 독립성을 유지할 수 있는 외적 조건을 확보한다. 하지만 이것만으로 헌법관철의 문제가 해결되지는 못한다.[155] 연방헌법재판소는 독자적으로 헌법분쟁에 개입할 수 없고 또 독자적으로 위헌의 상태를 제거할 수도 없다. 연방헌법재판소는 심판청구가 있는 경우에만 또 (원칙적으로) 심판이 청구된 대상에 대해서만 결정을 한다. 자기작동권이 없는 것은 법원으로서 연방헌법재판소의 근본적인 속성

154) Bd. Ⅳ, Maunz, §95 Rn. 20ff.; Isensee, §98 Rn. 91f., 125, 155, 159.
155) Vgl. Heller(각주 13), S. 268; Grimm(각주 96), S. 15, 21.

에 따른 것이다.[156] 제소자가 없으면 법관도 없다. 다만 현행법상 제소가능성은 광범위하게 분산되어 있다. 헌법소원의 경우 시민들에게도 부여된다. 연방헌법재판소는 누가 그리고 어떠한 양식과 방법으로 자신의 결정을 실행할 것인지를 정한다(연방헌법재판소법 제35조).[157] 하지만 연방헌법재판소는 자신의 결정의 실행과 준수를 스스로 담보할 수는 없다. 법관의 힘은 "사실상 영"(en quelque façon null)[158]이다. 이는 그것이 국가기관인 연방헌법재판소에 주어져 있는 경우에도 마찬가지이다. 연방헌법재판소는 자신의 결정을 강제로 관철시킬 수 있는 힘을 갖고 있지 못하다.[159] 오로지 법의 힘과 "모든 국가생활참여자들"의 충성만을 토대로 할 뿐이다.[160] 그 권위는 판결의 설득력에 달려 있는바, 그것은 항상 갱신 및 확충되어야만 한다.

56 헌법규범들의 엄격한 준수는 우선 정치적으로 중대한 이익이 그것과 일치되는 경우에 보장된다. 의회민주주의에서, 특히 야당에게 다수의 지배에 대한 헌법적 한계를 확보하는 것은 중요한 의미를 갖는다. 야당이 정치적 권력투쟁의 수단으로 헌법적 논거를 제시하고, 헌법소송의 수단을 활용하는 것과 결과적으로 헌법의 규

156) "사법권의 제3의 본질적 특성은 누군가 호출을 해야만 비로소 개입할 수 있는 점이다… 사법권이 독자적으로 작동하거나 법률심사기관으로 자처하고 나서게 되면 이는 사법권의 소극적인 성격을 어느 정도 희석시키는 것이 된다"(Alexis de Tocqueville, De la Démokratie en Amérique, 1835, I(6dt. Ausgabe, hg. von Jacob P. Mayer, Über die Demokratie in America, 1976, S. 112f.).

157) 이에 관해서는 Roman Herzog, Die Vollstreckung von Entscheidungen des Bundesverfassungsgerichts, in: Der Staat(1965), S. 37ff.; Ernst Benda/Eckart Klein, Lehrbuch des Verfassungsprozessrechts, 1991, S. 522ff.

158) Vgl. Montesquieu, De l'esprit des lois, 1974, XI, 6.

159) "사법부는 칼이든 지갑이든 아무런 영향력이 없다"(Alexander Hamilton, in: ders./James Madison/John Jay, The Federalist, 1978, Nr. 78).

160) Vgl. Benda/Klein(각주 157), S. 527.

범성이 강화되는 것은 모순되는 것이 아니다. 이는 국가와 시민의 관계에서도 마찬가지인바, 사인이 자신의 이익을 추구하는 것은 기본권의 효력을 수호하는 정당하고도 효과적인 수단이다. 헌법규범의 효력에 대한 위험은 예컨대 협동적 연방주의에서와 같이 아무런 이익의 대립이 없는 경우에 생겨난다.[161] 연방국가적인 권한질서는 적잖이 위험에 봉착하고 있는바, 국가기관의 행위에 대하여 헌법적 정당화를 강제하는 기회가 되는 정치적 분쟁이 사라졌기 때문이다. 그렇기 때문에 주들은 그 내용상 정치적으로 불만스러운 연방의 규범이나 조치들을 공박하기 위하여 헌법소송을 통해 권한법상의 논거를 드물지 않게 활용한다.[162] 연방의 재정정책은 이러한 기회와 별로 관계가 없다. 재정정책영역에서 연방과 주들은 재정권한의 배분, 특히 기본법 제104a조상의 구별된 지출관할권을 별로 의식하지 않으면서 정치적인 조정과 거래를 하는 경향을 보인다. 하지만 기본법은 바로 이 재정헌법의 분야에서 다른 분야에 비해 이례적인 규율밀도를 보인다. 연방헌법재판소는 설시를 통해 재정헌법에 대한 엄격한 준수를 요구하고, 재정헌법적 규율을 - 전체적이든 부분적으로든 - 규범적 효력이 적은 법, 즉 타당한 결과를 가져오는 한 거의 자의적인 한계에 이르는 정도로 규범에 위배되는 타협과 조정이 허용되는 법으로 여기는 경향을 부정하는 계기를 마련하였다. 이러한 점에서 재정헌법규범들이 국제법 분야의 구속력이 '유연한 법'(soft law)과 유사한 것으로 비교될 수는 없다.[163]

---

161) Bd. Ⅳ, Isensee, §98 Rn. 163ff.; Rudolf, §105 Rn. 29ff., 73ff.

162) Konrad Hesse의 관찰이 주목된다. Der unitarische Bundesstaat, 1962, S. 9.

163) BVerfGE 72, 330(388f.). Vgl. auch BVerfGE 67, 256(288f.). 이에 관해서는 Peter Schneider, Rechtsdogmatik und Rechtspolitik unter der Finanzverfassung des Grundgesetzes, in: Karsten Schmidt(Hg.), Rechtsdogmatik und Rechtspolitik, 1990, S. 221(223f.). Bd. Ⅳ,

57 기본법의 이러한 형식적으로 제도화된 규범담보수단의 결여는 궁극적으로 그 실체적인 원칙들에 대한 헌법적 합의에 대한 실존적 의지[164]와 권력분립적 민주주의의 결정질서를 준수하는 태도를 통해서만 보완될 수 있다. 대체가 불가능하고 또 강제할 수도 없는 이 근본적인 전제조건은 국가기관은 물론이고, 정당, 사회세력 및 시민 전체가 다 갖추어야만 한다. 헌법이 규범적 실효성을 확보하고, 계속 유지되기 위해서는 바로 이러한 에너지가 계속 유입되어야만 한다. 헌법의 규범성은 매우 심대한 정도로 정치과정에 의존한다. 국가기관의 사려깊은 배려는 이 위험을 부분적으로 포착할 수는 있겠지만, 그 의존성을 완전히 없앨 수는 없다. 규범이 준수되는 정상상태의 개연성은 국가기관에 의하여 상당한 정도로 고양될 수 있을 것이다. 하지만 그 최고의 국가기관 자체와 관련해서 보면 어떤 경우이든 조직적인 법적 강제로 담보할 수 없는 한계가 있다. 이와 관련하여 사회의 비조직적인 방식의 강제도 실효성을 가질 수 없다고 한다면, 국가법의 효력의 상당 부분은 국제법의 효력과 마찬가지로 단지 이해관계의 상황이나 최고 국가기관의 선의, 즉 규범에 따르려는 의지에 의해 결정되는 것에 그칠 뿐이다. 이 경우 그 규범에 따른 행동이 그와 무관한 힘들에 의해서 방해를 받게 되는 경우에, 최고기관의 의지는 정작 자신에 대해서는 그 규범성을 담보할 수 없다.[165]

Vogel, §87 Rn. 120ff.

164) Hesse(각주 17), S. 12; Hollerbach(각주 54), S. 49.

165) Heller(각주 13), S. 269.

Ⅷ. 정치적 실천을 통한 헌법의 해석

1. 존재와 당위의 구별

국가기관을 통한 권한의 담당과 국가기관의 기본권적 의무의 58
실현은 －필연적으로 의도하는 것은 아니더라도, 객관적인 효과의 관점에서는 그러한－ 헌법해석,[166] 말하자면 실행적인 헌법해석이다. 행위자에 대하여 통제하는 국가기관이 방해가 되지 않는다면 그 행위자의 실제 헌법해석은 구속력 있는 헌법해석이 된다. 물론 그렇다고 해서 그 구속력 있는 헌법해석이 옳은 헌법해석이라는 것을 의미하지는 않는다. 그렇지 않으면 헌법을 정치적 실행과 동일시하게 되고[167] 또 헌법의 효력과 내용이 정치적 힘에 복속된다(여기에서 '정치적'이라는 말은 '권력투쟁', '국가경영' 및 '법으로부터 자유로운 의사력'의 세 가지 의미로 이해된다). "현실적인 것은 이성적이고, 이성적인 것은 현실적이다"라는 헤겔(Hegel)식의 동일성의 사고는 헌법의 규범성을 폐기하는 결과를 초래할 수 있다. 기본법이 스스로 정치적 실행의 기능에 그치게 되면, 정치적 실행에 대한 규범적 모범, 경우에 따라서는 정치적 실행에 대립되는 반대의 모범이 되어야 하는 기본법의 요청이 유명무실해지게 된다.[168]

---

166) 입법자와 행정청이 헌법을 해석한다고 하는 것은 이미 Georg Jellinek가 확인한 바 있다(각주 119, S. 9, 14). Vgl. auch Christian Tomuschat, Verfassungsgewohnheitsrecht?, 1972, S. 94; Häberle(각주 104), S. 298, 299f. "현실연계적인" 해석은 H. H. Klein이 요구한다(각주 95, S. 28). auch BVerfGE 62, 1(39).

167) 정치적 실행(국가실무)을 "헌법현실"과 같은 것으로 보는 것은 오류이다. 이 경우 현실적인 권력상황(현실헌법- Bd. I, Isensee, §13 Rn. 129f.)을 뜻하는 것인지 또는 헌법이 규율해야 하는 현실의 한 단면, 아니면 여기에서와 같이 국가기관을 통한 실행적인 헌법해석을 말하는 것인지가 불분명하다. 희소하게 사용되는 "헌법현실"의 개념에 대한 비판적인 견해는 Hennis(각주 133).

168) 헌법의 "현실대립적인 기능"에 대해서는 Gusy(각주 120), S. 109. 전체적

59 헌법은 존재와 당위의 대립을 전제로 한다. 국가생활의 정상성이 헌법의 규범성과 항상 일치되어야만 하는 것은 아니다. 양자는 교호적인 관계에 있기는 하지만, 국가생활의 정상성은 헌법의 규범성에 배치될 수 있다. 관건은 어떻게 정치적 현실이 헌법을 "실행되는 법"(law in action) –'책 속의 법'이 아니라– 으로 구체적으로 형성해나가는가의 문제이다.

2. '정치적 가능성'의 유보

60 옐리네크에 따르면 법과 정치가 혼동되어서는 아니 되고 또 양자 간의 엄격한 경계선이 존중되어야 하지만, 국가법적인 인식은 정치를 통해서 결정된다. 그의 기본명제는 "정치적으로 불가능한 것은 진지한 법학적 탐구의 대상이 될 수 없고 또 법학적 탐구는 정치적으로 가능한 것에 대한 관찰을 통해서 그 내용과 목표가 유지된다"는 것이다. 실생활이나 현실인식과 동떨어진, 단순히 사념적인 분과로 전락하는 위험을 감수하지 않으려고 한다면, 법학은 정치적으로 가능한 것을 인지하고 존중해야만 한다. "모든 법은 실효성, 즉 구체적으로 실현될 수 있는 가능성을 가져야만 한다. 현실성을 가질 수 없는 것은 법적 탐구의 대상이 될 수는 없다".[169] 옐리네크는 법률상의 당위성이 항상 완전하게 존재로 전환될 수는 없고 또 현실생활은 늘 입법자가 상정하는 이성적인 모습에 부응하지 않는 사실을 빚어낸다는 것에 대한 기본인식에서 출발한다. "그리고 이 현실의 불합리한 것은 규범과 실생활의 불일치만을 의미하

인 경향에 따르면 P. Häberle의 (당연히 불명확하고, 의미개방적이며, 의미다원적인) 헌법이론은 헤겔이 존재와 당위를 동일시하는 것과 유사한 내용이 된다. 앞의 단락. 48.

169) Jellinek(각주 5), S. 16f. 이에 대한 단호한 부정의 입장은 Kelsen(각주 124), S. 80. 이와 관련된 독일제국 당시 국사재판소의 판례는 뒤의 단락 80 각주 213.

는 것이 아니고, 오히려 규범 자체에 정면으로 배치되는 것이다."[170]

국가법의 내용과 한계를 정하는 정치적 가능성은 운명적으로 주어지는 것은 아니다. 오히려 그것은 당대의 정치적 힘들에 의해서 결정된다. 옐리네크에 따르면 정치적으로 가능한 것이 국가법 자체를 좌지우지하는 것은 아니지만, 그 해석상의 재량영역에 대해서는 결정적인 영향력을 갖는다. 이에 따라 국가법은 국가현실에 의해 좌우되는바, 양자 간의 극난적인 충돌은 빚어질 수 없다. 정치와 연관된 현실지향적인 이 명제에 담겨져 있는 주목되는 메시지는 바로 이 점에 있다.[171] 하지만 정치적 행위자가 헌법해석에서 우위를 차지하고, 반면에 헌법이 규범적 효력, 즉 정치현실을 조종하고, 경우에 따라서는 비판하고, 미시적인 부분을 교정하고 또 거시적으로 전기를 마련해주는 등의 효력을 갖지 못하게 되면 그 대가가 만만치 않다. 61

정치적으로 가능한 것과 사실상 가능한 것이 동일시되어서는 아니 된다. 사실상의 가능성유보는 국가권력에 대하여 헌법적 의무를 부여하는 것에 대한 한계로 인정된다. 외국과의 관계에서의 헌법적 의무는 외교적인 관철가능성과 가용자원의 부족함에 따른 헌법적 급부청구권의 한계 등에 의해 상대화된다. 반면에 정치적으로 가능한 것은 헌법에 의거하여 국가기관의 처결에 맡겨진다. 이는 전통이나 여론 및 사회적인 힘들에 의해 특정한 방식으로 결정될 수도 있다.

정치적 가능성의 유보는 정치적으로 활동하는 국가기관의 용 62

170) Jellinek(각주 119), S. 2.

171) 독일 국적자의 보호의무를 외국에 대하여 정치적으로 가능한 것에 국한하는 것에 대해서는 BVerfGE 40, 141(177ff., 인용은 178); 43, 203(210ff.); 재정 및 제도적 가능성의 유보에 대해서는 BVerfGE 15, 126(140ff.), 19, 150(163ff.); 23, 153(166, 188) – 독일 제국의 기속성과 관련해서; E 27, 253(270f., 283ff.); 41, 126(151f.); 84, 90(125, 130f.) – 부담조정과 관련해서; E 33, 303(333ff.) – 기본권적인 급부청구권들과 관련해서.

인에 의존하는 헌법재판에서 일종의 문턱에 해당하는 영향을 가질 수 있다. 실용주의적인 국가법학의 입장에서도 정치적 가능성은 결정의 척도는 아니더라도, 무엇보다도 재판과 국가실무에서 정치적 가능성이 진지하게 고려되어서 그들이 현실과 동떨어진 유미주의식의 법률학적 구성에 빠지지 않도록 하는 지침으로서 암묵적으로 고려된다.

63 그렇지만 실제 정치에 사실상 의미 있는 것만이 아니라 법적으로 의미 있는 것도 영향을 미친다. 예컨대, 연방의회나 연방정부 같이 정치적으로 활동하는 국가기관은 자연스럽게 자신의 행위의 합헌성을 유의해야만 하고 또 필요한 경우에는 다른 국가기관들과 여론에 대하여 그 합헌성을 정당화해야만 하기 때문에 자신의 관할영역에서 제1의 공식적인 헌법해석권을 갖는다. 연방과 주들 간의 관계에서도 관할권에 대한 추정은 기본법 제72조 제2항에 의거하여 당해 행위를 하는 주체에 유리한 방향으로 도출된다.[172] 정당한 권한상황에 대한 모든 법적 분석은 사실상의 권한행사에서부터 출발되고 또 이 사실을 대상으로 해야만 한다.

입법부와 행정부의 실행적인 헌법해석은 헌법규정에 담겨져 있는 법적 요소들뿐만 아니라, 촉구적인 요소들과도 연관된다. 말하자면 헌법에 의해 주어지는 법정책적인, 법윤리적인 자극들도 수용한다. 사법통제는 헌법의 창조적인 실행을 전면적으로 감찰하는 것이 아니라, 국가행위들이 헌법의 법적 구성요소들에 합치되는지 여부만을 심판한다. 정치적 기관들에 대하여 헌법이 설정해 놓은 행위의 척도는 그 대상에 있어서 법관이 심판의 척도로 삼는 통제의 척도보다 더 광범위하고 그 내용이 더 풍부하다.[173] 헌법

172) Peter Lerche, Föderalismus als nationales Ordungsprinzip, in: VVDStRL 21(1962), S. 66(72).

173) "기능규범"과 "통제규범"의 구별에 대한 기본적인 논의는 Ernst Forsthoff, Über Maßnahme-Gesetze, in: GS für Walter Jellinek, 1955, S.

규범을 특정한 생활사태에 적용하거나 또는 구체적인 상황 속에서 그것을 존중해야만 하는 입법자와 행정부는 현실의 전제조건을 확인하고, 가능한 결과를 예측해야 하고 또 – 이것만 가지고 판단하는 것은 아니지만 – 그것을 토대로 하여 재량을 해야만 한다. 헌법재판소는 원칙적으로 이 선결정을 존중한다. 다만 그것을 통제하고 교정할 수 있는 제한된 가능성만을 가질 뿐이다.[174]

구체적으로 헌법을 실행하는 행위자가 헌법해석의 작업을 하는 것은 헌법의 핵심이나, 예컨대 기본법 제58조에 의거한 부서의무와 같은 법적 규범을 규정하는 것에 대해서도 중요한 의미를 갖는다. 연방대통령이 부서의 헌법규범적 필수성을 지배적인 학설의 입장보다 훨씬 더 좁게 보는 것과, 연방수상과 각부 장관들이 지배적인 학설에 따라 자신들의 권한이 침해되고 또 연방대통령의 정부에 대한 비판의견의 표시가 헌법기관 존중에 위배된다고 비난하는 것에 아랑곳하지 않는 것 등은 이 제도의 법적, 도그마틱적 의미의 파악에도 영향을 미친다.[175] 물론 그렇다고 해서 이러한 현실이 연방헌법재판소와 국가법학의 지배적인 의견과 거리가 있는 입장에 따라 진정으로 헌법에 합치되는 것인지 여부는 아직 결정

221(232f.); Bd. Ⅲ, Bettermann, §73 Rn. 31("행위규범과 판단규범"). 실행하는 국가기관에 대하여 일종의 판단특권을 부여하는 경우 행위규범 및 통제규범의 실체법상 다양한 효력범위에 대해서는 Bd. Ⅵ, Papier, §154 Rn. 59ff. 특히 63ff.(행정과 행정재판의 관계의 측면에서 상술). 비판적인 의견은 Starck, §164 Rn. 14.

174) 의회의 판단특권의 예로는 BVerfGE 50, 290(332ff.); Fritz Ossenbühl, Die Kontrolle von Tatsachenfeststellungen und Prognoseentscheidungen durch das Bundesverfassungsgericht, in: FG-BVerfG I, S. 458(466ff., 496). Bd. V, Kriele, § 110 Rn. 44ff. 비판의견은 Bd. Ⅱ, Roellecke, § 53 Rn. 40. 행정부에 대해서는 Fritz Ossenbühl, Vom unbestimmten Gesetzesbegriff zur letztverbindlichen Verwaltungsentscheidung, in: DVBl. 1974, S. 309ff. 기본법 제68조상의 신임문제에서 연방수상의 우선적인 판단권한에 대해서는 BVerfGE 62, 1(49ff.).

175) Bd. Ⅱ, Schlaich, §49 Rn. 60ff.

된 바 없다. 기본법상의 권력분립적 질서 속에서 정치적으로 활동하는 국가기관은 유권적인 헌법해석에 있어서 제1순위의 발언권을 가질 뿐이지, 유일한 최종의 발언권을 갖는 것은 아니다. 하지만 그들이 제공하는 사실들은 국가의 합법성통제에 출발점이 되는 동시에 헌법도그마틱을 위한 자료가 된다. 이러한 범위에서 국가실무는 헌법규범에 대한 그들의 제1차적인 접근을 통해서 추가적인 해석에 대하여 선행행위로서 영향을 미친다.176)

64 다만 그것이 법적 의견의 형식으로 제시된다고 하더라도 국가실무에 대하여 헌법관습법을 확립할 수 있는 능력을 부여하는 것은 과도한 것으로 볼 수 있다.177) 헌법 차원에서도 인정될 수 있는 것이라고 하더라도178) 관습법은 보충적으로만 전개될 수 있을 뿐이고, 헌법 내재적으로 발전될 수 있는 것은 아니다. 여기에서 관심대상인 실행적인 헌법해석은 헌법의 규율대상 안에서, 어떤 경우이든 실질적 의미의 헌법의 범위를 벗어나지 않는 범위에서 작용한다.

65 국가실무가 헌법 그 자체를 규정하고 변환시키는 것은 아니다. 다만 헌법의 해석을 통한 실현의 양태는 규정한다. 헌법이 이 양태 속에서 생겨나는 것은 아니지만, 헌법은 이를 통해 실제적인 효력을 갖게 된다.179) 실행하는 헌법해석의 연관성은 본질적으로

---

176) 국가법이론은 행정부와 입법부를 경시하고 연방헌법재판소의 판례에만 집중하는 경향을 보이는바, 이는 행정법이론이 행정을 통한 행정법의 실행적 해석을, 민법학이 법적 거래를 통한 민법해석을 주목하지 않고 판례만을 일방적으로 주목하는 것과 비슷하다. "연방헌법재판소실증주의"의 현상에 대한 적확한 분석은 Bernhard Schlink, Die Entthronung der Staats-Rechtswissenschaft durch die Verfassungsgerichtsbarkeit, in: Der Staat 28(1989), S. 161ff., 특히 168ff.

177) 이러한 고려는 Tomuschat(각주 166), S. 94f., 136f.

178) 이 가능성은 부정될 수 있다. 이 문제점에 대해서는 Tomuschat(각주 166), S. 74ff., 81ff., 145ff.

179) Kant를 원용하여 말하자면, 국가생활에서 실효성이 있는 것은 초월적인 헌

절차적인 속성의 관점에서 파악된다. 연방헌법재판소는 이 국가실무를 자신의 헌법해석의 출발점으로 받아들여 그것을 진지하게 논의해야 한다. 그리고 그것이 헌법에 위배된다는 결론이 나는 경우에 헌재는 그것과 다른 자신의 헌법해석을 정당화해야만 한다. 이 경우 해당 해석의 실행이 오래 지속되고, 그 결과와 일관성이 많이 축적되고 또 그에 대한 동의가 광범위하면 할수록 정당화의 부담은 증대된다.

3. 국가행위의 합법성추정

옐리네크는 “정치적인 인식”으로 최고국가기관들의 행위는 합 66
법성이 추정된다는 원칙을 제시한다.[180] 이의를 제기할 수 있는 권한을 갖는 자가 법적 반론을 제기하지 않거나 또는 그 행위들을 법적 무효로 선언하지 않는 한, 헌법규정에 대한 자구상 해석이 다른 결론에 이른다고 하더라도 그 행위들은 적법한 것으로 여겨져야만 한다는 것이다.[181] 이 주장은 원래 국가행위의 효력과 연관되는 것이지, 합법성과 직접 연관되는 것은 아니다.

효력의 추정은 사실은 법적 안정성의 이유에 따른 것이다. 법적 안정성은 시민의 자유에 대한 법치국가적 보장에도 기여한다. 시민의 자유는 국가행위에 대한 가측성이 보장되지 않는 경우에 보전될 수 없기 때문이다. 그러나 이 추정은 국가행위가 명백하게 헌법적으로 허용하는 범위 바깥에 있지 않아야 하는 전제조건을 갖는다. 다만 이 추정이 성립되는 한, 해당 국가행위를 제거하기 위해서 정치적 담론이나 사법절차에서 헌법적 문제점을 제기하는

법적 시각이 아니라 선험적인 관점이다. 즉 원래의 헌법이 아니라 헌법과 연관되는 사람들에 의해 인식, 파악 및 취급되는 헌법이 실제 의미를 갖는다.

180) Jellinek(각주 5), S. 18. 이에 대한 비판은 Kelsen(각주 124), S. 80.

181) Jellinek(각주 5), S. 18.

것은 권한 있는 국가기관이나 시민들의 부담으로 주어진다. 기본법은 헌법위반의 결과에 대하여 차별화하는 규정을 두어 개방된 입장을 취하는바, 원천적인 무효, 특히 소급효를 위헌의 결과로 단정하지 않고,[182] 오히려 국가행위의 항구성의 요청과 경제성, 특히 시민의 관점에서 주목되는 신뢰 및 계속성의 보호를 고려한다. 이 효력의 추정은 권위에 대한 신뢰가 아니라, - 민주적 정당성을 갖는 - 국가기관들이 대개는 헌법의 궤도를 따라 활동하고[183] 또 국가활동의 정상성과 규범이 일치한다는 (실망할 수도 있는) 기대를 토대로 한다. 이 추정은 합헌적 법률해석의 근거가 되는 바, 연방헌법재판소는 합헌적 법률해석을 통해 입법자에게 합헌적 의도가 있는 것으로 간주하고, 다의적인 법률에 대하여 연방헌법재판소 자신의 헌법해석에 합치되는 의미를 강제함으로써 법률의 효력을 유지시키는 동시에 입법기관의 권위를 지켜준다.[184] 결과적으로 합헌적 법률해석에서 관건은 입법에 대한 합법성추정이다.

67 그러나 이 합법성의 추정은 이의제기 및 소구부담의 배분과 위헌결정권한의 규정에 대해서 절차법적 의미만을 가질 뿐이다. 국가행위의 실체법적 조건, 특히 기본권제한의 경우에 법치국가적인 분배원리에 의거 국가가 기본권제한의 정당성을 제시하여야 하는 정당화의 강제와는 관련이 없다.[185]

---

182) 헌법위반의 법적 결과에 대해서는 Bd. Ⅱ, Löwer, §56 Rn. 100ff.; Bd. Ⅲ, Schmidt-Aßmann, §70 Rn. 32ff. Bd Ⅶ, Battis, §165 Rn. 29ff., 58ff.

183) Leibholz(Der Status(각주 51), S. 126)에 따르면 내각과 입법자는 "의심스러운 경우 유리한 것"을 요구할 수 있다. Tomuschat는 "항상적인 선의"의 추정을 언급한다(각주 166, S. 136 - Hermann Mosler와 함께).

184) Vgl;. Willi Geiger, Das Bundesverfassungsgericht im Spannungsfeld zwischen Recht und Politik, in: EuGRZ 1985, S. 401(402). 비판의견은 Denninger(각주 102), S. 302f. 문헌과 함께 상세한 논의는 Klaus Schlaich, Das Bundesverfassungsgericht, 1991, S. 229ff. Bd. Ⅱ, Löwer, §56 Rn. 111.; Bd. Ⅶ, Starck, §164 Rn. 31f.

185) Bd. Ⅴ, Isensee, §111 Rn. 9, 69ff., §115 Rn. 48, 181ff., 184f.

D. 정치와의 긴장국면 속에 있는 헌법

I. 정치적 권력투쟁에 대한 제한된 규율가능성

헌법은 권력추구, 공동체의 정치적인 활동에너지와 함께[186] 이 68
를 기초로 하는 정당과 단체를 통한 정치적 세력의 형성, 이 세력들 간의 경쟁과 토론, 합의 및 이 과정을 통한 대국가 영향력행사 등을 긴요한 조건으로 전제한다. 하지만 헌법은 정치과정 그 자체가 아니라, 일반적인 접근가능성, 권력을 둘러싼 정치과정에 대한 기본권적 윤곽조건, 자유와 기회균등이라는 기본권적 윤곽조건들을 보장한다. 기본권적 보장은 개별 시민들과 마찬가지로 집단과 단체들에게도 도움이 되는바, 이는 국가권력의 간섭에 대하여 보호막을 제공한다. 정당 간의 경쟁은 선거결과를 척도로 하여 국가권력행사에의 참여를 매개하는 국가적으로 조직된 선거절차 속에서 진행된다. 정치과정은 헌법규범에 따라 권력분립적인 의회민주주의 제도 속에서 통로가 설정되고, 국가조직의 권한 및 절차규정에 인입된다. 또 국가권력에 대한 실체적인 헌법기속을 통해 규율되고, 궁극적으로 국가의 공식적인 결정과 법형식적인 행위로 전환된다. 다만 이와 관련하여 제기되는 의문은 헌법규범들이 실제로 정치과정을 조종하고 또 공동체의 힘들을 마음대로 다룰 수 있는지 또 어느 정도나 그럴 수 있는가 하는 것이다.

헌법의 조정력에 대한 회의는, 옐리네크가 제시한 바와 같이, 69
현실의 정치세력들이 모든 법률적 형식에서 벗어나서 작동되는 자신만의 독자적인 법칙에 따라 움직이고, 또 법질서가 기존의 제도들에 부여한 힘을 자신의 것으로 만들려고 하는 것에 대한 경험에

186) Max Weber가 말하는 "정치적인"의 의미에 대해서는 앞의 단락. 9f., 22.

서 비롯된다.[187)]

70 기본법에 기초한 국가에서 이러한 종류의 현실 정치세력들은 무엇보다도 정당들이다. 연방 및 주에서 정당들의 권력상황에 따른 구조들은 국가조직상의 헌법적 권한체계를 압도하는 영향을 미친다. 정치적으로 민감한 문제에 대한 결정들은 대부분 연방의 내각이나 의회 또는 참사원 같은 공식적인 국가조직이 아니라, 예컨대, 정당 및 원내교섭단체의 지도부(기층과의 환류소통이 있기도 하고, 없기도 한), 연립위원회, 대표회담("코끼리회담") 등과 같은, 자신들만의 은밀하고 이질적인, 공식 및 비공식적인, 정당 내부적인 또한 정당을 넘어서는 독자적인 결정위원회와 결정의 절차들을 발전시켜 온 주도적 정당들의 마당에서 내려진다.[188)] 헌법에 의거하여 관할권을 갖는 국가기관들은 다분히 정당차원에서 선결된 결정들을 형식적으로 추인하는 기능만을 수행한다. 어떤 위임과 지시에도 기속되지 않고, 자신의 양심에 대해서만 책임을 지는 국회의원의 자유위임에 대한 헌법적 보장은(기본법 제38조 제1항 제2문) 의회민주주의의 현실 속에서 국회의원들이 원내교섭단체의 규율에 정치적으로 기속되는 현상과 직면하고 있다. 정치의 기본방침을 정하는 연방수상의 권한은 연립정당 간의 합의, 연립절차, 연립위

---

187) Jellinek(각주 119), S. 72. 헌법의 조종력의 한계에 대해서는 Grimm(각주 96), S. 24f. 일반적으로는 ders.(Hg.), Wachsende Staatsaufgaben – sinkende Steuerungsfähigkeit des Rechts, 1990; Vesting(각주 137), S. 27ff.

188) 이러한 비국가적이고 제도외적인 위원회, 협상 및 협약 등에 대한 어려운 법적 평가에 대해서는 BGHZ 29, 187(Herausgabe der Niederschrift und Tonbandaufzeichnung von Koalitionsverhandlungen); Joachim Maiwald, Zum Wesen des "verfassungsrechtlichen Vertrages", dargestellt am Beispiel der zwischenparteilichen Koalitionsvereinbarung, Diss. Müchen, 1963; Adolf Schüle, Koalitionsvereinbarungen im Lichte des Verfassungsrechts, 1964; Liesegang(각주 87), Art. 65 Rn. 6. Bd. Ⅱ, Schröder, §51 Rn. 1.

원회 등에 사실상 의존한다. 헌법에 의거하여 부처별로 구별되기는 하지만 통일된 행위단위로 구상된 연방내각이 연립동반정당의 체계 하에서는 정치적으로 상대 정당에 대한 개입이 금지된 채 실제로는 분할 획정되어 운영되고 있다.

그럼에도 불구하고 이러한 "정당국가적인" 결정구조들은 원천 71
적으로 또한 전면적으로 위헌인 것으로 평가되지 않고 또 헌법과 헌법현실간의 근본적인 모순이 표출된 것으로 비난되지 않는다.[189] 의회민주주의의 헌법구조를 선택한 것은 이미 정당 자체의 정치적 영향력을 인정하는 것이기 때문이다. 정당을 외면하였던 이전의 헌법들과 달리 기본법은 정당에 대하여 명시적으로 우호적으로 규정하고 있고(기본법 제21조)[190] 또 기본법은 의원내각제 정부형태를 취하면서 미국식의 대통령제 정부형태보다는 더 넓게 정당에 대하여 국가조직을 개방하고 있다.[191] 헌법에 따른 내각과 의회다수의 - 법적인 관점에서는 국가기관으로서 의회 전체 - (정당)정치적 동조화는 역시 헌법의 의도에 따른 권력분립을 뒤엎는다. 하지만 그렇다고 해서 권력분립의 원칙이 실제적 의미를 잃게 되는 것은 아니다.[192] 자유위임의 헌법적 보장이 국회의원이 자신의 소속 교섭단체에 연대하여 스스로 기속되는 것을 금지하는 것은 아니고 또 교섭단체와 정당에 대하여 정치적인 이유로 소속 구성원과 결별하는 것을 금지하는 것은 아니다. 사실상의 정치적 영향력을 행사하는 것을 방해하는 것도 아니다. 그것은 오로지 국회의원이 법적으

189) 이와 관련한 비판적인 논조에 대한 적정한 반박은 Hennis(각주 133), S. 7ff.

190) Bd. Ⅱ, Kunig, §33 Rn. 14ff., 46ff.

191) Bd. I, Badura, §23 Rn. 10ff., 특히 18.

192) Vgl. BVerfGE 10, 4(12ff.) — 발언시간 관련. 이에 대한 반론은 Hanns-Rudolf Lipphardt, Die kontingentierte Debatte, 1976, S. 49ff., 90ff. Bd. Ⅱ, H. H. Klein, §40 Rn. 31f. Vgl. auch BVerfGE 44, 125(138ff.) - 홍보활동 관련. 이에 대한 소수반대의견은 Rottmann, ebd., S. 181ff.

로 의존되지 않도록 보호할 뿐이다. 말하자면 국회의원 개인은 자기기속 아니면 축출 둘 중에 하나를 스스로 선택할 뿐이다.[193] 연방수상의 방침결정권한도 관료화된 행정청 수장이 행사하는 고권적인 지시권과 같이 행정위계질서의 틀 속에서 주어지는 명령권한으로 이해되어서는 아니 된다. 오히려 이 방침결정권은 연방수상이 그것을 구체적으로 실현하는 과정에서 의회 및 정당연합의 신뢰기반을 유지하고 또 자신의 정견에 대하여 다수세력의 지지를 확보해야만 하는 (헌법적 과제로 주어지는) 정치적 필수성의 조건에 의해 좌우된다.[194]

72 헌법의 규범들은 규율되는 사안의 본질에 의해 결정된다. 이는 예전부터 "헌법은 정치법이다"라는 명제를 토대로 하는 옳은 인식이다.[195] 그래서 "정당의 내부적 질서가 민주적인 기본원칙들에 위배되지 않아야만 한다"(기본법 제21조 제1항 3문)[196]는 헌법상의 명령이 정당이 행위능력과 경쟁력을 갖는 조직으로 유지되도록 하면서도 과두제의 견고한 법칙을 제거할 수는 없다.[197] 타협발견을 통한 정치적 합의의 과정이 중대한 결정의 국면에서 공개되기는 어렵다. 이는 일종의 정치적인 사리법칙이다. 중재위원회를 비롯한 의회의 위원회들이 항상 공개적으로 의사를 진행하도록 법적으로 강제된다면 본질적인 협상과 타협의 결정은 공개성의 요청을

193) 이에 대한 적확한 언급은 Hennis(각주 133), S. 8f. Bd. Ⅱ, H. H. Klein, §41 Rn. 13ff.

194) Vgl. Roman Herzog, in: Maunz/Dürig, Komm. z. GG, Art. 65 Rn. 14ff. 몇몇 법률가들의 방침권한에 대한 현실과 거리가 먼 해석에 대하여 비판적인 견해는 Hennis(각주 133), S. 7f. Bd. Ⅱ, Achterberger, §52 Rn. 15ff., 특히 19f.

195) 앞의 단락 3.

196) Bd. Ⅱ, Kunig, §33 Rn. 27ff.

197) 사회학자인 Robert Michels는 사회민주주의의 예에서 일반화될 수 있는 사항법칙을 발전시켰다(Zur Soziologie des Parteiwesens in der modernen Demokratie, 1925, S. 369ff.).

피하여 밀실에서 비공식적인 절차를 통해 진행될 것이다.[198] 정치과정의 독자적인 사항법칙성은 헌법규범에 의해 완전히 부정될 수는 없다. (설령 부정되는 경우에도, 정치가 존재하는 한: 역자 부기) 언제고 되돌아오고 말 것이다(Tamen usque recurret).

정치과정에 통로를 개설해주는 헌법규범과, 정치과정을 제한하는 것, 특히 엽관제[199]를 비롯하여 정당이 행정과 재판에 직접 영향력을 미치는 것 등에 대한 헌법적 금지와 같이 정당정치적인 권력경쟁이 행정과 재판에 영향을 미치는 것을 예방하는 헌법규범은 구별되어야만 한다. 73

근본적으로 정당을 중심축으로 하는 경쟁민주주의는 간접적으로는 내각도 포함되지만 필연적으로 의회 내에서 정당하게 실현된다. 하지만 이 경쟁민주주주의는 헌법에 의거하여 모든 국가권력의 행사를 기속하고 또 공직민주주의의 구상의 기초가 되는 공화주의적인 공공복리의 요청에 의해 제한된다.[200] 정치적인 선도와 74

---

198) 일반적인 위원회홍보에 대한 법정책적 요청에 대해서는 Uwe Thaysen, Der Bundestag - Eine Bilanz nach 40 Jahren(Diskussionsbeitrag), in: Konrad Porzner/Heinrich Oberreuter/Uwe Thaysen(Hg), 40 Jahre Deutscher Bundestag, 1990, S. 76(79-82). 그에게 위원회에서의 결정발견에 대한 소홀한 홍보는 의회주의로부터 도피하는 경향의 한 예이다(a.a.O., S. 77). 정치학의 관점에서 근본적인 논의는 Heinrich Obereuter, Scheinpublizität oder Transparenz? Zur Öffentlichkeit von Parlamentsausschüssen, in: ZParl 6(1975), S. 77ff.; Joachim Linck, Die Parlamentsöffentlichkeit, in: ZParl 23(1992), S. 674(681ff.)

199) 이에 대해서는 Ernst Benda, Der Stabilitätsauftrag des öffentlichen Dienstes - eine Überforderung im Parteienstaat?, in: Gerhart Baum u.a. Politische Parteien und öffentlicher Dienst, 1982, S. 29(40ff.); Josef Isensee, Der Parteienzugriff auf den öffentlichen Dienst-Normalzustand oder Alarmzeichen?, ebd., S. 52ff.; ders.,(각주 46), S. 1164f.

200) 이에 대해서는 Wilhelm Hennis, Amtsgedanke und Demokratiebegriff, in: FS für Rundolf Smend, 1962, S. 51ff.; Peter Graff Kielmansegg,

탈정치화된 전문적인 집행 간의 이원적인 권력분립은 우선은 경쟁민주주의의 원칙이 공직민주주의의 원칙과 연계되는 동시에 공직민주주의가 오염되지 않은 상태로 발전되는 것을 토대로 한다.[201] 공직의무는 국회의원들에게는 오로지 전체국민을 위한 봉사의무로서 자신의 공직양심에 대한 헌법적 촉구만을 뜻하고, 장관에 대해서는 부분적으로 법적 성격을 갖고, 관료와 법관에 대해서는 상당부분 윤리적인 의무로서의 성격을 갖기는 하지만, 직무상 요구되고 또 제재에 의해 담보되는 포괄적인 의무로서 이해된다.[202] 법적으로 구획되고 할당되는 헌법적 관할권은 법적으로 완전히 포착될 수는 없는 공직윤리에 대한 헌법의 기대와 연계되어 있다.

75 국가의 정치적 선도의 문제들과 관련되는 헌법규범들은 국가조직이 사회세력들에 대하여 우위에 있고, 양자 간에 충돌이 있는 경우 가장 강력한 사회세력에 대하여도 국가가 자기를 관철시킬 수 있고 또 민주적인 조건하에서 공공복리를 결정할 수 있는 것을 잠재적인 전제 조건으로 한다. 여기에서 헌법의 전제조건으로 관건이 되는 내적 주권성은 법률적으로 포착가능한 법의 범주가 아니라 실존적인 힘의 정치적 범주에 속한다.[203] 하지만 헌법적인 전제조건이 도대체 민주적인 의미를 갖는지 또는 그것이 유명무실하게 되는지, 기껏해야 헌법에 규정되지는 못하지만 간접적인 힘으로 헌법적 절차에 도움을 주게 되는 외교능력에 도움이 되는 공증의 기능을 갖는지 여부는 이 내적 주권성에 달려 있다.[204] 의회제

"Die Quadratur des Zirkels", in: Ulrich Matz(Hg.), Aktuelle Herausforderungen der repräsentativen Demokratie, 1985, S. 9(21ff.). Bd. I, Isensee, §13 Rn. 107.

201) 이에 대해서는 Isensee(각주 48), S. 46ff. 앞의 단락. 18 참조.

202) Bd. Ⅲ, Isensee, §57 Rn. 100ff.

203) Bd. I, Isensee, §13 Rn. 87ff.; Randelzhofer, §15 Rn. 35ff.; Bd. V, Isensee, §115 Rn. 116.

204) 헌법국가에서 간접적인 권력의 문제에 대해서는 Josef Isensee, "Gewerkschafts-

도들은 그들의 권력과 의미기반의 유지에 유의해야만 한다. 그들은 헌법규범에 의해 배제될 수 없는 위험, 말하자면 "자신들이 국가운영의 추동력을 더 이상 담지하지 못하는 경우에도 헌법이 부여해준 기능을 단절 없이 계속 수행해야만 하는 위험"[205] 속에서 생활한다.

Ⅱ. 헌법과 국가의 존재이유(Staatsraison)

헌법의 규율들은 그 제정 당시의 경험과 필요성 및 예견가능한 범위의 발전들에 대해서만 고려할 수 있을 뿐이다. 그렇기 때문에 그 규정들이 예기치 못한 문제들에 봉착하고 또 그럼에도 불구하고 계속 효력을 갖는 경우에는 새로운 도전들에 대한 국가의 효과적인 대처가 방해받게 될 위험이 상존한다. 국가의 행위가 요구되는 상황에서 법적 구속이 지나치게 완고하거나 경직되고, 그에 따라 기본권제한 권능을 비롯한 국가의 가용수단이 크게 부족하고 또 권한이 서로 교착되고, 결정절차가 원활하지 못하게 되는 결과가 빚어질 수 있다. 헌법과 국가의 존재이유 상호간의 충돌을 사전에 기획하고 있는 것은 바로 이 때문이다. 즉 헌법이 양보하지 않고 또 자신의 규범적 효력을 후퇴시키지 않는 것이 바로 그것이다. 국가이론가인 마키아벨리에 따라 국가통치술, 즉 국가의 덕성이 필요성이라는 상황에 따른 강제 하에서 국가의 운명을 위하여 보전되어야만 한다면, 헌법국가에서는 법 자체가 이 필연성의 구성부분이다. 말하자면 정치에 의해 존중되고 배려되어야만 하는 국가행위에 대한 불가침의 지침이다. 헌법은 국가의 존재이 76

---

staat" – staatstheoretische Essenz eines politischen Kampfbegriffs, in: FS für Wilhelm Hennis, 1988, S. 360ff.

205) Jellinek(각주 119), S. 72.

유 속에 스며들어 있다. 이 국가의 존재이유는 임의의 국가가 아니라 기본법에 의해 창설된 국가, 즉 그 존재이유가 헌법에 의해서 정해진 특정한 국가와 연관되기 때문이다.[206]

77 정치적인 요청들은 헌법의 척도에 따라서만 그 효력을 가질 수 있다. 그렇기 때문에 충분한 정치적 활동과 형성의 공간을 개방하고, 법질서를 발전가능한 상태로 유지하고 또 국가행위에 대하여 형식적인 요청과 실체적인 지침들을 조심스럽게 제시하는 것은 헌법의 몫이다. 헌법적 공고화의 과잉은 경직성을 초래할 수 있고 또는 국가생활의 역동성을 요구하는 압력에 의해 헌법의 규율들이 침해되거나 파괴될 수도 있다. "헌법완벽주의는 헌법무시주의로 전락한다".[207]

78 헌법위원회가 1949년에 독일연방의 장래 경제 및 사회구조를 특정한 질서모델로 확정하는 것을 회피하였을 당시,[208] 그 핵심논거는 "당시 불가측의 상황에서" 장래의 사회경제적 구조를 예단하는 것은 경솔하고 거만한 것일 수밖에 없다는 것이었다.[209] 모든 해석례들이 다 그렇게 보았던 것은 아니었지만, 그 문언에 따르면 기본법은 의회와 정부에 대하여 내용상의 지침을 제시하는 것을 자제하면서 정치적 생활의 활동에 대한 필요성을 존중하고 있다. 이를 기초로 기본법은 국가와 사회의 적지 않는 상황변화에도 불

206) 이에 대한 적확한 언급은 J. H. Klein(각주 95, S. 33 Anm. 108a). 동시에 "헌법이성이 국가이성에 우선한다" 는 Helmut Ridder의 명제에 대한 부정의 견해도 주목된다(in: Ex oblivione malum, in: Heinz Maus(Hg.), Gesellschaft, Recht und Politik, 1968, S. 305(311). Bd. I, Isensee, §13 Rn. 171f.

207) Grimm(각주 96), S. 17. 국가생활의 법화의 원인과 결과에 대해서는 H. Maier(각주 50), S. H34ff.

208) Bd. I, Mußgnug, §6 Rn. 57ff.

209) 국회의원 Theodor Heuss의 연방의회 위원회에서의 발언(JöR NF 1, S. 43).

구하고 극심한 변동 속에도 지속적인 것으로 자신을 지켜나갈 수 있었다.

통일 이후에 미래의 정책을 좀 더 미시적으로 헌법적으로 고착시키고 또 국가목표들과 국가과제 및 사회적 권리들을 헌법률로 확정하려는 시도들이 적지 않았다.[210] 이러한 헌법적 규율의 범위를 확장시키려는 헌법정책적 경향은 헌법적 규율과 가장 심하게 배치된다고 할 수 있는 국정, 즉 외교적 사안들의 경우에도 예외가 아니었다. 하지만 유럽공동체의 기관에 독일이 참여하는 것이 향후 연방정부의 단독결정의 대상에서 제외되어 방만한 연방국가적 결정기제에 의해 제약되고, 그에 따라 상이한 국가기관들의 (아마도 상충되는) 지시하에 있게 된다면, 독일은 국가적으로나 국제적 관점에서 요구되는 역동성을 잃고, 결국은 제동자로서 전락하든지, 아니면 유럽공동체의 정치에 대한 영향력을 상실하게 되는 난관에 빠지게 될 것이다. 79

Ⅲ. 헌법해석의 원칙인 '결과에 대한 고려'

국가의 존재이유(Staatsraison)가 독자적인 요소로서 헌법과 80
대치하거나 헌법의 기속력을 후퇴시킬 수는 없다는 전제하에서도, 국가의 존재이유가 그 자체적으로 헌법의 구성부분이고,[211] 따라서

---

210) 이에 대해서는 H. H. Klein(각주 133), S. 729ff.; Peter Badura, Die Verfassungsfrage im wiedervereinigten Deutschland, in: Bitburger Gespräch, Jahrbuch 1991/2. S. 27(34ff., 40); ders., Die Staatsaufgaben nach dem Grundgesetz und die Reformfrage, in: Thüringer Verwaltungsblätter 1992, S. 73ff. 이와 관련하여 논란되는 헌법정책적 입장들은 1992년 6월 16일에 개최된 "국가목표들과 기본권"을 주제로 한 연방의회와 참사원의 공동위원회 제2차 공청회에서 분명하게 개진되었다(속기록 참조).

211) Hans Hugo Klein: "국가이성은 모든 헌법에서 통합의 요소이다"(각주 95, S. 33).

개별 헌법규범들에 대하여 내재적인 규율로 보아야 하는 것은 아닌지, 궁극적으로 헌법규범의 해석은 늘 공동체에 대한 현실적인 결과를 고려하고 또 헌법적으로는 좋은 것이 정작 공동체에는 재앙이 되지 않도록 해야만 하는 것은 아닌지 등이 미결의 문제로 남는다. 이 문제에 대하여 정치적으로 행동하는 국가기관과 법적으로 통제하는 국가기관은 상이한 답을 하는 경향을 보인다. 예컨대, 대개 연방정부는 헌법적 행위전제조건을 판단하면서 국가에 대한 피해를 피하기 위하여 국내의 결정이라도 그에 따른 외교상의 영향과 같은 결과를 고려한다. 반면에 연방헌법재판소의 경우에는 전형적인 법관의 접근방식에 따라 결정의 대상사건에만 국한하여 판단하는 경향을 보인다. 자신의 결정으로 어떤 정치적 결과가 초래되는지가 연방헌법재판소에게 중요한 의미를 가져서는 안된다는 것이다. 말하자면 "연방헌법재판소는 오로지 법에 따라 결정을 내려야만 한다"는 것이다.[212] 독일제국시대에 국사법원도 같은 입장을 천명한 바 있다. 즉 국사법원은 "자신이 내리는 판결의 정치적인 결과를 고려해서는 아니 되고, 적용되는 객관적인 법에 의거하여 도달한 결론을 선언해야만 한다"는 것이다."[213] 이상형적인 대립구도 속에서 보면 행동하는 국가기관과 사법적인 국가기관은 헌법에 대한 상이한 시각에서 자유인과 하인의 관계에 있다고 할 수 있다. 스트롬(Th. Strom)에 따르면 이 관계는 "하나는 '어떤 결과가 초래되는가?'라고 묻고, 반면에 다른 하나는 '그것이 적법한가?'라고만 묻는다."

---

212) BVerfGE 2, 143(181) – Organstreit über das Zustimmungsgesetz zum EVG–Vertrag.

213) StGH in: Hans–Heinrich Lammers/Walter Simons, Die Rechtsprechung des Staatsgerichtshofs für das Deutsche Reich und des Reichs–gerichts auf Grund Art. 13 Abs. 2 der Reichsverfassung, Bd. I, 1929, S. 341(352).

행동하는 국가기관과 통제하는 국가기관들이 각각 상이한 해석의 관점에서 헌법을 보고 또 행위척도로서의 헌법이 통제척도로서의 헌법보다 더 많은 것을 요구하는 것은[214] 권력분립체계상 상이한 기능들에서 비롯된다. 하지만 상이한 국가기관들을 통한 헌법해석이 합치될 수 없는 결론으로 귀착되어서는 아니 된다. 헌법수신인들 상호간에 권한상의 차이가 헌법의 규범적 동일성에 영향을 주지는 않는다. 정부와 의회에게 합헌인 조치가 연방헌법재판소에게 위헌일 수는 없다. 81

모든 국가기관들이 헌법해석에 있어서 현실적인 영향을 고려하지 않고, 결과에 대한 책임과는 무관한 일종의 '숙고사법'(Gesinnungsjurisprudenz)이 관철된다면 통일성을 기할 수 있을 것이다. 하지만 이런 식의 규범의 내향성은 "헌법은 살리되, 국가는 타도"[215]하는 결과를 초래하게 될 것이다. 이는 헌법의 의미가 정반대의 방향으로 역전되는 것일 수밖에 없다. 헌법은 국가를 일정한 형식 속에서 살려나가는 것이지, 국가를 죽이기 위한 것이 아니다. 그러나 그렇다고 해서 헌법이 전면적인 공공복리유보하에 있거나, 모든 규범들이 공공복리적합성에 맞추어서 해석된다거나 또는 규범들의 차별화된 가치판단이 무시되고, 더 나아가서는 그 규범적 엄격성이 약화된다는 것은 아니다.[216] 예컨대, 기본권의 제한은 그와 관련된 한계기준에 부합되지 않는 공공복리요청에 의해 정당화될 수는 없다. 그것이 내적, 외적으로 심대한 손해를 피하기 위한 것일지라도 마찬가지이다. 또 그러한 이유들이 있다고 해도 82

214) 앞의 단락. 63.

215) H. H. Klein(각주 95), S. 32. 이러한 의미에 대한 상세한 논의는 Krüger(각주 102), S. 247ff.; Böckenförde, Der Begriff des Politischen(각주 1), S. 286.

216) 결론적으로 같은 의견은 Bachof(각주 5), S. 45, 46ff. Bd. Ⅲ, Isensee, §57 Rn. 104ff.

권한의 흠결이 메워지거나, 절차상 위배가 치유될 수는 없다.

83 연방헌법재판소나 다른 국가기관이 자신의 결정에 따른 영향을 고려해야만 하는지 또 어느 만큼 그래야 하는지는 오로지 헌법 자체,[217] 특히 적용되는 해당 개별 규범에 따라서만 답해질 수 있다.[218] 필연적인 것인 아니지만, 정치적으로 해로운 결과는 미흡한 헌법해석의 증좌일 수 있다.[219] 게다가 헌법해석에서 결과 고려를 요구하는 일반적인 헌법원칙들이 있는바, 국가의 보전과 헌법의 전제조건으로서 국가의 기본구조들,[220] 헌법제도들의 기능적 효용 등이 그것이다.[221] 헌법의 효력 요청은 국가권력의 행위능력의 한계선에서 그친다. 말하자면 행위능력이 결여된 경우 어떤 규율이 이전의 상태보다 더 헌법에 근접하게 되는 경우라면 그것이 헌법에 합치되지 않는 경우라도 수인되어야만 한다.[222]

---

217) Vgl. Bachof(각주 5), S. 47: "법질서의 바깥이 아닌 안에서의" 지원, Vgl. auch ebd., S. 45, 56ff.

218) 1982년에 상정된 불신임투표를 근거로 한 연방의회의 조기해산은 우선 공개적인 토론의 장에서는 위헌인 것으로 평가되었었다. 하지만 모든 교섭단체가 새로운 선거를 원했고 또 선거경쟁에 이미 돌입한 상태였기 때문에 정치적으로 되돌릴 수는 없었다. 반면에 연방헌법재판소는 기본법 제68조 등 관련 규정과 정치적 행위에 대한 헌법의 판단척도, 3권의 최고국가기관에게 인정되는 전망과 판단의 여지 및 정치적 선도결정상의 재량 등에 대한 면밀한 분석을 근거로 하여 조기해산을 정당한 것으로 보았다[BVerfGE 62, 1(34ff.) - 3인의 소수반대의견 있음].

219) Vgl. Bachof(각주 5), S. 56f.

220) Bd. I, Isensee, §13 Rn. 26ff., 173f.

221) Bd. Ⅲ, Isensee, §57 Rn. 118; Denninger, §76 Rn. 30; Götz, §79 Rn. 22; Bd. V, Kriele, §110 Rn. 65ff.; Bd. Ⅵ, Bethge, §137 Rn. 32, 49; Breuer, §148 Rn. 51; Hill, §156 Rn. 39ff.

222) 선도적으로 Saar판결 BVerfGE 4, 157(169f.). Vgl. auch BVerfGE 12, 281(290ff.); 14, 1(7f.); 15, 337(348ff.); 18, 353(365); 27, 253(281). 대외정치적 달성가능성의 유보에 대해서는 BVerfGE 40, 141(178f.) - Ostverträge; 84, 90(127f.) - Einigungsvertrag; Kammerbeschluß v. 5. Juni 1992 (Umdruck S. 9f.) - deutsch-polinischer Grenzvertrag. 이에 관해서는 H. H. Klein(각주 95), S. 25f., 28, 36f.; Peter Lerche,

바로 이러한 점에서 트리펠이 제시한 정치적인 것에 대한 고려, 즉 "정치적인 것에 대한 고려"[223]와 논리적이고 형식적인 개념작업을 연계하여야 한다는 해석원칙이 설득력을 갖는다.[224] 여기에서 관건은 정치적 헌법의 한계를 옮기는 것이 아니라 법학적 방법론에 따라 정치적 헌법의 함의와 효력의 양식 및 그 전제조건을 탐색하는 것이다.

헌법과정 속에서의 절차법적인 실현과 실체적인 헌법해석은 81
구별된다. 예컨대, 헌법소송에서 광범위한 재량이 인정되는 결과고려가 그것이다. 일반적인 의미를 갖거나 또는 헌법소원심판청구자에게 중대하고도 피할 수 없는 피해가 우려되는 경우라면 즉시결정을 하는 것(연방헌법재판소법 제90조 제2항 제2문),[225] 중대한 피해를 예방하고 급박한 권력행사를 저지하기 위하여 또는 기타 중대한 이유로 공공복리를 위하여 긴박하게 요구되는 경우에 내리는 가처분명령(연방헌법재판소법 제32조 제1항),[226] 법률에 대한 위헌결정의 효과의 차등화,[227] 집행의 규율(연방헌법재판소법 제35조) 등이 그 예이다.[228]

Das Bundesverfassungsgericht und die Vorstellung der "Annährung" an den verfassungsgewollten Zustand, in: DÖV 1971, S. 721ff.; Jörn Ipsen, Rechtsfolgen der Verfassungswidrigkeit von Norm und Einzelakt, 1980, S. 213f., 214ff.

223) Triepel(각주 4), S. 19, 37. Vgl. auch Thoma(각주 4), S. 5; Böckenförde, Die Eigenart des Staatsrechts(각주 1), S. 329. 앞의 단락. 3도 참조.

224) Trilepel(각주 4), S. 37.

225) Bd. Ⅱ, Löwer, §56 Rn. 158.

226) Bd. Ⅱ, Löwer, §56 Rn. 176ff.

227) Bd. Ⅱ, Löwer, §56 Rn. 100ff.

228) 이에 관해서는 H. H. Klein(각주 95), S. 33ff.

Ⅳ. 연방헌법재판소의 통제관할권의 "정치적" 한계

85 헌법을 비롯한 법은 연방헌법재판소가 국가권력의 행위를 심사하는 유일한 척도이다.[229] 예컨대 정치적 합목적성이나 필수성, 정의의 적정성 등의 기준에 따른 정치적 가치판단은 연방헌법재판소의 권한 밖에 있다.[230] 연방헌법재판소는 관할권을 갖는 국가기관의 정치적 판단과 결정을 존중해야만 한다. 연방헌법재판소는 헌법에 의해 설정 및 획정된 자유로운 정치적 형성의 영역에 개입하여 "정치를 하는 것"을 분명하게 포기한다고 밝히고 있고, 헌법상 다른 국가기관에 보장된 정치적 형성의 영역을 열어 놓고 있다는 점도 분명하게 확인하고 있다.[231] 하지만 이런 "포기"는 연방헌법재판소가 마음대로 할 수 있는 '정치적인' 권한을 갖고 있지 않기 때문이지, 자신의 독자적인 의사에 따른 것이 아니다. 그것은 단지 선재하는 권한배분에 따른 것일 뿐이다. 법적 사건에서 연방헌법재판소의 권한은 그 자신이 마음대로 할 수 없는 것으로 주어지는 것이다. 권한은 그 행사의 의무를 포함한다. 연방헌법재판소가 자신의 독자적인 결단에 따라 의회와 정부에 대하여 정치적 자제 (사법자제) 일변도로 갈 수 있는 권능 역시 연방헌법재판소에게 주어져 있지 않다.[232] 이 경우에 자제는 '권한사칭'(Kompetenz-

229) Bd. Ⅱ, Roellecke, §53 Rn. 17ff.

230) 부정의는 그것이 자의금지의 한계를 넘어서 평등원칙을 침해하는 경우 헌법적 관련성을 갖는다. 이에 관해서는 BVerfGE 3, 58(135); 3, 162(182); 50, 142(162) - 일관된 판례임.

231) BVerfGE 34, 1(14f.).

232) 바로 이 판결은 연방헌법재판소의 권한을 지나치게 확장시키고, "사법적극주의"라는 비난을 불러일으켰지만(Jost Delbrück, Die Rolle der Verfassungsgerichtsbarkeit in der innenpolitischen Kontroverse um die Außenpolitik, in: Albrecht Randelzhofer/Werner Süss(Hg.), Konsens und Konflikt, 1986, S. 54(62f.), "사법자제"의 원용은 오류인 동시에 필수적인 것도 아니다; BVerfGE 34, 1(14f.); "자유의사에 따른 자

usurpation)의 자기수권과 다를 바 없다.[233)]

정치적 형성의 자유가 어느 범위에 미치는지는 헌법에 의해 정해진다. 그렇기 때문에 연방헌법재판소는 법적 사건에서 자신의 권한으로 그 사안이 법적 성격의 것인지, 정치적 성격의 사안인지를 판단한다. 모든 국가기관에 대하여 구속력을 갖는 이 속성판단에는 이른바 권한의 권한, 즉 (헌)법이 시작되고 정치가 멈추는 지점에 대한 결정권이 포함된다. 이에 따라 기본법이 외교분야를 포함하여 모든 정치권력에 대하여 설정해 놓은 법적 한계를 구속력 있게 관철시키는 권한은 연방헌법재판소에게 있다.[234)] 그러나 연방헌법재판소는 정치의 재량영역과 의회와 내각의 권한의 크기 및 권력의 균형 등에 대한 세심한 배려 속에서 이 한계에 대한 의문을 제공하는 권력에 대한 판단권능을 갖는다. 86

법적 구속에 대한 부정의 근거[235)]로 이해되는 '정치적인 것'을 준거로 하여 개념논리에 따라 연방헌법재판소의 통제권한이 원천적으로 제한될 수는 없다. 적과 친구를 구별하는 '정치적인 것'의 개념도 마찬가지다.[236)] 모든 사안과 모든 해석의 문제들은 "정치적인" 양극화를 야기할 수 있다. 하지만 연방헌법재판소는 권력투쟁에 연루되는 것에 대한 우려 때문에 결정을 거부해서는 아니 된다.[237)] 법적 독립성은 연방헌법재판소가 충돌의 정도와 반대당사자의 세력에 의해 영향을 받지 않고, 법의 일반적인 기준에 따라 결 87

제"에 대한 긍정적인 견해는 Ernst Benda, Das Bundesverfassungsgericht im Spannungsfeld von Recht und Politik, in: ZRP 1977, S. 1(3).

233) 적확한 지적은 Dietrich Murswiek, Der Umfang der verfassungsgerichtlichen Kontrolle staatlicher Öffentlichkeitsarbeit, in: DÖV 1982, S. 529(532).

234) BVerfGE 34, 1(14).

235) 앞의 단락 19f.

236) 앞의 단락 11f.

237) Vgl. Böckenförde, Die Eigenart des Staatsrechts(각주 1), S. 329.

정을 내려야 하는 의무를 수행할 수 있게 해준다.

88 헌법재판통제의 한계를 정하는 미국법의 법형식을 독일법에 계수하려는 시도는 실패하였다. 법관에게 정치적인(특히 외교에 관한) 문제에 대하여 절제를 요구하는 사법자제의 원칙이[238] 독일에서는 통용될 수 없었다. 동 원칙은 연방헌법재판소의 불가침의 권한과 의무에 대하여 아무 것도 말할 수 없었기 때문이다.[239] 미국 대법원이 어떤 사안이 정치적 성격이라는 이유로 판결을 거부할 수 있는 근거인 이른바 '정치문제이론'(political question doctrine)도 독일법에는 맞지 않는다.[240] 이 학설은 이미 그 본래의 분야에서도 일관성이 결여된 것으로 드러났다. 말하자면 이 학설은 한편으로는 정치적인 문제(국가경영과 국가보전 및 외교상의 중대한 이익 등과 관련하여)를 통제대상에서 면해주고, 사법심사가능성을 법문제에 국한하는 관점 및 법원과 다른 국가기관들 사이의 권한배분의 관점 등과, 또 한편으로는 기관간 상호 존중의무라는 양극 사이에

238) 미국 연방대법원의 판례 및 관련된 미국문헌에 대한 소개는 Geoffrey R. Stone u.a., Constitutional Law, Boston, Toronto, London, 1991, S. 106ff., 114ff. - 미국식의 원칙과 독일법에서 그 적용가능성에 대해서는 Rüdiger Zuck, Political question-Doktrin, Judicial self-restraint und das Bundesverfassungsgericht, in: JZ 1974, S. 361ff.; Benda(각주 232), S. 4; Klaus Stern, Das Staatsrecht der Bundesrepublik Deutschland Ⅱ, 1980, S. 961f.; Murswiek(각주 233), S. 531ff.; Geiger(각주 184), S. 402; Delbrück(각주 232), S. 59f.; Benda/Klein (각주 157), S. 9f.; Schlaich(각주 184), S. 267(Nachw.). 반면에 오히려 긍정적인 견해는 Roman Herzog, Offene Fragen zwischen Verfassungsgericht und Gesetzgeber, in: ZG 2(1987), S. 290(291ff.) Bd. Ⅴ, Kriele, §110 Rn. 4, 7ff., 15, 62.

239) 앞의 단락 85f.

240) 수용에 반대하는 의견은 Zuck(각주 238), S. 361ff.; Benda(각주 232), S. 4; ders./Klein(각주 157), S. 10; Hans-Peter Schneider, Verfassungsinterpretation aus theoretischer Sicht, in: ders./Rudolf Steiberg(Hg.), Verfassungsrecht zwischen Wissenschaft und Richterkunst, 1990, S. 39(43f.); Schlaich(각주 184), S. 267f.

서 일관된 기준을 제시하지 못한다.[241] 이 학설은 어떤 의미에서는 전통적인 독일 학설에서 제시되었던 '사법심사로부터 자유로운 고권행위'와 공통점을 갖는다.[242] 하지만 이 학설은 이미 기본법 제19조 제4항에 따른 재판청구권보장의 효력 때문에 폐기되었다.[243] 결과적으로 연방헌법재판소의 권한은 외부로부터 주어지는 이른바 정치유보에 의해 제한될 수는 없다.

이에 반해 효력 있는 헌법에 따라 또한 헌법 자체로부터 이른 89
바 '기능적-법적 준거'[244]가 발전되었다. 이에 따르면 헌법재판의 내용과 한계는, 권력분립적이고 그에 따라 분업적인 국가활동의 과정 속에서 연방헌법재판소에 부여된 기능과 그에 상응하는 능력에 따라 정해지게 된다.[245] 여기에서 관건은 연방헌법재판소와 입법 및 정부, 통제와 정치적 행위 간의 기능적인 차이다. 이와 관련하여 바로 연방헌법재판소의 법원으로서의 지위가 주목된다.[246] 기능적-법적 준거의 과제는 무엇보다도 연방헌법재판소와의 관계에서 국가기관들의 기능적합적인 자기책임을 구별하고 또 그에 따라

---

241) 미국법에 대한 문헌소개는 Kokott(각주 32), S. 644f.

242) Hans Peter Ipsen의 대표적인 기술은 Politik und Justiz. Das Problem der justizlosen Hoheitsakte, 1937.

243) 이에 관해서는 Eberhard Schmitt-Aßmann, in: Maunz/Dürig, Komm. z. GG, Art. 19 Abs. Ⅳ Rn. 77ff.(Nachw.). Bd. Ⅵ, Papier, §154 Rn. 31.

244) 이에 관해서는 Gunnar Folke Schuppert, Funktionell-rechtliche Grenzen der Verfassungsinterpretation, 1980; ders., Self-restaraints der Rechtsprechung, in: DVBl. 1988, S. 1191(1192); Konrad Hesse, Funktionelle Grenzen der Vetrfassungsgerichtsbarkeit, in: FS. für Hans Huber, Bern 1981, S. 261ff.; Schlaich(각주 184), S. 268ff.(Nachw.).

245) "기능적합적 기관구조"에 따른 권력분립에 관해서는 Fritz Ossenbühl, Aktuelle Probleme der Gewaltenteilung, in: DÖV 1980, S. 545 (548ff.).

246) Schlaich(각주 184), S. 270ff.

통제의 범위와 밀도를 할당하고 차별화하는 것이다.[247] 이 과제의 수행에서 정치유보는 필요하지 않다.

V. 헌법의 척도에 따른 헌법국가의 자기보전

1. 비상사태 시 헌법국가적 딜레마

90 국가존립에 대하여 극단적인 위협이 있는 상황에서 그 위험이 헌법적 규율의 테두리 내에서 방지될 수 없는 경우에 헌법은 국가의 자기보전[248]이라는 "정치적인" 목적과 충돌할 수 있다. 헌법이 예견하지 못하여 미리 규범적으로 대비하지 못한 예외적인 경우(비상사태)가 문제가 될 수 있다.[249] 이러한 경우에 위험방지의 수단을 강구하는 국가기관은 헌법규범을 존중하면서 헌법국가를 효과적으로 보호하는 것을 포기할 것인지, 아니면 헌법규범의 효력기반을 수호하기 위하여 헌법규범을 깨뜨릴 것인지를 선택해야 하는 난관에 빠지게 된다. 국가긴급법의 전통은 이러한 예외적인 경우 국가보전을 위하여 국가를 법적 기속으로부터 완전히 또는 부분적으로 자유롭게 하여 합법성보다 생존을 우위에 놓는 것, 즉 후자의 해결책을 제시한다: 긴급은 법의 명령을 모른다(Not kennt kein Gebot). "모든 법은 국가존립의 사실 앞에서 넘어설 수 없는 한계를 갖는다. 그렇기 때문에 국가생활의 토대가 변경된다고 해서 법이 부정될 수는 없지만, 반면에 위기상황에서 국가생활의 진로를 정하는 힘을 법에서 기대할 수는 없다".[250]

---

247) 이에 관해서는 Schuppert, Self-restraints(각주 244), S. 1192ff.

248) 앞의 단락 15ff.

249) Carl Schmitt, Politische Theologie, 1934, S. 12, 19f.; Ernst-Wolfgang Böckenförde, Der verdrängte Ausnahmezustand, in: NJW 1978, S. 1881(1885).

250) Jellinek(각주 5), S. 358f. '힘이 법에 앞선다'라는 명제에 대해서는 당연

비상상황에서 헌법 후퇴의 이유에 대해서는 칼 슈미트가 일찌감치 논증한 바 있다. "모든 일반적인 규범은 구성요건에 맞게 적용하게 되고 또 규범적 효력하에 있게 되는 통상적인 생활관계의 형성을 요구한다… 이러한 사실상의 정상성은 법률가들이 무시할 수 있는 단순한 외적 조건이 아니다. 오히려 이는 법의 내재적인 효력에 속하는 조건이다. 극단적인 혼돈에 적용될 수 있는 규범은 없다."[251] 이 점에서 헬러는 칼 슈미트와 인식을 같이 한다: "규범의 효력은 그것이 상정한 통상적인 일반적 상태를 전제로 한다. 전혀 예측하지 못한 예외의 상태는 규범적으로도 평가될 수 없다."[252] 91

비상사태의 주제는 이미 오래 전부터 헌법국가에 대해 하나의 도전이었다.[253] 헌법국가는 통상적인 경우를 상정한다. 그러나 예외의 경우에는 불규칙적인 상황이 지배한다. 규범성은 규범화할 수 없는 현실과 마찰을 피할 수 없다. 예컨대 국가행위의 가측성과 국가존립에 대한 위협, 법률의 일반성과 상황에 맞는 즉응적 조치의 필요성,[254] 법적 기속과 효율성에 따른 필요성, 권력의 분립과 권력팽창, 행정에 대한 포괄적인 행위수권 및 이른바 "위임적 독재"(kommissarische Diktatur)[255]의 경향, 시민의 자유보호와 국가권력의 탈기속화와 확장의 충돌 등이 그것이다. 헌법국가는 항상 자신의 원칙의 순수성과 규범적 엄격주의를 무시하면서 비상 92

히 유보적인 입장이다(a.a.O., S. 359).

251) C. Schmitt(각주 249), S. 19f.

252) Heller(각주 13), S. 255. 동지 Böckenförde(각주 249), S. 1884f.

253) Josef Isensee, Verfassung ohne Ernstfall: der Rechtsstaat, in: Anton Peisl/Armin Mohler(Hg.), Der Ernstfall, 1979, S. 98(105ff., 110ff.).

254) 긴급수단으로서 조치의 필수성과 헌법적합성에 대해서는 Böckenförde가 논의한 바 있다(각주 249, S. 1888ff.).

255) '위임적 독재'의 유형에 대해서는 Carl Schmitt, Die Diktatur, 1978, S. 1ff., 171ff.

사태를 해결하려고 나설 위험 속에 있다.[256] 하지만 그렇게 하는 경우에도 비상사태의 현실적인 가능성이 해소되지는 않는다.[257]

2. 기본법상 한계상황의 규범화

93 기본법은 가능한 비상 및 위기상황에 대비하여 정치한 규정들을 두어, 바이마르 헌법 제48조 제2항의 일반조항식으로 행정부에 비상대권을 부여하는 것을 의도적으로 피하는 방법으로 비상상태를 제거하려고 한다.[258] 자기보전의 국가목적은 국가적으로 조직되고, 법적으로 창설된 공동체의 유지와 연관된 것으로서 당연한 것으로 전제된다.[259] 하지만 여타의 경우와 마찬가지로 이 경우에도 기본법의 규율주제는 행위의 목적이 아니라 시민의 자유를 위하여 제한되는 행위의 수단이다.[260] 통상적인 조건하에서 국가의 자기보전은 헌법의 일반원칙들, 법률우위와 법률유보의 원칙, 기본권기속, 법치국가적 한계, 연방국가 및 권력분립적 권한질서 등에 따라 관철된다. 기본권제한 권능의 범위는 방어적 민주주의에 따른 특별한 예방, 예컨대 자유민주적 기본질서를 해치는 기본권남용의 경우 금지 및 실효의 구성요건을 두는 것 등을 통해 확장된다. 바로 이 방어적 민주주의의 원리는 자기보전의 국가목적이 표현된 것이며, 이는 바로 헌법의 존속과 직결되는 것이기도 하다.[261]

94 국가와 헌법에 대한 위험상황 중 통상적인 수단으로 감당할

---

256) Böckenförde는 독일에서의 상황을 분석한 바 있다(각주 249, S. 1881ff.).

257) 이에 대해서는 C. Schmitt(각주 249), S. 13.

258) Bd. Ⅶ, E. Klein, §169 Rn. 1ff., 5ff.

259) 앞의 단락. 15ff. "정치적 질서와 통일체의 상태로서 국가를 가능하게 하고, 유지 및 뒷받침하는 목적"에 대해서는 Böckenförde, Der Begriff des Politischen(각주 1), S. 286. Bd. Ⅲ, Isensee, §57 Rn. 49; Herzog, §58 Rn. 89ff.

260) Bd. Ⅲ, P. Kirchhof, §59 Rn. 1ff.

261) Bd. Ⅶ, Becker, §167 Rn. 20ff., 38ff., 46ff.

수 없는 전형적인 상황은 긴급헌법규정들을 통해 그 구성요건이 규정된다. 국가조직의 기능파괴, 내부적인 비상상태, 내란 및 전시상태 등이 그것이다.[262] 이들 각각의 구성요건에 따라서, 효과적인 위험방지를 위해 필요한 범위에서 통상적인 상황에서라면 지켜져야만 하는 법에 대하여 위법을 예정한 차별화된 법적 효과가 인정된다. 과잉금지원칙의 적용을 완화하는 조정에 따라 국가행위의 권능이 확대되고 또 결정절차가 단순해진다. 기본법은 비상사태와 정상상태를 엄격하게 구별하고, 비상사태에 대하여 대비함으로써 통상상황에서의 법을 보호할 수 있게 된다.[263] 긴급헌법에 규범화된 위험의 구성요건들은 헌법의 예외적인 구성요건으로 내재화됨으로써 헌법의 예외로서의 그 속성을 잃게 된다. 말하자면 이들 구성요건들은 더 이상 헌법의 규범적 실효성을 해치는 뇌관이 아니라 일단의 긴급사태용 대비책이다. 이로서 헌법의 규범성에 대한 위험은 제거된다. 하지만 비상사태규정에 의하여 구성요건에 포섭되는, 헌법국가의 존립에 대한 사실상의 위험은 제거되지 않는다. 예컨대, 기본법 제35조 제3항의 천재지변과 관련된 규정이 있다고 해서 자연재해가 방지될 수는 없고 또 국가의 재난대책이 수포로 돌아가는 것이 배제되지는 않는다. 그러나 이 규정은 이들 과제의 수행이 헌법 때문에 실패로 돌아가고, 그에 따라 헌법의 위기가 초래되는 것을 방지할 수 있다.

긴급사태의 구성요건 외에 기본법 제20조 제4항이 규정하고 95
있는 저항의 사태가 있다. 이 사태는 국가적인 평화 및 결정의 통일체가 파괴되는 경우에 발생한다.[264] 모든 국민을 위하여 부활하는 저항권은 국가권력에 의해 보장되지 않는다. 저항의 사태에서

262) Bd. Ⅶ, E. Klein, §§168, 169; Graf Vitzhum, §170.
263) Böckenförde(각주 249), S. 1881.
264) Bd. Ⅶ, Dolzer, §171 Rn. 11.

국가권력은 헌법을 수호할 능력과 의사를 더 이상 갖고 있지 않기 때문이다. 국민들은 필연적으로 스스로 위험을 부담하면서 자기수권에 의해 저항권을 행사한다.[265] 그럼에도 불구하고 기본법이 헌법에 규정될 수 없는 무정부주의적인 저항권을 규정하고 또 그에 따라 법학적 가능성의 한계를 넘어선 것은 자기보전에 대한 의지를 분명히 확인한 데 그 뜻이 있다.

96 긴급헌법이 아무리 완벽하게 규율되었다고 하더라도, 행위주체인 국가기관의 의견에 따르면 테러대책을 비롯하여 독일의 국가생활에서 기본법상의 활동가능성의 조건하에서 허용되는 법률상 가용수단만으로는 해결될 수 없는 예외적인 경우들이 발생할 수 있다.[266] 기본법에서 상정되지 않은 불문의 긴급권을 주장하는 것은 기본법상의 일단의 긴급규정들을 제한적인 완결규정으로 보는 극단적인 헌법존중주의의 입장과 정면으로 배치된다.[267] 그러나 이러한 입장에 따르면 심한 경우에는 헌법국가의 무방비성과 무법성의 결과가 우려된다. 이 견해는 국가를 창설하고 또 국가가 도전을 극복하고 자신의 과제를 수행할 수 있는 상태에 있게 해주어야 하는 헌법의 기능을 오해하고 있다. 말하자면 자기보전의 목적을 명분으로 하여 규범내향적인 해석을 배제하는 헌법의 정치적 특성을 외면하는 오류를 범하고 있다.

---

265) 이에 관해서는 Hans Schneider, Widerstand im Rechtsstaat, 1969, S. 19ff.; Josef Isensee, Das legalisierte Widerstandsrecht, 1969, S. 78ff., 97ff.

266) 예컨대 Böckenförde(각주 249), S. 1882.

267) 긴급헌법에 관한 근본적인 논의는 Adolf Arndt, Demokratie – Wertsystem des Rechts, in: ders./Michael Freund, Notstandsgesetze – aber wie?, 1962, S. 7ff. 반대입장은 Michael Freund, Demokratie – Wagnis des Vertrauens, ebd., S. 67ff. 헌법실증주의적 입장은 Jürgen Seifert, Die Abhöraffäre 1977 und der verfassungsgesetzliche Notstand, in: KJ 1977, S. 105(120ff.); Alexander Rossnagel, Der alltägliche Notstand, in: KJ 1977, S. 257(259f.).

그러나 불문 긴급권의 문제를 형법 제34조의 초법률적인 긴급 피난규정을 끌어들여서 해결하는 것은 타당하지 못하다.[268] 이 규정은 단지 형법상의 정당화이유로서만 의미를 갖는다. 국가의 행위권능에 대한 논증으로서는 적합하지 아니하다.[269] 연방헌법재판소는 기본권적 보호의무를 단서로 하여 긴급권을 논증한다. 긴급사태의 경우에 초법적으로 국가에게 예외적인 조치를 취할 수 있는 권한을 부여하는 근거를 국가의 기본권 보호의무에서 찾는 것이다.[270] 말하자면 국가가 외부로부터의 극복할 수 없는 장애로 인하여 자신의 활동의 자유가 제한되어서 자신의 헌법적 책무를 완수할 수 없게 되는 비정상적인 사태에서 국가의 의무는 상황에 따라 가능한 최선의 조치를 취해야 할 의무로 축소되고, 결과적으로 기본법에 규범화된 목표에 보다 근접하는 행위를 하면 그것으로 족한 것이다.[271] 바로 이러한 맥락에서 기본법상 명시되어 있지는 않지만 함축되어 있는 긴급권의 동인들이 분명하게 드러나는 바, 그 목적은 바로 국가와 헌법의 존속을 보장하는 것이다. 이는 헌법적으로 허용되는 위험방지를 위한 통상적인 대비책들에 대하여 보충적이다. 헌법률상의 규율권능에 위배되는 것은 과잉금지원칙, 상황과 연계된 잠정적인 조치에 국한, 기능적합성의 테두리 내에서만 용인되는 권한위반의 가능성 및 실체적인 헌법핵심의 불가침 97

268) 관련 자료는 Seifert(각주 267), S. 107ff.

269) 적확한 언급은 Knut Amelung, Erweitern allgemeine Rechtfertigungsgründe, insbesondere §34 GtGB, hoheitliche Eingriffsbefugnisse des Staates?, in: NKW 1977, S. 833ff.; Böckenförde(각주 249), S. 1882ff.; Paul Kirchhof, Eingriffsbefugnisse und private Nothilfe, in: NJW 1978, S. 969ff.; Erhard Denninger, Verfassungstreu und Schutz der Verfassung, in: VVDStRL 37(1979), S. 7(44f.).

270) 특히 BVerfGE 46, 160(164f.) – Schleyer-Beschluß: 49, 24(53ff.) – Kontaktsperre. Bd. Ⅴ, Isensee, §111 Rn. 161. Bd. Ⅶ, E. Klein, §169 Rn. 64.

271) 앞의 단락 83.

성 등에 의해 제한된다. 긴급권은 오로지 헌법적 정상상태를 가능한 한 빨리 회복하는 방향에서만 정당하게만 행사될 수 있다.[272)]

3. 정치적 대립 속에서 국가의 자기보전

98 국가의 자기보전을 위하여 중요한 헌법규범들은 정치적 통일체로서 —여기에서 '정치적'이라는 의미는 피아를 구별하는 맥락에서— 국가 자신을 보호하는 것이라는 점에서 정치적인 연관성을 갖는다.[273)] 정치적 통일체로서 국가는 국제환경 속에서 자신을 보전해야만 한다. 그 대상으로는 군사적인 국토방위를 비롯하여 전쟁의 급박한 상황과 연관되는 헌법규범뿐만 아니라, 국제협력, 초국가적 연합, 국제법공동체 편입 등 평화보장, 전쟁방지를 대상으로 하는 헌법규범들과도 관련된다. 기본법상 의무화되어 있는 평화명령은[274)] 자기보전에 대한 의지의 표현인 동시에 구체적인 양식이다.

99 이는 공동체 내부의 평화에도 해당한다. 조직된 국가는 단지 평화공동체로서만 정치적 통일체로 존재한다. 말하자면 (국가의) 무력독점이 보장되고, 사회적 대립이 순화되어서 적어도 그것이 내전으로 격화되는 비등점에 이르지 않는 경우에만 정치적 통일체로 유지된다.[275)] 즉 헌법은 공동체의 평화가 유지되는 한에서만 실효성을 갖는다. 다만 이 전제조건은 결코 궁극적으로 보장되지 않는다. 언제든지 치유 또는 불치에 대한 기대에 따라 국가의 무력독점이나 의회민주주의의 결정절차를 넘어서는 극단적인 정치적

---

272) "초헌법적인 긴급사태"의 법형식에 대하여 Denninger(각주 269), S. 45ff.는 반대의 입장이다. 긴급권에 대한 자연법적 논증에 대해서는 Erich Kaufmann, Zur Problematik des Volkswillens(1931), in: Ulrich Matz(Hg.), Grundprobleme der Demokratie, 1973, S. 20(28). Bd. Ⅶ, E. Klein, §168 Rn. 51ff.; §169 Rn. 61ff.

273) 앞의 단락 11ff.

274) Bd. Ⅶ, Doehring, §178.

275) Bd. Ⅰ, Isensee, §13 Rn. 62ff.

양극화, 대중선동, 편향 운동 등에 의해 파기될 수 있다.

국가가 내전의 당사자로 분열되는 것은 기본법 제20조 제4항 100
에 실정법화된 저항권의 경계지표가 된다. 반면에 국가기관의 기능장애와 같은 내적 긴급권의 구성요소들은 국가의 평화통일체나 결정통일체로서 국가가 완벽하게 유지되는 것을 전제로 한다. 왜냐하면 이 테두리를 벗어나지 않는 경우에만 헌법상 예정된 긴급사태해결책과 정상상태로의 복귀가 실현될 수 있기 때문이다.

기본법이 구상한 방어적 민주주의는[276] 자유민주적 기본질서를 해치는 정당, 단체 및 개인 등 특정한 유형의 정치적 적들에 대항한다. 하지만 방어적 민주주의는 정치적인 적을 기본권주체로 존중한다. 그에 대한 방어는 오로지 법치국가의 궤도 속에서만 수행된다. 경찰질서법이나 형법 등이 규정하고 있는 바와 같이 또는 헌법 차원에서 정당 및 단체의 금지를 규정하는 경우와 같이, 일반적으로 제한되고 또한 개별적으로 비교법익에 대한 형량의 결과로 주어지는 제재들만이 이 방어목적의 기본권제한으로 고려된다. 헌법국가를 공격하는 자라고 해서 법치국가적으로 조직된 평화질서에서 배척되지 않고 또 '정치적인 박해'의 대상이 되지도 않는다. 그것이 외국에 의해 주어지는 경우라면 독일 내에서는 망명권을 유발하게 된다.[277] 헌법국가가 법적 명제로서 적대성, 특히 헌법적대성을 알지 못한다고 하더라도, 그것이 헌법국가가 어떤 적도 갖게 되지 않는다는 것을 말하는 것은 아니다. 다만 헌법국가는 이들에 대하여 적 자체로서 대응할 수는 없다. 그들은 헌법국가에 대하여 경찰법에 따른 교란자, 형사소송법에 따른 범죄혐의자 또는 관련된 법률에 의해 '비정치적인 역할'이 부여된 대상이 된다.[278]

---

276) Bd. Ⅶ, Becker, §167.

277) 앞의 단락. 23ff.

278) 이에 관해서는 Hans Hugo Klein, Verfassungstreu und Schutz der

법치국가는 자신에 대한 적을 정치적 범주로 취급할 수 없게 하고 또 그들을 내전의 교전당사자로 받아들이지 않음으로써 자신의 주권성을 유지한다.[279] 하지만 법형식적인 (국가)보호와 (자유민주주의의) 방어목적을 위한 국가고권적이고 법형식적인 기본권제한만이 탈정치화된다. 말과 선거를 수단으로 하는 정치적 방어는 자유민주체제에서 온전히 허용되고, 더 나아가서는 헌법에 의해 기대되는 바이기도 하다. 이 헌법의 기대는 우선 시민, 정당 및 기타 사회세력들에 대한 것이기는 하지만, 정치적 책임을 지는 국가 당국자에게도 해당한다.[280]

101 연방독일은 출범 이래 서방과 동구진영 간의 대립과, 독일이 양분되고 각각의 부분이 서로 대치하는 진영에 귀속되어서 서로 합치될 수 없는 현실헌법들이('정치적' 체제들) 생성된 세계정치적인 피아의 대치관계 속에서 자기보전이 도전받아 왔다. 하지만 자기보전의 국가목적과 이를 위한 헌법적 수단은 하나의 특정한 위협상황에 맞추어지는 것은 아니다. 그렇기 때문에 이들은 특정한 충돌상황이 해소된다고 해서 종결되는 것은 아니다.

통일 후 전체 독일의 법치국가가 직면하고 있는 난제, 즉 자신의 척도에 따르면 불법이지만 전체주의적인 동독 체제하에서는

Verfassung, in: VVDStRL 37(1979), S. 53(71f. m.w.N.).

279) 하지만 언론의 관심을 끄는 정치적 성격의 교란이 있는 경우 책임을 지는 국가당국이 법치국가적인 경찰 및 질서법의 테두리 내에서 "공식적인 법적" 해결책 대신 "정치적인" 해결책, 말하자면 즉각적으로 교란자와 상호양해 하에 평화조건을 협상하고, 교란자를 교전당사자로 인정하는 방법을 선택하는 경우는 거의 찾아보기 힘들다.

280) 이에 관해서는 Denninger(각주 269), S. 23f.; H. H. Klein(각주 278), S. 80f.; Otto Luchterhandt, Grundpflicht als Verfassungsproblem in Deutschland, 1988, S. 469ff. – 금지되지 않은 극단적인 정당과 "정치적으로" 협상할 수 있는 연방정부의 권능에 대해서는 BVefGE 40, 287 (292f.) – Verfassungsschutzbericht über die NPD. Bd. V. Isensee, § 115 Rn. 195. Bd. Ⅶ, Becker, §167 Rn. 78f.

정당한 것이었던 통일 전 동독의 사태들에 대하여 심판해야 하는 상황이 그 좋은 예이다. 여기에서 헌법적 문제점은 통일 독일에서 오늘의 규범이해를 결정하는 법 및 통체체제와 행위자가 행위 당시 구속되었던 법 및 통체체제를 구별지우는 정치적 심연을 무시할 수 있는지 여부이다. 즉 법치국가의 토대가 되는 정치적 통일체 자체가 존재하지 않았다는 점이 그것이다. 범행 당시 및 해당 관할 지역에서 효력 있는 법, 더욱이 단순히 어의적으로만 효력이 있는 것이 아니라 죄형법정주의(기본법 제103조 제2항)에 따라 실체적으로도 타당한 법의 근거가 있는 경우에 한하여 형벌권을 헌법적으로 제한하는 것은 정치적 통일체의 헌법적 전제조건을 고려한 것이다.[281] 여기에서 국가와 헌법의 보호 또는 시민의 안전이라는 예방적 요청은 그 위험원이 완전 소멸되었기 때문에 더 이상 고려될 사항은 아니다.

Ⅵ. 헌법과 정치적 통일

헌법은 국민의 정치적 통일을 전제로 한다. 여기에서 '정치적' 102
이라는 말은 다수의 의미층에서 파악된다. 국가의 조직과 목적의 통일, 평화통일체로서, 내적인 권력경쟁의 대상인 힘의 통일체로서, 대외적으로는 여타의 권력통일체에 대한 자기보전의 주체로서,

---

281) Vgl. Günther Jakobs, Vergangenheitsbewältigung durch Strafrecht? Zur Leistungsfähigkeit des Strafrechts nach dem politischen Umbruch, in: Ulrich Battis/ders.,/Eckhard Jesse, Vergangenheitsbewältigung durch Recht, 1992, S. 37ff.; Josef Isensee, Der deutsche Rechtsstaat vor seinem unrechtsstaatlichen Erbe, ebd., S. 91(105ff.). 반대입장은 Bodo Pieroth, Der Rechtsstaat und die Aufarbeitung der vorrechtsstaatlichen Vergangenheit, in: VVDStRL 51(1992), S. 91(102ff.); Christian Starck, ebd., S. 9(25ff.); Joachim Hruschka, Die Todesschüsse an der Berliner Mauer vor Gericht, in: JZ 1992, S. 665ff.

국가를 담지하는 동시에 최소한의 실천적 합의를 생성하는 국민의 의사통일체로서 다양한 의미에서 정치적이다.[282] 정치적 통일체로서 국민은 헌법제정권력의 소재지, 즉 헌법의 정당성의 근원이다. 헌법은 국가적인 공동체생활에서 보편적으로 승인된 근본규칙을 문서로 확인하고, 구속력 있게 만듦으로써 정치적 통일을 기한 성과인 동시에 그 기록이다.

103 그러나 헌법의 관점에서 보면 헌법은 국가를 형식 속에 인입하여 국가에게 행위능력을 매개하고 또 국가적으로 조직된 일반성과 사회적인 특수성, 법률의 가능한 범위와 보장되는 자유영역 간의 경계선을 획정함으로써 정치적 통일체의 수립에 기여한다. 정치적 통일체는 헌법을 수단으로 하여 그 기반이 공고해지고, 지속력이 더해지면서 완성되어 나간다.[283] 말하자면 헌법은 국가의 산물이기는 하지만, 역으로 헌법은 "정치적 질서와 통일의 상태로서 국가를 가능하게 만들고, 그것을 유지 및 지지"[284]하는 역할을 하는바, 국가창설과 사회통합 및 최소한의 합의담보는 헌법의 기능에 속한다고 할 수 있다.[285] 헌법해석이 정치적 통일의 상태와 질서를 해치거나 국가의 해체를 조장하여서는 안 된다고 하는 것은 바로 이러한 맥락에서이다. 헌법과 정치적 통일은 상호 조건관계에 있다.[286] 헌법을 "정치적 법"이라고 하는 것은 바로 정치적 통

---

282) 정치적인 것의 의미층에 관해서는 앞의 단락 5ff. 국민의 개념에 대해서는 Bd. I, Grawert, §14 Rn. 1ff. – 정치적 통일성에 대해서는, C. Schmitt (각주 13) passim, bes. S. 10, 37ff.; Böckenförde의 이해는 Der Begriff des Politischen(각주 1), S. 285f., 291. Smend(각주 16)의 정치적 통일성은 특히 S. 170ff.; 이와 연관한 논의는 Hesse(각주 1), Rn. 6, 10. 두 입장의 수렴에 관해서는 앞의 단락 13.

283) Bd. I, P. Kirchhof, §19 Rn. 4.

284) Böckenförde, Der Begriff des Politischen(각주 1), S. 286.

285) 통합의 기능에 대해서는 앞의 단락 35.

286) Böckenförde, Der Begriff des Politischen(각주 1), S. 286.

일 자체가 헌법의 직접적인 대상인 동시에 그 과제이기 때문이다.[287)]

정치적 법과 정치적 통일체가 지속적으로 일치될 필요는 없다. 국민의 정치적 통일은 역사적 과정 속에서 유지 및 갱신될 수 밖에 없다. 사회적 합의는 깨지거나 새로운 방향을 취하여 그것이 기존의 헌법과 엇갈리게 될 수도 있다. 실정법으로서 헌법은 그것이 효력을 갖고 또 형식적으로 개정되지 않는 한 역사의 영향을 받지 않고 시대의 변화 속에서도 자신의 규범적 정체성을 유지한다. 그러나 현실적인 실효성의 관점에서 헌법은 해석을 통해 항상 현재화되고, 전환 및 구현되는바, 이러한 실천의 과정 속에서 헌법은 역사적 변화의 영향을 받는다. 헌법변질의 한계를 설정하여 헌법의 실체적 계속성을 유지해야 하는 헌법도그마틱의 난제는 이러한 맥락에서 주목된다.[288)] 104

헌법규범이 시대정신과 충돌될 수 있는 것은 1970년대 이래 격화되었던 낙태를 둘러 싼 논쟁이 잘 보여준다. 일방은 연방헌법재판소가 분명하게 지지한 입장, 즉 태아생명의 보호를 헌법적 명령으로 이해하는 의견이었고,[289)] 그 반대의 입장은 낙태를 폭넓게 허용하는 국가실무를 지지하는 의견으로 일반적인 법의식이 양분되었었다. 이와 같은 헌법적 불일치의 경우 자신이 갖고 있는 수단을 갖고 – 당연히 제한된 – 정치적 슬기를 발휘하여 헌법에 대한 동의를 이끌어내고, 새로 승인을 받는 것은 국가의 과제이다.[290)] 국가에게 과제로 주어지는 것은 그 자체가 헌법의 기대로서 105

287) Böckenförde, Der Begriff des Politischen(각주 1), S. 286.
288) Bd. I, P. Kirchhof, §19 Rn. 46. Bd. Ⅶ, Badura, §160 Rn. 13ff.
289) BVerfGE 39, 1(35ff.). Bd. Ⅵ, Lorenz, §128 Rn. 9f., 44ff.
290) 이에 관해서는 Ulrich Scheuner, Konsens und Pluralismus als verfassungsrechtliches Problem(1976), in: ders., Staatstheorie und Staatsrecht, 1978, S. 135ff., Josef Isensee, Verfassungsgarantie ethischer Grundwerte und gesellschaftlicher Konsens, in: NJW 1977,

시민들과 사회적 유력자들을 지향하는바, 헌법적 합의를 이끌어내기 위한 노력이 요구된다.[291] 그러나 기본권적 자유와 민주적 자유의 조건들 하에서 한 가지 허용되지 않는 것이 있으니, 국가가 시민들의 합의를 강제하는 것이 그것이다.

106 지배적인 법적 확신이 헌법과 거리가 먼 경우, 헌법해석자가 그 법적 확신의 방향으로 접근하여 접점을 찾아야 하는 것인지, 헌법해석자가 헌법해석의 내용을 시대정신에 맞추거나 또는 헌법의 효력을 제한적으로 이해함으로써 분쟁이 되는 사안을 다수결의 민주정치과정에 맡기는 방식으로 그 괴리를 해소할 수는 없는 것인지 여부가 문제가 된다. 통합의 논거가 이러한 방법에 대한 찬성의 단서로 제시될 수는 있을 것이다.[292] 하지만 통합은 헌법의 효과이지, 그 내용이 아니다. 또한 통합이 헌법해석을 조종하는 것도 아니다. 정치적 통일의 상태로서 국가를 유지하고 촉진하는 헌법의 목적도[293] 적응전략을 정당화하는 논거가 될 수는 없다. 유권헌법해석자는 당사자와 전체 사회의 최대한 동의를 이끌어 낼 수 있도록 자신의 결정을 전달해야만 한다. 하지만 이 동의를 이끌어 내는 힘 자체가 그 결정 내용의 옳음에 대한 판단척도는 아니다. 헌법의 경성은 정치적 조화의 필요성에 의해 약화되지 않는다.

107 민주주의원리에 입각하여 '헌법은 국민의사에 의해 정당화되기 때문에 국민의사와의 합치가 유지되어야만 한다'는 식의 논증도 생각해 볼 수 있다. 하지만 조직된 국가 내에서 국민의사는 헌법

S. 545(551), H. H. Klein(각주 278), S. 104ff.

291) 헌법적 합의의 계속성에 대한 관심이 단지 시민과 사회세력에게만 해당되는 것인지, 아니면 근본적으로 국가에게도 해당되는 것인지 또는 어느 정도나 그런 것인지에 대해서는 1976년의 연방의회선거에서 근본가치를 둘러싼 공개적인 논쟁의 거리였다. 이에 관해서는 Günther Gorschenek (Hg.), Grundwerte im Staat und Gesellschaft, 1977.

292) 앞의 단락 35.

293) 앞의 단락 103.

의 통로를 통해서만 표출된다.[294] 민주적 정당성을 갖춘 국민의 대표자들은 무제한 헌법에 구속되며, 그들의 공직 수행은 바로 이 헌법기속을 전제조건으로 한다. 사회집단들을 비롯하여 여론조사를 통해 드러나는 다수는 국민이 아니다. 헌법의 토대 및 헌법제정권력의 소재지로서 국민을 제시하는 법학적 논증은 헌법이 효력을 갖는 한 배제된다. 주권자인 국민은 헌법제정권력의 행사에 따라 뒤로 물러서게 되고, 그것에 의해 제정되는 헌법의 합법성체계 바깥에 있게 되는바, 헌법이 파괴되는 경우에야 비로소 작동하게 되는 것인지[295] 아니면 주권자인 국민은 대표자의 기속이나 공감대 형성을 통해서[296] 또는 항구적인 헌법해석의 과정을 통해서[297] 최소한 간접적으로 영향력을 미치는 것인지 등이 논란되고 있다. 국민의 헌법제정권력은 헌법이론상의 법형식이고, 실정 헌법률에 대하여 정당성을 부여하는 근거이다. 이는 헌법 내부에 소재하지 않는다.[298] 법실무상 의미 있는 사법의 명제가 아니다. 무엇보다도 헌법제정권력은 헌법적 당위를 사회현실에 적응하기 위하여 헌법변질을 실행하거나 또는 헌법규범을 무용화시킬 수 있는 권한을 국가기관들에 부여하지 않는다. 하지만 그렇다고 해서 현실적으로 헌법해석이 변하고 또 헌법규범이 무용화될 수 없다는 것은 아니다.

---

294) Jestaedt(각주 47), S. 160, 163 u. oe. Bd. I, Böckenförde, §22 Rn. 8ff.

295) Martin Kriele, Einführung in die Staatslehre, 1990, S. 226, 288. Bd. Ⅶ, H.-P. Schneider, §158.

296) Ernst-Wolfgang Böckenförde, Die verfassungsgebende Gewalt des Volkes - Ein Grenzbegriff des Verfassungsrechts, 1986, S. 16ff. Bd. I, Böckenförde, §22 Rn. 7.

297) Häberle, Verfassungsinterpretation und Verfassungsgebung(각주 135), S. 3, 15ff.

298) 이에 관해서는 Jestaedt(각주 47), S. 156ff.(Nachw.); Isensee, Bd. Ⅶ, §166 Rn.46.

108 헌법은 그것이 많은 수의 시민들이 더 이상 동의하지 않는다고 하더라도 그 규범적 효력과 실체적인 계속성을 포기하지는 않는다. 정치적으로 논란된다고 하여도 헌법의 근본적인 결단은 법질서의 형성과 해석을 규정한다. "입법자도 헌법의 근본결단으로부터 자유롭지 못하다. 사회정책적인 합목적성의 고려를 비롯하여 모든 국가정책적인 필수성들도 이 헌법적 한계를 넘어설 수는 없다. 국민 대다수의 의견이 일반적으로 바뀌고, 그것이 확인된다고 하더라도 이 명제가 달라질 수는 없다."[299] 이러한 모순을 옳게 해결하는 방법은 헌법개정뿐이다. 헌법개정은 헌법의 경성에 영향을 주지 않으면서 의사의 변화를 배려할 수 있다.

109 연방헌법재판소는 정치적으로 부담이 되고 사회적으로 의견이 대립되는 헌법문제에 대한 결정을 회피할 수 없다. 연방헌법재판소는 스스로 정치화의 소용돌이 속에 휩쓸려서는 아니 되고 또 정치적 대립구도를 고려함이 없이 오로지 사법적인 법 발견의 객관적인 기준만을 지향해야만 한다. 이러한 과제의 수행을 위한 제도적인 전제조건은 법원의 독립성에 있다. 바로 정치적 분쟁에 대하여 거리를 유지함으로써 법원의 판결은 평화를 확보하고, 많은 시간이 걸릴 수도 있겠지만 파괴된 공감대를 회복하는 기회를 갖게 된다.

299) BVerfGE 39, 1(67).

≪참고문헌≫

Otto Bachof, Der Verfassungsrichter zwischen Recht und Politik, in: Summum ius summa iniuria, 1963, S. 41ff.

Carl Bilfinger, Betrachtungen über politisches Recht, in: ZaöRV I, Jg., Teil 1(1929), S. 57.

Ernst-Wolfgang Böckenförde, Die Eigenart des Staatsrechts und der Staatsrechtswissenschaft, in: FS für Hans Ulrich Scupin, 1983, S. 317ff.

Ders., Der Begriff des Politischen als Schlüssel zum staatsrechtlichen Werk Carl Schmitts, in: Jelmut Quaritsch(Hg.), Complexio Oppositorium, 1988, S. 283ff.

Kurt Eichenberger, Sinn und Bedeutung einer Verfassung, in: Referate zum 125. Schweizerischen Juristentag, Basel 1991, S. 143ff.

Dieter Grimm, Verfassung(1989), in: ders., Die Zukunft der Verfassung, 1991, S. 11ff.

Peter Häberle, Verfassungsinterpretation und Verfassungsgebung, in: Zeitschrift für Schweizerisches Recht NF 97(1978), S. 1ff.

Hermann Heller, Staatslehre, 1934.

Wilhelm Henke, Staatsrecht, Politik und verfassungsgebende Gewalt, in: Der Staat 19(1980), S. 181ff.

Wilhelm Hennis, Verfassung uns Verfassungswirklichkeit, 1968.

Konrad Hesse, Die normative Kraft der Verfassung, 1959.

Alexander Hollerbach, Ideologie und Verfassung, in: Werner Maihofer(Hg.), Ideologie und Recht, 1969, S. 37ff.

Josef Isensee, Verfassungsgarantie ethischer Grundwerte und gesellschaftlicher Konsens, in: NJW 1977, S. 545ff.

Georg Jellinek, Verfassungsänderung und Verfassungswandlung,

1906.
Werner Kägi, Die Verfassung als rechtliche Grundordnung des Staates, 1945.
Hans Hugo Klein, Bundesverfassungsgericht und Staatraison, 1968.
Juliane Kokott, Der Begriff "politisch" im Normenzusammenhang des nationalen und des internationalen Rechts, in: ZaöRV 51(1991), S. 603ff.
Herbert Krüger, Die Verfassung als Programm der nationalen Integration, in: FS für Friedrich Berber, 1973, S. 247ff.
Gerhard Leibholz, Verfassungsgerichtsbarkeit im demokratischen Rechtsstaat(1953), in: ders., Strukturprobleme der modernen Demokratie, 1967, S. 168ff.
Otto Luchterhandt, Grundpflichten als Verfassungsproblem in Deutschland, 1988.
Ulrich Scheuner, Das Wesen des Staates und der Begriff des Politischen(1962), in: ders., Staatstheorie und Stastarecht, 1978, S. 45ff.
Dietrich Schindler, Verfassungsrecht und soziale Struktur, 1950.
Carl Schmitt, Verfassungslehre, 1928.
Ders., Der Begriff des Politischen(Text von 1932), 1963.
Rudolf Smend, Die politische Gewalt im Verfassungsstaat und das Problem der Staatsform(1923), in: ders., Staats-rechtliche Abhandlungen, 1968, S. 68ff.
Ders., Verfassung und Verfassungsrecht(1928), ebd., S. 119ff.
Heinrich Triepel, Staatsrecht und Politik, 1927.
Rainer Wahl, Der Vorrang der Verfassung, in: Der Staat 20(1981), S. 485ff.

인간의 존엄성

인간의 존엄성*

A. 인간의 존엄성에 대한 해석적 접근

I. 실제적인 확신 - 해석론적 불확실성

"인간의 존엄은 불가촉이다"(Die Würde des Menschen ist unantastbar). 기본법은 경사스럽고 간략하면서도 비밀스러운 하나의 궁극적인 목표를 제시하면서 시작한다. 아마도 헌법에 대한 동의를 구하고, 정치적인 신용을 획득하고, 또한 법적 권위를 구축하는데 이보다 더 적합한 서두문장은 없을 것이다. 이 문장은 인간의 "자기 자신에 대한 구원적 경외심"[1]이 법적 언어로 표현된 것이다. 이 말을 이해하지 못하는 사람은 없을 것이다. 자기 자신의 이상적인 형상, 말하자면 법공동체 내에서 인간으로서의 독자적인 가치를 의미하는 것으로 인식할 것이다. 이러한 인식은 모든 사람들로 하여금 자기 자신과 마찬가지로 다른 사람들을 존중해야 하는 의무를 공유하게 한다. 또한 인간의 존엄을 유지하고 보호하도록 모든 국가권력을 의무화하는 것은 국가에 대한 시민들의 신뢰 확보의 기반이다. 1

* Würde des Menschen, in; Detlef Merten/H.J. Papier(Hg.), Handbuch der Grundrechte in Deutschland und Europa, Bd. Ⅳ. Grundrechte in Deutschland: Einzelgrundrechte I, S. 3-135.

1) 재인용: Thomas Mann, Versuch über Schiller (1955), in: ders., Nachlese, Prosa 1951-1955, S. 67(140).

2 모든 사람들은 인간의 존엄성이 무엇을 뜻하는지를 다 안다고 생각한다. 자신에 대해서든, 다른 사람들과 관련해서든 누구나 존엄에 대한 명백한 침해에 대해서는 최소한 일종의 느낌을 갖는다. 말하자면 일종의 자연법적인 본능과 같은 것이 작용한다. 하지만 구체적인 사안과 관련한 어떤 판단의 본능적 확실성과 그 판단을 논증하고 또 인간의 존엄이 본래 무엇인지를 해명해야 하는 것은 별개의 문제이다. 인간의 존엄의 개념은 합리적으로 파악되기 보다는 감성적으로 맹세되는 것이다. 이 개념이 분명해질 수 있는 잠재적인 가능성은 법감정으로부터 나오는 판단력의 배후에 자리잡고 있다. 야간순례자는 잠에서 깨어날 때 균형을 상실한다. 하지만 이것은 인간의 존엄에 대한 해석에만 특유한 문제는 아니다. 시간이 무엇인지 정의해야 하는 상황에서 아우구스티누스는 난관에 빠지고 만다는 점을 토로한다. 즉, "시간은 결국 무엇인가? 아무도 내게 묻지 않을 때 나는 그것을 알고 있다. 그러나 질문에 답을 하려고 하는 경우에 나는 알지 못한다."[2] 이러한 점에서 방법론에 유의하는 법률가들은 인간의 존엄성이라는 논거에 대하여 소극적인 태도를 보이는데, 반면에 비법률가들은 정치적, 도덕적 요청을 논증하기 위하여 주저하지 않고 서슴없이 인간의 존엄성을 논거로 제시하는 것은 시사하는 바가 적지 아니하다. 그 중에서도 특히 인간존엄성의 명제의 하나의 모순적인 속성, 명백하면서도 불분명한 양면성이 주목된다. 즉, 일견해서 명백하지만, 그것을 합리적으로 파악하려고 하면 할수록 불분명해진다.

3 인간의 존엄성 조항이 제1조로 규정되기는 하였지만, 그 법적 의미를 인식하는 것은 쉽지 않다. 우선 그것이 기술의 문제인지, 아니면 규범의 문제인지, 그리고 정치적인 신뢰의 명제인지, 아니면 순수한 법명제인지, 또는 종교적인 신앙고백이나 윤리적인 촉

---

2) Aurelius Augustinus, Confessiones, XI, 14, 17.

구인지 또는 규범적인 명령의 문제인지 해명을 요한다. 하지만 하나의 범규범의 문제이고 또한 그래야 하는 한에서는 동 규정에서 어떤 법적 구속력이 부여되고, 어떤 법적 효과가 도출되는지, 또는 도대체 동 규정이 법적 효력을 추구하는 것인지 등의 문제가 주어진다.

Ⅱ. 정언명령으로서 직설법

'인간의 존엄은 불가촉이다'라는 명제는 그것이 늘 반복하여 4
침해되어 온 경험에 배치된다. 그 명령법의 표현양식("불가촉이다")에서 알 수 있는 바와 같이, 이 법문은 동 명제가 하나의 확신 또는 명령을 포함하고 있는지 여부에 대한 질문을 상기시킨다. 경험에 따르면 인간의 존엄성은 침해될 수 있다. 다만 바로 그렇기 때문에 헌법은 그 경험을 반성하면서 헌법의 가용무기인 법문을 갖고 인간의 존엄을 보호하는 것이다. 법은 원천적으로 위협하는 현실에 대항하는 것이고, 당위적인 것을 현실적인 것으로 천명함으로써 사전적으로 자신을 승리자로 자처한다. 직설법은 명령법의 가장 강력한 형식으로 여겨진다.[3] 명령은 정언적이다. 이는 기술하는 것이 아니라 장래에 실현될 것을 미리 천명한다. 따라서 명령이 수행될 수 있는지 여부에 관한 토론은 원천적으로 배제된다. 하나의 오만한 감성이다! 불가촉의 선언은 (실증적)존재와 이론이성이 아니라 당위와 실천이성의 영역에 속한다. 이 선언은 어떤 존재론적인 진술이 아니라 하나의 법명령을 내포한다. 즉 기술적인 것이 아니라 규범적이다.[4]

---

3) Isensee, Menschenwürde: die säkulare Gesellschaft auf der Suche nach dem Absoluten, AöR 131 (2006), S. 173ff.

4) Enders, in: Stern/Becker, GG(LitVerz), Art. 1 Rn 21; H. Dreier, GG(LitVerz), Art. 1 Abs. 1 Rn 131. 반면에 Spaemann의 경우에는 존재

5 그 기초자들이 의식한 것이기도 하였지만, 기본법 서두문장은 "법개념들의 범주를 넘어서는 축제적인 어감"을 내포한다.[5] 하지만 기본법 제1조 제1항 1문의 양식은 기본권선언의 전통적인 양식으로 낯선 것이 아니다.[6] 기본법에서도 유사한 표현양식들이 없지 아니하다. 예컨대, 기본권의 본질적인 내용은 절대 "접촉"(angetatstet)되어서는 아니 된다(제19조 제2항). 특정한 헌법원칙들은 헌법개정을 통해서 "건드려져서는"(berührt) 아니 된다(제79조 제3항). 기본법은 우편, 전신 및 서신의 비밀은 "침해되어서는 아니 되는 것"(unverletzlich)으로 규정하고 있는바(기본법 제10조), 침해가 아닌 접근(제한)은 허용됨이 전제되어 있다. 반면에 '불가촉선언' 형식의 인권조항은 말하자면 제한의 가능성이 아니라, 인간존엄의 유지와 보호를 모든 국가권력에 대하여 의무화함으로써 그것을 절대적으로 보장하는 양식을 취하고 있다(기본법 제1조 제2항).[7]

Ⅱ. 법학적 해석의 난점들

6 인간존엄성 명제를 둘러싼 불명확한 부분은 법학적 해석을 통해 완전히 해결되지 못하였다. 연방헌법재판소의 결정을 통해서 많은 해석론이 제시되기는 하였지만, 일관된 대강은 아직 정립되

와 당위의 이원론에 따른 존엄성의 개념이 선재한다. Üeber den Begriff der Menschenw rde, in: Ernst-Wolfgang B ckenf rde/ders.,(Hg.), Menschenrechte und Menschenw rde, 1987, S. 295(297).

5) 헌법제정심의위원회에 외부 자문가로서 초치되었던 Thoma의 표현이다. Krirische Würdigung des vom Grundsatzausschuss des Parlamentarischen Rates beschlossenen und veröffentlichten Grundrechtskataloges -25. 10. 1948, in: Der Parlamentarische Rat 1948-1949, Akten Und Protokolle, Bd. 5/I, 1993, S. 362.

6) 이에 관해서는 Josef Isensee, Vom Stil der Verfassung, 1999, S. 14ff.

7) 규범적 의미에 관해서는 뒤의 단락 92ff.

지 못한 상태이다. 법원의 재판을 통해서 구체적인 천착을 하면 할수록 그만큼 더 큰 의문점들이 제기된다.[8] 국법학에서 수많은 의미의 단서와 해결안들에 대한 백가쟁명이 있어왔지만, 갑론을박이 계속되고 있을 뿐이지 "지배적인 학설"은 정립되지는 못하였다. 인간존엄성의 내용과 법적 효력의 범위, 그리고 '불가촉성'에 대하여 어떤 규범적 속성이 부여되어야 하는지 등에 대하여 논란이 계속되고 있다.[9] 인간존엄성의 명제가 던지는 질문에 답을 하는 데 있어서 그 해석을 법학이 독점하는 것이 아니라 신학[10]이나 철학[11] 등 다른 학문들도 당연히 같이 참여하는 것으로 인정한다고 하여도 어려움이 덜어지지는 아니한다. 하지만 이 점과 관련해서 입장은 매우 다양하다. 분명한 것은 대체로 동질적인 국법학의 범주 내에서보다는 보다 많은 단서들이 폭넓게 논의되어진다는 점이다. 또한 해석만이 배타적인 학문적 접근의 계기가 되는 것도 아니다. 이 계기에는 시민이든, 정치가 또는 공직자이든 누구나 참여할 수 있다. 기본법상 노출된 규범의 지위와 모든 구성원을 향하여 "말

---

8) Häberle, Die Menschenwürde als Grundlage der staatlichen Gemeinschaft, HStR[2] Ⅱ, §22 Rn 5ff. 새로운 견해는 Hömig, Menschenwürdeschutz in der Rechtsprechung des Bundesverfassungsgerichts, in: Rolf Gröschner/ Oliver W. Lembcke(Hg.), Das Dogma der Unantastbarkeit, 2009, S. 25ff.

9) 존엄성보호와 관련한 불가촉성 도그마의 입지를 비롯하여 그 논증 및 개별사건에 대한 결정에 대한 의문에서 기본법주석서 넷 중에 대표적인 이견은 Gröschner/Lembcke, Dignitas absoluta, in: dies.(각주 8), S. 1(3ff.).

10) 예컨대 Schockenhoff, Personsein und Menschenwürde bei Tomas von Aquin und Luther, in: Theologie und Philosophie 65(1990), S. 481ff.; Wilfried Härle, Würde, 2010.

11) Spaemann(각주 4), S. 295ff.; Ottfried Höffe, Menschenwürde als ethisches Prinzip, in: ders./Ludger Honnefelder u.a.(Hg.), Gentechnik und Menschenwürde, 2002, S. 111ff.; Klaus Konhardt, Die würde des Menschen als absoluter Wert, in: Thomas Ebers u.a. (Hg.), FS Pfafferott, 2007, S. 175ff. Kapust, Das Unantastbare: Menschenwürde im Diskurs der Philosophie, in: Gröschner/Lembcke(각주 8), S. 269ff.

을 건네는 형식"(ansprechende)은 개방된 대화 속에서 옳은 해석에 대하여 자신의 의견을 제시할 수 있게 모든 사람들을 초대한다.[12)]

법학적 해석에서 봉착하게 되는 난점들은 다음과 같다: 7

-. 기본법 제1조는 수사학적으로는 빛나지만, 법학적으로는 분명하지 못하다. 니체(Nietzsche)는 인간의 존엄을 "아름다운 매혹과 안도의 효과를 갖는 말"로 받아들인다.[13)]

-. 기본법 제1조 제1항 1문의 간경체(簡勁體)의 규정은 자체만으로는 법적으로 적용될 수 없다. 이 규정이 실제 효력을 가지려면 법기술적인 언어로의 번역이 필요하다.

-. "인간의 존엄"은 순정한 법개념이 아니다. 이는 종교, 윤리 및 철학의 언어에서 유래된 개념이다.[14)] 그 다의성, 다면성, 불명확성은 의미의 동일성의 법학적 요청에 부합되기 어렵다. 하지만 그럼에도 불구하고 동 개념은 사회주의국가의 헌법전에서도, 자유주의적 헌법전, 더 나아가서는 신분제의 권위주의적 국가의 헌법전에서도 찾아볼 수 있다.[15)]

-. 인간의 존엄성에 대한 승인을 통해서 실정헌법은 초실정법적인 과제로 회귀하게 되는바, 실정법과 초실정법의 효력 요청을

---

12) Steffen Augsberg, Die Würde des Menschen als Gattungswesen, in: Peter Dabrock u.a. (Hg.), Gattung Mensch, 2010, S. 385(386ff.). 일반적으로는 Häberle, Die offene Gesellschaft der Verfassungs-interpreten, JZ 1975, S. 297ff.

13) 예컨대 "노동의 존엄성"과 마찬가지다. Friedrich Nietzsche, Die Geburt der Trag die (1872), in: ders., Sämtliche Werke(Ausgabe Colli/Montinari), Bd. 1, 1999, S.9(117).

14) 뒤의 단락 55ff. 참조.

15) Vgl. Bd. I: Stern, Die Idee der Menschen- und Grundrechte, §1 Rn 87f.; Kühne, Von der bürgerlichen Revolution bis zum Ersten Weltkrieg, §3 Rn 16ff.; Häberle, Wechselwirkungen zwischen deutschen und ausländischen Verfassungen, §7 Rn 42f.; Schmidt-Jortzig, Grundrechte und Libaralismus, §10 Rn 54f.

구별하고[16] 또한 초실정법적인, 말하자면 넓은 의미에서 자연법적인 과업의 내용을 탐색하는 것이 필수적인 과제로 주어진다. 이와 관련하여 학문적으로 인식론적 비판과 방법론적 비판이 부각되고, 동시에 전반적으로 풍미하고 있는 소박한 자연법 혐오증, 반형이상학적인 성향, 그리고 실증적이지 않은 사유가 기독교에 의하여 각인되어 있다는 점에서 반기독교적인 정서가 도처에서 불거지고 있다.

–. "해석되지 않은 명제"[17]로 기본법에 수용된 점에서 인간의 존엄성은 사후적인 해석을 통한 파악이 어려울 수밖에 없다; 적어도 해석을 통해 완전히 포착될 수 없다. 이로부터 비롯되는 문제는 법해석론이 접하게 되는 불확정 법개념들을 다루는 것과는 질적으로 다른 문제이다.

–. 인간존엄성의 보장은 전통적인 인권의 레퍼토리(목록)에 속하지 아니한다.[18] 따라서 전통은 그 어떤 전범도 제공하지 못한다. 오히려 기본법해석이 전통에 근거를 제공하는 동시에 선도적인 작업을 수행해야만 한다.

–. 인간존엄성의 보장은 기본법상 개별 기본권의 해석론체계에 편입되지 아니한다. 즉 일반적인 기본권해석의 기준에서 벗어나 독자적인 척도들을 설정하고 요구한다.

인간의 존엄성에 대한 해석의 어려움은 그 최고가치에서 비롯 8
된다. 일반 입법자는 물론이고 헌법개정입법자에게도 추호라도 인간존엄성의 원칙을 흔드는 것은 허용되지 아니한다. 이 원칙은 절

16) 뒤의 단락 10ff. 참조.

17) 헌법제정심의위원회의 원칙소위원회 제4차 회의에서 Theodor Heuss(FDP) 의원의 표현이다. Protokolle(각주 5), S. 72. 이에 관해서는 Christoph Enders, Die Menschenwürde in der Verfassungsordnung, 1997, S. 410. 더 상세한 것은 뒤의 단락 45ff.

18) Josef Franz Lindner, in: ders./Markus Moestl/Heinrich Wolff(Hg.), Verfassung des Freistaates Bayern, 2009, Art. 100 Rn 10.

대성을 요구하는바, 이는 상호간에 상대화되고, 그렇기 때문에 법질서의 통일성을 위해 서로 조정되는 국가규범들에게는 이질적인 것이다. 이 원칙에는 초법적인 도덕적 권위가 부여된다. 이러한 점들은 인간존엄성 조항의 의미를 찾아내는 해석자들로 하여금 그 규범적 의미에 대하여 최고의 구속력과 헌법상 "영구보장"(Ewigkeitsgarantie)의 지위를 제공하고 또한 인간존엄성의 논거의 도움으로 사법적 또는 정치적 토론이 항상 인간존엄성의 승리로 종결되게 만들 것을 요구한다. 인간존엄성의 추상적이고, 정의되지 않은 개념적 특성은 최소한의 해석론적 비용의 투입으로 최대한의 실천적 효과를 거두는 것을 가능하게 한다. 즉, 동 개념은 자신의 독자적인 이상으로 인간존엄성의 의미를 충만하게 채우고 또한 자신의 관심에 따라 개념을 구체화하는 상상력을 불러일으킨다. 인간존엄성의 명제는 도덕적인 희구를 위한 프로젝트에 유용하고, 또한 어떤 해석적 언명이든 하나의 도덕적인 작업일 뿐이라는 점에 대한 양심적 인식에 대해서도 늘 자양분을 제공한다. 어떤 사람은 법의무의 논증을 통해 자유권을 제한하기 위하여, 또 다른 사람들은 기존의 법의무를 타파하고 개인의 자유영역을 넓히기 위하여 인간의 존엄성을 거론한다. 예컨대, 한편에서는 소모적인 배아연구의 금지를 위하여, 또 다른 편에서는 그 자유화를 위하여, 여기에서는 생명보호의 강화를 위하여, 저기에서는 그 축소를 위하여 인간존엄성을 논거로 활용한다. 이슬람교도들이 착용하는 두건(히잡)은 인간존엄성의 명분하에 여성들의 존엄의 상징으로도, 존엄성을 해치는 상징으로도 파악된다. 법규범의 해석을 둘러싼 모든 투쟁 속에는 권력투쟁의 부분이 내포되어 있다. 인간존엄성 조항의 내용을 차지하기 위한 투쟁은 숭고한 단계에서 벌어지는, 그러나 실제로도 그 영향이 특별한 권력투쟁이다. 말하자면 누구나 다 자유스럽게 모든 사안들과 관련하여 인간존엄성을 주장할 수 있는바, 헌법의 가장 중요한 원칙이 사소한 문제들에 대해서도 끌어들여질 수 있게 된다. 바로 이러한 점에서 헌법전의 고상한 명제가 적용단계에서는 우스꽝스러운 것으로 전락할 우려가 적지 아니하다.

Ⅳ. 기본법의 효력지평

인간의 존엄성에 접근하는 데 있어서의 어려움은 그것을 보장 9
하고 있는 규범, 즉 기본법에 의해서 해소되는 것은 아닐지라도 상대화된다. 실정헌법에 규정됨으로 해서 종교적 진리나, 철학적인 진술 또는 도덕적 명령이 아니라 독일연방공화국의 헌법, 즉 그 효력이 국가성에 의해서 정해지고, 제한되는 국가의 법률이 토대인 법적 보장의 문제가 된 것이다. 기본법은 세계법이 아니다. 기본법의 보장들은 독일의 영토 및 인적 고권이 미치는 범위에서 효력을 가질 뿐이다.[19] 전 세계적으로 효력을 갖는 것은 아니다. 기본법은 보편성을 요구하지 않는다. 이는 인간의 존엄을 초국가적 이념으로 인정하지만, 기본법 제1조 제1항에 규범화된 인간의 존엄성 규정을 초국가적인 것으로 보지 않는다. 기본법의 기본권규범들은 그것이 사전에 주어진 법을 단순히 모사한 것인지 아니면 독자적인 법을 창제한 것인지 또한 선언적 성격인지 아니면 창설적 성격인지 등과는 관계없이 실정법적 본질을 갖는다. 헌법은 세속적인 국가의 지평 속에서 지속된다. 또한 헌법은 단지 차안세계의 관계 속에서만 인간의 존엄성을 인정하고 규정한다. 종교적 차원은 헌법 자체의 관심의 대상이 아니다. 하지만 그렇다고 해서 헌법

19) 상세한 논의로는 Isensee, Grundrechtsvoraussetzungen und Verfassungs-erwartungen an die Grundrechtssuasübung, HStR^2 Ⅴ, §115 Rn 54ff., 77ff.; Bd. Ⅱ: Badura, Der räumliche Geltungsbereich der Grundrechte, §47.

이 종교의 세속적인 파생물을 수용하고 헌법 자신의 차안세계에서는 성장하지 않는 과실을 수확하는 것까지 배제되는 것은 아니다.[20]

B. 형식의 실정성 – 소재의 초실정성

I. 기본권텍스트 속에서 인간존엄성의 의미론

종교의 자유나 인신권 등의 고전적인 기본권들과는 달리 인간존엄성의 헌법적 보장은 전통에 근거를 두고 있지 아니하다. 18세기의 인권선언들에서 그 어떤 전범도 찾아볼 수 없다. 인간존엄성의 의미론은 전통적으로 법텍스트들에는 생소한 것이었다. 하지만 그렇다고 해서 그 사안 자체가 생소하였다는 것은 아니다. 오히려 그 자체는 인간의 존엄성을 주목한 현대철학이 융성한 인본주의 시대에서 유래되었다. 19세기의 사회정치운동조차도 법률상 이 개념의 도움을 받지 못하였으면 시작될 수 없었다.[21] 추상적인 일반적 형식이 아니라 구체적인 문제와 연관하여서 동 개념이 (헌법에) 수용된 것은 1919년 바이마르 헌법[22]에서였다: "경제생활의 질서는 모든 사람들에게 인간의 존엄에 적합한 생존을 보장해야 하는 목표 등의 정의원칙들에 합치되어야만 한다"[23] –"모든 사람들에게"(für alle): 이는 "인간의 모습을 가진 모든 사람들에게"[24]라는

20) 아래 단락 86ff.

21) Vgl. Bd. I: Stern, Die Idee der Menschen- und Grundrechte, §1 Rn 63ff.; Kühne, Von der bürgerlichen Revolution bis zum Ersten Weltkreig, §3 Rn 22f.

22) Vgl. Bd I: H. Dreier, Die Zwischenkriegszeit, §4 Rn 6ff., 특히 8ff., 36.

23) Art. 151 Abs. 1, Satz 1 WRV. – 유사한 것으로는 Art. 6 Nr. 3 der Politischen Verfassung der Portugieschen Republik von 1933.

24) Gerhardt Anschütz, Die Verfassung des Deutschen Reiches, 1933, Art.

의미로 이해된다. 일단의 주석자들은 이를 규범적인 것으로 보지 않았다: "이전의 국가가 알지 못하였던 새로운 정신이 풍미하는 것이라는 주장은 우리들 이전의 국가를 제대로 인식하지 못하는 사람의 주장일 뿐이다."[25] 오히려 (바이마르)헌법은 선헌법적인 사회정책, 즉 "국가권력의 힘이 미치는 한 '모든 사람들에 대하여 인간존엄성에 합당한 생존'을 보장해야 한다는 사상의 영감을 받아서 자유방임주의로부터 선회하여 노동자 보호와 노동자 보험입법에 나선 사회정책을 재확인한 것일 뿐이다."[26] 민주적인 또는 조합주의적인, 자유주의적인 또는 사회주의적인 규율체계 그 어떤 것을 취하든 "인간존엄성에 적합한 생존"의 표준은 헌법률상의 사회정책프로그램[27]으로 구체화된다.[28] 반면에 인간존엄성에 대한 근본적인 신조는 1937년 아일랜드 공화국의 헌법에서 처음으로 등장한다.[29] 종교적인 색채가 짙은 서문은 신에 대한 기원으로 시작하면

---

151 Anm. 1.

25) Anschütz(각주 24), Art. 151 Anm. 1.

26) Anschütz(각주 24), Art. 151 Anm. 1.

27) Vgl. Bd. I: Stern, Die Idee der Menschen- und Grundrechte, §1 Rn 62ff.; E. Klein, Von der Spaltung zur Einigung Europas, §5 Rn 98.

28) 1933년에 제정된 포르투갈의 신분제적 헌법에 따르면 국가는 "모든 시민들에게 인간의 존엄성에 부합되는 복지를 보장해주려고 노력해야 하는 의무를 진다(Art. 6 Nr. 3). 스페인의 경우 정치적으로 악용된 Feuro del Trabajo는 국가가 인간정신의 고귀한 표출로서 보호해야만 하는 노동자의 존엄성과 노동의 가치와 존엄성을 명기하였다. Hessen주 헌법 제30조 제1항 1문(1946), Rheinland-Pfalz주 헌법 제55조 제1항(1947), Bremen주 헌법 제52조 제1항(1947) 등 일부 독일 주 헌법들에서도 유사한 표현양식이 눈에 띈다. 동일한 표현양식이 구 동독 헌법(1949) 제18조 제3항에 있었다. "임금은 노동급부에 상응하는 것이어야만 하고, 노동자와 부양가족에게 인간다운 생존을 보장해주어야만 한다." - 1947년의 Italia 헌법은 자유로운 사경제적 활동의 한계로 존엄성을 명기하였다. "사경제적 권리는 공공복리에 반해서 또한 인간의 안전과 자유, 그리고 존엄성을 해치는 방식으로 행사되어서는 아니 된다"(제41조 제2항).

29) Vgl. Bd. I: Häberle, Wechselswirkungen zwischen deutschen und ausländischen Verfassungen, §7 Rn 64.

서 다음과 같이 노력할 것을 천명한다: “현명함과 정의 그리고 자비로움에 대한 정당한 존중하에서 개인의 존엄과 자유가 보장되고, 정당한 사회질서가 확립되고, 조국이 다시 통일되고, 다른 나라들과 평화가 정착되는 가운데 일반복리를 증진시키는데 진력한다.” 개인의 자유와 연계된 존엄은 전체적으로 카톨릭 국가사상의 대강과 일치하는 분화된 국가목표의 구상에 편입되어 있다. 이 개념은 파시스트 스페인의 기본법들에서도 출현한다. 1945년 스페인 헌법[30]전문은 인간의 존엄과 불가침성, 그리고 자유에 대한 존중을 국가활동의 지도적인 원칙으로 천명하였다.[31]

11 인간존엄성의 의미론은 제2차 세계대전, 즉 1945년 유네스코 헌장에 따르면 “인간의 존엄성과 평등, 그리고 상호존중의 민주적 원칙이 부정되면서 발발하였던 거대하고 가공할 만한 전쟁” 후에 전 세계적으로 유린되었다. 1945년 UN 헌장은 “기본적인 인권과 인간의 존엄 및 가치, 그리고 남성과 여성의 평등한 권리에 대한 믿음”을 천명하였다.[32] 3년 후 인권선언은 “모든 가족구성원들에게

---

30) Vgl. Bd. I: Pauly, Grunsdrechtstheorien in der Zeit des National-sozialismus und Faschismus, §14 Rn 11ff.

31) Feuro del Trabajo I2, 4. “노동은 본질적으로 인격적이고 인간적인 것이기 때문에 노동은 상품으로 격하될 수 없고 또한 노동을 제공하는 사람들의 존엄성에 배치되는 업무의 대상이 될 수도 없다”(I 3). “국가는 노동의 가치와 존엄성을 인간의 창조적인 정신의 고귀한 표현으로 보호하고 또한 노동의 가치를 가족과 연관되는 목적과 사회적 목적에 합치되게 함으로써 법률로써 노동의 가치를 보호한다”(I 4). Walter Wefers, Grundlagen und Ideen des spanischen Staates der Gegenwart, 1967, S. 119.; Art. 1 Feuro de los Espanoles, 같은 책, S. 130에서 재인용함. 정치적 배경에 관해서는 José Antonio Primo de Rivera, Das Programm der Falange (1942), in: Der Troubadour der spanischen Falange(hg. von Bernd Nellessen, 1965, S. 113, 114). 1978년 스페인 제국헌법은 기본권과 기본의무 장의 서조(序條)로 다음과 같이 규정하였다. “인간의 존엄성과 인간의 내적인 불가침의 권리들, 자유로운 개성신장, 법률 및 타인의 권리존중은 정치질서와 사회평화의 토대이다”(제10조 제1항).

32) UN 헌장의 전문. 이 “믿음”의 속성과 내용에 대해서는 K. Dicke, Wir, die

인정되는 존엄과 평등권을 비롯한 불가양의 권리들을 인정하는 것은 세계 속에서의 자유와 정의 및 평화의 토대가 된다"라는 선언으로 시작한다.[33] 존엄성은 인권목록상 첫 번째로 규정되었다: "모든 사람은 태어나면서 자유롭고, 존엄과 권리에 있어서 평등하다."[34] 감성이 사법적 실효성을 담보하는 것이 아님은 물론이다. 감성은 절제되어야 한다. 1948년 당시 UN회원국들 중 법치국가진영과 사회주의국가진영 간에 인간의 존엄성이 무엇을 의미하는지, 그리고 인권으로서 특성에서 도출되는 실제 결과가 어떤 것이어야 하는지에 대해서 의견이 일치되지 않았다. 인간의 존엄과 인권존중에 대한 서약은 단순한 반히틀러 동맹의 형식적인 합의였을 뿐이다.[35] 그럼에도 불구하고 60년 후 UN 창설기념일에 총회는 동 선언에 대하여 "적절한 도덕적 지표(a relevant ethical compass)"[36]로서 기능을 부여한다. 계속 이어진 동서 간의 대립에도 불구하고 인간존엄성의 선언은 1945년 이후 전후의 정신적인 세계상황에 상응한 것이었다. 특히 동 선언은 군사적, 정치적, 도덕적 궤멸 속에서 재건하고, 새로운 법공동체를 창설하려고 하는 독일의 정신적 상황에는 더더욱 부합되는 것이었다. 이는 이미 히틀러에 대한 독일인

Völker der Vereinten Nation – fest entschlossen… in: Stephen Hobe(Hg.), Die Präambel der UN-Charta im Lichte der aktuellen Völkerrechtsentwicklung, 1997, S. 47(48ff.).

33) 서문 제1항. 국제법의 발전에 대해서는 R. J. Schweitzer/F. Sprecher, Menschenwürde im Völkerrecht, in: Kurt Seelmann(Hg.), Menschenwürde als Rechtsbegriff, ARSP Beiheft Nr. 101, 2004, S. 127ff.

34) 간접적으로는 Bardo Fasbender, Menschenrechtserklärung, 2009, S. 16ff. 이후 UN 문건상의 존엄성의 표현에 대해서는 Häberle, HStR ³II, §22 Rn 1.

35) 1946년부터 1958년까지의 소련과 일반인권선언 간의 교차적인 관계에 관해서는 Jennifer Amos, Unterstützen und Unterlaufen, in: Stefen-Ludwig Hoffmann(Hg.), Moralpolitik, 2010, S. 142ff.

36) 인권선언 제60주년을 맞이하여 2008년 10월 10일에 UN 총회가 채택한 성명문의 제3항. Fassbender(각주 34), S. 47에서 재인용.

들의 저항을 담은 헌법프로그램에 잉태되었었다. Kreisauer 협의체의 다음 강령은 1943년에 천명되었다: "자유로운 양심의 결정·불가침의 인간존엄성의 인정에 대한 전체주의적인 부정을 완전히 파기하는 것은 앞으로 추구하는 법 및 평화질서의 토대이다."[37] 여기에서 인간존엄성의 개념은 유구한 선한 전통, 그리고 사람들이 지향하였어야 했던 선한 목표에 초점을 맞춘 것이었다.

12 1945년 이후 인간존엄성의 명제는 각주 헌법 전문의 일부로,[38] 노동 및 경제질서 형성을 위한 구체적인 헌법과제의 요소로,[39] 학교의 교육목표로[40] 또는 구체적인 기본권으로 독일 각주 헌법들에 처음으로 수용되었다. Hessen주 헌법은 인간의 존엄을 다른 세 가지 법익과 연결하여 규정하였다: "생명과 건강, 명예 및

---

37) 제3차 회의의사록. Ger van Roon, Staatvorstellungen des Kreisauer Kreises, in: Jürgen Schmädeke/Peter Steinbach(Hg.), Der Widerstand gegen den Nationalsozialismus, 1985, S. 560(566). Zum Hintergrund die Biographie über Adam Trott zu Solz: Benigna von Krusenstijern, "생명을 걸 만한 의미", 2010, S. 475f.

38) 1946년 Baden-Würtemberg주 헌법 ("…존엄성과 인간의 무궁한 권리들에 대한 맹세…"; 1946년 Bauern주 헌법("신과 양심, 그리고 인간의 존엄성에 대한 존중을 결여한 국가가 제2차 세계대전에서 살아남은 사람들에게 남겨준 폐허를 바라보며…"); 1947년 Rheinland-Pfalz주 헌법("…인간의 자유와 존엄성을 보장하려는 의지에 충만하여…"); 1947년의 Bremen주 헌법("…개인의 자유와 인간존엄성을 경시한 나치의 독재정권…"; 1947년의 Saarland주 헌법("…인격을 유린하고 노예화하였던 체제를 극복하고-, 자유와 인간성, 그리고 권리와 도덕을 새로운 국가의 토대로 확립하기 위하여…").

39) 1946년 Hessen주 헌법 제27조("경제 및 사회질서는 존엄성과 인격의 인정을 토대로 한다"); 1946년 Hessen주 헌법 제30조 제1항 1문("근로조건은 노동자의 건강과 존엄성, 가족생활, 그리고 문화적인 요구를 보장할 수 있도록 마련되어야만 한다"). 유사한 내용은 1947년의 Rheinland-Pfalz주 헌법 제55조 제1항; 1947년 Bremen주 헌법 제52조 1문; 1946년 Bayern주 헌법 제151조 제1항; 1947년 Baden-Würtemberg주 헌법 제43조 제1항 2문 ("…모든 사람의 인간다운 생존의 보장").

40) 1946년 Bayern주 헌법 제131조 제2항("신에 대한 경외, 종교적 확신과 인간존엄성의 존중, 자제, 책임감과 책임의식, 자비심, 그리고 진선미에 대한 결의를 최고의 교육목표로 한다").

인간의 존엄성은 불가촉이다."[41] 반면에 Bayern과 Bremen주 헌법은 인간의 존엄성을 독자적인 기본권으로 규정하였다: "인격의 존엄은 입법, 행정 및 사법에서 존중되어야 한다"(Bayern주 헌법 제100조). "인격의 존엄성은 인정되며 국가에 의해서 존중된다"(Bremen주 헌법 제5조 제1항). Bremen주 헌법재판소의 결정은 인간의 존엄성을 보장한 기본법규정의 해석에 영향을 미쳤다.[42] Saarland주 헌법은 독자적이고 강고한 양식으로 규정하고 있다: "모든 사람은 개인으로서 존중될 권리를 갖는다. 생명과 자유 및 인간존엄성의 인정에 대한 권리는 전체복리의 한계 내에서 공동체의 질서를 규정한다."[43] 주석자들의 견해에 따르면, 이들 전체 규정의 의미는 헌법률로 "획기적인 진입"을 함으로써 드러난다. 인간의 존엄성에 대한 존중의 요청은 절대적인 권리로 상정되고, 반면에 인간의 존엄성의 인정을 둘러싼 여타의 권리들은 공동체의 질서에 의해 결정된다. 즉 상대화되는 것이다.[44]

인간존엄성의 이념은 1948년부터 1949년에 걸쳐서 서독이란 13
부분국가가 창설될 당시에 처음부터 신헌법에 수용되어야 한다는 분위기였다.[45] 헤렌킴제(Herrenchiemeseer) 헌법제정초안은 제1장

41) Hessen주 헌법 제3조(1947).

42) BayVerfGHE(NF) 1, 29(32); 2, 85(93); 4, 219(244); 8, 1(5). 이에 관해서는 Josef Wintrich, Die Rechtsprechung des bayerischen Verfassungsgerichtshofs, in: Recht, Staat, Wirtschaft, 4Bd., 1953, S. 139 (142ff.). Würdigung der "Vorreiter-Rolle": Häberle, HStR ³Ⅱ, §22 Rn 14ff.

43) Saarland주 헌법 제1조(1947). 프랑스령이었었음에도 불구하고 Saarland주 헌법은 독일의 헌법전통을 고수하였고, 서독 주들의 헌법발전에 동참하였다. Vgl. Robert Stöber, Die saarlaendische Verfassung vom 15. Dez. 1947 und ihre Entstehung, 1952, S. 9f.; Rolf Brosig, Die Verfassung des Saarlandes, 2001, S. 127; ders., in: Rudolf Wendt/Roland Rixecker, Verfassung des Saarlandes, 2009, S. 21.

44) Rudolf Schranil, Verfassung des Saarlandes, 1952, Art. 1, Anm. 1 und 2.

45) Vgl. Bd.: E. Klein, Von der Spaltung zur Einigung Europas, §5 Rn 4ff.

기본권장의 제1조에 인간의 존엄성을 규정하였다: “(1) 국가가 인간을 위하여 존재하는 것이지, 인간이 국가를 위하여 존재하는 것이 아니다, (2) 인격의 존엄성은 불가촉이다. 그 형식을 불문하고 모든 공권력은 인간의 존엄성을 존중하고 보호해야만 한다.” 자유주의자인 호이스(Theodor Heuss)는 강력한 개인주의에 따른 서두 문장에 대하여 다음과 같이 반박하였다: 이 문장은 분명하게 인식될 수 있는 법적 속성을 결여하고 있고, “잘못 인식된 헤겔”(Hegel)에 대한 은밀한 반박을 내포하고 있다; 국가의 기본법이 국가 자체를 하나의 “보조적인 것”으로 격하시켜서 국가의 내적 존엄을 훼손하면서 도입되어서는 아니 된다. 국가 역시 원천적인 존엄의 담지자이기 때문이다.[46] 아무튼 이 문장이 삭제되고 인간존엄성의 강령이 기본권장의 서두에 규정되게 되었다. 동 규정을 제1조로 하는 경향은 변함이 없었지만, 구체적인 표현양식은 달라졌다. Bayern과 Hessen주 헌법의 표현양식을 계수한 헤렌킴제(Herrenchiemeseer) 초안에서 인간의 존엄성은 결국 약간 수정되어 구속력 있는 법문으로 표현되었다. 다만 그 과정에서 의회의 심의위원회에서는 종교적인 연관성, 자연법적인 근거, 효력의 양식 및 제3자효 등의 논점을 반영하는 다양한 표현들이 논의되었다.[47] 하지만 인간의 존엄성이 가장 중요한 규정으로 제1조에 규정되어서 강조되어야 한다는 점에 대해서는 이의가 없었다; 동 조항의 과제는 자유권 및 인권과 인간의 존엄성의 법적 관계를 설정하는 것이다.[48]

46) 1948년 9월 9일 제2차 헌법제정심의위원회 전원회의에서의 Theodor Heuss 의원의 발언. Der Parlamentarische Rat 1948-1949, Akten und Protokolle, Bd. 9, 1996, S. 115f. 이에 관해서는 Merten, Zur Würde des Staates, in: Otto Depenheuer u.a. (Hg.), FS Isensee, 2007, S. 123(130).

47) 이 근거로는 v. Doemming/Füßlein/Matz, Entsehungsgeschichte der Artikel des Grundgesetzes, JöR NF 1(1951), S. 48ff. 축약본은 JöR NF 1(1951).

48) 관항(冠項)소위원회(Hauptausschuss)의 제2회 독회에서 Hermann v.

기본법상 가장 중요한 이 문장은 후에 제정되는 각 주의 헌법 14
들에, 또한 통일 후 제정 또는 개정되게 될 각주 헌법에도 지속적으로 영향을 끼쳤다.[49] 인간존엄성의 강령은 전문들에 포함되거나, 표현이 그대로 또는 약간 수정되어 거의 그대로 계수되었다.[50] 더 나아가서는 그 영역이 확대되면서 구체화되었는바, 예컨대, 독자적인 인격체로서 존엄성이 존중되어야 할 어린이의 권리,[51] "죽음에서도" 존엄성을 존중하고 보호해야 하는 명령,[52] 교육목표로서 인간존엄성에 대한 존중,[53] 모든 요구조자들의 인간다운 생활의 국가목표,[54] 행형에의 적용,[55] 연구의 자유[56] 및 사상 및 의사표현의 자유[57]에 대한 독자적인 명시적 한계 등이 그것이다. 브란덴부르크(Brandenburg)주 헌법은 도덕적인 기본의무를 규정하고 있다: "모든 사람은 모든 사람에 대하여 존엄성을 인정해야 할 기본의무를 진

Mangoldt(CDU) 의원의 발언(1949.1.18. 제42차 회의), JöR NF 1(1951), S. 52.

49) Baden-Würtemberg(1953), Sachsen-Anhalt(1992), Brandenburg(1992), Meckenburg-Vorpommern(1993), Thüringen(1993).

50) 동일한 표현으로 계수된 것은 Sachsen주 헌법 제14조(1992); Sachsen-Anhalt주 헌법 제4조 제1항(1992); Berlin주 헌법 제6조(1995); Bayern주 헌법 제100조(1998.12.15. 제정). 수정되어 계수된 예는 Meckenburg-Vorpommern 주 헌법(1993) 제5조 제2항("Meckenburg -Vorpommern주는 사람을 위하여 존재한다; 이 주에 거주하고 있는 모든 사람들의 존엄성을 존중하고 보호해야만 한다"); Brandeburg주 헌법 제7조 제1항("연대공동체의 기반").

51) Brandenburg주 헌법 제27조 제1항(1992). 유사한 예는 Niedersachsen주 헌법 제4a조 제1항(2009); Saarland주 헌법 제24a조 제1항 2문(2007).

52) Thüringen주 헌법 제1조 제1항 2문(1993). 유사한 예는 Brandenburg주 헌법 제28조(1992).

53) Nordrhein-Westfalen주 헌법 제7조 제1항(1950); Brandenburg주 헌법 제28조(1992).

54) Schleswig-Holstein주 헌법 제5a조(1990).

55) Brandenburg주 헌법 제54조 제1항(1992).

56) Meckenburg-Vorpommern주 헌법 제7조 제2항(1993); Brandenburg주 헌법제31조(1992).

57) Brandenburg주 헌법 제19조 제3항(1992). 방송의 자유와 관련해서는 Bayern주 헌법 제111a조 2문(1973).

다."[58] Sachsen주 헌법의 인간존엄성 규정에 대한 확실한 해석은 매우 독특하다: "인간존엄성의 불가촉성은 모든 기본권의 원천이다."[59]

15 기본법은 유럽에서 헌법발전의 선도자로서 역할을 하고 있다. 바야흐로 인간존엄성의 조항들은 서문의 부분에서든, 기본권목록에서든 헌법률상의 목록에 확고한 자리를 잡게 되었다.[60] 유럽연합은 2009년 Lissabon협약에서 이러한 발전을 반영하였다. 즉 유럽연합 창설의 토대가 되는 최고의 가치로 "인간의 존엄성과 자유 및 민주주의의 존중"을 적시하였다.[61] 인간존엄성의 존중은 초국가적 차원에서 활동하는 데 있어서 유럽연합을 지도하게 되고, 또한 그 세계적인 확산에 유럽연합이 지원하려고 하는 근본원칙들에 속한다.[62] 유럽연합은 기본권헌장의 서문[63]에서 밝히고 있는 바와 같

58) Brandenburg주 헌법 제7조 제2항(1992). 헌법도그마틱적 분석은 Isensee, Grundrechte auf Ehre, in: Burkhardt u.a.(Hg.), FS Kriele, 1997, S. 5(11ff.). 개인으로서 존중에 대한 인권의 요구는 Saarland주 헌법 제1조 1문(1947).

59) Sachsen주 헌법 제14조 제2항(1992). 이러한 은유의 표현은 이미 Hans Carl Nipperdey가 한 바 있다. Die Würde des Menschen, in: GR Ⅱ, S. 1(12).

60) 레니니즘에 입각한 구 동독의 헌법(1969/1974)조차도 존엄성을 규정하였다: "모든 권력은 인간의 존엄성을 수호하고 헌법상 규정된 권리를 보장해야 한다"(제4조 2문). "존엄성과 인간의 자유의 존중과 보호는 모든 국가기관과 모든 사회세력들, 그리고 모든 개별 시민들에 대한 명령이다"(제19조 2문). 특히 사법부는 "인간의 자유와 평화로운 삶, 권리와 존엄성"을 보호할 의무를 진다. 물론 구 동독에서 실제 존재하였던 사회주의가 (인권을 유린하는: 역자 부기) 악마의 발의 모습이었다는 것은 분명하다: 이러한 보호는 사회주의 법칙의 이행을 위하여, 그리고 독일민주공화국의 보전과 발전, 그리고 공화국의 국가 및 사회질서에 봉사하는 것이어야 한다(제90조 제1항). "Zur sozialistischen Gesetzlichkeit"; Georg Brunner, Das Staatsrecht der Deutschen Demokratischen Republik, HStR ³I, 2003, §11 Rn 28ff. 헌법전상의 존엄성형식에 대한 개관은 Häberle, HStR ³Ⅱ, §22 Rn 4.

61) Art. 2 EUV.

62) Art. 21 Abs. 1 EUV.

63) Vgl. Bd. Ⅵ/1: Niedobitek, Entwicklung und allgemeine Grundsaetze, §159 Rn 61ff., 65; Kugelmann, Gleichheitsrechte und Gleichheitsgrundsaetze, §160 Rn 72ff.; Langenfeld, Soziale Grundrechte, §163 Rn 25ff.

이 그 "정신적, 종교적, 윤리적 유산에 대한 의식을 공유하는 가운데 인간의 존엄, 자유와 평등, 그리고 연대의 누구나 다 공감하는 보편적인 가치"를 토대로 하여 창설되었다. EU헌장 제1조는 "모든 국가권력의 의무화"의 부분을 삭제하고, 말하자면 존중 및 보호의무의 수범자를 명시하지 않고 기본법 제1조 제1항을 계수하였다. 더 나아가서 동 헌장상의 기본권목록에는 존엄성이라는 표현이 포함된 다양한 사회적 기본권이 규정되었다: 노인들의 "존엄하고 독립된 생활"을 영위할 권리(EU헌장 제25조), 모든 노동자들의 "건강하고, 안전하고 또한 존엄한 노동조건"에 대한 권리(EU헌장 제31조 제1항), 사회적 요부조자들의 "인간다운 생존"을 보장하는 지원에 대한 권리(EU헌장 제34조 제3항).[64] 이에 반해 60여년이 더 된 인권과 기본적 자유의 보호를 위한 유럽협약(1950)[65]에는 인간존엄성의 보장에 대한 명시적인 규정이 없다. 하지만 인간존엄성의 보장이 권리와 자유의 보장에 포함되어 있는 것으로 해석되고 있음은 물론이다. 유럽 인권재판소도 이 불문의 원칙을 점점 더 자주 논거로 활용하고 있다.[66]

---

64) 이에 관해서는 Rengeling/Szczekalla, Grundrechte in der Europäischen Union(LitCerz), S. 309ff.; Roland Winkler, 2006, S. 358ff.; Enders, in: Stern/Becker, GG(LitVerz), Art. 1 Rn 115ff. Bd. Ⅵ/2: Scholz, Nationale und europäische Grundrechte, §170 Rn 66ff.; Bd. Ⅵ/1: Bröhmer, Menschenwürde, Freiheit der Person und Freizügigkeit, §139 Rn 17ff.

65) Vgl. Bd. Ⅵ/1: Behrendt, Entwicklung und gegenwärtiger Stand, §137, insb. Rn 66ff.; Schweizer, Allgemeine Grundsätze, §138 Rn 52f.; Bröhmer, §139 Rn 24ff.

66) 이에 관해서는 주석과 함께 Rengeling/Szczekalla(각주 64), S. 332ff. Zum Verbot von Folter und unmenschlicher Behandlung Christopf Grabenwarter/Katharina Pabel, Europäische Menschenrechtskonvention(LitVerz), §20. Bd. Ⅵ/1: Bröhmer, §139 Rn 24ff. 오스트리아법상 간접효에 관해서는 Bd. Ⅶ/1: Kneihs, Schutz von Leib und Leben, Achtung der Menschenwürde, §189 Rn 53f., 62ff. 생명공학과 생명의학

Ⅱ. 자연법적 경향들

16 제2차 세계대전 이후 몇 년간 인간존엄성의 명제가 기본권 텍스트에 등장할 당시의 사람들은 그 속에서 새로운 발견을 한 것이 아니라, 이미 늘 효력이 인정되어 왔으나 최근에 곡해되고 유린된 오래된 진리를 되새겨보는 표시를 확인한 것이었다. 그것은 "불가양의 신성한 천부적 권리"를 되살려 천명한 1789년의 인권선언과 같은 음조였다. 사람들이 그것을 인지하지 못하고, 망각하고 또 무시한 것은 공공의 불행과 정부부패의 근원이었다.[67] 자연법적 표현법이 다시 등장한 것은 인간공동체 구성원 모두에게 내재된 존엄성("inherent dignity")과 모든 인간의 생래적인 자유와 평등한 존엄과 권리("born free and equal in dignity and rights")[68]를 서약한 1948년 UN의 인권선언[69]에서였다. 여기에서 인간의 존엄성과 권리는 하나의 통일체를 구성한다. "내재적인 존엄성"은 모든 인간들에게 고유한 '본질적인 부분'으로서 주어져 있다. 이는 법공동체에 선재하는 것이지 법공동체에 의해 정립되는 것이 아니다. 따라서 인간의 존엄성은 소여로서 실정법적 인정의 대상이지, 실정법의 산물이 아니다.[70] 이러한 점에서 UN인권선언은 18세기 인권선언과 Locke의 국가철학을 토대로 한 Virginia권리장전[71]의 전통과 맥을

의 활용과 관련한 인권과 인간존엄성의 보호를 위한 유럽심의회의 협약(1996) 제1조 제1항에서는 인간생명의 존엄성이 명시적으로 인정되었다.

67) '인간과 시민의 권리선언'(1789)의 서문.

68) UN인권선언(1948) 서문과 제1조. 서구 문화권과 기독교 속에서의 자연법적 이해로 귀착시키는 의견은 Fassbender(각주 34), S. 59, 71.

69) Vgl. Bd. Ⅵ/2: Nettesheim, Allgemeine Erklärung der Menschenrechte, §173 Rn 1ff., 55.

70) Bd. Ⅱ: Isensee, Positivität und Überpositivität der Grundrechte, §26 Rn 1ff., 88, 93ff.

71) Vgl. Bd. I: Würtemberger, Von der Aufklärung zum Vormärz, §2 Rn 5.

같이 한다. 인간존엄성과 '맹세'(Bekenntnis)라는 단어를 연계한 것은 우연이 아니다. 1945년 UN헌장에서 세계의 시민들은 인격의 존엄과 가치에 대한 '믿음'(Glauben)을 새로이 공고하게 만드는 결연한 의지를 표현하였다.[72] 이로써 이 인간존엄성의 천명은 그 이전의 독일 각 주의 헌법들 및 기본법과 어조를 같이 하게 되었다.

인권의 세계적인 갱신은 독일에서 자연법의 부활과 연결된다. 17
이는 유대기독교의 성부설과 연관되는 Thomas Aquinas의 자연법철학에서 각별한 영향을 받은 것이었다.[73] 선법적인 선도적 관념은 헌법논의의 정신적인 분위기를 결정한다. 독일 서남부지역의 주헌법들이 그 좋은 예들이고, 기본법제정의 과정에서 헌법정책적인 논의에도 큰 영향을 미쳤다.[74] 법률 맹신을 정치적으로 부인하고 또한 단순한 법실증주의에 대한 깊은 불신을 극복할 수 있는 확고한 토대에 대한 소망은 자연법을 지향한다.[75] 인간의 존엄성이 헌법전에 규정된 것은 실증주의에 대한 자연법사상의 승리, 즉 실정법이 초실정법에 문을 열고 복속된 것으로 이해된다.[76]

---

72) UN 헌장(1945.6.26.) 서문.

73) 대표적으로 Heinrich Rommen, Die ewige Wiederkehr des Naturrechts, 1947. Kritische Rückschau: Hans Welzel, Naturrecht und materiale Gerechtigkeit, 1962, S. 219ff.

74) 앞의 단락 12. 자연법적 동기에 관해서는 Adolf Süsterhenn/Hans Schäfer, Kommentar der Verfassung von Rheinland-Pfalz, 1950, S. 22ff.; Wintrich (각주 42), S. 144ff. Bd. Ⅱ: Isensee, §26 Rn 67ff.

75) 서방점령지역의 군정장관회의의 헌법위원회, Bericht über den Verfassungskonvent auf Herrenchiemsee(1948.8.10.-23), in: DerParlamentarische Rat 1948-1949, Akten und Protokolle, Bd. 5/Ⅱ, 1993, S. 5-4(512).

76) Josef M. Wintrich, Zur Problematik der Grundrechte, 1957, S. 5; Enders(각주 17), S. 408ff.; Böckenförde, Bleibt die Menschenwürde unantastbar?, in: Blätter für deutsche und internationale Politik 2004, S. 1216(1223f.) 인권의 자연법적, 실정법적 근거에 대해서는 Spaemann(각주 4), S. 295ff.

18 1946년의 바덴-뷰르템베르크(Baden-Würtemmberg)주 헌법은 서문에 인간의 존엄과 영원한 권리들에 대한 '맹세'를 규정하였다. 의회 심의위원회의 기초소위원회는 동 헌법 제1조로 "인간의 존엄성을 존중하고 보호하는 것은 모든 국가권력의 신성한 의무이다"라는 표현을 권고하였다.[77] 신성한 분위기와 교회 칙령식의 표현양식은 종래 인권선언들에서 낯선 것이 아니었다. 하지만 의사표현의 자유와 마찬가지로 규범적이고 또한 직접 실무상 유효한 인권에 대한 근본적인 언명을 통해 격상된 인간의 존엄성 규정에서 그 종교적인 양식이 더욱 두드러진다. 몇몇 헌법전에서 인간의 존엄성이 전문에 규정된 것도 우연은 아니다. 헌법제정자는 그 효력의 선법적인 토대를 부각시킨 것이다. 말하자면 신성과 유사한 인권감성과 함께 순수한 종교적 연관성을 표현한 것이다. 제2차 세계대전 이전의 시점에서도 유일한 것으로 가장 오랜 예는 1937년 제정된 아일랜드 헌법의 서문이다. 1947년의 라인란드-팔츠(Rheinland-Pfalz)주 헌법은 서문에서 단순히 차안의 세계에서뿐만 아니라 "법의 근원이고 모든 인간공동체의 창조자인 신 앞에서 인간의 자유와 존엄성을 보장할 책임"을 규정하였다. 1946년의 바이에른(Bayern)주 헌법은 역사적인 출발상황을 기술하였다: "신이 없고, 양심과 인간의 존엄성에 대한 존중이 없는 국가 및 사회질서가 제2차 세계대전의 생존자들에게 남겨 준 참상을 고려하건대…." 의회의 심의위원회에서는 (당연히 성사되지는 못하였지만) 자유권과 인권을 "신에 의해서 주어진"(von Gott gegeben) 것으로 명시하자는 제안도 있었다.[78] 이러한 양식의 연결이 국가의 세속적인 속성에 대한 의문으로 연결되지는 아니하지만, 그 비세속적인 전제들을 암시하는 것이기는 하다. 따라서 그로부터 국교가 도출되는 것은

---

77) 이 근거로는 JöR NF 1(1951), S. 50.
78) 앞의 단락 20.

아니되, 인간의 존엄성으로부터 일종의 '시민종교', 말하자면 국가가 사회에 하명하는 것이 아니라, 사회가 스스로 헌법을 근거로 하여 수립하는 '시민종교'의 경향들이 발전되어 나갈 수 있다.[79] 실제로 세속적인, 그리스도 탄생 이후의 사회에서 인간의 존엄은 절대자, 말하자면 확고한 윤리적 토대가 필요한 일종의 시민종교적인 믿음의 조항으로 여겨진다.

Ⅲ. 헌법제정심의위원회에서의 자연법담론

헌법제정심의위원회에서 인간의 존엄성과 인권에 관한 토의는 19
자연법의 지도적인 관념들이 지배하였다. 인간의 존엄성과 인권에는 초실정법적이고 선국가적인 효력이 부여되고, 이들은 헌법제정자에 의해 창설되는 것이 아니라 선재하는 것으로 확인되는 것이라는 것에 대하여 이견이 없었다. 헌법제정자는 기본권 목록의 서두에 장래 후속 기본권들의 해석을 위하여 그 기반이 되는 자연법의 저변을 포괄하는 문장들을 규정하려는 의도를 갖고 있었다. 이러한 의미에서 기본법 제1조 제1항을 자연법의 토대 위에 구축하고 또한 자연법 및 자연법에서 유래된 고전적인 자유권의 사상을 직접 기본권에 담아서 구체화하려고 한 것이다.[80] 말하자면 존엄의

79) 종교적인 교조로서 인간존엄성의 단서들에 대해서는 Haltern, Unsere protestantische Menschenwürde, in: Petra Bahr/Hans Michael Heinig(Hg.), Menschenwürde in der säkularen Verfassungsordnung, 2006, S. 93(120f.). Menschenwürde als "Religion der Moderne": Tatjana Hörnle, Die Menschenwürde..., in: Walter Schweidler(Hg.), Postsäkulare Gesellschaft, 2007, S. 170(177, 189).

80) v. Mangodt의원 (CDU)(각주 17), S. 64. 유사한 표현은 1949년 1월 11일의 제32차 원칙소위원회에서의 Bergstraesser (SPD) 같은 책, S. 63; Suüterhenn (CDU)의원의 발언 in: Protokolle(각주 75), S. 917. Historischer Rückblick auf die Naturrechtsdebatte Hillgruber, Grundgesetz und Naturrecht, in: Internationale Katholische Zeitschrift Communio

속성은 인간에게 특유한 것이고, 그에 따라 인간과 여타의 피조물은 구별된다는 것이다.[81] 처음에 심의위원회는 인간존엄성의 개념을 내용적으로 확정하거나 정치적으로 철저히 토론하고 법적으로 재단하려는 시도를 전혀 하지 않았다. 오히려 선재하는 것을 발견한 그대로 "해석되지 않은 명제"(nicht interpretierte These)로 기본법에 담았을 뿐이다.[82] 초실정법을 거론하는 것은 헌법과 규범적 층위에 대하여 인간존엄성의 의미를 정립하는 데 필요한 것이지, 그 개념을 확정하고 또한 구체적인 내용들과 연계하는 것과는 관계가 없다. 인간존엄성의 자연법적 형상은 명료하지 않다. 그러나 반형상, 즉 인간의 존엄성을 무시하는 정치체제를 절대 배척하는 것임은 분명하다.

20 인간존엄성의 조항 속에 일종의 자연법적 근거를 명시하자는 제안들도 없지 않았다: "인간의 존엄성은 본래 누구에게나 고유하고 영원한 권리를 토대로 한다. 독일 국민은 이를 모든 인간공동체의 기반으로 새롭게 인정한다."[83] 인간의 존엄성은 "영원한 권리들 속에"[84] 정초된다. 이 표현에 대하여 자문위원으로 초빙된 토마(R. Thoma)는 그 내용에 대해서 반대하면서 영원한 인권들로부터 인간의 존엄성을 도출하는 것은 오류이고 또한 인권과 인간존엄성의 관계는 신학자와 철학자들의 몫으로 주어지는 문제라고 비판하였다.[85] 자유권과 인권을 "신에 의해서 주어진"[86] 것으로 정립하는

39(2010), S. 168ff.

81) 1948년 1월 11일 제4차 원칙소위원회에서의 Schmid(SPD) 의원의 발언, in: Protokolle(각주 5), S. 72. 이러한 의미에서 인간존엄성에 대한 그 후의 시각으로는 Heinrich Hubmann, Das Persönlichkeitsrecht, 1967, S. 41ff.

82) Heuss(FDP) 의원의 발언(각주 17), S. 72. 기본법 제1조 제1항의 발생사에 관한 개관으로는 Enders(각주 17), S. 25ff., 41ff.

83) 원칙소위원회 제4차 회의에 대한 편집위원회의 회의록 AöR NF 1(1951), S. 48.

84) 원칙소위원회의 제1차 독회 회의록 JöR NF 1(1951), S. 49.

85) JöR NF 1(1951), S. 49.

86) 관항소위원회 제2차 독회에서 CDU, DP 및 Zentrum 교섭단체들의 공동제안, JöR NF 1(1951), S. 52.

종파적인 시도는, 해결과제의 세속적인 특성을 고려하건대 신의 거론은 종교적인 이유들 때문에 배제되어야 한다고 보는 반론에 막혀 성사되지 못하였다.[87] 선국가적인 법의 개념은 국가와 연결하여 확실하게 명기될 수 없다는 것이다.[88] 인간의 존엄성을 존중하고 보호해야 하는 모든 국가권력의 의무를 "신성한 것"[89]으로 규정하려고 하던 처음의 의도는 무산되었고, 결국은 특별한 형용이 없는 단순한 의무로 축약되었다. 자연법을 강조하는 것도 비판되었다: 무엇이 자연법으로 이해될 수 있는지에 대해서 의견이 엇갈린다.[90] 자연법은 법적 기속성이 인정되는 목록이 아니다.[91] 자연법론자들의 논란은 기본법에 대한 심의로 번졌다: 자연법이 영구적인 것인지 아니면 시간에 의해 제약되는 것인지, 불변인지 유동적인 것인지, 법적인 기속력을 갖는 것인지 아니면 단순히 도덕적으로만 구속력을 갖는 것인지 등에 대한 논란이 그것이다.[92] 그럼에도 불구하고 자연법 비판자들이 인간존엄성의 자연법적 토대를 원천적으로 의문시하는 것은 아니다. 실정법의 기본권목록에 토대가 되는 한에서는 자연법에 대하여 자유의 최저보장표준 및 해석의 지침,[93] 그리고 "도덕적인 심사의 토대와 수단"[94] 등으로서 제한적이나마 그 법적 의미를 인정한다. 원칙론적 토의는 끝없이 이어졌으나, 아무튼 인간존엄성의 조항을 자연법적 또는 종교적으로 정

87) Heuss(FDP)와 Schmid(SPD) 의원의 발언, JöR NF 1(1951), S. 52f.
88) Heuss(FDP) 의원의 발언, JöR NF 1(1951), S. 53.
89) JöR NF 1(1951), S. 50.
90) Schmid(SPD) 의원의 발언(각주 17), S. 64.
91) Heuss(FDP) 의원의 발언(각주 17), S. 72.
92) Schmid(SPD) 의원의 입장(각주 17), S. 64.
93) Schmid(SPD) 의원의 발언, JöR NF(1951), S. 49; 원칙소위원회의 제22차 회의(1948년 11월 18일)에서 v. Mangoldt(CDU) 의원의 발언, in: Protokolle (각주 75), S. 601.
94) 원칙소위원회 제4차 회의(1948년 9월 23일)에서 Heuss(FDP) 의원의 발언, in: Protokolle(각주 5), S. 72.

초해야 한다거나, 명시적으로 상위의 원칙들로부터 도출해야 한다는 제안은 관철되지 못하였다. 결국 “공권력에 대하여 저열한 사람 또는 처벌받아 마땅한 사람을 포함하여 모든 사람의 존엄성을 존중하고 보호하는 것을 불가촉의 한계로 정하고 또한 단호하고도 일반적으로 규정함으로써 금지되는 반인륜적인 행위들(모든 종류의 잔악행위, 강제불임조치, 종족학대, 구조거부, 노예화, 낙인)을 일일이 명시하는 것을 불필요하게 만들 것”을 주장한 토마(Thoma)[95]의 의견에 따라 인간존엄성은 법규(Rechtssatz)의 형태로 직접 “요건”(die Tat)만으로 표현되었다. 이로써 헤렌킴제 회의[96]의 제안과 근본적으로 일치하는 인간존엄성조항의 규정에 대한 합의가 이루어진 것이다. 하지만 동 조항은 인간의 존엄성에 대한 맹세에서 유래되는 인권이념에 대한 서약에 의해서 지지된다. 인권의 선국가적이고 초실증적인 속성은 기본법 제1조 제2항의 표현에서 분명히 표출된다. 기본법 제1조 제1항에 그 자연법적인 연관성이 독자적으로 구체적으로 표현되지 않은 것은 기본법이 대체로 따르고 있는 현대 입법의 정언적인 표현법에 따른 결과일 뿐이다. 헌법률의 특수성은 인간의 존엄성에서 기본권의 토대를 명확하게 인지한다는 점에서 존재한다. 법적 근거가 자연법에서 도출된다는 것이 구체적으로 표현되지 않은 것일 뿐이지, 이것이 인간존엄성에 대한 실정법적 보장의 초실정법적 정초에 대한 반론의 논거가 될 수는 없다.

21 미래의 기본법에서 실정법과 초실정법의 관계를 주제로 하는 토론의 핵심에 대해서는 폰 망골트(v. Mangoldt) 의원의 언급이 주목된다: 인간존엄성은 가장 중요한 문장으로 서두에 규정되어서 강조되어야만 한다; 이 조항의 과제는 자유권 및 인권과 인간의

---

95) 각주 5, S. 362.
96) Art. 1 Abs. 2; 앞의 단락 13.

존엄성의 관계를 바르게 설정하는 것이다. 제2조는 기본권들과 연계구조를 형성하는바, “기본법 제2조에서 제20조에 걸쳐서 규정된 기본권들이 동 시대의 불가침의, 불가양의 오래된 자유권과 인권이 헌법에 규정된 것”임을 보여준다.[97] “가장 중요한 조항”은 후속 기본권들과는 구별되는 상위에 자리 잡고 있다. 규범의 위계상으로든, 편제상으로든 이는 여타의 기본권들이 공동의 목표로 지향하는 규율적 지침으로 우신되는바, 이 목표는 바로 다름 아닌 인간의 존엄성이다. 기본권장의 서두에 자리 잡고 있는 이 조항은 목적론적인 지침으로 기능한다. 폰 망골트의 이해에 따르면 그 자체는 기본권이 아니라 후속하여 그것을 구체화하는 기본권의 토대를 형성한다: “말하자면 기본권목록에 대한 일반조항이고, 체계적인 관점에서 전체에 대한 ‘마스터 키’로서 의미를 갖는다.”[98] 어떤 동기에서든 기본법 기초자들은 인간존엄성의 개념이 차안의 인간세계에서 최고의 가치라는 것에 대해서는 늘 의견을 같이 하였다.[99] 호이스(Heuss)의원이 말하는 바와 같이, 서두 조항은 전체를 포괄해야만 한다.[100] 그것은 “법률학적으로 세밀함은 갖추지 못하더라도 법학적 명확성만큼은 확보하는 형식으로 기본권과 관련된 근본입장들을 제시해야만 한다.”[101]

---

97) 관항소위원회의 제2차 독회(1949년 1월 18일 제42차 회의), JöR NF 1 (1951), S. 52.

98) 원칙소위원회 제4차 회의(1948년 9월 23일)에서 Schmid(SPD) 의원의 발언, in: Protokolle(각주 5), S. 64.

99) 원칙소위원회 제32차 회의(1949년 1월 11일)에서 Süsterhenn(CDU) 의원의 발언, in: Protokolle(각주 75), S. 915.

100) 원칙소위원회 제4차 회의(1948년 9월 23일)에서 Heuss(FDP) 의원의 발언, in: Protokolle(각주 5), S. 67.

101) 원칙소위원회 제3차 회의(1948년 9월 21일)에서 Heuss(FDP) 의원의 발언, in: Protokolle(각주 5), S. 44.

Ⅳ. 기본법 제1조 제1항의 실정성

1. 실정헌법으로서의 효력

22 기본법 제1조 제1항은 효력을 갖는 점에서 실정법이다. 그 이상도, 이하도 아니다.[102] 초실증적인 과제에 대하여 기본법이 맹세한다고 해서 그것이 초실정법으로 변하는 것은 아니고, 또한 초실증적인 효력의 근거가 추가로 확보되는 것도 아니다.[103] 정반대로 초실증적인 과제는 헌법제정자가 기본법 제1조 제1항에 확실하게 규정한 맹세를 준거로 해서만 헌법적인 효력을 갖게 되는 것일 뿐이다. 기본법은 헌법 속에서 인간의 존엄성이 무엇을 의미하는지, 불가촉이 뜻하는 바는 무엇인지 또한 법실무상의 결과는 무엇인지 등을 정한다. 즉, 기본법은 인간존엄성의 보장에 대하여 단순한 수사학적인 또는 도덕적인 의미만을 부여하는 것은 아니되, 법을 넘어서는 의미를 완전히 배제하지는 않으면서 법적 속성을 부여한 것이다. 하지만 법적 속성의 확인과 (인간존엄성의) 보장의 직접적인 법적 효력 여부나 그 인정 범위는 별개의 문제이다.

23 실정성은 기본법 제1조 제1항의 국가적 속성을 극명하게 나타낸다. 이 규정은 국가의 영토고권 및 인적 고권의 토대 위에서 또한 헌법을 비롯한 모든 국가법과 함께 국제법에 의해서 국가에 대하여 설정되는 한계 내에서만 효력을 갖는다.[104] 기본법 제1조 제1

---

102) 결론상 적확한 의견으로는 Herdegen, Die Idee der Menschenwürde: absolute und doch differenziert?, in: Gröschner/Lembcke(각주 8), S. 100ff.

103) Bd. Ⅱ, Isensee, Positivität und Überpositivität der Grundrechte, §26 Rn 80.

104) 이에 관해서는 Hasso Hofmann, Die versprochene Menschenwürde, in: ders., Verfassungsrechtliche Perspektiven, 1995, S. 104(117ff.). 기본권의 지역적, 인적 효력범위에 대한 일반적인 논의로는 Markus Heintzen, Auswäritige Beziehungen privater Verbände, 1988, S. 96ff.; Isensee,

항의 국가적 속성은 인간성의 보편과 연관되고 또한 모든 국가적 한계를 넘어서는 인간존엄성의 초국가적 이념과 일종의 긴장관계에 있다. 전 세계의 차원에서 인간의 존엄성 및 인권의 보호는 독일 외교정책의 목표이기는 하지만, 한 국가의 헌법이 외교정책을 조종하는 것은 제한된 범위 내에서만 가능하고, 또한 이는 국제관계에 영향을 미칠 수 있는 가능성의 경우에도 마찬가지다.[105)]

헌법 내부적으로 볼 때 인간존엄성의 조항에는 특수한 지위가 인정된다. 기본법은 제1조 제1항을 실정법적 지위의 근거가 되는 가장 강력한 규범적 보장들로 장치해 놓았다. 예컨대, 기본법은 인간의 존엄성을 후속 기본권들에게 유효한 규율들, 특히 제한의 가능성과 형량강제의 규율과 단절시켜 놓았다. 말하자면 국가법체계 내에서 절대적인 효력을 부여하였다.[106)] 기본법이 효력을 갖는 한 기본법 제1조 제1항의 원칙은 후퇴될 수 없다. 헌법개정을 통해서도 결코 건드려질 수 없다(제79조 제3항). 요컨대, 헌법국가가 법의 합리적인 수단을 통해 여기서 하나의 터부를 확립해 놓은 것이다.[107)] 24

기본권 목록의 서두에 자리를 차지함으로써 인간의 존엄성은 25

HStR ²V, §115 Rn 77ff.; Bd. Ⅱ: Badura, Der räumliche Geltungsbereich der Grundrechte, §47.

105) Waldhoff, Die innerstaatlichen Grundrechte als Massstab der Außenpolitik?, in: Josef Isensee(Hg.), Menschenrechte als Weltmission, 2009, S. 43ff.(Nachweise). Bd. Ⅱ: Isensee, §26 Rn 105ff.

106) 앞의 번호 92ff.

107) 금기적 특성에 대한 논증으로는 Picker, Menschenwürde und Menschenleben, in: Horst Heinrich Jakobs u.a.(Hg.), FG Flume, 1998, S. 155(156, 158); Poscher, "Die Würde des Menschen ist unantastbar", JZ 2004, S. 756ff. 부정적인 의견은 Kluth, Menschenwürde zwischen Naturrecht und Tabu, in: FS Isensee(각주 46), S. 535(546f.). 일반론은 Josef Isensee, Tabu im freiheitlichen Staat, 2003, S. 35ff., 45ff., 79ff. 상세한 논의는 뒤의 단락 142ff.

헌법적 질서 내에서 최고의 가치로 인정된다.[108] 인간의 존엄성을 지향점으로 천명함으로써 기본법은 인권이념에 대한 신봉을 맹세한다(기본법 제1조 제2항). 이 맹세는 기본법 제1조 제1항에 담겨 있는 초실증적인 내용을 확인한다. 독일 헌법제정자가 독자적으로 모든 인간공동체의 토대와 세계의 평화와 정의의 토대를 정립할 수는 없다는 점에서 인권이 실정헌법이 될 수 없음은 명백하다. 헌법제정자가 인권에 대한 신봉을 맹세하면서 지향목표로 천명한 인간의 존엄은 헌법제정자가 소여로서 받아들인 원칙이지 스스로 설정한 원칙이 아니다. 인권은 모든 국가권력의 행사에 대하여 직접 기속력을 갖는 기본법상의 후속 기본권들에 대하여 다리를 놓아준다(기본법 제1조 제3항).[109] 이러한 점에서 인간의 존엄성은 기본권의 실정법적 근거로 이해된다. 이 실정법적 근거로서 인간의 존엄성은 더 이상의 근거를 제시할 수 없다.[110] 국가법질서의 세속적인 지평 속에서 인간의 존엄성은 실정법에 구속되는 법률가들이 그 근거에 대하여 캐물을 수 없는 최종적인 근거이다.[111] 그럼에도 불구하고 기본법 제1조 제1항의 명제는 초실증적인 법적 효력으로 격상되지는 않는다. 오히려 국가의 규범위계, 말하자면 헌법의 단계에서 그 내용상 최고등급의 자리매김이 관건이다. 이로써 기본법 제1조 제1항의 규범은 그 격상된 지위에도 불구하고 모든 헌법규범들과 그 해석에 대하여 근본적인 지침이 된다. 여기에서 자연

108) BVerfGE 6, 32(41); 27, 1(6); 30, 173(193); 32, 98(108); 45, 187(227); 72, 105(115); 109, 279(311). 동지 Herdegen, in: Maunz/Dürig, GG (LitVerz), Art. 1 Abs 1 Rn 4f.(Stand: 2009). 상세한 논의는 앞의 단락 93ff.

109) Bd. Ⅱ: Isensee, §26 Rn 69f.

110) Starck, in: v. Mangodt/Klein/ders., GG(LitVerz), Art. 1 Abs. 1 Rn 33; Dederer, Die Garantie der Menschenwürde (Art. 1 Abs. 1 GG), JöR 각주 57(2009), S. 89(100).

111) 하지만 이는 헌법이론가나 철학자 및 신학자들에게는 해당하지 않는다.

법이 법원(法源)으로 고려되는 것은 아니다. 하지만 그렇다고 해서 자연법이 법인식의 근원으로서의 기능이 배제되는 것은 아니다. 이 법인식의 근원에서 분출되어서 기본법 제1조 제1항의 해석에 인입되는 것은 실정법에 대하여 이질적인 것이 아니라 오히려 실정법과의 연결상태를 승인하는 것이다.

인간존엄성 조항은 서문과 직접 인접한 기본권 장의 서두에 26
규정됨으로써 서문의 축제적이고 근본적인 표현양식을 계수하고,[112] 또한 헌법의 의미와 근저를 포괄하는 기능을 관철한다. 다른 한편으로 인간존엄성 조항은 후속 기본권조항들과 거리를 둠으로써 같은 반열에 있는 것이 아니라 모든 기본권들에 선행하는 것임을 분명히 하고 있다. 다만 바로 이 때문에 인간존엄성 조항에 도대체 기본권으로서 속성이 부여되는지, 국가권력의 행사에 대하여 직접적인 기속력을 갖는지 또는 얼마나 갖는지, 또는 단순히 촉구로서의 효력만을 갖는 것인지, 도대체 헌법윤리적 성격 이상의 어떤 효력이 부여되는지 등등의 의문이 제기된다.

2. 초실증적인 실체의 수용

인간존엄성 조항의 실정법적 효력은 그 발생사적 사실, 즉 헌 27
법제정자가 단순히 초실증적인 소여에 대하여 맹세를 규정하려고 한 것일 뿐이라는 것, 그리고 인간존엄성의 전래의 관념을 자신의 것으로 만들고 실정화한 것이라는 사실과 모순되지 않는다. 기본법 기초자들은 '해석되지 않은 명제'를 포착한 것이었고, 그에 대한 독자적인 해석을 포기하였다. 말하자면 법외적인 개념을 계수

112) 헌법제정심의위원회에서 v. Mangodt 의원은 기본법 제1조 제1항과 제2항을 "좀 더 서문에 담김직한" 것으로 생각되는 서두조항이라고 언급하였다. Protokolle(각주 75), S. 594. Harry Westermann: "구체적인 법적 효과를 지시하는 규범이라기 보다는, 오히려 서문과 같은 효력"(Person und Persönlichkeit als Wert des Zivilrechts, 1957, S. 8).

한 것이었고, 그들은 그 함의를 개별적으로 밝히거나 설명하지 않았다. 인간의 존엄성이 헌법적으로 무엇을 의미하는 것인지는 훗날의 해석자들에게 맡겼다. 하지만 이들 역시 완전히 자유롭지는 못하다. 정반대로 자연법적인 근거에 따라 의미의 동일성이 보장되어야만 하고 또한 인간의 존엄성이 해석자의 자의에 의해 맡겨지지 않도록 해야만 한다.[113]

28 헌법제정자가 인간의 존엄성을 천명함으로써 의도하는 것은 정치적 이념이나 윤리적인 교의들, 철학적인 도그마, 종교적인 신조 등의 초실증적인 허공의 세계로 들어가는 것이 아니다. 이들 세계에서는 신성한 무정부상태가 있을 뿐이다. 이러한 세계에 자신을 개방하려고 하면 법은 스스로 해체되고 말 것이다. 인간존엄성의 개념을 계수한다고 해서 역사와 현재로부터 나오는 불가측의 모순되는 자연법론들과 일치되지 않은 인간존엄성의 관념들을 그대로 차용하는 것은 아니다.[114] 장래의 가능한 모든 학설과 그에 따른 임의의 전범들을 탄력적으로 준용하는 것도 아니다. 그러한 모든 준용들은 실정헌법이 실효성을 가지려면 필수적으로 확보해야 하는 의미의 동일성에 대한 요청에 부합되지 아니한다. 인간존엄성의 실정화는 기본법의 기초자들이 인간존엄성의 개념에서 발견하고 또한 – 반성을 했건 그렇지 않건 간에 – 동 개념과 함께 계수한 잠재적인 의미와만 연관된다. 그 핵심은 바로 현대의 인권의 배양토였고 또한 그것과 궤를 같이 하는 유럽 정신의 전통들이다. 기본법에 침적된 자연법은 인권의 이념 속에서 발현된다. 그렇

113) Starck, Menschenwürde als Verfassungsgarantie, in: Luigi Lombardi Vallaure/Gerhard Dilcher(Hg.), Christentum, Säkularisation und modernes Recht, 1981, S. 805(828). Vgl. auch Böckenförde(각주 76), S. 1223f.

114) 주권과 관련한 개관과 정향점 설정의 시도로는 Erik Wolff, Das Problem der Naturrechtslehre, 1964.

다고 해서 자연법이 인권이념과 완전히 동화된다는 것은 아니다. 다만 자연법은 인권이념과 모순되지 않을 때만 또한 그 범위 내에서만 헌법적으로 효력을 갖는다.

일응 불명확하게 보일지라도 인간존엄성을 자연법적으로 정초 29
하는 것은 그 의미를 좀 더 명백하게 만드는 데 도움이 된다. 인간존엄성의 보장은 그것을 기본권으로 실정헌법에 규정하게 한 역사적 계기, 즉 나치의 참혹함에만 집착하는 것은 아니지만, 정치권력자가 인간범주에서 '하위인간'을 구별하여 정의하고, 그들의 권리능력을 부인하고 말살하는 만행을 저지르는 등 인간의 가치를 유린한 전형적인 경험을 토대로 한다. "절대로 반복은 아니 된다!"는 뜻이 기본법의 천명에 내포되어 있음은 물론이다. 하지만 그것이 전부는 아니다. 인간존엄성의 천명은 특정한 상황과 연관된 조치에 그치지 않는다. 이러한 종류의 의도는 기본법에는 이질적이다. 근본적으로 기본법은 제정 당시의 참혹한 상황을 벗어나서, - 분단에 의해 규정된 잠정성의 유보를 차치한다면 - 하나의 완전하고 영구적인 국가질서를 설계한 것이기 때문이다. 시간을 초월한 자연법을 제시하는 것은 장래 질서의 총체적인 전체의 크기와, 그 내용의 일반성 및 효력의 결정성을 의도적으로 내세운 것이다. 동시에 기본법제정자는 기독교 및 계몽사상의 유산을 수반하는 감염되지 않은 고대의 전통, 말하자면 인권에 대한 세계적인 반성의 흐름 속에서 새롭게 정치적 동력을 갖게 된 전통에 부응한 것이다.

그러나 초실증적인 법에 항상 수반되는 문제들, 그리고 인권 30
에 대한 전세계적인 인정에도 불구하고 미결로 남아 있고, 단지 새롭게 집적되어 주어진 문제들은 해결되지 못한 상태이다.[115] 자

115) Bd. Ⅱ: Isensee, §26 Rn 1ff., 15ff. 자연법적 논증에 대한 근본적인 비판은 Herdegen, Das Überpositive im positiven Recht, in: FS Isensee (각주 46), S. 135ff.

연법을 제창하면서 개별 헌법기초자들은 그 내용에 대해서 분명한 입장이었을 수 있고 또한 초실증적인 근거에 대해서도 확신을 갖고 있을 수도 있겠지만, 그들의 믿음이 오늘날까지 인간존엄성을 둘러싼 어두운 불분명함에 빛을 비추어 그것을 해소할 수는 없었다. 해명을 위한 해석자들의 모든 노력에도 불구하고 여전히 비밀의 장막이 둘러져 있다. 인간존엄성이 유래된 것으로 여겨지는 계몽정신이 확신 속에서 제시되었지만 장막은 여전히 남아 있다. 하지만 그렇다고 해서 이러한 상태에서 자연법적 정초에 대한 반론의 논거가 도출되는 것은 아니다. 오히려 정반대로 인정의 근거가 도출된다. 이러한 자연법적 논의가 협약을 기초로 하는 실증적인 라틴법전통의 법해석학(Jurisprudenz)의 종점 너머에 있음은 분명하다. 라틴법체계에서 최고의 규범인 실정법규범은 일정 정도 법학적 해석학의 합리적인 접근과는 거리가 있다. 해결될 수 없는 나머지 부분은 동 법체계 속에서는 관심의 대상이 아니다. 하지만 이는 실정법규범에 완전히 수렴되지 못한, 또는 아마도 수렴될 수 없는 의미의 자원들이 내포되어 있음을 보여주는 것이다. 이러한 기(氣: Aura)는 도덕적인 금기의 형성이나 기본권적인 세속종교의 부상 등과 같은 법외적인 영향을 가능하게 만든다. 이 기는 인간의 본질 자체의 깊은 곳에 근거를 갖는다: “인간은 항상 인간이 스스로 알고 있는 것 이상의 존재이다.” 야스퍼스(K. Jaspers)의 통찰은 전체 인간종족과 함께 모든 개별 인간들에도 해당한다. 인간에 대한 인식의 전체에 대하여 항상 특수할 수밖에 없는 인식을 절대화하는 것은 인간상의 황폐로 귀결된다.[116]

---

116) Karl Jaspers, Der philosophische Glaube(1947), Ausg, 1958, S. 54f.; ders., Einführung in die Philosophie, 1953, S. 62. 인간존엄성과 연관해서는 Starck(각주 113), S. 826f.

V. 반자연법: 국가창설의 협약

초실정법적인 존엄성보장의 실정법에 앞서는 내용을 포착하는 데 따르는 어려움은 그 초실증적인 효력의 근거가 일종의 국가창설협약의 형식에 규정되면, 말하자면 그 협약당사자가 인간의 존엄성이 무엇이고 또 그것에 어떤 효력이 부여되는지를 선언하면 해결된다. 호프만(H. Hoffmann)은 기본법 제1조 제1항의 해석이 자연법적인 내용에 귀착되는 것을 막기 위한 목적으로 사회계약의 개념을 전통적인 자연법론의 장에서 떼어 내었다. 헌법전의 피안에서 인간의 존엄성은 독일 국민의 국가창설협약으로서 의미를 갖는다: 말하자면 인간들이 서로 인정하고, 공동의 정치생활의 목적을 위하여 상호 인정하는 연대공동체 속에서 법공동체의 구성원으로서 서로 약속한 "어떤 것"을 뜻한다.[117] "누구나 모든 사람들에 대하여 존엄을 인정할 의무를 진다"라고 규정한 Brandenburg주 헌법(제7조 제2항)이 그 좋은 예이다. 말하자면 늘 갱신되는 협정문의 핵심의미는 바로 공화국을 보편적인(또한 선험적으로 효력이 있는 것으로 전제되는) 존엄성의 원칙에 기속시키고, 동시에 그 기속을 구체적인 승인공동체로서 독일국민국가의 틀에 국한시키는 것이다. 이 약속은 독일 내에 체류하는 외국인 및 무국적자들에게도 해당한다. 반면에 출생 전의 인간은 윤리적인 자결능력이 없고 또한 사회적인 존중을 요구할 수 있는 주체가 될 수 없기 때문에 배제된다. 태아는 협약을 체결할 수 없고, 따라서 존엄성을 가질 수 없다는 것이다.[118] 하지만 출생의 문턱을 넘어선 사람은 존엄의 우월 31

117) H. Hofmann(각주 104), S. 115(119). 이에 대한 비판은 Böckenförde(각주 76), S. 1223f.; Starck, in: v. Mangoldt/Klein/ders., GG(LitVerz), Art. 1 Abs. 1 Rn 9.

118) 하지만 태아에게 생명권이 부여되는 것은 당연하다. H. Hofmann(각주 104), S. 125f.

한 지위가 인정된다. 윤리적인 자결의 능력이 있는지 여부는 더 이상 심사의 대상이 될 수 없다: 아직 또는 더 이상 자결의 능력이 없다고 하여도 또한 원천적으로 전혀 능력이 없다고 하더라도 국내에서 출생한 모든 사람들에게는 존엄성이 인정된다.[119] 이성적 사고의 능력이 인간존엄성의 기준이 된다면 그것은 젖먹이 어린이나 치매환자에게 존엄성을 인정하는 것과 합치될 수 없다. 존엄성은 그에 대한 인정 및 배분에 대하여 결정할 수 있는 힘을 갖고 있는 사람에게 자유롭게 처분가능한 것으로 주어지는 것이기는 하다. 하지만 본(Bonn) 기본법의 제정자는 그러한 힘을 요구하지 않는다. 기본법 제정자가 초실정법하에 복속된다는 것은 바로 그러한 힘의 부인을 확인하는 것이다. 하지만 이러한 이론구성의 법실무상 효과는 태아에 대한 존엄성보호를 부인하고, 이를 통해 낙태 및 수정란 활용의 허용을 가로막는 헌법적 장해물을 제거하는 데 있다.[120] 아주 일반적인 차원에서 관건은 자연법적인 윤리적 지침들, 더 나아가서는 기독교적인 유산들과의 연관을 차단하고, 존엄성의 내용과 그 효력범위를 헌법전에 의존하지 않으면서 오로지 가상의 계약에 따라 결정하고, 그것을 일상 정치의 필요성에 맞게 조정하고 시대정신에 동조화시킬 수 있는 것이다. “인간의 존엄성”은 단순한 형식적 개념이다.[121] 이 표제어 하에서 인간은 자신이 인간이라는 이유만으로 존엄성을 갖게 되는 것은 아니다. 존엄성

---

119) H. Hofmann, aaO., S. 125f.

120) 이와 관련하여 많은 시사점을 주는 논의는 H. Hofmann, Methodische Probleme der juristischen Menschenwürdeinterpretation, in: Ivo Appel/Georg Hermes(Hg.), Mensch – Staat – Umwelt, 2008, S. 47(69ff.).

121) 이러한 속성에 대하여 긍정적인 의견은 R. Wahl, Humangenetik als Verfassungsproblem, in: Juristische Studiengesellschaft(Hg.), Jahresband 2006, 2007, S. 93(110ff.). 부정적인 의견은 Böckenförde (각주 76), S. 122ff.

은 오히려 상호간의 사회적 인정, 즉 동료시민들의 의사행위에 의해서 비로소 확보된다. 바로 이러한 점에서 인간의 존엄성은 선험적인 원칙에서 하나의 후천적인 원칙으로 변화된다. “약속된” 존엄은 본질에 내재된 존엄, 즉 생래적인 존엄과는 근본적으로 구별된다. 더구나 약속이라는 것은 영구적인 것이 아니라, 항상 대화의 과정 속에서 갱신되어야만 한다. 그런데 이러한 논리에 따르는 경우에는 그 인정이 배제되고 또 존엄성이 부정될 수 있는지 또한 어떤 조건 하에서 그러할 수 있는가 하는 문제가 제기된다. 헌법제정자가 인간의 존엄성과 그 헌법규정에 제공하려 하였던 확고한 초실증적 토대가 산만하고 우연한 소통의 사실로 해체되고, 또한 정치적으로 마음대로 재단할 수 있게 되는 문제가 우려된다. 암석이었던 것이 물에 휩쓸리는 모래가 될 수도 있는 것이다. 여기에서 승인이론은 존엄성을 인간의 생래적인 속성으로 파악하는 입장(본질론)에 대한 반대입장으로서 제시된 것일 뿐이다.[122]

기본법 제1조 제1항을 국가창설협약으로 파악하는 것은 그 자 32
체가 일반법 및 헌법이론의 논제인 승인이론을 토대로 하는 동시에, 또한 국민을 중심으로 한 헌법제정권력론의 배후에 있는 사회계약론과 함께 승인이론을 해명한다. 승인이론은 헌법의 효력을 해명하고 정당화하는데 기여한다. 정치적 신화는 법학적으로 답해질 수 없는 것, 즉 헌법의 선규범적인 시초에 대한 질문에 대한 답을 보완해준다.[123] 다만 신화든 이론이든 본래 전체로서 헌법과 연관되는 것이지, 여기에서 논하고 있는 기본법 제1조 제1항과 같

122) 이른바 지참금이론으로 격하시키는 분위기가 없지 않은 의견은 H. Hofmann, (각주 104), S. 108. 이에 관해서는 Böckenförde: “Desavouierung des Verfassungsgebers”(각주 76), S. 1224. 비판적인 의견으로는 Dederer(각주 110), S. 107.

123) 이에 관해 상세한 논의는 Josef Isensee, Das Volk als Grundlage der Verfassung, 1995, S. 68ff., 74ff., 86ff.

이 하나의 개별적인 규범들과 연관되는 것은 아니다. 이 점에서 기본법 제1조 제1항은 새로운 경우이다. 청원권이든, 지방자치행정이든 또는 국회의원의 무임승차권 등은 각각 국가창설협약의 차원에서는 동일한 방법으로 규정될 수 있다. 하지만 기본법 제1조 제1항은 헌법 위의 헌법인 동시에 헌법 내의 정규 기본권이기도 하다.124) 헌법이론의 구성물이 직접, 있는 그대로 실정헌법으로 천명된 것도 새로운 것이다. 헌법이론과 헌법도그마틱 간의, 그리고 해석자의 선이해와 규범해석 간의 차이는 무시되었다.125) 여기서 바로 "다른 분야로의 이동(μετάβασς είς άλλο Υένος)"이란 교과서적인 예가 실현된 것이다. 실정헌법에 대한 해석이 가상의 헌법제정행위에 의해 대체된 것이다. 소통의 과정에서 그 구체적인 준거들이 현출되는 창설사의 구성을 통해서도 협약을 준거로 한 헌법해석학이 힘들여서 차별화하여 접근하는 문제들, 말하자면 기본권의 영토 및 인적 효력범위, 특히 외국인에 대한 기본권의 효력의 근거와 한계를 정하고126) 또한 태아의 기본권적 지위를 탐색하는 등의 문제들에 대한 답이 보완되어야 한다.127)

Ⅵ. 초실증적인 것의 난점에서 벗어나는 실정법적 탈출로

33 방법론상 비판적인 법률가들은 효력의 근거와 내용이 불확실

---

124) H. Hofmann(각주 104), S. 119.

125) 이 차이에 관한 개관은 Mathias Jestaedt, Die Verfassung hinter der Verfassung, 2009, S. 21ff., 45ff., 74ff.

126) Bd. Ⅱ: Badura, §47; 같은 책, Heintzen, Ausländer als Grundrechtsträger, §50; Quaritsch, Der grundrechtliche Status des Ausländers, HStR ²Ⅴ, §120.

127) Müller-Terpitz, Recht auf Leben und körperliche Unversehrtheit, HStR ³Ⅶ, §147. Rn 206ff.

한 것으로 보여지는 초실정법에 의존하는 것을 꺼린다. 그렇기 때문에 기본법 제1조 제1항의 인간존엄성의 내용을 정하는 과제를 놓고 초실정법에 의존하는 경우에 초래되는 어려움을 피하고, 가능한 한 실정법의 인식근원으로 돌아가려고 애쓰는 것은 당연하다.

1. 초실정법적 전제들의 원칙적인 희석

극단적인 해결방법은 초실정법의 노대들 의도적으로 무시하 34
고, 해석에 대한 어떤 영향도 부정함으로써 궁극적으로 실정법의 독자성을 확립하는 것이다. 말하자면 국가법의 해석에 있어서 헌법전 속의 준거만이 유효하고, 따라서 인간존엄성의 명제도 실정헌법의 개념으로서만 의미가 있는 것으로 보는 입장이다.[128] 헌법제정자의 자연법적인 논증들과 동기들은 역사화되어서 기록물로 남겨진 것일 뿐이고, 실제 법률학의 담론에서는 배제된다. 따라서 법적 개념으로서 인간존엄성의 보장은 제헌의회 심의위원회가 고려한 선재하는 정신적-윤리적 내용과는 분리되어 완전히 자체적으로 정립된 것으로 본다. 말하자면 기본법의 "근본규범"은 그 중심축에서 벗어나 있는 것이다.[129] 기본법 제1조 제1항이 오로지 실정법적으로만 효력을 갖는다는 점에 대해서는 더 이상 이견이 없다. 논란의 대상은 그 보장의 내용, 즉 해석을 통한 내용의 포착이다.[130] 그런데 이러한 논의에서 초실증적인 전제에 의존할 수 없게 되면, 법인식의 근본적인 원천이 봉쇄되고, 궁극적으로는 내용상의 지침이 실종되는 결과가 초래된다. 이렇게 되면 결국 해석의 담론

128) Herdegen, in: Maunz/Dürig, GG(LitVerz), Art. 1 Abs. 1 Rn 17. 유보적인 동의 의견은 Dederer(각주 110), S. 100ff. 초실정성에 초점을 맞춘 논증의 실무상 연관성과 이데올로기로부터의 자유에 대하여 회의적인 의견은 Herzog, Allgemeine Staatslehre, 1971, S. 370f.

129) Böckenförde(각주 76), S. 1218. Ebenso Hillgruber(각주 80), S. 173f.

130) 앞의 단락 22ff.

은 기본법 제1조 제1항에 담긴 윤리적인 유산을 더 이상 고려하지 못하고 그날그날의 필요성에 따라 진행될 수밖에 없게 된다. 말하자면 헌법의 보장은 실정법에서 가능한 범위에서는 그것의 정체성과 계속성을 담보하는 근저에서 떨어져 나오게 되는바, 이러한 내향적인 실정성의 이론은 헌법제정자가 인간존엄성의 보장을 규정하면서 상정하였던 기대에 정면으로 배치된다.

35 초실증적인 규범내용에 대한 접근을 스스로 차단한 해석자는 그에 따라 발생되는 공백을 어떻게 실정법규범만을 가지고 채울 것인가의 문제에 직면하게 된다. 이 문제와 관련해서 실용적인 관점에 치우친 해결이 시도될 수 있고, 이와는 구별되는 도그마틱적인 해결의 시도들이 있을 수 있다.

2. 존엄성의 내용의 축소

36 이러한 해석의 문제를 해결하는 시도로 인간의 존엄성을 요즘 경향대로 좁은 범위, 말하자면 법공동체 구성원들이 "일종의 자명한 것으로 동의해주는 범위로 고착시키게 되면, 그 보호영역은 설령 기본법 제1조 제1항에 명시적으로 규정되지 않았다고 하더라도 '자명한 것'으로 효력을 가질 것이 틀림없는 범위"[131]로 축소된다. 이러한 해석론은 실용적인 성격의 시도로서 도그마틱의 난점을 피해간다. 하지만 이러한 해석론은 헌법명제를 규범적인 엄정함과 일관성을 포기하면서 기존에 확보된 법적 의견들과 사회적인 금기의 저장고로 축소하는 결과를 초래한다. 이러한 맥락에서는 사회에서 일반적으로 인정된 것만이 인간존엄성의 내용으로 여겨지고,[132] 논란이 되는 입장들은 배제되게 된다. 예컨대, 오늘날 논란

131) Lerche, Verfassungsrechtliche Aspekte der Gentechnologie, in: Rudolf Lukes/Pupert Scholz(Hg.), Rechtsfragen der Gentechnologie, 1986, S. 99(100, 유사한 표현은 110).

132) 이러한 입장은 경향상 H. Hofmann의 인정이론에 부합된다(각주 104), S.

되고 있는 소모적인 배아연구, 내일 문제가 될 수 있는 적극적인 안락사, 그 다음날의 복제인간문제 등에 대하여 어떻게 판단할 수 있을지 가늠하기 어렵다. 이러한 보호막 아래서 인간의 존엄성은 국가생활을 조종하지 못한다. 단지 사후적으로 승인하여 정리할 뿐이다. 결국 규범적 효력의 요청은 현실의 변화를 추종할 뿐이다.

3. 기본법의 구체적인 규정들로의 회귀

기본법의 명문화된 규범들 자체로부터 답을 구할 수 있는 경 37
우에 법률가들은 믿음직한, 상대적으로 확고한 토대 위에서 해석을 할 수 있다. 이는 존엄성의 내용이 자유권 및 평등권의 내용에 해당하고 또한 그 보장이 자유권과 평등권 이상의 어떤 것을 포함하지 않는 경우에는 가능하다.[133] 하지만 이러한 체제라면 존엄성의 호출은 원천적으로 불필요하고, 그 헌법적 보장 또한 무용한 것일 수밖에 없다. 하지만 존엄성이 후속 기본권들, 예컨대 생명권과 인신권, 양심의 자유, 법적 청문의 보장, 정신적 · 육체적 학대의 금지, 그리고 사생활보호나 일반적인 인격권 등 법관법에 기초한 불문의 기본권들에서 상이한 양식으로, 상이한 정도로 구체화되어 있는바, 이 문제는 그렇게 단순하지 아니하다. 인간의 존엄성이 무엇인가에 대한 질문에 대한 답은 여전히 미결로 남아 있기도 하다.[134] 기본법상 상이한 규정들 속에서 해석의 단서를 구체적으로 찾고자 하는 사람은 우선 인간의 존엄성이 의미하는 바를 먼저 알아야만 한다. 그러한 선이해가 없는 상태에서 텍스트는 아무 것도 말해주지 않는다. 따라서 해석은 필연적으로 기본법 제1조 제1

115ff.

133) Hufen, Erosion der Menschenwürde, JZ 2004, S. 313(316).

134) 헌법제정심의위원회에서 v. Mangoldt 의원은 개별 기본권과 관련하여 모든 개별 헌법조항은 인간의 존엄성을 보장하기 위해 각각 필수적인 자유의 한 부분을 포함하는 것으로 파악하였다. Protokolle(각주 75), S. 591. 앞의 단락 117ff., 132ff.

항의 보장 자체에서 무엇인가를 해석해 내야하고, 그것을 준거로 하여 교의적인 전제들을 규명하는 것으로 회귀할 수밖에 없다. 기본법상의 개별적인 기본권규범들을 비롯한 기타 규범들을 인간존엄성을 구체화한 것으로 이해한다고 하더라도 그 자체로부터 존엄성의 완전한 형상이 파악될 수는 없다. 그것들이 인간존엄성의 이념을 완전히 구현한 것은 아니기 때문이다. 만약에 그렇다고 한다면 인간존엄성은 개별 헌법규정들을 자신에게 지향하도록 하여 그 해석을 조종할 수 있는 힘을 갖지 못할 것이다. 인간의 존엄성은 내용의 관점에서 무용한 것이 될 것이고, 기껏해야 훈시적인 의미만을 갖게 될 것이다. 그러나 분명한 것은 최고의 지향자로서 인간존엄성의 기능을 고려하건대, 그 실체는 개별규정들에 의해서 소진되지 아니하고, 그것들을 넘어서는 내용을 제시한다. 즉, 인간의 존엄성은 개별 기본권들의 이해에 대하여 방사효과를 갖는다. 반면에 개별 기본권 규정들의 측면에서도 이들 역시 인간존엄성의 이해에 대하여 영향을 미친다. 말하자면 해석상의 교차영향관계이다.[135]

38 그러나 인간존엄성의 추상적인 최고가치에 회귀하기 전에 우선 사항에 보다 근접한 구체적인 기본권규범을 준거로 해야 하는 것은 기본권해석의 철칙이다. 이 추상적인 최고가치는 구체적인 기본권규범을 해석한 결과를 심사하는 통제척도가 된다. 하지만 이에 따른 심사를 통해서 유형별로 규정된 개별 기본권의 의미에서 도출된 결정들이 수정되는 것은 극히 예외적인 경우에 국한된다. 기본적으로 기본법의 개별 규정들은 인간의 존엄성에 합치되는 것으로 추정되고, 또한 사안이 내용상 그 연관성이 인정되는 한 적합성이 충족되는 것으로 추정되는바, 요컨대 법실무상, 헌법

135) 이에 관해 적확한 의견은 Herdegen, in: Maunz/Dürig, GG(LitVerz.), Art. 1 Abs. 1 Rn 24.

도그마틱상 특권이 인정된다.

4. 비교법 및 국제법으로의 회귀

기본법 제1조 제1항의 개방된 의미내용을 자연법과 연관시키 39
는 것을 차단하고 또한 실정법의 해석을 초실증적인 준거로부터 독립된 것으로 만들려고 하는 또 하나의 시도는 국제법으로 회귀하는 것이다. 실제 관련된 법인식의 모든 목적의 관점에서 인권의 표준을 갖고 있는 현대의 국제법질서는 초실정법을 배제하였다.[136] 인격의 주체로서 모든 사람들에 대하여 의무화된 국제법상의 불가양의 원칙들은 구속력 있는 법이다. 오늘날 보편적인 효력을 갖는 초실증적인 존엄성의 명제를 주장하는 사람은 필연적으로 광범위한 문화보편적인 맥락에서 논거를 제시한다. 존엄성의 함의를 둘러싸고 독일 내에서 진행되는 모든 국가법적 해석론의 이견들도 어떤 주장이든 그것이 수용되기 위해서는 국제적인 차원으로 회귀되어야 한다. 인간의 존엄성은 "원천적으로 순수한 국내 차원의 가치척도들을 모아 놓은 용기"가 되어서는 아니 된다. 그 해석자는 비교법적 접근을 통해서 정당성과 합리성을 충전해나가야만 한다. 물론 개별 국가들은 매우 광범위한 형성의 자유를 갖는바, 예컨대, 생명의학이나 생명공학 분야에서의 도전들과 관련하여 절대적인 가치판단의 정당화를 위한 합의의 토대는 협소할 수밖에 없을 것이다.[137] 실제 경향도 그러하지만, 헌법해석자가 국제법과 인간의 존엄성에 기속되는 경우 그것은 인간존엄성의 내용의 최소화로 귀결될 것이다. 그러나 다른 한편으로는 이에 따라 해석방법론들 또한 일관된 기조를 유지할 수 있을 것이다.

독일 기본법은 인적, 공간적으로 제한된 가운데 특정한 국가 40

136) Herdegen(각주 102), S. 102; ders., in: Maunz/Dürig, GG(LitVerz.), Art. 1 Abs. 1 Rn 3, 19; ders., (각주 115), S. 142ff.

137) Herdegen(각주 102), S. 102f.

에 대하여 효력을 갖는 것이지, 유럽대륙의 국가집단이나 전체 인류에 대하여 효력을 갖는 것은 아니다. 보편적인 규율들과 연관되는 것이기는 하지만, 자신의 독자적인 규율들에 대해서 보편적인 효력을 요구하는 것은 아니다. 따라서 기본법이 초실정법을 논거로 주장하는 경우 그것은 자신의 독자적인 관점을 유효한 것으로 제시하는 것일 뿐이다.[138] 다른 법질서들에 대해서 그 내용에 대한 해석의 고권을 주장하는 것은 아니다. 물론 기본법도 다른 국가들의 해석고권에 복속되지는 아니한다. 기본법은 기본법 제1조 제1항의 보장을 세계의 모든 헌법문화에서 유효한 내용으로 규정한 것이 아니다. 또한 기본법은 세계적인 차원의 최소한의 수준으로 만족하는 것도 아니다. 헌법은 (바르게 이해되는) 국민적 차원의 가치판단척도들의 저장고가 되는데 주저할 필요는 없다. 실제로도 기본법은 그것을 의도하고 있다: 독일 기본법은 바로 독일 국민이 자신의 윤리적인 통일성을 인식하는 원천이고 또한 국가생활의 지향점이 되는 가치들의 법적 저장고, 즉 "자신에 대하여 국민 스스로 내린 결단의 표현"[139]이다. 기본법은 인류를 가르치거나 다른 국가들을 심사하려고 하지 않는다. 자신의 국가체제 내에서 국내에 거주하는 모든 사람들에게 인간다운 생활조건을 보장하기 위해 배려하려는 것이다. 오늘날 특정한 국가적 관리와 내적 질서는 세계 전체에 투명하게 노출되어 있다. 하지만 한 국가의 질서가 세계 모든 국가들에 의해서 인정되지 못하고 또한 "법문화들 간의 대화"를 형성하는 모든 비교법학자 회의의 주목을 끌지 못한다고 해도 별로 지장이 없다. 기본법 제1조 제1항에 대한 연방헌법재판소의 결정이 이 대화 속에 전달될 수 있는지 여부는 학문적인 문

138) Herdegen은 "독일식 무도(la allemande)를 통한 초실정법"과 "분파적인 가치지역주의"라는 표현을 썼다. 각주 115, S. 140.

139) 1948년 9월 8일 헌법제정심의위원회 제2차 전체회의에서 Schmid(SPD) 의원의 발언, Protokolle(각주 5), Bd. 9, 1996, S. 22.

제일 뿐이다.[140] 그것은 기본법의 지침에 따라 옳은 내용의 결정을 내려야만 하고, 또한 오로지 자신의 논증의 종류와 양식을 통해 소송참여자들과 결정과 관련된 당사자들, 즉 국가기관 및 독일 국민에게 자신의 결정을 전달하는데 유의해야만 하는 연방헌법재판소의 관심사가 아니다. 물론 독일의 국제법상의 의무위반, 더 나아가서는 단순한 의무위반으로 여겨지는 것조차 피할 수 있게 결정을 구성하는 것이 현명하다.[141]

법규범들의 다양성은 헌법국가인 독일이, 선택된 외국 법질서 41
나 -그때마다 해석의 필요에 따라 선택되는- 또는 항상 정해지는 국제적 기준에 맞추고 그에 따라 독자적인 헌법의 형성과 토착적인 헌법의 자유로운 발전 속에서 인식되는 자신의 국가적 정체성을 포기할 것을 요구하는 논거가 될 수는 없다. 예컨대, 배아의 기본권적 지위와 관련하여 독일의 법원 및 주석자들이 기본법 제1조 제1항에서 도출해내는 결론이 외국의 인간존엄성 조항들에 따른 결론들보다 관대하거나 또는 엄격하다고 하더라도 그 속에 상이한 외국법에 대한 비판이 포함된 것은 아니고, 외국법에 대하여 인간의 존엄성을 침해한다는 내용의 유죄판결을 내리는 것은 더더욱 아니다.[142] 기본법 제1조 제1항의 해석자가 국제적인 유대능력을 위하여 외국 또는 국제적인 문제해결들을 준거로 해야만 한다면 헌법해석은 임의적인 것으로 되어 그 침로를 잃게 될 것이다. 적극적인 안락사, 소모적인 배아연구, 인간복제 등에 대한 금지 또는 허용, 무기징역의 정당성 여부 등 모든 해석적 관심에 대하여 2백여 개의 국가법질서 및 무수한 비국가적 법질서들은 참고자

140) 이 문제점에 대한 논의는 Herdegen(각주 102), S. 105.

141) Ch. Hillgruber, Der internationale Menschenrechtsstandard – geltendes Verfassungsrecht?.: Gilbert Gornig u.a.(Hg.), GS Blumenwitz, 2008, S. 123(141).

142) 이 점과 관련한 우려는 Herdegen(각주 102), S. 103.

료를 제공해준다. 하지만 비교법적 접근에 의해 기본법 제1조 제1항의 독자적인 모습이 지워지게 되면 또한 헌법규범이 참고자료가 되는 이질적인 질서를 모방하는 것이 되면 그것은 잠재적인 고유성과 함께 비교법의 대상으로서 그 학문적 매력을 잃게 될 것이다.

42 기본법에 내재되어 있는 국제적 개방성과 국제법 우호성이[143] 기본법 제1조 제1항의 내용이 당대의 국제법의 상태를 탄력적으로 준용하여 결정되어야 하는 것을 요구하는 것은 아니다. 그러한 준용은 기본법 제1조 제2항에 포함되어 있지 않다. 이 규정은 인권의 자연법적 이념과 연관되는 것이지, 국제법의 인권규정과 연계된 것이 아니다.[144] 이와 관련하여 인권 범주의 양면성이 드러나는바, 초실증적인 자연법으로서의 측면과 실정 국제법으로서의 측면이 그것이다. 기본법이 주목한 것은 자연법적 측면이다.[145] 자연법, 특히 이념으로서 자연법은 확고부동하고 또한 성문화된 기본권의 규범적인 안정성을 제고하고 그 의미의 동일성을 보장하는데 적합하기 때문에 기본법 기초자는 자연법을 기반으로 삼았다.[146] 이에 반해 국제법상의 실증적인 인권규정들이 무절제하게 유입되면, 한 국가의 기본권들이 깔아뭉개어져서 그 내용과 효력이 부정되고, 규범성과 법적 안정성이 훼손되는 사태가 초래될 것이다.

---

143) 이에 관해서는 Tomuschat, Die staatsrechtliche Entscheidung für die internationale Offenheit, HStR ²Ⅶ, §172 RN 11ff., 37ff., 66ff.; Udo di Fabio, Das Recht offener Staaten, 1998; Hillgruber, Der Nationalstaat in übernationaler Verflechtung, HStR ³Ⅱ, §32 Rn 1ff.

144) Herdegen, in: Maunz/Dürig, GG(LitVerz.), Art. 1 Abs. 2 Rn 1ff. 이에 대한 비판은 Hillgruber(각주 141), S. 128ff. Bd. Ⅱ: Isensee, §26 Rn 87ff.

145) 자체적으로 모순적인 다른 의견은 BVerfGE 111, 307(329): 특히 국제적인 인권의 보전과 관련하여 기본법 제1조 제2항을 통한 특별한 보호.

146) 앞의 단락 28ff.

기본법 제1조 제1항의 인간존엄성의 보장을 해당 국제법의 표준에 결부시키는 것은 국제법에 대한 국가 헌법의 독자성에 배치된다. "국제법과 국가법은 두 개의 상이한 법권의 관계이고 또한 국가법의 관점에서 이 관계의 본질은 오로지 국가법 자체를 통해서만 결정된다. 이는 기본법 제25조와 제59조 제2항의 법문상 명백하다."[147] 기본법은 독일 국가법질서를 국제법의 일반원칙에 개방하고, 이를 연방법의 구성부분들로 천명하고 있지만(기본법 제25조), 이는 기본법 제1조 제1항의 독자성과는 무관하다. 또한 일부 문헌이 주장하는 바와 같이 국제법상의 일반원칙에 헌법적 지위를 부여한다고 하여도 기본법 제79조 제3항의 헌법핵심과 연관되는 것도 아니다. 어떤 위헌적인 국제법규범이 있다면 그것은 "완강한 반대"[148]를 불러일으킬 것이기 때문이다. 기본법은 유럽통합의 과정 속에서도 자신의 정체성을 지켜냈다(기본법 제23조 제1항 및 제3항). '일차적 법'의 발전이 기본법상의 기본권적 척도에 맞추어질 수 있어야만 하는 것이지, 그 반대로 기본법이 유럽법에 맞추어져야 하는 것은 아니다.[149] 실제로 유럽의 기본권문화는 국가적 의미로부터 초국가적인 의미의 방향으로, 즉 상향적으로 성장한다. 43

기본법 제1조 제1항의 해석을 국제법의 발전에 결부시키게 되면 불특정의 규범이 좀 더 불특정한 규범들에 의해서, 효력이 확고한 규범이 그렇지 않은 규범들에 의해서, 일관된 규범이 그렇지 않은 규범들에 의해서 해석되는 것이 되고, 이렇게 되면 기본법의 44

147) BVerfGE 111, 307(318).

148) 이 문제점 및 논란이 되는 단계문제에 관해서는 Steinberger, Allgemeine Regeln des Völkerrechts, HStR VII, 1992, §173 Rn 57(61); Ch. König, in: v. Mangodt/Klein/Starck, GG(LitVerz.), 2000, Art. 25 Rn 50(55); Streinz, in: Sachs, GG(LitVerz.), 2003, Art. 25 Rn 85(89); Hillgruber(각주 141), S. 124ff.

149) Vgl. BVerfGE 37, 271(280ff.); 73, 339(375ff.); 89, 155(174f.); 113, 273(292ff.); 123, 267(340ff.).

확고한 토대가 되어야 하는 인간존엄성의 조항이 너무 유연해지는 결과가 초래된다. 국제법의 준용은 내용의 수준을 모든 문화권의 국가들에 공통된 표준으로 저하시킨다.[150] 국제법을 준거로 하는 것은 자연법을 준거로 하는 것이 추구하였던 것과는 정반대로 작용한다.[151] 자연법의 준거는 헌법의 실정법적 보장에 좀 더 강력한 토대를 제공해주고, 그 내용을 좀 더 상세하게 규정하고 확고하게 하며, 정치의 변덕으로부터 그것을 보호한다. 반면에 국제법의 준거는 그 보장의 근거를 뿌리째 뽑고, 그것을 불안정한 국제적인 발전에 맡겨진 것으로 만들어서 결국 기본법 제79조 제3항의 "영구보장"을 파기한다. 자연법의 주장은 인간존엄성의 절대성을 뒷받침하고, 국제법 및 비교법적 주장은 상대화를 조장한다.[152]

---

150) Bd. Ⅱ: Isensee, §26 Rn 90f. Vgl. Hillgruber(각주 141), S. 133.

151) Herdegen(각주 102, S. 102; 각주 115, S. 144)은 자신의 논제를 철학적으로 윤색하려는 의도로 '자연법은 국제법의 원칙들 속에서 모두 포괄된다'는 Schopenhauer의 말을 인용하였는데, 이는 오해에서 비롯된 것이다. Schopenhauer는 (자연)법에서 출발하기는 하지만, 그에게 (자연)법은 국가에 선재하는 것인 동시에 국가에 의해 보호되는 것으로, 말하자면 국가의 보호가 없는 국제법은 국가 간의 교류에 있어서 "인간성의 명예문제"(Ehrensache der Menschheit)로서 상당한 정도의 도덕성의 양식으로 존재하는 것으로 파악된다. 강제가 결여된 자연법은 국제법에서 법적인 적용영역을 갖게 되는바, 국제법의 경우 법관과 집행관이 없지만, "좀 더 강력한 자식", 즉 실정법이 관장하기 때문이다. Arthur Schopnehauer, Die Welt als Wille und Vorstellung, 1819, in: ders., Sämtliche Werke, Großherzog Wilhelm Ernst-Ausgabe, Ⅱ, Bd., O. J.,̇ S. 1400. 국제법이 자연법의 양식으로 나타나는 것은 특수한 내용의 특성 때문이 아니라 그 실정성 및 국가 간에 관계의 자연적인 지위에 따른 집행가능성의 흠결 때문이다. 따라서 국제법이 폭넓게 실정화됨에 따라 국제법이 자연법의 "약한 아들"로서 그 유산을 상속하고 헌법 속에서 국가를 가르칠 수 있게 되었다는 점에 대한 근거가 국제법의 자연법적 형태로부터 도출될 수는 없다.

152) Herdegen은 무엇보다도 상황과 연계된 평가, 즉 비교법과 국제법적 표준에 의해 본질적인 판단의 준거를 제공하는 총체적인 평가 속에서 인간의 존엄성을 상대화하고, 상대화의 결과에도 불구하고 최종적으로는 절대적인 효력을 요구하는 식으로 문제해결을 시도함으로써 이러한 상대화에 따른

C. 인간존엄성의 선법적인 본질

I. 선이해

1. 존엄의 기술하기 어려운 특성

괴테(Goethe)의 파우스트에 "존엄한 것은 기술(記述)되지 않는다"라는 말이 있다.[153] 기본법의 인간존엄성 규정은 그 좋은 예이다. 헌법제정자는 그것을 "해석되지 아니한 명제"[154]로 계수하였고, 스스로 그것을 해석하지도 않았다. 기본법 제정 이래 헌법해석자들은 그에 대해서 해석론을 제공하고, 그 의미의 전범을 설계하는 작업에 매달려 왔다. 하지만 지난 수십년 간 수많은 해석론이 제시되고, 그 속에서 구체적인 요청과 금지들이 설정되어 왔음에도 불구하고 오늘날까지 인간존엄성의 내용은 일반적으로 최종적으로 특정되지 못하였다. 전혀 일관되지 못한 해석론이 집적되어 있을 뿐이다. 실정법적 속성에도 불구하고 이 헌법체제의 최고가치는 다른 헌법가치들과 헌법명제들의 한 가운데 자리 잡고 있는 표석(漂石)같은 것으로 여겨진다. 기본법의 기초자들이 출발점으로 삼았던 초실증적인 유래는[155] 아마도 바로 이러한 다른 것으로서의 존재가능성을 드러내는 것일지 모른다. 45

"존엄한 것은 기술되지 않는다": 존엄은 고정과 측량이 불가 46

결과와 다른 입장을 추구한다(각주 102, S. 109). 상이한 법차원들의 관계를 위계질서가 없는 "구름의 질서"로 규정하는 법이론적 시도로는 Anne Peters, Rechtsordnung und Konstitutionalisierung, ZöR 65(2010), S. 3ff.

153) Johann Wolfgang von Göthe, Faust, Der Tragödie zweiter Teil, Vers 5562.

154) 앞의 단락 7.

155) 앞의 단락 19ff.

능한 광채이다. 이는 빛을 방사하고 또한 개념적으로 획정될 수 없는 (신격자가 하계에 내려올 때 띠는: 역자 부기) 광륜(Nimbus; 廣輪)을 둘러싸고 있는 것이다. 존엄성을 기술하는 것은 존엄성을 잃게 만든다. 정의(定義)는 그 대상을 처분가능한 것으로 만든다. 존엄성은 그 담지자의 처분이든, 아니면 타인의 처분이든 처분과는 거리를 두려고 한다. 인간의 존엄성이 정의(定義)의 시도보다는 경외의 수사의 대상이 되곤 하는 것도 바로 이 때문이다. 도대체 인간의 존엄성이 무엇인지 그 내용을 확정하여 말하는 것보다 최고의 규범적 효력을 맹세하는 것이 더 쉬운 것이기는 하다. 그러나 존엄성의 표현양식에 매혹성을 더해주는 개념상의 축제적인 불확정성은 그것을 해석해야 하는 법률가들에게는 골칫거리로 주어진다. 대중에게는 분명한 것이 법률가들에게는 애매하다. 철학자나 신학자들은 포기하라고, 즉 이해할 수 없는 것을 이해하려고 하지 말고 인간존엄성에 대해서 침묵하라고 충고할 수 있을 것이다. 존엄성의 주제에 대하여 말을 삼가고, 말로써 정의하려고 하지 말라고 할 수 있을 것이다. 침묵 속에서라면 말 속에서는 다소간에 대립되고 충돌되는 모든 것들이 통일될 수 있을 것이다. 인간의 존엄성은 어떤 해명자도 접근해서는 아니 되는 법질서의 타부이고 또한 모든 사람들이 경외심을 갖고 보호해야 하며, 법학적 해석의 기교적인 접근에 대해서조차 불가촉의 비밀로 남겨져야 한다는 입장이다. 인간의 존엄성에 대한 정의를 허용되지 않는 것으로 선언하는 주장도 같은 맥락에서이다.[156] 하지만 이러한 주장은 용인될

156) 이러한 의미에서 Wolfram Höfling, Offene Grundrechtsinterpretation, 1987, S. 104ff. Forsthoff에 따르면 인간존엄성의 개념은 포섭과는 거리가 멀다(Rezension, in: Der Staat 8, 1969, S. 523, 524). Vgl. Nettesheim, Die Garantie der Menschenwürde zwischen metaphisischer Überhöhung und blossen Abwägungstopos, AöR 130(2005), S. 71(77ff.). 반면에 Nipperdey에 따르면 인간존엄성의 개념은 전혀 법적인 정의를 필요로 하지 않는다(GR Ⅱ, S. 1). Jan Phillip Schaefer에 따르면

수 없다. 법률가는 정의할 수 없는 것은 적용할 수도 없다. 정의의 금지는 규범에 대해서 원천적으로 실효성의 기회를 배제하는 것이다.[157] 해석될 수 없는 규범은 한낱 종이에 불과하다. 해석을 통해 사회적인 생명은 가질 수 있을 것이다. 칸트식으로 표현하건대, 그 자체로서 규범은 존재하지 않는다. 수신인이 자신의 포착능력에 따라 이해하는 바로서 규범이 있을 뿐이다. 불가촉이라는 것이 인간존엄성에 대한 법학적 해석의 기능성을 배척하는 것이라고 한다면, 인간의 존엄성은 법적 적용을 기대할 수 없을 것이고 또한 국가권력은 헌법에 의거하여 자신이 수호해야만 할 대상을 잃게 될 것이다. 그렇게 되면 결국 인간의 존엄성은 정치적인 수사와 시민종교적인 믿음의 대상으로 남게 될 뿐이다. 이러한 맥락에서 난문이 주어지는바, 말하자면 존엄성의 선법적인 개념은 교과서적으로 정의될 수 없는데, 법개념으로서 존엄은 정의를 필요로 한다는 문제이다. 하지만 그렇다고 해서 인간의 존엄성이 단 하나의 정의로 완전히 포섭될 수 있다는 것은 아니다. 또한 포괄적인 정의가 가능하다고 하더라도 그 자체에서 법실무상 어떤 효용성도 갖지 못하는 고도의 추상적인 범주보다 더 추상적일 것이다.[158]

이러한 딜레마는 인간의 존엄성은 하나의 백지형식일 뿐이라 47
는 비난을 불러일으켰다.[159] 쇼펜하우어(Schopenhauer)는 일찌감치

존엄성에 대한 파악은 원칙적으로 그 어떤 것이든 “헌법적으로 유효”하다. Das Individium als Grund und Grenze deutscher Staatlichkeit, in: AöR 135(2010), S. 404(429f.).

157) 이에 관한 적확한 입장은 Hörnle, Menschenwürde als Freiheit von Demütigungen, ZRph 2008, S. 41ff. 개관으로는 Josef Isensee, Wer definiert die Freiheitsrechte?, 1980. 상세한 토론은 Stefen Muckel, Religiöse Freiheit und staatliche Letztentscheidung, 1997, S. 27ff. (Nachweise).

158) 상세한 내용은 뒤의 단락 161.

159) 다양하고 모순적인 언어사용으로 인해서 “인간의 존엄성”은 “다른 개념들과 함께 일종의 백지형식”이 되었다. 상세한 개념사적 기술에 대한 요약은

칸트 윤리학의 존엄의 개념을 비난하였다: “독자들이 그런 존엄에 매혹되어 있고 그에 만족하는 것을 신중하게 계산하여서, ‘인간의 존엄성’이라는 외경스러운 표현 뒤에 도덕의 현실적인 또는 어떤 의미심장한 기반의 상실을 숨기려는 경솔하고 당혹한 모든 도덕주의자들의 캐캐묵은 말이 존엄이란 개념일 뿐이다.”[160] 기본법상 인간의 존엄성이 임의적인 해석에 개방된 채 맡겨져 있는 것이라고 한다면 이러한 비난은 적확할 것이다. 사회의 개방적인 대화 속에서 각각 자신의 옳음을 주장하는, 존엄성에 대한 상이한 관념들은 서로 경쟁하고 충돌한다. 다원적인 사회는 인식의 목표에 대하여 많은 길을 내고 있다. 하지만 사안 자체가 다원적인 것은 아니다. 다원사회가 통일을 위하여 발견하는 공동의 법이 다원적인 것일 뿐이다. 법규범으로서 인간존엄성의 보장은 의미의 동일성을 토대로 한다. 이러한 조건하에서만 인간존엄성의 보장은 모든 사람들에 대하여 동일한 효력을 가질 수 있게 된다. 그 의미해석이 바뀌면서 상충되고 또한 그것이 어떤 내용이든 단순한 소망을 담아내는 화면에 불과한 것이라면 인간의 존엄성은 국가의 결정들에 대하여 아무런 척도를 제공하지 못할 것이다. 존엄의 개념은 상당한 정도로 개방적이기는 하지만, 공허하지는 않다. 개념이 어렵게 파

Poesch/Kondylis, Würde, in: Otto Brunner/Werner Conze/Reinhart Koselleck(Hg.), Geschichtliche Grundbegriffe, Bd. 7, 1992, S. 637(677). 같은 결론으로는 Hoerster, Zur Bedeutung des Prinzips der Menschenwürde, in: JuS 1983, S. 93(95,96). Franz Josef Wetz, Die Würde des Menschen ist unantastbar, 1998, S. 94ff.(“일종의 환상”); Volkmann, Nachricht vom Ende der Gewißheit, in: FAZ v. 24.11.2003, Nr. 273, S. 4(Zweifel an Inhalt und Sinn des Art. 1 Abs. 1 GG). 이에 대한 비판은 Höffling(각주 156), S. 108ff.; Starck, in: v. Mangodt/Klein/ders., GG(LitVerz.), Art. 1 Abs. 1 Rn 1.

160) Arthur Schopenhauer, Über das Fundament der Moral(1840), in: ders., Sämtliche Weke (Grossherzog Wilhelm Ernst Ausgabe), 3. Bd. o. J. S. 493(558).

악될 수밖에 없다는 것이 그것을 포기할 이유가 되는 것은 아니다. 원래 실천이성은 스스로 도출될 수 없고 또한 그 내용을 기술할 수 없는 많은 상위개념들을 갖고 씨름하는 것이다.

2. 일상용어적 그리고 문학적 어의 속에서 “존엄성”

“존엄”은 문학적인 말인 동시에 일상용어로서 흔히 쓰이는 단 48
어이다.[161] 언어사용은, 적어도 일상용어의 경우에는 깊은 사유 속에서 진행되지 아니하고 또한 그 함의나 정의들에 대하여 신경을 쓰지 않는다. 그럼에도 불구하고 의사소통에 필수불가결한 공동의 의미이해는 전제된다. 말은 상이한 관계들 속에서 표현된다. 종교적인 것일 수도 있고, 도덕적인 것일 수도 있고 또는 사회적, 심미적 가치의 폭이 관건이 될 수도 있고, 아니면 그 유래나 지위 또는 성과나 공적 등을 근거로 한 것일 수도 있겠지만, 아무튼 존엄은 항상 하위의 것들에 비해 더 높은 등급을 표시한다. 등급은 존중과 연관된다. 일반적인 언어이해 속에서 존엄은 요구되는 등급의 존중으로서 규정될 수 있다.

말 사용의 유형은 다음 네 가지로 구별될 수 있다:

1. 사람, 제도 또는 사안의 속성이나 등급으로서
2. 존엄의 속성에 적합한 외적 관계로서
3. 타인의 의무 및 존엄성 담지자의 의무의 토대로서
4. 존엄성 담지자의 주관적인 이행의무로서

161) 일반적인 용례에 대해서는 Merten(각주 46), S. 124f. 문학적인 사용례에 관해서는 Grossmann, Würde, in: Joachim Ritter u.a., Historisches Wörterbuch der Philosophie, Bd. 12, 2004, Sp. 1088ff. Vgl. auch Schaede, Würde – eine ideengeschichtliche Annäherung aus theologischer Perspektive, in: Bahr/Heinig(각주 79), S. 7ff.

49 1번 유형에 대하여: 존엄성은 사람에게 또는 피조물,[162] 개개인 또는 인류 전체에게, 사회적 집단이나 계층(귀족, 전사, 고위공직자) 등에게 속성 또는 등급으로서 인정된다. 인간이나 제도 또는 국가[163] · 의회 · 법원의 존엄, 공직의 존엄, 더 나아가서는 노인에 대해서도 존엄성을 말한다. 종교의 영역에서는 성소(신의 집)의 존엄성을, 또한 성스러운 행위(예배)의 존엄성을 말한다. 존엄성은 그 대상의 정신적인 크기를 전제로 한다. 키케로(Cicero)는 법률학의 좀스러운 속성 때문에 그 위엄을 부정할 수 있는 것으로 믿었다.[164] "존엄성"이 인정되는 사람은 통상적인 것의 차원을 넘어서고, 탁월하며 또한 다른 사람들과 분명하게 구별된다: 하위계층에 앞서는 고위계층, 일반적인 시민의 지위에 앞서는 관직, 젊은이에 앞서는 노인, 이성이 결여된 피조물에 앞서는 인간. 존엄성은 고등의 동기를 포함한다. 인간에게 인정되는 존엄성은 자기 자신에 대한 것이 아니라, 그것을 존중해야만 하는 타인과의 관계에서 의미를 갖는다. 인간의 존엄성은 사회적 존중의 대상인 동시에 그 토대이다. 따라서 인간의 존엄성은 사회적 존중의 결과는 아니다. 그에 앞서 존재한다. 존중에 대한 요구를 포함한다. 어떤 사람이든, 제도이든 스스로 존엄을 부여할 수는 없다. 이러한 객관적인 의미

---

162) 스위스 헌법(1999) 제120조 제2항 제2절. 이에 관해 상세한 것은 Peter Saladin, Die Kunst der Verfassungserneuerung, 1998, S. 291f.

163) Karl Josef Partsch, Von der Würde des Staates, 1967; Dimitris Th. Tsatsos, Von der Würde des Staates zur Glaubwürdigkeit der Politik, 1987; Merten(각주 46), S. 123ff. 국가의 초개인적인 위엄에 대한 철학적인 논증은 Carl Schmitt, Der Wert des Staates und die Bedeutung des Einzelnen, 1917, S. 84f.

164) "Primum dignitas in tam tenui scientia non potest esse; res enim sunt parvae, prope in singulis litteris atque interpuntionibus verborum occupatae. Deinde, etiam si quid apud maiores nostros fuit in isto studio admirationis, id enuntiatis verstris mysteriis totum est contemptum et abiectum."(Pro Murena oratio, 25).

의 존엄성은 자연적인, 사회적인 생존의 필수성의 수준을 넘어서고, 그만큼 "고귀한 것"이다. 존엄성은 어떤 목적에 봉사하지 않는다. 개인이 자신의 사회적 역할 속에서 또는 한 기관이 수행해야만 하는 기능의 피안에서만 가능하다. 공직의 존엄성 또한 그것이 기여해야 하는 합목적적인 기능의 피안에서 파악된다. 말하자면 존엄성은 비용-편익 계산과 친하지 않다. 존엄은 값이 없다. "값을 갖는 것은 그 자리에 그에 상응하는 다른 어떤 것에 의해 대체될 수도 있다: 반면에 존엄성을 갖는 것은 모든 값을 넘어서는 고귀한 것, 즉 상응하는 것을 허용하지 않는다."[165]

2번 유형에 대하여: 헌법이 명시적으로 규정한 바 있는 "인간 50
다운 생존"은[166] 인간이 인간다운 생활을 할 수 있는 외적 상황들, 즉 생존의 경제적 조건들, "인간다운 최저수준의 생존,"[167] 더 나아가서는 "인간다운 죽음"과도 연관된다. 이러한 의미에서 "인간다운"이라는 형용사는 인간존엄성의 속성에 상응하는 수준을 표현한다. 여기에서 속성 그 자체는 소여로 주어진다. 구체적인 정황들이 지향의 준거로 삼아야만 하는 토대이고 척도를 형성한다. 그렇기 때문에 '인간다운'의 의미는 부속적인 형용으로 이해된다. 인간의 존엄성의 속성은 조직될 수 없다. 조직될 수 있는 것은 존엄성이 발현될 수 있는 외적인 조건들뿐이다.

3번 유형에 대하여: 한 사람의 인간의 존엄성은 다른 사람에 51
의해 존중되어야만 한다. 국가공동체는 인간의 존엄성에 대한 경시를 막아야만 하고, 스스로 존중해야 할 의무를 진다(기본법 제1조 제1항 2문). 자기존중의 윤리적, 법적 의무, 그리고 자기비하의 금

165) Immanuel Kant, Grundlegung zur Metaphisik der Sitten, 1785, BA 77(in: ders., Werke, Weischedel- Ausgabe, Bd. Ⅳ, 1966, S. 68).
166) Vgl. Art. 151 Abs. 1 Satz 1 WRV. 앞의 단락 10의 각주 28.
167) BVerfGE 82, 60(85); 99, 246(259).

지가 인정되는지, 인정된다면 어떤 범위에서 인정되는가 하는 것이 문제로 남을 뿐이다. 특정한 이상적인 지침에 합당하게 '…답게', 예컨대 가족답게, 사회적인 지위와 출신에 맞게, 공직에 맞게 행동하는 것들에 대한 기대들은 인간존엄성과 관련된 논의 밖의 문제이다. 로마의 공화주의적 공직윤리에서는 공직자의 주관적인 행태의무가 공직의 객관적인 존엄성으로부터 도출되는바, 진정한 국가법적 범주에 속하는 공직은 일종의 도덕적인 차원의 문제이다.[168] 독일의 현행 공무원법은 국가공무원에게 존중받을 만한 품격 있는 행태의 의무를 규정하고 있는바, 직무와 관련해서는 물론이고, 직무 외의 영역에서도 그 공직의 소명이 요구하는 존중과 신뢰에 합당하게 처신하고 또한 공행정의 신망을 해칠 수 있는 부업을 삼가해야 하는 의무가 그것이다.[169]

52 4번 유형에 대하여: 인간의 객관적인 속성으로서 존엄성의 의미에 대한 이해와, 개개인의 주관적인 이행의무로서 존엄성의 이해는 상반된 관점에서 파악된다. 후자의 의미에서 존엄성은 태연함, 그리고 비참한 사정을 초월하는 정신적 고결성, (존엄성을 유지하면서 불가피한 것을 견디어 나가는) 불행한 운명에도 불구하고 태도의 의연함, 감정의 충동에도 불구하고 의례를 지켜나가는 것, 굳건하게 정해진 대로 존경받을 만한 행동을 하는 것(장중함), 주관적인 번민에 고통스러워하는 동료 인간에 대한 염려 등으로 여겨진다. 이러한 종류의 존엄에서는 선의만으로는 충분하지 않다. 오히려 관건은 그 성과이다. 이 범주에서는 존엄성을 "성공한 자기표현"으로 파악하는 체계이론적 해석이 타당하다.[170] 그러나 정의로서 이러한 공식은 소용없다. 마네킹이나 세계챔피언 권투선수

168) 이에 관해서는 Pöschl/Kondylis(각주 159), S. 639.

169) §§61 Abs. 1 Satz 3, 99 Abs. 2 Satz 2 Nr. 6 BBG.

170) Niklas Luhmann, Grundrechte als Institution, 1999, S. 64ff.

또는 디스크 자키의 성공한 자기표현은 각각 다른 어떤 것을 제공하는 것이지, 존엄과는 거리가 먼 것이다. 존엄성은 그 표현자 속에, 예컨대 공직의 존엄이나 노인의 존엄성 등과 같이 속성이나 요구로 선재되어 있는 경우에만 가시적인 것이 될 수 있다. 키케로는 존엄을 그렇게 이해하였다. 그에 따르면 존엄성은 인정받으려는 요구에서 생기는 정치적 행위의 산물이다. 존엄은 정욕을 다스리고 올바른 척도를 지켜나갈 것을 요구한다.[171] 말을 하는 사람은 자신의 존엄성에 합당하게 품격을 갖추고 말해야만 한다.[172] 쉴러(Schiller)는 이러한 이상을 새롭게 강조하는바, 그에게 존엄성은 숭고한 사고의 표현이다: "정신의 자유는 도덕의 힘으로 감정적 충동을 제어하는 것이다. 존엄성은 그것이 외부적으로 표현된 것이다."[173] 개개인의 행동 속에 토대를 갖는 존엄성은 각각의 행동의 수준과 그 성과의 정도에 따라 측량된다. 다만 그 성공은 보장되는 것이 아니다. 이러한 종류의 존엄성은 빗나가거나 실패에 빠지고 상실될 수도 있다.[174] 이들은 일종의 개별적인 크기를 갖는바, 그것은 사람들의 특수성과 속성 및 현실 속에서 상이하게 발전되는 인격의 불균등성의 표현이다. 하지만 이 모든 것들은 기본

---

171) Marcus Tullius Cicero, De officiis, I, 39(139, 141).

172) Marcus Tullius Cicero, De oratore I, 142: "agere cum dignitate et venustate."

173) Friedrich Schiller, Über Anmut und Würde (1973), in: ders., Theoretische Schriften, 1992, S. 330(373, 378).

174) Karl Kraus의 풍자의 주제 "인간의 존엄성"(in: ders., Hg. Die Fackel Nr. 251-52, v. 28.4.1908, S. 30, 33): "존엄성은 한 사람이 무엇인가에 관한 조건적인 형식이다. 그러나 존엄성이 없다면 존엄성의 흠결성도 없다. 존엄성은 하품하는 사람에게 자극을 준다. 하품하는 사람이 있는 곳에서 교통은 정체된다. 인간존엄성의 극복은 진보의 전제조건이다. 모든 상황 속에서 나는 존엄성을 보았다. 그것은 자신이 주목되고 있지 않다고 믿지만, 웨이터가 손님이 식탁 위에 남겨 놓은 팁 앞에서 허리를 구부리면서 '대단히 감사합니다'라고 말하는 것과 같이 나는 보았다...".

법이 보장하는 인간의 존엄성과는 관계가 없다.

3. 기본법 제1조 제1항의 해석을 위한 결론들

53 존엄성은 인간과 연관되면서 특수한 내용을 갖게 된다. 기본법 제1조 제1항에 따라 인간에게 부여되는 존엄성은 법체계 내에서 특정한 지위를 표시하는바, 이에는 존엄성에 대한 존중요구도 포함된다. 역사적인 기원에 따르면 귀족과 관료들, 말하자면 상위의 신분과 우선되는 법적 지위를 갖는 집단에게만 인정되었던 존엄성이 이제는 오로지 인간의 종에 속한다는 단 하나의 이유만으로 모든 사람들에게 인정되게 된 것이다. 말하자면 개인적인 속성이나 공과에 따른 등급의 구분은 배제된 것이다. 존엄성은 누구에게나 똑같은 양식, 똑같은 정도로 부여된다. 연령이나, 성, 인종, 그리고 국적이나 사회적 계층, 사회적인 신망 등에 따라 구별되지 아니한다. 존엄성은 인간종을 하나의 윤리적인 통일체로 형성한다.

54 하지만 아무런 전제조건 없이 모든 사람들에게 존엄성이 귀속되어야 한다면, 존엄성이 그 명성을 유지하려고 하는 경우 모든 관계들 속에서 귀족적인 품격의 요소를 보전해야만 하는 존엄성에서 무엇이 여전히 남아 있는가 하는 문제가 제기된다: 말하자면 저급한 것을 넘어서는 고귀한 것, 평민을 넘어서는 귀족적인 것, 일반적인 것을 넘어서는 범상치 않은 것 등이 그것이다. 하지만 평등화된 존엄성도 일종의 고결성을 구체화한 것이다: 비인격적 자연에 대한 인간종의 우위, 모든 목적과 기능들에 대한 인간의 인격의 우위가 그것이다. 인간의 존엄성은 하나의 값을 갖는 모든 사물에 대하여 우위에 있다. 국가의 가치체계 속에서 그 가치는 여타의 모든 가치들에 우선된다. 인간의 존엄성은 국가의 존엄성, 공직자의 존엄성, 기타 제도의 존엄성은 물론이고, 모든 피조물의 어떤 존엄성도 넘어서는 우선성을 요구한다. 국가는 자신이 수호

해야만 하는 인간의 존엄성에 봉사하기 위해 존재한다. 개인들은 평등한 인간, 그리고 불가침의 존엄성의 담지자로서 서로 존중해야만 한다. 누구도 다른 사람의 인격을 경시하고 멸시하면 아니 된다.

Ⅱ. 이념의 생성과 발전

1. 헌법적인 존엄 이해의 법외의 원천

인간존엄성이라는 말과 그 내용은 헌법제정자가 고안해낸 것 55
은 아니고, 서양사상의 창고 속에 찾아낸 것이다. 헌법제정자는 창고에서 찾아내서, 완전히 그 전체를 남김없이 담아낸 것은 아닐지라도 어의학와 함께 그 내용을 독자적인 것으로 만든 것이다. 찾아낸 실체는 매우 종교적, 철학적, 문화적인 양식이었다. 하지만 이 점이 헌법적 수용의 가능성에 대하여 원천적으로 부정적이었다는 것을 말해주는 것은 아니다. 수많은 법외의 사상의 영향을 받으면서 스스로 변화되기는 하였으나, 그렇다고 해서 인간의 존엄성과 관련된 모든 역사적인 언설들과 참신한 모든 문학적인 표현들이 법적으로 연관된다는 것도 아니다.[175] 관건은 오히려 이러한 언설들이 기본법의 모태인 전통을 표상하는 것인지 또는 어느 정도로 표상하는 것인가의 문제이다. 이 문제와 관련해서 중요한 것은 용어사용이 아니라 그 내용임은 물론이다.[176]

인간존엄성의 이념은 유태-기독교의 문화영역에서 발원되었 56

---

175) 인본주의자인 Giovanni Pico della Mirandola의 에세이인 “De hominis dignitate”(1946)는 오랫동안 잊혀졌었지만 오늘날 새롭게 조명되면서 경배되고 있다. 영향사적으로 볼 때 과거에는 전혀 갖고 있지 못하였던 원본성과 참고가치를 인정받고 있다.

176) 단어 및 개념사에 대해서는 Pöschl/Kondylis(각주 159), S. 637ff.; Grossmann(각주 161), Sp. 1088ff.; Schaede(각주 161), S. 12ff.

고, 그 속에서 결정적인 영향을 받으면서 발전되었다.[177] 이는 우연이 아닌바, 이 이념은 압도적으로 유태-기독교의 유전자를 갖고 있다. 그 내용과 정초 자체가 시원적으로 종교적이다. 그 발전의 과정 속에서도 기독교의 신성에 대한 이해는 로마 및 스토아의 숭고함과 연계된다. 르네상스시대의 인본주의와 계몽시대의 인본철학이 추구한 것도 존엄성의 정신적 토대를 구축하고, 기독교적 교설을 철학적 교훈으로 전환하여 그것을 현대적인 인권으로 연결해 내는 것이었다. 헌법적 이해 속에서 인간존엄성의 이념이 그 종교적인 유래에서 벗어났다고 하더라도 그 유전적 규정성은 부인될 수 없다.

57 다만 그렇다고 해서 기본법이 그것을 구체화한 유태교의 전통과 함께 역사적으로 필연적이었던 기독교성에 의해 인간존엄성의 이념을 완전히 규정하였다고 할 수는 없다. 역사의 과정 속에서 기본법을 분만시킨 다양한 영향들을 고려하면 그것은 여럿 중의 하나일 뿐이고, 라틴 유럽의 영역에 국한되는 것이다. 또한 여기에서 중요한 것은 차안의 세계가 아닌 신의 왕국과 관련된 기독교적 복음의 의미가 아니라, 본래의 메시지를 스스로 받아들인 부수적인 결과이다. '신의 모습을 닮은 인간' 및 인간존엄성에 관한 교의의 종교사적 의도는 기독교에 의하여 규정된 경로를 벗어나서 후에 간접적으로 계승된 사회사적 결과들과 구별되어야 한다.

2. 신의 모습을 닮은 인간(Ebenbild Gottes) – 예수의 모습을 닮은 인간(Ebenbild Christi)

58 구약 이래 인류사적으로 근원적인 질문은 신을 향한 것이다:

177) Dassmann, Menschenrechte und Menschenwürde in frühchristlicher Zeit, in: Jahrbuch für Biblische Theologie, Bd. 15, Menschenwürde, 2000, S. 151ff. Bd. Ⅵ/Ⅰ: Freiherr v. Campenhausen, Grundrechte als europäische Stellung, §136 Rn 28ff., 33ff.

"당신이 생각하시는 인간은 무엇인가, 그리고 당신이 긍휼히 여기시는 어린 인간은 무엇인가?"[178] 신은 모든 피조물 중에 유일한 것으로 인간을 자신과 똑같은 모습으로 창조하였다.[179] 인간은 신의 봉토로 주어지는 모든 창조물에 대한 지배권을 부여받았다. 인간은 다른 모든 생물보다 우위에 있고, 신성에 근접해 있다. "당신은 인간을 신보다 저열한 것으로 만드시지 않았고, 인간에게 명예와 위엄을 부여하였다. 당신은 인간을 모든 피조물에 대한 지배자로 만드셨고 모든 것을 그들에게 복속시켰다."[180] 여기에서 인간의 신과 닮은 모습은 신으로부터 관찰되고, 신에 대한 우러름에 의해 결정된다. 이는 순수한 종교적인 진술일 뿐이다. 인간 상호간의 행태에 대한 윤리적인 진술이 아니며 특히 정치적인 것이 아님은 물론이다. 요컨대, 이러한 신의 모습을 닮았다는 계시로부터 현대의 인간존엄성 및 인권의 이해에 대한 결론들이 직접 인출될 수는 없다.[181]

이는 창세기의 노아의 방주에 나오는 살해금지의 논거에 대해 59
서도 해당한다. "사람을 살해한 자는 사람에 의해서도 살해되어야 한다. 신은 인간을 자신의 모습으로 만드셨기 때문이다."[182] 동료 인간의 생명은 그 자체를 위하여 불가촉인 것이 아니라, 인간의 형상과 같은 신을 위하여 그런 것이다. 살인자는 인간 속의 신의

178) Ps 8, 5.

179) Gen 1, 27. Neutestamentarisch: Eph 4, 24; Jak 3, 9. Thomas와 Luther에 대한 신학적 해석에 관해서는 Schockenhoff(각주 10), S. 481(493, 501ff.). 오늘날의 시각은 Hans-Christoph Schmitt, Der Mensch als Ebenbild Gottes, in: Henning Kößler(Hg.), Die Würde des Menschen, 1998, S. 13ff.

180) Ps 8, 6-7.

181) 단락(短絡)형식의 추론에 대한 해석학적 비판으로는 Klaus Berger, Die Wahrheit ist Partei, 2007, S. 149ff.

182) Gen 9, 6. 이에 관해서는 C. Westermann, in: Siegfried Hermann(Hg.), Biblischer Kommentar, Bd. I, 1, 1976, S. 625f.

초상을 파괴한 것이고, 살인은 신을 거역하는 것이다. 따라서 살인은 신의 지배권을 침해하는 것인바, 신의 모습을 닮은 인간을 살해하는 것은 신성모독의 범죄가 된다. 이에 대한 형벌은 신성모독에 대한 벌, 즉 죽음과 동일한 것일 수 있다. 살인자는 자신의 행위를 통해 고유한 신의 형상을 파괴한 것이기도 하고, 그것을 통해 신의 창조행위에 의해 자신에게 부여된 존엄성을 포기한 것이라는 것이 노아의 명령 속에 분명하게 전제되어 있다. 인간과 신 사이의 수직적인 관계에서 요구되는 것은 인간 상호간의 수평적인 관계에 대한 반사적 결과로 영향을 준다. 인간에게 저급한 피조물에 대한 처분권이 주어지지만, 동일한 등급의 존재에 대해서는 그렇지 아니하다.

60 인격체로서 인간의 도덕적 지위와 함께 법적 지위의 핵심은 신과 똑같은 모습의 인간에 대한 처분불가능성에 있다. 신학적인 성경해석에서 당연히 의문이 없지 않은 바는 창세기의 문언상의 의미가 수천년에 걸쳐 진행되어 온 해석들과 일치되는 것인지 또한 그로부터 도출된 내용상의 확대와 부합되는 것인가 하는 것이다. 하지만 본래 의미에 대한 해석적 재구성은(그렇게 되어 온 것으로 상정되는) 그 영향의 역사를 과거로 회귀시키는 것은 아니다.[183] 신과 똑같은 형상으로 사람을 상정하는 관념은 인간의 자의식을 지속적으로 규정하여 왔고 또한 이 자의식 속에서 창조적으로 발전되어 왔다. 성상(聖像) 이해의 역사는 인간 자의식의 역사의 본질적인 부분이다. 신과 똑같은 모습의 속성, 즉 다른 모든 피조물보다 우위에 있는 속성은 인간존엄성에 관한 제1의 가장 근본적인 결정이다. 교부(敎父)신학에서 창세기의 동일 형상의 비유는 제왕의 존엄성과 유사한 것으로 이해된다. 성령은 왕이 다스리는 것과 마찬가지로 독자적인 결단으로 자신의 권세를 확보하는 독립성과

183) Berger의 비판은 이 점을 오해하고 있다. 각주 181, S. 149ff.

독자성 속에서 저급한 하위계층과 구별되는 자신의 탁월한 제왕적 본질을 제시한다. 다른 모든 존재에 대한 지배를 위해 구성된 인간의 본질은 모든 것들의 왕과의 유사성을 통해 그리스도의 원상과 존엄성 및 이름까지도 공유하는 살아 있는 형상으로 나타난다.[184]

이교도들은 소와 양들을 공물로 바치는 제례를 통해서 속죄를 61
시도하였다. 허나 "온 누리와 그 위에 살아 있는 모든 것은 이미 신에게 속하기 때문에 그것은 무용한 노력일 뿐"이라고 찬송가 작곡가는 단정한다.[185] 하지만 원천적으로 존재하지 않는 것과 인간이 신에게 제공할 수 있는 것은 일종의 자유의 행위이다: 말하자면 인간이 스스로를 창조주에게 귀속시키는 우러름이다. "모든 것이 신에 속한다, 그러나 인간에게는 '예'와 '아니오', 즉 사랑과 거부의 자유가 부여되어 있다; 사랑에 대한 자유로운 '예'의 답은 신이 기대하는 유일한 것이다. 숭배와 오직 의미를 가질 수 있는 '희생'이 그것이다."[186] 마가복음에 다음과 같은 질문이 있다. "인간은 어떤 것과 자신의 성령, 즉 인격체로서 자신을 교환할 수 있는가?"[187] 아무리 값비싼 것이라 할지라도 세속의 그 어떤 재화로도 인간을 보상하거나 대체할 수는 없다. 인간은 값이 아니라 존엄성을 갖고 있다는 것이 1800년 후에 세속의 맥락에서 언명된 대답이다. 인간은 피조물 중에서 자신의 생물학적 본성에 의해서 완전히

184) Gregor von Nyssa, De hominis opificio, cap. Ⅳ: "Quod dominum neminem agnoscit, et suo ex arbtrio agit omnia... Nam cui tandem hoc convenit, si non regi? ... Ita et hominis natura, sic condita ut reliquorum creatorum domina esset, propter eam, qua regem unversitatis huius refert, similitudinem, imago quasi viva erecta est, cum qua et dignitas et nomen archetypi communicaretur".

185) Ps. 50, 9-15.

186) Joseph Ratzinger, Einführung in das Christentum, 2005, S. 268 - Exegese des Hebräerbriefes.

187) Mk 8, 37.

규정되지 않는 유일한 존재이다. 신의 뜻을 따를 것인지, 거스를 것인지는 인간에 맡겨져 있다. 인간의 양심은 자신의 독자적인 책임의 표현일 수도 있고, 아니면 종교적-윤리적 지침일 수도 있다.

62 존엄성은 개인이 생겨나오고, 다시금 그 속으로 돌아가 스러지는 플라톤적인 온정신(Allgeist)의 인간성이 아니라, 정신과 육체를 갖는다. 말하자면 인간으로서 전체성 속에서 그 모습대로 개인에게 부여된다. 아시아의 신앙관에서도 그러하듯이, 인간의 동일성과 그 존재의 유일성은 환생과 변성 속에서도 상실되지 않는다. 또한 그것은 해체되어 우주의 전체성 속으로 사라지지 않는다. 모든 개별 인간은 신이 한 명 한 명 인격체로서 그 존재의 유일성과 일회성을 인정하여 호명하여 불러주신 것이고, 개개인에게 이성과 자결능력을 갖추게 하고, 존엄성을 부여한 것이다.[188] 인격체로서 인간은 반복될 수 없는 단 한 번의 세속의 삶의 도전 속에서 자신을 지켜나가야만 하고, 궁극적으로 자신의 영원한 심판자에게 책임을 져야만 한다. 인간에게 약속된 육체의 부활은 자신의 인격의 불가훼손성과 영원성을 의미한다. 교회를 포함하여 그 어떤 세속의 힘도 인간의 영원한 운명을 결정할 수는 없다.[189] "(주여!) 영원토록 부끄럼이 없으리이다"(Non confundar in aeternum). 영원한 구원에 대한 심판은 세속의 권능과는 관계가 없고, 오로지 신에게만 유보되어 있다. 종교재판소의 전단하에 이교도가 화형되던 (계몽주의적인—인권의 관점에서) 중세 암흑시대에도 교회가 감히 기독교의 시각에서 볼 때 인간에 대한 궁극적인 결정을 내리고 또한 신의 심판을 침해하려고 나서지 않았던 것은 시사하는 바가 크다.[190]

---

188) Vgl. Ratzinger(각주 186), S. 21, 332, 335. S. auch Schockenhoff(각주 10), S. 483ff., 496ff.

189) Ratzinger(각주 186), S. 329ff.

190) Böckenförde, Zum Verhältnis von Kirche und Moderner Welt, in: Reinhart Koselleck(Hg.), Studien zum Beginn der modernen Welt,

신은 남성과 여성으로 인간을 창조하였다.[191] 인간임은 양성에 63
게 공통되고, 그것은 양성 속에서만 구현된다. 창세 초기에는 단 한 쌍의 인간만이 존재하였다. 종으로서 인간성의 통일성은 이를 근거로 한다. 구약시대에 선민에게 유보되었던 것이 신약시대에는 사해동포에게 확대된다: “여기에서는 유태인도 그리스인도 없고, 노예도 자유민도 없고, 남성도 여성도 없다; 예수 그리스도 속에서 너희 모두는 하나이기 때문이다.”[192] 인간으로 화하고, 인간을 구제한 신의 아들의 모습이 창조주인 신과 똑같은 모습으로 출현한다. 이 새로운 통일성은 기독교 신자들의 통일성이기는 하지만, 이는 전체 인간성에 개방되어 있고, 또한 그 복음은 온 세계를 향한다. 인종과 성, 문화 등에 따른 분화는 이 근원적인 통일성을 제거하지 못한다. 능력과 성향, 그리고 삶의 궤적에서 아무리 같지 않다고 하더라도 인간종에 속한 모든 존재는 본질적으로 평등하다. 인격체로서 모든 인간은 평등한 존재로서 신과 대면한다. 선민에 속한 사람들만이 아니라 사람의 형상을 한 모든 인간이 그러하고, 신자나 경건한 사람, 이교도나 현실주의자, 신실한 사람이나 회개 여부와 무관하게 모든 죄인이 다 마찬가지이다. 신은 “사람의 모습”을 보지 않고 인도한다. 이것이 바로 이미 구약시대에서 기원하는 구원사, 즉 본질적으로 영원한 결단의 언명이다. 이는 유태식의 사법절차에 간접적인 영향을 미쳤는바, 그에 따르면 법관은 그 누구도 회피하면 아니되고, 인격을 주목해서는 아니 되며, 큰 사람이든 작은 사람이든 막론하고 귀를 기울여야만 한다; 법원은 신에게 속해 있는 것이기 때문이다.[193] 신에게 사람의 외관은 의미

1977, S. 154(162).

191) Gen 1, 27.

192) Gal 3, 28. Vgl. auch Kol 3, 11; Röm 10, 12; Kor 12, 13. Dassmann (각주 177), S. 154ff.

193) Dtn 1, 16f; vgl. auch Dtn 16, 18-20; Lev 19, 15; 2 Chron. 19, 7;

가 없고 또한 모든 민족의 사람들을 경외하고, 바르게 취급하고, 자애로서 대하라는 것은 신약성서의 근본적인 말씀이기도 하다.[194] 신 앞에 평등한 지위는 기독교인들 상호간의 행태에 대한 도덕적 명령에 영향을 미쳤지만, 그것이 자유인과 노예의 구별과 같은 법적 차별을 즉시 제거하지는 못하였다.[195] 신 앞의 궁극적인 평등은 세속의 현실 속의 사회적인 불평등에 직접 영향을 미치는 것도 아니다. 하지만 이 신 앞의 평등의 명제는 장구한 역사의 흐름 속에서 그러한 불평등의 정당성을 부정하고 또한 일반적인 법평등의 원칙에 길을 놓아주었다. 바로 이 때문에 니체(Nietzsche)는 기독교를 저주한다: "'신 앞의 영혼의 평등성'은 거짓인 동시에 비겁한 자들을 위한 변명이고, 결국 혁명이며 근대적 이념이고 전체 사회질서의 파멸원칙이 된 이런 폭발적인 개념은 기독교적 다이너마이트이다."[196]

64 기독교에서 인간상은 영광과 곤궁의 모순 속에 있는 인간의 근본적인 조건을 반영한 것이다. 이러한 점에서 그것은 인류가 역사과정 속에서 스스로 만들었던 수많은 형상들과는 구별된다. 르

Spr. 24, 23. 이에 관해서는 "Ohne Ansehen der Person". Zur Frage der Gleichheit aller Menschen in frühchristlicher Theologie und Praxis, in: Dieter Schwab u.a.(Hg.), Fs Paul Mikat, 1989, S. 475ff.; Hattenhauer, Persona und personae acceptio, christlicher Beiträge zur römischen Personenlehre, in: Martin Avenarius/Rudolf Meyer-Pritzl/Cosima Möller(Hg.), FS Okko Behrends, 2009, S. 193(200ff.).

194) Apg 10, 34; Kol 3, 23-25; Röm 2, 10f.; Gal 2, 6; Eph 6, 5-9; Jak 2, 1-9; Petr 1, 17. Vgl. auch Math 22, 16; Luk 20, 21.

195) Vgl. Eph 6, 5-9. 이에 관해 상세한 논의는 Dassmann(각주 177), S. 154ff.; ders., (각주 193), S. 478, 484. 기독교와 노예제도와의 관계에 대해서는 Joseph Höffner, Christentum und Menschenwürde, 1947, S. 60ff., 195f.

196) Friedrich Nietzsche, Der Antichrist(1888), in: ders., Sämtliche Werke(Ausgabe Colli/Montinari), 6. Bd., 1999, S. 252.

네상스 시대의 이상적인 아름다움이나, 인본주의의 이상형과도 일치되지 아니한다. 가장 고귀한 속성으로서 이성이 반영된 것이라고 하더라도 인간상에서 단순히 계몽시대의 이성에 근거한 자부심만이 현출되는 것은 아니다. 자유주의의 '선인상'(善人像; Gutmensch-Bild)에서도 그러하듯이 어두운 측면이 완전히 제거되어 수정된 것이 아니다. 오히려 증오의 성향이나, 무지몽매한 악성들, 말하자면 타락과 죽음에 내몰린 피조물의 긍휼성도 포함된다.[197] "가시면류관을 쓴 그리스도의 화상"(Ecce homo)은 바로 옷과 위신을 박탈당하고, 채찍과 가시에 의해 고통스러워 하는, 조롱거리로 비하되어 가장 비참하게 존엄성을 모욕당하는 인간의 형상이다. 그러나 이 사람이 바로 신의 아들이고, 그는 자신을 채찍질 한 자, 조롱한 자, 고문을 가한 자, 그리고 심판관을 포함하여 모든 추락한 인간성을 구제하였고 모든 사람이 초대받은 피안의 천국에 이르는 문을 열어주었다. 이로서 그리스도는 그들의 존엄성을 회복시켜 주었고, 동시에 인간의 근본적인 속성인 존엄성이 죄악과 육체에 대한 폭력에 의해 제거될 수 없음을 보여주었다.[198]

3. 공직의 존엄성으로부터 인간본성의 존엄성으로

로마의 문화는 인간존엄성의 이념에 '위엄'(dignitas)이라는 말 65
을 제공하였다. 처음에 그것은 단지 말일 뿐이었다. 그러나 말들은 개념들의 출생증명서다.[199] 위엄은 로마인들이 공화주의적 위계질서 속에서 부여한 우월한 지위 속에서 자리를 잡았다. 특히 위엄

---

197) 중세의 고전적 작품으로는 Lothar von Segni(훗날 교황 Innozenz 3세), De miseria humanae conditionis, ca. 1195, hg. von Michele Maccarone, Lugano 1955.

198) Vgl. auch Spaemann(각주 4), S. 295(299).

199) 같은 맥락에서 Heinrich Brunner는 Hattenhauer를 인용한다. 각주 193, S. 195.

은 공직에서 도출된다. 공직 속에 객관화된 존엄성에는 탁월한 품격을 통해 존엄성을 충족시켜야 하는 주관적인 의무가 상응한다.[200] 요컨대, 존엄성은 공직자의 등급과 인적인 공과의 등급에 따라 불평등하게 분배되었다.

66 스토아학파의 영향을 받아서 이 위엄성은 계급적인 질서와 분리되어 사해동포적인 윤리적 질서로 승화되었다. 키케로(Cicero)에 의하면 존엄성은 동물들을 넘어서는 인간의 지위를 토대로 한다. 그러나 단지 이름만으로서가 아니라 진정으로 인간이 되려고 한다면 인간은 자기지배와 절제, 그리고 품위를 통해 그 존엄성을 증명해야만 한다는 것이다. 그는 육체적인 만족도 자신의 존엄에 복속되어야 한다고 주장한다.[201] "우리의 존재 속에 우월한 지위와 존엄성이 내재되어 있다는 점을 고려한다면, 성실검약하고, 엄격하고 절제된 생활을 하지 않고 탐욕에 빠져서 무분별하고 유약하게 사는 것이 얼마나 부끄러운 것인지 알 수 있다."[202] 위엄성은 존재의 본질에 따라 인간에게 부여된다. 그것은 소여인 동시에 과제이고, 또한 고양된 속성이고, 엄격한 공화적 덕성이다. 키케로(Cicero)는 근본적으로 이미 플라톤(Platon)이 제시한 사상, 즉 동물을 넘어서는 인간은 신들과 유사하게 되려고 애써야만 한다는 생각을 수용하였다.[203] 아리스토텔레스(Aristoteles)는 다른 모든 생물을 넘어서 인간에게 부여된 우월성을 선악에 대한 인간의 지각에서 찾았다. 그에게 인간은 윤리적인 완성의 과정 속에서 최고의 창조물이 될 수도 있고, 다른 한편 법률과 법을 벗어나는 경우에는 모든

200) 이에 관해서는 Poeschl/Kondylis(각주 159), S. 637.

201) Cicero(각주 171), I, 105f.

202) "…Atque etiam, si considerare volumus, quae sit in natura excellentia et dignitas, intellegemus, quam sit turpe diffluere luxuria et delicate ac molliter vivere, quamque honestum parce, continenter, severe, sobrie".(De officiis I, 106).

203) Platon, Politeia 586, 613 a; ders., Timaios 90.

것 중에 최악의 피조물이 될 수도 있는 것이었다. 204)

키케로에게서 오늘날 존엄성에 대한 이해에 도움이 되는 매우 67
유용한 단서가 발견된다. 다만 키케로를 인용한다고 해서 스토아 철학의 핵심개념이 관건이 되는 것으로 짐작하는 것은 금물이다. 키케로의 역사적인 공적은 순수한 정치적 명제인 로마식 위엄성을 인간과 관련된 보편적인 명제로 추론해내고, 그럼으로써 성상의 기독교이론과 호환될 수 있는 것으로 만들었다는 데 있다. 신학을 통해 계수된 이 개념은 기독교의 창조설 및 구원사상과 스토아의 이념을 융합시키는데 중요한 역할을 수행하였다. 창조설에서 핵심은 다른 모든 피조물에 앞서는 인간의 우위이다. 반면에 스토아의 영향을 받아서 이 위계질서의 준거는 우주의 질서로부터 인간의 본질로 전이된다. 여기에서 위엄성은 육체적인 본능에 대한 정신, 정념에 대한 이성의 윤리적 우위를 나타낸다. 이러한 우위는 본질적으로 내재된 것이다. 하지만 그것은 윤리적인 행위를 통해서 보전 및 증명되어야만 한다. 즉, 존엄성은 소여인 동시에 과제인 것이다. 존재론적으로 볼 때 존엄성은 궁극적으로 상실될 수 없고 또한 실효될 수 없는 인간의 본질적인 속성이다. 도덕적인 관점에서 존엄성은 신에게 봉사하고, 그럼으로써 자신의 존재법칙을 구현해야 할 의무를 형성한다: 인간이 신의 형상으로 창조되었다는 창조적 존엄성이 구현되어야 한다.205)

존엄성은 인간의 본질에 내재된 근본적인 속성이다. 존엄성은 68
창조주에 의해 인간에게 주어졌고, 그런데 죄악에 의해 타락되었다가 그리스도의 대속행위를 통해 재생되었고, 그 인격체 속에서 신이 인간으로 화함을 통하여 숭고함이 회복되었다. 이와 관련해

204) Aristoteles, Politik, 1253a.

205) Aneselm von Cantebury, Liber meditationum et orationum, Meditatio prima, De humanae conditionis dignitate et meseria. 로마식 권위의 기독교적 수용에 대해서는 Schaede(각주 161), S. 20ff.

서는 Leo 교황이 대표적이다: "인간들아! 깨어나서 너의 본성의 존엄성을 깨우쳐라. 신의 형상에 따라서 창조되었지만, 아담은 타락하였다. 그러나 그리스도 안에서 개혁되리라."[206] 인간의 존엄성에 대한 기독교적 이해를 담은 고전적인 문언으로서, 로마의 미사전례에 있는 크리스마스 '성담극'(聖譚劇)에 나오고,[207] 중세시대에 봉헌예배절차로 미사규칙에 포함된 다음의 표현에 대한 저작권은 레오(Leo) 교황에게 속한다[208]: "Deus, qui humanae substantiae dignitatem et mirabiliter condidisti et mirabilius reformasti, da, quaesumus, nobis Jesu Christi filii tui divinitatis esse consortes, qui humanitatis nostrae fieri dignatus est particeps". 이를 번역하면 다음과 같다: "인간의 존엄성을 놀랍게 창조하셨고, 그것을 더욱 놀랍게 갱신하여서 하사하신 신이시여, 스스로 자신을 낮추어서 우리 인간의 본질을 수용하신 당신의 신성을 같이 할 수 있기를 기도하나이다."[209]

69 위엄성은 신과의 유사성, 의사의 자유, 대속, 구원사의 개방성 등 기독교적 인간상의 밝은 측면에도 해당한다. 어두운 측면은 인간본질의 원죄성, 타락, 사악함 등이다. 의지의 자유는 결정주의와 맥락을 달리한다. "신의 자비에 의해 대속된 자들을 제외하고는, 완전히 파괴하는 것은 아닐지라도 곤궁을 주어 인간종과 그

206) Leo der Grosse, Sermo 27(in nativitate Domini 7), c. 6.

207) Leonianum(Veronense라고도 불림); Sammlung einzelner Messfomulare aus dem 5./6. Jahrhundert, Eugenius Moeller(Hg.)에서 인용함. Corpus oratorum 2. Turnhout 1993, S. 361(1692 a).

208) 더 많은 언급과 그리스도를 거명하는 것으로는 "per huius aquae et vini mysterium"(Josef Andreas Jungmann, Missarum Solemnia, Bd. 2, 1962, S. 78).

209) "Dignitatis humanae" 종교회의선언을 통해 교회가 자유주의적인 인권과 화해한 때, 즉 제2차 바티칸 시대 이후에 이 문장은 미사기도문에서 삭제되었고, 크리스마스 의식문에 다시 삽입되었다.

근원을 부패시키고 근본적으로 병들게 하는, 궁극적으로는 두 번째 죽음으로 귀결되는 일련의 모든 불행들이 자유의지의 잘못된 사용으로부터 비롯된다."[210] 타락한 영혼의 형상은 인간의 육체적인 비열함에 대한 비탄에서도 반영된다. "인간은 대지로부터 형성되고, 죄악 속에서 잉태되고, 처벌로 태어난다… 정념의 탐닉, 병의 근원, 부패의 반죽."[211] 교회사에서 밝은 전통과 어두운 전통의 노선은 그 우열이 계속 바뀌어 왔다. 개혁주의자들은 후자에서 나온다.[212] 그들은 의지의 자유와 함께 이성의 능력에 대하여 회의적이고, 오로지 신앙과 은혜만을 준거로 한다.[213]

4. 위엄성(dignitas)과 인격체(persona)의 연결

라틴어는 기독교 인류학에 대해서도, 당연히 단지 어의학적인 70
함의일 뿐이지만, 인격체(persona)라는 또 하나의 말을 제공한다. 로마의 법률용어에서 이는 자유인이든, 노예이든 실체적인 권리주체로서 모든 인간을 지칭한다.[214] 다만 사권(私權)의 주체로서는 단지 자유인만을 지칭한다.[215] 그리스도 속의 통일성을 고려하건대, 기독교의 언어용례에서 로마식이든, 유대식이든 모든 법적 구별은 근거를 상실하게 된다. 모든 인간은 신과 똑같은 형상으로 존재하

---

210) Aurelius Augustinus, De civitate dei, XIII, 14(dt: vom Gottesdienst, Buch 11-22, 1978, S. 124).

211) 중세의 대표적인 문헌은 Lothar von Segni(각주 197), I/2.

212) Rolf Gröschner는 인간의 곤궁함과 위엄성을 대비시켰는바, 전자는 중세에, 후자는 르네상스 시대에 귀속된다(Menschenwürde als Konstitutionsprinzip, in: Anne Siegelsleitner/Nicolaus Knoepffler[Hg.], Menschenwürde im interkulturellen Dialog, 2005, S. 17[27f.]).

213) 이에 관해서는 Schockenhoff(각주 10), S. 481(495ff.); Leiner, Menschenwürde und Reformation, in: Rolf Gröschner u.a., Menschenwürde, 2008, S. 49ff.

214) "Summa divisio de iure personarum haec est, quod omnes homines aut libri sunt aut servi"(Gaius, Inst. I, 9).

215) Cassidorus variae 6, 8. 좀 더 상세한 것은 Hattenhauer(각주 193), S. 197f.

고, 그 속에서 인간은 "사람의 외관을 보지 않고" 모든 사람들을 대하는 신 앞에서 모두가 평등하다.[216]

71 인격체와 존엄성의 통합은 토마스 아퀴나스(Thomas Aquinas)의 철학에서 완성된다. 토마스는 인격체라는 말을 정신적이고 세속적인 존엄성의 담지자에 대한 표기로 고안하였다. 그는 인간 그 자체에 대하여 이 말을 사용하였다. 이전에 사회적인 위계질서 속의 등급을 의미하였던 것이 토마스에서는 모든 사람들에게 차별없이 부여되는 인류학적인 명찰로 변하였다. 모든 사람들은 이성적 본질에 동참하고, 그것은 다시금 자신들을 신 앞에 선 개인으로 만들어서 존엄성을 부여해주기 때문이다.[217] 역사적으로 유일무이한 모든 개인에게 부여되는 이 존엄성은 궁극적으로 신의 뜻을 토대로 한다.[218]

72 토마스는 당대의 어원학을 이용하여 'persona'라는 말을 'personare', 즉 배우의 가면을 관철하여 그 바탕의 본성을 드러내는 것이라는 의미의 단어에서 도출하였다.[219] 그에 따르면 고대 극장에서 고명한 사람들이 표현된 것과 마찬가지로 '인격체'(persona)라는 단어는 존엄성을 갖는 모든 사람들을 표현한다. 이성의 본질을 공유하고 또한 그것을 통하여 자신을 보전하는 것이 고도의 존엄성 자체라는 점에서 이는 모든 사람들에게 타당한 개념이라는 것이다.[220] 어원학적으로 좀 더 깊게 들어가면 'persona'라는 말은

---

216) Kol 3, 25; Eph 6, 9; Jak 2, 9; Petr 1, 17. 세속의 사법 속에서 대응, 특히 유태교의 경우에 대해서는 Hattenhauer(각주 193), S. 200ff.

217) Schockenhoff(각주 10), S. 481(484, 493).

218) Richard Heinzmann, Thomas von Aquin, 1994, S. 67.

219) 오늘날 논란이 되고 있는 어원학에 대해서는 Alois Halder, Person, in: Lexikon für Theologie und Kirche(=LThK) Ⅷ, 1963, Sp. 287f.; Armin Wildfeuer, Person, in: LThK Ⅷ, 1999, Sp. 42f.; Hattenhauer (각주 193), S. 196f.(m.w.N.).

220) "Et quia magnae dignitatis est, in rationali natura subsistere, ideo

'per se unum'이라는 표현으로 귀착된다. 즉 인격체는 자기 자신을 통해, 그리고 독자적으로 하나의 전체 및 완성체로 존재하는, 일종의 자기준거적인 폐쇄적 통일체라는 의미를 내포한다.[221] 결국 토마스는 중세의 전성기에 통용되던 Boethius의 정의를 계수한다: "인격체는 합리성의 본성을 갖는 개별적인 실체이다."[222] 요컨대, 토마스는 인격체의 개별성, 유일성 및 주체성을 주목한다. 그에 따르면 신은 인간을 단순한 이념, 종류 또는 공동체가 아니라, 개인이자 인간종으로서 창조하려고 하였고, 실제 그렇게 하였다.[223] 다른 모든 생물은 종의 보전을 위하여 존재하는데 반해서, 인간은 오롯이 개인으로서 자기 자신을 위하여 존재한다. 인격체의 개념은 자신의 행위에 대하여 스스로 책임지고 또한 자유로운 결정의 능력이 부여된 대체불가능한 개인, 또한 그 유일무이성 때문에 최종적인 정의의 대상이 될 수 없는 개인을 토대로 한다.[224] 토마스에 따르면 "인격체(person)라는 말은 전체 자연 속에서 가장 완결된 존재(pefectissimum in tota natura)[225]를 위한 말이다." 말하자면 동 개념은 존엄성과 연관되는 것이고, 그 자체를 지칭한다: 인격체는 존엄성의 이름이다(Persona est nomen dignitatis).[226]

---

omne individuum rationalis naturae dicitur persona"(Thomas, Summa theologiae I, 29, 3, ad 2).

221) Thomas, Scriptum super libros sententiarium Ⅲ 5, 3, 2.

222) Thomas(각주 220), I, 29, 1.

223) "··· propter se et in specie et in individuo"(Thomas, Quaestiones disputatae, De veritate V, 3).

224) "Et ideo etiam inter ceteras substantias quoddam speciale nomen habent singularia rationis naturae. Et hoc nomen est persona" (Thomas 각주 220, I, 29, 1). Vgl. auch Thomas, I, 29, 1: "··· quod, licet hoc singulare, vel illud definiri non possit, tamen id, quod pertinet ad communem rationem singularitatis, definiri potest."

225) Thomas(각주 220), I, 29, 3.

226) "Item, quia persona est nomen dognitatis, oportet quod illa relatio sit ad dignitatum pertinens"(Thomas 각주 221, I, 10, 1, 5) – 삼위일

73 신학적인, 철학적인 견해들은 인간의 탈인간화의 실존적인 경험, 그리고 고통과 연민에 대하여 실천적이고 정치적인 연관성을 요구한다. 신대륙 발견의 시대에 유럽의 기독교인들이 아메리카 원주민들에게 가했던 악행들은 그 좋은 예이다. 도미니카인 바르톨로메(Bartholome de Las Casas)는 그 가해자들이 인디언들을 돌보지 않고 동물로 취급하였고 또한 존중하기보다는 길바닥의 똥같이 취급하였다는 점에서 단연코 인권의 적으로 맹렬하게 비난한다.[227] 이 신부의 보고는 스페인 국왕 카를 5세에게 영향을 미쳐서 인디언 보호법을 제정하게 하였고, 이를 접한 파울 3세 교황은 인디언들을 이성이 없는 동물로 취급하여 강제로 복속시키고, 그 희생자들이 카톨릭 신앙을 갖지 못하도록 한 정복자의 행태를 비난하고 나섰다. 급기야 교황은 인디언들이 새로 발견된 모든 민족들과 마찬가지로 자유와 재산을 약탈당해서는 아니 되고 또한 노예화되어서는 아니 된다고 요구하였다.[228] 이러한 조치들의 직접적이고 현실적인 성과는 미미하였다. 다만 인간존엄성의 박탈에 대한 분명한 반대의 상징적인 효과는 지속적이다. 오늘날과 같은 야만의 시대에도 여전히 하나의 등불로 남아 있다.

체설의 맥락 속에서.

227) Bartholomé de Las Casas, Brevisima relación de la detructión de las indias(1552, 독일어 번역본, 1790, Kurzgefasster Bericht von der Verwüstung der westindischen Länder, hg. von Hans Magnus Enzensberger, 1966, S. 13, 41). 역사적인 맥락에 대해서는 Josef Höffner, Christentum und Menschenwürde, 1947, S. 150ff. 진전된 의미파악에 대해서는 Reinhold Schneider, Macht und Gnade, 1949, S. 212; Hans Magnus Enzensberger, Las Casas oder sein Rückblick in die Zukunft, in: Kurzgefasster Bericht, aaO., S. 124f.

228) Paul Ⅲ., Bulle veritas ipsa v. 2. 6. 1573(Ausgabe Arthur Utz/Brigitta Graefin von Galen, Die katholischen Sozialdoktrin in ihrer geschichtlichen Entfaltung, Bd. I, 1976, S. 380f.). 동일한 의미에서 Urban Ⅷ, Bulle commissum nobis v. 22.4.1639, 같은 책, S. 382ff.

5. 신의 지배로부터 자율로

르네상스 시대에 들어서 물욕, 육체적인 쾌락, 세속적인 행위 74
들과 연관된 자긍심 넘치는 인간의 자존감이 싹텄다. 생기에 도취되어 인간은 제2의 신으로 자축하였다.[229] 이 때부터 인간존엄성의 이념은 점차 속세의 의미를 더 많이 갖게 되었다. 그 해석은 신학과 교회로부터 해방되었다. 다만 기독교 전통이 완전히 거세된 것은 아니었는바, (유대교 및 스토아의 함의를 갖는) 기독교의 이해는 때로는 공개적으로, 때로는 암묵적으로 결코 봉쇄되지 않는 영감의 원천으로 계속 영향을 미치고 있다. 인본주의자인 피코 델라 미란돌라(Giovanni Pico della Mirandola)는 어떤 이유에서 "인간이 가장 행복하고, 경탄해마지 않을 존재인지, 그리고 인간이 동물에 대해서뿐만 아니라 별들, 심지어는 초월적인 지성에게조차 부러워할 만한 존재로 온 우주보다 더 우선되는 것이 가능할 수 있는 조건은 무엇인가"라고 자문한다.[230] 그의 답은 바로 신이 인간으로 하여금 독자적이고, 완전히 자유롭고 명예로운 조각가 및 시인으로서 자신이 원하는 삶의 형식을 스스로 결정하게 인간을 창조하였다는 것이다. 즉 인간에게는 "자신이 원하는 것을 가질 수 있고, 되고자 하는 것으로 존재할 수 있는 것"이 주어졌다는 것이다. 인간의 존엄성은 인간이 자기 자신에 대하여 마음대로 할 수 있고 또한 종교 및 윤리의 세계 속에서 축생의 수준으로 전락할 것인

---

229) 이에 관해서는 Vinzenz Rüfner, Homo secundus Deus, in: Philos. Jb. 63(1955), S. 248(267ff.).

230) Giovanni Pico della Morandola, De hominis dignitate, 1946(dt: die würde des Menschen, 1988, S. 2, 10f.). 오늘날 통용되는 제목은 믿을 만한 것이 못되는 것인바, 이는 훗날 발행된 판에서 유래하는 것일 뿐이다. 믿을 만한 제목은 "oratio"이다. 이에 관한 연구상황에 대해서는 Rolf Gröschner/Stephen Kirste/Oliver W. Lemcke(Hg.), Des Menschen Würde – entdeckt und erfunden im Humanismus der italienischen Renaissance, 2008.

지, 아니면 신성의 영역으로 비상할 것인지 자신의 입장을 정할 수 있는데 있다.[231] 따라서 존엄성은 인간이 포착할 수도 있고, 배척할 수도 있는 하나의 소명이다. 결국 자유는 신 앞에서의 자기 책임이다. 3백년 후 계몽의 시대에 하이든은 환희의 노래 '창조'(Schöpfung)에서 동일한 내용으로 인간을 찬양한다: "존엄과 고귀함을 구비하고 있고, 아름다움과 힘, 그리고 용기를 부여받았고, 하늘을 향해 서 있는 자연의 주인이고 제왕인 인간." 하지만 인간은 존엄성과 고귀함을 자기 스스로 갖게 된 것이 아니라 창조주의 입김과 창조주와 동일한 형상을 가진 존재로서 가진다.[232] 계몽의 자기의식과 존재낙관주의는 기독교의 경건함과 연결된다. 여기에서 경축되는 존엄성과 고귀함의 담지자는 아직은 타락과 배척을 모르는 상태에서 낙원의 행복 속에서 살아간다. 노동과 노예상태에 대해서, 그리고 불신 후 생존의 곤궁함에 대해서는 아직 알지 못한다. 존엄성과 고귀함은 우연히 연계되는 것이 아니다. 기독교의 세계에서 존엄성의 보유자로서 인간은 성령이 없는 만물을 넘어서고, 그것들을 지배한다. 반면에 인간의 입장에서는 자신에게 존엄성과 지배권을 부여한 신의 고귀함에 복속된다.

75 "법칙을 넘어서는 신보다는 아래에 있고, 법칙의 바깥에 있는 동물보다는 상위에 있다"고 한 푸펜도르프(Samuel von Pufendorf)의 말 대로 인간 존재의 위엄성은 바로 이러한 우주의 위계질서에 편입된다. 하지만 인간에게는 윤리적인 행위에 대한 자유가 부여되고, 이 자유는 인간이라는 명칭에 이미 내재되어 있는 존엄성을 형성한다. "사실상 인간이란 어휘는 일종의 존엄성을 나타낸

231) Pico della Morandola(각주 230), S. 11. 이러한 생각의 전범은 Aristoteles, 앞의 단락 66. Pico의 자유론을 4세기의 초기 기독교철학에서 기원을 찾는 견해는 Kobusch, Die Würde des Menschen – ein Erbe der christlichen Philosophie, in: Gröschner(각주 230), S. 234(242ff.).

232) Gottfried van Swieten nach John Milton("Paradise lost").

다."[233] 자연법적인 자유와 평등은 이 위엄성(dignatio)을 토대로 한다. 인간에게 윤리적 속성으로 부여된 존엄성에서 자연법적 의무가 도출되는바, 즉 모든 인간은 본질적으로 평등하고 또한 동일한 양식으로 인간인 다른 사람들을 인격체로 취급해야만 하는 것이 그것이다. "인간이라는 말 자체에 존엄성이 분명하게 표현된 것으로 여겨지는바, 극단적인 모욕을 반박하는 가장 분명하고 효과적인 주장은 '나는 개가 아니라, 사람이다'라고 하는 반박이다."[234] 인간이 존엄성에 대한 세속적인 이해의 발전에 기본적인 토대를 정립한 푸펜도르프 자신은 기독교 전통의 한 가운데 있었으며, 그것과 떨어지지 않았다.[235] 그의 철학에서 지배관계는 자유롭고 평등한 인간의 합의에 의해 정당화되는데, 반면에 인간의 존엄성은 이 합의에서 도출되지 아니한다. 정반대로 인간에게 존엄성이 부여되기 때문에 국가의 지배는 계약을 통한 정당화를 필요로 하는 것이다. 말하자면 인간의 존엄성이 가능한 사회계약에 대한 지침이고 척도인 것이지, 사회계약이 존엄성의 척도는 아닌 것이다.[236]

파스칼(Pascal)에 의하면 인간의 존엄성은 인간의 고귀함이 아 76
니라 자신의 곤궁함에 대한 의식을 근거로 한다. 이는 당연히 "주인의 곤궁이고, 폐위된 왕의 곤궁이다."[237] 인간은 만물 중에 가장

---

233) Samuel Pufendorf, De iure naturae et gentium libri octo, 1672, liber Ⅲ, cap. Ⅱ, §1(Ausgabe Frankfurt und Leipzig 1744, Bd. I, S. 313).

234) Samuel Pufendorf, De officiis hominis et civis iuxta legem naturalem libri duo, 1673, liber I, cap. 7, §1(dt. hg. und bersetzt von Klaus Luig, Über die Pflicht des Menschen und des Bürgers nach dem Gesetz der Natur, 1994, S. 78).

235) Vgl. Welzel(각주 73), S. 136ff.; Hasso Hofmann, Von den Ursprungen deutschen Rechtsstaatsdenkens in der nachchristlichen Sozialphilosophie, in: JuS 1984, S. 9(12f.).

236) 가상의 사회계약을 준거로 하여 존엄성을 논증하는 것은 H. Hofmann의 인정이론을 형성한다(각주 104), S. 108, 115f.

237) Blaise Pascal, Pensées sur la religion, 1669, Aphorismus 121(Zählung

약한 갈대일 뿐이다. 그러나 생각하는 갈대이다. 세상이 인간을 제압한다고 하여도 인간은 여전히 자신을 파괴하는 것보다 더 고귀하다. “인간은 자신이 죽는다는 것을 알고 있으며, 또한 자신에 대한 온 세상의 우위성을 인식하는데 반해 세상은 그에 대해 아무것도 알지 못하기 때문이다. 우리들의 온전한 존엄성은 사상 속에 존재한다. 우리들의 긍지는 우리가 완전히 채울 수 없는 공간과 시간이 아니라 바로 이 사상에서 나온다. 그러니 우리 모두 선하게 생각하기 위해 노력하자. 그것이 바로 도덕의 원칙이다.”[238]

77 헤르더(Herder)에 의하면 인간의 존엄성과 인간에 대한 사랑은 인권과 인간의 의무의 짝과 마찬가지로 함께 전체를 구성한다. 이들 모두는 인간성의 부분 개념들일 뿐이다.[239] 인간은 “세상의 창조주의 형상을 빼다 박은 인간 그 자체보다 더 자신을 고귀하게 규정할 수 있는 말”을 갖지 못한다.[240] 하지만 존엄성의 소재지인 인간성은 인간에게 태생적으로 주어지지 않는다. 인간은 자신의 정신적, 도덕적 노력을 통해서 그것을 획득해야만 한다. “현재 그러하고, 분명히 앞으로도 오랫동안 그러할 것이듯이 인간종은 전체적으로 존엄성을 갖고 있지 못하다. 경모하기보다는 오히려 연민의 정으로 동정할 정도이다. 하지만 그것은 인간종의 속성으로, 궁극적으로는 자신의 가치와 존엄성으로 형성되어야 한다.”[241] 이성의 능력에 맞게 구성되어 있다는 점에서 인간 속에는 인간을 원숭

Strowski) entspricht 398(Zählung Bruschwig), dt., Gedanken(hg. Rüttenauer_, o.J., S. 59.

238) Pascal(각주 237), Aphorismus 128 = 347(S. 61).

239) John Gottfried Herder, Briefe zur Beförderung der Humanität (1793-97), 24. Brief, in: ders., Sämtliche Werke, 13. Teil, 1829, S. 136f.

240) Herder, Ideen zur Philosophie der Geschichte der Menschheit, 1. Teil, 1794, S. 183ff.

241) Herder(각주 239), S. 136f.

이와 구별해주는 존엄성을 향한 성향이 잠재되어 있다.[242] 좀 더 세밀한 지위들 속에서 인간은 자유와 그 최고의 형식이 종교인 인간성, 그리고 불멸성에 대한 희망의 소명을 부여받고 있다. 인간성을 위한 훈육은 끊임없이 계속되어야만 하는 활동이다. "그렇지 않으면 우리는 높은 계층이든, 낮은 계층이든 적나라한 야수성과 야만성으로 전락하고 말 것이다."[243]

인간은 자기 자신을 위한 전범을 갖고 있다: "만물을 창조한 78
존재가 자신에게 고유한 힘을 드러낸 자신의 한 줄기 빛을 우리의 박약한 유기체 속에 남겨 두었는바, 비록 저열하기는 하지만 인간은 자신에게 다음과 같이 말할 수 있다: '나는 신과 무엇인가를 공유하고 있고, 내가 신의 창조물 속에서 인지하는 가장 고귀한 것을 가져야만 하는 능력을 소유하고 있다': 신은 나를 둘러싸고 그것을 드러내어 보여주었다."[244] 인간성을 향한 자기훈육 속에서 인간은 자신에 대한 창조자, 입법자, 그리고 구원자가 된다. 신은 더 이상 계몽자로 개입하지 아니하고, 제자리로 돌아가서 창조자와 심판관의 기능만을 맡게 된다. 계몽시대의 보편적인 인성윤리에서 인간(Mensch)이라는 말은 다의적이다. 실증적인 인간을 지칭하기도 하고, 도덕적인, 계몽적인 의미에서 구원된 인간, 즉 자신의 높은 이성의 목표를 달성한 인간을 지칭하기도 한다. 이 목표에 눈감은 자는 인간성을 위협하는 사악한 존재로서 개념적으로 도덕적인 인간성, 즉 존엄한 것의 범주에서 배제된다: "이러한 교설을 받아들이지 않는 자는 인간으로 존재할 가치가 없다." 이러한 맥락에서 존엄성은 창조질서의 소여, 즉 모든 인간존재의 내재적인 속성을 뜻하는 것이 아니다. 오히려 그것은 개별적인 공덕, 즉 인간

---

242) Herder(각주 239), S. 183ff.
243) Herder(각주 239), S. 138.
244) Herder(각주 240), S. 234f.

성의 교단 속에 수용된 개개인에 수여되는 휘장이다.[245)]

79 칸트는 철학적인 전통에서 도출해낸 그의 윤리학을 통해 존엄성의 개념을 수용하였다. 그는 종교적인 근거에서 존엄성을 도출하지 아니하고, 윤리적인 독자성을 근거로 제시한다.[246)] 그에 따르면 모든 이성적인 존재와 마찬가지로 인간은 자기 자신이 정한 것 외에 다른 어떤 법칙에도 복속되지 아니한다. 바로 이러한 점에서 필요성이나 이익 또는 인과법칙하에 있는 것이 아니라, 그 자체가 목적인 존엄성의 본질이 분명하게 드러난다. 존엄성은 재화의 상대적인 가치와는 분명히 구별되는 하나의 절대적인 가치이고 또한 모든 시장가치를 넘어서는 내적인 가치이고, 그 어떤 상응하는 가치도 허용하지 않는 가치이다. 인간이 윤리적 능력의 주체가 되는 범위에서 존엄성은 오로지 윤리성과 인간성에 부여된다.[247)] 말하자면 인간성 자체가 존엄성인 것이다. 인간은 어느 누구(타인이든, 자신이든)에 의해서도 단순한 수단으로 사용되어서는 아니 되고, 항상 목적으로 취급되어야만 하기 때문이다. 존엄성(인격)은 바로 이 속에서 존재하고, 이 자기목적성을 통하여 모든 사물을 비롯하여 인간 이외의 다른 모든 세계 내 존재에 대하여 우위에 있는 것으로 취급될 수 있는 것이다.[248)] 하지만 칸트에게 인간성은 단순한

---

245) 인간성 및 인본주의의 감성의 양면성에 대해서는 Reinhart Koselleck, Vergangene Zukunft: zur Sematik vergangener Zeiten, 1979, S. 244ff.

246) Kant(각주 165), BA 79(S. 69).

247) Kant(각주 165), BA 76f.(S. 67f.).

248) Kant, Metaphisik de Sitten, 1797, in: ders., Werke Ⅳ(각주 165), §38, A 140(S. 600f.); vgl. auch A 94, S. 569. 이러한 양식의 표현은 Fichte에 와서 더욱 두드러진다. “인간은 이성이 없는 존재를 자신의 목적을 위해 사용할 수 있다. 그러나 이성적인 존재는 사용할 수 없다; 인간은 자신만의 목적을 위하여 동종의 인간을 수단으로 절대 사용하여서는 아니 되며, 무생의 물질이나 축생에 대하여 그 자유를 고려함이 없이 오로지 자신의 목적관철을 위한 수단으로 삼는 것 같이 동종의 인간에게 영향을 미쳐

추상적인 것이거나 사해동포적 차원의 집합체도 아니고, 인간종 전체에 속하는 것, 즉 모든 개개인의 인간성이다. 바로 이 점에서 존엄성과 윤리적인 독자성, 자기목적 및 인격 등의 개념이 통합된다. 모든 개개인이 인격이다: 왜냐하면 개개인의 본질이 원천적으로 그 자체를 목적으로, 즉 "단순한 수단으로 사용되어서는 아니되는 어떤 것으로 설정하기 때문이다."[249] 도덕적인 실천이성의 주체로서 인간은 인격의 주체로서 존엄성을 가지며, 이로써 인간은 다른 모든 이성적인 세계 내 존재에 대하여 자신을 존중할 것을 요구할 수 있고, 동종의 다른 모든 사람들과 같은 반열에서 경쟁하고 평등을 토대로 자신을 존중할 수 있다.[250] 인격체로서 독자성은 이성이나 실질적으로 도덕적 자결능력을 전제로 하지 아니한다. 이성과 자유, 그리고 존엄성은 모든 경험에 앞서는 초월적인 개념들이다. 이 개념들은 개별적인 특별한 능력의 존재가 아니라[251] 인간종의 이성 및 자유능력을 근거로 한다. 그렇기 때문에 어린이들도 인격의 주체로서 부모에 대하여 양육을 받을 권리를 갖는다. 부모는 생산행위를 통해서 독자적으로 어린이들을 세계 속에 끌어들여서 존재하게 하였기 때문이다. "부모는 자녀들을 노

서는 아니 된다"(Johann Gottlieb Fichte, Einige Vorlesungen über die Bestimmung des Gelehrten, 1794, S. 40).

249) Kant(각주 165), BA 65(S. 60).

250) Kant(각주 248), §11, A 93(S. 569). Schopenhauer는 Kant의 존엄성 개념에 대한 반대원칙으로 동정(Mitleid)을 제시한다. 도덕적인, 지성적인 흠결을 고려하면 존엄성에 대한 Kant식의 이해는 인간에 대한 증오와 경멸을 불러일으키게 된다는 것이다. "…사람은 자신의 번민과 간난, 불안 그리고 고통을 홀로 대면한다. 즉 사람이 다른 사람과 연관되는 것으로 느끼는 경우는 항상 그와 감정을 같이 하는 것이고, 증오와 경멸 대신에 동정심을 느끼는 것이다. 이는 복음서가 주창하는 사랑 바로 그것이다" (Parerga und Paralipomena, 1851, in: ders., Sämtliche Werke, Grossherzog Wilhelm Ernst Ausgabe, 5. Bd. o.J., S. 217).

251) Luf, Menschenwürde als Rechtsbegriff, in: Rainer Zaczyk u.a.(Hg.), FS E.A. Wolf, 1998, S. 307(322).

리개나(노리개 자체는 자유를 누리는 존재가 될 수 없다), 재산인 듯이 함부로 다룰 수 없으며 또한 방기할 수 없다."[252]

80 칸트에게 존엄성은 이론적인 이성이 아니라 실천이성의 대상이다. 전자에서 존엄성의 본질에 속하는 자유가 단지 가능성으로 인식된다고 한다면, 반면에 후자에서 그것은 필연성으로 인식된다. 존엄성은 어떤 실증적인 질은 물론이고, 존재론적인 질을 갖고 있지 아니하다. 지성적으로 인지가능한 질을 갖는다.[253] 하지만 존엄성은 경험세계의 토대로 상정될 수 있다. 존엄성 속에서 드러나는 이성의 원칙은 그것이 작용하는 역사의 현실 속에서 분명하게 구현될 수 있고, 현실에 대하여 자유를 근거로 하여 도덕적 책임을 요구할 수 있다. 말하자면 존엄성은 "현실 속에서 대면하는 모든 사람들에게 부여"될 수 있는 것이다. 인간은 타인에 대하여 인지가능한 자신인 동시에 실증적으로 감지가능한 존재이기도 하다. 따라서 자신의 특수한 육체적 존재 속에서 인지가능한 목적의 왕국, 즉 평등하고 자유로운 이성적 존재 간의 정언적인 인정의 절차를 매개하는 목적들의 왕국의 대표자이기도 하다.[254] 인간성의

---

252) Kant(각주 248), §28, AB 113, 114(S. 393f.). H. Hofmann은 이러한 공술이 실천이성에는 귀착되지만, 존재론에 귀착될 수는 없다는 점에서 그 상대화를 시도한다(각주 104, S. 64). 하지만 이러한 시도는 Kant의 초월철학의 맥락에서 사소한 것에 불과하다. 존재론에 귀착되지 않는 점으로 인하여 그 공술의 윤리적인 무게가 감소되는 것은 아닌바, 즉 그것은 법이론 내에 있는 것이기 때문이다. 자유와 함께 능력이 주어지는 존재로서의 지위가 정초되고, 따라서 부모에 대하여 어린이의 독자적인 지위가 인정되고, 부모의 의무가 그에 상응하는 것으로 설정되기 때문에 어린이의 법적 지위에 대하여 이 공술이 갖는 결론은 분명하다.

253) Kant 이전의 형이상학에서도 존엄성은 실증적인 존재의 문제가 아니라 존재론적 존재, 즉 당위가 내포된 인간의 본질적인 속성과 연관된 문제였다. Kant윤리학에서 "이성의 사실성"에 대해서는 Heiner Bielefeldt, Neuzeitliches Freiheitsrecht und politische Gerechtigkeit, 1990, S. 98ff.

254) Luf(각주 251), S. 310ff. – Kant의 논리체계상 존엄성의 침해를 불가능한 것으로 본 Horst Dreier의 오해에 대한 반론, GG(LitVerz.), Art. 1 Abs.

인지가능한 본질적인 속성(객관적 원칙)에서 도덕적인 명령(주관적 원칙)이 도출된다: "자신에 대해서든, 다른 모든 사람들에 대해서든 인격을 결코 수단으로 사용하지 말고 목적으로 취급하여 행동하라."[255] 모든 사람들은 스스로 이러한 행동의 의무를 진다. 그 누구도 인간의 인격에 대하여 마음대로 할 수 없으며, 인간을 파멸시키거나 죽일 수 없다.[256] 도덕적인 의무에 따르고, 그로 인해 현실적으로 불이익을 받는 사람은 인간성, 즉 인격과 존엄성을 지키고 존중한 것이라는 점에 대하여 믿음을 갖는다.[257] 인간성의 존엄은 타인의 인격과 마찬가지로 자신과 관련해서도 존중되어야 한다. 다른 사람을 속이거나, 타인의 자유와 재산권을 침해한 사람은 그들을 수단으로 격하시키는 것이다. 방탕아조차도 인간으로서의 존중을 요구할 권리를 갖는다. 인간으로서의 속성 자체는 박탈될 수 없기 때문이다.[258] 비록 도덕적 행위를 할 수 있는 능력을 활용하지 않는다 하더라도, 그것을 갖고 있는 것 자체로 타인의 존엄성은 존중되어야 한다. 누구도 도덕성을 강제당할 수 없기 때문이다. 다만, 모든 사람은 스스로 도덕률에 따라야 할 의무를 진다.

칸트는 존엄성의 명제를 자신의 법이론이 아니라 덕성론의 틀 81
속에서, 즉 합법성이 아니라 도덕성의 문제로 다룬다. 칸트에게 있어서 도덕성과 합법성, 규범에 맞는 심성과 규범에 맞는 행태는 엄격하게 구별된다. 이러한 점에서 존엄성은 도덕적인 내심영역과 관련될 뿐이고, 법의 외적 영역과는 무관한 것이 분명하기 때문에 기본법의 해석에서 칸트의 존엄성 철학의 수용은 원천적으로 배제

1 Rn 13.

255) Kant(각주 165), BA 67(S. 61).

256) Kant aaO.

257) Kant, Kritik der praktischen Vernunft, 1788, in: ders., Werke Ⅳ(각주 248), A 158(S. 211).

258) 모욕적인, 인간 자체를 경멸하는 형벌에 대해서는 Kant(각주 165), §39, A 141(S. 61). Vgl. auch(각주 165), BA 67(S. 61f.).

된다고 한다.[259] 하지만 도덕성과 합법성의 구별이 무관계성을 의미하는 것은 아니다. 법이 강제질서, 즉 자유의 일반법칙에 따라 한 사람의 자의가 다른 사람의 자의와 일치되게 하는 강제질서라고 한다면,[260] 이는 간접적으로 덕성론상의 정언명령과 유추되는 연관성의 관계로 설정될 수 있다. 하지만 여기에서 일반법칙은 자유의 법칙이고, 자유의 이념은 외적인 법영역을 내적인 도덕의 영역과 연결시킨다. 법이론의 맥락에서 자유는 다른 사람에 의한 강제적인 자의로부터 독립을 뜻하는바, 즉 자유는 "독자적이고, 근원적인, 즉 인간성을 근거로 하여 모든 사람에게 부여되는 권리"[261]이다. 그러나 바로 이 법은 정언명령에 따른 윤리적인 자기입법을 핵심으로 한다. 요컨대, 법은 인간에게 자유를 인정함으로써 인간의 윤리적인 존엄성을 존중하고, 따라서 윤리적 존엄성은 간접적으로 법에 영향을 미치는바, 결국 법은 윤리적인 토대와 함께 윤리적인 한계를 갖는다.[262]

6. 존엄성의 자유주의적인, 사회주의적 측면들

82 이념사적으로 볼 때 자유와 존엄성은 한 짝을 이루고 있다. 종교적인 의미에서 존엄성은 의사의 자유를 토대로 하고, 존재론적 의미에서는 이성의 본질을, 도덕적인 의미에서는 윤리적인 자

---

259) 이러한 의미에서 H. Dreier, GG(LitVerz.), Art. 1 Abs. 1 Rn 13. Kant의 존엄성 윤리학과 존엄성 법규 간의 차이에 대해서는 Gröschner, Menschenwürde(각주 212), S. 32ff.; Enders(각주 17), S. 189ff. 헌법해석에 Kant를 무비판적으로 수용하는 경향에 대한 비판은 Herdegen(각주 115), S. 140; ders., in: Maunz/Dürig(LitVerz.), Art. 1 Abs. 1 Rn 12; H. Hofmann(각주 120), A. 45(S. 345).

260) Kant(각주 165), A 33(S. 337), A 45(S. 345).

261) Kant(각주 248), A 45(S. 345).

262) Dreier를 비롯한 국가법학자들과의 비판적인 토론 속에서 Luf(각주 251), S. 316ff. 윤리적인 독자성의 표현으로서 법적인 자유에 대해서는 Bielefeldt (각주 253), S. 108ff.

치를 토대로 한다. 인간은 자기결정 및 자기책임의 소명을 받고 있기 때문에 존엄성이 부여된다. 이러한 토대관계는 정치 및 도덕적 관점으로 회귀한다. 인격의 주체로서 개개인은 국가권력에 우선되기 때문에 법적으로 보장된 자유를 요구한다. 자유주의적 국가는 개인의 자유로운 인격발전을 방해하거나 조종하려고 하지 않음으로써 존엄성을 존중한다. 자유주의적 국가는 모든 사람들에게 유효한 일반적인 법칙의 넓은 범위 안에서 법적 관계를 사적 자치에 따라 규율하는 것을 개인에게 맡긴다. 훔볼트(Wilhelm von Humboldt)는 국가의 영향을 불가피한 최소한의 범위로 국한시키려는 시도 속에서 "인간의 존엄성에 부합하는 인간의 내적인 존엄성과 자유에 대한 가장 깊은 존중에 고무된 느낌"을 감추지 못한다.[263] 모든 실질적인 곤궁과는 거리가 먼, 자격을 갖추고 스스로 결정되는 인격의 고상한 형상은 자유주의적 구상의 배후에 자리잡고 있다. 토크빌(Alexis de Tocqueville)은 현대의 대중민주주의에서 국가의 무제한적인 확장의 경향, 즉 독재체제 같이 폭력적이지만 제한된 것이 아니라 부드럽지만 무제한인 전제정체, 즉 강요하여 못살게 굴지는 않지만, 인간의 품격을 떨어뜨리게 될 전제체제의 등장가능성을 보았다.[264]

공교롭게도 이상주의자인 쉴러(Schiller)는 그의 풍자시 "인간 83
의 존엄성"에서 이념의 영역을 깨뜨린다: "나는 당신들에게 더 이상 청원하지 않는다. 먹거리와 집만 주고, 그리고 알몸을 가릴 수 있게 된다면 존엄성은 저절로 주어진다." Schiller는 현실과 동떨어진 이상을 내세우지 않는다. 오히려 그는 존엄성이 인정되는 인간의 생활환경이 열악해진 것을 주목하고, 존엄성이 생성되는 현

---

263) Wilhelm von Humboldt, Ideen zu einem Versuch, die Grenzen der Wirksamkeit des Staates zu bestimmen(1792), 1962, S. 169.

264) Alexis de Tocqueville, De la Démocratie en Amérique(1835/40), 4. Partie, Chapter Ⅵ.

실의 조건을 적시한다. 19세기 사회운동의 프로그램은 바로 노동자 계층과 모든 사회적 약자를 위해 인간다운 생활상태를 조성하는 것이었다.[265] 이는 "모든 사람들의 인간다운 생존"이라는 정의의 목표를 주창한 바이마르(Weimar) 헌법전에 처음으로 수용되었다.[266] 이념이 현실의 귀착지에 도달한 것이다. 인간의 위엄이라는 이상은 인간의 비천함을 극명하게 드러내주는 대비점이 된다. 이는 사회상황에 대한 비판의 근거와, 또한 인간다운 생활조건의 표준, 즉 인간다운 생활의 최저수준을 설정하는 척도를 제공해준다. 이념 그 자체는 국가의 활동과 떨어져 있는 것이지만, 그 이념에서 도출되는 사회정치적인 요청들은 국가의 책임에 귀속되고, 사회의 자기규율이 실패하는 범위에서는 국가의 행위를 요구한다. 인간의 존엄성은 사회적인 국가목표들과 연결된다. 존엄성이라는 개념이 표상하는 인간성의 자산은 정치적 실천에 인입되어서,[267] 원래는 인간의 개별성의 상징인 (존엄성의: 역자 부기) 이념이 이제는 인간의 연대성의 상징이 되었다.

84 인간의 존엄성은 철학적 유물론과 본질적으로 다르다.[268] 존엄성은 자연과학적으로 증명될 수 없다. 생물학적인 관점에서 보면 호모 사피엔스의 종은 동물보다 상위에 있지 아니하다. 신생아의 생명이 돼지의 생명보다 열등한 것으로 평가될 수도 있다.[269] 그렇

---

265) Lassalle과 Proudhon의 인용하에 노동운동의 투쟁개념에 대한 논의는 Podlech, AK-GG(LitVerz.), Art. 1 Abs. 1 Rn 4. Vgl Bd. I: Stern, Die Idee der Menschen- und Grundrechte, §1 Rn 62ff.; Volkmann, Grundrechte und Sozialismus, §12 Rn 27ff.

266) Art. 151 Abs. 1 Satz 1 WRV. 이에 관해서는 앞의 단락 10.

267) 앞의 단락 10.

268) Vgl. Bd. 1: Brunner, Grundrechtstheorie im Marxismus-Leninimus, §13 Rn 41ff.

269) 같은 의견 Peer Singer, Praktische Ethik, 1984, S. 169. 근본적인 비판은 Martin Kriele, Grundprobleme der Rechtsphilosophie, 2003, S. 169f.

지만 경제적 상황에 의해 인간이 규정되는 것으로 믿는 변증법적 유물론도 그것이 자기 스스로 짊어진 노예상태로부터 해방을 추구하는 것인 점에서는 존엄성의 이념에서 도덕적인 열정을 이끌어낼 수 있다. "경제적인 해방이 없이 인간의 존엄성이 있을 수 없고 또한 인권이 없는 경우에도 모든 종류의 고용주와 피고용자의 관계를 넘어서 인간의 존엄성이 가능하지 않기 때문에" 변증법적 유물론도 자연법적인 존엄성의 유토피아의 별들을 잡으려고 애쓴다. "이 두 가지는 동일한 계기 속에서 자동적으로 생겨나지 않고, 경제우선과 인본주의의 우선성은 상호 교차적으로 의존된다. 착취가 끝나지 않는 한 인권이 실제로 정착될 수 없고, 인권이 정착되지 않는 한 착취가 없어질 수 없다. …특히 고전적인 자연법의 요체는 궁극적으로 소외되지 않는 공동체의 규범의 비망록 속에서 끝까지 소외되지 않는 인간의 자격을 용감하게 주창하는 것이다."[270] 레닌(Lenin)주의에 입각한 1968/74년의 동독 헌법[271]에 의하면 모든 권력은 시민의 존엄성을 수호하는(제4조) 동시에, 시민들의 사회주의적인 생활양식을 보장한다; 인격의 존엄성과 자유에 대한 존중과 보호는 "모든 국가기관과 사회세력들, 그리고 모든 개별 시민들에 대한 명령"이고(제19조 제2항); 사법(司法)은 "인간의 자유와 평화로운 생활, 권리, 그리고 존엄성"을 보호한다(제90조 제1항 2문) - 물론 이 모든 것은 그 어느 누구든지 헌법에 대해서 말꼬리를 잡는 것을 배제하는 사회주의적인 법칙성과 사회주의적 당파성의 기준에 따른 것이었다.[272]

270) Ernst Bloch, Naturrecht und menschliche Würde, 1975, S. 13.

271) Vgl. Bd. I: Brunner, §13 Rn 36ff., 52ff., ferner aaO., E. Klein, Von der Spaltung zur Einigung Europas, §5 Rn 35ff.

272) Vgl. Bd. I: Brunner aaO., Rn 77ff.

Ⅲ. 헌법도그마틱적 결론

1. 인간존엄성 전통의 관련성

85 기본법은 종교나 윤리, 신학 또는 철학의 입장들을 그것들이 인간존엄성의 이념사에 제시한바 그대로 계수하지는 않았다. 키케로, 푸펜도르프, 칸트를 비롯한 다른 고전 저자들의 입장과 동일하지 아니하다. 물론 선구적인 사상가들이 수천 년에 걸쳐서 전제조건을 갖추어 주지 않았다면 헌법제정자들이 인간존엄성의 보장을 헌법에 규정할 수 없었을 것이고, 고려하는 것조차 불가능했을 것이다. 다만 오늘날 존엄성의 이념에도 해당되는 기본권적 해석은 옛날 사상가들에게는 낯선 것이었다. 오늘날 그들의 사상들이 기본법 제1조 제1항을 둘러싼 사상과 일치하지 않는다는 것은 별로 힘들이지 않고도 증명된다.[273] 하지만 사상가들의 인식들은 그것들이 – 직선적이기보다는 곡절이 많게, 개방적이기보다는 은밀하게 – 유동적인, 또한 가변적인 현상 속에서 당대의 시대정신을 반영한

---

273) 역사적인 의미와 무관하게 Horst Dreier는 인간존엄성에 대한 기독교의 계보학에 대하여 기독교는 노예제도와 마찬가지로 오늘날 인간존엄성에 배치되는 사회적, 법적 상황을 수인 또는 승인하였었고 또한 교화는 나중에 가서야 인권과 화해하였다는 것이라고 반박한다. 말하자면 교설로부터 국가법질서 속에서 인간의 지위와 가치 및 존엄성에 대하여 또는 그것의 특정한 형성에 대하여 아무런 구체적인 준거나 구속력 있는 지침 등이 도출되지 않는다면, 그에게 이는 바로 종교가 국가법질서에 대하여 미치는 영향을 부정하는 근거가 되는 것이다. Pico와 Pufendorf, 심지어는 Pascal의 존엄성에 대한 견해가 기독교에 의해 규정된 것인 점을 Dreier는 무시한다. 반면에 그는 거리낌 없이 인간의 존엄성을 고대는 물론이고 인본주의 및 계몽주의의 전통, 즉 기독교에 의해 순화된 전통과 인간의 존엄성을 연결시킨다. GG(LitVerz.), Art. 1 Abs. 1 Rn 5ff.
Hans-Georg Dederer는 특이하게 단순하며 비역사적인 논증을 제시하는바, 즉 교회의 이론은 연방헌법재판소가 인간의 존엄성을 기술한 것 같이 인간존엄성의 이념을 구체적으로 형성 및 발전시킬 수 없기 때문에 기독교는 인간존엄성을 규정하는 영향력을 행사할 수 없었다는 것이다. Die Grarantie der Menschenwürde, JöR n. F. 57, 2009, S. 89(103).

전통의 흐름을 좌우한 것인 한, 그 범위 내에서는 당대를 넘어서 영향을 미친다. 헌법제정자는 이러한 흐름에 따라 자신의 정치적 필요성에 부응하는 이념을 만들어내는 것이다. 이 과정에서 헌법제정자는 역사적인 저작권이나, 이들 인간성에 대한 사상들이 당대 역사의 흐름 속에서 경험하였던 변환들에 대해서 탐문하지 아니한다. 더욱이 헌법제정과정에서 록크(Locke)나, 몽테스키외(Montesquieu), 루소(Rousseau) 등과 같은 고전으로 인정되는 사상가들에 대한 정신사적 연구성과들이 집적되는 것도 아니다. 그들의 국가이론적인 전제조건들 역시 존중될 필요는 없다. 헌법제정자들은 법적인 규율들에 대하여 결단하는 것이지, 그 근거들에 대하여 결정하지 아니한다. 헌법제정심의위원회 구성원들 중 그 누구도 인간존엄성의 이념사에 대하여 어느 정도라도 정통하였다고 할 수는 없다. 누구도 인간존엄성에 분명한 개념을 심의에서 언급하지 않았다. 위원회도 스스로 동 개념을 제시하는 것이 아니라 발견하여 자신의 것으로 만든다는 것을 의식하면서 "해석되지 않은 명제"[274]라고 적시하는 것으로 만족하였다. 말하자면 명백한 개념 대신에 그 함의가 분명하게 드러나지 않는 불명료한 이념, 그러나 미래 공동체의 선한 정신을 체화하고, 또한 고상하며 미래지향적인, 정치 및 도덕적으로 부패하지 않은 전통들을 표상하는 이념만을 제시하였다.

2. 헌법의 존엄성 이해의 기독교적 전제조건

기본법 제정 당시에 생생하게 큰 영향을 미쳤던 전통들은 플 86
라톤과 스토아철학의 요소를 수용한 기독교 정신과, 기독교 전통의 영향을 많이 받았고 또한 그 핵심요강이 기독교와 일치하는 세

274) 앞의 단락 19ff.

속적인 인본주의의 윤리였다.[275] 기독교정신은 원천적으로 국가 및 사회윤리가 아니다. 그것은 차안의 세계에 속하지 않는 왕국을 선포하고, 그곳에서 대면하게 되는 가장 큰 은총을 국가세계에 전해준다.[276] 하지만 "복음서는 사회적인 사자(Botschaft)는 아니지만 사회적 요청으로서 작용한다."[277] 기독교정신은 서양의 문화적 배양토를 마련해주었고, 인권과 인간존엄성의 사상은 바로 이 토대에서 생장하였다. 그것들은 오로지 이 위에서만 발전될 수 있었다. 부분적으로는 교회와 충돌하는 가운데 관철되어야만 하기도 했지만, 인권과 인간존엄성의 사상은 기독교정신의 파생물이다.[278] 인간과 신의 관계에 대한 성경의 공술은 인간의 자의식에 대한 각성과 규정을 통하여 간접적으로, 우회적으로 인간들 상호간의 또한 인간과 국가 간의 관계에 대하여 중요한 의미를 갖게 되었다. 즉 창조설과 구원론으로부터 차안의 세계에서 인간의 존엄성을 구체적으로 형성하는 윤리적인 결론들이 도출된다. 애초부터 인간이

---

275) Graf Vitzhum, Die Menschenwürde als Verfassungsbegriff, JZ 1985, S. 201(206); Walter Leisner, Das Ebenbild Gottes im Menschen – Würde und Freiheit, in: ders.(Hg.), Staatsethik, 1977, S. 81ff.; Spaemann(각주 4), S. 295ff.; Starck(각주 113), S. 814ff.; Korinek, Die Gottesebenbildlichkeit des Menschen als Grundlage moderner Grundrechtskataloge, in: Egon Kapellari u.a.(Hg.), FS Donato Squicciarini, 2002, S. 76ff.; Arnd Uhle, Freiheitlicher Verfassungsstaat und kulturelle Identität, 2004, S. 120ff., 143ff. 종교적인 근거 제시에 대해서는 Kriele(각주 269), S. 169ff. Vgl. auch ders., Befreiung und politische Aufklärung, 1980, S. 55; Wolfgang Reinhardt, Geschichte der Staatsgewalt, 2000, S. 259.

276) Jacob Burckhardt, Weltgeschichtliche Betrachtungen(1905), Ausgabe von Rudolf Stadelmann, 1949, S. 149에서 재인용함.

277) Martin Dibelius, Das Soziale Motiv im Neuen Testament, in: ders., Botschaft und Geschichte, Bd. Ⅱ, 1953, S. 178ff.

278) 이에 관해서는 Isensee, Keine Frieheit für den Irrtum, ZRG, kan. Abt. LXXIII(1987), S. 296ff.(Nachweise); Rudolf Uertz, Vom Gottesrecht zum Menschenrecht, 2005, S. 33ff., 193ff., 363ff.; Arnold Angenendt, Toleranz und Gewalt, 2009, S. 110ff.

인격의 주체로 존재함; 타인에 대한 인간의 불가처분성; 타인의 존중에 대한 요구와 자기 자신의 존엄성과 마찬가지로 타인의 존엄성을 존중해야 할 의무; 도덕적인 책임 속의 자유; 본질적인 속성으로서 평등; 이웃사랑 등이 그것이다. 헤겔(Hegel)은 이러한 간접적인 영향에 대하여 다음과 같이 기술한다. 종교 속에서 인간으로서 자신의 본질인 절대정신과의 관계를 알 수 있다면 인간은 종교의 영역을 넘어서 세속적인 존재영역에서도 국가나 가족의 실체로서 신적인 정신을 보유하게 될 것이라는 것이다. 이 관계들은 바로 그러한 정신을 통해 형성되고, 개개인에게 윤리적인 상념이 이식되는 것과 마찬가지로 그 정신에 적합하게 창설된다. 헤겔에 따르면 자유의 이념은 기독교를 통해 생성되었다. 즉 "신의 사랑의 대상이고 목표인 개인이 정신으로서 신과 절대적인 관계를 맺은 것으로, 또한 그 정신을 내재적으로 보유하는 것, 말하자면 인간이 그 자체적으로 최고의 자유로운 존재인 것으로 규정됨으로써 개인은 그 자체로서 궁극적인 가치를 갖게 된다"는 것이다. 여기에서 종교적인 의식은 정치적인 이념으로 전환된다. 이로써 헤겔은 자유에 대한 기독교적 이해를 "정신과 마음의 원칙을 뜻하는 개념, 그렇지만 동시에 대상성, 즉 학문적으로는 물론이고 법, 윤리 및 종교적인 현실성으로 발전해나가는 것으로 결정된 개념"으로 파악한다.[279] 니체(Nietzsche)는 그 자신에게는 현대적인 것이었던(그 자신에 의해서는 배척된) 평등사상을 신 앞의 평등이라는 기독교적 이론에 귀착시키는데,[280] 이 과정은 정반대의 구상 속에서 인식되고 평가된다. 역사적으로 작동되는 과정은 복합적이다. 성상론(聖像論)으로부터 기본법상 인간존엄성의 이념으로 이어지는 길은

---

279) Georg Wilhelm Friedrich Hegel, Enzyklop die der philosophischen Wissenschaft im Grundriss(1830), §482, Meiner Ausgabe, 1959, S. 388.

280) Nietzsche(각주 196), S. 252. 앞의 단락 63.

장구한 것인 동시에 곡절이 적지 않았다. 기본권의 개인주의도 인간의 인격의 주체로서의 존재에 대한 종말론으로부터 직접 유래된 것은 아니다.[281] 종교적인 원천은 윤리적인 요청으로 이어지고, 법적 원칙들은 바로 이 윤리적 요청에서 생성된다. 존엄성에 대한 이해의 처음 단계에 인간의 신과의 관계가 자리 잡고 있다고 한다면, 이는 인간 상호간의 관계, 그리고 더 나아가서는 인간과 국가의 관계를 규정하는 단계로 확대된다.

87 존엄성에 대한 기독교의 이해와 헌법적 이해 간에 도대체 어떤 연관성이 있는가 하는 것은 해묵은 논란거리였다.[282] 개인주의는 현대적인 헌법적 이해에서 비로소 수용된 것이기 때문이다. 즉 프랑스 대혁명은 모든 전통적인 사상들과 결별하였다. 자유주의적인 자유 및 평등의 이념은 기독교의 전통과 반대의 지향성을 갖고 있었고, 교회는 이 이념들에 대항하여 투쟁하였었다는 것이다.[283] 실제로 그것은 근본적인 충돌이었다.[284] 18세기의 계몽주의는 물론이고, 그 단초였던 르네상스와 초기 근대의 자연법은 사실상 교회 및 교회와 연계된 기독교 정신으로부터의 해방에 대한 추동이었다. 하지만 해방이 그 근원의 규정성을 취소하는 것은 아니다. 반

281) 신학적인 공술로부터 기본권을 추론하는 것의 어려움에 관해서는 Isensee, Menschenrechte – Staatsordnung – Sittliche Autonomie, in: Johannes Schwartländer(Hg.), Modernes Freiheitsethos und sittlicher Glaube, 1981, S. 70(77f.).

282) 이 연관성을 부인하는 견해는 H. Hofmann(각주 120), S. 54ff.; H. Dreier, GG(LitVerz.), Art. 1 Abs. 1 Rn 5ff. 유사한 의견은 Dederer(각주 273), S. 102ff.

283) 예컨대, Horst Dreier, aaO., Art. 1 Abs. 1 Rn 5ff.; ders., Lebensschutz und Menschenwürde in der bioethischen Debatte, in: ders./Wolfgang Huber(Hg.), Bioethik und Menschenwürde, 2002, S. 9(41ff.).

284) 이에 관해 자세한 사항은 Isensee(각주 278), S. 296ff.; Uertz(각주 278), S. 33ff.

명제는 선재하는 명제에 의해 결정된다. 반명제는 그 표상만을 변화시킨다. 역사에서 완전히 새로운 시작은 있을 수 없다. 여기에서도 분명하게 드러나는바, 연결은 불가피한 것이다. 그럼에도 불구하고 법률가적인 또는 비법률가적인 습관을 갖고 있는 많은 헌법해석자들은 기본법 제1조 제1항의 규범이 순수한 기독교적 내용을 포함하고 있다는 생각을 단호하게 배척한다. 기독교 이론들은 그 어떤 일반적인 구속력을 가질 수 없다는 것이다. 기독교 이론의 특수성 때문에 그런 일반적인 구속력은 적어도 전체 사회에 대해서는 기대할 수 없고, 그 종교적 성격으로 인해 기독교 이론이 종교적 중립의 의무를 지고 있는 국가의 헌법에 귀속될 수 없는 것은 맞다. 하지만 그들은 기본법 제1조 제1항이 인간존엄성의 종교적인 근거가 아니라 그 속세적인 내용, 즉 그 근원이 아니라 파생물을, 그 배양토가 아니라 산물을 독자적으로 만든 것이라는 것을 오해하고 있다.

기독교의 뿌리에 대한 언급은 반사적으로 이데올로기적인 의 88
심, 말하자면 헌법해석을 수단으로 하여 전체 사회를 교회 내부의 도덕으로 덮어씌우려고 한다는 의심을 불러일으킨다.[285] 존엄성 개념의 성스러운 유래를 언급하는 것은 시대정신에 의해 법질서를 종교적인 진리에 의존하게 만드는 근본주의적인 신학화의 병리현상, 말하자면 담론을 해치는 일종의 병증으로 비난받는다.[286] 이른바 '기독교공포증' 득세의 현상이다.[287] 세계관적으로 또는 철학적

285) 이른바 개념제국주의라는 비난은 H. Hofmann(각주 120), S. 54. H. Dreier는 기독교적인 전제조건을 내세우는 것은 비기독교적인 또는 비종교적인 논증의 가능성을 부정하는 것이라는 점을 강조한다. GG(LitVerz.), Art. 1 Abs. 1 Rn 7. Wetz는 인간존엄성의 이념과 국가의 중립성이 원천적으로 배치되는 것으로 본다(각주 159), S. 96ff., 397ff.

286) Julian Nida-Rümelin, Über menschliche Freiheit, 2005, S. 129ff.

287) 유럽지역에서 같은 경향에 대해서는 Joseph H.H. Weiler, Ein christliches Europa, 2004, S. 75ff.

으로 중립적인 헌법이 특정한 헌법과 동일한 것이 아님에도 불구하고, 헌법해석자가 예컨대 칸트같은 특정 철학자를 근거로 제시하는 경우에는 이러한 종류의 접촉 자체에 대한 우려가 야기되지 않는다. 하지만 칸트가 자신의 존엄성 윤리를 세운 세속적인 토대는 박약한 것일 뿐이다. 칸트 자신도 그가 믿지는 않지만, 그럼에도 불구하고 실천이성의 전제들과 함께 불러내었던 신앙교리 없이 자신의 철학을 전개한 것은 아니었다.[288] 중립성은 그것이 기독교 정신의 관련성에 대한 반박의 논거가 되지 않는 것과 마찬가지로, 칸트철학의 헌법 도그마틱과의 연관성에 대한 반박의 논거는 아니다. 다만 이 중립성의 명제는 그 근원, 특히 카톨릭의 자연법과 칸트 윤리학의 영향을 크게 받은 뒤리히(Dürig)의 인간존엄성에 대한 근본적인 해석론에서 벗어나려고 하는 오늘날의 국가법이론의 경향을 잘 보여주는 특징이다.[289] 말하자면 오늘날의 헌법해석은 가치를 재평가할 수 있는 자유를 획득하였다. 이에 반해 초기의 연

---

288) 칸트는 인간의 독자성을 논증하기 위하여 심지어는 신의 가설적인 의지를 논거로 주장한다(Kritik der praktischen Vernunft, 각주 257, A 156, S. 210f.). 니체(Nietzsche)는, 적어도 명시적으로는 칸트와 관계없이, 믿을 수 없을 정도로 존엄성을 상실한 인간이, 도덕적인 가치가 핵심가치라는 믿음을 갖고 인간의 존엄성을 고수하려고 하는 모든 형이상학자들이 그러한 것과 마찬가지로 "현존재의 결정적이고 또한 그 자체적으로 가치가 충만한 측면과 밀접한 관계에 있음을 증명하려고 애쓰는 것을 바로 현대의 특징으로 본다. 신을 보내 버린 사람은 그만큼 도덕에 대한 믿음에 더더욱 집착한다"(Aus dem Nachlass der Achtziger Jahre, in: Friedrich Nietzsche, Ausgabe Schlechta, 3 Bd., 1963, S. 880). 신과 단절된 인권 자유주의의 딜레마에 대한 개관으로는 Werner Becker, Ein Plädoyer wider den Universalismus, FAZ v. 24. 6. 2006, Nr. 144, S. 50. Vgl. Luf(각주 251), S. 308. Kant의 수용에 대한 부정적인 견해는 H. Hofmann(각주 120), S. 61ff.

289) 예컨대 Dürig의 입장선회에 대해서는 Herdegen, in: Maunz/Dürig, GG (LitVerz.), Art. 1 Abs. 1 Rn 19ff.; H. Hofmann(각주 120), S. 51ff. Dürig학설의 분석은 Graf Vitzhum(각주 275), S. 206. 해석의 변화에 대한 근본적인 비판은 Böckenförde(각주 76), S. 1216ff.

방헌법재판소는 세속주의적인 접촉에 대한 우려를 갖지 아니하고, 솔직하게 "창조질서 속에서 인간은 고유한 독자적인 가치를 가진다"는 관념을 자유민주적 기본질서의 전제로 인정하였다.[290]

인간존엄성의 기독교적인 정초는 헌법의 시야 바깥에 있다. 89
헌법국가는, 단지 반만 볼 수 있지만 오롯이 둥글고 아름다운 달, 즉, 세속적인 이성의 빛에 의해 밝혀진 달의 일부분만을 응시한다. 초월적인 것에 대해 눈을 감은 헌법국가는 밝혀진 반의 부분만을 볼 수 있고, 또한 그렇게 하려고 할 뿐이다. 나머지 반의 부분은 헌법국가와 관계가 없다. 헌법전의 서문에 규정된 신과의 연관성에서 나머지 반의 부분이 있을 수 있다는 점이 암시되고 있을 뿐이다. 다만 이는 기독교를 비롯하여 그 어떤 종교적인 신앙고백도 아니다. 그러나 신과의 연관성을 표현한 이 서문의 규정에는 인간 및 인간의 성과, 그리고 인간의 규범의 불완전성에 대한 고백과 함께, 섬김의 결의, 국민주권의 오만함과 국가의 신격화에 대한 부정, 그리고 헌법이 완전한 세계의 계몽이 아니라 하나의 미완성의 조각품(Torso)에 불과하다는 자기고백의 뜻이 포함되어 있다.

인간존엄성 이념의 기독교적 전통의 계보는 국가법이론에 대 90
하여 역사적인 의미를 갖는다. 헌법이론은 이 계보와 연결되어 선이해를 발전시킬 수 있다. 헌법이론은 헌법이 정언적으로 규정한 것을 정초한다. 존엄성의 근거를 찾고, 초월적인 것으로부터 그 근거를 도출하는 것은 헌법이론에 위임된다. 다만 헌법이론이 인간의 존엄성을 유효한 법으로 증명하지는 못하고, 또한 헌법규범에 대한 가능한 선이해와 그에 대한 법적인 해석 간의 구별을 희미하게 하여서는 아니 된다는 것만은 분명하다. 헌법이론에 있어서 정당한 것이라고 하더라도 헌법 도그마틱에 있어서는 타당한 것이

290) BVerfGE 2, 1(22); 39, 1(67). 이에 대한 반론은 Haltern, Relativierung der Würdeinterpretation als ihrer Säkularisierung(각주 79), S. 120ff.

아닐 수 있다.[291] 기독교적인 이념의 유산이 인간존엄성의 헌법적 보장에 인입된 것인지, 얼마나, 그리고 어떤 형식으로 인입되었는지를 심사하는 것은 헌법 도그마틱에 과제로 주어져 있다. 이 과제는 기독교 전통의 요소만이 아니라 잠재적인 모든 전통요소들에 대해서도 주어져 있다.

91 인간의 존엄성에 대한 선법적인 입장들 중 그 어느 것도 자신의 신빙성 있는 내용을 가지고 헌법에 진입할 수는 없다. 헌법은 이질적인 내용을 배척하는 자신의 독자적인 면역체계를 갖고 있다. 선법적인 사상은 그것이 헌법에 맞게 정리되고, 그 맥락에 맞게 편입될 수 있는 경우에만 또한 그 범위 내에서만 수용될 수 있을 뿐이다. 그만큼 수용가능한 해석의 자료는 축소된다. 존엄성의 헌법적 보장은 신에 대한 인간의 관계나, 우주 속에서 인간의 지위, 그리고 인간의 윤리적인 결정성 등과 연관되지 않는다. 신앙고백식의 표현양식에도 불구하고 인간존엄성의 보장은 종교적인 것이 아닌, 세속적인 본질을 갖는다. 그 표현은 기술적(記述的)이지 않고, 규범적이다. 그 효력은 단순히 윤리적인 것이 아니라 법적인 것이다. 또한 내적인 심정, 즉 도덕성이 아니라 외적인 행태, 즉 합법성을 지향한다(바로 이 점에서 이미 존엄성에 관한 Kant의 덕성론과는 다르다). 본래의 수범자는 국가권력이다. 이와 함께 구체적인 활동과 연관하여 존엄성보장으로부터 도출되는 결론들은 법치국가의 배분원리, 즉 개인의 시원적인 자유에서 도출되는 바와 같이 자유권에 대한 모든 국가적 제한은 정당화되어야만 한다는 배분원리의 토대가 된다. 말하자면 인간존엄성의 보장이 개인에 대해서 직접적인 법적 의무를 부여할 수 없고, 오히려 법적 의무를

291) 이에 관한 일반적인 논의는 Jestaedt(각주 125), S. 74ff. 헌법이론으로부터 바로 기본법 제1조 제1항의 해석론을 도출하는 예로 Hasso Hofmann은 계약론을 제시한다. 이에 관해서는 앞의 단락 31ff.

부여하기 위해서는 형식적인 의미의 법률의 매개를 필요로 한다는 것이다.

D. 기본법 제1조 제1항의 효력양식과 규범적 의미

기본법의 서두문장은 교리인 동시에 법규이다. 인간성에 대한 고백과 함께 그 토대에 대한 법적 인정 및 그에 따른 실제적인 결론들을 포함한다. 인간의 존엄성은 국가공동체 건설을 지배하는 윤리적, 법적 기반을 형성한다. 최고의 규범적 기대는 인간의 존엄성을 지향한다. 다른 모든 것이 유동적이라면 인간의 존엄성은 확고한 토대이어야 하고, 다른 모든 것이 불안정한 것으로 보이는 반면 그것은 안정된 거점이어야 한다. 세속의 사회는 모든 법의 상대성에도 불구하고 인간의 존엄성 속에서 절대적인 것을 추구한다. 인간의 존엄성에 대하여 가능한 최고의 효력을 부여하기 위하여 헌법은 예방책을 마련해 놓았다.[292] 다만 이 효력은 다양한 측면들을 갖는다. 92

I. 공공복리목표들 중에 최고의 것

1. 등급과 규범의 질

헌법제정심의위원회에서 인간의 존엄성이 "차안의 세계에서 최고의 가치"를 갖는다는 것에 대해서는 견해가 일치되었다.[293] 기본법 제1조 제1항에 대한 지배적인 이해는 이러한 헌법정책적인 93

292) 가장 큰 법률적 효력의 관점에 대해서는 Mathias Jestaedt, Grundrechtsentfaltung im Gesetz, 1999, S. 46ff.; Starck, Die Verfassungsauslegung, HStR ²VII, §146 Rn 35.

293) 앞의 단락 21. 가치범주들의 문제에 대해서는 앞의 단락 164.

의도에 부합된다. 기본법에 의해 보장되는 인간의 존엄성은 "헌법적 질서 내에서 최고의 법가치",[294] "기본권적 가치체계 내에서 최상의 가치",[295] 그리고 "헌법의 최고가치",[296] 심지어는 세계법의 최고가치[297]로 인정된다. 다분히 자유부동적인 가치개념과 다분히 토대에 귀속되는 원칙으로서의 개념 간에 내용상의 차이는 확인될 수 없기는 하지만, 가치로서 인간의 존엄성은 이러한 특수한 지위설정과 함께 최고의 원칙으로서도 존재한다.[298] 아무튼 인간존엄성의 "최고의 창설원리"로서의 최상급의 지위는 분명하다.[299] 연방헌법재판소는 어의학적으로 자제하면서도 창설원리들 또는 "주도적인 창설원리들"을 언급하는바,[300] 존엄성의 "최고법가치"와의 연관

---

294) BVerfGE 50, 166(175). Schmidt-Jortzig, Zum Streit um die korrekte dogmatische Einordnung und Anwendung des Art. 1 Abs. 1 GG, in: FS Isensee, 2007, S. 491(495ff.)

295) BVerfGE 50, 166(175). Vgl. auch E 5, 85(204); 6, 32(41); 27, 1(6); 30, 173(193); 52, 98(108); 96, 375(399). Josef M. Wintrich는 "기본법의 핵심가치"라는 대담한 표현을 제시한다(각주 97), S. 14.

296) Herdergen, in: Maunz/Dürig, GG(LitVerz.), Art. 1 Abs. 1 Rn 4.

297) Di Fabio, Grundrechte als Weltordnung, JZ 2004, S. 1(5). Bd. Ⅱ, Di Fabio, §46 Rn 33.

298) 예컨대, BVerfGE 50, 166(175). Bd. Ⅱ, Di Fabio, §46 Rn 32ff. 원칙은 법규와 그 질이 분명히 구별된다. 법규는 법률(lex)이고, 원칙은 법의 근거(ratio legis), 좀 더 정확하게 말하면 창설근거(ratio constitutionis)이다. R. Alexy에 따르면 원칙과 가치의 차이는 한 점으로 수렴된다. 즉, "가치모델에서 일응 최선인 것이 원칙모델에서는 일응 당위적인 것으로 설정되고, 가치모델에서 확정적으로 최선인 것은 원칙모델에서 확정적인 당위로 주어진다"(Theorie der Grundrechte, 1985, S. 133). 유사한 견해는 Martin Borowski, Grundrechte als Prinzipien, 1998, S. 61ff. 무엇보다도 영역과 대상에 따른 이해를 배척하는 Poscher는 핵심영역론과 관련된 판례를 비판적으로 분석하였다(Menschenwürde und Kernbereichsschutz, JZ 2009, S. 269, 274.).

299) Dürig, in: Maunz/ders., GG(LitVerz.), Stand 1958, Art. 1 Abs. 1 Rn 114. BVerfGE 61, 126(137).

300) BVerfGE 6, 32(36, 41); 45, 187(227); 50, 166(175); 87, 209(228); 96, 375(399); 102, 370(389); 109, 133(149). Vgl. Bd. Ⅱ: Merten, Begriff

속에서 동 원칙이 그 어떤 저열한 규범적 등급을 지칭하는 것이 아님을 강조한다. 최고등급의 원리는 일상의 사소한 문제에 대한 결정의 척도로서는 적합하지 않다. 존엄성의 개념 속에는 평범성을 넘어서는 귀족적인 고상한 특성이 내포되어 있다. 그렇기 때문에 모든 사소한 법적 충돌이 인간존엄성과 관련된 주제로 부각될 수는 없다. 예컨대, 교통안전교육강좌가 필수적인 것도 의미 있는 것도 아니라고 할지라도, 출석강제가 인간존엄성을 침해하는 문제가 될 수는 없다.[301]

가치 또는 원칙 중에 어떤 것으로 규정하든 그와는 무관하게 94
인간존엄성의 최고등급의 의미는 다르지 아니하다. 인간의 존엄성 속에는 헌법체계 내에서 더 이상 궁구할 수 없는 전체 헌법체계상 최종적인 의미와, 개별 헌법규정들의 배후에 있는 모든 근거들에 대한 근거가 소재한다.[302] 이는 헌법 도그마틱상 제1의 원칙인바, 즉 유효한 헌법해석의 출발점인 동시에 논증에서 넘어서는 것이 금지되는 한계이다. 말하자면 헌법 도그마틱은 존엄성을 인간의 이성이나 인간의 윤리적인 소명 또는 독자성 등에서 도출할 수 없다. 존엄성이 다른 원칙에서 유래된다면 그 원칙이 더 상위에 있는 것이 되고, 결과적으로 존엄성 자체가 격하될 것이기 때문이다. 인간의 존엄성이 자유와 평등을 위하여 존재한다는,[303] 즉 자유와 평등의 파생물일 뿐이지 그 근원이 아니라고 보는 논제는 존엄성의 최고등급을 박탈하고, 하나의 장식물로서 의미만을 남겨두게 된다. 하지만 실정법의 범위 안에서 진행되는 헌법 도그마틱에서

---

und Abgrenzung der Grundrechte, §35 Rn 57ff.; Di Fabio, §46 Rn 32("tragendes Konstitutionsprinzip").

301) BVerfGE 22, 21(28). 앞의 단락 108.

302) BVerfGE 93, 266(293); "모든 기본권의 뿌리". Vgl. Gröschner(각주 212), S. 17(20f.); Spaemann(각주 4), S. 295(297).

303) Hufen(각주 133), S. 313(316).

금지되는 것이 실정법에 국한되지 않는 분야, 특히 헌법이론이나 정치철학의 영역에서는 자유롭게 허용된다.

95 기본법 제1조 제1항의 규범은 단순한 최적화가 아니라 엄격한 효력을 요구한다.[304] 어떤 예외도 허용하지 않으며, 국가의 제한을 엄격하게 배척한다. 인간의 존엄성에 대한 제한은 절대적으로 허용되지 않는다. 모든 제한은 침해이다. 정당화는 원천적으로 고려되지 않는다.[305] 존엄성은 상충의 경우 대비되는 사적, 공적 요청들과 상호 존중의 조정적 관계에 있지 아니하다. 연방헌법재판소도 인간존엄성에서 직접적으로 도출되는 한, 일반적인 인격권[306]은 법익형량 없이 그 자체가 예술의 자유의 한계로서 절대적인 효력을 갖는 것으로 분명히 밝혔다.[307] 인간의 존엄성과 존엄성에 대한 모독 간의 실제적 조화(praktische Konkordanz)[308]는 법적으로 불가능하다. 형량절차, 즉 기본권들이 상대화될 수밖에 없고, 결국 본질적인 내용으로서 비례원칙만이 남겨지게 되는 형량절차에 존엄성은 부합되지 않는다.[309] 인간의 존엄성은 고대 로마에서 공직

---

304) 알렉시의 용어에 따르면 이 경우는 규율의 문제이지, 원칙의 문제가 아니다(각주 298), S. 71ff. 알렉시는 두 가지의 인간존엄성 규범에서 출발한다. 즉 인간존엄성 규율과 인간존엄성 원칙이 그것이다. 일반적인 원칙들에 대한 이 원칙의 우선적 관계는 동 규율의 내용을 결정한다. "원칙이 아니라 규율이 절대적인바, 즉 규율은 어의상의 개방성을 고려하건대 어떤 상정가능한 우선관계를 설정함에 있어서 제한될 필요가 없기 때문이다"(같은 책, S. 97). 이 구별은 광의의 인간존엄성(원칙)과 협의의 인간존엄성(규율)을 구별하는 Martin Borowski에 의해서 더욱 심화된다(각주 298), S. 221ff.

305) Enders, in: Stern/Becker, GG(LitVerz.), Art. 1 Rn 14, 19, 35.

306) Vgl. unten Enders, Schutz der Persönlichkeit und der Privatsphäre, §89.

307) BVerfGE 75, 369(380). Vgl. auch E 93, 266(293).

308) Vgl. Bd. Ⅲ: Papier, Vorbehaltslos gewährleistete Grundrechte, §64 Rn 17; Bethge, Grundrechtskollision, §72 Rn 85.

309) 기본법 제19조 제2항상의 본질적인 내용이 어떻게 정해질 수 있는지 그리고 이 본질적인 내용이 이른바 한계의 한계보다 더 많이 보장하는 것인지

에 대한 위엄이 단계화되었던 것 같이 등급이 매겨질 수 없다. 제1등급, 2등급, 3등급의 인간존엄성은 없다.[310] 모든 실정법의 상대성과 달리 인간존엄성의 불가침성은 일종의 절대적인 효력의지가 구현된 것이다.[311]

인간을 위해 국가가 존재하는 것이지, 국가를 위해 인간이 존재하는 것이 아니라는 헤렌킴제(Herrenchiems) 헌법초안의 서두 96
문장[312]이 기본법에 그대로 계수되지는 않았지만, 그 내용은 인간존엄성의 보장에 그대로 수용되었다. 국가는 자기목적이 아니다. 오히려 국가는 인간을 자기목적으로 존중하고, 인간을 독자적으로 책임을 지는 자기결정의 주체로서 인정하고 또한 인간다운 생존의 조건을 보장하기 위하여 창설된 것이다. 국가공동체는 그 속에서 연관된 사람들에게 봉사하지만, 개개인이 국가공동체 속에서 소멸하는 것은 아니다. 개인의 존엄성 앞에서 국가이성은 무력하다. 따라서 제아무리 중대한 일반이익이라 할지라도 기본법 제1조 제1항에 의해 절대적으로 보호되는 사생활의 핵심영역에 대한 제한을

여부의 문제는 도그마틱상 해결되지 못하였지만, 실무상으로는 종래 크게 부각되지 않았다. 이 문제에 관해서는 Peter Lerche, Grundrechtsschranken, HStR Ⅴ, ²2000(¹1992), §122 Rn 29ff.; P. M. Huber, in: v. Mangodt/Klein/Starck, GG(LitVerz.), Art. 19 Abs. 2 Rn 137ff. Bd. Ⅲ: Leisner-Egensperger, Wesensgehaltsgarantie, §70 Rn 25ff. Vgl. Bd. Ⅲ: Merten, Verhältnismäßigkeitsgrundsatz, §68 Rn 27; auch Bd. Ⅱ: Murswiek, Zu den Grenzen der Abänderbarkeit von Grundrechten, §28 Rn 100ff.

310) Herdegen은 존엄성의 보호를 등급화하는 동시에 존엄성 요구의 종류와 범위를 차별화한다: Maunz/Dürig, GG(LitVerz.), Art. 1 Abs. 1 Rn 54, 69ff.

311) 인간존엄성의 절대적인 속성에 대해서는 Picker, Menschenwürde und Menschenleben, in: FG Flume(각주 107), S. 155(158f.); Nettesheim (각주 156), S. 71(81); H. Dreier, GG(LitVerz.), Art. 1 Abs. 1 Rn 41 ("저변까지 상대적인 세계 속에서의 절대성"); Isensee(각주 3), S. 209ff.; Enders, in: Stern/Becker, GG(LitVerz.), Art. 1 Rn 35f.

312) 앞의 단락 13.

정당화하지는 못한다. 즉 비례원칙의 척도에 따른 형량은 적용되지 않는다. 형사사법의 효과도 피의자의 존엄성보장을 위축시킬 수는 없다.[313] 기본법은 제1조 제1항에서 집단을 앞세운 개인성의 제압과 도구화에 정반대의 입장을 천명하고("너는 아무 것도 아니다. 너의 민족이 전부이다."), 또한 개인의 존엄성 위에 공공복리를 정초한다.[314] 전체의 복리는 궁극적으로 그 구성부분의 복리 속에서 존재하고, 구성부분 중 최약자의 복리는 전체 공동체의 일반적인 관심사이다. 이러한 점에서 인간의 존엄성은 국가창설의 원천이고, 국가에 의해서 매개되는 시민적 연대성의 헌법적 토대이기도 하다.[315] 개개인은 국가에 반대할 수 있고, 동시에 국가에 의존하기도 한다. 국가에게도 나름대로 존엄성이 인정된다.[316] 하지만 국가의 존엄성은 궁극적으로 국가생활의 모태인 동시에 그 목적인 인간의 존엄성에서 도출된다. 요컨대, 인간의 존엄성이 국가의 존엄성에 복속되어서는 아니 된다.

97 객관법적인 원칙은 주관적인 권리들이나 개인의 지위들, 그리고 구체적인 관련 상황들과는 무관하게 효력을 갖는다. 존엄성은 오로지 그 주체인 개별 인간과 연계되어야만 하는 것은 아니다. 존엄성은 인간종에게도 부여된다.[317] 그것은 인간성의 존엄성이기

---

313) BVerfGE 109, 279(313, 314). Vgl. bereits E 34, 238(245).

314) Josef Isensee, Salus publica – suprema lex?, 2006, S. 48; ders., Gemeinwohl im Verfassungsstaat, HStR ³Ⅳ, §71 Rn 158.

315) 이에 관해서는 Uwe Volmann, Solidarität – Programm und Prinzipien der Verfassung, 1998, S. 219ff. 연대성에 대한 언급은 Häberle, HStR ³Ⅱ, §22 Rn 71.

316) Partsch(각주 163), S. 12ff.; Merten(각주 46), S. 123ff.

317) BVerfGE 87, 209(228). Ebenso Häberle, HStR ³Ⅱ, §22 Rn 92; E.-W. Böckenförde, Menschenwürde als normatives Prinzip, JZ 2003, S. 809(811); Höfling, in: Sachs, GG(LitVerz.), Art. 1 Rn 50; ders., Wer definiert des Menschen Leben und Würde?, in: FS Isensee(각주 46), S. 525(531f.); Isensee, Die alten Grundrechte und die biotechnische

도 하다. 존엄성은 인간이 그 이성적 능력에 따라 다른 모든 피조물을 넘어서서 갖는 윤리적 등급을 구현한다. 존엄성은 의무화하는 것인바, 즉 개개인들에 대하여 인간종의 존엄성을 모독하지 말 것을 요구하는 윤리적인 명령을 내포한다. 또한 이 윤리적인 의무는 법의무의 가능성을 내포한다. 하지만 이 윤리적 의무는 법률에 의해서만 법적 의무로 정당화될 수 있고, 이 법적 의무는 자유권과 평등권의 한계 내에서만 허용된다. 따라서 존엄성의 초개인적인 요소가 개인의 존엄성과 대치되는 것으로 설정되지는 아니한다.

"최고가치", "최고의 창설원리" 및 공공복리의 근본원칙인 인 98
간의 존엄성은 헌법질서의 토대로서 객관법적인 효력[318]을 갖는다. 기본권의 기반이며, 기본권의 논제를 완전하게 포괄한다. 그 자체가 주관적인 권리를 구체화하는 것은 아니되, 다만 주관적인 개별기본권의 배양토를 형성한다. 요컨대, 인간존엄성의 제1의 효력형태는 객관법적인 형식이다. 적어도 이 점에 대해서는 헌법해석론상 이견이 없다.[319]

자체적으로 보면 인간존엄성의 원칙은 추상적이다. 더 높은 99
단계에 있는 정의와 공공복리의 원칙들보다는 더 많은 내용을 가지고 있기는 있지만, 인간존엄성의 원칙과, 정의 및 공공복리의 원칙들은 하부원칙들을 통해 그 내용상 확장과 매개를 필요로 하고 또한 구체화에 의존되어 있다는 점에서는 공통점을 갖는다. 기본

Revolution, in: Joachim Bohnert u.a.(Hg.), FS Hollerbach, 2001, S. 243(261f.); Augsberg(각주 12), S. 398ff. 부정적인 견해는 Herdegen, in: Maunz/Dürig, GG(LitVerz.), Art. 1 Abs. 1 Rn 32. Siehe auch 앞의 단락 139f., 196f.

318) Vgl. Bd. Ⅱ: Murswiek, Zu den Grenzen der Abänderbarkeit von Grundrechten, §28 Rn 78ff.; Bd. Ⅲ: Bethge, Mittelbare Grundrechtsbeeinträchtigungen, §58 Rn 98.

319) Vgl. etwa Starck, in: v. Mangoldt/Klein/ders., GG(LitVerz.), Art. 1 Rn 28ff.

권들이 바로 그 구체화의 중요한 매체이다. 의도와 행위의 관계와 마찬가지로 헌법제정자의 의도에 따라 인간존엄성의 원칙은 후속 기본권들과 연결된다.[320] 구체화된 것이 그 출발점인 원칙과 동일한 것은 아니다. 즉 규범적인 등급과 절대성 요청의 점에서 다르다. 파생물과 그 근원은 구별되어야만 한다. 따라서 인간존엄성에서 도출되는 생명보호, 정보보호 및 인격권의 보호 등의 요청이 당연히 불가촉을 요구할 수는 없다.

2. 논제의 범위

100 후속 기본권들은 인간존엄성의 논제범위를 결정한다. 이는 기본법 제1장에 명시적으로 규정되어 있는 기본권들뿐만 아니라 기본권과 유사한, 침해시 헌법소원심판청구를 할 수 있는 권리들(기본법 제93조 제1항 제4호)에 대해서도 해당한다.[321] 또한 인간존엄성의 논제에는 자유권과 함께 평등권도 속하고, 주관적 권리와 함께 제도보장도 해당한다. 기본법은 인간의 존엄성에 방어기능과 함께 보호기능을 명시적으로 부여하고 있다. 따라서 국가는 인간의 존엄성을 수호해야만 하는바, 말하자면 스스로 침해를 하지 않아야 하는 것은 물론이고, 제3자에 의한 침해로부터도 보호를 해주어야 한다. 또한 인간의 존엄성은 기본권의 전제조건, 즉 법 및 현실적인, 제도적이고 문화적인, 그리고 생태적이고 사회적인 조건들과도 연관된다. 따라서 인간의 존엄성은 이 전제조건들을 충족시키는 국가과제의 근거가 된다. 또한 인간의 존엄성은 인간다운 생존의 최저수준과 같이 국가가 보장해야만 할 수준에 대해서도 영향을 미친다.[322] 따라서 인간존엄성의 이념은 사회적인 국가목표와 연관

---

320) 앞의 단락 21.

321) BVerfGE 13, 115(117): 개별 기본권들뿐만이 아니라 기본권 전체도 인간존엄성의 구체화이다.

322) 지침제시적인 판례는 BVerwGE 1, 159(161f.). Vgl. auch BVerfGE 40,

되며, 이 목표에 대하여 구체적인 내용을 설정한다.[323] 인간존엄성 이념의 상이한 기능들 속에서 기본권은 생명권보호에서부터 환경보호까지, 내적 안전의 보장에서부터 사회적 안전의 보장에 이르기까지 다양한 국가과제와 연결된다. 기본권과 관련된 모든 국가과제들은 인간의 존엄성과 연관되고, 기본법상의 목표지평 속에서 최종 목적으로 인간의 존엄성에 귀착될 수 있다. "인간은 항상 그 자체가 목적으로 남아 있어야만 한다"는 명제는 모든 법영역에서 절대적으로 유효하다. 개인으로서 망실불가능한 인간의 존엄성은 바로 개인이 늘 독자적으로 책임을 지는 인격의 주체로서 인정되는 점에서 존재하기 때문이다.[324]

인간존엄성의 원칙은 기본권을 매개체로 하여 광범위한 연관 101
성을 확보한다. 기본권의 논제는 직간접적으로 국가와 시민 간의 관계 전체를 포괄하기 때문이다. 기본권과 관련된 국가과제들을 매개로 하여 국가조직법의 영역에도 영향을 미친다. 인간의 존엄성을 개인의 권리와 국가조직법을 묶는 집게로 파악하거나[325] 또한 인간의 존엄성을 국가조직법을 비롯하여 헌법의 전체와 직접 연결시키는 경향도 눈에 띈다. 인간존엄성의 보편화의 경향은 모든 헌법규범들을 가치로 변화시키고, 모든 가치들을 궁극적인 가치에 귀착시켜서 결국 하나의 가치체계를 구성하는 헌법이론을 선도할 수 있다. 조금 억지스러운 것일 수 있지만, 모든 것이 모든 것과

121(133); 45, 187(228); 82, 60(85); 113, 88(108f.); 125, 175(222); Wallerath, Zur Dogmatik eines Rechts auf Sicherung des Existenzminimums, JZ 2008, S. 157(160ff.); Ch. Seiler, Das Grundrecht auf ein menschenwürdiges Existenzminimum, JZ 2010, S. 500(502ff.).

323) Wallerath(각주 322), S. 160.

324) BVerfGE 45, 187(228) – 무기징역형.

325) Bd. Ⅱ: Di Fabio, Zur Theorie eines grundrechtlichen Wertsystems, §46 Rn 33.

연관된다는 것을 인정하게 되면 모든 것이 인간존엄성과 연관되는 것일 수 있다. 이런 방식으로 생각하면 인간의 본질은 일견 기술적(技術的)인 규율들 속에서도 찾아낼 수 있다. 예컨대, 국가채무발행에 관한 재정헌법의 규정에서 필연적으로 채무상환의 부담을 지게 될 개인들의 자기결정권에 대한 존중의 의미를 찾는다든지, 또는 권력분립 및 연방국가적인 권한규정들도 개인의 자유와 존엄성의 보호에 봉사하는 것으로 파악하는 것이 그것이다. 하지만 하나의 규정을 인간존엄성과 연관시키는 관념의 고리가 길고 엷으며 작위적일수록 자유권과 평등권이라는 테마와는 더욱 거리가 멀어진다. 헌법 도그마틱적으로 인식되는 가치도 그만큼 떨어지게 된다.

102 인간존엄성의 이념은 정치적 생활에 빛을 방사한다. 연방헌법재판소가 설시하듯이, 인간의 존엄성을 위하여 모든 사람이 가능한 최대한으로 전체에 대한 결정에 참여하도록 함으로써 인격발현의 기회가 최대한 보장되어야만 한다. "인간의 존엄성과 자유는 모든 인간에게 부여되고, 그에 따라 인간은 평등한 것인바, 모든 사람들을 평등하게 취급해야 하는 원칙은 자유민주주의에 대해서도 자명한 전제이다."[326] 인간의 존엄성은 간접적으로는 자유민주주의의 결정참여의 기회와 결정형식에까지도 효력을 미친다. 하지만 민주주의와 존엄성의 관계에 대한 헌법이론적인 관점을 관련규정들의 내용에까지 연결하려고 하는 경우에는 법률학적인 조심성이 요구된다. 인간의 존엄성이 최상의 가치로 인정된다고 하더라도, 그렇다고 해서 헌법적인 공동체구상의 발전에 필수적인 구별들이 없어지는 것은 아니다. 이와 관련하여 '공권력에의 자유롭고 평등한 참여에 대한 요구는 인간의 존엄성에 그 근거가 있다'고 하는 독일 연방헌법재판소의 방론은 좋은 예이다. 동 설시에 따르면 시민에 대하여 구속력 있는 결정, 특히 기본권제한에 대한 결

326) BVerfGE 5, 85(204f.) - KPD-Urteil.

정들이 공적인 공간 속에서 내려져야만 하는 한, 이 결정들은 자유롭게 형성되는 국민 다수의 의사에 귀착되어져야만 한다. 기본법에 의해 조직된 질서는 독자적인 가치와 자유가 부여된 인간의 존엄성을 출발점으로 하며, 이 질서는 바로 자유롭고 평등한 당대 시민 다수의 의사에 따른 국민의 자기결정을 토대로 하는 법치국가적 통치라는 것이다.[327] 연방헌법재판소는 인간을 언급하는가 하면 시민을 언급하고, 소극적인 지위의 자유를 적시하다가 적극적인 지위의 자유를 적시하고, 그리고 개인의 자기결정을 제시하다 국민의 자기결정을 제시하기도 한다. 말하자면 기본권과 연관되는 법치국가의 범주들과 민주주의의 범주들이 뒤섞여서 혼용되고 있다. 말하자면 기본권적 정당성과 민주적 정당성의 양극이 직접 연결되어 있다.[328] 헌법국가를 민주적 법치(기본권)국가로 표현하는 근본적인 구별은 유명무실해졌다. 법해석론적으로 말하자면, 이러한 연방헌법재판소의 설시로부터는 그 자체가 자신의 결정과 모순되는 결론들이 도출될 수 있는바, 민주주의에서 개별기본권을 도출하는 것이나,[329] 일종의 세계정치적인 인간성의 지위를 통해서 국적을 해체하는 것을 비롯해서 일반적인 외국인선거권의 도입이나[330] 기본법 제1조에서 국가성의 경계해제를 도출하는 것 등이 그것이다.[331] 물론 연방헌법재판소는 이러한 결론과는 정반대의 의견

---

327) BVerfGE 123, 267(341) – Lissabon-Vertrag.

328) 이에 관해서는 Isensee, Grundrechte und Demokratie(1981), in: ders., Recht als Grenze – Grenze des Rechts, 2009, S. 13(15ff.).

329) Häberle는 보편적이고 또한 문화에 초점을 맞추어 설정된 "인간존엄성의 문화"로부터 민주주의에 적용된 척도로서 기본권을 추론해낸다. HStR ²II, §22 Rn 67ff.

330) 민주주의원리와 기본권의 불일치에 대해서는 BVerfGE 83, 37(50ff.); 83, 60(71ff.).

331) Enders의 이에 대한 적확한 비판은 Stern/Becker, GG(LitVerz.), Art. 1 Rn 27f., 45.

을 갖고 있다. 예컨대, 유럽통합의 과정 속에서 민주적인 국민국가의 보전을 옹호하려고 한다. 인간존엄성의 논거는 기본법상의 민주주의원리를 강화 및 심화해야 한다는 것이다. 하지만 연방헌법재판소의 이러한 논증은 오해를 불러일으키는 단초를 제공한다. 기본법상의 민주주의는 그 자체가 헌법개정의 대상이 될 수 없는 독자적인 토대 위에 있다. 이는 인간존엄성을 통한 헌법적 지지나 심화를 필요로 하지 않는다. 이러한 점에서 오류는 차치하더라도 연방헌법재판소의 추론은 불필요한 것이다. 물론 헌법이론에서 이러한 추론을 시도하는 것이 금지되는 것은 아니다. 하지만 헌법이론적으로 선거권이 직접 인간의 존엄성에서 도출될 수는 없고, 오히려 집합적인 자기결정의 민주적인 권리가 부여된 국민에의 귀속으로부터 도출되어야만 한다. 국민은 개개인의 개별적인 정치적 의사가 인입된 선국가적인 의사통일체인 국민에게 국제법적으로 인정되는 자기결정권을 토대로 한다.[332] 또는 헌법이론은 가능한 한 국가계약의 구성을 논증에 이용한다. 예컨대, 푸펜도르프(Pufendorf)의 3단계 국가계약, 즉 국가창설계약(pactum unions), 헌법계약(pactum constitutum), 그리고 정부구성계약(pactum subiectionis)이 그것이다. 하지만 실정헌법을 이해하는 데 있어서 이러한 헌법이론적 추론은 아무런 도움이 되지 못한다. 헌법 도그마틱상 (광범위하게 이해된) 기본권에 대한 논의범위의 바깥에서 인간존엄성을 근거로 하여 추론하는 것은 삼가는 것이 바람직하다.

332) 국제법적 사정에 대한 날카로운 분석은 Quaritsch, Wiedervereinigung in Selbsbestimmung – Recht, Realität, Legitimation, HStR Ⅷ, §193 Rn 1ff.

Ⅱ. 개별 기본권성의 부인

반면에 기본법 제1조 제1항이 객관법적 효력만을 갖는 것인지 아니면 주관적인 개별 기본권도 포함하는 것인가 하는 문제는 논란거리로 남아있다.[333] 객관법적 차원에서 보면 인간의 존엄성은 103

---

333) 기본권적 특성에 찬성한 선구적 입장으로는 H.C. Nipperdey(각주 59), S. 12. 그에 이어서 Peter Badura, Staatsrecht 2010, S. 139ff.; Borowski (각주 304), S. 215ff.; Di Fabio(각주 297); Häberle, HStR ³Ⅱ, §22 Rn 74; Herdegen, in: Maunz/Dürig, GG(LitVerz.), Art. 1 Abs. 1 Rn 26; Höfling, in: Sachs, GG(LitVerz.), Art.1 Rn 5ff.; ders.(각주 156), S. 106ff.; Hans Hofmann, in: Schmidt-Bleibtreu/Hofmann/Hopfauf, GG (LitVerz.), Art. 1 Rn 8; Hasso Hofmann(각주 104), S. 119; Hörnle (각주 157), S. 58; Hufen(각주 133), S. 313(314); Jarass, in: ders./Pieroth, GG(LirVerz.), Art. 1 Rn 3; Kloepfer, Leben und Würde des Menschen, in: Peter Badura/Horst Dreier(Hg.), FS 50 Jahre BVerfG, 2001, S. 77(81, 86); Krawietz, Gewährt Art. 1 Abs. 1 GG dem Menschen ein Grundrecht auf Achtung und Schutz seiner Wierde?, in: Dieter Wilke/Harald Weber(Hg.), GS Friedrich Klein, 1977, S. 245(278ff.); Kunig, in: v. Münch/ders., GG(LitVerz.), Art. 1 Rn 3; Nettesheim(각주 156), S. 71(103ff.); Schmidt-Preuss, Menschenwürde und "Menschenbild" des Grundgesetzes, in: Heinrich De Wall/Michael Germann(Hg.), FS Chr. Link, 2003, S. 921(922); Schmidt-Jortzig(각주 294), S. 503ff. Starck, in: v. Mangoldt/ Klein/ders., GG(LitVerz.), Art. 1 Rn 30ff.; Stern Ⅲ/1 (LitVerz.), S. 26f., 352; Staatsrecht Ⅳ/1 (LitVerz.), S. 61f.
오로지 객관법적 효력만을 인정하는 고전적인 반대입장은 Dürig, Der Grundrechtssatz von der Menschenwürde, AöR 81(1956), S. 117(128f.); ders., in: Maunz/ders., GG(LitVerz.), Stand 1958, Art. 1 Abs. 1 Rn 4. 유사한 입장은 Karl August Bettermann, Grenzen der Grundrechte,² 1976, S. 5f.; Winfried Brugger, Menschenwürde, Menschenrechte, Grundrechte, 1997, S. 17ff.; H. Dreier, GG (LitVerz.), Art. 1 Abs. 1 Rn 124ff.; Enders(각주 17), S. 101ff.; 118, 123, 385, 389; ders., in: Stern/Becker, GG(LitVerz.), Art. 1 Rn 18ff.; Tatjana Geddert-Stenacher, Menschenwürde als Verfassungsbegriff, 1990, S. 164ff.; Rolf Gröschner, Menschenwürde und Sepulkralkultur in der grundgesetzlichen Ordnung, 1995, S. 45ff.; Isensee(각주 3), S. 173ff. Bd. Ⅱ: Positivität und Über-

개별 기본권들의 상위에 있는데, 동시에 주관적 공권성이 인정된다면 주관적 권리의 차원에서 인간의 존엄성은 후속 기본권들과 같은 하나의 기본권으로 개별 기본권들과 함께 그 사이에 자리를 잡게 된다.

104 기본법은 인간의 존엄성이라고 규정하고 있는바, 이로부터 모든 개개인이 기본법 제1조 제3항이 상정하는 후속 기본권들을 근거로 하지 아니하고 바로 기본법 제1조 제3항에서 소추가능한 기본권을 도출할 수 있다고 추론되지는 않는다.[334] 인간존엄성의 보장은 "기본권" 장의 서두에 규정되어 있다. 하지만 장의 제목만으로는 규범의 성격에 대해서 아무것도 규정되지 않는다. 이 기본권 장의 모든 규정들이 기본권을 포함하고 있지는 않기 때문이다. 법문상 기본권이라는 단어는 '모든 국가권력의 다음의 기본권들에의 기속'을 규정한 기본법 제1조 제3항에서 처음으로 등장한다. 인간의 존엄성과 인권에 대한 선행 규정(기본법 제1조 제1항 및 제2항)은 이에 속하지 않는다. 기본법은 내용상으로도 인간의 존엄성과 인권에 대한 선도적 규정과 기본법 제1조 제3항에서 명시적으로 규정한 다음의 기본권들을 구별한다. 그럼에도 불구하고 인간의 존엄성을 이 기본권들에 해당하는 것으로 보려고 하는 경우에는 법도그마틱상 논증의 부담을 져야 한다. 그런데 연방헌법재판소는 이 논증부담을 회피하고 있는바, 자신이 왜 일관된 결정에서 인간존엄성의 기본권적 성격을 인정하고 또한 그 침해에 대하여 헌법소원심판을 청구할 수 있는 것으로 보는지 그 이유를 제시하지 않고 있다.[335]

---

positivität der Grundrechte, §26 Rn 50f.

334) 이에 관한 적확한 의견은 Dürig(각주 333), S. 128f.

335) BVerfGE 1, 332(343, 348); 12, 113(125); 15, 283(286); 45, 187(227ff.); 61, 126(137); 109, 133(149f.); 117, 71(89ff.). 반면에 개방된 입장은 BVerfGE 61, 126(137).

이에 반해서 문헌상 다양한 이견들이 제시되고 있는바, 예컨대 기본법 제1조 제1항을 모든 후속 기본권들의 뿌리이고 근원으로 본다든지 또는 후속 기본권들과 함께 그 자체가 하나의 주기본권이라고 보는 것 등이 그것이다.[336] 하지만 뿌리와 근원으로 보는 비유는 개별 기본권들 속에서 발현된다는 명분으로 인간존엄성의 이념 속에 오롯이 담겨져 있는 무엇이 소실될 수 있을 것이라는 걱정과 마찬가지로 법학적으로 어떤 유의미한 결론을 제시하지 못한다.[337] 왜냐하면 객관적인 원칙으로서의 그 효력양식 속에서도 그 이념에 내포된 의미는 보호되기 때문이다. 헌법개정법률들이 인간의 존엄성에 대한 존중을 없애는 경우에 존엄성원칙을 주관화해야만 헌법소원의 가능성이 주어지게 되지 않겠냐고 반문할 수도 있지만,[338] 그러한 경우에도 후속 자유권 및 평등권과 관련되고, 결국 헌법소원심판의 청구가 가능하다.[339] 게다가 헌법소원은 개별 기본권을 전제로 한다. 헌법소원은 기본권에서 도출되는 결과이지, 기본권에 근거를 제공하는 것이 아니다. 또 한편 국가의 보호의무가 소추될 수 있기 위해서는 일종의 주관적인 존엄성 기본권의 수용이 필수적이라는 항변도 있을 수 있다.[340] 하지만 기본권적 이익에 대한 국가의 보호의무에는 일반적으로 보호에 대한 주관적인 권리가 대응되는 것이지, 기본법 제1조 제1항 2문을 경유하는 것은 불필요하다.[341] 예컨대, 생명이나 명예의 보호는 이들에 대한 105

336) Nipperdey(각주 59), S. 12.

337) 동지 Di Fabio(각주 297), S. 5. Bd. Ⅱ: Di Fabio, Zur Theorie eines grundrechtlichen Wertessystems, §46 Rn 34.

338) 동지 Starck, in: v. Mangoldt/Klein/ders., GG(LitVerz.), Art. 1 Rn 31. 이에 관한 적확한 의견은 Herdegen, in: Maunz/Dürig, GG (LitVerz.), Art. 1 Rn 26.

339) Geddert-Stenacher(각주 333), S. 196; Herdegen, aaO., Art. 1 Abs. 1 Rn 29.

340) Starck, in: v. Mangoldt/Klein/ders., GG(LitVerz.), Art. 1 Rn 29.

보호와 함께 존엄성의 보호를 통한 지지를 필요로 하지 않는다. 인간의 존엄성이 주관적인 권리보장의 내용으로 확대되는 경우[342] 그것은 기본법 제1조 제1항의 근원적인 차원에서 실현될 필요는 없다. 후속 기본권들을 통해서 실현될 수 있다면 그것으로 충분하다. 독자적인 개별 기본권으로 인정하는 입장에서 제시하는 일반적인 논거 중에는 기본법에 개개인의 법적 지위를 강화하고[343] 또한 그 권리의 관철을 보장하는 경향이 내재되어 있다는 주장까지도 있다.[344] 하지만 이는 하나의 목적이지, 수단에 대한 논증은 아니다. 관건은 개별 기본권으로 인정하는 것이 목적달성을 위한 수단으로 유용한지 여부이다.

106 후속 개별 기본권들과 함께 주관적인 존엄성의 기본권을 인정한다고 하여서 개인의 법적 지위가 강화되는 것은 아니다. 오히려 기본권의 체제를 이원화함으로써 법적 불안정성이 야기된다. 말하자면 완전히 합리화되어 있는 개별 기본권의 체제와 함께 이질적이고 산만한 인간존엄성의 체제가 병립되기 때문이다. 인간의 존엄성은 그 논제의 범위에 있어 편재적(遍在的)이다. 기본권과 관련된 모든 사안은 잠재적으로 인간존엄성이 문제가 되는 사안이

---

341) Isensee, Das Grundrecht als Abwehrrecht und als staatliche Schutzpflicht, HStR ²V, §111 Rn 183ff.; Johannes Dietlein, Die Lehre von den grundrechtlichen Schutzpflichten, 1992, A. 133ff.

342) Starck, v. Mangoldt/Klein/ders., GG(LitVerz.), Art. 1 Rn 30.

343) Höfling(각주 156), S. 107f.

344) Starck, v. Mangoldt/Klein/ders., GG(LitVerz.), Art. 1 Rn 29. 기본법 제1조 제1항의 효력을 축소하게 되면 오늘날의 헌법적 기준에 따라 홀로코스트 희생자들에 대하여 그들의 독자적인 존엄성요구가 침해되었다는 것을 부정하게 된다는 Herdegen의 논증에는 찬성할 수 없다. Maunz/Dürig, GG(LitVerz.), Art. 1 Abs. 1 Rn 29. 뿐만 아니라 Herdegen은 "2000년 유럽 정신사의 침적물"에 대하여 풍자적인 연관성을 인정하면서도(같은 문헌 S. 95) 단순히 포괄적으로 "존엄성보장의 정신사적 배경"만을 논거로 제시한다. 주관적 권리와 관련된 헌법도그마틱의 문제에 대하여 이러한 침적물은 무모한 해석자에게도 어떤 논거를 제공하지 못한다.

다.[345] 하지만 이들 사안에 대한 논의는 각각 다른 규칙에 따라 진행된다. 후속 기본권들 중에 한 기본권의 보호영역에 대한 제한은 하나의 (그 정당성 자체도 심사되는) 목적에 대한 수단으로서 그 제한을 정당화하는 절차를 야기하는바, 이 절차 속에서 자유의 제약과 추구되는 공공복리 편익 간의 형량이 진행된다. 이에 반해 인간의 존엄성에 대한 제한은 원천적으로 허용되지 않는다. 그렇기 때문에 아주 미약한 양식으로라도 편재하는 인간존엄성과 접촉할 수 있는 모든 국가작용이 위헌으로 판단되게 되는 위험을 피하고자 한다면[346] 제한성과 마찬가지로 인간존엄성의 보호영역을 축소해석하고 또한 합목적적으로 논리구성을 해야만 한다. 이러한 점에서 불가촉의 인간존엄성은 자체적으로 구성요건으로 획정되는 보호영역을 갖지 아니하고,[347] 전체 법질서에 빛을 방사하는 하나의 이념을 형성하는 것으로 파악된다. 이념은 내부의 핵심에 의해 규정되는데 반해, 기본권의 보호영역은 그 외측의 경계선에 의해 정해진다. 보호영역과 한계를 요소로 하는 기본권의 논리형식이 인간의 존엄성에 부합되지 않는 것은 바로 이 때문이다. 인간의 존엄성에 대하여 기본권의 성격을 부여하려고 한다면 그 이념으로부터 대상이 특정되고 또한 구성요건적으로 범위가 획정되는 부분영역, 즉 오롯이 국가권력의 접근이 차단된 영역, 예컨대 절대적으로 보호되는 사생활의 핵심영역이나[348] 인격모욕적인 취급의 금

---

345) Enders, in: Stern/Becker, GG(LitVerz.), Art. 1 Rn 36.

346) Alexy는 비둘기 모이주기 같은 사소한 것에 대해서도 인간의 존엄성을 적용하고자 한다(각주 298, S. 325).

347) 이에 반해 Dederer는 기본법 제1조 제1항을 하나의 전통적인 보호영역으로 간주한다(각주 110, S. 96). 보호영역과 한계의 범주에 대한 개관은 Isensee, HStR ²V, §121 Rn 11ff, 45ff. Bd. Ⅲ: Merten, Grundrechtlicher Schutzbereich, §56 Rn 23ff.; Peine, Der Grundrechtseingriff, §57 Rn 8ff, 19ff.

348) BVerfGE 109, 279(313). Vgl. auch E 34, 238(245); 75, 369(380); 93,

지[349] 등과 같은 부분영역들이 추론되어야만 한다. 그런데 이 경우 이들 하부구성요건들은 문제가 되는 사태와 연관되어서 설정되는 바, 그 결과 실무상으로는 극히 불투명한 준거로부터 국가에 대한 구체적인 요청과 금지가 도출되게 된다. 이와 관련하여 연방헌법재판소는 "모든 것은 어떤 상황에서 인간의 존엄성이 침해될 수 있는지 확정하는 것에 달려 있다"라고 조심스럽게 설시한다. "분명히 이는 일반적으로 단정될 수는 없고, 항상 구체적인 사안과 관련해서만 말해질 수 있다."[350] 후속 기본권들과 관련하여 제한에 초점을 맞춘 논의가 그 정당성의 근거와 반대근거 간의 개방된 경쟁 속에서 진행되고, 과잉금지원칙[351]과 법률유보원칙[352]에 합치되어야만 한다면, 인간존엄성의 한계와 관련한 논의는 보호영역의 결정에 초점이 맞추어진다. 비행기납치범의 사살은 인간의 존엄성을 제한하는 것과는 관계가 없는 것으로 이해된다. 납치범 개인의 인격의 주체로서의 지위가 근본적으로 부인되는 것은 아니고, 오히려 스스로 결정한 자신의 행태에 따른 결과가 귀착되는 것이고, 자신에 의해 벌어진 사태에 대해서 책임이 추궁되는 것이기 때문이다.[353] 기본권의 보호영역 내부로 방향전환을 한 한계론에서는 어떤 확고하고 일반화될 수 있는 합리적인 규칙이 존재하지 않는다. 인간존엄성원칙의 전시적, 전방위적 연관성을 고려하건대 이는 더 이상 놀라운 것이 아니다. 오늘날 통상적인 기본권 적용에서, 특히 방어권적 기본권에 있어서 논의는 "인간존엄성의 원칙은 소

266(293).

349) BVerfGE 30, 1(26).

350) BVerfGE 30, 1(25). - 전화도청.

351) Vgl. Bd. Ⅱ: Calliess, Schutzpflichten, §44 Rn 30ff.

352) Vgl. Bd. Ⅲ: Lerche, Vorbehalt des Gesetzes und Wesentlichkeitstheorie, §62 Rn 5ff.

353) BVerfGE 115, 118(161).

극적인 자유의 형식적인 원칙 외에도 수많은 실체적인 원칙들이 포함되는 일단의 하부원칙들을 통해서 구체화되고, 이 실체적인 원칙들은 소극적인 자유의 원칙과 함께 형량되고, 결과적으로 동 원칙의 무게를 결정할 수 있다"고 이해된다.[354] 방법론적으로는 넓은 의미의 인간존엄성을 제한이 가능한 통상적인 기본권적 법익과 동일하게 취급하고, 그 제한을 방어권에 초점을 맞추어 정립된 정당화절차에 따라 심사하는 방안이 제안된다.[355] 하지만 기본법 제1조 제1항의 기본권적 속성을 인정하는 대부분의 학자들은 인간존엄성의 개념규정을 통한 제한을 우선시키고, 그럼으로써 불문의 한계조항에 대한 증명의 부담을 우회하는 동시에, 최고의 가치가 도대체 어떤 한계 하에 있다는 것을 인정하는 결론을 회피함으로써 절대성의 터부를 건드리지 않는 것을 선호한다.[356] 이러한 논증에 따르면 결국 인간의 존엄성은 "기본법적 가치질서의 빛 속에서 또한 구체적인 상황과 연관하여 진행되는, 관련 이익들에 대한 총체적인 평가"[357], 말하자면 정치하지 못한 형량, 조화 및 수용의 과정을 통해서 적용되고, 결국은 인간존엄성에 대한 침해의 여부만을 가려낼 수 있을 뿐이다. 그런데 이러한 방식으로 법익형량을 통해 얻어지는 상황과 연계된 결정척도는 절대적이고, 형량 자체를 거부하는 것으로 효력을 주장한다.[358] 이에 따르면 인간존엄성의 절대성과 형량불가능성은 더 이상 해석자에 대한 규범적 지침이 아니고, 해석자가 자신의 해석결론을 위해 내세우는 요청에 불

354) Alexy(각주 298), S. 326.

355) 명시적인 제한의 모델은 Borowski(각주 304), S. 223f.

356) 내재적인 제한의 모델과 "기본권 교육적인" 장점에 대해서는 Borowski(각주 304), S, 224.

357) Herdegen(각주 102), S. 109. Vgl. auch ders.,(각주 108), Art. 1 Abs. 1 Rn 46ff("절대적인 것 내에서의 차별화").

358) Herdegen aaO., S. 105, 109.

과하다. 말하자면 해석자가 그 자체 형량을 통해 얻은 것이 취소될 수 없고 형량도 될 수 없는 것으로, 즉 절대적으로 효력을 갖는다는 논리다. 헌법규범은 점토와 같이 취급되고 이를 반죽해서 만든 생산품은 청동으로 만든 바위가 된다는 식의 결론이다.

107 개별 기본권으로서의 효력형식이 인정되면 기본권상충이 문제가 될 수 있다.[359] 존엄성이 최고의 등급을 요구할 수 있다고 하더라도 한 사람의 존엄성이 다른 사람의 존엄성과 충돌될 수 있고, 이 경우 단지 동일한 등급을 가질 수밖에 없게 된다. 이렇게 되면 어쨌든 상충하는 존엄성의 지위들의 상위에 하나의 충돌규범이 필연적으로 존재하게 된다. 예컨대, 납치된 여객기가 일종의 폭탄으로 이용되는 극단적인 상황에서 상충의 문제가 제기된다. 이러한 경우 국가는 추락에 의해 위협되는 많은 시민들의 생명과 존엄성을 보호해야 하는 동시에 여객기 승객들의 생명과 존엄성도 존중해야만 하는 딜레마에 처한다.[360] 그러나 연방헌법재판소는 이 딜레마에 대하여 눈을 감았다. 단지 여객기에 탑승하고 있는 사람들의 존엄성만을 고려하고, 땅 위에 사람들의 존엄성은 외면하였다. 말하자면 존엄성보장의 방어기능만을 일방적으로 주목하고, -기본법 제1조 제2항에 따른 의무에 어긋나게- 보호기능은 무시하였다.[361] 이로써 연방헌법재판소는 개별 권리로 이해되는 인간의 존엄성이 일종의 절대적인 것이라는 착각을 그대로 유지하였다. 하지만 절대적인 것은 이념의 왕국에서만 상정될 수 있다. 절대적인 것이 개별 기본권의 차원으로 격하될 수는 없다. 한 사람의 지위가 다른 또 한 사람의 지위와, 또한 이 사람과 저 사람의 지위가 일반적인 요청들과 조정되어야만 하기 때문에 개인의 기본권들은

359) Bd. Ⅲ: Bethge, Grundrechtskollision, §72 Rn 45ff.

360) 이에 관해서는 Isensee, Leben gegen Leben, in: Maichael Pawlik/Rainer Zaczyk(Hg.), FS G. Jakobs, 2007, S. 205(222f., 226ff.).

361) BVerfGE 115, 118(152ff.).

상대성의 법칙하에 있을 수밖에 없다. 개별 기본권으로서 효력형식을 인정하게 되면 인간의 존엄성에서 유일무이한 규범적 특성은 상실된다. 존엄성은 최고등급을 상실하게 되고, 다른 기본권과 병립하는 하나의 기본권이 된다. 구성요건상 독자적이고 제한된 영역을 갖게 되고, 결국 모든 구성요건들 속에 빛을 내려 쪼일 수 없게 된다.

기본법 제1조 제1항에 대한 고전적인 해석자라고 할 수 있는 108
듀리히(G. Dürig)는 인간의 존엄성을 일상적인 예증(Kasuistik) 차원의 사소한 것으로 변질시켜서 앞마당에 성전(聖殿)을 끌어들이는 것에 대하여 경고한 바 있으나,[362] 이 경고는 허공으로 사라졌다. 개별 기본권으로 이해된 인간의 존엄성은 자신의 희망을 관철하기 위하여 소송을 제기하고 또한 송사를 통하여 크고 작은 갈등으로부터 자신을 지키기 위해서 그것을 법원(法源)으로 활용할 수 있도록 모든 사람들을 초대하고 있다. 법기술적으로 정치하게 형성된 후속 기본권들보다 인간의 존엄성을 근거로 제시하는 것이 일견 더 간단하다. 직업법률가를 비롯하여 법을 배워서 주저하는 사람들이 쉽게 취할 수 없는 것을 인기영합적인 법률학의 무모한 대표자들은 아무 거리낌 없이 활용한다. 인간의 존엄성이 법률학적으로 파악하기 어려운 점이 오히려 모든 사람들이 더 쉽게 접근할 수 있는 이유가 된다. 논리형식상의 자명성을 명분으로 하여 일반인들은 해석론적인 고민의 부담을 지지 않는다. 말하자면 아무런 논증도 없이 기본법 제1조를 근거로 하여 자신의 지위를 비판으로부터 차단시키고, 심지어는 헌법개정의 대상이 될 수 없도록 만드는 이른바 '종결논증'(Letztbegründung)을 시도한다.

---

362) Dürig, in: Maunz/ders., GG(LitVerz.), Stand 1958, Art. 1 Abs. 1 Rn 16, 29. Bd. Ⅲ: Merten, Verhältnismäßigkeitsgrundsatz, §68 Rn 27; ders., Zur verfassungsrechtlichen Herleitung des Verhältnismäßigkeitsprinzips, in: Johannes Hengstschläger u.a.(Hg.), FS Schambeck, 1994, S. 349(359).

109 당사자는 물론이고, 변호인 및 단체의 위촉을 받은 전문가들은 인간의 존엄성에서 자신들의 이익을 도출하고 또한 그것을 인간존엄성의 터부 내에 설정하여 절대적으로 보호하려고 시도한다. 예컨대, 인간의 존엄성을 근거로 하여 불법으로 입국한 외국인에게 체류권을 인정하려 하고 망명권의 절대화[363]를 시도한다. 지문채취를 방해하고, 고위공직자에 대한 전통적인 파업금지[364]를 배척하려고 하고, 종신형의 폐지와,[365] 동물보호의 헌법의무[366]에 대한 근거도 인간의 존엄성에서 찾으려고 한다. 인간존엄성의 해석은 헌법학자들의 명성관리에 대한 열망과 그들 간에 비싼 값을 부르는 경쟁을 촉발하여 헌법보장의 극대화와 확장을 부추기고 있다. 구체적인 사안에서, 예컨대, 종신형[367]이나 보안처분,[368] 자기검열강제,[369] 가택감시,[370] 형사절차상 일기장과 유사한 기록의 증거활

363) Pieroth/Schmlink, Menschenwürde und Rechtsschutz bei der verfassungsrechtlichen Gewährleistung von Asyl, in: Herta Däubler-Gmelin u.a.(Hg.), FS Mahrenholz, 1994, S. 669(671f.); Mathias Ulmer, Asylrecht und Menschenwürde, 1996, S. 190ff. 연방헌법재판소에 따르면 정치적 망명의 조건과 허용범위는 근본적으로 인간의 존엄성에 의해 정해진다. BVerfGE 54, 341(357). Vgl. auch BVerfGE 76, 143(158). 상세한 내용은 앞의 단락 148.

364) Wolfgang Däubler는 대상형식을 빌려서 논증을 시도한다. Der Streik im öffentlichen Dienst, 1970, S. 120f., 207f.

365) BVerfGE 45, 187(227ff.).

366) 예컨대, Erbel, Rechtsschutz für Tiere, DVBl 1986, S. 1235(1251). 이에 대해 부정적인 의견은 Kloepfer, Tierversuchsbeschränkungen und Verfassungsrecht, JZ 1986, S. 205(208); H. Dreier, GG(LitVerz.), Art. 1 Abs. 1 Rn 122; Herdegen, in: Maunz/Dürig, GG(LitVerz.), Art. 1 Abs. 1 Rn 32; Starck, in: v. Mangoldt/Klein/ders., GG (LitVerz.), Art. 1 Abs. 1 Rn 26; Art. 5 Abs. 3 Rn 423. 앞의 Rn 140, 192.

367) BVerfGE 45, 187(229, 238ff.).

368) BVerfGE 108, 133(149ff.).

369) BVerfGE 36, 37(42, 49); 80, 109(121); 95, 220(241f.).

370) BVerfGE 109, 279(320).

용[371] 등에 대한 반대의 논거로서 대부분 배척하고 있기는 하지만, 연방헌법재판소는 끈기 있게 그리고 조심스럽게 존엄성 위배에 대한 크고 작은, 그리고 사안과 근접한 또는 거리가 먼 주장들을 검토하고 있다. 재혼한 부인이 전혼으로 갖게 된 (귀족을 표시하는) 부성(夫姓)을 다시 결혼하는 후에도 그대로 유지할 수 있는 권리를 소구하고,[372] 성전환자는 자신이 자각하고 있었고 수술을 통해 갖게 된 성을 출생부에 기입하게 한다.[373] 반면에 운임영수증을 발부해주어야 할 의무가 납세의무자의 인간의 존엄성[374]을 해치는 것은 아니고, 같은 맥락에서 "연방군대와 NATO 국가의 모든 육군장성과 해군제독들에게 근무 중에는 물론이고 근무시간 외에도 경례를 할 것"을 규정한 경례규정에 따른 육군중위의 의무도 장교단의 일원으로서 자신에게도 경례받을 권리가 인정되기 때문에 인간의 존엄성과는 무관한 것으로 판단하였다.[375] 중매인의 보수의 소구가능성이 부인되는 것도 결혼중개업의 직업적 신분을 격하시키는 것은 아니고 또한 인간의 존엄성을 해치는 것은 아니라고 보았다.[376] 기본법의 "가장 중대한 가치결단", 즉 인간의 존엄성은 텔레폰 섹스와 난쟁이를 멀리 집어 던지는 나이트클럽의 쇼와 관련해서도 논거로 탐색되었다.[377] 이름을 부정확하게 쓴 표기에 대한 소송에서

---

371) BVerfGE 80, 367(379); 반론은 같은 문헌, S. 382f.

372) BVerfGE 109, 256(266ff.) - 판단척도는 기본법 제2조 제1항. 결과적으로 첫 번째 혼인으로 취득한 귀족을 표시하는 성은 이혼 후에도 계속 유지할 수 있다는 결론이다.

373) BVerfGE 49, 286(298f.); 60, 123(134).

374) BVerfGE 2, 292(295).

375) BVerwGE 43, 312(314f.).

376) BVerfGE 20, 31(32).

377) VG Neustadt는 존엄성을 침해한 것으로 보았다. NVwZ 1993, S. 98(99). 이에 관해서는 Rädler, Die Unverfügbarkeit der Menschenwürde in Deutschland und Frankreich, DÖV 1997, S. 109ff. Bd. Ⅲ: Merten, Der Grundrechtsverzicht, §73 Rn 41.

도 논거를 제시되었다.[378] 또 한편 일단의 최고법원들은 교도소 수용실의 넓이와 가구, 그리고 세면대와 변기차단벽에 이르기까지 행형과 관련된 구체적인 조건들을 인간의 존엄성에서 도출하였다.[379] 1968년 문화혁명 당시 남자의 장발이 진보성의 증좌이고 저항의 상징이던 때 연방국방장관은 자신의 통수권에 따라 병사두발의 길이와 용모를 규제해야만 했는데(두발령), 연방행정재판소는 두발규제가 병사들의 인간의 존엄성을 침해한다는 비난을 배척하면서, 국방장관이 위생조건을 고려하여 병사들이 자신의 안전을 위해서나, 전투능력의 유지를 위해서도 두발을 제한된 길이까지만 기를 수 있도록 한 것이라고 옹호하였다: "두발규제로 해서 병사들이 객체나 단순한 수단으로 격하되고 모독되지 아니한다. 병사

378) 존엄성과 관련하여 가장 민감한 예는, 이름에 ö가 포함된 기본권의식이 투철한 전화가입자가 전산처리된 납부고지서에서 자신의 이름을 ö가 아니라 oe로 표기한 것에 대해서 자신의 인간존엄성을 침해하였다고 항변한 것을 들 수 있다. 1969년에 제3심으로 동 사건에 대하여 판결을 내린 연방행정재판소는 이름이 기본법 제1조에서 인정되는 인격권의 구성부분이고, 따라서 이름을 함부로 달리 표기하여 당사자를 불쾌하게 하고 웃음거리로 만들었다면 인간의 존엄성이 침해된 것으로 보았다. 하지만 동 법원은 전자식 정부처리의 초기에 당해 기호가 정보로 처리될 수 없었고 또한 국제표준화의 이유로 해서 해당 장치가 우믈라우트 기호를 처리할 수 없는 사정에 있었다는 점을 인정하였다. 또한 동 법원은 동 기계장치로 인한 차별이나 폄하 또는 "존엄성에 위배되는 사람의 비하"는 없다는 점에 대하여 추가 근거를 제시하였다. ö 대신 oe를 표기하는 것은 자판에 ö가 없는 경우에 적용되는 원칙에 합치된다는 것이다. '타자표기에 대한 규칙', DIN 5008e, November 1963은 1.1에서 이 표기방식을 명시적으로 규정하고 있다. BVerwGE 31, 236(237f.). 요컨대, '타자표기에 대한 규칙'의 척도에 따른 인간존엄성을 상정한 것이다. 과거의 타자기의 경우에 타당한 것은 컴퓨터의 경우에도 마찬가지다. 그렇다면 불법의 평등인가? 부정할 수 없는 타당한 결론이기는 하지만, 이는 단지 자잘한 항변을 무시할 만한 용기가 없기 때문에 인간의 존엄성을 법률적인 위조화폐 속의 푼돈으로 변질시키고, 고귀한 것을 웃음거리로 만들어버리는 잘못된 논증을 기초로 한 것에 불과하다.

379) OLG Celle NJW-RR 2004, S. 380; BVerfG(Kammer), NJW 2002, S. 2699(2700). 일반적으로는 Heintz Müller-Dietz, Menschenwürde und Strafvollzug, 1994, S. 18ff.

들의 독자적인 내심영역이 경멸된 것도 아니고, 명예가 모욕적인 방식으로 침해된 것도 아니다. 병사들이 웃음거리가 되고 낙인을 찍힌 것처럼 보일 정도로 또는 심하게 흉해보이거나 조롱거리가 될 정도로 짧은 두발이 강제된다면 위의 경우에 해당하는지 고려될 수 있을 것이다. 하지만 동 두발규제가 이러한 경우에 해당하지 않음은 언급할 필요조차 없다."[380]

듀리히의 경고에도 불구하고 인간의 존엄성은 사소한 것으로 변질되었다. 최고의 가치가 탕진된 것은 아닌지, 아니면 그것이 생활과 밀착하게 법의 일상 속으로 이식된 것은 아닌지에 관해서는 이견이 있을 수 있다. 다만 이 사소한 것에 초점을 맞춘 실무에 대한 헌법이론적 옹호도 없지 아니하다. 어떤 것이 사소한 것인가에 대해서 이견이 있는 점을 차치하더라도 자의적으로 자유가 제한되거나 작은 것일지라도 임의로 아무런 이유 없이 제약되는 것은 인간의 존엄성에 배치된다는 주장이다.[381] 하지만 인간존엄성의 확장에 따라 그 헌법적 보장은 천박해진다.[382] 또한 일상화에 따라 범상한 것으로 변질되고 구체적인 것들에 집착하게 된다. 인간의 존엄성은 세세한 기본권적 논거와 연관됨으로써 구체적인 사안해결에 집착하는 소모적인 법률학으로 전락하고, 결과적으로 헌법제정자가 상정하였던 기능, 즉 기본권체제 전체에 대한 전략적 거점으로서의 기능을 상실한다.[383] 하지만 그 이름에 걸맞은 존엄성은 사소하고 구체적인 사태와 연관된 범상한 성격으로 격하될 수 없 110

380) BVerwG NJW 1972, S. 1726(1727). 이에 상응하는 결정으로 동일성의 확인을 위하여 피의자의 두발과 수염을 강제로 바꾸는 것은 기본법 제1조 제1항에 위배되는 것이 아니라고 본 결정례가 있다. BVerfGE 47, 239 (246ff.).

381) Alexy(각주 298), S. 324f. - 새모이주기의 예와 함께.

382) 무분별한 사용 인플레이션에 대한 비판은 H. Hofmann(각주 104), S. 104ff.

383) 앞의 단락 21.

다. 그럼에도 불구하고 그러한 것들을 추구하는 기본권법학은 존엄성의 품격을 떨어뜨린다.

Ⅲ. 규범적인 이념

1. 기본권의 근거

111 기본법 제1조 제1항은 동 제2항의 "그것을 위하여"(darum)라는 단어를 통해서 독일 국민이 선국가적이고 보편적인 인권에 대하여 맹세한 것에 대한 근거로서 명시된다. 동 제3항에 "그것을 위하여"(Darum)라는 명시적인 표현이 없지만, 같은 맥락에서 모든 국가권력의 후속기본권에의 기속도 인간의 존엄성과 연계된다. 인간의 존엄성은 여타의 기본권과 같은 기본권이 아니다. 작센(Sachsen)주 헌법 제14조 제2항에 규정된 바와 같이 "모든 기본권의 원천"이다. 달리 표현하면 인간의 존엄성은 모든 기본권의 근거, 즉 세속적인 법의 지평 속에서는 더 이상 근거를 찾을 수 없는 최종적인 근거이다. 후속기본권들은 이 근거 위에 구축된다.[384] 바로 이 근거를 위하여 기본권들이 보장되는 것이다. 이러한 맥락에서 "근거"는 어의상 이중의 의미, 즉 어떤 것이 구축되는 토대와 함께 그 구축의 이유로서의 의미를 갖는 것으로 여겨진다.

112 이러한 관점에서 인간의 존엄성에는 기본권들이 하나의 의미통일체로 결집되는 헌법이념으로서의 의미가 부여된다. 조금 수정하여 칸트를 인용하여 말한다면, 하나의 '규제적 이념'(regulative Idee)이라고 할 수 있다. 여기에서 이념이 단지 가설적이고 해석론적인 의미통일체가 아니고 정언적이고 규범적인 의미통일체를 말

---

384) H. C. Nipperdey, GR Ⅱ, S. 1(12): 자체적으로 "실체적인 주기본권"이라는 결론과 함께 "모든 후속 기본권들의 최종의 근거인 동시에 원천"으로 인식한다.

하는 것임은 물론이다. 이념으로서 인간의 존엄성은 후속기본권들과는 거리를 두고 있다. 또한 '서두문장은 자유권 및 인권과, 인간의 존엄성의 정당한 관계를 설정해주어야 한다'라는 헌법제정자의 의도에 따르면 후속기본권들은 인간존엄성의 이념을 지향한다.[385] "후속"(nachfolgend)이라는 단어도 이중의 의미를 갖는바, 즉 법문상 선후의 위치와 관련된 의미만이 아니라, 그 내용상 지향성의 의미도 내포한다. 이념으로 이해되는 경우 헌법체제 내에서 존엄성의 절대성에 대한 요구는 전혀 의문시될 수 없다. 규범위계체계 내의 이념의 수준 및 그 논의범위 속에서 인간의 존엄성은 유일무이한 것으로 존재한다. 그 어떤 규범도 인간존엄성과 등급을 다툴 수 없다. 어떤 모순도 있을 수 없다. 상충도, 제한도 인간의 존엄성을 위협하지 못한다. 이념은 전체 법질서 위에 빛을 방사하고, 또한 전체 법질서 속에서 무엇이 이념에 합당한 것인지를 밝혀준다. 더 나아가서 인간존엄성의 이념은 법정책론의 영감의 원천이기도 하고 또한 – 법의 한계를 넘어서 – 사회윤리에도 지표가 된다. 이념으로 이해되는 경우 인간존엄성 조항은 법기술적으로 구체적인 사안들에 직접 적용되면서 상실되었던 자연법적 원기(Aura)를 되찾게 된다. 기본법의 배후에 있는 이 이념은 다른 나라의 법질서 및 초국가적인 법질서에서도 구현될 수 있는바, 실제로 유럽과 대서양의 법권에 속하는 민주적 법치국가의 모든 성문, 불문의 헌법은 인간존엄성의 이념을 배경으로 하고 있다. 다만, 그럼에도 불구하고 기본법의 인간존엄성 조항이 독일 국가성의 범위에 의하여 그 효력조건이 정해지고 적용범위가 제한되는 실정헌법인 것은 물론이다.[386]

효력양식의 점에서 인간의 존엄성은 정의 및 공공복리의 이념 113

385) 앞의 단락 13.
386) 앞의 단락 23.

과 동일하다. 물론 인간의 존엄성은 이들 이념보다는 더 구체적인 단계에 있다. 말하자면 실체적인 정의가 요구하는 바와 공공복리의 구현에 대한 보다 구체적인 척도를 제시한다. 정의와 공공복리는 헌법률에 의하여 명시적으로 보증되지 않는다. 하지만 그럼에도 불구하고 이 이념들은 국가 및 법생활을 지도하는 동시에 헌법률의 해석도 지도한다. 그 효력은 헌법에 앞서 선재한다. 효력의 근거는 실정헌법의 피안에 있는 윤리적인 초헌법이다. 헌법의 배후에 있는 이 헌법은 실정헌법을 통한 인정과는 무관하게 선국가적인 인간존엄성 이념의 소재지이기도 하다. 품격 있는 모든 국가들은 그 의무가 헌법률에서 명시적으로 강제되는지 여부와 관계없이 이 이념에 기속된다.

114 규범의 특성에 따르면 인간존엄성 조항은 법률(lex)이 아니라 법의 원칙(ratio iuris)이다. 말하자면 적용자가 포섭할 수 있는 법조항이 아니라, 다양한 법조항 속에서 발전되어 나가고 또한 정신적인 공감대를 생산해내는 하나의 법원칙이다.[387] 달리 표현한다면, 인간의 존엄성은 규칙(Regel)이 아니라 규칙들의 규칙(Regel der Regeln)이다. 즉 이념이다. 그 자체가 법익은 아니고, 법익들이 정립되는 토대이다. 스스로는 형량의 대상이 되지 아니하면서, 예컨대 언론의 자유와 개인의 명예가 상충하는 경우 등에 헌법적 법익의 형량을 지도한다. 이념 자체는 절대적인 특성을 갖지만, 법 및 법감정에 대한 방사의 내용은 그렇지 않다. 법의 근거로서 인간의 존엄성은 법질서에 속한다. 하지만 그것이 주는 자극은 순정한 윤리적 성격만을 갖는다. 인간의 존엄성은 법제화를 추구하지만, 그것이 남김없이 다 법에 수용되는 것은 아니다. 그 윤리적인 성격은 유지된다.

387) 원칙의 범주에 대해서는 Josef Esser, Grundsatz und Norm in der richterlichen Fortbildung des Privatrechts, ³1974, S. 51f., 69, 75f.

이러한 의미는 엔더스(Ch. Enders)가 말한 인간존엄성의 의의, 즉 일반적인 권리능력에서 이해되는 바와 같은 "권리에 대한 권리"(Rechte auf Rechte)와 연관된다. "권리에 대한 권리"는 자체적으로 즉각 실행이 가능한 청구권이 아니다. 구체적인 행사와 발현을 필요로 한다. 기본법 제1조 제1항의 원칙은 실행될 수 있는 기본법 규정들을 지배한다. 하지만 이는 지시 자체를 제시하지는 않는다. 단지 자체적으로 지각되는 지시들에 대한 정당화의 준거인 바, 바로 법근거 자체이다.[388] 115

인간존엄성의 이념에서는 의사표현의 자유, 집회의 자유, 재산권 등의 기본권에서와 같이 그 생활영역의 대상이 정해진 영역, 즉 개인의 자기결정에 유보되고, 형식적 실질적 장애, 말하자면 "제한의 한계(Schrankensschranken)"[389]를 넘어서 접근하는 경우가 아닌 한 국가권력의 개입이 차단된 구획된 보호영역(기본권구성요건)이 설정되지 아니한다.[390] 보호영역이 없기 때문에 자유-제한의 틀도 적용되지 않는다. 따라서 기본권적 자유에 대한 보장의 한계도 상정되지 않는다. 인간의 존엄성에 대해서는 침해 여부가 아니라 다소의 문제가 있을 뿐이다. 이 이념은 자신을 둘러싼 법 및 현실의 환경에 대하여 빛을 방사하는 중심이다. 이 방사는 명확하게 구획될 수 없고, 규범과 사태의 근접성과 내용에 따라 그 영향의 강도가 다를 뿐이다. 기본권과 기타 헌법규정들은 인간존엄성 116

---

388) Enders(각주 17), S. 503.

389) Vgl. Bd. Ⅲ: Merten, Grundrechtlicher Schutzbereich, §56 Rn 16.

390) 보호영역의 범주에 대해서는 Isensee, HStR ²V, §111 Rn 40ff.; Lerche, Grundrechtlicher Schutzbereich, Grundrechtsprägung und Grundrechtseingriff, 같은 책, §121 Rn 11ff. Bd. Ⅲ: Merten, §56 Rn 23ff.; Peine, Der Grundrechtseingriff, §57 Rn 8ff., 19ff. Gröschner는 보호영역이 없다는 점에서 인간의 존엄성에 대하여 국가의 보장과 적정성의 요청의 의미를 부여한다(각주 212), S. 22. 인간존엄성의 규범구조에 대해서는 Enders(각주 17), S. 101ff.

의 개별적인 측면들을 반영한다. 각각 상이한 강도로 인간존엄성에 동참한다. 예컨대, 인간의 존엄성은 생명권과는 불가분의 관계로 연계되어 있다. 의사표현의 자유를 비롯하여 법적 청문의 보장[391]이나, 심지어는 재산권보장[392]도 인간존엄성의 내용과 연관된다. 그러나 선거법[393]이나 의회법, 연방국가적 재정배분 등을 인간존엄성에서 도출되는 결과로 파악하려고 하는 것은 학문적으로든 법적용의 관점에서든 무익하다. 헌법은 남김없이 완전히 어떤 하나의 이념에 귀착될 수는 없다.

2. 후속 기본권들을 통한 중개(Mediatisierung)

117 인간존엄성의 이념은 구체적인 법규들의 해석을 지도한다. 하지만 그 자체의 입장에서는 이 법규들을 필요로 한다. 법의 근거(ratio legis)는 법률(lex)에 의존한다. 이념 그 자체는 법적으로 적용될 수 없고, 소구될 수도 없다. 이념은 그 내용을 풍부하게 하고 또한 실행가능성을 부여하는 법규와 연결되어야만 한다. 인간의 존엄성은 그것이 구현된 기본권들을 비롯한 기타 법규들 속에서 침해된다. 또한 인간의 존엄성은 순정한 이념으로서 존중되고 보호되지 아니한다. 구체적인 규범들을 통해서만 존중되고 보호된다. 법문제를 해결하려는 자는 인간존엄성의 이념을 중개하는 구체적인 척도를 준거로 삼아야지, 직접 하늘의 별들에게 호소를 해서는 아니 된다. 규범의 위계질서에서는 인간존엄성이 우선되지만, 법적용의 실무에 있어서는 정반대로 후속 기본권들이 우선된다.

---

391) 법적 청문의 존엄성관련성에 대해서는 Dürig, in: Maunz/ders., GG (LitVerz.), Stand 1958, Art. 103 Abs. 1 Rn 5f.

392) Vgl. Dürig, Das Eigentum als Menschenrechte(1953), in: ders., Gesammelte Schriften, 1984, S. 47ff.; Walter Leisner, Freiheit und Eigentum – die selbständige Bedeutung des Eigentums gegenüber der Freiheit(1974), in: ders., Eigentum, ²1998, S. 7(12ff.).

393) 이에 대해서는 앞의 단락 102.

따라서 태아보호나 안락사 허용[394] 등에 대한 헌법적 판단척도로는 그 효력범위가 일반적 행동의 자유나 연구의 자유 등과의 상충 속에서 파악되는 생명권이 우선된다. 인간존엄성의 이념은 다른 기본권들을 통하여 매개되고, 실제 적용되는 가운데 상대화된다. 어떤 측도 대화가 시작되기도 전에 절대적인 지위를 자처할 수 없고, 상충문제를 자신에게 유리하게 결정할 수는 없다. 하지만 상충되는 기본권을 해석하는 가운데 또한 형량을 위하여 그 무게를 정하는 것이 타당한 범위에서 기본권적 요청과 관련된 당사자는 누구나 인간존엄성의 논거도 함께 주장할 수 있다. 예컨대, 보도의 자유와 보도의 대상인 개인의 명예보호가 상충되는 경우 기본법 제1조 제1항만으로는 후자의 편에 서는 해결책을 제공하지 못한다. 개인의 명예권도 인간의 존엄성과 연관되는 것이기는 하지만, 동일한 것은 아니고, 따라서 절대적으로 효력을 갖지는 아니한다. 우선되는 기본권적 준거는 인간존엄성의 요소들이 구체화되어 규정된 기본법 제2조 제1항의 인격권이다.[395] 그 내용과 무게가 다르기는 하되, 의사표현의 자유와 보도의 자유에서도 존엄성의 요소들이 찾아진다. 존엄성의 요소들이 심하게 충돌하는 경우에도 기본법 제1조 제1항의 규범이 직접 개입하는 것은 아니다. 존엄성이 구현된 구체적인 규범들이 우선 적용된다. 한계상황에서 고문금지명령이 준수되었는지 여부에 대한 판단기준은 신체적 완결성에 대한 권리와 피구금자에 대한 정신적, 육체적 학대금지명령에서 찾아진다.[396] 형집행의 상태가 인간존엄성에 부합되는지 여부에 118

394) Vgl. Fink, Recht auf Leben und körperliche Unversehrtheit, §88 Rn 17ff., 31f.

395) BVerfGE 54, 148(153); Isensee(각주 58), S. 5(9ff.); Starck, in: v. Mangoldt/Klein/ders., GG(LitVerz.), Art. 1 Abs. 1 Rn 117; Kube, Persönlichkeit, HStR ³VII, §148 Rn 31ff.

396) 이에 관한 적확한 지적은 Gröschner(각주 212), S. 37f. 상세한 내용은 앞의 단락 143ff,

대한 헌법적 논쟁은 개인의 자유라는 기본적 보호영역, 즉 수형자의 특수신분에 맞게 설정된 보호영역 속에서 해결된다. 영유아의 엄마에 대한 체포 자제의 요청이 보장되어야만 하는지는 아이의 인간의 존엄성만을 가지고 또한 이를 우선 준거로 하여서 답해질 수 없다.[397] 여기에서 관건은 오롯이 아이의 복리인바, 이는 존엄성과 동일한 것은 아니다. 해결책은 개별 사안의 상태에 대한 판단 하에서 주목되는 형집행권으로부터만 접근될 수 있다. 말하자면 이 경우 기본권이 연관되는 한, 기본법 제1조 제1항에 앞서서 아이와 엄마의 관련 기본권, 특히 기본법 제6조 제1항 및 제2조가 우선 준거가 된다. 19세기 이래 줄곧 고통스러운 문제, 즉 어떻게 빈곤층에게도 인간다운 생존의 조건을 제공할 수 있을 것인가의 문제도 사회적 국가목표의 헌법논제 차원의 문제인바, 그 구체적인 실현은 상황에 맞는 구체적인 일반법에 위임될 수밖에 없다.[398] 또한 인간의 존엄성에 대하여 심층적으로 관찰한다고 해서 일자리 창출이나 사회부조의 수준에 대하여 잘 알게 되는 것은 아니다.

119 존엄성보장은 존엄성이 영향을 미치는 주관적인 기본권들을 통해서[399] 비로소 헌법소원과 연관성을 갖게 된다. 자체적으로는 허용성의 요건을 충족하지 못하고, 개별 기본권들과 연결되어야 비로소 본안심사의 인용 여부에 대한 심사척도가 될 수 있다.[400]

120 존엄성보장의 중개는 존엄성보장의 무차별적인 영향으로부터 차별화된 기본권체계를 보호한다. 동시에 이 중개는 이념의 방사

---

397) 동지 Häberle, HStR ³Ⅱ, §22 Rn 93ff.

398) 인간존엄성의 내용을 사회적인 국가목표로부터, 반대로 인간존엄성으로부터 사회적인 국가목표를 추론하는 순환논증의 경향이 있다. 예컨대 Müller-Dietz(각주 379), S. 19ff.

399) 이에 대한 적확한 견해는 Gröschenr(각주 212), S. 23; Nida-Rümelin(각주 286), S. 128, 152.

400) 기본법 제1조 제1항의 기본권적 속성과 헌법소원능력에 대한 논란에 관해서는 앞의 단락 333, 338f.

를 조절하며 또한 이 무차별적인 방사로부터 관련 기본권들의 독자성을 보전한다. 자체적으로만 보면 비문체적이고 평이한 양식의 존엄성보장은 직접 도덕과 상식에 귀착시켜서 복합적인 문제들을 간단하게 해결하고 또한 관련 기본권들(더욱이 일반법의 차원에서)에서 제기되는 어려운 법윤리적 법기술적인 문제들을 우회하도록 유인한다.[401] 최고가치를 직접 준거로 하는 것은 법리 확보의 합리성을 해칠 수 있고, 무모할 정도로 단순화하는 사람이나 또는 선인(善人)을 자처하는 사람 등의 비전문가들에게 힘을 실어주게 된다. 게다가 일반 기본권과 인간의 존엄성에 대한 논의가 병행되는 경우 가치평가의 모순이 야기된다.

3. "인간존엄성의 씨앗"(Menschenwürde-Kerne)

모든 개별 기본권들 속에서 "인간존엄성의 씨앗"을 상정하고 121
그 껍질을 벗겨내려는 시도가 있다.[402] 이 과정 속에서 해당 기본권논제에 속하는 알맹이는 존엄성으로 응축된다. 이 씨앗은 존엄성과는 무관한, 부수적인 껍질에서 벗어난다. 이 알맹이는 기본권제한입법자가 넘어서는 아니 되는 한계인 본질적인 내용(기본법 제19조 제2항)과 일치하지 않는다.[403] 기본법에서 명시적으로 보장됨에도 불구하고 본질적인 내용은 일반적으로 그 자체가 매우 불명확하기 때문에[404] 인간존엄성의 핵심을 규명하는데 유용하지 않다.

---

401) 앞의 단락 2, 7f.

402) 전형적인 예는 Dürig, Freizügigkeit, GR Ⅱ, S. 521ff. 망명권에서 "인간존엄성의 씨앗"에 관한 논란은 Ulmer(각주 363), S. 202ff.

403) Lerche(각주 309), §122 Rn 29f. Bd. Ⅲ: Leisner-Egensperger, Wesensgehaltsgarantie, §70 Rn 63ff. Vgl. auch BVerfGE 109, 279 (310f.).

404) 이에 관한 상론은 K. Hesse, Grundzüge des Verfassungsrechts (LitVerz.), Rn 332ff.; Lerche(각주 309), §122 Rn 25ff. Bd. Ⅲ: Leisner-Egensperger, §70 Rn 18ff., 25ff.

기본법 제1조 제1항이 인간존엄성의 본부이고, 이 본부는 후속 기본권들 속에 그 정규의 기본권의 범주와는 구별되는 지사를 거느리고 있다는 식으로 상정하는 이 알맹이의 비유는 오류이다.[405] 개별 기본권은 알맹이와 껍질로 분리될 수 없는 독자적이고 통일된 크기이다. 인간존엄성의 이념은 그 속에서 다양한 측면에서 다양한 강도로 구체화된다. 이념의 빛의 방사라고 표현될 수는 있지만, 그렇다고 해서 개별 기본권 속에 법적으로 파악될 수 있는 확고한 알맹이가 있다고 할 수는 없다.

122 인간존엄성의 알맹이는 기본법 제79조 제3항이 못을 박아 놓은 헌법개정의 한계에 대하여 일정한 결론들을 함축한다. 이에 따르면 기본법 제1조의 원칙들은 개정될 수 없으나, 후속 기본권들은 개정될 수 있다. 이들 기본권들은 사전에 주어진, 양적으로 구획된 알맹이에 대해서 영구성이 보장되는 것이 아니다. 개정의 한계가 사전에 확정되는 것이 아니라 사후적으로 개정사항과 관련하여 인식할 수 있는 기본권 구성내용의 부분들에 대해서 개별적으로 판단될 수 있을 뿐이다.[406]

123 거주이전의 자유나, 직업, 결사 및 집회의 자유 등과 같이 기본법상 독일 국민에게 유보되어 있는 기본권의 경우에도 – 학설상 – 외국인들은 해당 기본권들 속에 있는 인간존엄성의 알맹이를 주장할 수 있어야 한다는 입장이 있다.[407] 이러한 입장에 따르면 기본권의 알맹이는 기본권규범으로부터 생장하며 그 주관적인 보호영

405) Bd. Ⅱ: Isensee, Positivität und Überpositivität der Grundrechte, §26 Rn 51.

406) 앞의 단락 148.

407) 동지 Otto Bachof, Freiheit des Berufs, GR Ⅲ/1, S. 155(177ff.); Dürig, in: Maunz/ders., GG(LitVerz.), Stand 1958, Art. 1 Abs. 1 Rn 85; Art. 2 Abs. 1 Rn 66; ders.,(각주 402), S. 521ff.; Klaus-Peter Dolde, Die politischen Rechte des Ausländers in der Bundesrepublik, 1972, S. 62ff.

역이 확장되는바, 독일 국민에게 인정되는 성문의 기본권이 외국인에게 인정되는 불문의, 불명확한 기본권에 의해서 선도되는 형국이다.408) 결과적으로 기본권주체성에 대한 기본법의 실정법적 구별들이 부정된다. 이러한 결과가 학설상 용인될 수 없는 것은 당연하다.409) 하지만 그렇다고 해서 독일 국민에게 유보된 기본권의 경우 외국인이 전혀 보호되지 않는 것은 아니다. 그 흠결은 기본법 제2조 제1항의 포괄적 기본권이 보완한다.410) 모든 기본권 중에 그 내용의 범위가 가장 포괄적이고 또한 보장의 정도가 가장 약한 기본권이 차별적으로 적용되며, 이를 통해 바로 인간존엄성의 이념이 요구하는바, 즉 구체적인 사안별로 외국인에게 최소한의 자유가 보장된다.

4. 존엄성의 조종 및 통제기능

기본법은 기본권 및 조직규범들을 통해서 인간다운 공동체가 124
어떤 모습인지를 말해주고, 제1조 제1항의 바른 해석을 위한 준거를 제공한다. 또 한편 인간의 존엄성은 구체적인 헌법규범들의 해석에 대하여 지침을 준다. 말하자면 교차적인 관계이다. 이 중개를 통해서 인간존엄성의 이념이 민주적인 법치국가의 구조 속에서 실현되고, 또 한편 이 이념이 민주적 법치국가의 구조들을 폭발시키지 않도록 하는 것이 보장된다. 우선 인간존엄성의 이념은 기본권의 방어 및 보호기능을 통해서 실현된다. 인간의 존엄성 속에 잠재되어 있는 의무성, 즉 자유를 제약하고 제한하는 동인들이 법률

408) Isensee, Die staatsrechtliche Stellung der Ausländer in der Bundesrepublik Deutschland, in: VVDStRL 32(1974), S. 49(79).

409) Isensee(각주 408), S. 76ff.; Quaritsch, HStR ²V, §120 Rn 132ff. Bd. Ⅱ: Heintzen, Ausländer als Grundrechtsträger, §50 Rn 47ff.

410) BVerfGE 35, 382(399); 49, 168(180ff.); 78, 179(196f.); Cornils, Allgemeine Handlungsfreiheit, HStR ³Ⅶ, §168 Rn 49. Bd. Ⅱ: Heintzen, §50 Rn 49.

유보를 파기하는 것은 아니다. 오히려 그것들은 법률을 통한 전환을 필요로 한다. 이는 "누구나 모든 사람들에 대하여 인간의 존엄성을 인정해야 하는 의무를 진다"고 규정한 브란덴부르크(Brandenburg) 주 헌법 제7조 제2항에서도 마찬가지이다. 이 조항은 헌법적 효력을 갖기는 하지만, 법적으로는 구속력이 없고, 그 내용도 불분명한 일종의 도덕적인 촉구만을 담고 있다. 근원적이고 또한 무제한적인 것으로 상정되는 개인의 자유와, 필연적으로 제한되는 동시에 정당화를 요하는 국가권력을 구별하는 법치국가적인 배분원리가 폐기되지는 않는다.[411] 하지만 존엄성의 이념은 개별 기본권들의 적용을 조종하고 또 통제한다.

125 인간존엄성의 이념은 생명권을 비롯하여 사생활권, 종교의 자유, 직업의 자유 등 모든 기본권들 속에서 구현된다. 사유재산권도 존엄성의 표현이다. 하지만 존엄성과의 관련성은 모든 기본권들에서 동일하지는 않다.[412] 보도의 자유에서보다는 양심의 자유에서 더 진지하게, 청원권에서 보다는 법적 청문권에서 더 강하게 관련된다. 인간존엄성의 이념과의 원근에 따라 기본권적 보호법익에 대한 제한의 민감도와 제한에 대한 저항의 정도가 다르다. 국가의 기본권제한의 목적인 공익 또는 사익과 형량되는 보호법익의 무게에도 영향을 미친다. 보도의 자유와 피해자의 인격권,[413] 임산부의 자기결정권과 태아의 생명권이 상충되는 경우[414] 또는 피랍자를 구하기 위한 사살의 문제에서 납치범의 생명과 피랍자의 생명 간에 선택을 해야 하는 경우 등에 있어서 인간존엄성의 이념은 기본권

411) Carl Schmitt, Verfassungslehre, 1928, S. 126. 기본법 제1조 제1항의 범주에서 법치국가적 배분원리의 의미에 대해서는 Enders(각주 17), S. 431ff. Bd. Ⅲ: Merten, Grundrechtlicher Schutzbereich, §56 Rn 50ff.

412) Dürig(각주 392), S. 47ff.; Leisner(각주 392), S. 7, 12ff.

413) Isensee(각주 58), S. 133ff.

414) BVerfGE 39, 1(41); 88, 203(251f., 254f., 267, 342, 348).

충돌문제의 해결에 도움을 준다.[415)]

존엄성에서 도출되는 원칙들은 서로 모순에 빠질 수 있다. 기본법 제1조 제1항에 규정된 일반적인 인격권은 자신의 출생에 대하여 알 권리를 포함한다. 연방헌법재판소가 설시한 바와 같이, 출생에 대한 앎은 개개인에게 자신의 독자적인 개인성에 대한 이해와 발현에 중대한 연결점을 제공하기 때문이다.[416)] 또 한편 인간의 존엄성은 무지(無知)에 대한 권리도 부여한다.[417)] 그렇기 때문에 모든 사람은 관련된 필요한 정보를 입수할 것인지 여부에 대하여 스스로 결정한다. 그에 반해 개인이 그것을 요구하는 경우에 국가가 접근가능한 정보를 차단하는 것은 금지된다. 또한 국가는 정보를 강요하여서도 아니 된다. 예컨대, 자식이 민사소송을 통하여 어머니에게 자신의 친부에 대한 정보를 요구하는데, 엄마의 입장에서 인간의 존엄성에서 파생되는 내밀한 영역의 인격보호를 이유로 정보제공을 거부하는 경우 상충의 문제가 제기된다. 상충의 해결은 우선 입법자의 과제이다. 이러한 경우 법원은 어려운 형량문제들과 마주치게 된다. 관련된 사건을 접할 기회가 없었던 연방헌법재판소는 아직까지 한 번도 자식의 이익이 엄마의 그것보다 우선된다는 것을 원칙으로 확인한 바는 없다.[418)] 126

자신의 출생에 대하여 알 권리는 출생의 익명성을 가능하게 127

415) 이에 대해서는 P. Kirchhof, Die Zulässigkeit des Einsatzes staatlicher Gewalt in Ausnahmesituation, in: Deutsche Sektion der Internationalen Juristen-Kommission, 1976, S. 83(114).

416) BVerfGE 79, 256(268f.); 90, 263(270ff.); 96, 56(63). 이에 대해서는 Damm, Persönlichkeitsschutz und medizinische Entwicklung, JZ 1998, S. 926(931f.); D. Giesen, Genetische Abstammung im Recht, JZ 1989, S. 364ff.; Di Fabio, in: Maunz/Dürig(LitVerz.), Art. 1 Abs. 1 Rn 212ff.

417) Damm(각주 416), S. 932.

418) BVerfGE 96, 56(65). 이에 대한 비판적인 견해는 Di Fabio, in: Maunz/Dürig(LitVerz.), Art. 2 Abs. 1 Rn 214.

하면서 동시에 낙태와 유기에 대하여 대안을 제공하여 아기에게 생존의 기회를 제공해주는 영아입양제도와 상충된다.[419] 인간존엄성에서 파생되는 논거가 그 생명의 토대와 충돌하는 형국이다. 인간성과 판단능력이 조금이라도 남아 있는 경우라면 이 상충문제가 어떻게 귀결될 것인지에 관해서는 의문이 있을 수 없다. 생명은 생명을 전제로 하는 권리나 그 행사나 관철가능성이 본래 제한되는 권리들에 우선되기 때문이다. 국가는 영아입양의 기회를 사적으로 제공하는 것을 금지하여서는 아니된다. 오히려 국가는 보호의무수행의 관점에서 그것을 권장해야 하고, 사적으로 그 기회가 주어지지 않는 경우 국가 자신이 그것을 제공해야만 한다. 혼외인공수정에 대한 법률이 장래에 부성의 익명성을 보장할 수 있는지 또한 "전기의 수용"(Enteignung der Biografie: 어떻게 태어나게 되었고, 어떤 과정을 통하여 입양 또는 양육되었는지 성장사를 알 수 없게 하는 것에 대한 비유적 표현; 역자 부기)[420]을 인정할 수 있는지 등 태어난 아기의 권리를 어떻게 보호할 것인가의 문제와, 아직 태어나지 않은 아기에 대한 예방적 보호의 문제는 구별되어야 한다. 이러한 내용으로 입법이 되면 자신의 출생에 대하여 알 권리는 부정된다. 다만 이 규정들은 아직 생명이 존재하지 않는 상황의 문제이기 때문에 생명에 대한 보호의무를 근거로 하여 정당화될 수는 없는 바, 이에 상응하는 것은 주관적인 권리가 아니라 객관적인 원리로서 존엄성이다.[421]

---

419) 이에 관해서는 Kube, Persönlichkeitsrecht, HStR ³VII, §148 Rn 52.

420) Damm(각주 416), S. 932.

421) 결과적으로 유사한 견해는 Giesen(각주 416), S. 369; Di Fabio(각주 416), Art. 2 Abs. 1 Rn 213. 이견은 Martin Koppernock, Das Grundrecht auf bioethische Selbstbestimmung, 1997, S. 153ff.

5. 존엄성의 영감 및 신성화기능

기본법 목록상의 기본권은 소극적인 지위를 완전히 벗어났다. 128
전통적인 이해 속에서 드러나는 흠결은 새로운 해석론, 즉 일반적인 행동의 자유를 보완책으로 마련한 해석론에 의해서 보정되었다.[422] 따라서 이 흠결을 보완하기 위해서 최상의 창설원칙을 직접 활용할 필요는 없다. 하지만 그럼에도 불구하고 인간존엄성의 이념은 가능한 또는 현실적인 위협에 반응하는 법감정에 대해서, 그리고 법정책에 대해서도 영감을 불러일으키는 원천임이 분명하다. 인간존엄성의 이념은 법체계 속에 "윤리적인 감동의 원칙"이다.[423]

헌법제정심의위원회의 망골트(v. Mangoldt) 의원이 말한 바와 129
같이 기본법의 서두문장의 자연법적인 근저에는 기본원칙들을 해석하면서 법원이 인간의 존엄성의 이념을 끌어들일 수 있고, 이를 통하여 개별 기본권조항들이 허용하는 범위 내에서 "상당한 가동성"이 확보될 것이라는 기대가 있었다. 하지만 그렇다고 해서 헌법 속에 별도의 기본권들을 끌어들이는 해석에 대한 수권이 있었던 것은 아니었다.[424] 이 "상당한 가동성"은 기본법 제2조 제1항의 일반적 행동의 자유라는 기존의 기본권의 토대 위에서 또한 그 범주 내에서 불문의 기본권이 발전되는 가운데 확보되는바, 이 불문의 기본권은 기본권목록을 확대하는 것도, 새로운 목록으로 추가되는 것도 아니고 이미 선재하는 성문의 기본권들의 함의를 해석하는 것일 뿐이다. 이는 일반적인 인격권[425]을 비롯하여 사적 자

422) Vgl. Bd. V: Kahl, Die allgemeine Handlungsfreiheit als Auffangsgrundrecht, §124.

423) Dürig, in: Maunz/ders., GG(LitVerz.), Stand 1958, Art. 1 Abs. 1 Rn 16.

424) 1948년 9월 21일 원칙소위 제3차 회의에서 v. Mangoldt(CDU) 의원의 발언 in: Protokolle(각주 5), S. 64, 68.

425) Hubmann(각주 81), S. 175ff.; Kube, HStR ³VII, §148 Rn 19ff., 28ff.; BVerfGE 54, 148(153); 72, 155(170); 79, 256(268).

치,[426] 정보자기결정권,[427] 정보기술체계의 신빙성과 정직성에 대한 권리,[428] 인격적 명예의 기본권적 보호[429] 등의 경우에도 마찬가지이다. 이 기본권들은 기본법 제1조 제1항과 연계되어 기본법 제2조 제1항을 근거로 한다. 인간존엄성의 이념은 해당 기본권을 발견하는데(고안이 아니라) 영감을 주는 원천으로 여겨진다. 동시에 인간존엄성의 이념은 해석의 결과가 인정되고 지속될 수 있게 도움을 주는 권위 있는 받침대로 기능한다. 사회국가조항이 구체적인 토대를 제공하는 최저한의 인간다운 생존에 대한 불문의 사회적 기본권도 마찬가지이다.[430]

130 이러한 모든 사안들에서 법원과 법해석학의 기본권창조가 문제가 되는바, 이 경우 헌법원칙은 해석의 대상이라기보다는 해석결과들에 대하여 거점을 제공하고, 그것을 확고하게 만드는 것으로 여겨진다. 예컨대, 일반적인 행동의 자유로 해석하는 기본법 제2조 제1항의 이해는 법관에 의한 법창조의 결과이고, 이는 법문을 넘어서는 것으로 평가되고 있다.[431] 하지만 관건은 기본법 제1조 제1항을 비롯하여 기타 헌법규범들을 근거로 제시함으로써 확보하게 되는 정당성인바, 이 정당성은 기존의 기본권체계의 효력과 수용에 참여하는 것이고, 이는 결국 기본권체계에 어떤 변화를 주거나 그 범위를 확대하는 것이 아니고, 다만 시대에 맞추어서 발전시키려고 하는 것일 뿐이다. 요컨대, 인간존엄성의 이념이 영감을 주어서 해석된 것이 그 이념 자체의 등급을 부여받거나 절대적인

426) Isensee, Privatautonomie, HStR ³Ⅶ, §150 Rn 1ff.
427) BVerfGE 65, 1(41ff.); Kube, HStR ³Ⅶ, §148 Rn 66ff.
428) BVerfGE 120, 274(303ff.); Kube, HStR ³Ⅶ, §148 Rn 69ff.
429) BVerfGE 93, 266(290); Isensee(각주 58), S. 16ff.; Kube, aaO., Rn 60ff. Vgl. auch Hubmann(각주 81), S. 288.
430) BVerwGE 1, 159(161f.); BVerfGE 40, 121(131); 113, 88(108f.); 125, 175(222).
431) BVerfGE 6, 32(36ff.). 이에 대해서는 Cornils, HStR ³Ⅶ, §168 Rn 1ff.

효력을 갖는 것은 아니고, 또한 헌법개정금지의 대상이 되는 것은 아니다.

결국 일반적으로 다음과 같이 확인될 수 있다. 인간존엄성의 131
이념은 실정법을 통한 구체화 속에서 완전하게 소진될 수 없다. 인간존엄성의 이념은 실정법이 이념구현에 충분한 경우에는 그것을 정당화하고, 실정법이 이념에 배치되는 범위에서는 그에 대한 비판의 척도이고, 그리고 그것이 미흡한 경우에는 실성법의 발선에 대한 자극이 된다.

6. 개별 기본권과 존엄성의 연결

인간의 존엄성은 개별 기본권들과 병립하여 구현되지 아니한 132
다. 그것을 넘어서 또한 그 속에서 실현된다. 존엄성과 후속 기본권들의 법익들은 분리된 것이 아니다. 관건은 생명, 자유 등과 같이 존엄성이 구체화되어 담겨진 개별 기본권의 법익, 즉 내용상으로는 동일한 법익이다. 개별 기본권과 존엄성이라는 두 개의 상이한 척도가 적용된다고 하더라도 권리침해의 구성요건은 동일하다. 인질의 구출을 위해 경찰이 인질범을 사살하는 경우 그 정당화는 구출의 목적에 대비해서 인질범의 존엄성과 함께 생명에 대한 형량을 요구하고, 이는 결국 구출조치가 포기되는 경우 그에 따른 희생자의 존엄성 및 이와 불가분 연계되는 희생자의 생명권 앞에서 그것이 어떻게 정당화되어야 하는가의 문제이다. '객체취급금지의 공식(Objektformel)'은 인질범의 생명이 보호되어야 하고, 희생자의 생명이 포기될 수 있는지 여부에 대한 심사에 적용된다. 연방헌법재판소가 적용한 기준, 즉 경멸적인 동기가 있는 경우 존엄성이 침해되는 것으로 보는 판단기준은[432] 존엄성의 침해를 구체적인 기본권법익(예컨대 사생활영역)에 대한 침해와 분리시키는 것에

432) BVerfGE 30, 1(26); 109, 279(312).

대한 근거를 제공하지 못한다. 사람에 대한 도덕적 격하나, 증오와 경시의 표현을 금지함으로써 추구하는 공익이 그 정당화절차를 과잉금지원칙의 적용 대상에 원천적으로 배제하는 식으로 기본권제한을 정당화할 수 있는 정도의 정당한 목적들은 아니다.

133 연방헌법재판소는 개별 기본권을 "기본법 제1조 제1항과 연계하여" 적시하는 것을 통해 개별 기본권과 그 인권적 근거와의 연관성을 보여준다. 일반적 인격권[433]이나 사적 자치,[434] 내밀한 영역에 대한 존중의 요청[435] 등과 같은 불문의 기본권이 목록에 자리를 잡고 근거가 주어지는 것이 그 예들이다. 또한 개인정보자기결정권[436]이나 정보기술체계의 신뢰성과 정직성의 보장에 대한 권리[437] 등과 같이 새로 명명된 기본권들이 창설되어 자리를 잡는 경우 이러한 연계가 더욱 부각된다. 생명보호, 특히 태아의 생명보호와 관련된 한계문제에 대하여 답해야 하는 경우 이러한 연결은 독자적인 논제를 이룬다.[438] 이러한 연결은 그것이 명시적으로 적시되는 기본권적 문제상황에서만 존재하는 것은 아니고, 일반적으로도 존

433) BVerfGE 54, 148(153). 이에 관해서는 Kube, HStR ³Ⅶ, §148 Rn 31ff.; Häberle, HStR ³Ⅱ, §22 Rn 21ff. Vgl. Bd. Ⅳ, Enders, Schutz der Persönlichkeit und der Privatsphäre, §89.

434) BVerfGE 72, 155(170). 이에 관해서는 Isensee, HStR ³Ⅶ, §150 Rn 57ff., 71.

435) BVerfGE 27, 344(350f.); 32, 373(378f.); 34, 238(245). 이에 관해서는 Hans-Detlef Horn, Schutz der Privatsphäre, HStR ³Ⅶ, §149 Rn 25, 29, 75.

436) BVerfGE 65, 1(14f.). Vgl. Bd. Ⅳ, Rudolf, Informationelle Selbstbestimmung, §90.

437) BVerfGE 120, 274(302ff.). Vgl. Bd. Ⅳ Rudolf, §90, Rn 73ff.; Papier, Schutz der Wohnung, §91 Rn 1, 19, 75.

438) BVerfGE 39, 1(41); 88, 203(251f., 254f., 267, 342, 348). 이에 관해서는 Ralf Müller-Terpitz, Der Schutz des pränatalen Lebens, 2007, S. 131ff., 291ff.; Isensee, Der grundrechtliche Konnex von Menschenleben und Menschenwürde, ZfL 2009, S. 114(117ff.) Vgl. Bd. Ⅳ, Fink, Recht auf Leben und körperliche Unversehrtheit, §88 Rn 12ff., 17ff.

재한다. 그렇기 때문에 개별 기본권에 대한 해석의 범주를 넘어서고 또한 인간의 존엄성 속에서 그 배경을 파악하는 것이 필수적으로 요구되는 경우라면 몰라도, 그렇지 않은 경우라면 "…와 연계하여…"라는 표현형식은 없어도 무방하다. 그와 같은 논거의 제시가 불필요한 경우조차 자명한 것을 반복하여 적시할 필요는 없기 때문이다.

7. 존엄성과 무관한 기본권영역의 불가능성

인간존엄성 이념의 효력범위를 기본권적 논제의 범위를 넘어 134
서 공동체의 모든 사회적 관계에까지 확장시키려고 하는 지배적인 경향과 대립되는 시도가 있다. 가령 생명권을 부분적으로 인간의 존엄성과 분리하려는 시도, 말하자면 태아에게 법률유보원칙이 적용되는 생명권의 보호를 인정하지만, 제한이 불가능한 인간의 존엄성을 인정하는 것이 아니라 존엄성과는 무관한 별도의 기본권영역을 창설하려는 것이 그것이다.[439] 이러한 분리설의 대표자들은 인간의 존엄성을 이성을 사용하는 인간의 능력 및 시민들이 서로 인정하는 가운데 독자적으로 책임을 지면서 참여하는 공적인 소통의 과정에 연결하여 이해한다. 이에 따르면 태아는 "이 소통의 과정에 동참하지 못하기 때문에 독자적으로 설정될 수 있는 법의무적인 보호대상이기는 하되 사회적으로 존엄성에 대한 존중을 요구할 수 있는 주체가 될 수는 없다"[440]고 본다. 하지만 이 전제는 일

---

439) Hasso Hofmann, "Umweltstaat", in: 50 Jahre Bundesverfassungs-gericht, 2. Bd., 2001, S. 873(893); ders.(각주 104), S. 125f.; H. Dreier, GG(LitVerz.), Art. 1 Abs. 1 Rn 66ff.; Art. 1 Abs. 2 Rn 66ff.; Hufen, Staatsrecht Ⅱ(LitVerz.), §10 Rn 25. 이에 대한 비판론은 Starck, in: v. Mangoldt/Klein/ders., GG(LitVerz.), Art. 1 Abs. 1 Rn 20; Höfling(각주 317), S. 529f.; Isensee(각주 438), S. 122f.

440) H. Hofmann(각주 104), S. 125f. 이에 관한 상론은 앞의 단락 31과 206 이하.

관성이 결여되어 있다. 현실적으로 이성을 활용하는 능력이 관건이라고 한다면 이 전제는 너무 광범위하게 문제가 되기 때문이다. 왜냐하면 젖먹이 아기나 치매환자는 이 능력을 가지고 있지 않기 때문이다. 반면에 인간의 본성에 고유한 이성적 잠재력만을 기준으로 한다면 지나치게 협소하게 적용될 수밖에 없는바, 태아는 존엄성이 인정되지 않고 단지 헌법상 보호가치가 있는 생물자원이다. 하지만 존엄성보호로부터의 배제를 정당화해야 하는 헌법이론 및 헌법도그마틱의 관점들이 일종의 "정치적인" 목표, 말하자면 태아에 대한 임의적인 처분권을 입법자에게 주는 것 같은 목적에도 도움을 주게 되는 점은 유의해야 한다.[441] 인간의 존엄성은 개별기본권 보호대상의 효력범위 뒤로 물러나 있을 수는 없다. 즉 개별기본권에만 국한될 수는 없고, 오히려 개별 기본권들의 요청범위를 넘어서 효력을 갖는다.

Ⅳ. 기본권제한을 위한 근거

1. 가능한 제한의 유형

135 인간존엄성의 이념에는 어떤 제한(Schranken)도 없다. 하지만 이 이념은 기본권적 제한을 정당화하거나 심지어는 권장하기도 한다. 이는 존엄성을 침해하지 않는 동시에 적극 보호도 해야 하는 국가권력의 이중적 의무의 맥락에서 이해된다(기본법 제1조 제2항). 다극적인 기본권관계 속에서 방어기능과 보호기능 간의 충돌이 발생할 수 있는바, 이는 이념의 차원에서는 문제가 되지 않지만, 존엄성이 구현되는 개별 기본권들의 차원에서는 늘 나타날 수 있다.

441) "정치적인" 기본권해석에 대한 날카로운 비판은 Hoerster, Erwiderung, JZ 2008, S. 295ff. 이에 대한 반론은 H. Dreier, Schlußwort, JZ 2008, S. 297ff.

예컨대, 추리소설작가의 예술의 자유[442]와 인간의 존엄성을 모욕당했다고 느끼는 사람의 인격권이 상충하는 경우 등이다.[443] 하지만 이러한 경우에 방어권의 측면에서 가능한 제한은 존엄성의 이념 자체가 아니라 이 이념이 구체화된 기본법 제2조 제1항의 인격권이다.[444] 여기에서 방어기능과 보호기능이 조정되는 가운데 예술의 자유 역시 존엄성의 파생물이라는 점이 고려된다. 다만, 그렇다고 해서 이러한 고려가 이른바 '비기기'식의 기본권 논증으로 귀착되는 것은 아니다. 오히려 이념의 하부원칙들은 개별 기본권들의 차원에서 상충문제를 해결한다. (인질의 생명보호를 위해 인질범의 신체적 완결성에 따른 방어권이 제한되는 경우 같이) 국가의 보호의무와 관련하여 가능한 제한의 경우도 마찬가지이다. 인간존엄성의 순수한 객관법적 특성은 기본권의 상충에서 오로지 한 당사자 측만이, 예컨대 연방헌법재판소가 항공안전법과 관련하여 잘못 내린 결정에서 설시한 바와 같이, 추락비행기에 의해 위험에 처하게 되는 지상의 사람들은 배제되고 오로지 격추의 위험에 처한 비행기승객들만이 존엄성의 보호를 요구할 수 있게 되지 않게 한다.[445] 어떤 개별 기본권에 체화된 한 사람의 존엄성이 논의되는 경우 항상 관련된 다른 사람의 존엄성도 함께 고려되어야 한다. 존엄성의 논거 자체는 기본권상충을 해결할 수 없다. 또한 존엄성 그 자체가 결코 기본권의 독자적인 헌법내재적 한계를 형성하는 것은 아니다. 요컨대, 존엄성의 이념이 법률유보원칙을 파기하는 것은 아니다.

자유권은 자기결정권을 보장하는 것이지, 평등한 사람들의 질 136

442) Vgl. Bd. Ⅳ, Hufen, Kunstfreiheit, §101 Rn 31ff., 197.
443) BVerfGE 30, 173(188ff., 193ff.) – "Mephisto". Vgl. auch BVerfGE 13, 115(116ff.).
444) Bd. Ⅳ, Hufen, Kunstfreiheit, §101 Rn 197.
445) BVerfGE 115, 118(151ff.). 이에 관해서는 Isensee(각주 360), S. 219ff.

서 속에서 스스로 자기결정권의 주체인 다른 사람에 대한 결정권을 보장하는 것은 아니다. 하지만 법적으로 한 기본권주체에게 스스로 법적 자유를 향유할 수 있는 능력을 갖추지 못한 다른 사람을 위한 책임이 부여되는 경우가 있는바, 공동체 내에서 자신의 독자적인 책임하에 인격을 발현해나가기 위해서 보호와 도움을 필요로 하는 아이에 대한 부모의 책임이 좋은 예이다. 아이에 대한 부모의 권리[446]는 처음부터 궁극적으로 아이의 인간의 존엄성을 존중해야만 하는 의무 속에 정초되어 있는 의무들과 연계되어 설정된 것이다.[447] 일반화하면 다음과 같이 말할 수 있다. 사인이 타인에 대하여 법적 사실적 힘을 행사하는 경우, 국가는 종속적인 타인의 존엄성을 위해 법적 의무를 부과하여 그 힘을 순화하는 식으로 타인을 보호할 필요가 있다.

137 기본법 제1조 제1항에는 기본법의 개인주의적인 기본특성이 반영되어 있다. 하지만 그렇다고 해서 기본권적 자폐증이 끼어 있는 것은 아니다. 개인의 인격은 국가공동체에 대하여 임의적으로 취급될 수 없는 것으로 선재한다. 그럼에도 불구하고 개개인은 공동체에 의존하고, 따라서 필연적으로 공동체 속에 편입될 수밖에 없다. 기본법은 인간을 유리된 독야청청의 개인으로 보지 않는다. 오히려 기본법은 인간의 독자적인 가치를 그대로 인정하되, 공동체관련성 및 공동체연관성의 의미에서 개인과 공동체를 긴장의 관계로 설정하는 결단을 내린 것이다. 따라서 평등한 지위가 인정되는 공동체구성원으로서 그 독자적인 가치가 인정되는 개개인은 일반적 행동의 자유의 한계로부터 벗어날 수 없고, 이 한계는 입법자가 주어진 사태의 한계 내에서 사회적 공동생활을 보호하고 촉진하기 위하여 일반적으로 타당한 내용을 정함으로써 설정된

446) Vgl. Bd. Ⅳ, Burgi, Elterliches Erziehungsrecht, §109 Rn 23ff.

447) BVerfGE 24, 119(144); 72, 155(172).

다.[448] 따라서 원칙적으로 납세의무나 교육의무, 병역의무 등과 같은 기본적인 국가적 의무에 대한 반대의 논거로 존엄성이 제기될 수는 없다.[449] 자유의사에 따라 용인한 의무들에 대한 반대논거도 될 수 없다.[450] 존엄성의 이념 속에는 동료인간으로서 갖는 연대성에 대한 의무가 함축되어 있다.[451] 이는 이념적인 관점에서 존엄성의 축소나 제한의 의미가 아니라 그 뜻을 분명히 드러내는 맥락에서 이해된다. 즉 존엄성은 다른 사람에 대한 한 사람의 자기주장일 뿐만 아니라 다른 사람을 인간으로 인정하는 의미도 갖는다. 다른 사람을 위한 의무를 수인하는 가능성은 바로 이 점에서 나온다.[452] 모든 사람이 국가공동체에 대하여 최소한의 생존보장을 요구할 수 있는 것이 인간의 존엄성에서 도출된다고 한다면,[453] 이는 전체사회의 연대성을 전제조건으로 하는 것이다. 이 요청은 기본권적 자유의 마당에서 즉흥적으로 실행되는 것이 아닌 한 국가법률을 통한 조직을 필요로 한다. 이 경우 이익과 부담을 정당하게 배분하기 위하여 법률은 기본권을 제한하게 되는바, 이 법률은 이들 자유권과 평등권 등의 기본권과 관련하여 정당화되어야만 한다.[454]

연방행정재판소는 주목을 끈 한 판결에서 무대에 서는 여성이 138
자신을 객체로 취급하여 스스로 인간의 존엄성을 해치는 역할을

448) BVerfGE 4, 7(15f.); 33, 1(10f.); 45, 187(227f.); 앞의 단락 119ff.

449) BVerwGE 12, 270f. - 병역의무; 18, 32(33) - 영업법상 고지의무; 26, 182(183) - 대체복무.

450) BVerwGE 14, 21(26) - 공직상 결혼장애.

451) Volkmann(각주 315), S. 219ff. Vgl. auch Hasso Hofmann(각주 104), S. 119ff.

452) 기본법 제1조 제1항을 근거로 고용노동자에 대한 배려의무를 논증한 예는 BAGE 2, 221(244f.).

453) BVerfGE 1, 159(161f.); 45, 187(228).

454) Otto Depenheuer, Solidarität im Verfassungsrecht, 2009, S. 145ff., 183ff.

수인한 것이고 또한 공연 자체가 인간을 상품화하는 인상을 준다고 보아 핍쇼(Peep-Show)의 영업허가가 선량한 풍속에 어긋나는 바, 금지되는 것으로 판단하였다. 연방행정재판소에 따르면 인간의 존엄은 하나의 객관적이고, 처분불가한 가치로서 개인이 그에 대한 존중을 부정하는 것은 효력을 가질 수 없다. 따라서 인간존엄성에 대한 침해가 그 배우가 자유의사에 따라 행동한다는 것에 의해서 정당화되지 않는다는 것이다.[455] 요컨대, 동 법원은 인간의 존엄성을 근거로 하여 스스로 존엄하지 않은 행위를 하는 것을 금지한다. 하지만 이 금지는 자기 자신을 임의로 처분하는 배우의 자유, 즉 존엄성을 해치는 행태를 감수하는 기본권적 자유와 충돌한다. 어떤 상황하에서도 국가 자신의 존엄을 위하여 국가가 할 수는 없는 것들을 존엄성의 주체인 개인은 스스로 할 수 있다.[456] 자기결정은 바로 존엄성의 본질적인 산물이다. 근본적으로 국가는 개인을 자기 자신으로부터 보호를 해주어서는 아니 된다.[457] 개인이 스스로 노예상태로 전락하는 경우와 같이 무조건 불가항력으로 자신의 인권을 포기하려고 하는 경우라면 예외적으로 국가의 보호가 허용된다. 자신의 존엄성을 침해하는 것이 다른 사람의 권리나 일반의 이익을 해치는 경우에 법적 상황은 근본적으로 다르다. 이러한 경우에는 자유의사에 따른 것이라고 해도 선량한 풍속을 해치는 것이 정당화되지는 않는다.[458] 선량한 풍속은 인간종의 존엄

---

455) BVerwGE 64, 274(278f.). 기본법 제1조 제1항과 연관된 유사한 사건들은 VG Neustadt NVwZ 1993, S. 98(99) - Zwergenweitwurf; OVG Koblenz, DÖV 1994, S. 965f. - Laserdrome(가상 살인 게임). 핍쇼판결에 대한 비판은 Hillgruber, Der Schutz des Menschen vor sich selbst, 1992, S. 104ff.; Herdegen, in: Maunz/Dürig, GG(LitVerz.), Art. 1 Abs. 1 Rn 79.

456) Hillbgruber(각주 455), S. 104ff.; Bd. Ⅲ: Merten, Der Grundrechtsverzicht, §73 Rn 40.

457) Hillgruber, aaO., S. 111ff.

458) 바로 이러한 점에서 핍쇼의 금지는 적법한 것으로 입증된다. BVerwGE

성을 무시하는 것에 대한 금지를 포함한다.

인간존엄성의 보호는 하나의 공공복리의 목적인바, 이 목적은 139
과잉금지의 조건하에 기본권적 자유의 행사에 대한 제한을 정당화한다. 개인적인 보호로 대처할 수 없는 인간존엄성에 대한 위협에 대해서는 초개인적인 보호가 작동된다.[459] 인간복제나 인간과 동물의 체세포를 융합하여 잡종생물체를 생산하는 것 등을 법률로 금지하는 것이 그 예이다.[460] 여기에서 관건은 인간유전자, 말하자면 인간의 유전자 속에 있는 인간종의 유전적 완전성[461]과 인간종의 존엄성의 불가촉성이다.[462] 인간복제를 법률적으로 금지하는 경우에 존엄성 보호의 대상이 될 수 있는 개인은 존재하지 않는다. 장래 복제될 인간이나 잡종생물체의 존엄성은 이들 존재가 생명을 갖게 될 가능성을 배제하는 것에 대한 적절한 논거가 되기 어렵다. 하지만 바로 이런 입장, 즉 장래의 개인의 인간존엄성을 위하여 인간복제나 잡종생물체의 생산은 금지되어야만 한다고 보는 의

84, 314(317ff.) - 기본법 제1조 제1항을 근거로 하지 않고.

459) 이러한 차원의 존엄성에 관해서는 앞의 단락 97과 196 이하.

460) 태아보호법(Embryonenschutzgesetz) 제6조 제1항 및 제7조 제1항 제3호. EU의 생명공학지침에 이종교배를 통한 생명체의 생산절차는 인간의 존엄성에 위배되는 것으로 규정되어 있다(Art. 38 Satz 3). Dürig는 일찌감치 “인간배양”과 동물장기의 인간이식이 기본법 제1조 제1항에 위배되는 것으로 논증하였다. Maunz/ders., GG(LitVerz.), Art. 1 Abs. 1 Rn 40 (Stand: 1958).

461) Vgl. Bd. Ⅳ, Fink, Recht auf Leben und körperliche Unversehrtheit, §88 Rn 18, 28.

462) 1997년 11월 11일에 선포된 UNESCO의 인간의 유전자와 인권에 대한 일반선언은 이 연관성을 잘 보여준다. “The human genome underlies the fundamental unity of all members of the human family. as well as the recognition of their inherent dignity and diversity sense, it is the heritage of humanity” (Art. 1). 이에 관해서는 Jens Kersten, Das Klonen von Menschen, 2004, S. 220ff., 237ff. Vg. Bd. Ⅵ/1: Giegerich, Menschenrechts bereinkommen des Europarats, §148 Rn 49.

견이 없지 아니하나,[463] 훗날 가상적으로만 상정되는 전인(全人) 또는 반인(半人)의 생물체의 존엄성이 위험에 빠지지 않도록 하기 위해서 그 생존 자체가 저지되어야 한다는 논리는 우스꽝스러운 생각일 뿐이다. 사실 살아 있지 아니하고 또 앞으로 전혀 생존할 수 없는 자는 아무것도 두려워할 필요가 없다. 부존재를 통해 안전이 완전히 보장되기 때문이다. 더 나아가서는 모든 사람은 인간의 존엄성에 부합되는 조건하에서 출생될 기본권을 갖는다는 논거까지도 제시된다. 말하자면 장래의 복제인간도 존엄성을 갖기 때문에 그 출생의 방식이 복제인간에게도 인정되는 존중요청에 배치되고, 그 주체성을 해친다는 논리이다. 즉 복제인간이 단지 사회적 형성에 대한 외적 요청의 객체로서가 아니라 주체로서 자신의 독자적인 본질을 발견하는 가운데 자신을 만날 수 있는 가능성이 박탈된다는 것이다. 복제인간에게 사전에 정해진 유전자가 부여되는 경우 복제인간은 출생 후 유전적으로 자신의 육체에 대하여 사전에 구성 및 발전조건이 정해진 가운데 외부에서 주어진 일종의 목적지향적인 의사를 알게 될 뿐이라는 논리다.[464] 하지만 전통적인 "자연적인" 방식으로 출생한 사람도 자신이 유전적인 정체성을 스스로 결정하는 것은 아니다. 칸트의 독자성의 윤리학이나 피코(Pico)의 이론, 즉 '인간자기고안설'은 출생의 상황과 연관되는 것이 아니라 운명으로서의 생물학적 구성과 관련되어 있다. 자기결정에 대한 인권 차원의 요구는 자기 자신의 존재와 함께 그 유전적인 프로그램을 주어진 것으로 전제한다. 자신의 개성을 알면서 성장해 나가는 인간이 일구어나가야만 하는 도덕적 성취는 스스로 어쩔 수 없는 상태로 주어지는 본성과 유래의 소여에 따라 일응

---

463) Kersten, aaO., S. 482ff.

464) Kersten, aaO., S. 497ff., 515ff. 이에 대한 비판은 Herdegen, in: Maunz/Dürig, GG(LitVerz.), Art. 1 Abs. 1 Rn 105.

주어진 것을 수용하는 것이다.[465] 논증이 너무 기교적인 것으로 보이는 만큼 결론도 그에 상응하는바, 결국 인간의 존엄성의 관점에서 인간복제기술은 폐기되어야 하고, 인간유전자 구성의 우연성은 유지되어야만 한다는 것이다. 아무튼 실제로 인간존엄성이 위협되고 있는 것은 사실이다. 하지만 정작 문제가 되는 것은 개개인의 존엄성이 아니라 인간종 자체의 존엄성이다. 존엄성은 모든 인간 개개인이 언제나 속해 있는 종의 독자적인 속성이라는 점을 고려하건대, 억지로 뒤틀린 논증을 통해 가상의 개별 존재를 존엄성의 주체로 구성하는 도그마틱이 필수적인 것은 아니다. 인간복제의 금지는 종으로 존재하는 인간의 자기존중에 대한 명령이다. 복제되는 유전자정보의 공여자가 유전적으로 자신과 동일한 복제인간이 생산됨으로 해서 자신의 유전자적 정체성을 잃게 된다는 점이 인간복제의 반존엄성에 대한 논거로 제시되기도 한다. 여기에서 공여자의 동의하에 정체성이 상실되는 것이라는 점은 반론의 논거가 되지 못한다. 그 자체가 처분권능의 한계를 넘는 것이기 때문이다.[466] 말하자면 관건은 개별적인 주체가 마음대로 할 수 없는 존엄성의 초개인적인 본질이다.

존엄성의 초개인적인 차원을 인정한다고 해서 카톨릭의 도덕 140
신학이나 녹색생태윤리 또는 정치적 정직성이라는 시사정치적인 표준이 헌법에 이식될 수 있는 가능성이 열리는 것은 아니다. 인간의 존엄성이 이 세상의 모든 선한 것들과, 선하게 생각되는 것을 위한 수레는 아니다. 같은 맥락에서 인간의 존엄성은 동물보호의무를 헌법적으로 강제하는 근거로서도 적합하지 아니하다.[467] 요컨대, 초개인적인 차원을 인정한다고 해서 인간존엄성이 개인적인

465) Romano Guardini, Die Annahme seiner selbst, 1960.

466) Herdegen, Maunz/Dürig, GG(LitVerz.), Art. 1 Abs. 1 Rn 105, 이견은 Kersten(각주 462), S. 509ff.

467) 이에 관한 상론은 앞의 단락 192.

차원의 이질적인 내용들을 수용하는 것은 아니다.

2. 직접 헌법을 근거로 하는 의무서약의 부정

141 법치국가의 헌법은 시민에게 직접적인 권리는 보장하지만, 직접 의무를 강제하지는 않는다. 의무를 제시하거나 형성하되, 구체적인 내용은 법률에 유보된다.[468] 인간존엄성의 보호도 마찬가지이다. 존엄성에 내포된 잠재적인 의무는 그것을 전환하고 구체화하는 일반법률을 통해서만 현실적인 효력을 갖게 된다. 인간존엄성의 이념은 "공공질서"나 "선량한 풍속" 등과 같은 법률의 일반조항에게 실질적인 내용을 제공할 수 있다.[469] 법률유보원칙에 부합되는 한 이들 일반조항은 인간존엄성 이념의 구현에 기여할 수 있다. 하지만 이들은 제한된 적용영역만을 갖는다. 또한 이 일반조항들이 인간존엄성 이념을 구현하고 구체화하는 수요에 완전히 부응하는 것은 아니다. 게다가 특히 민감한 제한의 경우에 요구되는 법률의 특정성에 대한 요청에도 부합되지 않는다. 인간의 존엄성을 근거로 하여 의무를 설정한다고 해서 자유권과 평등권의 제한에 대한 정당화강제가 면제되는 것은 아니다. 인간존엄성의 보호라는 목적은 정당한 것이지만, 이는 적합하고, 필수적인 또한 상당한 제한만을 정당화한다. 인간존엄성의 보장이 갖는 실무상 중요한 효용은 연구의 자유에 대하여 인간복제의 금지를 논증하는 경우와 같이 유보조항이 없는 기본권을 제한하기 위한 법원(Rechtstitel)

---

468) Vgl. Bd. Ⅲ: Lerche, Vorbehalt des Gesetzes und Wesentlichkeitstheorie, §62; Hermes, Grundrechtsbeschränkungen auf Grund von Gesetzes-vorbehalten, §63 Rn 10.

469) Vgl. Enders, in: Stern/Becker, GG(LitVerz.), Art. 1 Abs. 1 Rn 24. 기본법 제1조 제1항을 통해 일반조항을 "충전"한 예들은 OVG Koblenz DÖV 1994, S. 965f. 여가활동을 위한 가상살인행위를 공공질서에 위배되는 것으로 본 예; VG Neustadt NVwZ 1993, S. 98(99) - 난쟁이를 멀리 집어던지는 곡예를 선량한 풍속에 위배되는 것으로 본 예.

을 제공하는 데 있다. 바로 이러한 범위에서 인간의 존엄성은 헌법내재적인 한계[470]를 제시하는바, 다만 그렇다고 해서 법률유보와 기본권제한에 대한 정당성 요구를 배제하는 것은 결코 아니다.

V. 사회윤리적인 금기의 보장

인간의 존엄성은 모든 전통적인 것들과 기존의 것들에 대하여 회의적인 경향의 사회에서 하나의 금기로 존재한다.[471] 더 이상의 정당화가 요구될 수 없는 헌법의 토대이다. 기본권적 개인주의에 따른 정당화의 강제와 법치국가적인 합목적성의 요청을 면제받으려고 하는 사회윤리적인 관념들이 인간의 존엄성에서 그 근거를 찾는 것은 바로 이 때문이다. 법적 도덕적 전통들이나 생명공학의 도전들에 대한 현대의 대답, 정치적 정직성에 대한 요청들의 경우도 마찬가지이다. 142

고문금지가 하나의 좋은 예이다. 오늘날 언어용례에서 고문의 개념은 법적으로 완전히 추방된 절차를 의미한다. 이와 관련한 기본권적 논의는 육체적 완전성과 묵비권에 대한 제한을 통해서 진술을 강제하기 위한 직접적인 수단으로 활용하려고 하는 경우에야 비로소 개시된다. 비례의 원칙에 배치되기 때문에 형사소추에 대한 국가의 이익은 그러한 제한을 어떠한 경우든 정당화할 수 없다. 헌법이 완전히 배제한 신체적인 학대이기 때문이다(기본법 제104조 제1항 2문). 이러한 형사절차상의 금지는 절대적이다. 반면에 고문금지는 위험방어권과 관련되는 사태에서 문제가 될 수 있는바, 방어권의 관점에서 보호의무가 문제되는 경우, 말하자면 국가 143

470) Vgl. Bd. Ⅳ, Löwer, Freiheit wissenschaftlicher Forschung und Lehre, §99 Rn 25, 28.

471) 앞의 단락 36.

와 피구금자의 양극적인 관계가 국가와 가해자 그리고 희생자의 삼극적인 기본권관계로 확장되는 경우다.[472] 예컨대, 경찰이 신병을 확보하고 있는 유괴범에 대하여 물리적인 폭력을 가할 것을 위협하거나 또는 직접 사용하여 희생자의 소재지를 자백하도록 강제하지 않고서는 피랍자의 생명을 구출할 수 없는 한계상황이 상정될 수 있다. 이 경우 범인은 묵비권과 자기부죄금지를 주장할 수 없다. 인간존엄성의 파생물인 이들 권리는 형사절차와 연관되는 것인데,[473] 이 경우는 형사소추가 아니라 위험방지, 즉 실체적으로 아직 완성되지 않은 범행의 결과를 예방하는 것의 문제이기 때문이다. 이 단계에서 범인은 법적으로 진술의무를 진다.

144 당연히 반론이 없지 않지만, 유사한 상황에서라면 사인의 경우에도 정당방어권을 근거로 하여 생명구출을 위한 고문을 할 수 있고, 긴급구제권을 행사할 수 있다는 의견이 있다.[474] 이러한 긴

---

472) 이에 관한 일반적인 논의는 Isensee, HStR ²V, §111 Rn 88ff.

473) 이에 관한 일반적인 논의는 BVerfGE 56, 37(42, 49); 80, 109(121); 95, 220(241f.); Möstl(각주 620), §179 Rn 67ff.

474) Erb, in: Wolfgang Joecks/Klaus Miebach(Hg.), Münchner Kommnentar zum Strafgesetzbuch, Band 1, 2003, §32 Rn 173ff.; Miehe, Nochmals – Die Debatte über die Ausnahme vom Folterverbot, NJW 2003, S. 1219f.; H. Götz, Das Urteil gegen Daschner im Lichte der Wertordnung des Grundgesetzes, NJW 2005, S. 953ff. 절대적인 고문금지에 대한 일반적인 부인은 Gössel, Enthält das deutsche Recht ausnahmslos geltendes, "absolutes" Folterverbot?, in: Gerhard Dannecker(Hg.), FS Harro Otto, 2007, S. 41(52ff.). – 고문금지의 모든 제한에 반대하는 의견은 Thomas Fischer, Kommentar zum Strafgesetzbuch, 2010, §32 Rn 14ff.; Perron, in: Adolf Schönke/Horst Schröder u.a.(Hg.), Strafgesetzbuch. Kommentar, 2010, §32 Rn 62a; Roxin, Kann staatlicher Folter in Ausnahmefällen zulässig oder wenigstens straflos sein?, in: J. Arnold u.a.(Hg.), FS Albin Eser, 2005, S. 461 (466ff.); F. Herzog, in: Urs Kindheuser u.a.(Hg.), Nomos-Kommentar zum Strafgesetzbuch, ³2010, §32 Rn 59.

급수단이 최후수단으로서 경찰에게도 인정될 수 있는지 또는 의문의 여지없이 부인되는 것인지에 관해서는 법학계에서 논란되고 있다. 후자의 경우를 취하는 경우 신체완전성에 관한 기본권이 생명권과 자유권보다 더 강하게 보호되게 된다. 구출을 위한 사살과 같이 이러한 긴급수단들은 당연히 엄격한 법치국가적 한계 내에서만 허용되는 것이되, 직접적인 강제의 합법적인 형식들이다. 구출을 위한 사살이나 굴복시키는 것과 마찬가지로 방어권과 보호의무라는 동일한 합목적성의 기준에 따라 심사된다면 구출을 위한 고문은 극단적인 위험방지의 한계상황에서라면 최후의 비상수단으로 정당화될 수 있을 것이다.[475] (남용의 위험이나, 이른바 '댐사태이론', 위험진단의 불확실성, 법치국가의 자존요청 등과 같은) 반대논거들도 구출기회의 의도적인 포기나 희생자 생명보호의 포기, 단순한 노력이 아니라 구출성공을 지향해야 하는 의무의 불이행 등으로 귀결되는 절대금지를 정당화할 수 없다. 존엄성을 근거로 하여 범인

475) 이러한 의미에서 Brugger, Vom unbedingten Verbot der Folter zum unbedingten Recht auf Folter?, JZ 2000, S. 165ff.; Starck, in: v. Mangoldt/Klein/ders., GG(LitVerz.), Art. 1 Abs. 1 Rn 79. Eric Hilgendorf, Folter im Rechtsstaat?, JZ 2004, S. 331(338); Walter Schmitt Glaeser, Folter als Mittel staatlicher Schutzpflicht?, FS Isensee, 2007, S. 507ff.; Vosgerau, Zur Kollision von Grundrechtsfunktionen, AöR 133(2008), S. 346(364, 385ff.); Wittreck, Menschenwürde und Folterverbot, DöV 2003, S. 873(878, 880f.). 조심스러운 견해는 H. Dreier, GG(LitVerz.), Art. 1 Abs. 1 Rn 133. 이전의 논의는 Ernst Albrecht, Der Staat – Idee und Wirklichkeit, 1976, S. 174. 고문의 절대금지를 찬성하는 지배적인 학설은 대표적으로 Dürig, in: Maunz/ders., GG(LitVerz.) Art. 104 Rn 20(Stand 1958); Enders (각주 17), S, 468; ders., in: Stern/Becker, GG(LitVerz.) Art. 1 Rn 74f.; ders., Die normative Unantastbarkeit der Menschenwürde, in: Gröschner/Lembcke(각주 8), S. 69(85f.); Classen, Die Menschenwürde ist – und bleibt – unantastbar, DÖV 2009, S. 689(690ff.); Jarass, in: ders./Pieroth, GG(LitVerz.), Art. 1 Rn 19. Hans Hofmann, in: Schmidt-Belibtreu/Hofmann/Hopfauf, GG(LitVerz.), Art. 1 Rn 18; Dederer(각주 110), S. 121.

에게 인정되는 존중의 요청은 설득력 있는 논거가 되지 못한다. 희생자의 존엄성도 존중을 요구하는데 희생자가 범행의 목적을 위한 수단으로 악용된 것이고, 따라서 범인에게 진술을 강제하는 것은 그를 주체로 존중하는 것이기 때문이다. 말하자면 이는 자기 자신이 결정한 행위의 결과가 자신에게 귀속되는 것일 뿐이고, 자신에 의해 야기된 상황에 대하여 책임을 추궁당하는 것이기 때문이다.[476] 요컨대, 이 경우 범인의 존엄성과 희생자의 존엄성 간에 기본권과 관련된 딜레마의 상황은 존재하지 않는다.[477]

145 그럼에도 불구하고 판례와 학설상 구출을 위한 사살이 위헌인 것으로 여기는 입장이 없지 않은바, 그 이유는 법치국가적인 합리성이 아니라 사회윤리적인 금기의 유지에 있다.[478] 절대금지에 대한 논거로는 고문은 그 자체가 법치국가적 관념의 세계에서 추방된 것이고 또한 "사람이 사람을 갖고 그런 어떤 것을 할 수는 없는 것"[479]이기 때문에 극단의 예외적인 상황에서라도 단 한번이라도 가능한 수단으로 고려조차 될 수 없다고 주장된다. 정치적인 것과 함께 심미적인 예민성도 소중하게 감싸는 사회윤리적인 금기는 기본법 제1조 제1항을 근거로 하여 헌법적으로 확고하게 보장

476) BVerfGE 115, 118(161) – 비행기납치범에 대한 무기사용.

477) P. Kirchhof(각주 415), S. 83(114).

478) Niklas Luhmann은 이렇게 전제한다. Gibt es in unserer Gesellschaft noch unverzichtbare Normen?, 1993, S. 1ff., 27.

479) 이러한 의미에서 Johannes Fischer, Menschenwürde und Staatsnotstand, in: Petra Bahr/Hans Michael Heinig(Hg.), Menschenwürde in der säkularen Verfassungsordnung, 2006, S. 233(특히 S. 248). 금기적 속성에 대해서는 Poscher, Die Menschenwürde im Staatsnotstand, 같은 책, S. 215ff.; ders.(각주 107), S. 758; Mathias Kaufmann, Gefahr und Chancen durch Grenzüberschreitung, in: Winfried Brugger/Görg Haverkate(Hg.), Grenzen als Thema der Rechts- und Sozialphilosophie, 2002, S. 23(33f.); Isensee(각주 107), S. 57ff.; Schmitt Glaeser(각주 475), S. 508ff.

된다. 이러한 관점에서는 상정하기 어려운 사건이 벌어진 경우라도 합법성의 망을 찢고 영웅이 나서서 구출해주는 것을 소망하는 것 외에는 대안이 없다.[480]

고문의 절대금지는 법질서상 유일한 금기는 아니다. 촉탁에 146
의한 살인[481]과 같이 자살의 법적 금지를 비롯하여 식인, 사체훼손, 형제자매상간의 금지 등도 금기로서 성격을 갖는다. 연방헌법재판소는 기본법 제1조 제1항과 연관하여 기본법 제2조 제1항을 해석하여 형제상간에 대한 형벌규범(형법 제173조 제2항 제2절)을 정당화하였는바, 논거는 비교법적으로도 확인되는 바와 같이 "근친상간의 가벌성은 문화사적으로 뒷받침될 뿐만 아니라 그 확신성은 여전히 유효하다"[482]는 것이었다. 나치 피해자들의 존엄성은 형법 제130조 제4항을 통해 보호되는바, 이 조항은 일반법률이 아니라 특수법률(Sondergesetz)임에도 불구하고 의사표현의 자유를 침해하지 않는 것으로 정당화되는데, 나치불법통치를 의도적으로 (논란의 대상 자체가 될 수 없을 정도로: 역자 부기) 철저하게 부인하는 것이 기본법상 일종의 "내적인 토대"이기 때문이다(예컨대, 기본법 제79조 제3항과 유사하다).[483] 또 한편 법정책론의 논의에서 합목적적인 논증이 소용없게 되는 경우 인간의 존엄성은 그에 따른 흠결부분을 포착할 수 있는 논거로 활용될 수 있다. 기본법 제1조 제1항은 독일뿐만 아니라 서유럽 법문화에서 금기시되는 전제들과 그 독자성에 대하여 차양(遮陽)을 제공한다. 즉 일종의 잠재적인 문화

480) 배제의 논리형식에 대해서는 Isensee(각주 360), S. 207ff., 232ff.

481) Hillgruber, Die Würde des Menschen am Ende seines Lebens, in: ZfL 2006, S. 70(72ff.). 앞의 단락 214.

482) BVerfGE 120, 224(238ff., 248ff.). 반대소수의견은 S. 255.

483) BVerfGE 124, 300(328). 동 법원은 희생자의 존엄성에 대한 보호가 인간의 존엄성에 대한 보호와 일치될 필요는 없다고 확인한다(S. 344, 347). Vgl. auch BGHZ 75, 160(164ff.).

유보로 기능한다.[484] 물론 헌법국가는 자신의 출범에 준거가 되었던 계몽의 법칙과 충돌할 수 있다. 국가가 문화유보를 준거로 주장하게 되면 국가는 난처한 수세적 입장에 처하게 된다. 다만 문화유보의 논거가 국가에게 아무 소용이 없지는 않은바, 헌법국가는 문화국가로도 존재하려고 하고, 문화적인 속성을 가다듬고, 보장 및 발전시킬 수 있기 때문이다. 결국 관건은 헌법국가가 인간성의 전통을 수호하고, 그 활력을 유지하려고 하는 의도를 갖고 있는지 여부이다.

147 이 전통은 현대의 생명공학에 의해 대두된 가능성들에 의해 도전을 받고 있다. 오늘날 생명공학은 그에 대응하여 인간성의 고결성을 지향하는 생명윤리에 대한 수요를 불러일으키고 또한 이는 새로운 기회와 위험 속에서 인간존엄성의 이념에 합당한 기본권해석을 고대하고 있다.[485] 이와 관련하여 중요한 것은 태아를 포함한 개인에 대한 기본권의 보호를 넘어서 인간종의 존엄성을 보장하는데 필요한 대비가 요구된다는 점이다. 태아보호법[486]은 그 일차적인 시도이다. 예컨대, 우생개량학이나 생명복제기술 등과 같이 생명공학적으로 가능한 것의 개발과 활용을 금지하는 것은 기본권적 합목적성의 차원을 넘어서는 문제로서, 새로운 금기를 통해서 위협받고 있는 인간의 형상 자체를 수호하기 위한 것이다.

Ⅵ. 개정불가성

148 인간존엄성의 보장은 절대적으로 헌법개정의 대상이 될 수 없

484) 이에 관한 일반적인 논의는 Arnd Uhle, Freiheitlicher Verfassungsstaat und kulturelle Identität, 2004, S. 112ff. Vgl. auch Isensee(각주 107), S. 79ff.

485) Isensee(각주 317), S. 342ff.; ders.(각주 107), S. 83ff.

486) Vgl. Bd. Ⅳ, Fink, §88 Rn 28; Löwer, §99 Rn 28.

다. 이 보장은 하나의 전체를 대상으로 한다. 따라서 이 전체 속에서는 개정이 될 수 없는 핵심토대와 개정이 가능한 주변의 부분이 구별될 수 없다. 반면에 후속 기본권들의 경우에는 구별이 요구되는바, 이 기본권들은 기본법 제79조 제1항과 제2항의 형식적인 조건하에 개정될 수 있다. 기본법 제1조의 원칙들이 개정될 수 없다고 해서 그것이 개별 기본권들을 개정이 불가능한 것으로 만드는 연쇄적인 영향을 주지는 않는다. 헌법개정입법자는 원칙적으로 다른 모든 헌법규정들과 마찬가지로 개별 기본권들을 개정할 수 있다.[487] 예컨대, 망명권[488]을 삭제한다고 해서 그것이 기본법 제1조와 제20조의 불가촉의 원칙들에 위배되는 것은 아니다. 외국인에게는 정치적 박해로부터 보호받을 기본권의 주체성 자체가 인정되지 않기 때문이다.[489] 일반법적인 보호만으로도 충분할 수 있는 것이다. 물론 망명권은 인간존엄성의 불가침성에 대한 존중의 요청에 따른 확신, 즉 어떤 국가도 정치적 확신이나, 종교적인 근본결단 등과 같이 마음대로 할 수 없는 것들을 이유로 하여 육체와 생명 및 개인적 자유를 위협하거나 침해할 권리를 갖지는 못한다는 확신을 토대로 한다.[490] 하지만 외국에 의해서 인간의 존엄성이 침해된다고 해서 독일 영토 내에서 망명권을 인정하는 것만이 유일하게 가능한 기본권적 보호의 수단으로 필연적으로 요구되는 것은 아니다.[491] 기본법 제1조 제2항상 전 세계적인 차원에서의 인권에 대한 독일의 맹세에 모든 사람들에게 독일 땅에서 그들의 인권을 실현할 수 있게 하는, 즉 전 세계를 상대로 한 기회제공의 뜻이

487) BVerfGE 94, 49(103).
488) Vgl. Bd. V: Heilbronner, Asylrecht, §123.
489) BVerfGE 94, 49(103).
490) BVerfGE 54, 341(357); 76, 143(157f.); 80, 315(335). Vgl. auch Ulmer (각주 363), S. 215ff.
491) BVerfGE 94, 49(103).

포함되어 있지는 아니하다.[492] 인간존엄성의 보장이 개정될 수 없다고 해서 존엄성에 의한 국가의 조건성과 제한성이 폐기되는 것은 아니다.[493]

149 기본법 제1조상의 원칙들의 개정금지는 간접적으로 개별 기본권의 개정을 더 어렵게 한다. 헌법의 개정에서 인간존엄성의 이념이 후속 기본권들에 대하여 요구하는 표준에 부합되는지 여부에 대한 심사는 필수적이다. 기본법 제1조에 부합되는 질서의 유지를 위해 불가피한 범위 안에서 헌법개정은 제약되지 않는다.[494] 이러한 점에서 인간존엄성의 원칙은 기본권 영역에서의 헌법개정법률에 대한 통제척도로 변환된다. 하지만 그렇다고 해서 기본법 제79조 제3항이 개정금지의 대상을 확대하는 것은 아니다.[495]

150 개별기본권을 통한 구체화의 측면에서 존엄성보장을 침해하는 헌법개정의 경우 헌법을 개정하려는 입법자는 저항에 직면하게 된다. 다만 그렇다고 해서 우편통신의 비밀을 비롯한 기본법 목록상 모든 기본권들이 직접 인간존엄성을 구체화한 것으로 설명되고, 금기의 대상이 될 수 있다는 것은 아니다.[496] 규범의 구체화는 필연적으로 추가적인, 완전히 규범외적인 소재를 풍성하게 만든다.[497] 하지만 이 소재들은 자유롭게 처분이 가능한 상태로 주어진다. 헌법개정입법자에게 개정이 불가능한 원칙들의 실정법적 영향을 수정하는 것은 금지되지 않는다.[498] 인간존엄성의 이념은 원칙적으로 상이한 구체화의 가능성에 대하여 개방되어 있다. 따라서

492) Isensee(각주 408), S. 77f.
493) 이에 관하여는 앞의 단락 9, 23.
494) BVerfGE 84, 90(121); 94, 12(157f.); 94, 49(103); 109, 279(310).
495) BVerfGE 30, 1(26).
496) 그러나 이런 의미에서 망명권에 관한 논의는 Ulmer(각주 363), S. 215ff.
497) 원칙적으로 Hans Kelsen, Reine Rechtslehre, 1934, S. 82f., 91ff.; Jestaedt, Grundrechtsentfaltung im Gesetz, 1999, S. 262ff., 359ff.
498) BVerfGE 109, 279(310).

개별 기본권과 관련된 현상들 중에 어떤 하나를 유일하게 가능한 구체화의 필수적인 대안으로 제시하여 특권을 부여하는 것은 타당하지 않다. 개별 기본권은 기본법 제1조 제1항의 보장범위 밖에 있는 것으로서 개정불가능성이 인정되는 인간존엄성의 핵심을 내포하고 있지도 아니하다.[499] 기본권목록의 내부에 구획된 특별존엄성의 부분은 없고, 단지 모든 기본권들에 빛을 방사하고, 기본권들을 통해 실현되는 하나의 존엄성이념이 존재할 뿐이다. 일반입법자를 구속하기는 하지만, 헌법개정입법자는 기속하지 않는 기본법 제19조 제2항의 본질적인 내용보장을 기준으로 하여 헌법개정이 판단되어서는 아니 된다. 인권이 아니라 개별 기본권에 의해 정해지는 본질적인 내용의 침해가 개별적으로 인간존엄성의 내용을 침해할 수도 있기는 하지만, 침해성이 일치되는 이 경우에도 하나의 기본권에 담겨 있는 인간존엄성의 내용만이 기본법 제79조 제3항의 척도가 된다는 점은 변함이 없다.[500] 하지만 무엇이 이 내용에 속하는 것인지는 당해 기본권의 해석을 통해서 독자적으로 정해진다.[501] 이는 일반적으로 답해질 수 없고, 항상 구체적인 경우를 고려하여 정해질 뿐이다.[502] 기껏해야 부분적으로 참작해서 사용할 수 있는 '객체취급금지의 공식(Objektformel)'도 완전한 해결책을 제공하지는 못한다.[503] 오히려 관건은 헌법개정에 의해 변화될 것으로 예견되는 기본권상황이 전체적으로 인간존엄성의 이념이 요구하는 수준에 부합되는지 여부이다. 따라서 헌법개정은 전체 헌법의 맥락 속에서 해석되어야 하는바, 헌법개정에 따른 새로운 기

---

499) 앞의 단락 148. → Bd. Ⅱ; Murswick, Zu den Grenzen der Abänderbarkeit von Grundrechten, §28 Rn 60f.

500) So BVerfGE 109, 279(310f.). 앞의 단락 148.

501) BVerfGE 109, 279(310f.).

502) BVerfGE 30, 1(26). Vgl. 또한 E 109, 279(312).

503) BVerfGE 30, 1(25); 109, 279(312). 이에 반하는 보충의견은 E 30, 1(40).

본권제한은 비례의 원칙[504]에 따라 해석되어야 한다.[505]

151 기본법 제79조 제3항은 국가조직법상의 근본원칙들도 개정될 수 없는 것으로 천명하고 있다. 따라서 인간존엄성의 이념이 궁극적으로는 국가조직법도 지도하기는 하지만, (영구조항을 규정하고 있는: 역자 부기) 기본법 제79조 제3항의 효력범위 내에서 기본법 제1조 제1항의 원칙을 추가적인 척도로 고민하는 것은 불필요하다. 헌법이론상 다층적인 추론을 통해 자유롭고 평등한 공권력참여의 청구권의 근거를 인간의 존엄성에서 찾는 것이 가능하기는 하다.[506] 하지만 개정의 대상이 될 수 없는 점은 동일하되, 다만 사안에 더 근접한 민주주의원리가 이미 분명한 답을 주는 경우임에도 불구하고 인간존엄성의 척도를 적용하기 위해 애쓰는 것은 헌법 도그마틱의 혼란을 야기할 뿐이다.[507]

E. 헌법규범의 요소들

Ⅰ. 존엄성의 양면성

1. 확정과 규범명령

152 기본법 제1조 제1항의 문구 표현은 일견 모순되어 보인다. 1문은 인간의 존엄성은 불가촉이라고 하면서, 2문은 인간존엄성이 국가권력이나 사인으로부터도 침해받거나 위협을 받을 수 있다는 것을 전제로 하고 있다. 왜냐하면 2문이 모든 국가권력이 인간존엄성을 존중하고 보호할 의무가 있다고 밝히기 있기 때문이다. 인

504) Vgl. → Bd. Ⅲ: Merten, Verhältnismäßigkeitsgrundsatz, §68.
505) BVerfGE 30, 1(25); 109, 279(312). → Bd. Ⅱ; Murswick, §28 Rn 60f.
506) BVerfGE 123, 267(340) - Lissabon 조약
507) 앞의 단락 102.

간존엄성은 1문에서는 인간의 속성으로, 2문에서는 국가의무의 객체로 다양한 차원에서 나타나난다. 속성은 인간성에게 인정된 지위처럼 인간이 가지는 법적 특성으로 이해된다. 첫 번째 형태에서는 규범적 확정에 관한 것이고 두 번째 형태에서는 규범명령에 관한 것이다.

기본법 제1조 제1항의 두 문장은 인간존엄성의 양면성을 보여 153
주고 있다. 1문은 인간의 법적 존재성을, 2문은 국가의 법적 당위성을 기술하고 있다. 인간존엄성은 인간은 헌법상 정당하다는 것과 인간이 가지는 권리까지도 기술하고 있다. 인간존엄성은 인간이 차지하고 있는 지위와 이 지위에서 인정되고 대우받으며 그에 맞게 행동할 수 있다는 요구를 표현하고 있다. 첫 번째 의미에서 인간존엄성은 법규정의 근거를, 두 번째 의미에서 인간존엄성은 법규정의 대상을 구성하고 있다. 1문은 2문의 전제를 형성한다. 헌법제정심의위원회의 토론에서 슈미트(Schmid) 의원은 기본법 편제의 의미를 분명하게 말했다: "기본법의 편성은 매우 합목적적으로 인간이 다른 피창조물과 구분되며 명확하게 인간에게 존재하는 특성인 인간존엄성으로 시작한다. 인간은 창조질서 내에서 특별한 존엄성을 부여받은 존재이다. 그 다음에 '인간의 속성인 존엄성은 국가질서의 보호에 있다'고 기술된다. 인간존엄성이 일차적이고, 국가질서에 의한 보호가 이차적이다. 이 순위 설정은 옳다."[508]

두 문장의 상호 관계는 구성요건과 법적 결과로 이해될 수는 154
없다. 왜냐하면 1문은 2문이 지시하는 법적 효과로 그 대강을 수용할 수는 없는 독자적인 의미를 가지기 때문이다. 1문 스스로 필요한 결과를 규정하지 못하므로 그 적용범위에 어떤 한계를 긋지 못한다. 1문은 전체 가치체계의 토대로 나타난다.[509] 지침적인 의

508) Vierte Sitzung des Ausschusses für Grundsatzfragen vom 23. 9. 1948, in: Protokolle(각주 5), S. 71.
509) Westermann(각주 112), S. 8 in Anknüpfung an Dürig.

미가 아니라 도덕적이면서도 단지 법적으로 수용된 존중 요구가 인간존엄성에 근거를 두고 있다. 요컨대, 1문은 2문에서 비로소 국가의무로서 일정한 법적 형태로 구체화된다.[510]

155 만약 기본법 제1조 제1항의 두 문장이 모든 국가권력은 인간의 존엄성을 존중하고 보호할 의무를 진다는 요약이 유일한 해석이라고 한다면, 제1조 제1항의 복합적인 의미는 사라지게 된다. 이런 관점에서 1문은 대상이고, 2문은 국가의무의 내용이 된다.[511] 문법적으로 1문은 대상에 국한되고, 주어와 서술은 2문에서 이어서 제공되게 된다. 그러므로 1문은 어떤 독자적인 언명을 담고 있지 않다. 두 문장은 전체적으로 국가과제를 형성하게 된다. 이는 인간존엄성의 존중과 수호에 관한 기본권으로 해석될 수 있으며, 더 나아가서는 일반적인 방어 및 보호기능을 가진 기본권으로 확대될 수도 있다.[512] 하지만 인간존엄성의 보장이 일반적 기본권을 자의적으로 확대하거나 축소시키는데 사용된다면 그 고유한 특성을 상실할 것이다. 인간존엄성에 부합되지 않는 어떤 의미를 작위적으로 더한다면 그 충만한 의미가 훼손될 것이다.

156 인간존엄성에 관한 확정은 인간이 물질적 세계에 관한 경험적 언명이나 형이상학적 세계에 관한 존재론적 언명을 담고 있지 않다. 그 확정은 헌법이 인간에게 약속하는 법적인 특성인 규범적 언명을 내포하고 있다. 여기서 존재적인 질서에서 인간의 본질이 아니라, 법질서의 지위, 즉 규범적인 본질적 특성이 문제이다. 경험적 또는 존재론적 확정은 각각의 영역에서 모순된다. 그에 비하여 법적 확정은 모순되지 않는다. 물론 현실은 법적 확정과 모순될 수 있다. 왜냐하면 법적 확정은 인간존엄성을 존중하라는 고백

---

510) Dürig, Grundrechtssatz(각주 156), S. 107.

511) 이에 관해서는 Höfling(각주 156), S. 107.

512) 이는 Höfling에 의해서도 시도된 바 있다(각주 156, S. 106ff.). 이에 대한 일반적인 논의는 앞의 단락 102ff.

도 포함하고 있으나, 현실은 이 고백을 무시하고, 굴종시키고 또 멸시할 수 있기 때문이다. 현실은 필연적인 결과를 이끌어내지 못할 수 있다.

2. 본질적 특성과 존중요구

존중명령을 일반적인 언어사용법에 맞게 "존중을 요구하는 지 157
위"로 이해한다면 존중명령은 이미 존엄개념에 포함되어 있다. 존중은 이루어져야 하지만, 거부될 수도 있다. 그래서 규범적 언명에는 잠재적 규범명령이 숨겨져 있다. 잠재적 규범명령은 다음 문장의 명시적 규범명령과 일치할 필요가 없다. 잠재적 규범명령은 본래 일정한 수신인을 가지고 있지 않다. 오히려 이는 일반적으로 존엄성을 침해할 수 있는 모든 사람을 노리고 있다. 따라서 그 개념은 처음부터 행위와 연관되어 있다. 잠재적 규범명령은 가치 또는, 구체적으로 말하자면, 지위, 본성, 본질적 특성과 같은 통계적 요소를 구현한다. 더 나아가서 잠재적 규범명령은 역동적인 요소를 가진다. 즉 인간존엄성을 존중하라는 법 및 도덕적 명령이다. 그래서 인간존엄성의 개념에는 객관적인 특성과 주관적인 존중요구라는 이중적인 의미가 놓여 있다.[513]

법의 영역에서 인간의 존엄성은 신성불가침이다. 이러한 맥락 158
에서 인간의 존엄성은 '본질적 특성'으로 이해되는[514] 존엄성에 관한 철학적 학설을 규범성으로 전환한다. 문구의 의미상 법적인 특성 자체는 불가촉이다. 이는 자연법이나 경험을 표현한 문장이 아니라, 효력의 요청이다. 지상의 그 누구도 인간에게 존엄성의 특성을 빼앗거나 손상할 수 없다. 인간존엄성은 가장 사악한 불법도

513) 그러나 이는 존중요구 자체가 개인의 주관적인 기본권으로서 성질을 가져야 한다는 것을 의미하는 것은 아니다. Dürig, Grundrechtssatz(각주 333), S. 127ff.

514) 앞의 단락 49ff.

견딘다. 이런 사고는 헌법제정심의위원회의 토론에서도 나타났다. 슈미트 의원은 의자에 붙들려 앉힌 갈레선의 노예조차도 내재적인 인간의 존엄성을 지켜야 한다는 우화를 지적하였다.[515] 그렇지 않은 경우 사실상 인간의 법적 특성으로서의 존엄성만이 침해되는 것이 아니라, 존엄성에 상응하는 존중요구가 침해된다. 그 특성 자체는 희생자뿐만 아니라 그 요구를 경시한 행위자에게도 남아 있다. 자유도 이와 다름없다. 국가권력이 자유를 억압하고, 심지어 자유의 담지자 자신이 자유를 남용하거나 훼손해도 자유가 자유의 담지자로부터 사라지는 것은 아니다.[516]

159 연방헌법재판소는 본질적 특성과 존중요구라는 존엄성의 양면성에서 출발한다. 본질적 특성에서 인간의 존엄성은 "고유하다."[517] "누구나 존엄성을 가진다."[518] 인간의 존엄성은 기본법의 인간상의 특징이다: 스스로 결정하고 계발하는 것을 목적으로 하는 정신적 도덕적인 본질로서 인간상, 유리되고 독단적이지 않은 공동체기속적인 개인으로서의 인간상, 고유한 가치를 가진 공동체의 평등한 권리를 가진 구성원으로서의 인간상, "자신이 책임을 지는 인격체"[519]로서의 인간상 등. 이런 법적 특성은 몰가치한 행동에 의하여도 사라지지 않는다. 침해될 수 있는 것은 법적 특성에서 나오는 존중요구이다.[520] 이전의 판례에서는 인간의 존엄성으로 각인된 인

515) Abs. Schmid (SPD), in: Protokolle(각주 5), S. 72.

516) Spaemann은 철학적으로 논증한다: 가능한 도덕성으로서의 자유는 없어지지 않기 때문에 인간의 존엄성도 없어질 수 없다. "인간은 선의로 타인의 동의를 기대할 수 있고 또 그래야만 하는 방식으로 인간은 존재한다. 다만, 이런 동의는 자유 안에서만 일어난다. 동의를 기대하는 것뿐만 아니라 동의가 이루어질 수 있는 자유영역을 보장하는 것도 인간의 존엄성에 필수불가결하다." (각주 4, S. 304).

517) BVerfGE 87, 209(228); 109, 133(150).

518) BVerfGE 87, 209(228).

519) BVerfGE 45, 187(227f.) - 종신형.

520) BVerfGE 87, 209(228); 109, 133(150).

간상이란 측면에서 공동체의 인간에게 귀속되는 사회적 가치 및 존엄요구라는 말이 화제가 되었다.[521] 오늘날 "존중요구"(Aschtungsanspruch)라는 말이 그런 중복적인 판박이 문구를 대신한다.[522]

3. 도그마틱 범주의 중간결론

1. 인간의 본질적 특성으로서의 존엄성 자체는 존엄성에서 도 160
출된 존중요구와 구분된다. 인간에게 존엄성 자체를 박탈할 수 없지만, 존중요구는 억압되고 손상될 수 있다.

2. "요구"(Anspruch)는 여기서 다른 사람에게 작위나 부작위를 요구하는 권리로서 민법 제194조 제1항의 법기술적 의미가 아니다. 오히려 "요구"란 인간존엄성의 인정에서 도출되는 모든 법실무적 결과의 총체이다. 객관적인 법원칙은 특정한 법적 관계가 아니라 다양한 효과를 가진 수많은 측면으로 환원될 수 있다.[523] 왜냐하면 존중요구는 인간존엄성에서 나오지만, 여기서 그 담지자가 하나의 특정한 권리주체인지 또는 인류 전체인지의 여부는 확정되어 있지 않다. 또한 모든 국가권력이 수신인으로 지칭된다. 그러나 다른 수신인이 고려될 수 있는지의 여부는 처음부터 결정되어 있는 것은 아니다.

3. 이런 관점에서 "요구"는 기본법 제1조 제1항이 개인에게 직접적인 주관적 권리를 부여하고 있다는 것을 의미하지 않는다. 오히려 주관적 권리는 인간의 존엄성에 이어지는 기본권 목록에서 그때그때 연관된 기본권을 통하여 중개된다. 기본법 제1조 제1항은 주관적 권리를 포함하지 않지만, 그 권리의 근거를 형성한다.[524]

---

521) BVerfGE 27, 1(6); 28, 386(391); 45, 187(228); 87, 209(228); 93, 375(399).

522) BVerfGE 87, 209(228); 109, 133(150).

523) 앞의 단락 92ff.

524) 앞의 단락 103ff., 111ff.

이 근거는 절대성을 필요로 한다. 파생된 기본권은 서로 조건을 지우고 제한하며 충돌될 수 있는 모든 주관적 권리의 상대성이란 운명을 공유한다. 그래서 자신의 출생을 알 아이의 권리는 어머니의 인격권과 충돌될 수 있지만, 인간의 존엄성이란 이상과는 충돌되지 않는다. 아이나 어머니의 권리는 인간의 존엄성에 토대를 두고 있어서, 상호간의 충돌은 이념의 차원이 아니라 그 파생물인 기본권의 차원에서 발생한다.[525]

4. 인간존엄성의 헌법적 보장은 즉각적으로 구성요건과 법적 효과에 관한 법규체계, 더구나 보호영역과 제한이라는 기본권체계로 편입되지 않는다. 기본법 제1조 제1항의 규범은 세 가지 요소를 드러낸다:

- 그 대상, 특히 인간의 특성과 여기서 도출되는 존중요구의 근거로서 인간존엄성
- 존엄성의 담지자
- 존중요구의 수신인

Ⅱ. 헌법적 보장대상으로서 존엄성

1. 정의(定義)의 필요성

161 헌법제정자가 유럽정신의 토대에서 인입한 인간의 존엄이라는 “해석될 수 없는 주제”는[526] 이후의 해석에 의해서도 충분하게 정의되지 못했다. 물론 헌법질서에서 존엄성이 가지는 지위와 법적 의미에 관한 정의는 있다.[527] 그러나 내용적 정의는 분명하지 않고 내용이 빈약하며 실무상 도움이 되지 않는다. 이러한 상황을 바꾸

525) 앞의 단락 99, 107, 127.
526) 앞의 단락 55.
527) 앞의 단락 92ff.

는 것은 매우 어렵다. 왜냐하면 인간존엄성이란 개념은 실정법의 개념 피라미드상 최상위에 있기 때문이다. 실정법에서 인간존엄성에 가장 근접한 개념들도 대체로 마찬가지이다. 최상위개념은 정의 자체를 부정함으로써 오히려 구체적인 개념을 내용적으로 결정하는데는 유용하다. 존엄성은 법 외적인 영역에서 기원하였으며 초실정법적인 실체를 가진다는 점에서 더더욱 정의하기 어렵다.[528] 다만, 이 개념은 기본법에 편입됨으로써 법적 개념이 되었고, 법적 해석이 가능하다. 이 개념은 이념세계에서 생활세계로 내려왔고, 따라서 그 법실무적 효력은 오히려 법적 해석에 의존한다. 해석은 필연적으로 정의를 의미한다.[529] 하지만 인간존엄성의 개념은 내용상 유일무이한 해석으로 파악될 수 없다. 오히려 해석자는 다양한 측면에서 접근하며 변화하는 관점들을 고려하여 파악하도록 노력하여야 한다.

정의의 과제를 쉽게 수행하기 위한 하나의 유용한 제안은, 존 162
엄성을 가능한 침해행위에 초점을 맞추어서 "소극적으로" 정의하는 것이다.[530] "기본법 제1조 제1항이 '인간의 존엄성은 불가촉이다'라고 규정하고 있다면, 이는 침해로부터 단지 존엄성을 소극적으로 보호하려는 것이다."[531] 사실 존엄성보장의 의미는 굴욕, 추방, 대규모 학살 등 어두운 역사적 사실 앞에서 더욱 분명하게 나타난다. 구체적인 사건은 추상적인 이념을 명백하게 한다. "소극적인" 이해는 실무에서 사례에 관한 토론을 쉽게 이끌고, 때로는 가능한 해결방안을 제공한다.[532] 그러나 해석자가 존엄성을 침해한 것으로 판단되는 역사적 사례들을 선별하여 확인하고, 이로부터

---

528) 앞의 단락 7, 45.
529) 앞의 단락 46.
530) 가령 Hörnle(각주 157), S158.
531) BVerfGE 1, 97(104).
532) 판례의 예: BVerfGE 27, 1(6f.); 45, 187(227ff.); 72, 105(115f.).

존엄성 침해의 구성요건에 관한 준거를 정립한다고 하여서 어려움이 해결되는 것은 아니다. 대규모 학살이 존엄성에 위배된다는 것에 대한 공감대의 확인이 의미가 없지는 않겠지만, 이러한 선별된 사건들은 그 유일성으로 인하여 일반적인 준거가 될 수는 없다. 인간의 존엄성 보장이 그런 양식과 정도의 강제추방이나 대규모 학살 등의 사건들과만 연계된다면 존엄성은 법적 생활의 규범으로 어떤 의미도 가지지 못한다. 오늘날 생명과학과 통신기술 분야에서 접하는 인간존엄성에 대한 은밀한 위험들은 법학의 시야 밖에 있게 된다.[533]

163 국가는 무엇이 존엄인지 알고 있어야지 존엄을 존중하고 보호하는 헌법상의 의무를 충분히 수행할 수 있다. 국가가 정의할 수 없는 것은 국가가 보호할 수 없다.[534] 따라서 존엄성을 "적극적으로" 정의하는 것은 필수적이다.[535] 인간존엄성의 보장에서 역사적인 불법경험과 승인된 불법사례의 모음이 중요한 것이 아니다. 노예화, 낙인과 같은 터부시되는 비인도적인 개별 행위를 열거할 필요가 없게 하기 위하여, 헌법제정심의위원회는 토마스의 권고에 따라 명백한 의도를 갖고 인간존엄성에 관한 법규범을 일반적으로 표현하였다.[536] 이 의도적인 규정목적의 핵심은 인간존엄성의 불가촉성에 관한 선언이 시간과 상황에 따라서 달라지는 것이 아니라는 것이다. 헌법제정자들은 자신들의 특별한 경험에 의거하여 인간존엄성의 토대를 자연법에 두려고 하였다. 인간존엄성은 바로 헌법제정심의위원회에서의 자연법적 토론을 통하여 얻은 독자적인

533) Geddert-Steinacher(각주 333), S. 31; H. Dreier, GG(LitVerz), Art. 1 Abs. 1 Rn 52. 앞의 단락 29.

534) 앞의 단락 46 이하.

535) 소극적 해석의 불충분함에 관하여는: Geddert-Steinacher(각주 333), S. 25ff.; H. Dreier, GG(LitVerz.), Art. 1 Abs. 1 Rn 52.

536) 앞의 단락 20.

수확물이다: 인간존엄성의 보장은 성립 시의 우연한 상황에서 벗어나서 모든 시대에 구체적인 효력을 가질 수 있게 하는 일반성과 개방성을 갖는다.[537]

2. 법적 본질적 특성으로서의 존엄성

존엄성은 존중을 요구하는 사회적 지위이다. 인간의 존엄성은 헌법이 인간 존재에게 인정한 지위이며 오직 인간만을 특징짓는 법적 특성이다.[538] 존엄성으로 인하여 인간은 모든 다른 피조물, 사물의 세계와 욕망의 세계를 넘어서 존재한다.[539] 칸트식으로 말하자면, 존엄성은 목적을 위한 수단으로 기여하는 모든 것과 가치를 가진 모든 것을 초월하여 있다. 왜냐하면 존엄성 자체가 목적이기 때문이다.[540] 존엄성은 합목적성이란 범주로 파악될 수 없다. 존엄성은 비용과 수요, 기능성과 효율성을 넘어서 있다. 존엄성과 형량될 수 있고, 존엄성과 같은 무게를 가질 수 있으며 또한 존엄성과 경합하는 법적 이익은 없다. 존엄성은 절대적 성격을 가진다. 비록 일반적인 언어사용상 존엄성은 "최상의 가치"(Höchsterwert)나 "최고의 법적 가치"(oberster Wert)로 표현되지만, 본래 존엄성을 파악하기 위해서는 가치란 범주는 필요가 없다.[541] 왜냐하면 하나의 가치는 항상 동질의 가치와의 관계에서만 생각될 수 있기 때문이다.[542] 그러나 존엄성은 그 옆이나 아래에 164

537) 앞의 단락 29.

538) 앞의 단락 53ff.

539) BVerwGE 43, 312(314); Hubmann(각주 81), S. 42ff.

540) 이러한 칸트의 정언명제는(앞의 단락 79) 연방헌법재판소에 의하여 계수되었다. BVerfGE 45, 187(228).

541) 앞의 단락 92.

542) 쇼펜하우어는 칸트의 "무조건적이고 비교불가능한 절대적인 가치로서의" 존엄의 의미를 비판한다: 이런 가치는 수많은 철학자들이 고민해 온 과제를 전혀 사유할 수 없는 관념 속으로 함몰시켰고, 무한수나 무한공간처럼 매우 희귀한 것이다. 왜냐하면 모든 가치는 다른 것과의 비교에서 사물에

동질의 가치를 알지 못한다. 존엄성은 그 자체가 하나의 범주이다. 존엄성은 다른 법적 가치와 비교하여 더 높거나 낮거나 한 것이 아니다. 별도의 다른 것이다. 이와 같은 반론은 지위라는 범주에도 제기된다. 존엄성에서 인간은 모든 법적, 사실적 질서를 초월한다. 인간이 사회에서 담당하는 사회적 역할과 국민으로서의 지위는 문제가 되지 않는다. 인간은 기능으로 환원될 수 없다.

165 존엄성은 인류의 속성이기 때문에 인간에게 귀속된다. "누구든지 자신의 속성, 업적, 그리고 사회적인 신분과 무관하게 존엄성을 소유한다. 자신의 신체적 또는 정신적 상태에 따라서 의미 있게 행동할 수 없는 사람도 존엄성을 가진다."[543] 기본법은 연령, 사고력, 교육수준, 인격적인 우월성, 도덕적 순정성, 사회적 업적, 성공 등과 같은 장애물을 알지 못한다. 존엄성은 비도덕성, 범법행위, 헌법적대성[544]에 의해서도 부정되지 않는다. 존엄성을 업적이나 자기실현의 성공에 종속시키는 이론은[545] 기본법상 존엄의 개념에 부합되지 않는다. 궁극적으로 존엄성은 다른 것에 의한 승인에 종속되지 않는다. 인권사상은 모든 사람이 인류의 타고난 구성원으로서 선험적인 권리를 가지고 다른 사람들과 만난다는 것을 전제로 한다. 이는 다시 호모 사피엔스라는 종에 생물학적으로 소속되어 있는 것만이 우리가 인간의 존엄이라고 부르는 최소한의 존엄의 유일한 조건임을 의미한다.[546] 이런 의미에서 기본법은 단지 인간이라는 이유만으로 모든 사람에게 선험적으로 존엄성을 인정한다. 개인적 행위, 대화과정, 공감대 형성, 비공식적인 계속적인

대한 평가이다. 즉, 비교개념으로서 상대적인 것이며 이런 상대성은 가치개념의 본질을 이룬다(Bd. 3[각주 160], S. 558f.).

543) BVerfGE 87, 209(228); 109, 133(150).

544) Vgl. BVerfGE 87, 209(228).

545) 앞의 단락 52, 65, 76f.

546) Spaemann(각주 4), S. 305f.

국민표결 등 후천적인 승인을 위한 헌법적 여지는 전혀 없다. 인간의 존엄성에 대한 이러한 방식의 승인형식들은 원천적으로 헌법상 용인되지 않는다.[547]

존엄성은 생명, 명예, 자유 및 재산과 같은 법익이 아니다. 166
오히려 존엄성은 인간에게 법익을 부여하는 전제조건이다. 존엄성 자체는 주관적 권리가 아니다. 그러나 존엄성은 권리를 소유하는 능력 즉, "권리에 대한 권리"[548]로부터 인간을 해방시킨다. 자신의 존엄성에서 인류에 속하는 모든 사람은 권리와 의무의 잠재적인 주체로서, 따라서 인격체로서 형성된다. 인격성과 존엄성은, 유럽 윤리학의 연속선상에서 볼 때, 서로 분리할 수 없고, 연계되어 있다; 인격은 존엄한 지위이다.[549] 기본법의 내용에서 인간은 인격체로서 목적 자체이다.[550] 인격은 그 현존재 자체로서 정당화를 필요로 하지 않는다. 반면에 국가권력은 인격의 권리영역을 제한하는 경우에 그 정당성을 입증해야만 한다.[551]

존엄성은 일반적이다. 존엄성을 위하여 인류 가운데 하나의 167
인간을 골라내어서 정의하고, 그에게서 근본적인 권리를 박탈하는 것은 법적으로 불가능하다. 개인을 짐승 같은 사람, 독충 또는 이와 유사하게 묘사하여 인간성을 부정하는 경우에 개인의 존엄성은 침해된다.[552] 자연적, 법적, 사회적 차이를 떠나서 인간의 존엄성에서 인류의 인권적 통일성이 존재한다. 남녀의 자연적 차이도 이런 통일성을 불식하지 못한다. "여성의 권리"(Frauenrechte)는 인

---

547) 대화 또는 승인이론에 관하여는 H. Hofmann, 앞의 단락 34.
548) Enders(각주 17), S. 501ff. 앞의 단락 115.
549) 그 기원에 대하여는 단락 69, 특히 71.
550) 앞의 단락 78.
551) 법치국가적 배분의 원리에 관하여는 앞의 단락 124.
552) BVerfGE 87, 209(228) - 인간이나 집단을 비인간적인 존재로 그리는 표현임.

권에 대하여 우월하지 않다.

168 존엄성은 평등하다.[553] 존엄성은 발전단계, 연령 또는 성별에 따른 본질적인 차별을 알지 못한다. 그에 비하여 법적인 보호에 대한 예방수단은 위험상황에 따라서 상이하게 나타난다. 인간존엄성에서 도덕적 공적, 직업적 성공 또는 예술적인 매력 등은 중요하지 않다. 존엄성은 오직 인류의 속성에 근거하는 것이다. 여기서 인간존엄성은 노력에 의해 "획득된 존엄"(verdiente Würde)이나, 직무의 존엄과 같이 개인적, 사회적인 평판에 근거한 존엄과는 구별된다.[554] 후자의 존엄은 기본법 제1조 제1항의 지평에서 벗어나 있다. 존엄성이란 문제의 소재지는 자유권 및 국가기관(조직)법이다.

169 존엄성의 평등성은 개인의 개성을 문제로 삼지 않는다. 정반대이다: 존엄성은 모든 개인적 특성을 도외시하고, 각각의 개성신장에 도움을 준다. 존엄성은 법적으로 평등한 인간의 기본장치이다. 존엄성에 의거하여 모든 인간은 인격체로서 권리능력이 인정된다. 그러나 존엄성은 능력, 필요성과 성향의 차이에 – 개성의 신장, 즉, 기본법 제2조 제1항의 용어로 하면 인격의 자유로운 발현에 – 의한 인간의 잠재적인 차별성을 내포한다. 인격은 모든 인간에게 공통된 추상적 · 일반적인 법적 특성이다. 인격은 유일하고 교환가능하지 않으며, 대체될 수 없는 개별적 존재인 개개인의 구체적 현실적인 현상이다.[555]

---

553) 이에 비하여 슈패만은 존엄성의 불평등한 배분을 주장한다. 물론 도덕적인 수준을 말하는 것이지 헌법적 기준을 제시한 것은 아니다: 막시밀리안 콜베 신부는 굶주림 속에서 그의 앞잡이 보다 더 존엄성을 가지며 자신의 목숨을 희생한 정직한 남자보다도 더 존엄성을 가진다. 신성한 영웅주의는 누구나 획득할 수 있는 최상의 존엄성이다(각주 4, S. 304).

554) 이에 대하여 슈패만은 철학적 관점에서 공적 책임이나(공직의 존엄) 도덕적 완전성의 정도를 제시한다(각주 4, S. 304). 그러나 이런 존엄성의 차원은 기본법 제1조 제1항의 주제가 아니다. 슈패만도 동의하고 있는 바와 같이, 모든 인간은 누구도 그 이하로 내려갈 수 없는 최소한의 존엄성을 – 바로 이것이 기본법 제1조 제1항의 주제다 – 평등하게 공유한다(같은 책).

존엄성은 기본권적 자유의 토대를 형성한다. 존엄성은 자유의 보 170
장을 넘어선다. 존엄성은 그 담지자의 자유로운 활동의 성과가 아니며 자유로운 활동으로 무너지지 않는다. 존엄성은 업적에 의하여 획득되거나, 실패로 인하여 상실되지 않는다. 오히려 자유는 자신의 인격적 존엄성을 위하여 인간에게 귀속된다. 자유권은 존엄성의 방사물로 해석된다. 자유의 행사는 어떤 정당성도 필요 없지만, 국가의 법률에 의한 자유의 제한은 정당성을 필요로 한다. 자유의 제한은 다른 사람의 존엄성과 인류의 존엄성 존중에 의해 정당화될 수 있다.[556]

개인은 인격체로서 타인의 부당한 요구에 대하여 자신의 권리 171
를 주장한다. 그러나 개인은 인격체로서 이웃과 함께 공존하고, 이웃을 역시 인격체로서 존중하여야 하며 멸시해서는 아니 된다. 인격의 지위는 타인과의 법적 관계를 수립하는 토대를 형성한다. 존엄성은 결코 개별적인 업적이 아니고, 인류의 특징이며 연대성의 기초이기도 하다.[557]

존엄성은 이념의 세계에서 인간의 지위를 나타낸다. 존엄성은 172
이성 속에서 분명해지며, 이성에 의하여 인간은 자신의 육체를 넘어서 자유, 도덕, 법, 문화의 왕국으로 고양된다. 그럼에도 불구하고 존엄성은 자신의 육체적 조건, 욕망과 위협으로부터 해방되지 못한다. 존엄성은 선함과 아름다움, 그리고 순수한 정신의 이념세계로 떠나지 못한다. 존엄성은 궁핍, 나약함, 부패와 추악함에 눈을 감고, 동포에 대한 봉사를 거부하는 논거가 될 수 없다. 노동 자체는 인간의 존엄성에 배치되지 않는다. 모순은 인간에게 귀책되는 노동이행의 관계에서 나타날 수 있을 뿐이다.[558]

---

555) 기본법 제1조 제1항과 제2조 제1항과 관련해서 Westermann(각주 112), S. 7ff., 17ff.

556) 뒤의 단락 171, 196.

557) 앞의 단락 137.

558) 앞의 단락 10.

3. 존엄에 대한 존중요구

a) 인간에게 존엄한 법질서의 목적

173 헌법제정심의위원회는 인간이 자신의 존엄성과 생존을 조화시킬 수 없는 악몽과 같은 국가상황을 주목하였다.[559] 일반적인 법질서의 목적은 인간이 존엄성과 생존 사이를 결정해야 하는 한계상황에 부딪치지 않도록 하여야 하는 데 있다. 모든 규범은 인간존엄성 존중의 명령을 따르는지의 여부에 대해 심사되어야 한다. 추상적인 명령은 개별 사태들과 연관된 헌법규범을 통하여 구체화된다. 공간적인 사적 영역이나 신서(信書)의 비밀의 침해, 형사절차에서 법적 청문의 불허, 수형자에 대한 정신적 학대와 같은 헌법적 침해는 존중명령의 간접적인 위배일 수 있다.

b) 수단화금지

174 연방헌법재판소의 일관된 판례에 의하면, 인간존엄성에 대한 존중요구에 의거하여 인간을 단순히 국가의 객체로 취급하거나 인간의 주체성이 근본적으로 의문시되게 방치하는 것은 금지된다.[560] 판례의 출발점은 스스로 자유롭게 결정하고 계발하는 소질을 부여받은 정신적, 도덕적 존재로서의 인간상과, 공동체에서 평등한 권리를 가진 구성원으로 인정받으려는 개인의 요청에 있다.[561] 자의적으로 처리될 수 있는 단순한 객체로서의 인간에 대한 처분가능성이란 관념은 인간의 존엄성에 반한다.[562] 이런 "객체취급금지의 공식(객체공식)"에 따라서 예컨대, 잔인하고 비인간적이며 굴욕적인

559) Abs. Bersträßer(SPD, in der vierten Sitzung des Ausschusses für Grundsatzfragen vom 23. 9. 1948, in: Protokolle(각주 5), S. 73. Ähnlich der Abg. Schrage(CDU), 같은 책, A. 73.

560) BVerfGE 27, 1(6); 28, 386(391); 45, 187(228); 87, 209(228); 96, 375(398); 109, 133(150).

561) BVerfGE 45, 187(227f.).

562) BVerfGE 87, 209(228).

형벌은 금지된다; 범죄자가 범죄척결의 단순한 객체로 취급되어서는 아니 된다.[563)]

존엄성을 수단화의 금지로 설명하는 것은 요셉 빈트리히와 귄터 뒤리히까지 소급한다: "구체적인 인간이 개체, 단순한 수단, 대체물 등으로 경시될 때" 인간의 존엄성은 문제된다.[564)] 객체공식은 인간을 "목적 자체로"(Zweck an sich selbst) 파악하며, "이런 저런 의도를 위해 자의적인 사용을 위한 수단으로만 여겨서는 아니 된다"(nicht nur als Mittel zum beliebigen Gebrauche für diesen oder jenen Willen)는 칸트의 윤리학을 수용한다.[565)] 존엄성은 동시에 칸트의 실천이성의 헌법적 전환을 수행한다: "너 자신의 인격이나 다른 모든 사람의 인격에서 항상 인간을 목적으로 대하고, 결코 한낱 수단으로 사용하지 않도록 행하라."[566)] 뒤리히의 시각에서는 인간을 동물이나 사물로 대우하는 조치는 존엄성을 침해한다: 고문, 노예제, 대량추방, 대량학살, 소위 생존가치가 없는 생명의 절멸, 생체실험 등.[567)] 그는 인간배양, 이종교배, 은밀한 사적 영역의 침해, 조직적인 명예훼손, 형사사법의 정신공학적 실험, 잔혹한 형벌 등을 사례로 꼽는다.[568)] 다만, 존엄성보장에서 비례성의 의미가 유지되도록 해석되어야 하며, 존엄성을 사소한 것과 연관시키거나 인격적 명예손상이나 관습과 예절준수로 확대하여 존 175

563) BVerfGE 87, 209(228); 109, 133(150).

564) Dürig, in: Maunz/ders., GG(LitVerz.), Art. 1 Abs. 1 Rn 29 mit Anm. 1(Stand 1958); ders., Der Grundrechtssatz von der Menschenwürde(1956), in: ders., Gesammelte Schriften, 1984, S. 127(137ff.); 비슷한 견해 Wintrich(각주 76), S. 7.; 비판적 견해(각주 156), S. 79ff..

565) 앞의 단락 79이하.

566) Kant(각주 165), BA 66f., in: ders., Werke, Bd. Ⅳ, S. 61.

567) Dürig, in: Maunz/ders., GG(LitVerz.), Art. 1 Abs. 1 Rn 29 mit Anm. 1(Stand 1958); 유엔헌장과 인권선언, 연방헌법재판소 및 문헌과 관련함.

568) Dürig, in: Maunz/ders., GG(LitVerz.), Art. 1 Abs. 1 Rn 29 mit Anm. 1(Stand 1958); ders., Grundrechtssatz(각주 564), S. 137ff.

엄성을 "푼돈"(Kleine Münze)으로 전락시키는 것은 피해야 한다는 점을 강조한다.569)

176 객체취급금지의 공식(객체공식)은 인간존엄성의 존중과 보호라는 문제와 분리될 수 없다. 모든 사람은 여러 관점에서 특정 목적을 위한 수단으로서 필요하고, 그에 합당하게 활동한다. 그러나 칸트에 의하면 이는 객체공식의 부정이 아니라 정신적 뿌리이다. 그에게서 존엄성이란 인간은 단지 수단이 아니라 항상 동시에 목적으로 쓰여지는 데 있다.570) 그럼에도 불구하고 쇼펜하우어는, 이를 면밀하게 고찰하면 아주 애매하고 불분명하며 그 의도를 매우 간접적으로 달성할 수 있는 발언에 불과하다고 한다. 또한 그런 말은 항상 적용하는데 있어서 특별한 설명과 정의, 그리고 변형이 필요하여 일반적으로 불충분하고 진술하는 것이 거의 없는 등의 문제가 많다.571) 사실 객체공식은 단지 유보적으로만 적용될 수 있다. 이 공식은 특히 조화를 이루기 위한 세부 원칙의 매개체가 필요하다. 이런 세부 원칙은 본질적으로 인간존엄성이란 이념이 적용가능한 명령과 금지로 전환되는 기본권들에서 도출될 수 있다. 객체공식 그 자체가 불충분하다는 점이 비판되고 있는데,572) 이는 공식 자체에 대한 반론이 아니라 존엄성에서 도출되는 존중요구가 세부원칙의 매개체에 의존한다는 것이 표현된 것이다. 같은 맥락

569) Dürig, in: Maunz/ders., GG(LitVerz.), Art. 1 Abs. 1 Rn 29 mit Anm. 1(Stand 1958). 앞의 단락 108ff.

570) Kant, Metaphysik der Sitten(각주 248), §38, A 140(S. 600). 앞의 단락 79.

571) 그러나 오늘날 일반적인 견해에 의하면, 쇼펜하우어는 인간을 항상 목적으로, 결코 수단으로 취급하지 말라는 칸트의 정언명령을 오해하였다. 쇼펜하우어에 의하면 법률에 의하여 사형되는 살인자는 당연히 단지 법률의 집행을 위한 수단으로 사용되는 것이기는 하지만, 사형은 살인자 자신도 승인한 국가계약에 따라서 공공의 안녕을 회복하기 위한 수단이기 때문이다(Die Welt als Wille und Vorstellung[각주 156], Bd. Ⅰ, S. 460f.).

572) 주거의 자유를 통한 인간존엄성의 구체화에 대하여는 BVerfGE 51, 97(110); 109, 279(313).

에서 객체공식은 비판을 받고 있는데,[573] 특히 시민은 다양한 관점에서 불가피하게 국가의 규제와 배려의 대상이기 때문이다.[574] 연방헌법재판소는 객체공식의 실행력에 한계가 있다는 것을 시인한다. 모든 일반적 공식처럼 객체공식은 인간존엄성의 침해가 문제될 수 있는 경우에 단지 지침만을 제시할 수 있다. “인간이 자신의 이익을 고려하지 않고 적응하여야 하는 한, 인간은 흔히 관계와 사회적 발전의 단순한 객체일 뿐만 아니라 권리의 대상이다. 여기서 인간의 존엄성이 침해될 수는 없다.[575] 인간의 주체성이 원칙적으로 의문시되는 취급을 받지 않는 것이 중요하다.[576] 인격의 고유성과 자기책임성은 존중되어야 한다.[577] 세밀한 인구조사의 실시는 이 한계를 넘는 것은 아니지만, 인간을 전체적인 인격성이 노출되는 방식으로 강제로 조사 및 분류하며, 물건과 같이 다루는 통계조사는 이 한계를 넘어선다.”[578]

177 연방헌법재판소는 어떤 상황에서 인간존엄성의 침해가 있는가를 일반적으로 말할 수는 없으며, 단지 구체적인 사례에 관련해서만 그 침해 여부를 판단할 수 있다고 한다.[579] 인간존엄성에 부합되는지 여부에 대한 확정은 시간과 상황에 따라서 상대적이다. 이에 대한 판단은 그 당시의 사회적 관계와 완전히 분리할 수 없다.[580] 이는 현재의 인식수준과 상관이 있으며 시간을 초월한 유효

573) Quaritsch, HStR V, §120 Rn 134 각주 334; Nettesheim(각주 156), S. 79ff.
574) → Bd. Ⅲ: Merten, Verhältnismäßigkeitsgrundsatz, §68 Rn 27.
575) BVerfGE 30, 1(25f.). Vgl. BVerfGE 109, 279(312f.).
576) BVerfGE 30, 1(26); 117, 71(89).
577) BVerfGE 45, 187(228).
578) BVerfGE 27, 1(6).
579) BVerfGE 30, 1(25).
580) BVerfGE 96, 375(399f.).

성을 주장하지 않는다.[581] 간혹 객체공식은 이런 점을 유의하지 않은 채 필요한 고려를 하지 않고 적용된다.[582]

c) 경멸적 취급의 금지

178 연방헌법재판소는 기본법 제1조 제1항에서 경멸적 취급의 금지를 도출한다. 이는 인격적 존재에게 부여된 가치의 멸시, 인격과 인간존엄성의 경시를 의미한다.[583] 잔혹하고 비인간적이며 경멸적인 형벌의 금지도 이런 선상에 있다.[584] 그 대우가 차별, 굴종 또는 비인간성인지의 여부가 관건이다.[585] 다른 기준으로는 자의성을 꼽을 수 있다: 구체적인 사례에서 인간존엄성의 자의적인 멸시인지의 여부가 중요하다.[586] 그럼에도 불구하고 법률상 국가와 헌법에 의한 보호를 의무적으로 명하거나[587] 또는 벌금을 통하여 단지 기술적인 법적 의무를 경고하는 것은 존엄성과 관련이 없다. 그런 것은 윤리적인 의미를 가지고 있지 않고, 도덕적 인격체의 영역과 존엄성의 자리를 건드리는 것이 아니다.[588] 일정한 정도 이상의 굴욕적인 취급이어야 인간존엄성에 대한 침해로 보는 주장은 이들 판례와 맥락을 같이 한다. 굴욕을 강제하는 조치(나치가 유태인 시민으로 하여금 거리를 청소하도록 강압하는 행위), 멸시적인 취급 등과 같이 인간을 완전한 굴종에 내맡기도록 강요하는 행위들이 전

581) BVerfGE 45, 187(229). Vgl. auch E 109, 279(311); 115, 118(153).

582) 선례로서 항공안전법에 관한 잘못된 판결 BVerfGE 115, 118(137ff.). 이에 대한 비판은 Isensee(각주 3).

583) BVerfGE 30, 11(26). Vgl. auch E 50, 166(175). 형법 제131조 제1항의 구성요건적 특징을 인간존엄성의 침해로 설명하는 판결은 BVerfGE 87, 209(228); "인간을 경멸하는" 공연, 기술(記述), 관람객에게 사디즘적 쾌락을 제공하려는 "잔혹하거나 기타 비인도적인" 영상.

584) BVerfGE 1, 332(348); 6, 389(439).

585) → Bd. Ⅲ: Merten, Verhältnismäßigkeitsgrundsatz, §68 Rn 27.

586) BVerfGE 30, 1(26).

587) BVerfGE 30, 1(26f.).

588) BVerfGE 9, 167(171).

형적인 예이다.[589]

위에서 언급한 기준은 인간존엄성에만 특수한 것이 아니다. 179
이런 기준은 이미 후속 기본권들에도 적용된다. 굴욕을 가하고 경멸하는 행위는 일차적으로 기본법 제2조 제1항에서 보호하는 일반적 인격권의 침해이다.[590] 자의성은 기본법 제3조 제1항에 위배된다. 경멸은 기본권제한의 정당한 목적이 아니다. 경멸적 수단은 과잉금지의 원칙[591]의 합리성심사를 통과하지 못한다.

d) 최소한의 생계보장

인간의 존엄성에서 인간의 개인적, 사회적 생존에 필요한 기 180
본적인 전제조건을 유지하도록 배려하는 국가의 의무가 도출된다. "인간의 존엄에 상응하는 최소한의 생계에 관한 기본권"은 인간존엄성과 결부된 사회적 국가목적에서 도출되는데, 이는 절대적인 효력을 가지는 존엄성 존중요구의 곁에 위치하여 있다. 이 기본권은 근본적으로 자의적으로 처리될 수 없으며, 입법자에 의한 지속적인 실현을 필요로 한다.[592] 인간의 존엄에 상응하는 최소한의 생계는 검소한 수준일지라도 인간관계에 대한 배려와 사회적, 문화적, 정치적 삶에 최소한으로 참여할 수 있는 가능성을 내포한다. 왜냐하면 인간은 인격체로서 필연적으로 사회적 관계 속에서 존재하기 때문이다.[593]

---

589) Hörnle(각주 157), S. 50ff.

590) Hörnle는 여기서 기본법에 열거된 기본권체계의 흠결이 있다는 것을 간과한다(각주 157, S. 58f.). Vgl. → 아래의 Enders, Schutz der Persönlichkeit und der Privatsphäre, §89.

591) Vgl. → Bd. Ⅲ: Merten, Verhältnismäßigkeitagrundsatz, §68 Rn 81ff.

592) BVerfGE 125, 172(26). Dazu Wallerath(각주 322), S. 157(160ff.); Seiler(각주 322), S. 500(502ff.), Rn 133ff. Vorläufer: BVerwGE 1, 159(161f.); BVerfGE 40, 121(133); 45, 187(228); 82, 60(85); 113, 88(108f.).

593) BVerfGE aaO., S. 234. 근본적인 논의로는 Heinig, Menschenwürde und Sozialstaat, in: Bahr u.a.(각주 79), S. 251ff.; Eichenhofer,

e) 존중요구의 차원

181 존중요구는 개인의 전체 법적 지위를 포함한다. 존중요구는 그 스스로 주관적 공권은 아니지만, 게오르크 엘리네크의 지위론의 분류에 의하면 국가를 향한 지위로 파악된다.[594] 소극적 지위는 일차적으로 기본권의 방어권적 요소에 상응한다. 존엄성은 특히 개인이 스스로 결정하고 자유롭게 발현하며[595] 스스로 결정한 행위에 대하여 법적 책임을 진다는 점을 선언한다. 존엄성은 기본법에 열거된 것이든, 열거되지 않았든 모든 자유권에 효력을 부여한다. 그래서 여러 기본권에서 보장된 사적 자치는 존엄성의 표현으로 나타난다: 모든 사람은 자신의 사무를 처리하고, 법적으로 스스로 기속하며 권리관계와 권리창출의 과정에 참여하는 권리주체로서 인정된다.[596] 국가는 개인이 자유로운 활동을 통하여 존엄성을 실현하는 것을 존중하여야 한다(기본법 제1조 제1항 2문). 법률상의 자유의 제한은 존엄성에 의하여 정당화되어야 하며, 그 제한은 비례성원칙을 충족하여야 한다.[597] 이는 과잉금지의 원칙에 위배되는 것이 곧 인간의 존엄성 침해라는 것이 아니다.[598] 인간의 존엄성은 자유의 위험성과 자유주의적 경제체제가 필연적으로 내포하고 있는 위험성에서 벗어나 있지 않다. 이는 또한 사회적 안전망으로 막아 내는 실업의 위험성에도 타당하다.[599]

Sowialrechtlicher Gehalt der Menschenwürde, in: Gröschner u.a.(각주 8), S. 215ff. Walter Georg Leisner, Existenzsicherung im öffentlichen Recht, 2007, S. 107ff., 220ff.

594) Georg Jellinek, System der subjektiven öffentlichen Rechte, 1963, S. 81ff., 94ff.

595) BVerfGE 45, 187(227f.).

596) Isensee, HStR Ⅶ, §150 Rn 71.

597) Dürig, Grundrechtssatz(각주 564), S. 155ff.

598) → Bd. Ⅲ: Merten, Verhältnismäßigkeitagrundsatz, §68 Rn 27.

599) BVerfGE 84, 133(158).

기본법은 명백하게 국가의 기본권적 보호의무를 촉구한다. 국가는 타인의 침해로부터 개인의 기본권적 법익에 내포되어 있는 존엄성을 보호해야 한다. 그 전형적인 사례가 태아의 존엄성을 이유로 낙태로부터 태아를 보호하는 것이다.[600] 여기에는 침해를 야기하는 가해자의 관점에서는 기본권의 제한이, 피해자의 입장에서는 적극적인 지위에 해당하는 기본권의 보호라는 적극적 이행에 해당하는 국가적 예방이 요구된다. 인간의 존엄에 기한 법치국가적(또는 기본권적) 보호의무는 사회국가적 보호의무와 구별된다. 사회국가적 보호의무는 사회적 국가목표에 근거를 두고 인간의 존엄에 상응하는 최소한의 생계를 보장한다.[601] 그 윤리적 토대는 다양하게 매개되며, 그 핵심은 인간의 존엄성으로 귀결될 수 있는 연대성(Solidarität)이다.[602] 182

적극적 지위는 본래 헌법전에 의존하지 않고 사실상 미미하게 발전되었다. 그럼에도 불구하고 연방헌법재판소는 존엄성을 전체를 위한 결정에 인간이 참여하는 근거로 이해한다. 국가는 이를 위해 길을 열어야 한다.[603] 물론 민주적 참여권으로 나아가는 길은 중간에 여러 정류장을 경유한다.[604] 183

기본법 제1조 제1항에서 나오는 존중요구는 국가법이지만, 구체적인 여건에 따라서 실현된다. 인격이란 법적 개념은 전체 법질 184

600) BVerfGE 39, 1(41f.); 88, 203(251f.).

601) 이런 구별은 BVerfGE 1, 97(104). Isensee, HStR Ⅶ, §150 Rn 97ff. 이행청구의 내용에 대하여는 앞의 단락 180.

602) Volkmann(각주 315), S, 219ff.; Wallerath(각주 322), S. 160ff.; Hans Michael Heinig, Menschenwürde und Sozialstaat, in: Petra Bahr/ders.(Hg.), Menschenwürde in der säkularen Verfassungs-ordnung, 2006, S. 251ff. Seiler(각주 322), S. 502ff. S. auch o. Rn 96.

603) BVerfGE 5, 85(204f.).

604) 앞의 단락 102.

서에 의하여 만들어진다. 개인이 인격체로서 자신을 위하여 자신의 법률행위능력을 무조건적으로 승인받는다면, 법공동체는 성립될 수 없고, 결과적으로 개인은 인격체로서 존재할 수 없다.[605] 합헌적 국가법에 대한 복종이라는 기본의무는 인간의 존엄에 배치될 수 없다. 존엄성은 근본적으로 법복종과 반목하지 않는다. 일반적인 법률이 필요하다는 통찰력과 이런 필요성에 순응하는 자세는 윤리적 이성과 인간의 존엄성의 표현이다. 한 사람의 존엄성은 타인의 존엄성을 인정하는 태도에 있다. 존엄성은 동포애이다. 동포애는 모든 사람을 위한 한 사람, 그리고 한 사람을 위한 모든 사람이 존재할 수 있게 하고, 궁극적으로 인간의 존엄에 상응하는 생존의 법적, 실질적 조건이 창출되고 유지될 수 있게 하는 연대성의 근거이다.[606]

4. 존엄성에 예민한 기본권영역

185 존엄성의 이념은 전체 법질서에 빛을 비춘다. “인간은 항상 스스로 목적이어야 한다는 명제는 모든 법영역에 무제한적으로 유효하다.”[607] 존엄성은 모든 기본권 관계에서 중요하다. 그렇지만 인간존엄성의 이념과 특별히 친화력을 가지면서 그 침해에 특히 예민하게 반응하는 일정한 기본권 영역이 있다. 여기서 존엄성 이념은 고유한 제한의 허용기준과 제한의 유보영역을 내세우며 그 이념을 실현하는 기본권규범을 구체화하는데 기여한다. 이념의 측면에서 다소 존엄성에 민감한 기본권영역이 두드러진다. 그 유동적인 경계가 획정된 보호영역의 경계와 일치될 필요는 없고, 오히려 여러 개의 보호영역에 걸쳐서 있거나 또는 한 보호영역의 부분

605) Westermann(각주 112), S. 13.
606) 앞의 단락 137.
607) BVerfGE 45, 187(228).

에 국한될 수도 있다.

인간의 존엄성은 그 물리적 토대로서 생명권을[608] 포함한다. 186
인간의 존엄성은 인간이 스스로 결정하고 스스로 주장할 수 있는 능력을 아직 가지지 못하거나, 더 이상 가질 수 없는 경계선에 있는 경우에 특히 의미가 있다. 이런 경우로는 타인의 도움과 "선의"(guter Willen)에 의존하는 상황,[609] 출산 이전의 단계, 영유아와 부양이 필요한 상태, 치매와 혼수상태 등을 꼽을 수 있다. 인간이 무방비 상태에 있는 경우에 타인이 그 존엄성을 경시하지 않도록 법에 의한 조정이 이루어져야 한다. 사적, 공적 목적을 위하여 배아를 실험대상으로 하거나[610] 낙태를 허용하는 것[611]에서부터 사망시의 존엄성 경시에 이르기까지 다양한 단계에서 존엄성을 위태롭게 할 수 있는 전형적인 위험에 대한 배려가 있어야 한다.[612] 존엄성 이념은 생명권과 신체의 불가훼손성에 관하여 법률이 규정한 내용을 조정한다. 경찰이 인간의 생명을 구하기 위하여 기본권적으로 강화된 법률상의 고문금지를 예외적인 상황에서 깨뜨릴 수 있는지의 여부는 존엄성의 해석에 달려 있다.[613]

인간의 존엄성이 자기결정권이 전혀 없고 또한 전적인 종속 187
상태 (예속적인 상태)[614]에 처한 개인의 존엄성을 존중하여야 하는지에 관한 문제는 구금상태에서 아주 첨예하게 나타난다. 여기서

---

608) Vgl. → 아래의 Fink, Recht auf Leben und körperliche Unversehrtheit, §88 Rn 5ff.

609) Hörnle의 표현에 의하면 희생자의 무기력과 완전한 예속적 상태임(각주 157, S. 55ff.).

610) Eingehend Müller-Terpitz(각주 438), S. 291ff., 486ff.(Nachweise).

611) BVerfGE 39, 1.(44ff.); 88, 203(257ff.).

612) 뒤의 단락 14.

613) 생명구조를 위한 고문에 대한 판단은 Starck, in: v. Mangoldt/Klein/ders., GG(LitVerz.). 앞의 단락 143ff.

614) Hörnle(각주 157), S. 56.

도 인격의 고유성은 존중되어야 한다. 범죄자는 단지 범죄예방의 객체만으로 취급되어서는 아니 된다.[615] 인간의 개인적, 사회적 존재의 기초가 되는 전제조건은 기본권주체가 자신의 자유에 상응하는 책임을 저버리고 행한 범죄로 인하여 자유를 박탈당하고 있는 경우에도 유지되어야 한다.[616] 보안처분과 마찬가지로 형의 집행은 자유롭게 책임을 지는 삶을 위한 전제조건을 만드는 것에 초점이 있다. 존엄성의 보호는 수감자에게 그 자유를 다시 획득할 수 있는 진정한 기회를 부여하는 법률상의 조치와 집행계획을 요구한다.[617] 자유박탈의 잔혹함은 기형적인 인격발현에 대한 교정을 통해 재사회화를 촉진하고, 원칙적으로 석방과 자유로운 상태로 복귀하는 길이 열려있다는 희망, 그리고 인도적이고 의미 있는 대우를 통하여 완화된다.[618] 그러므로 종신형은 인간존엄성의 원칙에 의하여 가중된 정당성요청을 충족하여야 한다.[619]

188 모든 형벌의 선고는 정당성을 가져야 한다. 형벌의 선고는 사회윤리적인 반가치 판단을 내포하며, 인간의 존엄성에 의거한 죄인에 대한 존중요구와 관련된다.[620] 기본법 제1조 제1항에서 신중하고, 의미 있는 형벌의 원칙이 도출된다.[621] 형사법상 책임원칙은

---

615) BVerfGE 45, 187(228); 109, 133(150).

616) BVerfGE 109, 133(150).

617) BVerfGE 109, 133(151).

618) 기본법 제1조 제1항에서 도출되는 의미 있는 행형원칙에 관하여는 BVerfGE 45, 187(238f.); 96, 169(200f.); 109, 133(154); 117, 71(94f.); BVerfGK 13, 67(68); 13, 472(479).

619) BVerfGE 45, 187(229, 238ff., 245); 64, 261(270ff.); 69, 161(168ff.); 109, 133(150); 117, 71(95).

620) BVerfGE 96, 245(249); 101, 275(287); 9, 167(171). 이는 단지 기술적인 질서위반에는 해당되지 않는다.: BVerfGE 9, 167(171). Dazu Möstl, Grundrechtliche Garantien im Strafverfahren, HStR ³VIII, §179 Rn 24, 57.

621) BVerfGE 28, 386(391); 45, 187(228).

인간의 존엄성과 자기책임성에 뿌리를 두고 있다. 형벌은 무책임한 행동에 대한 반작용으로서 책임을 조정하는 응보적 해악의 부여이다. 개별적인 책임의 정도에 따른 형량의 범위는 헌법에 의해서 획정된다. 이 범위 내에서 승인된 형벌목적만이 유효하다.622) 책임원칙에서 벗어난 형벌은 단지 위협에 불과하며, 범죄자의 존엄성에 반한다.623) 일반적으로 일반예방에 대한 반론은 없다. 시민의 규범승인에 효력을 미치고, 일반적인 법적 신뢰를 공고히 하는 (부수적 효과로서 위협도 포함)624) 형법의 목적은 개인의 이성에 호소하며 그 자유를 존중하고 존엄성을 보증하는 것이기 때문이다.

형벌은 기본법 제2조 제1항에 근거한, 열거되지 않은 기본권 189
인 일반적 인격권을 제한한다. 일반적 인격권은 논증이 필요한 기본권 일반조항이다. 구체적인 사례와 변화하는 위험상황을 고찰하면서 판례는 논증을 행한다. 인간존엄성의 이념은 지향점을 제공하는 별의 역할을 한다.

그 이념은 기본권해석의 발전에 영감을 준다.625) 이 이념이 특 190
수한 인격권에 영향을 준 결과들은 다음과 같다.

- 사생활 형성에서 절대적으로 보호받는 핵심영역,626)
- 은밀한 영역, 특히 인격 · 건강 · 가족 · 성적 영역의 보호,627)

---

622) BVerfGE 109, 133(173) - 지속적인 판례임.

623) Badura, Generalprävention und Würde des Menschen, JZ 1964, S. 337ff.

624) Günter Jakobs, Strafrecht Allgemeiner Teil, 1991, Rn 14ff.

625) 앞의 단락 116.

626) BVerfGE 34, 238(245); 109, 279(313, 314); 124, 43(69f.) - 개인과 연관된 정보의 압류. Dazu Horn, HStR ³Ⅶ, §149 Rn 75ff. 형사소송 절차에서 일기장과 유사한 표현의 이용의 문제에 관한 상이한 견해가 있다. 지지의견: BVerfGE 80, 367(379ff.), 반대의견: 같은 판결, S. 382f.

627) BVerfGE 27, 344(350f.); 65, 1(43f.); 89, 69(82f.); 96, 56(61). Dazu Horn, HStR ³Ⅶ, §149 Rn 34, 42ff.

- 공간적 · 주제적 관점에서 사적 영역에 대한 자기결정, 특히 자기정보결정권,[628]
- 왜곡되고 조작된 타인의 표현에 대한 보호로서 여론을 향한 자기항변,[629]
- 태생적 또는 자기가 선택한 정체성에 대한 존중, 그 결과 자신의 아버지를 확인하는 것을 포함하여 자신의 출생을 알 권리,[630] 나아가서 자신의 성별을 결정할 권리,[631]
- 인격적 명예권,[632]
- 통신기술체계의 신뢰성과 완전성의 보장.[633]

191 인간의 존엄은 인간이 카프카가 만든 주인공처럼 폐쇄적이고 조망할 수 없으며, 자신이 어떤 영향을 미칠 수 없는 무한한 절차에 내맡겨지지 않고, 자신의 주체성을 보유하기를 요청한다. 인간은 국가생활의 과정에서 인격체로서 자신의 권리를 주장할 수 있어야 한다. 객관법적인 국가의 기본권보호과 주관적인 기본권의

---

628) BVerfGE 65, 1(42f.); 78, 77(84); 84, 192(194); 96, 171(181). Dazu Horn, HStR ³Ⅶ, §149 Rn 42ff.; Kube, HStR ³Ⅶ, §148 Rn 38ff., 66ff. Vgl. → unten Rudolf, Recht auf informationelle Selbstbestimmung, §90.

629) BVerfGE 97, 125(148f.); 97, 391(403); 99, 185(194). Vgl. Luhmann (각주 170), S. 68f.; Hörnle(각주 157), S. 56; Kube, HStR ³Ⅶ, §148 Rn 43ff.

630) BVerfGE 79, 256(268ff.); 90, 185(194); Di Fabio: Maunz/Dürig, GG (LitVerz), Art. 2 Abs. 1 Rn 212ff.

631) 성전환에 관하여는 BVerfGE 49, 286(289); 60, 123(134).

632) BVerfGE 93, 266(290); Isensee(각주 58), S. 5ff.; Kube, HStR ³Ⅶ, §148 Rn 60ff.

633) BVerfGE 120, 274(303ff.); Kube, aaO., Rn 69ff.; ders., Neue Medien-Internet, HStR ³Ⅳ, §91 Rn 44ff.; Horn, HStR ³Ⅶ, §149 Rn 98ff.; Vgl. auch BVerfGE 124, 43(69f.) – 이메일 압수에서 개인과 관련된 정보의 보호. Vgl. hierzu → unten Rudolf, §90 Rn 67.

보장은 이런 목적에 기여한다.[634] 예컨대, 의사가 신고의무를 이행하거나 또는 경찰이 사후에 근거가 없다는 것으로 밝혀진 조사를 착수하는 것처럼, 당사자에게 알려지지 않은 모든 명령이 인간의 존엄을 침해하는 것은 물론 아니다. 소송의 배제도 항상 인간의 존엄에 위배되는 것은 아니다. 특히 다른 형태의 법적 통제가 소송을 대신하고, 소송의 배제가 인격에 대한 경시가 아니라 민주적 질서와 국가존립의 보호를 위한 조치의 일환으로서 비밀유지의 필요성에서 비롯되었다면 인간의 존엄성에 대한 침해가 아니다.[635] 이에 비하여 관계자의 소송배제가 행정청의 자의에 맡겨져 있는 경우에는 기본법 제1조 제1항이 침해된 것이다.[636] 존엄성은 법적 청문에서 특히 중요하다.[637] 청문에 의하여 참여자는 자신의 사안에서 쟁점을 파악하고 자신의 입장을 주장할 수 있으며, 절차상 독립적으로 영향을 미칠 수 있다.[638] 형사절차의 중요한 원칙은 피의자의 존엄에 근거한 존중요구의 이행에 기여한다. 기본법 제103조 제2항의 죄형법정주의처럼[639] 헌법전에 명시적으로 규정되어 있지 않더라도 자기부죄금지의 원칙처럼 인간의 존엄성은 헌법에 의하여 보강된다.[640]

---

634) Schmidt-Aßmann, Verwaltungsverfahren, HStR ³V, §109 Rn 20ff.; Degenhart, Gerichtsverfahren, HStR ³V, §115 Rn 10ff.; Möstl, HStR ³VIII, §179, Rn 1ff.

635) BVerfGE 30, 1(26f.). 반대의견: 같은 판결, S. 33ff.

636) BVerfGE 30, 1(27).

637) Vgl. → Bd. V: Graßhof, Rechtliches Gehör, §133.

638) BVerfGE 7, 53(57f.); 39, 156(210); 63, 332(337); Knemeyer, Rechtliches Gehör in Gerichtsverfahren, HStR ³VIII, §178 Rn 18.

639) BVerfGE 45, 178(228); 109, 133(171); Möstl, HStR ³VIII, §179 Rn 67ff. Vgl. Bd. V: Wolff, Nullum crimen, nulla poena sine lege, §134

640) BVerfGE 56, 37(42, 49); 80, 109(121); 95, 220 (241, 242).

Ⅲ. 존엄성의 담지자

1. 인간의 유일성

192 존엄성은 인간이란 종에 속하는 모든 사람에게 있다. 하지만 오직 인간에게만 있다.[641] 기본법은 인간중심으로 이루어진다. 일반적인 의미에서 자연이나 모든 생명체에 존엄성이 인정되는 것이 아니다. 인간은 그 존엄성의 힘으로 인하여 인간이 자신의 육체적인 존재로서 소속되어 있는 자연을 넘어서 존재한다. 따라서 기본법은 스위스의 새로운 헌법이 규정하고 있는 "모든 피조물의 존엄성"(Würde der Kreatur)을 모른다.[642] 기본법이 2002년 이후로 동물보호를 규정하고 있지만(기본법 제20a조), 이는 동물의 존엄을 선언한 것이 아니다. 이러한 규정은 인간존엄의 인류학적 발단을 의미하거나, 기본법의 자유주의적 질서를 채식적 또는 생태학적 도덕으로 곡해하는 어떤 근거도 되지 못한다. 정반대로 기본법 제1조 제1항은 인간과 동물을 같이 취급하는 것을 금지한다. 인간과 같이 사는 반려동물과 도살용 가축은 사실상 인간에 의해 의도적으로 설정된 가치의 대상이다.[643]

193 존엄성의 담지자는 오직 자연인으로서의 인간뿐이다. 법인은 선험적으로 제외된다. 이는 법인이 예외적으로 일반적인 인격권을 가질 수 있다는 논거에서도 타당하다: 법인은 여기서 존엄성 이념과의 연관성이 아니라 본질상 기본권이 적용될 수 있는 범위에서

641) 타당하게도 H. Dreier, GG(LitVerz.), Art. 1 Abs. 1 Rn 121ff.; Starck, in: v. Mangoldt/Klein/der., GG(LitVerz.), Art. 1 Abs. 1 Rn 26. 각주 366의 근거 참조.

642) Art. 120 nBV "eine Provokation für die deutsche Menschenwürde-Literatur"(Häberle, Ⅱ, §22 Rn 4). 이런 식의 존엄성의 이해에 대한 근본적인 비판은 Norbert Hoerster, Haben Tiere eine Würde?, 2004.

643) H. Dreier, GG(LitVerz.), Art. 1 Abs. 1 Rn 121 – 이와 연관하여 BVerwGE 43, 312(314).

만(기본법 제19조 제3항) 관련된 기본권을 주장할 수 있다.[644] 비록 법인이 인간의 존엄한 관계를 수립하는데 기여한다고 하여도 존엄성은 그 본질상 조직에는 적용될 수 없다.[645]

조직체가 인간의 존엄성과 연관되지 않는다고 하여도 자신의 194
방법으로 존엄성을 주장하는 것은 금지되지 않는다. 다만, 이런 요청은 기본법 제1조 제1항과 관계가 없다. 여기서 문화는 존엄성의 다양한 현상 즉, 제도, 제례, 대상에 관한 존엄성을 고취한다.[646] 이는 인간의 존엄성과 경쟁하지 않으며 또한 존엄성을 상대화하지도 않는다.

이는 국가의 존엄성에도 적용된다. 국가의 존엄성은 인간존엄 195
성의 구성요소나 산물이 아니다. 국가는 기본권의 수신인이고 상대방일 뿐이지 기본권 주체가 아니기 때문이다.[647] 그러나 법학이 국가에 존엄성을 인정하는 것에는 장애가 없다. 국가의 존엄성은 국가법과 국제법에 근거가 있다.[648] 국가의 존엄성은 인간의 존엄성에 대항할 수 없다.[649] 헌법제정심의위원회는 기본법은 국가의 내적 존엄을 모욕하면서 시작해서는 아니 되며, 인간의 존엄으로 시작하는 문장을 위하여 길을 열어 주어야 한다는 호이스 의원의 항의에 따라서 원래 안에 포함되어 있던 개인과 국가의 엄격한 대립관계을 배척했다.[650] 공직의 존엄성도 인간의 존엄성과 상충되지 않는다. 공직의 존엄성을 위하여 직무담당자는 자신의 직무상 필

---

644) Kube, HStR ³Ⅶ, §148 Rn 45; Herdegen, in: Maunz/Dürig, GG (LitVerz.), Art. 1 Abs. 1 Rn 72, 84.

645) Isensee, Anwendung der Grundrechte als juristische Rersonen, HStR ²Ⅴ, §118 Rn 4. Vgl. auch Westermann(각주 112), S. 12.

646) 앞의 단락 48ff.

647) Merten(각주 46), S. 127f.

648) Partsch(각주 163), S. 8ff., 12ff., 18ff.; Merten(각주 46), S. 125ff., 131ff.

649) Merten(각주 46), S. 127f.

650) 앞의 단락 113.

요한 존중과 신뢰를 준수하는 행동을 할 의무를 진다.[651] 이는 공직이 단순한 기능과 효율성만으로 수행되는 것이 아니라는 것에 대한 법적 표현이다.

2. 개인과 인간 종

196 기본법은 인간의 존엄에 대하여 말한다. 존엄의 담지자는 인류에 속하는 개인으로서의 인간이다. 기본법 제1조 제1항의 존엄성 보장은 그 자체가 개별적 기본권이 아니지만,[652] 후속 개별 기본권을 통하여 간접적으로 효력을 가진다. 인간의 존엄성은 개개인의 개별적인 존엄성일 뿐만 아니라 인간이란 종으로서의 인류의 존엄성이기도 하다.[653] 개인에서 구현되는 존엄성은 인간 종의 존재적 잠재력이다. 칸트의 표현에 의하면 "인간은 스스로 존엄하다."[654] 인간이란 종 자신도 헌법의 보호를 받는다. 이는 특정인의 존엄성이 침해되는 경우, 특히 개개인의 자기결정권에 대한 존중이 문제되는 경우와는 맥락을 달리한다. 인간 종의 도덕적 자의식으로 이해되는 "인간" 자신이 빚을 지고 있는 존엄성에 대한 존중의 관점에서 —토마스 만의 표현에 의하면 자기 자신에 대한 인간의 구원적 경외심에서— 인간의 자기결정에 제한을 가하는 곳에서 존엄성은 그 존중을 요구한다.[655] 생명공학의 사용에 대한 인간성의 유산(heritage of humanity)의[656] 보호나 유전자 조작에 대한 금지의 한

651) 민법 제54조 3문.
652) 앞의 단락 103ff.
653) BVerfGE 87, 209(228). 더 많은 근거는 앞의 각주 317. 다른 의견 H. Hofmann, Biotechnik, Gentherapie, Genmanipulation - Wissenschaft im rechtsfreien Raum?, JZ 1986, 253(259f.); H. Dreier, GG(Lit Verz.). Art. 1 Abs. 1 Rn 116f.
654) 앞의 단락 79.
655) 앞의 단락 1.
656) 1997. 11. 11. 유네스코의 인간게놈과 인권에 관한 일반적 선언을 비교. 앞의 단락 139(각주 462와 함께).

계와 그 근거가 문제되는 경우에 종으로서의 인간의 존엄성이 준거가 된다.[657] 이종교배, 인간복제, 유전자가 다른 세포를 한 몸에 갖고 있는 키메라(머리는 사자, 몸은 산양, 꼬리는 뱀인, 그리스 신화에 나오는 괴물 - 세 가지 종류의 유전자를 동시에 가지고 있는 경우: 역자 부기)나 하이브리드(잡종 생식자)의 경우에는 보호될 수 있는 존엄한 개인이 아직 존재하지 아니한다. 이들은 법적 허용의 가능성이 문제가 되는 인공적인 생식행위에서 비로소 생겨난다. 이러한 도그마틱은 존재가능성에 대한 가정적 전제하에 존엄성이 침해될 수 있는 미래의 공상적인 개인을 상상하여 - 그러나 이는 막아야 한다 - 해석론상의 공백을 메우려고 한다.[658] 그 근거는 현세대에 의하여 고안된 미래의 개인을 보호한다는 취지이다. 그러나 이러한 논리는 자유친화적인 개인주의로 자신의 고유한 전제조건을 부정하는 것에 불과하다. 이종교배를 금지하려는 사람들도, 이종교배를 허용한다고 하더라도 자신의 출생에 관하여 알 권리가 형해화되지 않음에도 불구하고,[659] 현재 존재하지 않고 또한 존재해서는 아니 되는 개인의 보호를 내세울 뿐, 인간존엄성에 관한 초개인적이고 객관적인 지도이념, 특히 생명의 시작에서 주목되는 "존엄한" 조건은 명시적으로 제시하지 않는다. 그러나 이들의 관점에서 보면 생식세포의 기증자도 존엄성의 주체라고 할 수 있을 것이지만,[660] 이를 용인한다고 하더라도 인간의 존엄성은 기증자의 자기결정에 관한 객관적이고 초개인적인 제한의 헌법적 근거로 이해되고, 이는 궁극적으로 종으로서의 인간의 존엄이 유효하다는 것

---

657) 뒤의 단락 200.

658) 이와 관련한 Kersten의 구성은 Kersten(각주 462), S. 482ff. 앞의 단락 139.

659) So Di Fabio, in: Maunz/Dürig, GG(LitVerz.), Art. 2 Abs. 1 Rn 213.

660) 하이브리드와 키메라의 경우에는 Herdegen, in: Maunz/Dürig, GG(LitVerz.). Art. 1 Abs. 1 Rn 107.

을 의미한다.[661)]

197 종으로서 인간의 존엄성에 대하여 우회적이고 은폐된 주장을 하는 대신에 개방적이고 직접적인 의견이 표명되어야 한다. 이와 함께 헌법해석자는 미래의 개인이나 미래 세대의 존엄을 깊이 생각하고 선도해야 한다.[662)] 오늘 여기서 인간 종의 존엄성이 요구하는 것이 무엇인가 하는 것이 법학적 논쟁의 주제이다. 인간 종의 범주에 관한 논의에는 인류의 미래에 대한 전망, 그리고 존엄한 조건에서의 인류생존의 화두가 필수적으로 포함된다.

3. 차이 없는 인간

198 모든 인간은 존엄하다. 존엄성은 생물학적, 사회적, 도덕적 차이를 알지 못한다.[663)] 존엄성은 지능이나 능력을 묻지 않는다. 존엄성은 입증의 대상이 아니고 또한 진실임을 증명할 필요가 없다. 존엄성은 교류과정에서 획득되거나 이를 통해 확인되지 않는다. 존엄성은 실패자나 유능한 사람을 가리지 않고 인정된다. 당연히 기형아의 존엄성도 인정된다.[664)] 일반적이고 평등한 존엄성에서 도출되는 개인에 대한 존중의 요구는 개별적인 필요성과 상태에 따라서 차별 적용된다. 그렇지만 완전한 육체적, 정신적 능력을 가진 사람 또는 육체적, 정신적인 장애인,[665)] 체질상 생존능력이 없는 사람, 치매환자 등의 여부는 차별취급의 이유가 되지 못한다.[666)] 인간의 특성으로서의 존엄성은 불평등하게 조작되거나 등급

661) 이와 달리 Herdegen aaO., Art. 1 Abs. 1 Rn 107.

662) So aber Peter Saladin/Christoph Andreas Wenger, Rechte künftiger Generationen, 1988, S. 73ff., passim.

663) 앞의 단락 139.

664) Dürig, in: Maunz/ders., GG(LitVerz.), Art. 1 Abs. 1 Rn 25(Stand 1958); Starck, in: v. Mangoldt/Klein/ders., GG(LitVerz.), Art. 1 Rn 22.

665) BVerfGE 58, 208(225).

666) Gärbitz, Verfassungsrechtliche Grundfragen des Schutzes Dementer,

이 매겨지는 것이 아니다.[667]

개인에게 귀속되는 존엄성은 자궁내 또는 자궁외의 출생방식 199
과도 관계없다. 그 출생이 이종교배, 근친상간 또는 인간복제의 경우와 같이 위법하게 이루어졌는지, 인간존엄성을 훼손한 것인지 여부도 중요하지 않다.[668] 어떤 법적 오점도 아이에게 남지 않는다.[669] 출생의 차이는 출생된 자의 기본권적 지위에 어떤 영향을 미치지 않는다. 태어난 모든 사람은 항상 불가촉의 존엄성이 인정되고, 완전한 존중을 요구할 수 있는 자격이 있다.

4. 모든 생명 단계에서 인간

a) 생명 있는 곳에 존엄 있다

인간생명이 존재하는 곳에 인간의 존엄성이 있다. 그 주체가 200
존엄성을 의식하고 또한 스스로 유지하는 것을 의식하고 있는지 여부는 문제가 되지 않는다.[670] 생명이 있으면 존엄도 있다. 기본법 제1조 제1항과 "결부된 생명권"[671]이란 흔한 인용방식은 훌륭한 의미를 내포한다. 왜냐하면 기본권적 관점에서 자유권행사를 위한 전제조건이 (이미 또는 아직) 존재하는지 또는 언젠가 존재하였는지의 여부와 상관없이 신체와 함께 동시에 도덕적인 속성이 있다는 것을 명백하게 하기 때문이다. 인간은 존엄성으로 인하여 자연을 초월하여 고양된다. 존엄성과 연관해서 인간생명은 모든 단계에서

ZfL 2010, S. 38ff.

667) 이와 달리 Herdegen, Maunz/ders., GG(LitVerz.), Art. 1 Abs. 1 Rn 54, 69ff.; Hufen, Staatsrecht Ⅱ(LitVerz.), §10 Rn 25.

668) 앞의 단락 139.

669) Herdegen, Maunz/ders., GG(LitVerz.), Art. 1 Abs. 1 Rn 53.

670) BVerfGE 39, 1(41). 그와 같이 E 88, 203(242). 이에 대한 반론은 H. Dreier, GG(LitVerz.), Art. 2 Abs. 2 Rn 20, 118; Reinhard Merkel, Forschungsobjekt Embryo, 2002, S. 62ff., 228f., passim.

671) 대표적으로 BVerfGE 39, 1(37).

인격적인 성질을 가진다. 생명은 그 스스로가 다른 목적을 위하여 사용되거나 소비될 수 없는 목적이다. 이러한 '생명=존엄' 명제의 법실무상의 의미는 특히 자의식과 자기결정이 더 이상 없게 되는 생명의 말기나 그것이 아직 없는 초기에서도 더욱 부각된다. 배아도 존엄성을 가진다. 기본법이 생명권을 인정하는 "모든 사람"(Jeder)은 "살아 있는 모든 사람"(jeder Lebende), 즉, 생명을 소유하는 모든 인간 개체이다. 따라서 아직 태어나지 않은 인간 존재도 포함된다.[672] 생물학적으로 한 덩어리의 세포일지라도 헌법은 권리주체로 인식한다.[673] 다만, 이런 성질은 아직 생명권에서 도출되지 않는다. 생명권의 범주에서 생명권은 국가가 보호하고 다른 보호객체와 형량할 수 있는 단순한 보호객체로 해석될 수 있고, 실제 해석론도 있다.[674] 그러나 생명권의 주체에게 권리주체로서의 지위가 부여되는 것은 존엄성의 인정에서 비롯된다. 말하자면 존엄성의 인정은 헌법적 행위이다. 마치 기독교 교리에서 인간의 육체에 영혼을 불어넣어서 인간의 인격체적 존재가 시작되는 것과 같다. 생명권은 법률유보 하에 있는바, 배아는 생명과 존엄성의 결합에 의해 다른 목적을 위한 수단으로 취급되어서는("사용되어서는") 아니 된다는 제약이 가해진다. 인간의 존엄성은 태어나지 않은 생명 자신의 존재를 위해서도 존재한다. 태아의 존엄성을 존중하고 보호하는 것은 아직 태어나지 않은 고유한 생명의 권리로서 생명권이 법질서 속에서 법적으로 실현될 수 있는 전제조건을 보장하는 근거이다. 어머니의 존재에서 근거가 찾아지는 것이 아니라 태아의 존재 자체에 귀속되는 태아의 생명권은 인간의 존엄성에서 비롯되는 불가양의 근본적인 권리이다. 또한 인간의 존엄성

---

672) BVerfGE 39, 1(37); Müller-Terpitz(각주 438), S. 223ff.; Augsberg(각주 12), S, 397f. 이에 대한 반론은 R. Merkel(각주 670), S. 62ff.

673) 칸트가 말하는 인격체로서의 성질에 대한 근거는 앞의 단락 179.

674) Hasso Hofmann(각주 104), S. 125f.

은 특정한 종교나 철학적 신념과 무관하게 인정된다. 기본법에 의거하여 종교 또는 세계관적으로 중립적인 법질서는 종교나 세계관적 신념에 대하여 어떤 판단도 내리고 있지 않다.[675] 이는 태아가 어머니와 독립하여 독자적인 생존권을 가지고, 출산 또는 낙태에 대한 어머니의 결정권에 종속되지 않으며 또한 태아는 출생 이전에 이미 어머니와 분별되는 다른 사람이어서 죄형법정주의의 기본적인 법원칙은 태아와 어머니와의 관계에서도 유효하다는 것을 의미한다.[676] 다만, 법률유보의 원칙은 인간존엄성 보장에 의하여 차단되는 것이 아니다.[677] 상이한 입법적 해결책을 위한 - 물론 헌법상 한정된 - 재량의 폭이 있다.[678] 법질서가 일정한 조건에서 태아의 생명권과 어머니의 자기결정 사이의 갈등에 개입하는 것을 자제한다고 하여도, 법은 제3자의 침해로부터는 어떤 유보도 없이 아직 태어나지 않은 생명을 보호한다. 헌법은 태어난 생명과 태어나지 않은 생명 사이에 차별취급을 인정하지 않는다.[679] 오히려 국가적 보호의 가능성과 수단이 상이한 상황에 따라 달리 취급된다고 하여도 모든 발전단계에서 그 기본권적 지위는 동일하다. 궁극적으로 생명보호는 인간존엄성을 위하여 존재한다. 존엄성보호와 연계되는 이런 기본권적 관계는 생명권에 적용되는 법률유보 자체를 배제하는 것이 아니라 법률유보의 행사(구체적인 법률제정: 역자 부기)에 대한 각별한 제한의 논거로 이해된다.[680]

675) BVerfGE 88, 203(252). Vgl. auch Böckenförde(각주 317), S. 811ff.

676) BVerfGE 39, 1(42ff., 48ff.); 88, 203 (255ff.).

677) BVerfGE 88, 203(253ff.).

678) 이에 대하여는 BVerfGE 88, 203.

679) 그러나 이런 견해는 H. Dreier, Grenzen des Tötungsverbot, JZ 2007, S. 261(267ff.); ders(각주 441), S. 297ff. 이에 대한 예리한 비판은 Hoerster(각주 441), S, 295ff.

680) 기본권제한의 한계로 해석하는 견해는 Lindner, Die Würde des Menschen und sein Leben, DÖV 2006, S. 577(586ff.).

201 인질을 구출하기 위한 최후의 수단으로 인질범을 살해하는 것은 인질범 자신의 자유로운 결정에 의하여 희생자의 생명과 존엄성을 위협하는 것이므로 인간존엄성을 침해하지 않는다. 인질범이 자신의 행위에 책임을 짐으로써 자신의 존엄성이 존중된다. 자신이 결정한 행동의 결과와 그로 인하여 발생된 사건에 대하여 책임을 지는 것은 가해자의 주체적 지위에 합치된다.[681] 일반적으로 이런 한계상황에서는 한 사람의 존엄성과 다른 사람의 존엄성이 경합하는 것이 아니라 생명권과 생명권의 경합이 있다. 그러나 존엄성의 보장은 이 경우 기본권상충의 문제를 헌법적으로 해결하는 방식에 영향을 미친다. 생명을 보호해야 하는 국가의 의무는 침해자의 의도나 책임에 따라서 좌우되지 아니한다. 의도하지 않은 생명침해에 있어서도 인간존엄성은 고려된다.[682] 침해자가 생명과 존엄성을 공격하려는 의도를 갖고 있지 않는 경우에도 생명권으로 표출되는 희생자의 존엄성을 위하여 국가의 보호의무는 성립한다. 물론 생명에 대한 침해는 생존가치가 없는 장애인의 생명을 없애려고 하는 경우에도 존엄성에 대한 특수한 침해가 될 수 있다. 이런 부가적인 동기는 생명권 외에 다른 기본권, 즉 일반적인 인격권과 차별금지와 같은 기본권에 의해서도 포섭된다.

202 이러한 맥락에서 기본권관계에서 드러나는 근본적인 모순의 문제가 지적되고 있다. 즉 생물학적, 자연주의적 오류의 결과로서 인간의 존엄성과 생명권이 변질이 초래되었다는 것이다.[683] 하지만 자의식과 이성, 자기결정에 관한 능력 등 인간존엄성을 구성하는 모든 전제조건이 배아에게는 결여되어 있다는 점을 지적하며, 생물학적, 자연주의적 오류를 범하고 있다고 연방헌법재판소를 비판

---

681) BVerfGE 115, 118(161).

682) 이와 달리 Müller-Terpitz(각주 438), S. 360.

683) 앞의 단락 134.

하는 측은 스스로 지적인 오류에 빠져있다. 이 견해에 따르면, 인간존엄성은 일반적으로 국가와 사회에서 자신의 능력으로 자신의 권리를 주장하고, 침해를 방어할 수 있는 이성적 능력이 있는 사람들, 연대적인 승인사회에서 자기를 표현하고, 대화와 협력을 할 수 있는 지적이고 사회적으로 성공한 사람들에게만 인정되게 된다.[684] 하지만 인간존엄성은 그런 보호를 전혀 필요하지 않는 사람들에게는 일종의 기본권적 프리미엄으로 나타난다.

대화능력이 없는 모든 사람을 위한 접근상의 장애물도 철저하게 관리되어야 하며, 유아나 정신질환자에게도 손을 내밀어야 한다. 이들에게도 인간존엄성이 인정되어야 함은 물론이거니와,[685] 인간존엄성은 선험적인 효력을 가지며 자발적인 재구성의 대상이 아니다. 개인은 사회적인 대화에 참여함으로써 인간으로 인정받는 것이 아니다. 오히려 개인은 사회적으로 승인된 존엄성을 근거로 하여 사회에 속하고, 사회에서 배제되지 않기 때문에 참여자로 승인되는 것이다. 현재 여기서 대화가 가능하며, 소통에 적극적으로 참여하고 있는지의 여부는 중요하지 않다. 203

존엄성과 생명권을 연계하지 않는 이른바 '비연계이론'(Entkoppelungstheorie)은, 인간존엄성의 편재성(遍在性)은 부인하지는 않더라도, 출생 이전의 생명 특히, 모체의 밖에 있는 배아에 대한 존엄성보장을 부정하려는 해석론과 궤를 같이한다. 단계별로 나누어서 살펴본다면, 법률유보 하에 있는 생명권은 배아의 처분에 대한 재량의 여지를 허용한다. 다만 이런 재량의 여지는 인간존엄성과 결부되면 사라진다. 시험관에서 생성된 배아에게 인간의 존엄성이 인정되면, 배아는 권리주체라는 기본권적 지위를 가지게 된다. 학 204

684) 그런 승인 공동체의 형성에 대하여는 앞의 단락 31.
685) H. Hofmann(각주 104), S. 375; H. Dreier, GG(LitVerz.), Art. 1 Abs. 1 Rn 46.

문적 탐구, 환자의 치료 및 부모의 선택이라는 이익과 상관없이 배아는 그 자체가 다른 목적을 위하여 수단화될 수 없다. 많은 비판을 받았던 연방헌법재판소의 객체화금지의 공식[686]은 여기서 예외적으로 분명한 결과, 즉 배아의 "사용"(Verbrauch)이 위헌이라는 결과에 도달한다. 출생 이전의 생명에게 인간의 존엄성을 배제하는 것은 기본권에 선제적 효력을 부여하고 미래 세대를 보호하는 시대정신의 흐름에 반한다.[687] 존엄성이 불확실한 장래에 임신목적으로 생성된 배아에게 인정되어야 한다면, 이는 실제로 존재하며 개체로서의 유전적 동질성을 확보한 배아의 경우에도 당연히 인정되어야 할 것이다.

205 인간의 존엄성은 생명의 모든 단계에서 인정된다.[688] 존엄성이 결여된 생성단계는 없다. 이와 함께 존엄성의 범위에 관한 질문은 생명의 시기와 종기에 관한 질문으로 이어진다. 생명권은 필연적으로 제한된 보호영역을 가진 보통의 기본권이며, 그 보호영역의 경계는 명백하지는 않지만 해석을 통하여 획정된다.[689] 이에 비하여 인간존엄성은 구성요건적으로 획정될 수 있는 특정한 영역에 국한되지 않는다. 존엄성은 이념이고, 그 자체로서 사안의 원근과 강도의 강약에 따른 차이가 있지만 전체 법질서를 비춘다. 인간존엄성은 생명권의 보호영역을 완전히 덮고 있다. 존엄성은 생명권의 보호영역은 물론이고, 이를 넘어서 효력을 가진다.

b) 생명의 시기

206 생명권은 생물학적으로 이해되어서는 아니 되지만, 법적 정의

---

686) 앞의 단락 174.

687) 이런 관점에서 Hasso Hofmann, Rechtsfragen der atomaren Versorgung, 1981, S. 259ff.

688) 아이의 존엄성에 대하여는 BVerfGE 24, 119(244); 72, 155(172); 79, 51(63).

689) Isensee, HStR ²V, §111 Rn 40ff.

는 생물학적 소여를 무시할 수 없다. 법적 정의는 생물학적 소여와 연결되어 있다. 생명개념의 정의를 위하여 어느 단계가 중요한 것인가에 관하여는 논란이 있다. 지배적인 견해에 의하면, 생명은 난자와 정자의 수정으로 시작된다.[690] 이 견해는 가장 이른 시점, 즉 처음의 처음으로 거슬러 올라간다. 객관적인 보호영역은 가능한 한 넓게 확장되어서 인간 생명이 인간의 자의(恣意)에 의하여 침해되는 최초의 시점부터 생명권이 보호된다. 반면에 그 이전 단계는 보호영역의 외부에 있다. 이런 확장적인 견해에 대하여, 수정란이 자궁에 착상되기 이전의 초기에는 아직 전능적 배아가 분열하여 쌍둥이 이상이 될 가능성이 있다는 반론이 있다. 인간이란 종의 특성은 갖고 있지만, 아직 육체적으로는 독자적인 개체로 볼 수 없는 생명일 뿐이고, 따라서 아직 인간으로부터 침해될 수 없는 생존에 대한 권리의 주체가 될 수는 없다는 것이다.[691] 하지만 배아에게는 인간이란 종의 소속성보다 더 확실한 것이 있다. 이미 유전적으로 인간의 정체성의 핵심인 개체적으로 유일한 게놈이 확정된다. 단지 초기에는 게놈이 하나 또는 다수의 생명체로 나타나

690) 예컨대, Leisner, Entwicklung und ideengeschichtlicher Hintergrund des verfassungsrechtlichen "Rechts auf Leben", in: Das Lebensrecht (hg. von der Niedersächsischen Landeszentrale für Politische Bildung), 1976, S. 9(22); Stern, Staatsrecht, Bd. Ⅲ/1(LitVerz.), S. 1057(1061); Starck, in: v. Mangoldt/Klein/ders., GG(LitVerz.), Art. 1 Abs. 1 Rn 19; Kunig, in:, Münch/ders., GG(LitVerz.), Art. 2 Rn 49; D. Lorenz, Recht auf Leben und körperliche Unversehtheit, HStR ²Ⅵ, §128 Rn 12; Murswick, in: Sachs, GG(LitVerz.), Art. 2 Rn 143; Höfling, Wider die Verdinglichung, in: Christian Geyer(Hg.), Biopolitik, 2001, S. 244; Hans Hofmann, in: Schmidt-Bleibtreu/Hofmann/Hopfauf, GG(LitVerz.), Art. 1 Rn 11f.; Müller-Terpitz(각주 438), S, 1114ff.(Nachweise); ders., HStR ³Ⅶ, §147 Rn 12ff. (Nachweise); Böckenförde(각주 317), S. 811ff.; ders.(각주 76). S. 1225ff. 명시하지 않은 판례는 BVerfGE 88, S. 203(251).

691) Hasso, Hofmann(각주 653), S. 253(258).

는지의 여부를 알 수 없다. 그렇다고 게놈이 하나가 될 수도 있고 둘로 될 수 있다고 해서 개별 생명체로서 기본권주체성이 부인될 수는 없다. 인간의 개별성은 필연적으로 유전적인 독창성을 의미하는 것은 아니다. 그렇지 않다면 성인이 된 일란성 쌍둥이에게 기본권 행사능력을 인정하는 데 어려움이 있게 된다. 그 밖에 오늘날 인간복제에 의하여 유전적인 복제생명체가 만들어질 수 있다는 것도 고려될 수 있다. 이 경우에도 성인에게 기본권적 생명보호가 부인될 수는 없고 또한 어떤 기술적인 조작으로 만들어진 더 젊은 자신인 복제생명체에게도 기본권적 생명보호가 인정되어야 할 것이다. 여하튼 생명보호는 개체화의 자연적 과정이 완료되기까지 기다릴 필요는 없다. 배아가 잠재적으로 다수의 생명의 가능성을 가지고 있다고 하여도 유일한 생명으로 나타나고 개체화되는 경우와 달리 취급되지 않는다.[692] 기본권적 개념론의 관점에서 볼 때 인간 종의 생명이 아니라 개별 인간의 생명을 초기부터 포함시키는 것은 그 어떤 장애도 없다.

207 생명의 시기를 수정보다 더 늦은 시점으로 잡는 해석론은 생물학적 발전과정이 계속적으로 진행되고, 어떤 중단과 도약도 상정될 수 없다는 점을 설명하지 못한다. 기준으로 제안되는 자궁착상도 어떤 분기점이 아니다.[693] 착상은 그 이후의 발전을 위한 필수적인 조건이다. 아이를 갖기 위하여 동의를 얻어서 체외수정된

---

692) 타당한 견해로는 Sternberg-Lieben, Gentherapie und Strafrecht, in: JuS 1986, S. 673(677).

693) 착상을 제시하는 견해: Coester-Waltjen, Befruchtungs- und Gentechnologie bei Menschenrechtliche Probleme von morgen?, FamRZ 1984, S. 230(235), 착상 이전의 시기를 잠재적인 생명으로 표현하는 입장은 Hufen, Staatsrecht Ⅱ(LitVerz.), §10 Rn 25; → Bd. Ⅱ; R.M. Huber, Natürliche Person als Grundrechtsträger, §49 Rn 11. 이견은 Kunig, in: v. Münch/ders., GG(LitVerz.), Art. 2 Rn 49; Müller-Terpitz(각주 438), S, 200ff.

난자를 이식하는 경우에 모성과의 자연적인 연결도 그런 경우다. 모체 밖에 있는 배아를 기본권적 보호에서 배제하는 것은 정당하지 못하다. 모체와의 연결이 필수적인 태어나지 않은 개별 생명은 독자적이다. 어머니의 의사에 종속되지 않고, 어머니 육체의 단순한 부분도 아니다. 체외수정은 모성과의 육체적인 보호관계로 인하여 법질서상 특별한 보호를 받는다. 인공적인 출산은 기술적인 조치를 통하여 어느 정도 자연적 과정을 대신한다. 이는 법에 기속된다. 자연적인 요소(또는 자연적인 우연의 법칙)가 인위적으로 대체되어 뒤로 물러서게 되면 법률이 전면에 나선다. 자궁에서 수정된 후에 수정된 난자 세 개 가운데 하나만이 착상되고, 다른 것들은 저절로 배출되는 것은 법적인 책임의 지평에서 벗어나 있다. 어느 누구도 여기서 관여할 법적 의무를 지지 않는다. 그렇다고 이것이 인공적으로 생성된 배아에 관여하는 인간의 행동을 법적 기속에서 해방시키거나 원천적으로 배아의 생명권을 부인하는 논거가 될 수는 없다. 자연에 의한 선택은 인간 선택의 도덕적인 모델이 될 수 없으며, 어떤 정당성도 필요 없다. 자연은 그 피조물을 죽게 방치할 수 있고, 같은 종류의 피조물이 서로 포식해도 어떤 이의를 제기하지 않지만, 그렇다고 해서 인간이 자의적으로 타인을 죽이는 것이 정당화될 수는 없다.[694] 자연의 법칙이 인간을 규정할 수 없는 범주에서는 이성과 양심이 기준이 된다.

생명의 시기에 대한 기준으로 태어나지 않은 아이의 자궁착상 208
을 들 수 있다. 이는 생명을 법적 의미로 매개하고 인간으로서의 특성을 인정하는 견해다. 이에 따르면 배아는 권리주체가 될 수 없거나 권리가 없는 것으로 규정된다. 이런 전제에서 자궁에 착상되지 않는 것으로 사전에 결정하여 임의로 사용 · 소비 · 처분되는

694) 그러나 극단적인 생물학적, 자연주의적 논증은 Markls, Von Caesar Lernen …, in: Geyer(각주 690), S. 177ff.

모든 체외수정 배아는 기본권적으로 보호받지 못하게 된다. 논리적으로 이런 사고에 따라 체외수정을 통한 인간사육이라는 "멋진 신세계"의 기술적 조건이 가능하다고 가정한다면, 법공동체의 밖에 머무르는 기본권이 없는 불가촉천민이 생겨날 수 있고, 모든 사람들이 노예나 장기이식을 위한 보충창고로 활용할 수 있는 복제된 제2의 자신을 소유할 수 있다는 법학적 사이언스픽션의 사고가 정당화 될 수도 있을 것이다. 이렇게 되면 기본권질서는 정말 이치에 맞지 않을 것이다. 생명과 존엄성 보호의 효력과 범위는 임부의 자의에 좌우될 것이다. 그러나 헌법은 어떤 개인에게도 기본권능력을 부여하거나 박탈하고, 기본권을 구속력 있게 정의하는 권한을 주지 않는다. 그 효력은 일반적이고 평등하며 객관적이다. 따라서 생명권의 준거는 임부의 입장에서의 착상이 아니라[695] 헌법질서에서 찾아진다.

209 조금 더 실용적인 동기는 생명을 사적 이익을 향유할 수 있는 능력과 결부시키려고 한다. 우선 고통을 모면하려는 이익의 관점에서 고통을 지각할 수 없는 경우에는 생명보호의 필요성이 없다고 보는 견해가 제시된다.[696] 그런데 이런 한계가 심리학적으로 확정될 수 있는지 여부와 방법은 불확실하다. 법은 이 한계를 동물보호의 기준으로 채용해서는 아니 된다. 이 한계는 인간생명의 보호에는 더더욱 적합하지 않다. 인간은 인권의 보호하에 있는 동정의 대상이 아니라 자신의 존엄성의 주체이기 때문이다.[697] 인간이 초기 단계에서 자신의 권리를 지킬 수 없다는 것이 인간에게서 모든 권리를 박탈하는 근거가 될 수 없으며, 이는 오히려 국가의 보호

695) BVerfGE 88, 203(252).

696) Peter Singer, Praktische Ethik, 1994, S. 84f.; Norbert Hoerster, Abtreibung im säkularen Staat, 1991, S. 69ff. 반대의견: Höfling, Wider die Verdinglichung, in: Geyer(각주 690), S. 240(241ff.).

697) 생명과 존엄성보호의 관계에 관하여는 앞의 단락 200ff.

의무를 작동시키는 근거가 된다.

자의식과 자기결정능력이 충분해야 한다는 주장도 있다.[698] 이 210
에 따르면 태아는 처음부터 생명권의 주체가 될 수 없다. 심지어 출생한 경우에도 의문시된다. 기본권능력에 관한 시간적인 경계선은 자의적으로 인정되는 한 살 또는 그 이후의 연령을 기준으로 설정된다.[699] 이 견해의 핵심적인 오류는 인간을 단지 현실적인 발전의 과정 속에서 자신의 자유권을 행사하고 또한 독자적으로 생명권을 자유권으로 이해할 수 있는 이성적 존재로서만 파악하는 것이다. 그러나 생명은 결코 자유발현에 의해 규정되는 것이 아니라 자유발현을 위한 필수적인 토대이다. 자유가 생명을 전제로 하는 것이지, 생명이 자유를 전제로 하는 것이 아니다.

인권은 생래적이거나 천부적이라는 정신사적 전통의 관점에서 211
생명권부여의 기준으로 출생 시점이 제안되기도 한다.[700] 여기에는 언어적, 역사적 오해가 있다. "타고난"(angeboren)이라는 단어는 19세기 자연법적 언어에 적합한 은유적인 의미를 가진다. "생래적인"(mit uns geboren) 권리는 귀족의 상속된 권리와 시민의 획득한 권리와의 구별 없이 모든 인간에게 귀속된다. 천부적이라는 단어를 생물학적 의미로 전환한다고 하여도 어처구니없게도 전혀 논리적이지 않다. 왜냐하면 "생래적"이란 성질은 인간의 탄생의 과정에 내포된 것이 아니다. 오히려 이는 그 유전적인 프로그램에 속한다. 이런 기묘한 단어의 이해는 1948년의 세계인권선언의 언어적 사용을 무시하고 있다. 세계인권선언에 의하면 모든 인간은 자유롭게

---

698) 가령 Hoerster(각주 695), S. 75.

699) Hoerster에 의하면 여기에는 그 당시의 현실적인 생존이익이 필요하다; 실질적인 이유에서 그는 출생 시점을 적용한다(각주 696). S. 70, 140. 이에 대한 비판은 Herbert Tröndle/Thomas Fischer, Strafgesetzbuch, München 2001, Vor §218 Rn 30 m.w.N.

700) Enders(각주 17), S. 87f.

태어나고 존엄성과 권리에서 평등하며, 특히 인류 구성원 모두는 "생래적 존엄성"(inherent dignity)을 누린다고 천명하고 있다.[701] 존엄성을 인간 존재에 내재하는 특성으로 보는 자연법적 이해는 헌법제정심의위원회의 토론에서도 논의되었다.[702] 실용적인 이유에서[703] 형법에서와 같이 분만개시나, 민법처럼 태아가 전부 노출되는 시점이 출생시점으로 제안되기도 하였다. 형법과 민법과의 연계는 일정한 법적 효과와 관련된다. 다만 이러한 기준들은 전능한 효력을 주장하는 기본권적 생명보호를 위한 모범답안이 될 수 없다. 오히려 이 기준들이 기본권에 의하여 요구되는 보호수준에 적합한지가 기본권의 측면에서 판단되어야 한다. 요컨대, 출생의 시점은 오늘날 의학적으로 용이하게 조작될 수 있기 때문에 출생은 생명권 인정의 기준으로서 적합하지 않다.

212 마지막으로 생명보호의 시점을 세포핵의 융합 이후로 설정하려는 시도들이 있다(가령 뇌의 형성이나 태아의 움직임이라고 칭할 수 있다).[704] 이러한 시도들에는 자의적인 동기가 있기는 하지만, 세포핵 융합과 결부시키는 것 자체는 자의적이지 않고 논리적이다. 그러나 기본법은 생명을 처음부터 보호한다. 기본법의 관점에서 생명은 여성과 남성의 난자와 정자의 수정 이후에 "인간으로 성장하고 발현되는 것이 아니라, 그 자체 이미 인간으로서 성장하고 발현된다"(nicht erst zum Menschen, sondern als Menschen).[705] 생명보호의 구상은 포괄적이다. 생명권은 조건 없이, 예외나 유보 없이 기본권으로 승인된다. 이는 착상과 출생 전후의 생명을 포함한다.

701) 앞의 단락 11, 16.

702) 앞의 단락 19ff.

703) Hoerster(각주 696), S. 140. 비판은 Müller-Terpitz(각주 438), S. 172ff.

704) 기술과 분석은 Müller-Terpitz, aaO., S. 144ff.

705) 인용: BVerfGE 88, 203(252).

출산은 비판받을 수도 있고 또한 바람직하지 못한 상황에서 일어날 수도 있지만, 여기서 출산된 존재는 처음부터 생명권을 가진다. 그 보호는 출산이 의도되었는지, 혼인 중의 자인지, 또한 자연적인 것인지 또는 인공적인 것인지와 무관하다.[706]

c) 생명의 종기

(aa) 사망과정에서도 인정되는 존엄성

“인간의 생명과 인간의 존엄성은 개인의 물리적인 생존의 지속가능성과 무관하게 동등한 헌법적 보호를 누린다.”[707] 이런 보호는 불가피하게 죽음이 도래하여도 축소되지 않는다. 213

독일 브란덴부르크주 헌법은 모든 사람에게 사망 시에도 “자신의 존엄성을 존중받을 권리”(제8조 제1항 1문)를 보장한다. 튀링엔주 헌법은 “죽음에 임박해서도”(auch im Sterben) 인간존엄성에 대한 국가의 존중과 보호의무를 요구한다(제1조 제1항 2문). 주 헌법들은 기본법 제1조 제1항이 담고 있는 것을 규정하고 있다. 그러나 이는 자살할 자유나 자살을 방조할 권리의 근거는 아니다. 법질서는 실패한 자살을 형벌로 처벌하지 않는다고 하여도 자살을 용납하지는 않는다. 214

그러나 이런 법질서는 분명한 자살에의 의지를 보이는 사람에게 법적 고려를 거부하고 개인의 자기결정의 원칙과 모순되는 경우에 납득하기 어렵다. 자살 결정에 필요한 분별력이 결여되어 있고 임의성이 없다는 통상적인 가정은 모든 개별 사례를 덮을 수 없고, 일반적인 금지를 정당화하지 못한다. 그러나 국가의 생명보

706) Isensee, Die alten Grundrechte und die biotechnische Revolution, in: FS Hollerbach(각주 317), S. 243(254). Vgl. auch Ursula Köbl, Gentechnologie zu eugenischen Zwecken – Niedergang oder Steigerung der Menschenwürde?. in: Hans Forkel/Alfons Kraft (Hg.), FS Hubmann, 1985, S. 161ff.

707) BVerfGE 115, 118(158).

호 의무는 일반적인 성격을 가진다. 그래서 국가는 자살을 방조하는 모든 행동뿐만 아니라 제3자에 의한 모든 살인행위도 제지할 수 있다. 국가는 적극적인 안락사와 촉탁에 의한 살인도 처벌한다(형법 제216조). 여기서 이런 금지를 정당화하는 사유로는 안락사 등을 스스로 결정하도록 강요하는 사회적 압력의 행사와 그 남용의 가능성이라는 추상적 위험의 예방으로도 충분하다.[708] 현재 처벌하지 않는 살인방조도 상업적인 안락사 조직을 저지하기 위해서라면 자유권과의 갈등 없이 법률상 처벌될 수 있다.[709] 생명권은 남의 생명이든 자신의 생명이든 생명에 대하여 마음대로 처분할 수 있는 권리가 아니다.[710] 인간의 존엄성에서 자살권을 도출할 수 없다. 오히려 인간존엄성은 자살비난이라는 사회윤리적 타부를 정당화하는 헌법적 근거를 제공한다.[711]

215 학설상 "의심스러운 경우에는 생명을 위하여"(in dubio pro vita)와 "의심스러운 경우에는 존엄성을 위하여"(in dubio pro dignitate)라는 두 가지 입장이 대립되고 있다.[712] 그러나 생명과 존엄성은 기본권 논의에서 서로 대립되는 역할을 하는 것이 아니다. 존엄성을 위한 논증이 보다 잘 드러난다. 존엄성은 기본권적

---

708) Hillgruber(각주 481), S. 71ff. Müller-Terpitz, HStR Ⅶ, §147 Rn 103, Hufen, Staatsrecht Ⅱ(LitVerz.), §10 Rn 59.

709) 이에 관하여는 Müller-Piepenkötter, "Unantastbar?" - Sterbehilfevereine - eine Herausforderung für den Rechtsstaat, ZfL 2008, S. 66ff.; Müller-Terpitz, HStR ³Ⅶ, §147 Rn 104,

710) Dürig, in: Maunz/ders., GG(LitVerz.), Art. 2 Abs. 2 Rn 12(Stand 1958); Müller-Terpitz, aaO., Rn 104; Hufen, Staatsrecht Ⅱ(LitVerz.), §13 Rn 5. - 자살권을 지지하는 견해는 Herdegen, in: Maunz/Dürig, GG(LitVerz.), Art. 2 Abs. 1 Rn 89. Pieroth/Schlink, Grundrecht (LitVerz.), Rn 392.

711) 앞의 단락 146.

712) Hufen, in dubio pro dignitate, NJW 2001, S. 849; ders., Staatsrecht Ⅱ(LitVerz.), §10 Rn 59.

생명보호를 보강하지만,[713] 동시에 이에 한계를 설정하고 과도한 보호를 저지한다. 누구도 자신의 존엄성을 위하여 생명을 구하거나 연장하는 처분과 같은 일정한 의학적 조치를 받도록 강요받지 않는다. 혼수상태에 있는 사람의 생명을 인공적으로 유지하기 위한 기술적인 응급의료의 가능성은 환자의 명시적이거나 추정적 의사에서, 그리고 또한 인간 생명을 영속적으로 기계의 목적물과 의학적 기술용품으로 만드는 객관적 예속에서 한계에 부딪힌다. 죽음의 시작은 어느 정도 기술적으로 연장할 수 있다. 따라서 법에 의한 통제를 하기 이전에, 인간존엄성을 위하여 기술적 가능성은 윤리적인 지침을 필요로 한다.

(bb) 사후의 존엄성 보호

개인의 인간존엄성은 그 주체의 죽음으로 사라지지 않는다. 216
인간은 인격적인 존재성으로 인하여 존엄성을 향유하는데, 자신의 사후에 보편적인 존엄성의 존중이 경시되거나 감해진다면 기본권의 토대를 이루는 인간존엄성의 불가침성이라는 헌법상 보장된 원칙에 맞지 않는다. 이에 상응하여 기본법 제1조 제1항에서 모든 국가권력에게 부여된 의무는 – 인간존엄성에 대한 침해로부터 개인을 보호하는 의무 – 사망과 함께 종료되는 것이 아니다.[714] 국가의 보호의무는 죽은 사람에 대한 기억이 없어지고 그의 傳記가 변조되지 않아야 하는 이익이 감소하며[715] 그에 대한 개인적 관련성이 사라지는 만큼 약화되는 것은 아니다.

이에 반하여 기본법 제2조 제1항은 무조건 최소한 잠재적 또 217
는 장래 행위능력이 있는 사람을 전제로 하기 때문에, 연방헌법재

713) 이 방향을 제시하는 BVerfGE 39, 1(41f.).

714) BVerfGE 30, 173(197) – Mephisto. Vgl. auch BVerfGE 13, 115(116ff.) → Bd. Ⅱ: P.M. Huber, Natürliche Personen als Grundrechtsträger, §49 Rn 22ff.

715) BVerfGE 20, 173(196).

판소는 제2조 제1항의 기본권적 보호를 보장하려고 하지 않는다.[716] 물론 이런 견해의 논거는 너무 짧다. 재판소는 이런 견해를 후에 수정하여 살아 있는 사람에 대한 배려는 그 사후의 시기에도 인간의 일반적 행동의 자유에 속한다는 것을 확립했다.[717] 자신의 유산에 대한 유언자의 처분이 기본권적으로 유언의 자유에 의하여 보호되는 것처럼, 사망 시에 자신의 비물질적 재화에 대한 처분도 기본법 제2조 제1항에 근거한 일반적 인격권에 의하여 보호된다. 비물질적 재화에는 일기장, 문헌적 작품, 매장의 형태 및 장기적출에 관한 처분이 포함된다.[718] 즉, 인간의 존엄성은 사망과 함께 개별 기본권에 있는 존엄성의 토대로부터 분리되는 것은 아니다.[719] 오히려 존엄성은 기본권상 인격권을 통하여 사후에 영향력을 미친다. 인격권은 존엄성과 결부해서 사망한 자의 명예와 생존의 모습에 대한 동일성도 보호한다. 이런 보호는 시체를 "인격의 잔여물"(Rückstand der Persönlichkeit)로 파악한다.[720]

218 인간존엄성과 인격권은 사망한 사람의 명시적 또는 추정적인 의사에 반하는 장기적출을 금지한다.[721] 장기적출이 사자의 의사에 따라서 의사가 신중하게 규칙을 준수하고 시체를 경건하게 취급하

716) BVerfGE 20, 173(197).

717) BVerfGE 50, 256(262) - 유해 매장 장소의 지정에 대하여.

718) Koppernock(각주 421) S. 172f.; Josef Isensee, Zeitliches Ende des Rechts auf Leben - Grundrechtsschutz nach dem Hirntod, in: ders., Recht als Grenze - Grenze des Rechts, 2009, S, 67(76ff.); Zum Persönlichkeitsrecht des Verstorbenen Hubmann(각주 81), S. 340ff.

719) 그러나 그렇다는 견해는 Kube, HStR Ⅶ, §148 Rn 73.

720) Vgl. Dürig, in: Maunz/ders., GG(LitVerz.), Art. 1 Abs. 1 Rn 26 (Stand 1958); Heun, Der Hirntod als Kriterium des Todes des Menschen, JZ 1996, S. 213; Maurer, Die medizinische Organtransplantation in verfassungsrechtlicher Sicht, DÖV 1980, S. 7(9), Starck, in: v. Mangoldt/klein; ders., GG(LitVerz.), Art. 1 Abs. 1 Rn 22.

721) Koppernock(각주 421) S. 202f.

며 현행법의 테두리에서 유효하게 이루어졌다면, 장기적출 자체는 사자의 존엄성을 침해하는 것이 아니다.[722] 입법자가 사전동의가 아니라 반대가 없는 경우에 장기적출을 하도록 하여도 사후의 인격 보호 및 존엄성 보호와 충돌하지 않는다. 생명권이 장기적출이 가능한 시점인 뇌사시에 소멸되는지[723] 또는 장기적출이 전혀 의학적인 의미가 없는 시점인 임상적 심장사 시점에서 소멸되는지의 여부는 헌법상 장기적출의 허용에서 중요하지 않다.[724] 두 시점 사이에는 사후적 인격권이 발생하거나 아니면 생명권이 지속되는 것이기 때문에, 아무튼 장기기증자의 의사는 존중된다.[725] 이론적으로는 첫 번째 해결방식이 선호된다. 생명권의 범위가 항상 기증자에 의하여 정해지듯이 자기의사에 기한 장기기증자의 존엄성은 침해되지 않는다.

Ⅳ. 존중요구의 수신인

1. 전방위적 효력

의회의 심의위원회에서 쥐스터헨 의원은 '인간의 존엄성은 불 219
가촉이다'라는 문장은 국가권력뿐만 아니라 모든 사인과 모든 제도에 대하여도 주장할 수 있는 절대적인 명제라고 평가했다.[726] 기본법 제1조 제1항 1문은 특정한 수신인을 명시하지 않지만, 모든 사람에게 적용된다. 모든 사람에 대한 명제는 누구에게도 직접적인 법적 구속력을 발휘하지 못하지만 인간의 존엄성을 존중하라는 윤

722) 장기이식법(Transplantationsgesetz) 제3조, 제4조, 제5조.

723) D. Lorenz(각주 690), §128 Rn 70; Heun(각주 720), S. 214ff.; Isensee(각주 718), S. 70ff.

724) Höfling, Um Leben und Tod, JZ 1995, S. 26(31ff.).

725) 이에 관하여는 Isensee(각주 718), S. 70ff., 75ff.

726) Sitzung des Grundsatzausschusses v. 11. 1. 1949, in: Der Parlamentarische Rat(각주 75), S. 912.

리적 호소를 모든 사람에게 하고 있다. 이는 헌법국가의 다양한 시스템에서 실현된다. 여기서 국가, 타인 그리고 존엄성의 소유자라는 삼면의 수신인이 구분된다.

2. 모든 국가권력

220 기본법 제1조 제1항의 1문과 달리 2문은 모든 국가권력이라는 특정한 수신인을 향하고 있다. 국가권력은 기본법 제1조 제3항에서 기능상 다른 형태로 표현되듯이 기본권의 수신인과 동일하다. 국가권력은 기본권 주체의 －그 전체가 사회를 형성하는－ 상대방으로서 국가의 모든 권력분립적, 연방적 그리고 지방분권적 조직을 포함한다.[727] 국가권력은 인간의 존엄성을 유지하고 존엄성에서 도출되는 존중요구를 침해해서는 아니 되며 오히려 보호하여야 할 －타인의 존엄성 경시를 제지하여야 할－ 헌법적 의무를 직접적으로 진다.[728] 기본권의 침해자와 기본권보장자, 기본권의 잠재적 적대자와 기본권의 필수적인 보장자라는 국가의 이중적 역할과 같이 방어기능과 보호기능이라는 기본권의 이중적 기능이 존엄성 보장에 있다. 국가의 헌법직접적인 의무는 결코 독자적인 기본권이 아니다.[729] 오히려 국가는 기본권 목록에서 인간존엄성을 유지하고 보호함으로써 자신의 헌법의무를 이행한다. 기본법 제1조 제1항이 명백하게 규정하고 있는 법치국가적 보호의무는 인간의 존엄에 맞는 최소한의 생계수준을 보장하고 존엄성 보장에 놓여 있는 연대성의 가능성을 실현하는 사회국가적 보호의무에 의하여 보완된다.[730] 일반적으로 국가는 존엄성이란 이념에서 나오는 다양한 규

---

727) Rüfner, Grundrechtsträger, HStR Ⅵ, §117 Rn 2ff. → Bd. Ⅱ: Kempen, Grundrechtsverpflichtete, §54 Rn 3ff.

728) 앞의 단락 182.

729) 앞의 단락 103ff.

730) 앞의 단락 83, 182.

범적 자극을 규범으로 전환할 의무를 진다.

3. 사 인

모든 사람은 서로 존엄성을 존중할 의무가 있다. 존엄성에서 221
도출되는 존중요구는 필연적으로 인류 동포를 향하고 있다. 이는 기본법 제1조 제1항 2문에서 국가에게 부여된 존엄성의 보호의무를 전제로 한다. 다양한 관점에서 존엄성에 대한 경시의 위험성은 타인으로부터 나온다. 생명의 한계에서 삶 또는 죽음, 승인 또는 도구화에 대한 결정을 하는 사람들은 타인이다.[731] 기본법 제1조 제1항의 요구를 구체화하는 많은 인격권[732]은 우선적으로 사인의 침해를 향해 있으며 그래서 독자적인 생존상의 왜곡과 변조로부터 보호하는 데 초점이 있다.[733] 한 사람의 인격적 명예를 보호하는 것은 타인의 표현 및 매체의 자유의 제한을 의미한다(기본법 제5조 제2항). 하여간 자신의 출생을 알 권리는 간접적으로 아버지의 인격에 관여한다.[734] 사람들은 기본법 제1조 제1항 1문에 포함된 타인에 대한 존중이라는 기본의무를 말할 수 있다.[735] 그러나 그런 헌법의무는 자기집행적이지 못하다. 헌법상의 기본의무에도 법률유보가 유효하다.[736] 기본법은 오직 국가에 대하여만 의무를 부여하면서 시민에 대한 의무는 입법자에게 맡긴다는 점에서 자유주의적 헌법논리를 따르고 있다. 입법자가 헌법위임을 수행하고 헌법

731) 앞의 단락 214.

732) 앞의 단락 190.

733) 대표적으로 BVerfGE 97, 391(403); 99, 185(194). 앞의 번호 190.

734) 앞의 단락 127.

735) 이런 방향에서 브란덴브르크주 헌법 제7조 제2항: 모든 사람은 타인에게 그 사람의 존엄성을 인정할 의무를 진다. 이런 선언에 대한 위험성에 관하여는 Isensee, (각주 58). S. 11ff.

736) Vgl. Bd. Ⅲ: Lerche, Vorbehalt des Gesetzes und Wesentlichkeitstheorie, §62.

상 기본의무를 구체화하여도 시민의 기본권에 의하여 정당화되어야 한다.[737] 그 배후에는 기본권적 자유가 우선하며 자유의 제한은 형식적 실질적 한계와 결부되어 있다는 법치국가적 배분의 원칙이 있다.[738]

222 사인의 존중의무를 구체화하는 법률은 충분히 명확하여야 한다. 지나치게 불명확한 인간존엄성의 개념에 일괄적으로 의존하는 것은 타당하지 않다. 그러나 법률규정이 공무원이 자신의 직무상의 행위의 합법성에 대하여 전적으로 부담하는 개인적 책임에 관한 정도라면 충분하다. 여기서 공무원은 기본권에 기속된 국가조직의 구성 부분으로 일하기보다는, 오히려 기본권주체로서 공무를 수행하는 개인으로 책임을 져야 한다. 공무원이 항의를 위하여 법적 이의를 규정에 맞게 주장하는 경우에 이런 책임에서 면제되어 보다 고양된 지위로 이전될 수 있다. 그러나 그런 행동이 인간의 존엄성을 침해하거나 죄가 되거나 또는 질서위반에 해당된다면, 또는 공무원이 그런 가벌성과 질서위반성을 인식할 수 있는 경우에는 그렇지 않다.[739] 법률은 존엄성 침해의 인식가능성을 특별히 의도하지 않는다. 이와 함께 공무원은 존엄성이 요구하는 것과, 넓은 범위에서 법학적 윤리적 그리고 정치적으로 열린 토론의 주제가 되는 문제에 대하여 잘못된 평가를 내릴 위험성을 부담한다. 그러나 인간존엄성의 침해가 명백한 경우에는 형법과 질서위반법이 충분한 조치를 내린다. 그러는 한 인간존엄성이란 구성요건은 쓸데없으며 전체적으로 잘못된 표현이고, 구성요건적 명확성이 결여되어서 헌법에 위배된다. 군인법에 의하면 인간존엄성은 군인의

---

737) 기본권과 기본의무의 비대칭성에 관하여는 Isensee, Die verdrängten Grundpflichten des Bürgers, DÖV 1982, 609(614f.). → Bd. Ⅱ: Randelzhofer, Grundrechte und Grundpflichten, §37 Rn 43ff.

738) 앞의 단락 124.

739) §64 Abs. 2 Satz 4 BBG. Vgl. auch §59 Abs. 1 S. 2 PolGNRW.

복종의무도 제한한다. 군인은 인간존엄성을 침해하는 명령을 따를 필요가 없다. 그런 틀린 명령에 복종한 경우에, 단지 금지착오가 불가피하고 명령에 대한 이의제기가 기대불가능한 특별한 조건하에서만 군인은 책임을 면한다.[740] 군인이 자신의 고유한 존엄성을 방어하고 존엄성에 반하는 명령에 저항하는 한, 복종의무의 면제는 헌법상 정당화된다. 여기서 존엄성 유보는 군인을 위하여 작동한다. 그런데 군인이 타인의 존엄성을 위하여 명령을 거부한 경우에 헌법적인 의문이 제기된다. 존엄성 침해에 관한 판단이 얼마나 치열한가는 납치된 여객기에 대한 격추를 둘러싼 논쟁이 보여 준다.[741] 인간존엄성에 대한 사병의 개인적 주관적 판단에 따른 명령거부는 (민주적으로 정당한) 연방군대의 명령체계를 마비시키고 그 기능성을 침해할 수 있다. 그러나 사병이 피할 수 없는 개인적 책임의 범위는 이미 형법을 참조하여 법치국가적으로 적절하게 정해진다. 군인법은 특별히 인간존엄성의 보호를 위하여 노력할 필요가 전혀 없다.[742] 일반적으로 입법자는 정의되지 않은 인간존엄성과의 일치성을 확보하기 위한 백지위임적 규정을 포기하여야 한다.

223 존엄성의 주체도 존엄성에 대한 의무를 진다. 이는 서양 전통에 의거한 존엄성의 이해와 일치한다. 존엄성을 부여받은 사람은 그에게서 구현된 존중의무를 자신의 인격 속에서 이행하고 존엄성에 적합하게 행동해야 한다.[743] 인간의 존엄성은 자기존중을 요구한다. 정확하게 말하자면 자신보다 더 고양된 자아에 대한 존중이다. 이는 물론 합법성의 영역에 한정된 법치국가가 요구하고 강제할 수는 없으며, 기껏해야 기대할 수 있는 도덕의 명령이다. 특정

740) 군인법(Soladtengesetz) 제11조 제1항 3문.
741) 근거 : Isensee(각주 361), S. 214ff.
742) 군인법(Soladtengesetz) 제11조 제2항.
743) 앞의 단락 51, 58 이하 및 65 이하.

한 갈등상황에서 개인은 인간의 존엄성에 관한 자신의 주관적인 견해에 충실하기 위해, 기본법 제1조 제1항에 의거한 일반적인 인간존엄성의 기준에 부합되는 법률이라면 개인에게 전혀 기대하지 않는 희생도 기꺼이 감수할 수 있다. 즉 개인은 자신의 존엄성을 구하기 위해서 자신의 목숨을 희생할 수 있다. 하지만 법질서는 그런 극단적인 갈등이 결코 발생하지 않도록 형성되어야 한다.[744]

224 원칙적으로 법치국가에서는 존엄한 행동을 강제하거나 존엄하지 않은 행동을 제지하는 것이 금지된다. 법치국가는 누구나 자신의 견해에 따라서 도덕적이든 비도덕적이든, 명예스럽든 추한 것이든, 일반적인 존엄성 기준에 합당한 것이든 그렇지 않든 마음대로 행할 수 있는 자유를 보장한다. 물론 이는 개인이 타인의 권리와 법률로 규정된 공공의 이해를 침해하지 않는다는 것을 전제로 한다. 자유주의적 공동체에서 스스로 존엄성을 저하시키는 개인과 대립되는 공공의 이익이 존재하는가 하는 의문이 있다. 사실상 "미풍양속"(gute Sitte)과 "공공질서"(öffentliche Ordnung)라는 일반조항에 숨겨져 있는 공공의 이해가 있다.[745] 미풍양속이나 공공질서는 일반적으로 용인되는 타부에서 정당화의 피난처가 찾아지기는 하지만, 자유권에 의거하여 정당화되기는 어렵다.[746] 원칙적으로 자유권에 관한 현대적 견해는 관권주의적 후견주의에 반대한다.[747] 이는 특히 도덕적인 자기 타락에 국가가 관여하는 경우에도 마찬가지이다. 독일 연방헌법재판소가 시민의 자유를 보호한다는 명분으로 시민의 자유를 박탈하는 국가의 임무를 인정하지 않는 것도 같은 맥락에서이다.[748] 단 개인의 육체적인 자기위해가 사회

744) 앞의 단락 173.
745) 앞의 단락 138.
746) 앞의 단락 142 이하.
747) Hillgunber(각주 455), S. 111ff.
748) BVerfGE 22, 180(219f.).

적인 해악을 초래할 위험이 있는 경우에는 국가는 보호적인 조치를 취할 수 있다.[749] 소비자 보호, 노동자 및 임차인 보호, 특히 환경 보호가 문제가 되는 경우에 국가적 가부장주의에 대한 저항은 줄어든다. 일반적으로 자유의 완전한 포기는 기본권적 자유에 포함되지 않는바, 개인이 자발적으로 영속적으로 타인에게 무조건 종속되는 법률행위가 사적 자치에 의해 정당화되지 못한다. 또한 사적 자치는 자신의 생명에 대한 포기와 관련하여 한계가 있다.[750] 자유권은 인간이 스스로 품격을 떨어뜨리는 행위를 방지하는 입법자의 행위에 아주 적은 재량만 준다. 반면에 인간 종 전체의 존엄성을 보호하는 행위에는 광범위한 재량이 인정된다. 법치국가는 명령이나 강제가 아니라 계몽적인 영향력 행사와 학교교육을 포함하여 존엄성을 고양하는 모든 수단을 동원하여 공동체의 윤리적 자원과 인도(人道)의 잠재성이 고갈되지 않게 해야 한다. 궁극적으로 자신과 타인의 존엄성을 유지하는 것은 인간 자신에 달려 있다.

749) BVerfGE 59, 275(278f.) - 오토바이 운전자에 대한 안전모 착용의무.
750) 앞의 단락 51, 138.

≪참고문헌≫

Bahr, Petra/Heinig, Hans Michael(Hg.), Menschenwürde in der säkularen Verfassungsordnung, 2006.

Böckenförde, Ernst-Wolfgang, Bleibt die Menschenwürde unantastbar?, in: Blätter für deutsche und internationale Politik 2004, S. 1216ff.

ders., Menschenwürde als normatives Prinzip, JZ 2003, S. 809ff.

Dederer, Hans-Georg, Die Garantie der Menschenwürde, JöR NF. 57(2009), S. 89ff.

Dürig, Günter, Der Grundrechtssatz von der Menschenwürde, JöR 81(1956), S. 117ff.; auch in: ders., Gesammelte Schriften, 1984, S. 127ff.

Enders, Christoph, Die Menschenwürde in der Verfassungsordnung, 1997.

Geddert-Steinacher, Tatjana, Menschenwürde als Verfassungsbegriff, 1990.

Gröschner, Rolf/Kirste, Stephan/Lembcke, Oliver W.(Hg.), Des Menschen Würde – entdeckt und erfunden im Humanismus der italienischen Renaissance, 2008.

Gröschner, Rolf/Lembcke, Oliver W.(Hg.), Das Dogma der Unantastbarkeit, 2009.

Häberle, Peter, Die Menschenwürde als Grundlage der staatlichen Gemeinschaft, in: /Paul Kirchhof(Hg.), Handbuch des Staatsrechts der Bundesrepublik Deutschland (=HStR) Bd. ³Ⅱ, 32004, §22.

Höffe, Otfried/Honnefelder, Ludger/Isensee, Josef/Kirchhof, Paul, Gentechnik und Menschenwürde, 2002.

Höfling, Wolfram, Offene Grundrechtsinterpretation, 1987.

ders., Wer definiert des Menschen Leben und Würde?, in: Otto Depenheuer u.a.(Hg.), FS Isensee, 2007, S. 525ff.

Hofmann, Hasso, Die versprochene Menschenwürde, AöR 118 (1993), S. 353ff.

ders., Methodische Probleme der juristischen Menschenwürdeinterpretation, in: Ivo Appel/Gcorg Hermes(Hg.), Mensch-Staat-Umwelt, 2008, S. 47ff.

Hörnle, Tatjana, Menschenwürde als Freiheit von Dem tigungen, ZRph 2008, S. 41f.

Isensee, Josef, Menschenwürde: die säkulare Gesellschaft auf der Suche nach dem Absoluten, AöR 131(2006), S. 173ff.

Kersten, Jens, Das Klonen von Menschen, 2004.

Kluth, Winfried, Menschenwürde Zwischen Naturrecht und Tabu, in: Otto Depenheuer u.a.(Hg.), FS Isensee, 2007, S. 535ff.

Luf, Gerhard, Menschenwürde als Rechtsbegriff, in: FS E.A. Wolff, 1998, S. 307ff.

Müller-Terpitz, Ralf, Der Schutz des pränatalen Lebens, 2007.

Nettescheim, Martin, Die Garantie der Menschenwürde zwischen metaphysischer Überhöhung und bloßem Abwägungstopos, AöR 130(2005), S. 71ff.

Nipperdey, Hans Carl, Die Würde des Menschen, in: Franz-L. Neumann/ders./Ulrich Scheuner(Hg.), Die Grundrechte, Bd. Ⅱ, 1954, S. 1ff.

Pöschl, Viktor/Kondylis, Panajotis, Würde, in: Otto Brunner/Werner Conze/Reinhart Kosellek(Hg.), Geschichtliche Grundbegriffe, Bd. 7, 1992, S. 637ff.

Poscher, Ralf, Menschenwürde und Kernbereichsschutz, JZ 2009, S. 269ff.

Schmidt-Jortzig, Edzard, Zum Streit um die korrekte dogmatische Einordnung und Anwendung von Art. 1 Abs. 1 GG, in: Otto Depenheuer u.a.(Hg.), FS Isensee, 2007, S. 491ff.

Seelmann, Kurt(Hg.), Menschenwürde als Rechtsbegriff, ARSP Beiheft 101, 2004.

Tiedemann, Paul, Menschenwürde als Rechtsbegriff, 2007.

Uhle, Arnd, Freiheitlicher Verfassungsstaat und kulturelle Identität, 2004.

Graf Vitzthum, Wolfgang, Die Menschenwürde als Verfassungsbegriff, JZ 1985, S. 201ff.

헌법국가에서 공공복리와 국가의 과제

A. 국가작용의 정당성이념으로서의 공공복리
B. 공공복리의 헌법국가적 설계
C. 국가목표와 헌법률
D. 범주로서 국가과제
E. 자유헌법 속의 국가과제

헌법국가에서 공공복리와 국가의 과제*

A. 국가작용의 정당성이념으로서의 공공복리

I. 국가목표들 중에 가장 일반적인 것

공공복리의 이념은 국가공동체의 의의나 정치의 목적에 대한 질문만큼이나 장구한 세월 동안 주목되어 온 개념으로서 국가작용 및 국가론에서 실질적인 의미를 갖는다. 이 개념은 국가권력의 윤리적 정당성과 법적 기속 및 정치적 책임에 대한 국가철학 또는 정치철학적, 헌법적 근거라고 할 수 있다. 오늘날 모든 국가에서 활용되는 공공복리개념은 역사적으로 이미 헌정국가가 확립되기 이전에 형성되었다. 따라서 공동선(bonum commune)과 동일한 의미를 갖는 공공복리의 개념은 정치윤리학과 상정가능한 모든 국가법체계의 근본원칙이라고 할 수 있다. 공공복리는 공화국의 최고법이다(Salus rei publicae suprema lex esto).[1] 1

이러한 근본원칙인 공공복리의 개념에는 바람직한 공동체와 모든 구성원 공동의 복리추구의 이념이 내포되어 있는바, 이는 바로 공권력주체로서 국가, 즉 국가윤리학적인 관점에서 제시되는 전형적인 공동체인 국가의 존재와 작용에 대한 정당성의 근거이다. 공공복리는 (치안, 사회적 정당성, 환경보호 등과 같은) 미시적인 2

---

* Gemeinwohl und Staatsaufgaben im Verfassungsrecht, in: ders./P. Kirchhof(Hg.), Handbuch des Staatsrechts, Bd. Ⅲ, §57, S. 3-82

1) 표현이 같지는 아니하지만 고전적인 문장의 원전은 Cicero, De legibus, Ⅲ, 3. 8.

내용의 국가목표나 국방, 교육, 사회보장 등의 개별적인 영역과 연관된 구체적인 국가과제와는 구별된다. '일반적인 최선'(allgemeine Beste)의 의미에서 공공복리의 개념은 특정한 개별적인 내용 및 사안영역과 연계되어 제한적으로 정의되지 아니한다.[2] 하나의 정향점(Orientierungspunkt)으로서 주어진 목표를 의미하기는 하지만, 개별적인 국가목표들에 대하여 그 설정과 구체적인 실행에 대한 지침과 한계를 제공하는 총괄적인 개념이다. 다만 이 개념은 제도화된 공권력주체로서 국가영역을 넘어서 사회영역을 포함하는 전체공동체의 차원에서 실재하는 다양한 공공이익들을 통일된 목표에로 수렴·총괄하는 상위규율개념이다(개념의 틀, 우선순위, 가치형량의 양식).

3 공공복리의 개념은 정의와 마찬가지로 개념의 일반성과 고도의 추상성 때문에 구체적인 내용을 확정하기 어렵다. 이러한 개념적 속성 때문에 보편적인 개념설정과 활용이 가능하다. 동 개념은 근대적인 정치적 조직형태나 현대적인 민주적 법치국가 등 특정한 정치체제에 한정되는 고착된 개념이 아니다. 또한 동 개념은 개인주의와 단체주의, 민주주의와 권위주의체제에 대한 국가이론적, 국가법적 구별의 기준이 될 수 없고, 보수주의나 진보주의 어느 한 편의 이데올로기적 명분으로 독점되어 있지 아니하다. 따라서 한 편으로는 이는 궁극적으로 정치적 투쟁이나 경쟁의 표제어의 역할을 하는 이념적 축으로서 투쟁 또는 경쟁당사자들을 연결시켜주는 고리역할을 한다(권력과 신임 또는 설득력을 요소로 하는 정치과정에 대한 규율수단으로서 시장의 역할). 또 한편 공공복리의 개념은 국가통합과정의 궁극적인 목표인바, 국가공동체는 공공복리의 기치 아래서만 정당성의 통일체로서 인정된다.

2) 이에 관해서는 아래 단락 115ff., 132ff.

공공복리라는 용어는 동의어인 일반복리, 공리 또는 공익 등 4
의 용어와 마찬가지로 고도로 정치수사학적인 개념이다.[3] 이러한 정치수사학적 용어는 실제 언어사용을 통해 그 사용의 범주와 의미가 가감되고 변경된다. 말과 결부된 국가윤리적 요청에 따라서 파시즘적 요소가 나타나며, 이 위험은 언어영역의 불특정성과 광활함에 근거를 두고 있다. 그에 수반되는 위험성은 전적으로 언어기술적인 조작의 가능성을 내포하고 있는 개념상의 불확정성에서 비롯된다. 말하자면 내용상으로는 권력투쟁 일방 당사자의 개별적인 이익들이 마치 일반적인 이익 또는 정치적 공감대인양 도덕적 권위를 도용하는 말장난이 가능하다는 것이다. 18세기에 이미 J. J. 모제(Moser)[4]는 영주들이 천편일률적으로 이러한 종류의 관점을 명분으로 제시하는 것을 '국가의 만병통치약'(Universal-Staats-Medicin)이라고 조롱하였다. 토스또예프스키는 카나마조프의 입을 통해서 "사람들은 공공복리를 위한다는 명분으로 온갖 깡패 짓을 정당화한다."고 비판한다. 이런 주장들에 대한 증거는 역사에서 수 없이 많이 찾아진다. 특히 고대의 기독교적 전통의 국가윤리적 개념을 탈취 장악하여 자신의 목적을 정당화하기 위하여 악용한 20세기의 전체주의 국가들에서 그러하다.[5] 나치즘을 경험한 독일에서는 이 개념과 관련해서 근본적인 제약에서 벗어나지 못하고 있다. 동 개념에 대한 근본적인 거부감, 개념 내재적인 전체주의 친화성, 이데올로기적 성향에 대한 우려 등이 바로 그것이다.[6] 법실증주의 입장

3) 독일의 정치적 수사학에서 "공공복리" 개념의 유행에 대해서는 W. Bergsdorf, Herrschaft und Sprache, 1983, S. 100f., 104, 183ff.

4) Von der Teutschen Reichs=Stände Landen, 1769, S. 1187.

5) Vgl. M. Stolleis, Gemeinwohlformeln im nationalsozialistischen Recht, 1974. Bd. I, Böchenförde, §22 Rn. 78.

6) 이에 상세한 기술은 M. Stolleis, Gemeinwohl und Minimalkonsens, in: Aus Politik und Zeitgeschichte, B 3/1978, S. 37ff.; ders.,(각주 5), S. 303ff. 공공복리에 대한 종래의 이데올로기비판에 대한 분석은 B. Sutor,

에서는 공공복리개념의 함의에 대하여 파악이 불가능하다는 회의 때문에 역사적으로 뚜렷하고 국가철학적으로 그 내용이 형성된 일반개념에 대하여 거리를 둔다. 분석철학적 시각에서는 궁극적으로 이 개념이 어떤 내용을 담고 있다는 것조차 의심하는바, 즉 구체적인 상황에 따라서 어떤 내용이라도 담을 수 있는 '백지형식'의 개념이라는 의문을 가지고 접근한다.[7]

결국 여러 가지 상황에 기인하여 오랫동안 일종의 '공공복리 공포증'이 국가관련 학문들을 짓눌러 왔고, 공공복리 이념의 몰락이 고착화되었다.[8] 독일 국법학은 이 주제를 오랫동안 외면하여 왔다. 최근에 들어서 국법학 문헌에서, 그보다 먼저는 정치학 문헌에서 개별적으로 이 고전적인 주제를 다시 수용하여 시대와 헌법에 맞게 갱신하려는 유력한 시도들이 활발해지고 있다.[9] 오늘날은

Gemeinwohl im politischen Unterricht und als Aufgabe staatsbürgerlicher Erziehung, in: Erich E. Geissler(Hg.), Verantwortete politische Bildung, 1988, S. 135ff.

7) 상세한 내용은 아래 단락 35ff.

8) 이 몰락의 논제는 유일하게 카톨릭 사회이론을 부각시킨 D. Sternberger에 의해서 제기되었다(Das allgemeine Beste, 1961, in, ders., "Ich wünschte, ein Bürger zu sein", Neun Versuche über den Staat, 1970, S. 170f.). Sternberger의 연구성과는 근래의 저작물 중에는 최고에 속한다.

9) 방향을 제시해주는 정치학 문헌은 Sternberger(각주 8), S. 170ff.; E. Fraenkel, Deutschland und die westlichen Demokratie, 1968, S. 165ff. Vgl. auch die Beiträgen in W. Hennis/P. G. Kielmansegg/U. Matz(Hg.), Regierbarkeit, Bd. I 1977, Bd II 1979; A. Schwan, Art. Gemeinwohl II, Geminwohl aus politikwissenschaftlicher Sicht, in: StL II, Sp. 859ff. - 국법학 문헌은 H. Krüger, Allgemeine Staatslehre, 1966, S. 763ff.; H. H. Rupp, Wohl der Allgemeinheit und öffentliche Interessen – Bedeutung der Begriffe im Verwaltungsrecht, in: Wohl der Allgemeinheit und öffentliche Interessen(Schriftenreihe der Hochschule Speyer Bd. 39), 1968, S. 116ff.; W. Martens, Öffentliche als Rechtsbegriffe, 1969; W. Leisner, Privatinteressen als öffentliches Interesse, in: DÖV 1970, S. 217ff.; P. Häberle, Öffentliches Interesse als juristisches Problem, 1970; ders., Die Gemeinwohlproblematik in

거의 '공공복리론의 르네상스'라고 말할 수 있을 정도가 되었다.

공공복리이념의 구체적인 양태는 공공복리를 시행하는 국가라 6
는 단체 속에서 비로소 형성된다. 그것은 다원적인 국제세계에서 국가의 좌표, 과거 역사와 미래의 전망, 현실적인 생활조건과 법구조, 특히 헌법을 통해서 그 대강이 정해진다. 따라서 그것은 국법학 연구에 대하여 본질적인 토대가 되기도 한다. 하지만 우선 그 내용 및 전제조건에 대한 선이해와 아직은 구체화되지 못한 일반적인 이념의 의미를 규명하는 것이 필요하다. 이는 독일 외부로부터 제기되기도 하지만, 독일 기본법에 의해 정초된 헌법국가에 대하여 묻는 선헌법적인 문제인 동시에, 내부에서 헌법에 의거하여 답변해야 하는 문제이기 때문이다.

Ⅱ. 공공복리의 주체이자 수단으로서의 국가

1. 국가개념의 분석

전형적인 불확정개념으로서의 특성을 가지는 공공복리의 개념 7
은 내재적으로 불가분의 관계에 있는 국가의 개념을 통해서 일차적인 접근이 가능하다. 우선 국가의 개념은 두 가지 관점에서 파악된다. 한편으로는 넓은 의미의 국가에 해당되는 공동체로서의 국가의 개념과 또 한편으로는 좁은 의미의 국가로서의 통치조직의 측면, 즉 공공복리실현의 장으로서의 국가가 바로 그것이다. 여기에서 주목되는 후자의 국가는 개인이 산술적으로 결합된 전체의 총합이 아니라 이와 구별되는 독자적인 의미를 가지는 일반이익 또는 일반의사의 주체로서 시민 전체와 연결된다.

---

rechtswissenschaftlicher Sicht, in: Rechtstheorie 14(1983), S. 257ff.; H. H. v. Arnim, Gemeiwohl und Gruppeninteressen, 1977; ders., Staatslehre der Bundesrepublik Deutschland, 1984, S. 103ff.

8 공공복리실현의 과제는 시민 전체의 복리증진을 뜻하는 것이다. 국가기관과 그 기관구성원들의 복리증진을 뜻하는 것이 아님은 자명하다. 이념적으로 공공복리실현의무를 지닌 국가권력은 자기목적적인 존재가 아니라 국가공동체로 결합되어 있는 국민을 위해 존재하는 수단이다. 말하자면 공공복리의 개념에는 정치권력의 자기목적적인 존재와 행사에 대한 부정의 뜻이 내재되어 있다. 결국 모든 정치권력은 전체 국민의 공공복리실현의 관점에서 정당화되어야만 하는바, 바로 이러한 점에서 통치권의 윤리적 정당성의 근원, 통치의 구체적인 목표와 과제의 근거, 통치작용에 대한 지침 및 통치권의 효력의 한계가 찾아진다. 요컨대, 공공복리실현의 주체로서 국가와 그 수단으로서의 국가를 구별하는 것이 논리적으로 공공복리실현에 대한 국가의 법적 의무를 분명히 확인하고, 또한 국가권력에 대한 정치적 책임의 추궁을 가능하게 하는 전제조건이다.

9 공공복리이념의 근본적인 원리는 고대 그리스 · 로마시대에서 그 연원이 찾아진다. 아리스토텔레스(Aristoteles)는 국가기관이 일반적인 이익과 통치권자 자신의 이익 중에 무엇을 추구하느냐에 따라 선한 국가와 부패한 국가를 구별하였다.[10] Cicero에 따르면 이 기준에 따라 공화정의 정체성이 판단된다. 공공복리목적은 정당한 공화국의 필수조건이다. 다만 공공복리는 임의적인 모든 인간집단이 아닌, 법에 대한 공동의 승인과 이익공동체로 결집된 연대공동체로 이해되는 국민의 개념과 연계되어 있는 개념이다. 말하자면 공화국은 공공복리실현의 통치목적에 의해서 창설되는 것이지, 통치권력담당자에 의해 창설되는 것이 아니다. 공화국은 공공복리 수탁자로서의 역할을 수행한다. 국민을 위한 통치형태이다. 여기에서 국민에 의한 자기통치는 필수적인 것이 아니다. 다만 다

---

10) Aristoteles, Politik, Ⅲ, 6, 7. Analog: Th. v. Aquin, De regno I, 3.

른 통치형태와 마찬가지로 민주주의 역시 통치권이 공공복리와 멀어지고, 권력자 자신의 이익도모에 악용되고, 궁극적으로 공화국의 정치질서를 파괴하는데 대한 저항의 수단을 갖고 있지는 못하다.[11)]

공화국정체의 요체는 전통적인 공직제도의 이념에서 찾아진 10
다.[12)] 공화국이념은 국민에 의해 권한을 수탁받은 공직자에 대하여 권능의 한계를 설정해준다. 통치에의 참여는 금욕과 자제, 즉 사리사욕추구의 금지를 요구한다. 헌법질서에 따라 오로지 전체 국민의 복리증진을 위한 공정한 임무수행이 요청된다. 국가의 통치권능은 공직자에 대하여는 복무의무를 의미한다. 공직의 개념을 매개로 하여 권력은 책임으로 바뀌어 이해된다. 그러나 상황은 한편으로는 개별이익을 지향하는 다양한 집단이 증대함에 따라 공직자가 헌법에 의해 결정되는 일반국민의 이익실현에 전력을 다해야 할 필요성이 커지고 있는 반면, 또 한편으로는 공직자가 자신의 사적 이익이나 자신이 속한 집단의 이익을 우선시키는 것으로부터 벗어나기가 점점 어려워져 가는 추세이다. 특히 이러한 현실 때문에 공공복리실현의 필수조건인 공직자의 독립성보장을 위한 공무원법상의 대책이 각별하게 요망된다.[13)]

---

11) Cicero, De re publica, I, 25: Ⅲ, 1. – res publica의 개념에 대해서는 W. Suerbaum, Vom antiken zum frühmittelalterlichen Staatsbegriff, 1970; W. Mager, Republik, in: O. Brunner/W. Conze/R. Koselleck (Hg.), Geschichtliche Grundbegriffe, Bd. 5, 1984, S. 550ff.

12) 공직원칙의 전통과 오늘날 의미에 대해서는 W. Hennis, Amtsgedanke und Demokratiebegriff, in: Fs. f. R. Smend, 1962, S. 51ff.; H. Krüger(각주 9), S. 253ff.; ders., Die "Lebensluft" des öffentlichen Dienstes, in: W. Leisner(Hg.), Das Berufsbeamtentum im demokratischen Staat, 1975, S. 23ff.; R. Dreier, Das kritische Amt, 1972, W. Loschelder, Vom besonderen Gewaltverhältnis zur öffentlich-rechtlichen Sonderbindung, 1982, S. 227ff.; P. G. Kielmansegg, "Die Quadratur des Zirkels", in: U. Matz(Hg.), Aktuelle Herausforderungen der repräsentativen Demokratie, 1985, S. 9ff.; Loschelder, HBStR Bd. Ⅲ, §68 Rn. 25.

11 공공복리의 이념과 공직제도 속에서의 그 실현은 유럽 공화주의전통의 확립에 결정적인 영향을 미쳤고, 헌법국가는 - 다양한 매개과정을 거쳐서 - 바로 이 공화주의 전통을 토대로 하여 성립되었다.[14]

2. 공공복리구현의 마당으로서의 국가공동체

12 a) 부분국가(sektoraler Staat)의 헌법국가적 관념

지배적인 견해에 따르면 헌법국가의 시대에 국가영역의 지평은 옛날의 공화정 시대의 그것보다 줄어서 제도적인 관점에서 좁게 이해되는 국가, 말하자면 조직화된 결정 및 행동통일체로 축소된 것으로 여겨진다. 실제 헌법국가는 국가공동체의 생활 전체가 아니라 단지 법적으로 조직된 한 부분만을 포함한다. 즉 영역이 제한된 부분국가이다.[15] 부분국가에게 허용되는 활동의 영역은 시민의 자유를 위해서 제한되고, 그 권능에는 필연적으로 제약이 따른다. 사회적 법치국가원리에 터 잡은 헌법국가에서 국가는 기본권주체인 개인이나 사회 전체에 대하여 대치구도를 형성한다. 이러한 의미에서 국가는 공동체의 양극구도에서 그 일방인 것이지 전체를 포괄하는 통일체는 아니다. 특정한 헌법적 관점에서 이러한 소극적인 이해가 필수적인 것이기는 하다. 그러나 이러한 이해로 인해 헌법국가 제도 생성의 바탕이라고 할 수 있는 전체 공동체 차원의 문제의식이 희석되어서는 아니 된다. 공공복리이론에서 공공복리이념의 근거인 동시에 그 구현의 장인 전체 공동체에 관한 이론이 전제되는 것은 불가피하다.

---

13) Lecheler, HBStR Bd. Ⅲ, §72, Rn. 15.

14) Isensee, HBStR Bd. Ⅰ, §13, Rn. 104ff.

15) Isensee, HBStR Bd. Ⅰ, §13, Rn. 50ff., 58ff.

b) 총체적인 국가개념의 전통 13

아리스토텔레스에서부터 유래된 공공선의 고전적인 철학은 폴리스의 모든 시민과 단체의 존재를 전면적으로 규정하는 통합의 통일체로서 이해하는 전체적인 국가관을 바탕으로 한다.16) '완전무결한 사회공동체'(societas perfecta et completa)는 본질적으로 그 자체를 넘어서는 외부 공동체를 필요로 하지 아니하다. 그러한 사회는 구성원들이 필요로 하는 바를 충족시켜주기 위한 모든 조건들을 내포하고 있는 자족적인 공동체이기 때문이다.(여기에서 자족적이라는 것은 국민경제적 의미에서가 아니라 목적론적인 의미에서 그렇다는 것이다) 정치적 공동체에서 공공선은 그 구성원들의 '좋은 삶'이다. '좋은 삶'이란 행복하고 품위 있는 삶이다. 따라서 우선 신체의 안전이나 시민사회의 법질서 등과 같은 외면적인 생활조건의 보장이 국가목표에 해당되는 것은 물론이다. 이런 목표들은 그 성격과 수준에 비추어 볼 때 현대의 헌법국가에도 고유한 국가목표이다. 다만 합목적성의 조직으로서 현대 헌법국가의 목표는 이들 과제에 국한되는데, 반면에 완전한 사회공동체는 이보다 더 높은 목표, 즉 인간의 완전한 자기실현과 도덕적 완성을 추구한다. 아리스토텔레스가 생각한 국가는 단순한 지역공동체나 적대적인 권리침해에 대한 보호 및 거래안전의 보장 등을 위한 공동체가 아니었다. 이 요소들도 국가의 존립에 필수적인 조건이기는 하지만, 국가의 존재는 그 이상을 요구하는바, 국가는 완전하고 자족적인 생활의 목표를 지향하는 공동의 연대감 속에서 실현되는 '좋은 삶'의 공동체이다.17)

아리스토텔레스적인 국가론은 토마스 아퀴나스에 의해서 전통 14

---

16) Aristoteles(각주 10), I, Ⅲ. 이에 관하여는 D. J. Allan, Individuum und Staat in der Ethik des Aristoteles(1965), in: F.-P. Hager(Hg.), Ethik und Politik des Aristoteles, 1972, S. 403ff.

17) Aristoteles(각주 10), Ⅲ, 9.

적인 기독교논리와 접목된다. 이에 따르면 교회는 자연의 영역에서 '완전한 사회'(societas perfecta)로 이해되고, 반면에 국가는 단순히 세속적인 것에만 국한되는 것은 아닐지라도 아무튼 물질세계를 지향하고, 따라서 총체성의 관점에서 상대화된다.[18] 토마스는 영적인 세계와 세속적인 세계를 구별함으로써 시원적인 권력분립의 논리형식을 제시하였다.

'완전한 사회'라는 고전적인 국가개념은 헤겔에 의해서 주체성(Subjektivität)과 연계되면서 개인의 자유를 바탕으로 하여 새롭게 제기되는바, 즉 개인과 시민사회가 갈등과 조화의 변증법적 과정을 통해 국가로 통합되는 것으로 이해된다. 여기에서 국가는 제도와 정신을 동시에 내포하는 개념으로서 필요에 따라 합리적으로 조직되는 단체가 아니라 윤리적 이념의 실현을 위한 공동체이다. 이러한 헤겔의 현대적인 국가관은 고전적인 국가관의 범주을 넘어서는 것이다.[19] 하지만 (국가법이론의 범주에서) 헤겔의 국가관은 동조자를 찾기 어렵다. 헌법국가이론은 국민의 생활과 자유보장을 위해 조직된 이성국가에 한정되기 때문이다. 그런데 이에 따르는 경우 공공복리에 대한 이해의 지평은 제한적일 수밖에 없다. 공공복리실현의 수단으로서만 국가를 이해하는 것은 국가의 공공복리

---

18) 정치학 주석서와 "De regno"(De regimine principum)에서 전개된 토마스의 국가론에 대해서는 M. Grabmann, Studien über den Einfluß der aristotelischen Philosophie auf die mittelalterlichen Theorien über das Verhältnis von Kirche und Staat, 1934; R. Linhardt, Die Sozialprinzipien des hl. Thomas von Aquin, 1932; A. P. Verpaalen, Der Begriff des Gemeinwohls bei Thomas von Aquin, 1954; U. Matz, Yhomas von Aquin, in: H. maier/H. Rausch/H. Denzer(Hg.), Klassiker des politischen Denkens, Bd. I, 1968, S. 119ff., 135ff. Zur Societas-perfecta-Lehre J. Listl, Kirche und Staat in der neueren katholischen Kirchenrechtswissenschaft, 1978, S. 107ff.

19) G. W. F. Hegel, Grundlinien der Philosophie des Rechts, 1821, insbes. 1821, §§257ff.

실현의 주체로서의 측면을 도외시하는 것이기 때문이다.[20]

탈고전적인 헌법이론의 범주에서 스멘트의 통합론은 예외적인 16
논리형식을 취하고 있다. 이에 따르면 헌법이론상 국가는 사회와 단절적으로 구별되는 개념이 아니라 사회생활의 현실체 및 문화공동체로서 이해되는바, 국가는 계속적이고 개방적인 통합의 과정으로 파악된다.[21] 결국 국가개념은 내용적으로는 거의 공허한 개념이 된다. 그럼에도 불구하고 통합론은 적어도 이론체계상으로는 국가의 전체적인 통일성을 주목하고, 공공복리의 문제에 대한 접근의 창구를 열어준다.[22] 오늘날까지 영향력이 유지되고 있는 이러한 현대적인 기초이론에 내포되어 있는 국가론의 성과가 시대상황과 헌법이론에 부합되는 공동체이론, 말하자면 국가를 문화 및 책임공동체로 파악하는 이론으로 발전되어 나갈 것으로 기대한다.

---

20) 협의의 국가개념으로 환원하는 것은 실제 문헌을 보면 자칫 전체적인, 단체와 연관된(유기체적인) 국가이해로 오도되고 또 기본권합치적인 헌법국가적 목적질서의 척도가 잘못된 대상에 적용되는 위험으로 연결된다(예컨대 v. Arnim, Staatslehre(각주 9), S. 175; A. Hamann/H. Lenz, Das Grundgesetz für die Bundesrepublik Deutschland vom 23. Mai 1949, 1970, Einführung C 2(S. 53) - 헤겔의 근본법칙에 따른 반박!).

21) R. Smend, Verfassung und Verfassungsrecht(1928), in: ders., Staatsrechtliche Abhandlungen, 1968, S. 119ff.; ders., Zum Problem des Öffentlichen und der Öffentlichkeit(1954), ebd., S. 462ff.- Perspektiven des Gemeinwesens in der Schule Smends: K. Hesse, Grundzüge des Verfassungsrechts der Bundesrepublik Deutschland, 1988, S. 5ff.(Rn. 5ff.): P. Häberle, Zeit und Verfassung, in: ZfP 1975, S.111ff.: ders., Kulturverfassungsrecht im Bundesstaat, 1980. - Kritik an Smends Sicht des Staates als "Werttotalität" und als "Lebenstotalität"; E. W. Böckenförde, Die verfassungstheoretische Unterscheidung von Staat und Gesellschaft als Bedingung der individuellen Freiheit, 1973, S. 32f.

22) P. Häberle는 그의 절차적 공공복리론을 가지고 통합이론의 단서에서부터의 접근을 시도하고 있다(각주 9 w. Nachw. S. 258, Fn. 9).

Ⅲ. 공공복리의 내용 - 일반적인 최선

1. 이익의 일반성

17 공공복리의 개념은 일반성 때문에 확정하기 어렵다. 이 개념의 일반성은 여러 가지 의미를 내포하고 있음을 유의해야 한다. 우선 여기에서 일반성은 추상성이나 보편성 등과 같은 형식적인 의미에서의 개념의 일반성과, 실질적인 일반성의 개념으로 파악되고, 또 한편 그것은 '일반의 복리'(Wohl der Allgemeinheit)의 주체, 즉 공동체와 관련된 '주체의 일반성'의 의미와 함께[23] '일반적인 최선'(allgemeine Beste)으로 파악되는 이익의 특성을 뜻하는 '객관적인 일반성'의 의미로도 이해된다.[24]

18 객관적인 측면에서 공공복리는 공동체 구성원 전체, 즉 개인과 특정집단의 자기이익과는 구별되는 전체공동체의 이익을 뜻한다. 고전적인 라틴어 사용례에 따르면 '개별선' (bonum particulare)과 구별되는 '공동선'(bonum commnune), '사법'(res privata)에 대비되는 '공법'(res publica)이다.[25] 이 구별은 바로 공익과 사익 구별의 토대가

---

23) 기본법상의 국가개념의 단면에 대해서는 HBStR Bd. I, Isensee, §13 Rn. 145ff.

24) '일반성'의 상이한 국가이론적 측면들에 대해서는 H. Hofmann, Das Postulat der Allgemeinheit des Gesetzes, in: Ch. Starck(Hg.), Die Allgemeinheit des Gesetzes, 1987, S. 15ff., 33ff.(Nachw.). 양면성은 세법에서 문제가 되는데, 세법은 (객관적인 의미에서) 공평무사의 일반의 복리 증진을 이롭게 하려는 것이지만(§52 Abs. 1 S. 1 AO), 또 한편으로는 인적 범위의 크기에 따라 일반성을 정의한다(§52 Abs. 1 S. 1 AO). 이에 대한 비판으로는 J. Kraft, Die steuerrechtliche Gemeinnützigkeit, in: Vierteljahresschrift für Steuer- und Finanzrecht 1932, S. 315(339f.); G. Felix, Förderung der Allgemeinheit als Voraussetzung der Gemeinnützigkeit, in: Finanz-Rundschau 1961, S. 236(237); Bundesministerium der Finanzen(Hg.), Gutachten der Unabhängigen Sachverständigenkommission zur Prüfung des Gemeinnützigkeits- und Spendenrechts, 1988, S. 81f.

25) 라틴어 원전은 Suerbaum(각주 11); Mager(각주 11), S. 549ff. 참조.

되는바, 결국 공공복리는 '공익의 전체'로 파악된다. 이는 단순한 사익의 집적과는 다른 것이고, 오히려 독자적인 특별한 내용을 갖는다. 이 개념은 공동체의 통일성과 개별 사익을 넘어서 모든 시민들과 관계되는 일반적인 이익의 실현을 지향하기 때문이다.[26]

2. 공공복리와 개별복리

공동선의 목적을 지향하는 공동체의 통일성은 당연히 규범적 19
인 이상일 뿐이다. 현실 정치에서는 어떤 구체적인 상황에서 공공복리가 무엇을 의미하는 것인지 또한 그것이 상충되는 개별적인 요구사항에 대하여 우선되는 것인지, 그것들이 어떻게 조정되어야 하는 것인지가 늘 논란의 대상이 된다. 다만 그렇다고 이러한 문제가 이념적으로 전혀 조화될 수 없는, 즉 '크기'가 상충되는 모순의 문제는 아니다. 전체의 복리는 부분의 복리를 포괄하기 때문이다. 구성원 각자의 입장에서도 그러하지만, 한 단체는 그 구성원들의 이익을 단체 전체의 이익으로 만들 수 있다. 사적인 이익도 공적인 이익으로 바뀔 수 있다.[27] 공동선과 개별선은 상호 교차적인 조건관계에 있다. 이러한 관계에서 볼 때 공익과 사익 상호간의 조화될 수 없는 대립관계는 배제된다. 다만 이 양자 간의 갈등관계는 당연한 것인바, 국가라는 제도는 바로 이러한 갈등과 대립 속에서 구속력 있는 결정을 내리고, 필요한 경우 그 결정을 강제로 관철하기 위하여 필요한 것이다. 상충되는 힘을 공공복리실현으로 조정 및 유도하고, 질서공동체를 확립해 나가는 과제에서 국가의 정당성의 근거를 도출하는 것은 이미 토마스 아퀴나스에서 찾아진다.[28]

---

26) Th. v. Aquin, De regno I 1.

27) 이에 관한 헌법과 행정법의 예들은 Leisner(각주 9), S. 217ff.

28) 이에 관하여는 Matz(각주 18), S. 137

20 공공복리와 개별이익의 정의, 비교형량 및 합리적인 조정을 위한 실천의 규칙들은 오로지 실체적인 국가원리나 최소한의 국가원리를 규정하는 헌법의 테두리 내에서 찾아진다. 민주적 법치국가의 헌법에 마련되어 있는 이러한 규칙들은 다음과 같은 것들이다. 공동체질서의 토대인 개인과 사회단체의 이익을 기본권으로 보호하는 것, 시민 개개인의 기본권실현과 사회적인 개성신장의 조건을 보장하는 것, 일반의 복리를 위하여 시민에게 의무를 부여하고 또한 그것의 한계를 정하는 것 등이 그것이다.

21 공공복리는 국가공동체 구성원 간의 내적 관계와 관련된다. 국가의 대외적인 관심사와 연관되기도 하지만, 공공복리의 측면에서 그것은 단체 내부적인 관점에서만 고려된다. 다만 부분국가와 전체국가, 민족국가와 초민족국가 공동체의 구도에서와 같이 한 국가가 보다 큰 단체에 속하는 경우에는 대내적으로는 공공복리로 나타나는 단체이익이 대외적으로는 개별이익, 즉 포괄적인 전체이익과 관련되지만 상황에 따라서는 상대화되는 특수이익으로 이해되기도 한다. 말하자면 공공복리의 내용과 기능은 단체의 위상에 따라 결정된다. 요컨대, 공공복리는 폐쇄적이고 자족적인 구시대적인 국가관에만 고착된 개념이 아니라 인류 전체의 공동선을 바탕으로 하는 세계시민의 관점과 초국가적인 통합에도 창구를 열어놓고 있는 개념이다.[29]

---

29) 세계를 포괄하는 공공복리의 관념에 대해서는 A. Verdroß, Vom Gemeinwohl der Staatsbürger zum Gemeinwohl der Menschheit(1960), in: H. Klecatsky/R. Marcic/H. Schambeck(Hg.), Die Wiener Rechtstheoretische Schule, Bd. I, 1968, S. 811ff.; ders., Das bonum commune humanitatis in der christlichen Rechtsphilosophie(1963), ebd., S. 861ff., H. Ryffel, Grundprobleme der Rechts- und Staatsphilosophie, 1969, S. 227.

3. 총체적인 목표설정

공공복리는 국가의 존재이유(raison d'etre)이다. 이는 국가이 22
성(Staatsraison)과는 다른 의미이다.30) 마키아벨리에서 찾아볼 수 있는 동 개념의 사상적 출발점인 '국가체제'(Regime di Sato)라는 개념은 정치적 지배력의 확보, 즉 좁은 의미에서의 국가개념과 관계된다. 이는 변화하는 정치상황 속에서 권력의 획득과 유지를 위한 전술적인 요청들이 주된 관심사이다. 말하자면 국가윤리적인 목표와는 전혀 관련이 없는 정치적인 고려의 대상일 뿐이다. 따라서 그것은 보편적인 규범이 아니고, 필요한 경우에는 법과 도덕 등의 보편적인 규범에 역행하고 그것을 침해할 수도 있는 상황에 의해 규정되는 정치의 기술일 뿐이다. 르네상스시대 이후 대두된 정치의 독립에 대한 요구, 즉 법, 윤리, 종교 및 공정성의 이념의 근원이고 바탕인 규율과 전통으로부터 정치가 독립되어야 한다는 요구는 국가이성의 이념을 토대로 활성화되었다.

반면에 공공복리의 이념은 필연적으로 정당성의 요청을 포함 23
하기 때문에 정당성과의 충돌은 상정되지 아니한다. 공동선의 전형적인 모습으로 이해되는 '공동체의 좋은 생활'은 정당한 법질서를 전제로 한다. 이는 법적인 범주에만 국한되는 것이 아니다. 국가생활의 규범적인 조건을 넘어서 총체적인 현실로서 국가생활 그 자체를 목적으로 한다. 공동선은 사회의 실재, 즉 중세에는 '활

---

30) 이념사에 대해서는 F. Meinecke, Die Idee der Staatsraison(1924), in: ders., Werke Bd. I, 1957; R. Schnur(Hg.), Staatsraison, 1975; M. Stolleis, Staataraison, Recht in philosophischen Texten des späten 18. Jahrhunderts, 1972; ders., Geschichte des öffentlichen Rechts in Deutschland, Bd. I, 1988, S. 197ff.(nachw.) 헌법국가에서 국가이성의 의미에 대해서는 C. J. Friedrich, Die Staatsraison im Verfassungsstaat, 1961; H. H. Klein, Bundesverfassungsgericht und Staatsraison, 1968(Nachw. aus Rspr); M. Kriele, Einführung in die Staatslehre, 1988, S. 309ff.

력'(vita bona), 18세기에는 '축복'(Glückseligkeit), 마이네케가 말한 '국민공동체의 물리적, 윤리적, 정신적인 건강'[31]등으로 표현되는 목적의 통일체이다.

24 공공복리는 규제적 원칙으로서 현실의 복사물이 아니고 전범(典範)이기 때문에 아리스토텔레스가 말한 현실의 헌법과 일치하지 아니한다. 또한 공공복리는 윤곽과 내용을 동시에 포함하고 있고, 국가생활에 대하여 하나의 법적인 윤곽질서만을 제공하는 규범적 헌법과도[32] 일치하지 않는다. 규범적 헌법은 정당한 국가질서의 단편적인 구도만을 그리고 있을 뿐이다. 반면에 공동선은 이 구도의 성공을 지향하는바, 단순한 법적 제도를 넘어서 그 속에 내포되어 있는 가능성들이 제대로 실행되고 충족되는 것을 주목한다. 예컨대 공공복리는 직업의 자유를 기본권으로 보장함으로써 실현되는 것이 아니라 일과 완전고용을 통해서 실현된다. 공공복리는 재산권보장이나 예술의 자유 또는 사회국가조항이 아니라 실질적인 부와 문화 속에서 또한 모든 사람들에게 인간의 존엄성에 부합되는 정당한 존재조건들을 제공하는 사회적 실재 속에서 실현된다.

25 공공선의 이념은 국가의 현재와 현실적인 결정 및 행위상황을 넘어선다. 국가로 통일된 공동체는 운명공동체로서 지속적인 실존을 추구하기 때문에 공공복리는 본질적으로 미래의 차원을 내포한다. 그것에는 미래세대의 복지가 포함되어 있는바, 그들은 자신들에게 삶과 자유의 기회가 열려져 있게 할 것을 요구할 수 있는 권리를 갖는다. 따라서 공공복리는 사회의 역동성과 희망과 책임의 정치적 덕목에 대한 윤리적 원칙을 제시한다.[33] 현시점의 문명사적

31) Meinecke(각주 30), S. 6f. 재인용.

32) 헌법의 개념에 대해서는 Isensee, HBStR Bd. I, §13 Rn. 129ff.

33) 기술문명의 책임에 대해서는 H. Jonas, Das Prinzip Verantwortung, 1979. 민주적 법치국가와의 관련성은 P. Saladin, Verantwortung als Staats-

발전 속에서 공공복리의 미래지향적 측면은, 예컨대 자연보호, 제한된 자원의 경제적 이용, 정신자산의 계승과 보전, 헌법 및 국가제도의 개선, 내적·외적 평화의 보장 및 시민들의 신체적 안녕에 대한 배려 등에서 주목된다.

아리스토텔레스와 토마스 아퀴나스의 전통에서 유래됨에도 불 26
구하고 국가와 사회를 구별하고 또한 국가의 개인주의적 정당성을 개인과 집단의 이익에서 도출하는 최근의 공공복리에 대한 이해는 헌법국가의 특수한 조건에 부합된다. 오늘날 공공복리는 집단과 그 구성원 개개인이 좀 더 완전하고 쉽게 자기실현을 할 수 있게 하는 모든 사회생활조건의 총체로 이해된다.[34] 이러한 새로운 정의에서는 고전적인 시각과는 분명하게 구별되는 관점의 변화, 말하자면 공동체 전체에서 벗어나서 제도화된 국가(좁은 의미에서)에 초점을 맞추는 관점의 변화가 주목된다. 그 대상의 범위는 목표들의 지평을 떠나서 목표달성을 위한 제도적 차원으로 축소된다. 궁극적으로 공공복리는 부분국가로서 헌법국가에 부합되는 책임과 잠재적인 과제영역으로 회귀된다.

그런데 이렇게 축소된 공공복리개념은 수단과 관계될 뿐, 목 27
표와는 연관되지 아니하기 때문에 틈새가 생기게 된다. 즉 (제도적인)공공복리의 배후에 있는 일종의 (목표의) 공공복리라는 별도의 개념이 필수적인 것이 되었다.[35] 오로지 그것이 유일한 이유는 아

prinzip, 1984. 후세의 헌법 및 윤리적인 보호에 대해서는 H. Hofmann, Rechtsfragen der atomaren Entsorgung, 1981, S. 259ff., E. v. Hippel, Der Schutz des Schwächen, 1982, S. 140ff.; P. Häberle, Zeit und Verfassungskultur, in: A. Peisl/A. Mohler(hg.), Die Zeit, 1983, S. 333ff.

34) 예컨대 die Konstitution “Gaudium et spes” des Ⅱ. Vaticanum n. 26, 74(dt. Ausg. v. K. Rahner/H. Vorgrimler, Kleines Konzislkompendium, 1966, S. 473, 531). 이전 것으로는 Johannes XXIII., Enziklika “Mater et Magistra” v. 15.5.1961(dt. Ausg. v. B. Welty, 1962, S. 120).

35) 이는 “공공선”(넓은 의미의 공공복리)로서 이해된다. Vgl. W. Kerber,

니지만, 바로 이러한 이유로 해서 목표와 연관된 고전적인 공공복리이해를 지속하고 또한 헌법국가가 필수적인 부분통일체로서, 바로 그러한 존재로서만 자신을 규정할 수 있고, 존재의 전제조건을 찾을 수 있는 국가생활의 전체에 대한 개념을 유지해야 할 필요성이 설명된다. 즉 포괄적인 공공복리개념은 헌법국가의 활동영역을 보다 축소하여 획정하기 위하여 필요한 국가이론에 대하여, 또한 그 활동영역을 국가법적으로 제한하고 구별하는데 필요한 토대를 제공한다.

4. 공평무사성과 사적 편익

28 공공복리와 개별(특수)복리의 개념 대립항은 다른 차원에서는 공평무사성과 사적 편익의 개념대립항(이타주의와 이기주의)으로 설정된다. 이 구별되는 차원들은 그 범주가 쉽게 전환되고 혼합될 수 있는 정도로 서로 근접되어 있다.[36] 다만 이 두 범주는 엄격하게 구별되어야만 한다. 헌법국가의 공공복리개념은 바로 이 구별을 토대로 하기 때문이다.[37] 공공복리와 개별복리는 목표를 분명히 하는 것이고, 반면에 공평무사성과 사적 편익은 방법과 연관되는 개념 대립항이다. 요컨대 전자에서는 실질적인 사안과 프로그램이

Gemeinwohl, in: StL Ⅱ, Sp. 858. 고전적인(윤리적인) 관점에서 도구적인 개념에 대한 비판은 A. F. Utz, Sozialethik I, 1958, S. 293ff.

36) 이러한 혼동은 연방헌재의 Mutlangen판결에서 결정의 향방에 영향을 미쳤던 4명의 재판관의 설시에서 찾아진다. 즉 그들은 연좌시위에서 자기이익과 공공복리지향의 행위 간의 "근본적인" 차이를 지적한다. "자기의 이익을 위한 것이 아닌" 정치적인 목표, 즉 "단순한 집단에 특유한 또는 경제적인 이익이 아니라 근본적인 일반적인 의미의 일을 추구하는 연좌시위참여자들은 형법상의 공갈죄에 해당하지 아니하고 헌법에 의거 정당화되는바, 그들의 행위는 원칙적으로 형법상 비난되지 아니한다. BVerfGE 73, 206(257-260). 법윤리론적으로 잘못된 논제에 대한 근본적인 비판은 BGH in: NJW 1988, S. 1739(1740ff.); 또한 E. Dreher/H. Tröndle, Strafgesetzbuch, 1988, §240, Rn. 27.

37) 뒤의 단락 41ff.

관건이고, 후자의 경우는 절차 및 프로그램의 시행과 연관된다.

29 국가의 공직자는 사익이 아니라 오로지 일반적인 최선을 위한 직무상 책임을 진다. 공직법과 공직윤리 속에서 공공복리와 공평무사성은 필연적으로 서로 연관된다.[38] 그러나 국가활동에 대하여 타당한 것이 사인의 활동, 말하자면 그 영리의도에도 불구하고 시장에서 영리생활에 참여함으로써 간접적으로 공공복리의 증대에 영향을 미치는 사인의 행위에 대해서도 필연적으로 효력을 갖는 것은 아니다. 어쨌든 헌법국가에서는 그렇다. 자유주의적인 기대에 따르면 공공복리는 개인의 주관적인 동기와는 무관하게 간접적으로 사적인 이기주의들 간의 개방된 경쟁을 통해서 형성된다. 기본법의 조세국가는 시민들의 정당한 경제적 사익추구를 토대로 하여 이윤에 대한 참여를 통해 공공복리에 중요한 과제, 예컨대 자립생계능력이 없는 시민들에 대한 사회부조 등을 위한 재원을 확보한다.[39]

30 이기적인 의도가 없다는 것이 무조건 공공복리 지향성에 대한 증명이 되지는 아니한다.[40] 왜냐하면 그것은 판단력과 정치적 지혜, 책임감 및 경험 등을 필요로 하기 때문이다. 그러나 이러한 자질들은 소명의식과 연계되어 세상을 이상적인 방향으로 개선하는 영역에서보다 오히려 자신의 가족을 위하여 사익을 추구하는 일상의 생활과 직업활동의 영역에서 또한 독자적인 정치적 이익을 추구하는 속에서 더 잘 찾아질 수 있다. 이익의 토대가 결여되어 있는 경우 신념은 상식과 거리가 멀어지기 쉽다. 또한 그것은 법률들이나 공동체의 생활조건등과 같은 "상위의 어떤 것"을 위해 선

---

38) 앞의 단락 8ff.

39) 조세국가의 체제에 대해서는 J. Isensee, Steuerstaat als Staatsform, in: FS f. H.P. Ipsen, 1977, S. 409ff.; 뒤의 각주 313; HBStR Bd. I, Vogel, §27 단락 51ff.

40) 오류의 예로는 BVerfGE 73, 206(257ff.); 앞의 각주 36.

한 양심을 무시하는 경향의 정치적 도덕주의에 빌미를 주기 쉽다.[41]

기본법상 결사의 자유가 유효한 영역에서 노동 및 경제조건 등 공공복리에 중대한 의미를 갖는 규율은 사익을 추구하는 개별이익 대표자들인 협약당사자들의 자치에 맡겨져 있다.[42] 게다가 공공복리의 증진은 선한 의도가 아니라, 선한 활동의 문제이다. 아담 스미스의 말대로 이 둘은 서로 일치하지 아니한다.

31 공공복리증진의 목표와 방법을 구별하는 것은 국가철학이나 헌법이론에서보다는 시행되고 있는 조세법률에서 더 잘 드러난다. 사적 단체에게 공익을 위하여 세제상 혜택을 주는 조건들을 규정하는 경우가 대표적인 예이다. 한편으로 이 공익은 법률에 명시적으로 규정된 목적, 예컨대 중요한 영역에서 객관적으로 확인되는 방식으로 일반이익을 신장시키는 목적(세법 제52조) 등을 통해서, 또 한편으로는 목표실현에서 공평무사성을 통해서(세법 제55조) 설정된다. 조세혜택은 단체가 일반이익과 이웃의 이익을 위해서 자신의 정당한 이익을 자발적으로 포기한 것에 대하여 조정적 보상을 제공하는 것이다. 세법상 예외의 구성요건은 통상 사익을 추구하고 그렇기 때문에 조세의무를 부담하는 시민들의 성과 자체가 공공복리증진에 유익한 것이 될 수 있다는 원칙을 확인하는 것이기도 하다.[43]

---

41) 이 현상에 대해서는 H. Lübbe, Politischer Moralismus. Der Triumpf der Gesinnung über die Urteilskraft 1987. 연방헌법재판소의 자기이익에 대한 헌법적 오해와 오용에 대한 BGH의 적확한 비판은 BGH in: NJW 1988, S. 1742.

42) 이에 대하여는 J. H. Kaiser, Die Repräsentation organisierter Interessen, 1978. HBStR Bd. Ⅳ, Koalitionsfreiheit.

43) 이 점에 대한 상론은 J. Isensee/B. Knobb-Keuk, Reform des Gemeinnützigkeits- und Spendechts, in: BMF(각주 24), S. 331(344f.)

Ⅳ. 실천이성의 요청으로서 타당성

1. 공공복리 - 소여 및 과제로서 주어진 계획

아리스토텔레스와 토마스 아퀴나스를 토대로 하는 전통적인 32
국가론에서 공공복리는 철학적인 인식을 바탕으로 해서만 이해되는바, 그것은 정치적 자의에 맡겨져 있지 아니한 선재하는 질서계획(Ordnungsplan)으로 파악된다. 이 질서의 핵심인 덕성과 의무의 원칙은 치자와 피치자에게 똑같이 요구되는 것으로서 공공선으로부터 도출된다. 이러한 공공복리에 대한 논의는 초역사적인 국가의 본질과 목표를 지향하는 것이지 제한된 시공간적 조건하에 있는 특정한 국가를 대상으로 하지 아니한다. 따라서 구체적인 현실상황 속에서 선재하는 공공복리가 요구하는 것이 무엇인가에 대한 해석권한이 사전에 설정되는 있는 한, 전통적인 공공복리론의 맥락에서 공공복리에 대한 인식을 실천에 옮기는 것은 의미 있는 문제로 제기되지 아니한다.44)

전통적인 국가론과 낙관적인 인식론의 주지주의적 전제가 새 33
로운 시대의 사유에 의해 부정된 이래 주의주의적인 관점이 대두되고 있다. 이에 따르면 공공복리는 더 이상 해석의 방법에 따른 인식의 대상이 아니라, 정치적 결단의 대상으로 이해된다. 말하자면 공공복리는 정치활동 이전에 선재하는 것이 아니라 정치활동의 결과로서 형성되는 것으로 이해된다.45) 국가의 총체적인 목표는

---

44) 이지적인 비역사적 본질철학은 최근까지 공공복리에 대한 카톨릭 국가 및 사회이론이 이끌고 있다. 그 예로는 J. Messner, Naturrecht, 1958, S. 255ff.; Utz(각주 35); ders., Recht und Gerechtigkeit, Deutsche Thomasausgabe, 18 Bd., 1953, S. 458ff., 564ff. 동 이론의 국가철학적 전제에 대해서는 J. Isensee, Keine Freiheit für den Irrtum, Die Kritik der katholischen Kirche des 19. Jahrhunderts an den Menschenrechten als staatsphilosophisches Paradigma, in: ZRG, kan. Abt. LXXIII, 1987, S. 296ff.

근대의 사고양식에서 파악되는 것 같이 선재하는 것이 아니라 과제로 이해되는바, 이는 역사적 상황과 끊임없이 변화하는 다양한 정치적 과제에 연계되어서 집권세력의 결단에 따라 구체적으로 형성된다. 이러한 관점의 변화에 따라 국가론의 영역에서 공공복리의 내용은 더 이상 실체적인 개념정의가 아니라 그 내용의 결정권의 주체를 정하는 문제에 초점을 맞추어 논의된다. 요컨대, 공공복리의 개념은 주로 권한과 절차에 관한 형식적인 문제로만 제기될 뿐이다.

34 하지만 실제로 공공복리에 대한 전통적인 관점에 대한 반론은 문헌에서 흔히 볼 수 있는 반박에서보다는 덜 통렬하다. 예컨대 공공복리의 내용을 정하는 것이 숙제로 주어져 있다면 그 과제 자체, 즉 해결책이 아니라 명제가 사전에 주어져 있는 것이기 때문이다. 그러나 명제는 가능한 해결책의 범위를 결정한다. 결국 공공복리에 대한 질문에 의해 가능한 대답의 범위가 결정되고 제한된다는 점에서 어떤 공동체도 이 질문을 피해 나갈 수는 없다.

2. 이론적인 난관 – 실천의 필수불가결성

35 공공선에 대한 이론적인 탐색작업은 적지 않은 난문에 부딪치게 된다. 예컨대 (기본권민주주의에서의 조건들과 같은) 개인주의의 조건하에서 다원적인 특수이익들로부터 하나의 일반이익이 유지되는 것이 가능한 것인지, 어떻게 가능할 수 있는 것인지[46] 또는 공공복리개념이 도대체 내용상의 정체성을 내포하는 것인지 또한 그 함의가 광범위한 것이라면 어떤 자의적인 의미에도 다 개방되어

---

45) 대표적으로 Fraenkel(각주 9), S. 167f., 1888; H. Ryffel, Öffentliche Interessen und Gemeinwohl, in: Wohl der Allgemeinheit(각주 9), S. 13(17ff., 26ff.); ders., (각주 29), S. 227.

46) 이에 대하여는 U. Matz, Aporien individualistischer Gemeinwohlkonzepte, in: A. Rauscher(Hg.), Selbstinteresse und Gemeinwohl, 1985, S. 321ff.

있는 것은 아닌지 등의 질문들이 그것이다. 공공복리에 대한 아리스토텔레스와 토마스 아퀴나스식의 이해는 인식론과 학문 및 이데올로기에 대한 비판론과 형이상학과 자연법으로부터의 이반, 기타 스콜라철학과 헤겔주의에 대한 반론의 소용돌이 속에서 헤어나지 못하고 있다.[47] 그런데 선험적이고 세심한 노력에 종언을 고한 후에 결국 남는 것은 흔히 공공복리는 '백지형식'이라는 판단뿐이다.[48] 이 경우 분명하게 드러나는 불가지론은 그 일관성이 유지되기 위해서는, 비슷한 정도로 추상적이고 그 의미가 다양한 개념들, 예컨대 '정당성'과 '인간의 존엄성'이나 '자유'와 '평등', '민주주의', 법치국가, 기타 '사회적인 국가목표' 등의 개념에 대해서도 동일하게 적용되어야만 할 것이다.[49]

그러나 공공복리개념에 대한 불가지론은 순수학문의 차원에서 36
만 문제가 된다. 그 이론상의 어려움과는 상관없이 현실적으로 공공복리 또는 그와 유사한 개념들의 필수성은 부인되지 아니한다. 국가의 현실은 인식철학 및 국가철학과 얽혀 있는 난제들을 풀어내는 것이고, 그것을 위해서는 공공복리의 개념이 사용되어야 하기

47) 근본적인 비판의 예로는 K. R. Popper, Die offene Gesellschaft und ihre Feinde, 2. Bd., dt., 1980, S. 5ff.; E. Topitsch, Die Spezialphilosophie Hegels als Heilslehre und Herrschaftsideologie, 1981; ders., Mythos, Philosophie, Politik, 1969, S. 121ff., 142ff.

48) 예컨대 N. Luhmann, Recht und Automation in der öffentlichen Verwaltung, 1960, S. 91; Stolleis(각주 6), S. 37; 좀 더 조심스러운 견해는 ders., Gemeinwohl, in: EvStL, Sp. 1062f. 정치영역에서 '백지형식'에 대한 일반적인 인식론적 비판과 이데올로기 비판으로는(공공복리와 특별한 연관성은 없지만) H. Kelsen, Die platonische Gerechtigkeit(1933), in: Kantstudien XXXVIII/1933, S.91ff.; E. Topitsch, Über Leerformeln, in: FS. f. V. Kraft, 1960, S. 233ff.; ders., Sozialphilosophie(각주 47), S. 122ff.

49) 이 결론은 전면적인 것은 아니다. 말하자면 "백지형식"에 대한 비판론자들은 자신들의 입장에서 인권, 자유, 민주주의 등과 같은 일반적인 개념을 적극적으로 사용한다. 예컨대 Topitsch, Sozialphilosophie(각주 47), S. 123ff.

때문이다. 정치, 행정 및 사법도 선재하는 가치평가와 규범들의 맥락 속에서 주어진 결정상황에 대하여 공공복리의 의미를 해석하는 것인바, 그것들 역시 공공복리 이념의 효력을 전제로 한다.[50] 수사학적인 관점에서 개념의 형식성을 부각시키고, 정치적 오용을 지적하는 관점의 저편에는 공공복리에 대한 촉구의 배후에 있는 하나의 이념, 즉 국가의 통일성이 그 목표들 속에서 구현되게 하는 정향점으로서 공공복리 이념의 필수성을 강조하는 뜻이 자리 잡고 있다.

37 이렇게 이해되는 공공복리는 실정법의 규범을 토대로 하지 아니한다. 그 효력은 모든 실정화를 앞선다. 하지만 실정화에 앞서는 이 효력은 근본목표와 연관된 아리스토텔레스적인 존재론이나 플라톤식의 이념론의 토대를 필요로 하는 것은 아니다. 국가와 법의 실제와 관련해서 이해되는 공공복리는 플라톤이 말하는 이념이 아니라 칸트가 말하는 이념, 즉 객체에 대한 이론적인 인식이 아니라 주체에 대한 필수성을 말하는 실천이성의 명령(Postulat der praktischen Vernunft)이다. 이념은 하나의 주관적이면서 동시에 진정하고 무조건적인 이성의 필수성이다.[51] 그 자체로서 공공복리는 현실에는 존재하지 아니하고 추구되어야 하는 이익의 통일성과, 경험 속에서는 존재하지 않는 공동체의 완전성의 기초를 설정한다. 말하자면 그것은 현안과 연관된 특정한 목표와 관련하여 국가

---

50) 공공복리나 공익 등의 주제와 관련된 입법과 사법상의 자료에 대한 상세한 개관과 평가들로는 Öffentliches Interesse(각주 9), S. 32ff.; ders., "Gemeinwohljudikatur" und Bundesverfassungsgericht, in: AöR 95(1970), S. 86ff., 260ff.; ders., Kommentierte Verfassungsrechtsprechung, 1979, S. 308ff.; ders., Gemeinwohlproblematik(각주 9), S. 258ff.

51) I. Kant의 이념론은 Kritik der praktischen Vernunft, 1788, A 20f.(Anm.), 238ff.(in: Akademie Ausgabe Bd. Ⅴ, 1913, S. 21f., 132ff.); Vgl. ders., Kritik der reinen Vernunft, 1787, B 366ff., B 799(Meiner Ausgabe, S. 347ff., 703); ders., Logik, 1800, §38(in: Akademie-Ausgabe Bd. Ⅸ, 1923, S. 112).

의 정당한 행위에 대한 사유에 방향을 제시해주는 규율적 원칙이다.

공공복리의 이념은 정치공동체에 대한 이성의 필수성이다. 그 이념의 존재를 전제로 역동적인 목표와 의미에 대한 수요가 생겨난다. 국가의 통일성은 그 구성원들이 각각의 서로 충돌되는 특수한 이익들을 넘어서 일반적인 이익을 용인하고, 또 경쟁관계에서 상충하는 정치세력들이 자신들의 노력에 방향을 제시해주고, 행위들에 정당성을 부여해주는 공통된 궁극적인 목표의 이념을 공유하는 경우에만 있을 수 있다. 공동의 이념이 없이는 국가의 통일성이 항구적으로 창출, 유지 및 갱신될 수 있는 통합의 과정(Prozeß der Integration)은 불가능하다.[52] 38

공공복리는 공동체가 당위적으로 그래야 하는 모습을 나타내는 것이고, 따라서 그것은 현실과 필연적으로 일치되는 것은 아니다. 공공복리는 국가생활의 전범(Vorbild)이지 복사물(Abbild)이 아니고, 그렇기 때문에 국가생활에 대하여 지침이 될 수 있다. 따라서 공공복리이념은 정치적 희망과 국가의 활동에 자유로운 공간을 만들어 줄 수 있다. 그것은 법형성을 선도하는 별이지 그 대상은 아니다. 또한 그것은 법질서와 헌법의 특정한 상태 속에서 완전히 또는 최종적으로 구현되는 것은 아니다. 오히려, 적어도 잠재적으로는, 실정법을 넘어서 효력을 갖는 이념으로 존재한다. 예컨대 정당성이나, 1970년대 초반 이래 부각된 생태문제와[53] 인구감소가 산업사회와 노후보장제도의 미래 및 국민의 육체적인 상태에 대하여 야기할 문제 등과 같이 역사적 상황에서 비롯되는 새로운 도전 39

52) 목적과 과제를 통한 실질적인 통합에 대해서는 Smend, Verfassung(각주 21), S. 160ff.

53) 공공복리 및 이와 관련된 권한의 논제로서 환경보호의 흠결문제에 대한 기본적인 이론적 비판은 E. Forsthoff, Wer garantiert das Gemeinwohl?, in: Zeitwende 44(1973), S. 40ff., ders., Der Staat der Industriegesellschaft, 1971, S. 27ff.

들에 대한 대응을 촉구하는 비판적인 자극을 주는 관점에서 효력이 유지된다. 그렇기 때문에 정치경제적으로 유력한 이익이라고 해서 그것들이 모두 공공복리의 한 부분이 되는 것은 아니다. 어떤 이익은 그것이 유력하기 때문이 아니라 정당한 경우에만 또한 정당하기 때문에 공공복리에 속한다. 따라서 그것은 공동체에 의한 가치평가를 필요로 한다. 그렇기 때문에 '일반적인 최선'(das allgemeine Beste)은 단순히 개별적인 우선순위질서들의 총합만은 아니다.[54]

40 이성은 자신의 "초안구상의 한계"(Grenzen der Entwürfe)[55]를 알지 못하기 때문에 공공복리의 기획은 실제로 무한정 발전되어 나갈 수 있다. 그러나 실천이성의 명령은 국가라는 실존 단체의 시공간적 여건 및 실제 활동조건들과 연관되고, 그에 따라서 순수한 유토피아의 세계에 빠져들지 않게 된다.

---

54) 따라서 실제 현실 속의 경제적 이익은 법적으로 공공복리의 규범적인 이념과 직접적인 관련성은 없다. "사회적 선호질서", "사회적 선택", "복지이론", "공공재" 등의 주제에 대한 경제학 문헌들은 국가이론과 국가법의 문제에 대하여 직접적인 답을 제시하지는 아니한다. 하지만 간접적으로 시장경제 및 민주적 개인주의에 대한 공감대형성과 조건들에 대한 규명의 단서를 제공할 수는 있다. 바로 이 점에서 국가론에 대한 무시할 수 없는 의미가 있다. 근래의 경제학 문헌의 예들로는 Th. Pütz, Das "Gemeinwohl" als Begriff der theoretischen Wirtschaftpolitik, in: Zeitschrift für Nationalökonomie 26(1966), S. 260ff.; A. Bergson, Social Choice and Welfare Economics under representative government, in: Journal of Public Economie 6(1970), S. 171ff.; B. S. Frey, Moderne politische Ökonomie, 1977, S. 94ff.; P. Bernholz/F. Breyer, Grundlagen der politischen Ökonomie, 1984, S. 253ff.; P. Bernholz, Verfassung und konsistente gesellschaftliche Präferenzen: Ein allgemeines Möglichkeits-theorem, in: Jahrbuch für Politische Ökonomie 4(1985), S. 73ff.; Ch. Watrin, Gesellschaftliche Wohlfahrt, in: Rauscher(Hg.), Selbstinteresse (각주 46), S. 461ff.

55) I. Kant, Idee zu einer allgemeinen Geschichte in weltbürgerlicher Absicht, 1974, A 369(in: Werke, Weischedel-Ausgabe, Bd. Ⅵ, 1964, S. 35).

이 모범은 내용상 특정된다. 다만 초시간적인 조건이 아니라 국가활동과 불가피하게 연관될 수밖에 없고 그 활동범위를 결정하는 역사적인 조건, 예컨대 동 시대의 상황, 정치적 필요성 및 효력 있는 규범 등에 의해서 규정된다. 역사적이고 구체적인 조건들은 공동체의 당위상태에 대한 성찰도 규정한다.

B. 공공복리의 헌법국가적 설계

I. 헌법에 의해 선재되는 국가관

1. 현대국가의 형식적 구조

현대국가(der moderne Staat)는 목표보다는 수단에 의해서, 과 41
제보다는 권능에 의해서 더 많은 부분이 구성된다. "현대국가"라는 개념은 오늘날 전 세계적으로 통용되는 가공되지 않은 용어로서 헌법적으로 세부적인 내용이 아직 설정되지 않았고 또한 민주적인 법치국가를 비롯한 가능한 모든 헌법에 앞서는 정치조직을 지칭한다.[56] 토대국가성은 결정 및 힘의 통일체로 합목적적으로 조직되어 있다. 구조들은 형식적이다. 말하자면 특정한 목표들과 연계되어 있지 아니하고, 정치현상의 역사적 흐름 속에서 현실화되는 당해 목적들에 대하여 개방되어 있다. 목표들과 과제들은 사전에 구체적으로 설정될 수 없다. 그것들의 근원인 정치적 필수성과 사회적 수요들이 예견될 수 없기 때문이다. 따라서 협의의 국가(오늘날에는 이 개념만이 적확하다)는 제도적으로 가능한 범위 안에서 현실의 요청을 수용하고, 그것에 적극적으로 대처하는 활동에 대하여 전권을 위임받았다고 할 수 있다. 여기에서 적극성은 힘을 독점한

56) 현대국가의 구조모델에 관해서는 HBStR Bd. I, Isensee, §13 Rn. 40ff.

자신의 구조를 깨닫고, 새로운 시대정신의 본질에 부합되는 국가의 속성을 말한다.[57] 현대국가의 활동은 처음부터 특정한 목표들에 지향되어 있지는 아니하다. 그러나 국가의 가능한 목표들은 세속의 영역에 있다. 말하자면 현대국가에서 초경험적인 신탁의 과제는 더 이상 존재하지 아니한다. 이러한 점에서 현대국가의 활동의 현실적인 가능성의 한계는 그 세속성에서 찾아진다.[58]

42 현대국가는 그 목적들이 아니라 오로지 그 수단들에 의해서만 정의될 수 있다. 상황과 무관하게 국가조직에 유보되는 식의 목표는 없다. 국가조직을 통해서 실현되는 목표들은 사항에 따라서는 비국가적인 단체에 의해서도 수행되거나 또는 적어도 특정한 조건하에서라면 비국가적인 단체들에 의해서 수행될 수 있다. 그렇기 때문에 국가를 차별화하는 특성은 오로지 그 수단에서만 찾아질 수 있다.[59] 막스 베버가 정치단체들의 속성으로 규정한 이 특수한 수단은 바로 물리적 폭력이다. "물론 물리적인 힘이 국가의 통상적인 또는 유일한 수단은 아니다. … 그러나 물리적 힘을 특수한 수단으로 하는 국가는 특정한 영토 안에서 정당한 물리적 힘의 독점을 (성공적으로) 관철시키는 인적 공동체이다. 국가 이외의 다른 단체나 개인에 대한 물리적인 힘에 대한 권리의 부여는 국가가 그것을 허용하는 경우에만 인정되는 것이기 때문에 국가는 "힘에 대한 권리"[60]의 유일한 근원이라고 할 수 있다. 물리적 힘의 독점

---

57) 현대국가의 활동성과 특별한 정신적 속성에 대해서는 H. Krüger(각주 9), S. 15ff.

58) 전체관할성의 한계에 관한 상세한 내용은 아래 Rn. 161f.

59) 배타적인 국가목표들이 없다고 하여도, 강제집행이나 경찰과 군대 등 물리적인 폭력과 같이 국가의 특수한 활동영역이 국가의 특수한 수단개입에 의하여 규정되는 한 배타적인 국가과제는 존재한다. 상세한 내용은 아래 단락 150, 152f.

60) M. Weber, Wirtschaft und Gesellschaft(1922), Studienausgabe 1964, 2 Hbb., S. 1043. 권력독점에 대해서는 J. Isensee, Die Friedenspflicht der

(Gewaltmonopol)은 국가의 대내적인 주권성의 근본적인 토대이고, 이 내적 주권성은 사회에 대하여 국가가 갖는 특별한 형식의 힘의 지위를 지칭하는 것이다. 요컨대 현대국가의 유형은 상대적으로 목표와 무관한 제도적 수단으로 이해된다. 이러한 점에서 현대국가론에서 공공복리의 이념이 근대 이전에 주어졌던 핵심적인 역할을 상실하였다는 것이 쉽게 설명될 수 있다.[61]

그럼에도 불구하고 헌법국가가 주권적인 결정 및 권력통일체 43
로서 사회세력들로부터 최소한의 독립성과 거리를 유지하면서 독자적인 책임하에 공공복리의 요청을 정하고 또한 그것을 가장 강력한 집단의 저항을 제압하면서 그 효력을 확보할 수 있게 하는 것은 바로 공공복리 개념의 형식적인 구조들이다. 헌법국가는 공공복리의 창출을 오로지 사회적인 이익투쟁에만 맡겨놓고 그 결과를 그대로 추인하기만 하는 것은 아니다. 헌법국가는 간접적인 사회의 권력에 휘둘리고 그 권력의 특수한 요청의 수행자로 전락할 위험으로부터 자신을 지킬 수 있다. 대내적인 주권성에 의해서 현대의 사회국가 또는 간섭국가는 최약자 보호의 문제를 일반적인 문제로 격상시키고, 필요한 경우에 사회적 과정에 영향을 미치고 수정할 수 있다. 결국 주권성은 공공복리능력(Gemeinwohlfähigkeit)을 뜻한다.[62]

Bürger und das Gewaltmonopol des Staates, in: FS f. K. Eichenberger, 1982, S. 23ff.(Nschw.). HBStR Bd. I Isensee, §13 Rn. 74f.; Randelzhofer, §15 Rn. 35ff. Bd. Ⅲ §79 Rn. 8, 21, 29ff.

61) 토마스 아퀴나스 이래 오랜 기간 줄곧 공공선의 핵심적인 의미를 고수해 온 카톨릭 사회이론은 예외적인 것으로 주목된다. 이 이론이 근본적으로 근대국가의 현실에 대해서도 폐쇄적으로 유지되는 것은 물론이다. 상세한 내용은 Isensee(각주 44), S. 322ff.

62) (내적인) 주권의 사회의 간접적인 권력으로의 전이에 대해서는 J. Isensee, "Gewerkschaftsstaat" – staatstheoretische Essenz eines politischen Kampfbegriffs, in: FS f. W. Hennis, 1988, S. 360ff.

2. 실체적인 목표과제

a) 국가목표로서 안전과 헌법국가의 목적

44 결정통일체 및 권력통일체의 형식적인 구조는 하나의 실체적인 토대를 기초로 한다. 국가를 통해 내전이 제도적으로 극복된 평화질서의 사회상태, 말하자면 시민들 간의 충돌이 완전히 해소될 수는 없다고 하더라도 국가가 정치적 통일체로서 존속되기 위한 필수적인 상태, 즉 모든 내적인 대립이 극단의 적대적 증오의 정도에는 이르지 않는 상태가 유지되어야만 한다.[63] 물리적 힘의 독점은 사적인 폭력의 행사와 위협을 제어하고, 시민들의 법익이 상호간에 침해되지 않도록 보호하고 또한 그것을 통해서 전체 사회의 안전상태를 확보하기 위한 것인바, 이들은 결국 공공복리의 결정에 대한 일반적이고 자유로운 대화의 조건들이다.

45 공공복리가 근본적으로 대화를 필요로 하고 또 그 요청들이 토론의 대상이 될 수 있다는 것은 오늘날 정치적인 기본인식에 속한다. 대화의 문화적인 전제조건 자체, 말하자면 시민의 평화의무와 국가의 권력독점에 의해 창설되는 국가의 평화통일체에 대하여 더 이상 이견이 없는 것도 마찬가지이다. 모든 세대의 의식과 행위 속에서 갱신되는 평화공동체의 창설과 유지는 모든 국가목표들 중에서 가장 기초적인 것이고, 그것은 현대국가에서 공공복리의 필수적인 구성부분이다.[64] 내적 평화와 법익의 안전을 보장하는 국

---

63) 정치적 통일체의 범주에 대해서는 E. W. Böckenförde, Der Begriff des Politischen als Schlüssel zum staatsrechtlichen Werk S. Schmitts, in: H. Quaritsch(Hg.), Complexio Oppositorum, 1988, S. 283ff.

64) 헌법국가에 대한 안전의 국가목표의 내용, 의미 및 법실무상의 의미에 대해서는 K. Eichenberger, Die Sorge für den inneren Frieden als primäre Staatsaufgabe(1977), in: ders., Der Staat der Gegenwart, 1980, S. 73ff.; J. Isensee, Das Grundrecht auf Sicherheit, 1983, S. 17ff.(Nachw.); D. Murswiek, Die staatliche Verantwortung für die Risiken der Technik, 1985, insbes. S. 88ff.; G. Robbers, Sicherheit

가목표는 모든 국가에 불가피한 것으로 주어져 있다. 다만 그것은 시대와 무관한 근본질서의 형이상학적인 숙제가 아니라 현대사회 속에 자리 잡고 있는 역사적인 숙제로 주어져 있다.[65]

헌법국가는 안전을 국가목표로 삼고, 그것과 자유라는 목표의 조정을 도모하는바, 헌법국가는 자신의 위험방지조치에 의해 시민들의 자유를 실제 필수적이고 적정한 정도 이상으로 제한하지 아니하고 또 안전침해자들도 권리주체로 존중하는 동시에 피해자들에 대한 보호의 필요성을 주관적인 권리로 인정함으로써 조정자의 역할을 수행한다.[66] 말하자면 안전은 헌법국가가 평화의무와 관용의 일반적인 법칙에 따라 모든 사람들에게 보장하는 시민적 자유의 토대에 해당된다. 또한 안전은 또 다른 차원에서 의미를 갖는바, 그것은 다른 시민들의 침해에 대한 보호뿐만이 아니라 국가권력에 의한 침해에 대한 보호의 의미를 포함한다. 국가권력의 침해에 대한 보호는 기본권의 헌법적 보장이나 법률적합성, 권력분립 및 권리보호, 요컨대 시민적 법치국가의 체계에 의해서 유지된다. 그런데 다른 한편 시민의 경제적 실존에 대한 위험과 그에 따른 사회적인 보호의 필요성은 바로 시장사회 속에서 시민의 자유에서 비롯되는바, 이 사회적 안전은 오로지 국가에게만 책임이 부여되는 것은 아니지만, 시민적 법치국가에서 사회적 법치국가로 발전시켜나가는 국가가 주로 최종적인 책임을 지고 보장한다. 46

20세기 말에 헌법국가에 제시된 새로운 안전수요의 문제는 기술문명에 의해 파괴된, 인간의 생활공간이자 생존기반인 자연과 47

---

als Menschenrecht, 1987, S. 121ff.; 앞의 각주 60.

65) 안전-국가목표의 역사적, 국가철학적 토대에 대해서는 Isensee(각주 64), S. 3ff.; Robbers(각주 64), S. 121ff.; Ch. Starck, Frieden als Staatsziel, in: Fs. f. K. Carstens, 1984, S. 867ff.

66) HBStR Bd. Ⅲ, Götz, §79, Rn. 10ff., 24ff.; Bd. Ⅴ, Staatliche Schutzpflicht.

연결된다.[67] 형식적으로 헌법전상의 명시적인 규정의 유무와 관계없이 오늘날 생태적 안전은 실제의 명증성에 의해 하나의 국가목표이고 또한 이 목표 속에 내포되어 있는 공공복리의 시급한 문제로서 한 측면임이 분명하다.[68] 이 새로운 국가목표는 그것이 헌법국가의 전통적인 제도들과 수단들을 원천적으로 위태롭게 하거나, 변화 또는 대체하는 것은 아닐지라도 그것들의 효용에 대한 검증의 계기를 제공한다. 생태적 안전의 문제에 의해서 인간생존의 보호라는 근대국가의 근본적인 과제가 다시 부각되었다. 다만 그것은 더 이상 개별적이고 직접적인 힘이 아니라 인간의 생활공간과 함께 인간 자체를 위협하는 탈인격화된 기술권력에 대한 보호이다.[69]

b) 공동체의 연대성과 자기보전(Selbstbehauptung)

48 현대국가의 조직은 국가창설의 의지에 따라 위험과 운명을 같이 하는 공동체를 구성한 국민의 통일체를 토대로 한다. 국가의 구성원들은 서로 보호해야만 하고, 정치적 발전에 대한 책임을 공유해야만 한다.[70] 국가시민의 조합적인 기본연대는 부인될 수 없는 무제한적인 것이다. 그것은 시간, 대상 또는 그 정도에 있어서 그 어떤 원천적인 한계도 설정되어 있지 아니하다. 시민들 상호간의 보호의무가 어떻게 실현될 것인지 또 그것이 국가에 의해 어떻게 조직되고 매개될 것인지를 정하는 것은 헌법의 근본적인 과제에 속한다. 연대책임은 기본법이 지향하는 바와 같은 사회적 국가목표에 대하여 국가윤리적인 기반에 해당된다.[71]

---

67) HBStR Bd. Ⅲ, Rüfner, §80 Rn. 1ff.

68) HBStR Bd. Ⅲ, Salzwedel, §85.

69) 뒤의 단락 128ff.

70) 국가의 "조합적" 토대에 대해서는 G. Jellinek, Allgemeine Staatslehre, 1914, S. 408.; HBStR Bd. I, §13 Rn. 109ff.; P. Kirchhof, §19 Rn. 56ff.

71) HBStR Bd. I, Zacher, §25 Rn. 19ff,

공동체의 대내외적 자기보전이란 목표는 공동체의 자각과 생존의지에서 나온다.[72] 공공복리의 이러한 활력체에는 국민의 생물학적, 정치적 존재로서의 안전, 영토와 자연환경의 불가침성, 국민통합, 국가형태 및 헌법의 유지 등이 속한다. 다만 독일의 경우 분단 상황 때문에 자기유지의 목표는 유동적이다. 기본법은 통일의 국가목표를 지향하며, 국민과 국가 및 자유주의적 헌법이념은 통일실현에 합치되어야 한다.[73] 그러나 현시점에서 독일의 정체성위기는 연방독일의 공공복리실현의 책임에도 장애요인이 되고 있다. 공공복리실현의 책임은 직접적으로는 지역적으로 인적으로 제한된 독자적인 지배영역에 해당되는 것이지만, 간접적으로는 국제법과 독일법의 가능성의 틀 내에서 모든 독일인에 대한 수임자적 의무도 포함하는 것이다.[74] 49

c) 국제법적 국가목표

과거에도 그랬고 오늘날에도 원칙적으로 이견이 없는바, 국가를 권리와 의무의 주체로서 구성하는 국제법도 국가의 실체적인 목표과제를 포함한다.[75] 국제법의 전통적인 관념은 주권적인 평등을 기초로 독립된 국가들 간의 조화와 함께 상호불가침, 영토적 완전성 및 외적 안전 등을 보장하는 소극적인 구획의 원칙에 의해 지배된다. 국제법이 단순한 조화를 넘어서 협력의 방향으로 새롭게 발전하는 흐름에 따라 이제 국가공동체의 구성원, 즉 개별국가들에게는 기회와 기대에 따라서는 법적 의무로 인정될 수도 있는 50

72) 이것과 협의의 국가와 연관되는 국가보호와는 구별된다. 이에 관해서는 H. P. Bull, Die Staatsaufgaben nach dem Grundgesetz, 1977, S. 354ff. 자기보전의 국가목표에 대해서는 Jellinek(각주 70), S. 256; Krüger(각주 9), S. 767ff.; HBStR Bd. Ⅲ, §58 Rn. 89ff.

73) HBStR Bd. I, Ress, §11 Rn. 55ff.; Dolzer, §12 Rn. 7f.

74) HBStR Bd. I, Ress, §11 Rn. 47ff.

75) 국제법상 국가개념에 대해서는 HBStR Bd. I, Isensee, §13 Rn. 28ff.

범세계적 목표들이 부여된다. (완전히 일관되고 모순이 없지는 아니하지만) 이들 목표들에는 평화와 인권의 국제적 보장, 경제발전, 정치적 합의, 문화교류, 범세계적인 환경보호, 인류의 자연 및 정신유산의 보전 등이 속한다.[76]

51 비록 대폭 개방되어 있고, 산만하고 또 부분적으로는 상충되는 것일지라도 오늘날 독일의 공공복리관념은 부분적으로 국제법에 의해 규정되고 조정된다. 국제적인 목표과제들은 서구의 국가들의 경우와 같이 개별 헌법국가의 정체성을 토대로 하는 유렵공동체, 북대서양조약기구 등의 통합기구들의 틀 속에서 보다 분명해지고 구체화된다.[77] 오늘날 한 국가 내의 공공복리는 초국가적인 단체의 공공복리에 편입되었고, 그것을 통해 정해지고 제한된다.[78]

52 기본적으로 국제법 우호적인 기본법은 국제법질서에 합치되고, 국제법의 조건을 수용하고, 그 목표를 자신의 것으로 수용한다. 독일 헌법국가는 기본법 서문에서 의연하고 분명하게 세계평화에의 기여를 국가목표로 천명하고 있는바, 침략전쟁을 금지하고, 군은 국가의 차원에서든 방위동맹의 차원에서든 순수한 방어적 목적으로만 창설된다(기본법 제24조-제26조).[79] 인권은 국가 내부의

---

76) 국제법상 인권보장의 문제에 관해서는 H. Rumpf, Der internationale Schutz der Menschenrechte und das Interventionsverbot, 1981, S. 19ff., 27ff. 헌법국가에 대한 국제법의 영향에 대해서는 Ch. Tomuschat, Der Verfassungsstaat im Geflecht der internationalen Beziehungen, in: VVDStRL(1978), S. 16ff.; HBStR Bd. Ⅶ, Internationale Offenheit: Systeme kollektiver Sicherheit: Das Friedengebot des Grundgesetzes: Übernationale Menschenrechtsgewährleistungen.

77) HBStR Bd. Ⅶ, Europäische Gemeinschaften: Verteidigungsbündnis.

78) 이에 관한 기본적인 접근은 Verdross(각주 29). 국가 외적인 요청과의 관계에서 "헌법이기주의"(Verfassungsegoismus)에 관해서는 Tomuschat(각주 76), S. 38ff.

79) F. Kirchhof, HBStR Bd. Ⅲ, §78, Rn. 21ff.; Bd. Ⅶ, Das Friedensgebot des Grundgesetzes.

사안일 뿐 아니라 보편적인 이념, 즉 모든 국가공동체와 세계평화와 정의의 토대로 여겨진다(기본법 제1조 제2항).[80]

Ⅱ. 공공복리와 헌법국가의 상호규정

1. 국가형태의 문제로서 공공복리에 관한 권한

공공복리의 개념과 관련하여 때로는 동 개념이 자유민주주의 53
국법이 아니라 권위주의적 체제에만 적합한 것이라는 생각에 집착하는 경우가 있다. 말하자면 하나의 중심적인 고권적 기관이 배타적인 상위의 통찰력에 의거하여 정치적인 행위를 하는 권력을 갖고 또 주어진 상황에서 진정한 공공복리가 무엇인지를 정의하는 힘을 갖는, 결국 국가윤리적인 정당화를 (큰 비용을 들이지 않고) 스스로 창설할 수 있는 권위주의체제에만 적합하다는 인식이 그것이다.[81] 이러한 관념은 현대 독일에서 무엇보다도 정당성전략을 무분별하게 악용하였던 나치 독재체제의 경험에서 찾아진다(공익은 사익에 우선한다).[82] 더욱이 이러한 현상은 새로운 것이 아니다. 절대주의 시대에 모저(Moser)는 전래의 권리를 제거하기 위하여 단순히 일반적인 최선(Allgemeine Beste)의 필수성만을 주장하였던 군주들을 비난하였다. 이미 18세기의 국법학자들도 공공복리의 이념과 구체적인 국가헌법의 구별을 알았고, 일반적인 국가이념에 구체적인 국가형식의 흠을 결부시키지 않았다. 순정한 사람과 애국자가 아닐지라도 실제로 공동의 최선이 다른 모든 것들에 우선한다는 것을 모르지는 않을 것이다. 그러나 중요한 것은 실제 공동의 최선이 무엇인지 또 무엇을 요구하는 것인지를 누가 정할 수 있는가

80) HBStR Bd. Ⅴ. Idee der Menschenrechte.
81) Vgl. 각주 4, 6.
82) Stolleis(각주 5).

하는 것이다. 요컨대, 공공복리문제의 국가법적 핵심, 즉 주어진 상황에서 공공복리가 요구하는 것이 무엇인지에 관해 구속력 있는 결정을 할 수 있는 권한을 누가 갖는가 하는 문제는 미결상태로 남아 있다. 공공복리의 결정권이 오로지 군주에게만 부여되고 또 독일 헌법에 따른 절차에 맡겨져 있다고 하는 것이나 또는 무엇이 공동의 최선의 이름과 외형 또는 본질을 취하는 것인지를 숙고하고 심사하는 것은 군주와 세습귀족 및 지주계층들만의 관심사일 뿐이라고 하는 것은 동양의 국가법상의 절대적인 해결책이라고 모저는 비난하였다.[83] 여기에서 공공복리가 권한과 절차의 문제를 제기하고, 이 문제가 헌법의 척도에 따라 해결될 수 있는 것은 전통적인 계급대표질서의 맥락에서 확인된다. 다만 이러한 인식은 자유민주주의 헌법에서도 변함없이 유효하다. 다만 자유민주헌법에서 이 문제는 새로운 질을 갖게 된다. 완벽하고 단일한 결정권한을 갖는 절대군주제에서 공공복리의 주제가 단지 도덕적이고 철학적인 의미를 가질 뿐이었다면, 사회와 국가 또한 국가기관들 간의 권한이 차별화된 이래 공공복리의 결정은 법실무상의 차원에서 국가법적인 관련성을 갖게 된다.[84]

54 공공복리의 구체적인 요청을 결정하는 권한의 헌법질서는 그 자체가 공공복리의 본질적인 구성부분이다. 헌법질서에 의해 권력과 책임의 정당한 배분이 보장되기 때문이다. 헌법국가의 자유원칙은 헌법질서 속에서 기본권의 측면에서는 개인의 자결권으로서, 민주주의의 측면에서는 국민의 자결권으로서 확립된다.

---

83) 모저의 논증은 다음과 같다. "고금의 경험에 따르면 군주와 관료들의 이성과 의지도 다른 사람들과 마찬가지로 쇠약해질 수밖에 없고, 공공의 최선은 종종 단지 욕망과 연계된 허식일 뿐이고 또 이른바 국가의 최선으로 취해지는 조치들은 부침이 교차되고, 경우에 따라서는 완전히 거세되고 부패하는 결과로 끝나기도 한다." Moser(각주 4), S. 1188.

84) E. Denninger, Der Präventionsstaat, in: KJ 1988, S. 11ff.

2. 자유민주주의와 목표통일성 이념

그러나 민주주의에서 공공복리는 정당한 권한배분과 절차형성 55
의 문제만으로 축소되지 아니한다. 결정산출의 방식이 규율에 맞는다고 해서 정당한 내용에 대한 의문이 필요 없게 되는 것은 아니다.[85] 형식적인 조직구조는 역시 형식적인 정당성만을 매개할 뿐이다. 국가의 결정통일체 및 평화통일체를 형성하는 민주주의의 구상은 전체적으로, 계속적으로 구체적인 결정들이 일반의 요청으로부터 도출될 수 있는 경우에만 장기적으로 시민들의 동의를 확보할 수 있다. 조직의 통일체는 정신적인 목표의 통일성 속에 있는 토대를 필요로 한다. 이 토대는 모든 시민의 공동관심사의 이념 속에 터잡고 있다. 개방된 정치적 투쟁은 바로 이 공동관심사를 둘러싸고 진행되고 또한 그것은 구속력 있는 국가의 결정과 연관되는 것인 동시에 그것의 정당성의 근거이기도 하다.

민주주의는 권위주의적인 체제보다 훨씬 더 공공복리의 이념 56
에 의존한다. 민주주의는 통합을 강제할 수는 없되, 자유시민들의 통합에서 생명력을 얻는다. 그러나 명령과 강제가 없는 경우 그것은 독자적인 자극을 필요로 하는바, 그 대표적인 것이 우선 공공복리의 이념이다. 공공복리의 이념은 사회의 모든 갈등과 분열을 넘어서 국가의 가치통일체 및 기능통일체를 상징화하고, 연대감의 토대를 제공하고 또 매일매일의 국민투표를 통해 통일체를 창출하는데 적극적으로 참여하고 또한 그 통일체가 유지되기 위해서 필수적인 적극성과 충성심 및 평화를 구축하는데 기여하도록 모든 시민을 촉구한다.[86]

---

85) 이에 관한 상론은 아래 단락 89ff.

86) 국가의 행동통일성에 대한 '우리 의식'의 의미에 대해서는 H. Heller, Staatslehre, 1963, S. 234f.

3. 사회적인 이익충돌 속에서의 중립성

57 헌법국가는 유럽의 공화주의전통 속에 자리 잡고 있다. 국가작용의 정당화의 필수성과 국가권력은 오로지 무조건 국민의 복리와 공직원리에 충실해야 하는 것 등이 공화주의의 핵심요소에 해당된다.[87] 국가윤리적인 관념은 민주적인 관료조직과 다원적인 사회에 대하여 헌법국가적으로 보장되어야만 한다. 민주주의원리에 따라 국가는 사회로부터의 정치적인 영향에 개방되어 있다. 경쟁하고 상충되는 사회의 이익들은 국가의사결정과정에 유입되어 (잠정적으로) 조정된다. 그러나 이 조정은 맹목적인 자동화된 작업이 아니라 계획적이고 책임지는 결정의 과제이다. 헌법국가는 바로 이 과제수행 속에서 집단이익에 대하여 공공복리의 수호자가 되는 자신의 결정을 유지해야만 한다.[88] 그렇기 때문에 헌법국가는 개별적인 집단이익과 동화되어서는 아니 되고 또 개별적인 특수한 힘의 소용돌이에 휩쓸려서는 아니 된다. 국가는 모든 집단에 대하여 제도적인 독립성을 확보하고, 최소한의 거리를 유지할 때만 모든 시민과 집단을 위하여 존재하는 자신의 존재목적을 수행할 수 있다.[89]

58 이러한 맥락에서 볼 때 법관직은 말 그대로 헌법국가의 원형으로 여겨진다. 개인들이 왜 국가를 필요로 하는지, 본래 자유이고 불가양의 권리를 갖고 있음에도 불구하고 왜 국가 없이는 법질서 속에서 존재할 수 없는지에 관한 로크의 다음 논증은 이러한 점을 잘 보여준다: 개인들은 재판관이 될 수 없는 당사자이기 때문에 스스로 결정할 수 없는 분쟁을 판단해주는 재판관을 필요로 한

87) 앞의 단락 10.

88) BVerfGE 33, 125(159).

89) 현대의 헌법국가가 사회적 특수성에 대하여 자신의 일반성을 주장할 수 있는 구체적인 조건들에 대해서는 Regierbarkeit(각주 9); HBStR Bd. Ⅱ, Schmitt Glaeser, §31; Kloepfer, §35. Vgl. 앞의 각주 20.

다.[90] 반면에 국가는 분쟁에 연루되어 있지 않고, 당사자들로부터 독립하여 공평무사하게 모든 당사자들에게 유효한 규범을 인식하고 집행할 수 있기 때문에 재판관이 될 수 있다. 요컨대, 중립성은 국가의 정당성의 토대이다.[91]

국가기관들은 자신의 권능을 사적으로 행사하지 아니한다. 일 59
반의 요청인 타자의 이익을 위하여 행사한다. 이러한 점에서 도구로서 이해되는 관료국가와 공공복리의 소재지로 이해되는 국가단체는 공화주의의 관점에서 근본적으로 구별된다.[92] 공직자는 자신의 일에 대하여 결정해서는 아니된다. 자신의 사익이 관련되어 제척사유에 대한 우려가 있는 경우 공직자는 결정참여에서 배제된다. 비록 항상 위험하고 세부적으로 불가피한 예외는 감수할 수밖에 없다고 하여도 이러한 헌법국가적 규율은 의회민주주의 기관들에도 유효하다.[93] 그러나 시장과정의 결과를 수정하고 재분배하는 사회국가의 개입은 공공복리와 연계된 중립성의무에 대한 예외가 아니다. 사회국가의 목표는 헌법국가의 공공복리의 일반원칙과 모든 사람에게 적정한 최저한의 생활수준보장을 구체화한 것이기 때

90) J. Locke, The second Treatise of Government, 1690, insbes. Ⅱ-Ⅳ, Ⅶ, Ⅸ.

91) 다양한 영역에서 헌법이론 및 헌법적인 중립성의 논제에 관해서는 K. Schlaich, Neutralität als verfassungsrechtliches Prinzip, 1972(Nachw.). 집단적인 노동법상의 특수한 중립성의 문제는 H. Seiter, Staatsneutralität im Arbeitskampf, 1987; F. Ossenbühl/R. Richardi, Neutralität im Arbeitskampf, 1987.; HBStR Bd. Ⅵ, Koalitionsfreiheit. 헌법상 요구되는 선거에서 국가기관의 이격성과 비당파성에 대해서는 BVerfGE 44, 125ff.

92) 앞의 단락 7ff.

93) 공직자가 자신의 개인적 요청에 관해서 직무를 수행해서는 아니 되는 원칙에 대한 예외는 의원과 관계된 의회의 결정권한을 들 수 있다. 자신의 일에 대하여 결정하는 이러한 비정상은 의회민주주의에서 불가피한 것이기는 하지만, 그것은 결정절차의 투명성과 여론에 의한 통제를 통해서 어느 정도는 조정이 된다. BVerfGE 40, 296(327). 비판적인 견해로는 H. H. v. Arnim, in: BK(Zwetb.), Art. 48 Rn. 85ff.

문이다.[94] 사회국가는 재분배에 따른 수혜집단의 특수이익을 구현하는 것이 아니라, 모두에게 유효한 사회정의의 원칙에 부합되는 것이기 때문이다.

4. 공직의 객관성

60 개인적인 이익 또는 한 정당이나 사회집단을 위한 이익과 정치적인 사안 그 어떤 것이든 관계없이 공직자는 그에게 신탁된 권한을 갖고 자신의 사적인 이익을 도모해서는 아니된다. 무사성(無私性; Selbstlosigkeit)의 공화주의적 요청은 실질적인 사익은 물론이고, 관념적인 사익과도 연관된다. 예컨대 장관은 자신의 소속정당이나 우호적인 관계에 있는 집단을 재정적으로 지원하기 위하여 재정고권을 행사하는 경우에만 무사성의 요청을 위해하는 것이 아니다. 정실인사를 위하여 인사고권을 악용하거나, 전문적인 능력의 적합성이라는 보편적이고 평등한 기준에 따른 임용의 헌법적 요청을 저버리는 경우에도 무사성의 요청에 위배된다.[95]

61 직권을 행사하는 모든 사람들은 모든 시민들의 기본권적 자유에 관여한다. 그러나 자유와 마찬가지로 공직은 각각 특별한 관계 속에서 그들에게 부여된다. 국가기능과 기본권적 자유는 절대 양립될 수 없다. 양자 간의 한계선은 분명하게 그어져야만 하고, 엄정하게 준수되어야만 한다. 기본권적 자유는 공직에 간섭해서는 아니된다. 그렇지 않으면 공직이 주관적인 자신의 힘과 자기실현의 수단으로 변질되기 때문이다(예컨대 교직이 사적인 교조화의 수단이 되는 것). 다른 한편으로는 기본권의 행사에서 공직의 권위를

---

94) HBStR Bd. I, Zacher, §25 Rn. 25ff.

95) 참고문헌과 함께 상세한 것은 J. Isensee, Der Parteienzugriff auf den öffentlichen Dienst – Normalzustand oder Alarmzeichen?, in: G. Rudolf/E. Benda u.a., Politische Parteien und öffentlicher Dienst, 1982, S. 52ff.; HBStR Bd. Ⅲ, Lecheler, §72 Rn. 103f., 107ff.

활용해서도 아니 된다. 법관이 시민으로서 그에게 부여된 의사표현의 자유를 행사하면서 자신의 개인적인 견해가 정치적인 의사경쟁 속에서 보다 큰 효과를 불러일으키고, 자신의 의견을 공식적인 것으로 포장하기 위하여 법관직을 명시적으로 내세우고 활용하는 경우가 그 예이다.[96] 중립성, 비당파성 및 이격과 함께 관료에게 부여된 정치적 절제의 의무 등은 공직수행의 공정성은 물론이고, 이 공정성에 대한 공공의 신뢰를 담보하기 위하여 영역의 분리를 유지하기 위함이다. 요컨대 공직자는 공직자로서의 엄정성만이 아니라, 공화주의적 전통에 가장 대표적인 것으로, '스캔들회피'(ut scandalum evitetur)라는 교회법 원칙이 분명하게 요구하는 바와 같은 방정하지 못한 외관[97]을 피해야 하는 의무도 진다.

국가는 시민과 사회단체와는 전혀 다른 법칙 하에 있다. 국가 62
는 시민의 자유를 유지하고 보장해야만 하는 것일 뿐, 자신이 자유의 주체가 아니다. 기본권은 기본권의 담보자인 동시에 잠재적인 적대자로서 국가를 지향한다. 그 반대는 국가의 의무이다. 공직자의 법적 구속은 시민의 법적 자유에 대응된다.[98] 기본권을 청구권으로 이해하는 관념이 지배적인 오늘날 국가와 개인을 구별하는 오랜 구도는 균등한 수준을 넘어서 오히려 역전된 지경에 이르렀다. 주관적 공권의 체계에서 시민은 능동적인 정당성을 갖게 되었고, 공직자를 통해서 활동하는 국가는 수동적인 정당성이 인정될 뿐이다. 말하자면 시민에게는 주관적인 청구를 할 수 있는 지위가 부여되고, 국가는 그것을 충족해야할 의무가 주어진다.

헌법국가는 자유의 주관적인 원칙과 공직의 객관적인 원칙 간 63

---

96) BVerwG, Urt. v. 29.10.1987, in: DÖV 1988, S. 377(378f.); BVerfG, B v. 6.6.1988, Umdruck, S. 3, 5f.

97) 이에 관하여는 BVerfG, B v. 6.6.1988, Umdruck S. 4f.

98) HBStR Bd. Ⅴ, Grundrechtsträger.

의 양극성을 통해서 구성된다.99) 그것은 기본권적 정당성과 민주적 정당성, 사회와 국가의 양극성에 부합된다. 공직은 의무의 범주를 구현하는 것이고, 이 의무는 공직자의 주관적인 처분에 맡겨져 있지 않다.100) 과제와 권능 및 규범은 사전에 주어진다. 이들은 근본적으로 공직봉사의 대상인 사무에 따라 결정된다.101)

5. 헌법국가적 법률의 토대로서 공직윤리

64 공직 속에서 구현되는 공공복리윤리는 존중과 집행의 대상인 규범들에서 비롯되는 것이 아니다. 오히려 규범들은 공공복리윤리를 전제로 한다. 법률들은 아무리 분명하고 세밀하게 규정된다고 하여도 실행되기 위해서는 해석을 필요로 한다.

65 공직자의 공식적인 법해석은 공직윤리의 덕성을 필요로 한다. 이는 헌법의 경우에도 마찬가지이다. 헌법은 사전에 주어진 법적 기본질서인 동시에 과제로서 주어진 해석과 적용의 대상이다. 칸트의 말을 빌리면 국가의 실제 기본질서는 초월적인 헌법이 아니라 선험적인 헌법 속에 있다. 말하자면 순수한 텍스트형식으로 표현되는 헌법률이 아니라 국가생활을 통해서 이해되고 적용되는 헌법률 속에 있다. 헌법의 실현은 일회성의 행위가 아니라 하나의 과정이다. 헌법의 활력이 유지되기 위해서 필수적인 그 질서본체가 항구적으로 갱신되어 나가는 과정이다.

66 헌법국가는 국가의 힘을 법에 기속시키기 위해 조직된다. 그러나 그렇다고 해서 법을 유권해석하는 권한을 갖는 공직자에게 자의(恣意)를 허용하려는 것은 아니다. 해석학(Hermeneutik)은 규

99) Loschelder(각주 12), S. 257ff.; HBStR Bd. Ⅲ, §68 Rn. 102, 103.

100) 상세한 것은 Böckenförde(각주 21); J. Isensee, Grundrechte und Demokratie. Die polare Legitimation im grundgesetzlichen Gemeinwesen, 1981. HBStR Bd I, Rupp, §28 Rn. 17ff., 44ff.; Bd. Ⅱ, Starck, §29.

101) "실질성"으로서 공직에 관해서는 Loschelder(각주 12), S. 234ff.(Lit.).

범의 객관성의 요청과 자신의 사적 이해를 규범해석에 인입하는 규범해석자의 주관성 사이에서 부각되는 딜레마를 제시한다.[102] 법이론은 이 딜레마를 기술, 분석하고 인지하게 만들 수 있다. 그러나 그 해결책은 법논리의 문제가 아니라 우선 윤리적인 과제이다. 법해석자가 자신의 주관적인 특수이익들에 얽매이지 않고, 그것들에 대하여 가상의 '무지의 장막'[103]을 치고 오로지 규율대상인 사안만을 주목하면서 절대명령인 보편화가능성의 척도에 따라 결정하는 것은 보편적인 정의의 요청이다.

공직에 합당한 법적용은 법률이 실현될 수 있고 또 법률에 의 67
해서 민주적인 통치와 정당성, 법치국가적인 가측성과 권력제한이 확보되게 만들기 위한 근본적인 조건이다. 이는 법 및 법률기속성이 지시계통에 의해 상부에 복속되는 행정에도 해당된다.[104] 사법권의 경우에도 마찬가지다. 법관의 독립은 법관 자신의 의사와 힘이 아니라 어떤 중개도 없는 순수한 법에의 복종만을 허용한다.[105] 헌법국가는 우선 공화주의적 전통 속에서 공직제도를 찾아냈고, 변화시켜왔다. 공직제도의 필수성은 불가피한 것이기 때문에 헌법국가에서 공직제도는 형식적으로 헌법률로서 보장될 필요는 없다. 그것은 헌법적 규율보다는 헌법적 연결의 대상이고, 헌법의 제도라기 보다는 헌법의 토대이기 때문이다.

여기에서 헌법이 정치도덕의 선헌법적 전제조건에 의존되어 68
있음이 분명해진다. 예컨대 유럽외의 문화권역에서 공화주의적인 공직윤리가 전통적으로 뿌리 내리지 못하고 국가권력담지자의 국

102) H.-G. Gadamer, Wahrheit und Methode, 1965, S. 250ff. Vgl. auch J. Isensee, Vorverständnis und Methodenwahl in der Rechtsfindung, 1970.

103) J. Rawls, A Theory of Justice, 1971, dt.: Eine Theorie der Gerechtigkeit, 1975, S. 159ff.

104) HBStR, Loschelder, §68 Rn. 38ff.

105) HBStR, Bettermann, §73 Rn. 34; Barbey, §74 Rn. 27ff.

가적인 구속이 비국가단체들(가족, 씨족, 종족 등)에 의해 침해되는 경우나, 뇌물금지가 사회적으로 확보되지 못한 경우에는 기본권, 의회주의, 권력분립, 기타 유럽의 역사적 토양에서 성장한 헌법국가제도들이 효과적으로 계수되기 위한 토대가 결여되어 있다.

6. 적대적 견해: 마르크스의 당파성 도그마

69 헌법국가의 토대인 자명한 공공복리의 절대명제들은 그것을 극단적으로 의문시한 맑시즘에 의해 분명해진다. 마르크스에게 공공복리명제의 중립성과 객관성은 시민사회의 국가, 말하자면 역사적 실재 속에서 오로지 시민사회와 원칙적으로 시장경제(자본주의) 질서와 공생관계 속에서만 존속될 뿐, 그 제도적인 필요성 때문에 다른 조건 하에서는 유지될 수 없는 헌법국가가 체제를 유지하기 위한 기만일 뿐이다. 그에게 국가는 자본가집단에 봉사하고, 다른 집단을 착취하는 파당적인 것일 뿐이다. “자신의 중립성을 내세우는 것은 바로 시민계급의 통치기밀에 속한다. 그에 따르면 부르주아들은 그들이 점점 더 추구하는 계급투쟁도, 파시즘에 이르기까지는 최대한 은폐되는 계급의 차이도, 억압의 기구도 인정하려고 하지 않았다. 시민사회국가는 중립적인 일반의지의 대리인으로, 즉 당파를 넘어서는 객관적인 기구로 자처하였다. 국가가 지배계급의 집행위원회에 불과하다는 진실 대신에, 이익에 얽매이지 않는 객관성의 법복에 의존하는 법치국가의 허울을 전면에 내세웠다. 요컨대, 이러한 국가는 시민계급의 유사객관성의 이데올로기 자체와, 특히 이데올로기가 반영되지 않았음을 강변하는 자본주의에 매우 유용한 모델이다”(E. Bloch).[106]

70 당파성에 대한 비난은 헌법국가의 정당성을 근본적으로 부정

---

106) E. Bloch, Parteilichkeit in Wissenschaft und Welt, in: ders., Gesamtausgaben Bd. 10, 1977, S. 331f.

하는 데 적합하다. (당파성의) 헌법국가는 사회의 투쟁에 연루되고, 그렇기 때문에 심판관이 될 수 없는 것으로 여겨진다. 따라서 심판의 과제를 수행할 수 있는 힘도 부인된다. 마르크스 이데올로기의 관점에서 힘의 구도는 국가법적인 관계가 아니라 사회적인 관계에 의해서 결정되는 것으로 여겨지기 때문이다. 이러한 입장에 따르면, 주권성은 정치체제가 아니라 경제체제에 자리를 잡고 있는 것으로 이해된다. 국가는 자본에 종속되고, 자본에 종속된 국가는 지배의 주체가 아니라 경제체제에 의해 조종되는 수단일 뿐이다. 규범적 헌법은 민주적 법치국가가 장악할 수 없는 사회의 권력구도를 극복할 수 없다. 민주적 법치국가 자신이 그것에 복속되고, 그 조건에 의해 규정되기 때문이다. 국가가 극복할 수 없는 사회의 분열, 현실적인 불평등과 의존관계를 고려할 때, 자유와 평등 및 합법률성의 헌법적 보장은 허망한 것일 뿐이라는 것이다.

당파성의 '가면벗기기'의 논리형식은 가식적인 당파성으로부터 71
의도적인 당파성으로, 억압하는 계층에 봉사하는 그릇된 당파성으로부터 저항하는 계급에 봉사하는 정당한 당파성으로의 이전에 대한 촉구를 담고 있다.[107] 이에 따르면 헌법국가의 공직자에게는 다음과 같은 주문이 이어진다. 즉 공공복리윤리의 탈피, 기존에 부여된 객관성과 중립성의 요청 및 (국가와 사회 사이에: 역자 부기) 간격을 둘 의무와, 국가적 권능을 확보하고, 그 권능을 상충하는 집단들 중에 특정 집단에게 유·불리한 무기로 사용하는 자기수권 등에서 벗어나야 한다는 요청 등이 그것이다. 공직자가 어떤 당파

107) 당파성의 윤리에 관해 대표적인 것은 Bloch(각주 106), S. 330ff.; H. Benjamin, Die dialektische Einheit von Gesetzlichkeit und Parteilichkeit durchsetzen, in: Neue Justiz 1958, S. 368; K. A. Mollmann, Vom Aberglauben der juristischen Weltanschaung, 1974. 이에 관하여는 E.-W. Bökenförde, Die Rechtsauffassung im kommunistischen Staat. 1967, S. 65ff., 76, 80f.; HBStR Bd. I, Brunner, §10 Rn. 30ff.

의 편을 드는 것이 발전에 이로운 것인지를 스스로 결정한다면 그것은 헌법국가에 무정부화와 국가성의 상실을 초래할 위험이 야기된다. 반면에 실제 사회주의에서와 같이 핵심기관이 세계사적인 발전의 필연성을 구속력 있게 천명하고, 그에 따라서 정당한 당파성을 새로운 객관성으로 제시하는 것도 마찬가지로 공직자의 자율성이 상실될 수 있는 위험으로 귀결된다. 당파적인 국가는 자신의 요구를 관철시킬 수 있는 합법적인 기회를 더 이상 갖지 못하게 된 반대세력을 용의주도하게 제압함으로써 자신의 편파적인 발전목표들만을 관철시켜 나갈 수 있기 때문이다.

72 헌법국가의 관점에서 보면 중립성과 객관성, 기타의 공공복리 원칙들은 규범적 원칙으로서 그 본질에 부합되는 것이기도 하지만, 절대적으로 완전하고 확실하게 실현될 수 있는 것이 아니라 단지 근사치로서만 달성될 수 있을 뿐이다.[108] 반면에 마르크스의 시각에서는 그러한 요청들은 원천적으로 실현될 수 없다. 국가의 행위 자체가 이익투쟁 속에서 특수한 입장에 의해 규정되는 것으로 이해되기 때문이다. 이러한 관점에서 볼 때, 사회는 불상용의 적대적인 집단으로 분열되어 있어서 공통된 이익 자체가 형성될 수 없는바, 이러한 상황 속에서 공공복리의 개념은 자기모순일 뿐이다. 계급투쟁의 산물인 국가는 원천적으로 객관적이고 중립적일 수 없다. 국가는 지배계급의 특수한 이익 외에 다른 목표를 알지 못한다. 국가는 바로 지배계급이 다른 계급을 억압하기 위한 수단일 뿐이다. 본질적으로 국가는 당파성을 벗어난 행위를 할 수 없다. 공공복리는 유토피아 차원의 공산주의사회가 완성된 단계, 즉 사회적인 갈등이 극복되고, 사적 이익들이 남김없이 일반이익으로

---

108) 헌법체계에서 원칙의 규범성과 합리성에 대해서는 R. Alexy, Rechtssystem und praktische Vernunft, in: Rechtstheorie 18(1987), S. 405ff.; ders., Theorie der Grundrechte, 1985, S. 71ff.

수용되고 또 모든 사람들이 자유의지에 따라 사회적인 노동계획 속에 통합되는 단계에서만 출현된다. 그런데 아무런 갈등이 없는 완전한 이익통일체에서 국가는 더 이상 필요하지 아니하다. 이러한 점에서 미래사회의 완전한 공공복리는 현실 사회에서 불완전하게만 실현될 수 있는 공공복리의 실상을 보여주고 또 모든 진보계급의 이익을 위하여 계급의 적들에 반대하는 당파성을 선택하는 사회주의 국가들에 대해서 정당성을 제공한다. 이에 따르면 오늘날 헌법국가에 대한 가장 유력한 대안이라고 할 수 있는 국가형태는 공화주의의 전통, 그리고 사회를 적과 동지로 나누는 관점에서는 더 이상 국가윤리적 통일체로 존재할 수 없는 것으로 여겨지는 국민주권의 이념과는 단절된 것일 수밖에 없다.[109] 그러한 국가는 법치국가의 제도들에 기속되지 아니한다. 계급투쟁은 상황에 부합되는 조치들을 요구할 뿐이지, 추상적인 형식적 합법성과 법률학적인 규범의 결과를 용인하지 아니한다. 사회주의국가는 시민전체의 의사에 의해 자체적으로 정당화될 수 없다. 시민 전체의 의사는 아직 일반의지를 평등하게 창출할 수 없고, 장래에 국가의 훈육을 통해서 그것이 가능하게 만들어져야 하는바, 바로 그렇기 때문에 자기수권을 토대로 하여 훈육의 목표들을 정하고 또 세계사의 변증법적인 발전과정을 정의하는 권위주의적인 지도를 필요로 하기 때문이다. 결국 마르크스의 관점에서 볼 때, 국가가 그 법칙성을 실행해 나가야만 하는 역사의 미래과정 자체가 폐쇄적인 체계이고, 따라서 국가는 폐쇄적인 조직일 수밖에 없다.

109) 이는 마르크스의 이론에 대하여 유효하다. 실제로 존재하는 사회주의국가는 적어도 내외의 위험에 처한 시기에 전쟁과 개혁의 긴장의 부담을 안고 국민의 현실적인 공공복리에 몰두하고 있고 또 계급분열을 넘어서 애국심을 촉구한다.

7. 헌법국가의 공공복리명제들 : 자유, 평등, 일반성

73 반면에 헌법국가에서 역사는 장래를 향하여 개방되어 있다. 부분국가, 자유국가로서 헌법국가는 사전에 설정된 총체적인 역사상과 세계상을 관철시키는 과업을 수임받지 않았다. 역사의 의미와 목적에 대한 질문은 오로지 동 시대의 개인만이 스스로 대답할 수 있다. 개인은 독자적인 답을 하는 자유 속에서 헌법국가에 의해 보호된다. 그렇기 때문에 헌법국가는 일종의 상상의 미래 속에
74 서 공공복리를 찾을 수 없고, 오로지 헌법국가 존립의 목적이고 토대인 지금 이 땅에서 살고 있는 사람들 속에서만 찾을 수 있다.

공공복리는 무지의 조건 하에서만 정해지고 추구될 수 있을 뿐이다. 그 어떤 권위도 결정의 최종적인 정당성과 진실성을 담보할 수 없기 때문이다. 따라서 헌법국가의 결론은 모든 시민들이 자신의 오류가능성을 자각하면서 현실의 불완전한 조건 하에서 상황에 맞게 잠정적으로 공공복리의 필수성을 해석하고 충족시키는데 동참하는 자유를 보장하는 것이다. 공공복리는 상향식의 개방된 과정에서 생성된다. 누구나 자신의 관심과 노력을 끼워 넣을 수 있다. 먼 장래의 추정적인 완전한 조정을 제시하는 맑시즘과는 정반대로 연방헌법재판소는 현재 상대적으로 지속적인 조정을 추구하는 것으로 공공복리관념을 이해한다. 그에 따르면 동 시대에 실제 무엇이 행하여져야만 하는지는 사회생활의 형성에 참여하는 모든 사람들과 집단들의 지속적인 토론 속에서 탐색된다. 이러한 관념들이 분명해지고 변화하는 과정은 민주적인 권력투쟁 속에 그대로 반영된다. 질서의 경향과 그 속에 정착된 모든 현실적인, 정신적인 힘들 간의 자유로운 토론의 가능성은 모든 참여자들의 이익이 조정되고 배려되는 방향으로 작용한다. “전체의 복리는 결코 특정 계급의 이익이나 희망과 동일시될 수 없다. 근본적으로 가능한 한 모든 시민들의 복리의 균등한 증진과 부담의 균등한 배

분이 추구된다."[110]

공공복리의 내용은 광범위하게 개방되어 있지만, 그 주체는 헌법에 의해 선재되어 있는바, 국적자와 기본권주체 전체가 주체이다. 헌법국가는 그들 상호간의 (근본적인) 인적, 사회적 대립을 알지 못한다. 헌법국가는 기본권의 측면에서 차별의 가능성과 사회국가적인 동질성목표를 가지고 대처한다. 그러나 이러한 대립들은 맑시즘의 토대인 계급대립과 같은 유일하고 극복될 수 없는 대립으로 귀착되지 아니한다. 오히려 차이와 갈등의 잠재적인 크기는 인간의 개별성 및 역사성과 마찬가지로 제한될 수 없다. 바로 그 속에 인권적인 공감대의 표식이 찾아지는바, 사회적인 계급 또는 집단의 귀속에 의해서 비로소 매개되는 것이 아니라 인격의 주체로서 모든 인간에게 부여된 자유와 평등이 그것이다. 75

헌법국가의 개인주의는 모든 사람의 불가침의 존엄을 바탕으로 한다. 오로지 인간존재 그 자체만으로 존중을 요구한다. 인간의 존엄성 속에는 오늘날 세계의 시민들이 공감하는 보편적인 인권의 이념과 함께 국가통일성의 이념, 즉 헌법에 의해 모든 개인과 집단의 기본권적 자유의 영역으로서 국가권력에 대립되는 사회와 모든 국적자, 말하자면 국가권력의 근원인 국민의 민주적인 단체를 구별하는 통일성의 이념도 자리 잡고 있다. 76

헌법국가의 특성을 가늠하는 일반적인 원칙은 모든 국가공동체 구성원들에게 똑같이 부여되고, 동시에 국가권력에의 기속성의 기준에 따라 모든 기본권주체들에게 동일하게 제한되는 자유이다. 따라서 자유는 공동체의 좋은 질서가 창출되는 헌법적 토대인 동시에, 그 자체가 그 질서의 장점이 되고, 내용의 핵심 구성부분이다. 칸트는 자유와 공공복리의 관계를 다음과 같이 잘 설명하고 있다: '공공복리는 국가의 최고법이다'(Salus publica suprema civitatis 77

110) BVerfGE 5, 85(197f.) - KPD-Urteil.

lex est)라는 문장은 그 가치와 의미가 온전히 유지되고 있다. 그러나 우선 주목해야 하는 '공적인 구원'(das öffentliche Heil)은 바로 법률을 통해 모든 사람들에게 자유를 보장하는 성문헌법에서 찾아진다는 점이다.[111]

Ⅲ. 기본권적 자유의 조건 하에서의 공공복리의 창출

1. 국가와 사회의 분업적 책임

78 공동체의 '좋은 삶'에 대한 책임은 우선 공동체를 구성하는 개인과 단체들에게 있다. 따라서 '좋은 삶'에 참여하는 것이 아니라 봉사하는 국가조직은 '좋은 삶'을 포괄적으로 보장할 수는 없다. 국가조직은 국가의 법 및 사실상의 조건에 의해 지배되는 동시에 국가적 수단의 영향범위 내에 있고 조직, 규정 또는 기타 영향을 받으며 국가의 서비스를 비롯한 물질 및 금전적 급부에 의해 촉진될 수 있는 범위에서 단지 그 외적 조건을 만들고 보장할 수 있을 뿐이다.[112] 관건은 법적, 제도적, 경제적 조건들이지만, 그러나 사회의 정신적 풍토, 즉 미래에 대한 믿음과 성취동기, 투자의욕 등을 결정하는 분위기의 조건도 중요한 요소가 될 수 있다. 국가의 관점에서 보면 공공복리는 개인과 단체들이 자신들의 목표를 달성하기 위하여 필요로 하는 수단적인 것으로 축소된다. 말하자면 국가적 책임의 범위는 그 수단성에 초점을 맞춘 보다 좁은 공공복리 개념에 의해 결정된다.[113]

---

111) I. Kant, Über den Gemeinspruch: 이는 이론상 옳을 수 있지만, 현실적으로는 별 도움이 되지 않는다. 1973, A 252, in: Werke(각주 55), S. 254f.

112) 국가행위의 종류와 수단들에 대해서는 HBStR Ⅲ, P. Kirchhof, §59 Rn. 56ff.

113) 앞의 단락 26. 시사점이 풍부한 자료로는 BVerfGE 42, 312(332).

공공복리의 실현을 위한 이러한 필수불가결하지만 제한된 부분에 대한 책임도 국가에게만 있는 것은 아니다. 국가는 기본권주체와 그 책임을 공유하는바, 국가는 개인의 활동영역 속에서 보장되는 자유를 위하여 개인들이 스스로 공공복리에 부합되는 성취를 이루도록 하는 것을 우선해야만 한다. 근본적으로 국가는 기본권주체의 선도와 독자성을 존중하고 촉진해야만 한다. 국가에게는 공공복리의 실현을 위한 과제 중에 사회가 할 수 없거나 또는 적절하게 효율적으로 수행할 수 없는 과제들만이 주어진다. 사인이 선도하는 활동영역을 개방하는 보충성원리는 사회적 법치국가인 자유주의적 헌법국가의 공공복리관념에 해당된다.[114] 말하자면 보충성원리는 국가의 현실적인 행위를 제한하기는 하지만, 국가의 공공복리에 대한 책임 자체를 제한하지는 않는다. 그 책임의 범위 안에서 국가의 공공복리에 대한 책임은 필수적이고 회피할 수 없다. 79

분산되는 것은 공공복리의 창출을 위한 권한질서만이 아니라 그 해석을 위한 권한질서도 마찬가지인바, 자유민주주의에서 이 해석권한은 기본권주체들에게도 부여된다. 기본권주체들은 '일반적인 최선'에 대한 그들의 생각을 자신들의 활동영역과 여론형성의 과정 속에 반영시키고, 그것을 통하여 사회의 자기질서에 기여한다. 주관적인 견해는 원만한 공동생활에 해로운 결과를 초래하지 않으면서 다양하게 엇갈릴 수 있다. 공공복리에 대한 사회적 공감대와는 구별되는 국가의 독자적인 공공복리의 관점에서 특수한 정당성이 인정되는 경우라면 몰라도, 사회적인 공감대가 독자적으로 형성되는 한 국가입법자에 의한 외적인 규율은 필요 없다. 80

2. 공공복리에 동참을 위한 법적 자격으로서 기본권

자유권적 기본권은 원칙적으로 국가의 침해로부터 개인의 자 81

114) 뒤의 단락 165f.

유로운 개성신장과 그들의 결합을 보호한다. 각각의 한계기준에 따라 국가의 간섭은 제한된 범위에서만 허용되고, 국가의 간섭은 공공복리 필요성에 따른 정당성을 필요로 한다.[115] 육체의 활력과 정신적인 기반 및 공동체의 경제문화적 기반은 기본권이 행사되는 자유의 영역에 자리 잡고 있다. 공동체의 삶은 근본적으로 기본권의 뿌리로부터 성장한다. 공공복리의 주제는 기본권의 보호영역에서도 논의된다.

82 그러나 기본법의 규율의 시각은 공공복리가 아니라 국가권력의 침해에 대한 개인적 자유의 보호를 지향한다. 인격의 자유에서부터 직업의 자유와 결사의 자유에 이르는 자유영역의 기본권들은 우선 침해방어를 위한 주관적 권리로 형성되고, 따라서 '소극적 지위'를 보장하는데 초점이 맞추어 진다. 그러나 이러한 편향된 규율의 구상이 기본권소재의 공공복리관련성을 부인하는 것은 아니다. 예컨대 재산권같이 역사적인 경험상 특히 공공선의 필요성과 상충되기 쉬운 자유권은 명시적으로 의무와 연계되어 규정되는바, 일반의 복리에도 부합되어야 한다는 것이 그것이다(기본법 제14조 제2항 제2문).[116] 말하자면 소극적 지위를 보장하는 기본권의 다른 한 면은 가족, 직업, 경제, 여론, 정치적 의사형성, 학문, 종교 및 세계관 등 개인에게 개방되어 있는 다양한 활동영역에서 시민들에게 공공복리의 창출에 참여할 수 있는 권리를 수여한 것이다. 자유권은 다면적이다. 그것은 국가권력을 제한하기도 하고, 그에 대하여 요구하기도 하지만, 동시에 전체로서 공동체를 조성하기도 한다.[117]

---

115) 뒤의 단락 170ff. HBStR Bd. Ⅴ, Grundrechtsschranken.

116) 뒤의 각주 164. HBStR Ⅵ, Eigentum.

117) 이러한 측면은 스멘트가 제시한 통합요인으로서 기본권의 의미와 연관된다. Smend(각주 21), S. 262ff.; H. Krüger, Verfassung als Programm der nationalen Integration, in: FS f. F. Berber, 1973, S. 247ff.

기본권주체에 의한 공공복리의 창출은 국가에 의한 것과는 구별된다. 그것은 객관적인 공직원리가 아니라[118] 자유의 주관적인 원칙을 토대로 하기 때문이다. 기본권주체는 자신의 행위 여부와 그 방법을 스스로 찾는다. 그 동기와 목표 및 기준이 사전에 확정되지 아니한다. 물질적으로나 관념적으로 자신의 사익을 부인할 필요가 없다.[119] 이기주의는 기본권활동의 당연한 동인으로서 또 공공복리의 실현도구로서 전제된다. 기본법은 재산권의 '사회적 의무성'을 동시에 명시적으로 규정한 바, 그것은 당연히 재산권의 정당한 사적 유용성을 전제로 하는 것이다. 사회국가의 이타주의는 조세를 통하여 사회적 생산의 배분의 크기를 결정하는 시민의 이기주의에 편승하는 것이다. 공공복리에 중요한 노동 및 경제조건은 단결권을 통하여 대립하는 집단이익의 대표자들을 통한 자율적인 노사규율에 맡겨진다. 83

인권의 자유주의적 관념은 이미 마르크스에 의해서 비판된 바 있다. 그것은 특수이익과 사익을 갖는 인간상, 즉 부르주아에 고착된 것일 뿐, 일반에 봉사하고[120] 또한 스멘트가 나중에 표현한 바에 따르면 기본권 속에서 전체의 틀 내에 있는 자신의 특수한 직업권과 신분권을 인지하는 인민과는 거리가 있다는 것이 그 이유다.[121] 이에 따르면 이상적인 인민은 자신의 기본권적 자유를 공화주의적인 공직의무로 이해한다. 결국 모든 시민들을 공직자로 이 84

118) 기본권의 자유와 공직의 양립불가능성에 대해서는 W. Leisner, Öffentliches Amt und Berufsfreiheit, in: AöR 93(1968), S. 62ff.; 앞의 단락 60ff., insbes. 63.

119) 이에 관해서는 앞의 단락 28ff.

120) K. Marx, Zur Judenfrage(1843), in: ders., Die Frühschriften(hg. v. S. Landshut), 1953, S. 192ff. – zu den Menschen- und Bürgerrechten der französischen Verfassung von 1793.

121) R. Smend, Bürger und Bourgeois im deutschen Staatsrecht(1933), in: ders.,(각주 21), S. 309(323).

해하고, 그들에게 국가과제를 위한 의무를 부과하는 전체주의국가를 뒷받침하는 국가윤리적 토대가 마련된다. 자유주의국가는 덕성을 요구하지 아니하고, 자유를 보장한다. 자유주의국가는 기본권주체로서 부르주아를 토대집단으로 하지만, 그들에게 자유롭게 공공복리의 요청에 기여하고 또 그들이 정치적 의사형성에 참여하는 가운데 자신의 사적 이익을 넘어서 공익에 기여할 기회를 열어줄 뿐이다.[122]

85 기본권주체가 자기를 버리고 일반을 위한 봉사에 기여한다면, 그것은 자신의 자유로운 윤리적 결단일 뿐이다. 다만 주관적인 의도가 당연히 일반적인 최선을 촉진하는 객관적인 성과를 담보하는 것은 아니다. 그렇기 때문에 세법은 사익과 무관한 일반을 위한 투자의 경우에도 국가의 공공복리촉진이 보완되거나 부담이 경감되는 보충적인 범위 안에서만 혜택을 줄 뿐이다. 조세상의 공익성은 원천적으로 사인에 의한 공공복리창출을 기대하기 어려운 비전형적이고 예외적인 소수의 부문에만 해당된다.[123]

3. 헌법의 전제조건과 기본권의 기대

86 자유주의헌법은 시민들이 (개개인이 아니라 사회 전체 속에 있는) 기본권의 공공복리실현의 잠재적인 가능성을 실제로 구현하는 전제를 바탕으로 한다. 기본권주체들이 자신들의 생활영역 속에서 공공복리가 필요로 하는 기본권활동과 기본권윤리를 발전시켜 나

---

122) 상세한 것은 J. Isensee, Die verdrängte Grundpflichten des Bürgers, in: DÖV 1982, S. 609(614ff.); ders., Grundrechtliche Freiheit – Republikanische Tugend, in: Geißler(각주 6), S. 65ff. HBStR Bd. I, Böckenförde, §22 Rn. 74ff., 78ff. 민주주의 윤리에 대해서는 Bd. V, Verfassungserwartungen.

123) 상세한 것은 Isensee/Knobb-Keuk(각주 43), S. 341ff. 사인의 이타적인 공공경제적 행위에 대해서는 O. Deppenheuer, Staatliche Finanzierung und Planung im Krankenhaus, 1986, S. 164ff.

가는 것에 대한 헌법적 기대는 여기에서 비롯된다.[124] 그러나 이러한 헌법의 기대는 헌법적 의무화는 아니다. 균형을 맞추는 어떤 시민의 기본의무도, 국가의 제한수권도 기본권에 대칭적으로 대응되지 아니한다.[125] 비대칭성은 자유를 위하여 필수적이다.[126]

전체적으로 볼 때 헌법국가는 기본권주체가 헌법의 기대를 충 87
족시키는 것을 담보할 수 없다. 기본권의 독자적인 활동가능성이 남아 있는 경우에 헌법국가는 법률을 통하여 기본권주체로 하여금 일반을 위한 봉사에 나서도록 의무를 부여할 수 없다. 또한 국가는 자신의 행위를 통하여 그것을 대체할 수도 없다. 그렇게 하기에는 국가의 법적 권능도 현실적인 가능성도 미치지 못한다. 사회국가도 제한된 범위 내에서만 사회의 발전을 조절하고, 그 결과를 수정할 수 있을 뿐이다. 그러나 헌법이 정립해 놓은 사회적인 국가목표에 비추어 보면 상향식의 공공복리 창출의 과정은 불안정한 것이고 또 헌법이 자유주의적 낙관주의, 즉 일반적인 최선이 시장의 보이지 않는 손에 따라 이익간의 경쟁을 통해서 창출된다고 보는 입장을 전제하고 있지 않음이 분명하다. 사회국가조항은 사적자치가 공공복리와 관련된 규율의 실체적인 정당성을 담보하는 것이 아니라는 것에 대한 헌법적 지표이다. 그럼에도 불구하고 노사자치가 계약을 통한 규율의 실질적인 정당성을 담보한다고 하는

---

124) Vgl. 각주 122.

125) “자신의 육체적, 정신적 힘을 공공복리에 적합하도록 발휘해야 하는” 시민의 기본의무는 라인란드 팔츠주헌법 제20조에 규정되어 있고 또 바이에른 주헌법 제151조 제1항에도 “전체 경제활동”에 대해서도 유사한 규정이 있다. 하지만 이러한 의무들은 기본법이 제시하는 자유주의적 기본권을 토대로 하는 자유의 구상에 배치되는바, 법적으로 효력이 없고, 기껏해야 헌법적 촉구에 그친다. HBStR Bd. V, Grundrechte und Grundpflichten.

126) 법치국가원리에 따라 필수적인 비대칭성에 대해서는 H. Hofmann, Grundpflichten als verfassungsrechtliche Dimension, in: VVDStRL 41(1983), S. 42(54ff., 68ff.); Isensee(각주 122), S. 614f.

정당성이론이 세대를 넘어서 끈질기게 유지되고 있다.[127] 국가나 시민 모두 기본권의 행사를 통한 공공복리 창출에 따르는 위험에 대하여 눈을 감아서는 아니 된다. 자유헌법에서 공공복리는 헌법국가의 처분권능 밖에 있고, 국가가 그 유지를 보장할 수 없는 까다로운 전제조건을 토대로 한다.[128] 공공복리를 위한 행위수요에 대하여 헌법국가에게 주어진 권한이 미흡한 것은 자유의 조건 하에서 필수적이고 불가피한 것이다.

Ⅳ. 민주적 과정 속의 공공복리

1. 권한 및 절차의 문제로서 공공복리

88 헌법은 공동체의 정당한 질서의 내용이 어떠해야 하는가에 대하여 폭넓게 개방해 놓고 있다. 스스로 정치적 결단을 확정하기보다는 그것을 요구하는 사회적 국가목표의 경우도 마찬가지다. 그러나 내용이 불분명한 경우 그 내용을 정하는 권한과 절차에 대해서는 분명한 지침이 필요하다. 이러한 점에서 공공복리는 본질적

127) 노사협약의 실체적인 옳음의 보장은 연방노동법원에 의해서 인정되고 있다. BAGE 22, 144(181); 38, 118(129). 동 법원의 일관된 판례에 대하여 긍정적인 견해는 E. Picker, Die Regelung der Arbeits- und Wirtschaftsbedingungen, in: ZfA 17(1986), S. 227f. HBStR Bd. Ⅵ, Koalitionsfreiheit. 이 학설은 W. Schmidt-Rimpler에 의해 처음 제기되었다. Grundfragen einer Erneuerung des Vertragsrechts, in: AcP n. F. 27(1941), S. 130ff. 비판적인 입장은 W. Flume, Allgemeiner Teil des Bürgerlichen Rechts, Bd. 2, 1979, S. 8; J. Isensee, Die verfassungsrechtliche Verankerung der Tarifautonomie, in: Die Zukunft der sozialen Partnerschaft(Veröffentlichung Walter-Raymond- Stiftung Bd. 24), 1986, S. 159 (177ff.). 노사협약자치와 관련된 공공복리의 문제점에 대해서는 Picker, a.a.O., S. 215ff.(Nachw.); P. Badura, Die Tarifautonomie im Spannungsfeld von Gemeinwohlerfordernissen und kollektiver Interessenwahrung, in: AöR 104(1979), S. 246ff.

128) 이에 관하여는 E.-W. Böckenförde, Der Staat als sittlicher Staat, 1978, S. 36f.

으로 (전적으로 그런 것은 아니지만) 헌법상 권한 및 절차의 문제[129]로 이해된다. 국가의 책임영역에 해당하는 공공복리의 문제는 사회에서의 토론과 해명이라는 개방적 정치과정과 함께 국가영역의 대의민주적인 권력분립체제 속에 자리잡고 있는 공직조직의 공식적인 결정절차에 맡겨진다.

국가의 결정통일체와 전방위적인 정치참여를 연계하는 민주적 89
인 의사형성의 질서는 단순한 절차법적 의미를 넘어서는 함의를 갖는다. 그것은 결정의 내용상의 질도 주목하고, 그 수용도 촉진한다. 절차는 "모든 이익들을 조정하고 존중하는 방향으로 영향"을 미치기 때문이다.[130] 민주주의의 지향점은 궁극적으로 공공복리를 모든 사람들이 수긍할 수 있는 방식으로 실현할 수 있게 하는 것이다.[131] 하지만 그렇다고 해서 형식적으로 정확한 결정만으로 공공복리 실현을 담보하는 실체적인 정당성이 도출된다는 것은 아니다.

2. 일반의지와 일반적인 복리

민주헌법이 요구하는 바와 같이 권한과 절차는 단지 형식적인 90
정당성만을 매개한다.[132] 민주적인 법률은 그것이 공공복리에 부합되기 때문이 아니라 절차상 규율에 의거하여 국민의 의지에서 도출되기 때문에 효력을 갖는다. "진리가 아니라 권위가 법을 만든다"라는 명제는 민주적인 맥락에서도 유효하다. 헌법을 토대로 하

---

129) 절차의 동인은 Häberle가 특히 강조한다. Gemeinwohlproblematik(각주 9), S. 257ff.; Denninger(각주 84), S. 13. Vgl. F. Ossenbühl, Gemeinwohl, in: O. Kimminich u.a.(Hg.), Handwörterbuch des Umweltrechts, Bd. I, 1986, Sp. 664f.; Rupp(각주 9), S. 120; Vgl. auch BVerfGE 56, 249(259f.). - zu Art. 14 Abs. 3 S. 1 GG.

130) BVerfGE 5, 85(198); HBStR Bd. Ⅲ, Schmidt-Aßmann, §70, Rn. 3f., 23ff.

131) BVerfGE 5, 85(199).

132) HBStR Bd. I, Böckenförde, §22 Rn. 11ff.

는 민주주의원리는 국가행위의 목표가 아니라 그 근원과 국가권력의 원주인이고 정당성의 토대인 국민의 의사를 대상으로 한다.

91 따라서 형식적인 민주적 정당성이 필연적으로 공공복리에 따른 실체적인 정당성을 이끌어내는 것은 아니다. 오히려 그것은 항상 불확정적이고 토론가능한 것으로 남는다. 유효한 규범들을 그것들에 선재하고 또 실정법의 차원을 넘어서는 공공복리와 정당성의 척도로 판단하는 것은 누구에게나 자유롭게 기회가 열려 있다. 민주적인 법률에 대한 복종요구에 의해서 배척되지 아니하고, 그러나 동시에 그것을 침해하는 것도 아닌 비판할 수 있는 권리는 기본권, 특히 의사표현의 자유에 의해 보장된다. 평화통일체 및 결정통일체를 위하여 헌법국가에서도 요구되는 법복종의 민주적인 동인은 바로 여기에서 찾아진다. 합헌적인 법률과 합법률적인 행정 또는 법원의 결정은 시민들에 대하여 외면적인 복종을 요구할 뿐이지, 그 내용의 정당성에 대한 인식이나 합법률적인 관념까지 요구하는 것은 아니다. 따라서 구속력 있는 결정이 민주적인 공직조직 속에서 내려진다고 하더라도 윤리적이고 정치적인 공공복리 정의의 문제는 그 개방성이 유지된다.

92 공동의사와 공공복리가 필연적으로 일치된다는 믿음(정확하게 표현한다면 믿음의 강제)은 헌법국가와 거리가 멀다. 헌법국가의 제도들은 다수의 합법성과 공공복리의 정당성이 항상 일치하지 않을 수 있다는 것을 전제로 한다. 이러한 점에서 헌법국가는 원칙적으로 민주주의에 대한 루소의 신조, 즉 "일반의지는 항상 옳고 또 일반적인 최선을 지향한다"[133]는 믿음을 공유하지 아니한다. 루소의 입장에서도 당연히 유보할 수밖에 없는 것은 국민 전체의 구체적인 결정이 필연적으로 일반의지의 무오류성을 공유하게 되지는 않는다는 점, 더구나 일반의지가 그 순수한 형식으로 형성되지 않

133) J. J. Rousseau, Du contrat social, 1762, Ⅱ, ch. 3.

는다면 그렇다는 점이다. 일반의사는 사적인 특수이익과 혼재되어 있는 개별적인 의사 속에 포함되어 있는 공동의 이익으로부터 증류되어 생성된다. 개별의사의 단순한 총합은 '일반의사'가 아니라 '전체의사'일 뿐이다. 루소의 입장에서 보면 공통이익의 요소가 개별이익에 의해서 방해받지 아니하고 자유롭게 생성 및 표출될 수 있기 위한 전제조건은 개인과 전체 사이에 가능한 한 특수한 요청을 사회적 힘으로 조직하는 중간권력(예컨대 정당과 단체 등)이 개입되지 않도록 하는 것이다.[134)]

자유민주주의는 원천적으로 민주적인 공감대를 위하여 사회에 93
서 특수한 이익을 추구하는 것을 억압하지 아니한다. 정반대로 집단이익들에 대하여 그 이익을 형성하고, 경쟁 및 토론을 통하여 그것을 자유롭게 조정하는 기회를 제공한다. 헌법국가는 사회적 다원주의의 위험을 효과적이고 자유로운 통합의 기회로, 또한 국가와 사회를 포괄하는 수직적으로 수평적으로 균형 잡힌 권력분립의 기회로 만든다. 다원주의는 사회의 독자적인 공공복리 창출의 과정을 포함한다. 다른 한편 그것은 국가에 대하여 특수한 이익을 유효하게 주장할 수 있도록 하는 동시에 국가가 공공복리를 결정하는 과정에 자극을 준다.[135)] 다만 헌법국가는 집권정당이든 유력단체이든 중간권력이 자신들의 특수이익을 위하여 국가기능을 악용하는 위험을 고려한다. 하지만 여기에서 권력분립의 국가조직을 통해서 그것에 대응하여 견제하는 것이 바로 공직의 공화주의원칙이다.

---

134) Rousseau(각주 133), Ⅱ, ch. 3. 일반의지형성의 전제조건에 대해서는 H. Maier, Rousseau, in: ders./H. Rasch/H. Denzer(Hg.), Klassiker des politischen Denkens, 2. Bd., 1968, S. 129ff.(Lit.). 새로운 다원주의의 시각에서 적극적인 비판은 Fraenkel(각주 9), S. 173ff.

135) HBStR Bd. Ⅱ, Schmitt Glaeser, §31; Kloepfer, §35 Rn. 11ff.; Brohm, §36 Rn. 18ff., 36ff.

94 자유민주주의는 민주적인 규범들이 이미 헌법에 의거하여 일반적인 이익의 실현을 담보할 수 없기 때문에 공공복리의 이념에 따른 실체적 정당성에 의존하게 된다. 통치하는 다수가 모든 당사자들의 자유로운 동의를 얻으려고 애쓰는 것은 우선 정치적인 슬기와 헌법윤리에 따른 요청이다. 다수가 소수의 희생을 대가로 당시 다수지지자들의 이익을 위하여 일방적으로 통치권을 행사하면 다수지배는 수긍되기 어렵다. 민주적인 합법성에 대한 신뢰, 다수 실증주의 및 의심 없는 법복종이 사회에서 흔들리면 흔들릴수록 의회민주주의의 활력을 유지하기 위해서는 모든 법적 효력의 토대에 앞서는 수긍이 더욱 중요하다.

95 정당성의 필수성은 민주적인 대의원칙을 통해 윤리적인 질(그러나 직접적으로 법적인 것은 아닌)을 확보한다. 하지만 이것이 형식적으로 국민대표에 대한 법적 수권으로만 이해되어서는 아니 된다. 형식적인 대의는 기관의 민주적 정당성의 결과 자체이다. 민주적 정당성은 그 이상을 요구하지 아니하고, 그 이상을 주지도 않는다. 그러나 대의는 그것을 넘어서 하나의 내용상의, 민주적-윤리적인 요구도 수용할 수 있다. 대표자의 행위를 국민의 의사에 따른 것으로 논증하는 것이 그것이다.[136] 그런데 국민의 의사가 선거나 국민투표(기본법 제20조 제2항 제2문)를 통해 법적 효력이 있는 것으로 표시되지 않는다면, 도대체 국민의 의사가 무엇인지 어떻게 알 수 있을 것인가? 유권자 또는 정당기층의 위임과 지시는 헌법에 의해 명시적으로 구속력이 없는 것으로 이해된다(기본법 제38조 제1항 제2문). 의원의 선거공약과 전당대회의 결정의 경우에도 마찬가지다. 국민다수의 의견이나 일반적인 정서에 대한 여론조사 결과도 국민의사는 아니다. 국민의 의사는 원천적으로 실증적인 크기가 아니라 규범적인 크기이다. 그러나 그렇다고 해서 그것이

136) HBStR Bd. Ⅱ, Böckenförde, §30 Rn. 20ff.(Lit).

시공간을 떠나서 부유하는 것은 아니다.[137] 오히려 그것은 현재의 사회공동체 생활 속에 자리를 잡고 있다. 대의자는 그에게 주어진 헌법적 권한의 테두리 내에서 국민의 의사를 법적으로 구속력 있게 드러내준다. 다만 그 과정에서 대의자는 피대의자와 정치적인 대화를 계속하면서 그들의 질문을 수용하고, 질문을 제기한다. 국가기관은 항상 여론조사에 따른 다수집단이나 여론과 일치되는 행위를 해야만 하는 것은 아니다. 그들은 좀 더 나은 국가의 모습을 제시하고 실현해 나갈 수 있는 헌법적 권능을 갖고 있다.[138] 다만 국민이 궁극적으로 그들의 결정을 자신의 결정으로 수용하는 것에 의존되는 것은 필연적으로 요구되는 바이다.[139]

국민의 의사는 매우 불확실하기는 하지만 내용상의 대의에 초 96
점을 맞춘 이론의 맥락에서 이념으로 제시된 바와 같이 공공선의 이념과 유사하다. 그렇다면 국민의 의사가 이 이념도 수용하고, 그럼으로써 민주주의원리가 국가목표의 차원을 확보하게 되는 것인가? 국가기관의 실무에 초점을 맞춘다면 이 질문에 대해서 일정한 유보조건 하에서만 긍정의 답이 주어질 수 있다. 국가기관에게 국민은 자신의 공직행위에 대한 준거의 크기이다. 신탁자로서 국민의 의사와 이익은 지침이다. 의사와 이익의 차이는 국가기관에게 큰 의미가 없다. 국가기관에게는 이익과 의사를 함께 탐색하고 창출해야 하는 과제가 주어져 있고 또 대의되어진 관념적인 의사는 대개의 경우 제대로 이해된 국민의 이익과 일치하기 때문이다. 칸트의 입장에서 볼 때 두 가지 기준의 일치는 모든 공적인 법률의 합법성에 대한 시금석에 해당되는바, 의문의 여지가 없는 실천적인 실재성을 갖는 이성의 이념이 그것이다. 말하자면 그것은 전체 국

---

137) 이견은 G. Leibholz, Das Wesen der Repräsentation, 1929, S. 32ff.

138) 특히 분명한 견해는 H. Krüger(각주 9), S. 238ff., 981.

139) HBStR Bd. Ⅱ, Böckenförde, §30 Rn. 21ff.

민의 통일된 의사에서 도출될 수 있는 양식으로 법률을 제정하도록 모든 입법자를 구속하고 또 개별적인 의사와는 무관하게 모든 시민들이 전체 국민의 의사에 동의를 한 것과 같이 보이도록 하는 것이다.[140]

97 그러나 진정한 국민의 의사와 선한 국민의 의사 간에는 근본적인 차이가 있다. 이 차이는 국민에 의한 지배의 민주주의원리와 국민을 위한 공화주의적 지배 간의 차이에 상응한다.[141] 민주적 대의는 국가권력의 근원인 주체를 돌아보는데 반해서, 공화주의적 공공복리는 목표를 설정한 주체를 지향한다. 기본법상 민주공화국에서 주체는 동일하다. 그렇지만 그것은 상이한 두 가지 관점에서 관찰된다. 국가 공직이 수행되는 측면도 상이한바, 그것은 한편으로는 수권이고, 또 한편 그것은 의무화이다. 민주주의의 관점에서 공직은 최종적으로 국민에 의해 위임되었고, 따라서 국민에로 환류되는 것이 필요한 행위수권이고, 반면에 공화주의적 관점에서 보면 그것은 국민을 위한 봉사의 의무화이고, 이는 주인에 대한 책임의 근거이다. 요컨대 민주적 대의원리와 공공복리원칙 사이에는 국가이론적으로 근본적인 차이가 있다.[142] 내용상의 대의도 궁극적으로는 형식적인 것일 수밖에 없다. 그것은 규범적이고 이상적인 국민의 의사가 확정되고 또 실증적인 현존의 전체의사에 비해서 더 개선되는 과정을 바탕으로 하는데, 그러나 그것은 선과 좀 더 나은 것에 대한 척도를 줄 수 없다.

98 루소는 일반적인 복리를 일반의사와 동일시하고, 그에 따라 일반의사가 유효하게 되면 국민의 이익은 흠 없이 실현되는 것으로 보는 논리구성을 통하여 민주적 공공복리의 딜레마에 대한 해

140) Kant(각주 111), A 250, S. 153.
141) 앞의 단락 9.
142) 이 차이점에 대해서 Böckenförde는 민주주의원리의 관점에서 일관되게 고수한다. HBStR Bd. Ⅱ, Böckenförde, §30 Rn. 20 Fn. 30.

결책을 제시한다. 그에 따르면 일반적인 이익은 선험적으로 개별 시민들의 의사 속에 내포된다. 이에 따르면 현존하는 일반이익이 특수한 이익과 유리되고 또한 개별적인 국가성의 요소들이 전체화되는 문제가 야기되지만, 그것은 민주주의에 따른 기술적인 문제일 뿐이다. 본질적인 것은 현실은 스스로 정당성을 내포하고 창출하며, 일반의사는 그 어떤 외재적인 목표와 한계도 갖지 않기 때문에 결국 독자적으로 정당한 법을 형성하는 정치권력을 창설하는 것은 철학적인 선결단의 산물이다. 절대적인 국민주권은 국가윤리적인 전통과 완전히 결별한다.[143] 지침도 아니고 또한 과제도 아닌 공공복리는 윤리적으로 독자적이고 무제한의 지배권을 갖는 공동의사 속에 흡수된다. 이렇게 되면 결국 통치자가 국민의 '진정한 의사'를 좌지우지하고, 주의주의를 은폐하고 정치적 결단을 사후적으로 합리주의적인 윤리로 정당화하기 위해서 전통적인 공공복리의 논거를 이용하는 전체주의국가로 전락하는 길이 활짝 열리게 된다.

정치적인 세계관의 근본문제, 즉 공공복리가 단순히 일반의사 99
속에만 존재하는 것인지, 아니면 그것에 선행하고 그것을 이끄는 것인지 또 공공복리가 민주주의에 내재적인 효력을 갖는지, 아니면 그것을 초월하는 효력을 갖는 것인지 등의 문제에 대하여 결정하는 것은 헌법의 일이 아니다. 하지만 헌법은 하나의 정치적 세계관으로부터 생성된다. 기본법의 좌표는 분명히 민주주의를 초월하는 공공복리에 있는 것으로 이해될 수 있다. 헌법제정자가 인간의 존엄의 불가촉성과 인권의 불가침성과 불가양성을 천명하여 그것이 헌법제정자의 산물이 아니라 헌법제정자에 대한 지침이 되는 규범임을 확인하고 또 국가조직의 세속성과 주관적인 종교와 세계관의 자유에 대한 보장에도 불구하고 헌법제정자가 신과 인간에

143) 루소의 이론에 대한 탁월한 분석은 H. Welzel, Naturrecht und materiale Gerechtigkeit, 1962, S. 159ff.

대한 책임을 천명하면서 초월성의 수용을 전제로 국가와 헌법의 선국가적이고 선헌법적인 토대를 언급한다면 헌법제정자는 자기지배적인 주권이데올로기를 분명하게 부인한 것이다. 도그마틱 차원의 근본문제는 헌법해석의 차원에서 해석론상의 대안의 문제로 회귀되는바, 헌법이 유권해석 속에서 당시의 사회적 합의(간접적으로는 민주적인 다수의사)에 복속되는 것인지 아니면 그것을 조종해야만 하는 것인지 또한 헌법이 사회적인 권력상황과 무관하게 규범적 실체를 갖는 것인지, 아니면 주어진 권력상황 속에서 지배적인 의견이 지침에 따라서만 규범적 실체를 갖는 것인지 등의 문제가 그것이다.[144]

3. 민주적인 공직질서 속의 공화주의원칙

100 국민을 통한 지배의 민주주의원리는 국민을 위한 지배의 공화주의원칙을 통한 실체적, 목적론적인 보완을 바탕으로 한다. 그것으로 민주주의의 권한과 절차의 질서가 폐지되는 것은 아니다. 헌법에 규정된 바대로 개방된 목표관념을 지향하게 되는 것일 뿐이다. 말하자면 이 두 헌법원칙들은 한편으로는 권력분립의 권한틀에 따라 민주적인 수권을 실현하고, 또 한편으로는 자신의 이익과 무관하게 오로지 공공복리증진에 대한 의무화를 구현하는 공직조직 속에서 조정된다.

101 공공복리에 대한 의무는 그 근원으로 보면 헌법윤리학적인 속성을 갖는다.[145] 그러나 그것은 법적인 속성도 가질 수 있다. 그

---

144) 해석론상의 대안이 공적인 의미를 가졌던 것은 1976년 선거전에서 진행되었던 근본가치에 관한 논쟁에서 볼 수 있다. 태아에 대한 국가의 헌법적 보호의무 등의 문제가 그 예이다. G. Gorschenek(Hg.), Grundwert in Staat und Gesellschaft, 1977, Staatstheoretische Analyse; J. Isensee, Verfassungsgarantie ethischer Grundwerte und gesellschaftlicher Konsens, in: NJW 1977, S. 545ff.

145) 도덕에 대한 헌법체제의 개방성에 대해서는 Alexy, Theorie(각주 108), S.

규범적인 질은 의무를 실행에 옮기는 공직의 종류를 통해서도 결정된다. 예컨대 국회의원의 공직에 대해서 그것은 단지 근본적으로 윤리적인 명령만을 제시할 뿐이다. 여기에서 도대체 국회의원직의 공직성이 인정될 수 있는지 여부가 문제되는 것은 당연하다.[146] 국회의 일의 요체는 정치적인 토론과 합의이고, 이는 근본적으로 법적으로 먼저 결정되어 있지 아니한 상황에서 국가생활을 형성하는 것이다. 바로 이 점에서 전형적인 공직, 즉 법률과 법을 통해 위임사항이 기획되어서 주어지는 관료의 경우와는 근본적으로 구별된다. 국회의원은 법에 의해 어떤 직무책임을 지지 아니한다.[147] 그는 부분적으로만 법적 의무에 기속될 뿐이고, 그것도 대부분은 의회의 독자적인 의사규칙과 자율적인 제재수단를 갖는 행위규칙으로 존재한다.[148] 직무위임에 따라 국회의원에게는 헌법에 의거한 실질적인 독립성이 보장된다(기본법 제38조 제1항 2문). 하지만 국회의원도 하나의 공직을 갖는 것은 마찬가지다.[149] 개별적인 권력의 위탁과 지시로부터의 독립은 전체 국민을 위한 실질적인 내용상의 민주적 대의를 지향하는 것을 가능하게 해준다. 기본법은 국회의원은 "오로지 자신의 양심에만 따른다"고 자유위임을 규정하고 있는데(기본법 제38조 제1항 2문), 이는 양심의 자유라는 기본권(기본법 제4조 제1항)에 수용된 주관적인 원칙을 국민대표제도 속으로 끌어들인 것은 아니다. 또한 헌법규정은 타율적인 위탁

494f.

146) 비판적인 견해는 M. Schröder, Grundlagen und Anwendungsbereich des Parlamentsrechts, 1979, S. 142ff., 280ff.(Lit.)

147) BVerfGE 40, 296(316).

148) HBStR Bd. Ⅱ, H. H. Klein, §41 Rn. 22.

149) 의원의 공직에 대해서는 BVerfGE 40, 296(316); 56, 396(405).; HBStR Bd. I, Böckenförde, §30 Rn. 19; H.H.Klein, §41 Rn. 1. 민주주의에서 공직에 대한 개요는 Hennis(각주 12), S. 51ff.; Graf Kielmansegg(각주 12), S. 21ff.

과 지시로부터의 자유에 대하여 독자적인 양심에의 복종을 대립시키고 있는바, 양심에의 기속을 전제로 하는 것이 주목된다. 하지만 그 양심의 지침은 사적 자의가 아니라, 전체국민의 공직위임이다. 자유위임은 국회의원 개인의 인격적 책임하에 일반을 위한 봉사로서 국회의 과제를 수행하는 국회의원의 공직윤리를 바탕으로 한다. 이와 관련된 기본법상의 양심은 제도외적인 심급이 아니라 한 제도의 과제를 완수하기 위한 정신적인 노력에 대한 주문이 포함된 개념이다.[150]

102 연방대통령과 내각 구성원들은 공직취임선서에서 공공복리에 대한 의무를 엄숙하게 확인해야만 한다. 헌법에 규정된 선서문에는 포괄적인 공공복리프로그램이 포함되어 있다. 공직자는 자신의 능력을 독일 국민의 복리증진에 바치고, 국민의 편익을 향상시키고, 국민에 대한 해를 피하며, "기본법과 연방법률을 수호하고, 자신의 직무를 양심에 따라 완수하며 누구에 대해서나 정의를 행한다"는 내용이다.[151] 기본법은 광범위한 공공복리관을 갖고 있는바, 그것은 헌법국가의 부분적인 책임영역을 넘어서 또 개별 기관들의 제한된 권한과 권능을 넘어서 공화국 전체를 지향한다. 이 규정을 통해 헌법은 단순한 법적 영역을 초월하여 윤리적인 전제조건과 연관성을 갖게 된다. 공직선서는 권한과 권능의 근거를 제공하는 것이 아니라, 그것을 전제로 한다.

103 의회와 정부에서 공공복리충실의 공직의무가 우선 윤리적인 속성을 갖는데 반해서, 행정과 사법에서 그것은 윤리적인 의무로서도 계속 유지되기는 하지만, 많은 부분이 법에 규정되어 있다. 헌법적 공직질서의 두 부분영역, 즉 정치적인 통치와 전문적인 집

150) E. Volkmar Heyen, Über Gewissen und Vertrauen des Abgeordneten, in: Der Staat 25(1986), S. 35f.(49). Vgl. auch Sternberger(각주 8), S. 184ff.

151) Art. 56 Abs. 1. Art. 64 Abs 2 GG.

행 간의 차이는 각각의 법적 규정에도 그대로 반영된다.[152] 일반의 요청이 객관화되어 담겨진 법률은 행정에 대하여 과제를 주고, 그 수행을 지도한다. 공공복리에 적합하고 비당파적인 동시에 충실하고 효과적인 행정업무의 수행을 보장하는 관료의 직무 또한 법률에 상세하게 규정된다.[153] 18세기 이래 독일에서 공화주의적 전통을 중개하고 헌법국가성을 확립해 온 직업관료제도는 독일에서 공직의 전형을 창출하였다.[154] 그에 따른 원칙들과, 공직의 구조 및 그에 상응하는 직무상의 의무와 권리들은 기본법에 의해서도 명시적으로 보장되었고, 입법에 대해서도 전형으로 주어졌다(기본법 제33조 제4항, 제5항)[155]. 법관의 독립성도 공직원칙을 확인한다. 그것은 상명하복의 지시체계의 매개 없이 직접 법률과 법에의 직무상 복종을 명령하기 때문이다. 공직원칙은 공무원 노동법에서 부분적으로 파기된다. 즉 노사자치와 쟁의권을 통해서 주관적인 자유권이 공직조직에 수용되었고, 그에 따라 공직자와 노동조합에게 주어진 국가의 권력자원이 공무원의 직업이익의 증진을 위하여 이용되는 것이 가능하게 되었기 때문이다.[156]

---

152) 공직의 두 가지 이상형과 이를 바탕으로 논증되는 공직법상의 권력분립에 대해서는 J. Isensee, Öffentlicher Dienst, in: HdbVerfR, S. 1149(1169); ders., Demokratie-verfassungsrechtlich gezähmte Utopie, in: Matz(Hg.), Aktuelle Herausforderungen(각주 12), S. 434(46ff.).

153) HBStR Bd. Ⅲ, Lecheler, §72.

154) 관료공직의 기원과 구조에 대해서는 O. Hintze, Der Beamtenstand, 1911; W. Leisner, Grundlagen des Berufsbeamtentums, 1971; Loschelder(각주 12), S. 227ff. und passim; Isensee, Öffentlicher Dienst(각주 152), S. 1151ff.; HBStR Bd. Ⅲ, Loschelder, §68 Rn. 25, 73ff., 103ff.

155) 이에 관해서는 Isensee, Öffentlicher Dienst(각주 152), S. 1170(Lit.); Lecheler, HBStR Bd. Ⅲ, §72 Rn. 23ff., 49ff., 90ff.

156) 상세한 내용은 Isensee, Öffentlicher Dienst(각주 152), S. 1149ff.; Lecheler, HBStR Bd. Ⅲ, §72 Rn. 132ff.

V. 헌법률의 규율주제로서 공공복리

1. 일반적인 공공복리 선언

104 바이에른(Bayern)주 헌법은 비문체의 규정을 두고 있다: 바이에른 법치국가, 문화국가, 사회국가는 "공공복리에 봉사"한다.157) 이와 유사하게 라인란트 팔츠(Rheinland-Pfalz)주도 국가에게 "개인의 인격적 자유와 자존성을 보호하고, 공공복리의 실현을 통하여 개인과 국내 공동체들의 복리를 증진해야 할 과제"를 부여하고 있다.158) 또한 동 주의 헌법은 공동선으로부터 국가권력이 나옴을 정의하고 있다. "공권력의 권리와 의무는 공공복리의 자연법적 필수성을 통하여 근거와 한계가 주어진다."159) 격문성의 형식이지만, 그 내용은 유사한 것으로 헤렌킴제(Herrenchiemse) 헌법제정의회의 초안은 공공복리를 개인주의적으로 정의하였다: "인간을 위하여 국가가 존재하는 것이지, 국가를 위하여 인간이 존재하는 것이 아니다."160) Bonn기본법제정자는 유사한 정의를 수용하지 않았는데, 그것은 그 정의에 담긴 투박한 국가배척의 뜻 때문이고, 특히 그것의 분명치 않은 법적 성격 때문이었다.161)

157) Art. 3, S. 2. BayVerf: "das sachliche Programm" des neuen bayerischen Staates(So H. Nawiasky/C. Leusser, Die Verfassung des Freistaats Bayern v. 2.12. 1946, 1948, Art. 3, S. 79).

158) Art. 1 Abs. 2 Rheinl.-Pfalz Verf. 이 조항은 카톨릭 사회이론의 도구적인 공공복리개념을 수용한 것이다(앞의 단락 26). Vgl. A. Süsterhenn/H. Schäfer, Kommentar der Verfassung für Rheinl.-Pfalz, 1950, Art. 1, Anm. 3b(Anknüpfung an H. Pesch). 긍정적인 견해는 Häberle, Gemeinwohlproblematik(각주 9), S. 261.

159) Art. 1 Abs.3 Rheinl.-Pfalz Verf. Rheinl.-Pfalz주헌법 제20조의 시민의 공공복리 기본의무에 대해서는 앞의 각주 125 참조.

160) Herrenchiemser 초안의 제1조 제1항. 이에 대한 비판은 P. Badura, Das Verwaltungsmonopol, 1963, S. 315.

161) Vgl. 제2차 총회(1948.9.8)에서 Th. Heuss의원의 연설 Sten. Ber, S. 44.

실제로 그러한 규정은 원칙적으로 법적으로 실행가능하고 법적 척도로 적용될 수 있는 규정들만을 담고 또 윤곽헌법에 그치려고 하는 완화된 목표를 가졌던 기본법의 스타일에는 잘 맞지 않는 것이었다.[162] 공공복리를 국가목표로 하는 일반적인 선언은 직접적인 법적 효력을 가질 수 없는 것이었다. 그것은 고도의 추상적인 강령, 말하자면 전술한 두 주의 헌법에서도 나타나는 바와 같이 규범이라기보다는 국민윤리적인 명제라고 할 수 있을 것이다. 105

공공복리는 그 자체로서는 원천적으로 헌법률에서 규율될 수 있는 중요하고 통상적인 주제가 아니다. 그것은 국가존재를 통한 체계적인 훈시가 아니라 실천적인 질서를 지향한다. 그 대상은 윤리적으로 자명한 것이 아니고, 의문점이 많고 또 위협되거나 선양되는 것이고, 바로 그렇기 때문에 공식적인 확정을 필요로 하는 것이다.[163] 헌법이 전제로 하는 일반적으로 승인된 현대국가의 구조들과 함께 정의이념에 대한 국가의 의무를 헌법전에 명시적으로 규정하지 않는 것도 그 때문이다. 정의와 공공복리는 정치적인 차별화가 진행되고 정치적 통일체가 형성되는 차원을 넘어서는 이념으로 존재한다. 106

2. 헌법률의 필수적인 규율사항

반면에 헌법은 현 시점에서 일반적인 이념들이 어떤 특수한 형식을 가져야 하는지 또 과거와 현재 모범적인 또는 비난받는 헌법체제들과 어떤 공통점과 차이점들을 갖고 있는지를 인식할 수 있도록 해야만 한다. 헌법은 이러한 조건하에서만 여타의 정치적 107

162) 완전헌법과 구별되는 윤곽헌법의 유형에 대해서는 E.-W. Böckenförde, Die Eigenart des Staatsrechts und der Staatswissenschaft, in: Fs. f. R. Gmuer, 1983, S. 321; ders., Zur Diskussion um die Totalrevision der Schweizerischen Bundesverfassung, in: AöR 106 (1981), S. 597ff.

163) 헌법률의 규율대상에 대해서는 HBStR Bd. I, Isensee, §13 Rn. 14ff, 140ff.

통일체와 근접해 있든 또는 이격되든 국가의 정치적 통일성을 분명하게 드러내고, 각인하고, 확고하게 할 수 있다.

108 따라서 헌법률은 국가의 정당한 질서틀 속에서 공공복리를 구체화하는 특정한 차별화된 계획을 제공해야만 한다. 그렇다고 해서 이 구상이 완전하고 최종적인 것이어야만 한다거나 또는 그럴 수 있다는 것은 아니다. 헌법은 부분적인 초안을 확정할 수 있을 뿐이다. 헌법은 시민의 자유영역을 보장하고 또 정치과정을 개방해 놓아야만 하기 때문이다. 헌법률은 세 가지 측면에서 구체화의 과제를 수행한다.

1. 공공복리 내용의 규정(인간의 존엄, 사회적 정의)
2. 국가와 기본권주체 간의 공공복리 창출 과제의 배분
3. 공공복리의 개방된 구체적인 내용을 결정하는 국가의 권한과 절차의 규율

첫 번째 규율과제는 수권의 내용인바, 기본법은 기본방침에 따라 소극적인 입장을 취한다. 두 번째는 개인과 사회의 자유를 위하여 불가피한 것으로 기본권, 특히 소극적인 지위의 권리보장을 통하여 수행된다. 기본법은 세 번째의 필수적인 규율을 통하여 자유민주주의와 권력이 분립된 의회민주주의와 연방주의를 규정한다.

3. 기본법상 공공복리의 적시

109 헌법의 실정법적 규율에서도 공공복리의 추상적인 이념을 규정하는 것이 전혀 불필요한 것은 아니다. 기본법은 재산권행사가 부합되어야 하는 목표로서 또 수용에 대한 유일한 정당성근거로 “일반의 복리”(Wohl der Allgemeinheit)를 명시적으로 규정하고 있다(기본법 제14조 제3항 제1문).[164] 또 공공복리는 행정부 최고 공직

164) 기본법 제14조 제2항 2문의 “일반의 복리” 규정에 대해서는 BVerGE 20,

자들의 정치적인 선서에도 포함되어 있다(기본법 제56조 및 제64조 제2항). 이들 규정을 통하여 기본법은 자신이 법질서 속의 한 부분질서일 뿐이고 또 사회생활의 전체질서 속의 한 부분질서로 본다는 점을 잘 보여준다.

공공복리를 활용하는 것은 그것이 명시적으로 포함되어 있지 아니한 헌법규정들의 해석과 적용을 위해서도 필요하게 될 수 있다. 법치국가는 사인의 권리를 제한하는 경우 항상 정당화되어야만 한다. 그러나 기본법은 가능한 정당성근거들을 모두 규정에 담지 않았다. 헌법규범의 많은 부분은 규율기술적으로 불완전하다. 그것은 자기 폐쇄적이고 자족적인 체계를 구성하지 아니한다. 이는 예컨대, 직업의 자유와 같이 법률에 유보되지만, 입법자가 법률유보를 행사할 수 있는 실질적인 기준은 명시적으로 제시하지 않고 있는 기본권들의 경우에 잘 드러난다. 이와 관련 연방헌법재판소는 법률유보의 실행에서 입법자를 지도하고 또 해당 기본권제한의 적합성, 필수성 및 비례성을 판단하는 기준으로 "공공복리의 이성적인 이유들"(vernünftige Gründe des Gemeinwohls)을 활용한다.[165] 공공복리는 기본권이 적용되는 목적과 수단의 관계 속에서 그 제한목적을 개념적으로 확정하는 것을 가능하게 만든다. 이에 110

231(335f.); 56, 249(260); 소수의견 Böhmer, S. 266(275f.); 58, 300(338f.); 68, 361(367f.); H.-J. Papier, in: Maunz/Dürig, Komm. z. GG, Art. 14. Rn. 249. - In Art. 14 Abs. 3 S 1 GG; BVerfGE 56, 249(261f.); 소수의견 Böhmer, S. 266(273ff.); 74, 264(285f., 289). 이에 관하여는 Papier, a.a.O., Art. 14 Rn. 495ff.; HBStR Bd. Ⅵ, Eigentum.

165) "공공복리의 이성적인 근거들"의 관점에 대해서는(종종 개념적으로 변화되는): BVerfGE 7, 377(403ff.); 9, 73(79); 18, 353(361f.); 22, 1(20f.); 30, 1(32f.); 30, 292(361ff.); 39, 210(225); 46, 120(145); 47, 109(116); 65, 116(125); 68, 155(171); 68, 272(282); 71, 162(173); 75, 284(292); 76, 196(207); BVerfG B. v. 6.10.1987, in: NJW 1988, S. 1195(1196). 이에 관하여는 R. Scholz, in: Maunz/Dürig, Komm. GG, Art. 12 Rn. 318ff.; HBStR Bd. Ⅵ, Die staatliche Berufsregelung und Wirtschaftslenkung.

따라 교량의 대상이 되는 공공복리의 구체적인 관점들, 즉 공익의 결정이 필요하게 된다. 결국 공공복리를 제시하는 것은 합리적인 기본권적용의 요체이다. 말하자면 기본권적 자유를 상대화하는 것이 아니라 그것이 상대화되고 법률유보가 입법자에 대한 백지위임으로 전락하는 것을 방지하는 것이다. 또 공공복리는 기본권질서 속에서 개별 기본권에 상반되는 개념도 아니다. 개별 기본권 자체도 국가의 좋은 질서의 구성자이고, 따라서 공공복리에 포함되는 요소이기 때문이다. 기본권제한을 정당화할 수 있는 초개별적인 법익은 제한되는 기본권 자체에 의해서도 규정된다.[166]

111 연방헌법재판소는 공공복리 자체를 법률에 유보되어 있지 않은 기본권의 가능한 한계로 인정하지 아니하고, 헌법상 명시적으로 인정되는 요청들만을 그 한계로 용인한다.[167] 그러나 연방헌재는 종교의 자유나 학문의 자유와 같은 기본권을 실제로 적용하면서 합리적인 결과를 내기 위하여 종종 무리가 없지 아니한 해석을 통하여 근본적으로 다른 기본권규범과 조직규범들로부터 그 한계를 도출하기도 하였는데, 이로서 바로 잠재적으로 존재하는 공공복리이해가 한계도출의 지침으로서 유효하게 된다.

4. 공공복리와 헌법의 교차적 규정

112 기본법은 공공복리를 명시적으로, 암묵적으로 지시한다. 그러나 공공복리가 무엇인가는 다시금 헌법에 의존하여 결정될 수 있을 뿐이지, 정치적 프로그램에 대한 자유로운 선택이나 역사와 현재로부터 이론적인 유추에 의해 정해지지 아니한다. 헌법 자체가

166) HBStR Bd. Ⅴ, Grundrechtsschranken.

167) BVerfGE 28, 243(260f.); 30, 173(193); 32, 23(32); 47, 327(369, 380ff.); 69, 1(21). 비판적인 견해는 W. Schmidt, Der Verfassungsvorbehalt der Grundrechte, in: AöR 106(1981), S. 497ff.(508). HBStR Bd. Ⅴ, Grundrechtsschranken.

공동체의 좋은 질서 중의 부분적인 설계를 구성한다. 그렇기 때문에 헌법이 전체를 지시하는 경우에 그것은 이 부분설계에 부합되어야만 한다. 그렇다고 해서 공공복리의 결정이 단순히 텍스트해석의 문제라거나 또는 해석을 통한 흠결보충이라는 것은 아니고 또 단편적인 헌법규정들로부터 전체의 형상이 재구성될 수 있는 것은 아니다. 문헌에 보면 고도의 추상적인 기본법 규정들, 예컨대 인간의 존엄성, 자유, 평등 등 기본법의 근본가치들로부터 완전한 공공복리개념을 유추하려는 시도가 있지만,[168] 그러나 그러한 노력은 헌법률의 단편적인 속성에 대한 오해 때문에 실패할 수밖에 없다.

공공복리의 내용은 차별화되어서 해명될 수 있을 뿐이다. 그 113
것이 헌법적으로 규정되어 있는 것인 한, 그 인식의 원천은 단지 헌법전에만 있는 것이 아니고, 근본적으로 헌법전을 넘어서 전체로서 국가의 법적 기본질서인 실질적인 헌법,[169] 말하자면 예컨대 오늘날 세계에서 본질적으로 헌법국가인 현대국가에 고유한 국가구조와 국가목표들과 같이 헌법률의 필수적인 전제조건을 포함하는 실질적인 헌법 속에서 찾아진다.[170] 사리필연성(예컨대 이전의 법률적 결단에 따른 불가피한 결과 등)에 의해 정치적 행위의 법칙이 사전에 주어지지 않는 한, 국가의 공공복리책임의 많은 영역들은 헌법적으로 기획되어 있지 아니하고, 정치에 개방되어 있다. 그러나 목표를 정하는 정치적 결단은 항상 헌법의 우선성을 존중해야만 한다. 공공복리의 결정과 창출은 근본적으로 국가의 영향력이 제한될 수밖에 없는 국가외적인 '초법적인 영역'[171]에서 수행된다.

---

168) So. v. Arnim, Gemeinwohl(각주 9), S. 35ff.; ders., Staatslehre(각주 9), S. 127ff.

169) HBStR Bd. I, Isensee, §13 Rn. 139.

170) 일반적인 용례상 국가목표와 국가과제는 분명하게 구별되지 아니한다. 예컨대 전문가위원회의 보고서인 "Staatszielbestimmungen/Gesetzgebungsaufträge", 1983, S. 17, 21 und passim, 에서 두 개념은 동일한 의미로 사용된다.

171) 이에 관하여는 Isensee, Grundrechtliche Freiheit(각주 122), S. 65ff.

이 경우 헌법을 포함하여 국가법은 규율을 하기보다는 연결할 수 있을 뿐이다. 결국 공공복리는 양면성을 갖는바, 한편으로는 헌법의 규율대상인 동시에, 또 한편으로는 헌법이 자리 잡고 있는 의미의 지평이기도 하다.

114 실제로 공공복리가 무엇인가를 결정하는 것은 헌법규범과 당대의 현안의 맥락에 달려 있다. "일반의 복리"가 수용의 전제조건으로 또는 "공공복리의 합리적인 이유들"이 직업수행에 대한 규율의 정당성근거로 규정되어 있고, 또 외국인체류와 관련된 규율의 근거로 또는 경제적 경쟁에 대한 국가개입의 정당성근거로 공익이 관건이 된다면, 그것은 다양한 관점에서 또 다양한 헌법적 비중을 갖는 것으로 나타날 수 있다.[172] 실제 관련된 측면에서 공공복리를 파악해야 하는 문제는 맥락에 맞는 해석을 통해서 해결될 수 있다. 이는 헌법의 경우나, 일반 법률, 예컨대 에너지경제법에 따른 국가의 투자통제에 대한 지침과 같이 공공복리를 이유로 제시하는 일반 법률의 경우나 마찬가지이다.[173]

C. 국가목표와 헌법률

I. 국가목표들의 범주

115 국가목표들은 공공복리의 요청(공익)들이고, 이는 국가가 스스로 채택하고 국가는 그에 대한 봉사를 위하여 그에 따른 계획에

---

172) 이에 관하여는 BVerfGE 76, 1(51, 75).

173) "공공복리의 근거"(§4 Abs. 2 S. 2 EnWG)라는 불확정개념의 해석에 대해서는 F. Ossenbühl, Rechtliche Probleme der Investitionskontrolle gemäß §4 Energiewirtschaftsgesetz, 1988, S. 25ff.(Nachw.). – 일반적으로는 A. Hollerbach, Gemeinwohl, in: StL Ⅱ, Sp. 862f.; Rupp(각주 9), S. 117ff., 124.

맞게 조직된 것이다. 사회질서의 형성을 위한 전범을 포함하고 있는 기본법상의 사회적인 국가목표는 그 전형적인 예이다.[174] 사회적인 국가목표는 그 자체로서는 헌법상 그것을 내포하는 공공복리보다 내용상 좀 더 구체적이고 좁은 개념이다. 하지만 그것은 실업보험, 사회부조, 장기질병환자보호 등과 같은 특정한 활동영역들과 관련된 국가과제보다는 더 추상적이다. 사회적 국가목표는 사회보험에서부터 교육문제에 이르기까지 다양한 과제영역 속에서 실현되는데, 사회적인 문제의 해결에 대한 프로그램은 없고, 다만 민주적인 권한질서 속에서 입법자에게 주어지는 해결에 대한 촉구만이 있을 뿐이다. 그것은 입법형성에 대한 지침으로서 이상적인 원칙만을 포함한다. 결국 국가목표 자체는 그 실현을 위한 수단과, 국가의 특정한 권한과 권능의 동원에 관한 확정된 내용을 포함하지 아니한다.

국가목표들은 국가목적들과는 구별된다. 국가목적은 중세와 116
근대 초기의 자연법론이 국가의 초시대적인 본성이나 국가의 정당성근거 또는 국가에 대한 합리적인 제한으로 사변적으로 설정한 것들이다.[175] 국가목표들은 하나의 이론적인 체계에 조응하는 것이 아니라 시공간적인 조건 속에서 국가생활의 실제적인 필수성과 정치적 필요성들에 부응한다. 따라서 그것은 국가이론적인 성찰과 국가법적인 분석의 주제이다.[176] 하지만 그것은 사후적으로도 하나

---

174) HBStR Bd. I, Zacher, §25 Rn. 27ff.; Bd. Ⅲ, §80 Rn. 101ff., 120ff.

175) 헌법률상의 국가목표규정들과 이전의 국가목적론의 구별에 관해서는 U. Scheuner, Staatszielbestimmungen, in: Fs. f. E. Forsthoff, 1974, S. 325(340ff.). – 고전적인 국가목적론의 종언에 대해서는 K. Hespe, Zur Entwicklung der Staatszwecklehre in der deutschen Staatsrechtswissenschaft des 19. Jahrhunderts, 1964.

176) Jellinek의 구분에 따르면 여기에서 관건은 상대적인 국가목표들이고, 이는 정당한 국가의 초시간적이고 항상적인 목적에 초점을 맞추는 이전의 절대적인 국가목표와는 구별된다.

의 폐쇄적인 이론체계에 편입될 수 없다. 그것의 원천인 실제 국가생활은 기하학적인 양식으로 진행되지 아니하기 때문이다. 국가현실은 역사의 변화에 기속되는 것이기 때문에 그것은 학문적인 개념성 속에서 종결되어 정의될 수 없고, 특정한 범주에 설정될 수 없다. 예컨대 국가현실은 다양함과 갈등 속에서 '마의 사각'(magische Vielecke)[177]을 구성하며, 이 속에서 국가는 공공복리에 이르는 구체적인 조정작업을 수행해야만 한다.

117 주어지는 목표들은 대체로 다음과 같은 유형으로 구분될 수 있다.

- 국제적: 국내적 적용영역(외적: 내적 안전 등);[178]
- 현대국가에 보편적인 효력: 특수한 국가형태인 헌법국가에 대한 효력(평화와 법질서의 보장: 기본권적, 민주적 자유의 보장);
- 공동체와 그 시민의 존속과 자존을 위한 의미: 적절한 발전(안전보장, 국가, 헌법 및 시민의 보호: 복지 및 문화증진);
- 형식적, 실질적인 헌법을 통한 보장의 대상: 상대적으로 정치에 맡겨지는 대상;
- 일반의 복리와의 직접적인 관련성: 간접적인 의미(일차적: 이차적 국가목표들).

118 이차적인 국가목표들은 경계선상의 구성요건을 구성한다. 이는 직접 국가조직, 말하자면 협의의 국가에 봉사한다. 따라서 공공복리실현을 위한 수단, 즉 국가제도들과 국가의 인적 물적 수단들과 연관된다. 이차적인 국가목표의 구체적인 예로는 공직의 필수성, 재정목적, 의회, 법원, 군대 등 기타 헌법국가의 기관들의 기능적 능력들을 들 수 있다.[179] 이들 목표들은 자체적으로 정당화하

177) Vgl. Starck(각주 65), S. 871ff.; 뒤의 단락 122, 176.

178) 앞의 단락 44ff.

179) 헌법적 목표범주로서 "기능적 능력"에 대해서는 BVerfGE 9, 268(LS. 2a,

는 힘을 갖지 못하고, 그것들이 지향하는 일차적인 국가목표들로부터 나오는 정당성에 의존한다. 공직은 공적인 서비스의 수혜자가 아니라 행정서비스를 받는 시민을 위하여 존재한다. 공직상의 의무와 권한의 질서는 이러한 목표지침을 지향한다.[180] 법원의 기능적 능력은 시민의 권리보호를 보장하기 위하여 필수적이다. 이러한 점에서 증인, 형사피고인, 민사상 피청구인 등에게 부담이 되는 기본권제한도 정당화될 수 있는 것이다. 국군의 무력과 내적 규율도 자기목적은 아니지만, 군은 외적 평화의 보장이라는 일차적 목표를 달성하기 위한 필수적인 전제조건이다. 그렇기 때문에 그것은 군인과 병역의무자에게 의무를 부과하고, 그들의 기본권을 제한하는 것을 정당화할 수 있는 근거가 된다.[181]

Ⅱ. 국가목표들의 헌법률규정

1. 헌법의 전형적인 규율주제

국가목표들은 헌법전과 관계없이 국가생활의 현실 속에서 발 119
전될 수 있다. 그럼에도 불구하고 국가목표들은 예전부터 헌법전

281) – "정부의 기능적 능력"은 BVerfGE 28, 243(261f.); 32, 40(46); 48, 127(LS. 1, 159ff.); 69, 1(21); 유사한 예는 BVerwGE 43, 353ff; 73, 237ff.; 76, 60ff. – "공적인 직접호출망의 기능적 능력"은 BVerfGE 30, 292(323f.) – "전체 경제의 기능적 능력"은 BVerfGE 33, 367(383); 44, 353(374); 51, 324(343ff.); 53, 152(160) – "형사소송의 기능적 능력"과 관련 비판적인 견해는 W. Hassemer, Die Funktionstüchtigkeit der Strafrechtspflege – ein neuer Rechtsbegriff?, in: K. Lüderssen(Hg.), V-Leute. Die Falle im Rechtsstaat, 1985, S. 71(76ff.); E. Denninger, Verfassungsrechtliche Schlüsselbegriffe, in: Fs. f. R. Wassermann, 1985, S. 279(292). 오래된 비판으로는 HBStR Bd. Ⅲ, Götz, §79 Rn. 22; Bd. I, §13 Rn. 142.

180) BVerfGE 33, 23(32f.); 49, 24(54ff.).

181) BVerfGE 28, 243(261f.); 32, 40(46); 48, 127(159ff.); BVerwGE 43, 353ff.; 73, 237ff.; 76, 60ff.

의 전형적인 규율대상이고, 그렇기 때문에 대부분의 경우 그것은 법실무적인 차원의 규율이라기보다는 엄숙한 선언의 대상이고, 그것을 규정하는 자리가 우선 헌법전문과 선도적인 조항들인 것은 우연이 아니다. 1976년의 버지니아 권리장전은 국가권력(정부)의 개입을 정당화하는 근거가 되는 목적들을 명시하고 있는바, 공공이익, 시민과 국가 또는 공동체의 보호와 안전 등이 그것이다. 그에 따르면 상이한 모든 통치형태 중에서 최고의 행복과 안전을 가져오고, 나쁜 행정의 위험을 가장 효과적으로 방지하는 통치형태가 최선이다(Section 3). 1787년 미국 연방헌법은 전문에 그 목적을 선언하고 있는바, 즉 "좀 더 완전한 연방을 정립하고, 정의를 확립하고, 내적 안전을 보장하고, 공동방위태세를 취하고, 일반복리를 진흥하며 또 우리와 우리 후손의 자유의 축복을 확보하기 위함"이 그것이다. 1791년과 1793년 프랑스 헌법은 인간과 시민의 권리가 모든 정치적 제도의 최종목적이고[182] 또 행정의 의무와 입법과제의 대상에 대한 척도임을 천명하였다.[183] 프랑스혁명 제2차 헌법은 '일반적인 행복'(le bonheur commun)이 사회의 최종목표이고, 정부는 사람들에게 불가양의 자연권의 향유를 담보하기 위하여 창설된다고 하는 목적규정을 두었다. 여기에서 이 권리들은 바로 평등, 자유, 안전, 재산권이다.[184] 이와 비교될 수 있는 목적규정은 1871년 독일 제국헌법(연방영토의 보호와 연방 내에서 독일 국민의 권리와 복리증진을 위하여…)과 1919년의 헌법(제국은 자유와 정의 속에서 갱신되고 정착되며, 내외의 평화에 기여하고 사회발전을 진흥시킨다)에서도 찾아진다.

120 1874년 스위스 연방헌법은 헌법원론적인 대강의 규정을 넘어

182) 프랑스 헌법(1791.9.3) 전문.
183) 프랑스공화국 헌법(1793.6.24) 전문.
184) 프랑스공화국 헌법(1793.6.24) 제1조, 제2조.

서 연방의 목적으로 "조국의 독립성유지, 내적 안전과 질서의 확립, 시민의 권리와 자유보장 및 공공복리의 증진"을 규정하였다(제2조). 1977년 전면개정된 연방헌법의 초안은 규율의 기본구상을 다음과 같은 국가목표들의 차별화된 목록 속에 규정하였는바, 이는 오늘날 헌법국가의 환경을 고려한 가장 성숙한 양식이라고 할 수 있다.

1. 국가는 정당한 질서 속에서 인간의 공동생활을 위하여 노력한다.
2. 국가는 인간의 권리와 자유를 보호하고 그 실현을 위한 필수적인 토대를 마련한다.
3. 국가는 정치적 결정에 시민참여를 촉진한다.
4. 국가는 국민복리와 인간의 발전과 안전에 봉사하는 조정된 사회, 재산권 및 경제질서를 추구한다.
5. 국가는 환경을 보호하고 합목적적인 공간질서를 마련한다.
6. 국가는 일반적인 건강을 보호한다.
7. 국가는 교육과 학문, 예술과 문화를 진흥한다.
8. 국가는 주의 독립성을 보장하고, 평화롭고 정당한 국제질서를 위하여 노력한다.[185]

이 초안의 기초자들은 이 목록을 하나의 프로그램적 국가목표 규정으로 이해한다. 즉 해석의 준거로 활용될 수는 있되, 다만 국가의 과제와 목표들을 망라해서 적시하려는 의도는 없었고 또한 새로운 권한이 창설되는 것도 아니었다. 따라서 신헌법이 다른 기회에 개정되어야 하는 경우에도 그것은 개정을 필요로 하지 아니

185) 연방헌법 전면개정준비 전문가위원회의 초안 제2조. 연방헌법 전면개정 준비를 위한 분과위원회(선거)의 최종보고서 제2조에서 기존의 목표목록에 대한 분석도 비슷한 내용을 담고 있다. Bd. Ⅵ, 1973, S. 317("관할권규범이 아니라, 지침적인 선도조항").

한다.[186] 결국 국가목표의 목록은 원천적으로 계획된 헌법의 실체적인 동일성과는 무관한 것으로 제시된 것이다. 그것은 법적인 기대들이라기보다는 정치적 통합과 추동력에 대한 희망의 표현으로 이해된다. 헌법전상의 국가목표조항은 결코 국가의 공공복리책임을 완전하게 포괄할 수 없다. 단지 그것은 헌법국가가 어떤 현실의 도전들에 대하여 각별하게 의무감을 갖는지를 강조하는 것일 뿐이다.

2. 기본법상의 국가목표들

121 기본법은 스위스 헌법과 비교할 만한 목록을 규정하지 아니하고, 다만 별도의 국가목표규정만을 두고 있는바, 사회국가조항이 그 전형이다. 입센(H. P. Ipsen)[187]에 의해서 독자적인 범주로 도입된 국가목표규정은 헌법률의 법적 형태에 따라 독자적인 양식을 갖게 된다.[188] 국가목표규정은 기본법상 사법적(司法的) 적용이 가능하고 국가에 대한 시민의 주관적 공권으로 설정되는 기본권과 구별된다. 이는 국가로부터 사회 전체를 조망하는, 말하자면 전통적인 기본권적 시각을 뒤바꾼 객관법적인 내용을 통해서 우선 입법자의 정치적 행위에 대한 지침을 제공할 뿐, 법관의 헌법적 결정에 대한 직접적인 척도가 되지는 않는다. 연방국가와 법치국가

---

186) 연방헌법 전면개정 준비전문가위원회 보고서, 1977, S. 22.

187) H. P. Ipsen, Über das Grundgesetz, 1950, S. 14; ders., Enteignung und Sozialisierung, 1977, S. 22f.

188) 이에 관하여는 Scheuner(각주 175), S. 325ff.; P. Lerche, Das Bundesverfassungsgericht und die Verfassungsdirektiven, in: AöR 90(1965), S. 341ff.; K. Stern, Staatsziele und Staatsaufgaben in verfassungsrechtlicher Sicht, in: Bitburger Gespräche, Jahrbuch 1984, S. 5(8ff.); J. Lücke, Soziale Grundrechte als Staatszielbestimmungen und Gesetzgebungsaufträge, in: AöR 107(1982), S. 15ff.; Bericht der Sachverständigenkommission "Staatszielbestimmungen/Gesetzgebungsaufträge", 1983, S. 17ff.

에 부수된 '사회적'(sozial)이라는 간결한 개념형식의 국가목표규정은 내용상의 특정성이 결여되어 있기 때문에 헌법상의 입법프로그램도 아니고, 그 국가목표가 특정한 규율의 제정을 통해서 수행 및 완결될 수 없다는 점에서 입법위임도 아니다.[189] 연방헌법 전면개정준비 전문가위원회가 정한 국가목표규정은 권한과도 구별된다.[190] 국가목표규정은 다른 동종의 국가기관과 구별하여 법적 권한이 획정되는 국가적 조직통일체의 특정한 행위영역을 표시하는 것이 아니고, 전체 국가조직에 효력을 미치는 모든 권한행사에 대한 지침을 주는 것이기 때문이다.

사회국가조항과 함께 기본법상 국가목표규정들로는 우선 전문에 규정되어 있는 통일명령과,[191] 제109조 제2항에서 연방과 주가 재정을 운용함에 있어서 전체 경제의 균형, 즉 서로 상충되지만 경제 및 재정정책적으로 조정되어야 하는 요소들인 '마의 사각', 말하자면 물가안정, 완전고용, 무역수지균형 및 적정하고 지속적인 경제성장을 배려해야 할 의무 등을 들 수 있다.[192] 122

또한 기본법은 특정한 국가목표규정의 형식 외에도 기본권, 제도 및 제도적 보장, 권한 및 국가형태규정에서도 국가목표들을 규정하고 있다.[193] 민주주의의 헌법원칙은 시민의 보편적이고 평등한 정치적 의사형성참여의 자유, 즉 상향식으로 국가의사형성에 123

189) 국가목적규정과 구별되는 입법위임의 (다양한 유형으로 이해되는) 양상에 대해서는 Scheuner(각주 175), S. 333ff.; P. Badura, Wachtumsvorsorge und Wirtschaftsfreiheit, in: Fs. f. H. P. Ipsen, 1977, S. 367(376f.).

190) 뒤의 단락 141.

191) 앞의 단락 49.

192) 이에 관하여는 K. Stern, Das Staatsrecht der Bundesrepublik Deutschland Ⅱ, 1980, S. 1078ff.; HBStR Bd. Ⅲ, R. Schmidt, §83 Rn. 27ff.; Bd. Ⅳ, Der Staatshaushalt. - 특히 성장관리의 국가목적에 관해서는(J. P. Ipsen); Badura(각주 189), S. 367ff.(Lit.).

193) Vgl. Lerche(각주 188), S. 346ff., 369ff., '헌법지침'(Verfassungsdirektiven)의 유형화에 대한 시도.

관여하는 자유의 보장을 국가목표로 제시한다.[194] 반면에 기본법상 국가 및 통치형태로서 민주주의의 관념과 경제 및 사회의 민주화는 다르다.[195] 경제민주적 목표들을 경제정책적으로 전환함에 있어서 헌법은 그 근거가 아니라 한계로 이해된다.[196] 기본권들과 법치국가의 규정 속에는 자유주의적인 국가목표, 즉 모든 시민들에게 동일하게 적용되는 정당하고 신뢰할 수 있는 일반적인 법률의 윤곽조건들 속에서 개인과 사회의 자유를 가능하게 하는 국가목표들이 내포되어 있다.[197] 기본권적 보호의무들은 안전이라는 국가목표를 실현한다. 생명과 건강, 재산권 및 사적인 침해로부터 기타 기본권적 법익을 보호하는 것이 그 내용인바, 말하자면 이들은 내적 평화에도 기여한다.[198] 평화목표와 그 전제조건인 무력독점은 집회의 자유(평화적으로 무기 없이)의 구성요건에 명시적으로 규정되어 있다. 기본법상 포괄적으로 규정되고 간접적으로 담보되는 국가목표들은 원천적으로 구체적인 제도들 속에 편입되어 있고, 그 실현의 방법 속에 확립되어 있다. 이는 기본법상 방어적 민주주의에 따른 다양한 헌법적 예방책들을 토대로 하는 헌법보호의 국가목표의 경우에도 해당된다.[199]

124 해석의 방법을 통해서도 다양한 국가목표들이 헌법적 국가목표들로 파악될 수 있다면[200] 국가목표는 완전한 체계로 존재하지

---

194) 근본적인 논의는 BVerfGE 5, 85(196ff.) – KPD-Urteil: 20, 56(97ff.)-Parteienfinanzierung: 44, 125(138ff.)-Öffentlichkeitsarbeit.

195) HBStR Bd. I, Böckenförde, §22 Rn. 4.

196) G. E. Bernstein과 F. Napfyhalis가 헌법적 시각에서 제시한 "경제민주주의"의 관념에 대해서는 J. Isensee, Wirtschaftsdemokratie – Wirtschafts-grundrechts – Soziale Gewaltenteilung, in: Der Staat 17(1978), S. 161ff.(166ff.)

197) HBStR Bd. I, Schmidt-Aßmann, §24 Rn. 21ff.

198) 앞의 단락 44ff.

199) HBStR Bd. Ⅶ, Die wehrhafte Demokratie des Grundgesetzes.

200) 상세한 것은 Scheuner(각주 175), S. 335ff.; Stern(각주 188), S. 16f.

아니한다.[201] 그러한 체계는 이미 그 발생사적으로 보아도 기본법과는 거리가 멀다. Bonn기본법의 제정자는 정치적 자제와 법적 절제를 전제로 경제, 문화 및 사회헌법은 단념하였는바, 원칙적으로 정치적 목표들과 사법화(司法化)할 수 없는 프로그램들을 규정하지 아니하고, 기본권의 한계 내에서 민주적 과정에 맡겨서 정치적 개방을 보장하였다.[202] 해석을 통해 발전된 기본법이 점점 법적으로 절제된 윤곽질서에 해당하는 초기의 헌법유형에서 떨어져 나와서 통합교육학적인, 말하자면 전체 국가생활을 포괄하고 규율하는 '완전헌법'(Vollverfassung)의 유형에 근접된다고 하더라도[203] 기본법이 국가목표를 간접적으로 규정하는 상태로까지 확장되지는 아니하였다. 헌법의 통일성의 명령[204]도 그러한 확장의 논거가 되지는 아니한다. 헌법통일성의 명령은 헌법제정의 기획의도에 따라 불완전하고 발전에 개방적인 조건에서 무모순성을 지향하는 것일 뿐, 무흠결성은 요구될 수 없기 때문이다. 결국 완전성은 공화주의의 원칙을 근거로도 도출되지 아니한다. 공화주의원칙은 그 실체적인 명령 속에 헌법국가의 공공복리의무를 내용으로 포함하지만, 그 개별적인 내용을 제시하지는 아니한다.

---

201) 그러나 그렇게 주장하는 견해는 다음을 참조. v. Arnim, Gemeinwohl(각주 9), S. 35ff.; ders., Staatslehre(각주 9), S. 128ff.

202) HBStR Bd. I, Mussgnug, §6 Rn. 56ff., 60.

203) 반대되는 헌법의 기본유형에 대해서는 Böckenförde, Totalrevision(각주 162). 기본법의 발전에 대해서는 J. Isensee, Die Verfassung als Vaterland, in: A. Mohler(Hg.), Wirklichkeit als Tabu, 1986, S. 14ff.

204) 무결성의 도그마에 대한 비판적인 입장은 G. Roellecke, Prinzipien der Verfassungsinterpretation, in: FG-BVerfG Ⅱ, S. 31ff.; Lerche(각주 188), S. 349.

Ⅲ. 헌법유보사항이 아닌 국가목표

125 기본법이 국가목표의 규정을 자제한 것은 입법자에게 국가행위의 목표들을 결정할 수 있는 정치적 자유를 준 것이다. 이로써 헌법은 정치의 독자적인 책임영역을 존중한다. 정치는 단순한 헌법집행 이상의 것이다. 헌법의 우위가 존중된다면 의회입법자의 (형식적인) 민주적 정당성만으로 충분하다. 헌법이 제공한 실체적인 목표로부터 법률이 도출되어야만 하는 식의 헌법유보는 없다. 연방헌법재판소도 그러한 방식의 요청들은 부인한다. "기본법이 설계한 민주적 법치국가의 유지라는 관점에서 볼 때, 헌법적 절차와 함께 그 이상의 정당성을 요구한다는 주장으로 헌법적 절차를 평가절하 또는 폄하하는 것은 일종의 무책임한 복속이라고 할 수 있다. 기본법에 따르면 헌법적 합법성은 그 자체가 민주적 정당성을 의미한다."[205]

126 물론 법률유보가 없는 기본권의 내재적 한계의 문제와 관련하여 연방헌법재판소는 헌법유보를 고수한다. 다만 연방헌법재판소는 기본법이 스스로 정립한, 말하자면 적어도 헌법텍스트 속에 간접적으로라도 표현되어 있는 한계들만을 기본권적 효력이 있는 것으로 인정하는 것일 뿐이다.[206] 그러나 가능한 한계에 대한 이러한 인위적인 제한은 유연한, 자주 무리한 헌법해석을 통해 보충된다. 그런데 기본권제한의 논거로서 국가목표나 기타 요청들을 무리하게 도출하는 것은 불필요한 법적 비판을 불러일으킨다.[207] 연방헌

205) BVerfGE 62, 1(43)–Bundestagsauflösung. – Ablehnung eines Verfassungsvorbehalts für Staataziele: Stern(각주 188), S. 12.

206) 앞의 단락 111.

207) 권한규정, 수권규정 또는 조직규정들에서 기본권의 내재적인 한계를 도출해내는 예는 기본법 제12조, 제73조 제1호, 제87a조 및 제115조에서 "군사적인 국토방위"의 헌법원칙을 끌어낸 것이 있다. BVerfGE 28, 243(261f.); 32, 40(46); 48, 127(159ff.). 이에 대한 비판은 소수의견

법재판소가 자신의 전제를 수정하여 그 인식근거로 형식적인 헌법만이 아니라 근본적으로 실질적 헌법도 수용한다면 그러한 무리는 피할 수는 있을 것이다.[208] 하지만 그것은 원래 실질적 헌법을 지향하고 있는 결정의 실제 논지는 변하지 아니하고, 단지 관련 논증의 우회성과 인위성만이 바뀌는 것일 뿐이다.

국가목표를 형식적으로 헌법에 규정한다고 해서 그 자체가 기 127
본권으로 보호되는 시민의 권익에 대한 제한의 법적 근거가 되는 것은 아니다. 원천적으로 법치국가적 헌법은 (직접 효력이 있는 시민의 권리와 달리) 직접 효력이 있는 시민의무의 법적 근거가 되기에는 적합하지 아니하다.[209] 재산권의 사회적 기속성과 같이 의무를 규정하는 경우에 그것은 의회제정 법률을 통한 시행을 필요로 한다. 헌법에 규정된 국가목표들은 법률유보의 부담을 덜어주지 아니한다. 연방헌법재판소의 말대로, 전체 경제에 대한 노동조합활동의 의미와 (정신적인 것을 포함하여) 광범위한 공공생활영역에 미치는 영향을 고려 할 때 노동조합은 모든 활동을 함에 있어서 공공의 복리를 고려해야만 한다고 하더라도,[210] 그것은 단지 법률을 통한 실행(단결의 자유가 허용하는 한에서)이 없이는 법적으로 실효성을 가질 수 없는 사회윤리적인 의무를 적시한 것일 뿐이다.[211]

Mahrenholz und Böckenförde, BVerfGE 69, 57(59-66).

208) 이에 관하여는 J. Isensee, Schranken der Grundrechte, in: Recht in Deutschland und Korea, Bd. Ⅴ, Seoul 1985, S. 51(61ff., 66ff.); HBStR Bd. Ⅴ, Grundrechtsschranken.

209) Vgl. C. Schmitt, Rechtsstaatlicher Verfassungsvollzug, 1952, S. 7ff.; Isensee, Grundpflichten(각주 122), S. 612ff.

210) BVerfGE 38, 281(307). 기본법 제9조 제3항의 공공복리유보에 대해서는 K. Biedenkopf, Grenzen der Tarifautonomie, 1964, S. 63ff.; Scholz(각주 165), Art. 9 Rn. 274; Badura(각주 127), S. 246ff.; HBStR Bd. Ⅵ, Koalitionsfreiheit; 이견은 A. Fuchs, Tarifautonomie, in: HdBVerfR, S. 733(750f.).

211) 상세한 것은 Isensee(각주 127), S. 177ff.

Ⅳ. 국가목표규정으로서 환경보호 - 헌법개정의 문제

128 1980년대 초반에 국가목표규정이 기본법전에 추가되어야 할 것인지 여부의 문제가 공법상의 법정책적인 현안으로 토론되었다.[212] 연방참사원에서는 1984년 이래, 연방의회에서는 1987년 이래 환경보호를 국가목표로 기본법에 규정하자는 다양한 법안이 제기되었다.[213] 이 계획들은 여러 가지 어려움에 직면했는데, 그것은 기존의 국가목표들의 목록에 연관될 수 없고, 기본법의 조문체계에 모순되고 또 그 양식상 이질적인 것일 수밖에 없었기 때문이다.[214] 말하자면 그것은 기본법의 구성에 부합되지 않는 것이다.

---

212) 1980년 11월 24일의 시정연설에서 연방수상 H. Schmidt는 상세한 국가목적규정 또는 입법위임이 기본법에 수용되어야 하는지 여부에 대한 검토의사를 표명하였다. 연방 내무 및 법무장관에 의해 구성된 독립된 전문가위원회 "Staatszielbestimmungen/Gesetzgebungsaufträge"는 1983년의 보고서에 부분적으로 다수와 소수의견이 엇갈리기는 하였지만 환경보호와 문화와 관련된 국가목적조항을 제시하였다(각주 170, S. 67ff., 84ff., 106ff,). Vgl. 이에 관하여는 L. H. Michel, Staatszwecke, Staatsziele und Grundrechtsinterpretation unter besonderer Berücksichtigung der Positivierung des Umweltschutzes im Grundgesetz, 1986(Nachw.).

213) 청문회의 자료집에는 헌법정책적, 헌법적 자문의 현황을 개관하는 내용이 담겨져 있다. Niederschrift über die öffentliche Anhörung in der gemeinsamen Sitzung des Rechtsausschusses des Bundesrates(551. Sitzung) und des Ausschusses des Inneren des Bundesrates(544. Sitzung) am 10. 6. 1985; öffentliche Anhörung des Rechtsausschusses des Deutschen Bundestages am 14. Okt. 1987, Dokumentation; Deutscher Bundestag, Referat Öffentlichkeitsarbeit(Hg.), Verankerung des Umweltschutzes im Grundgesetz, in: Zur Sache 2. 1988. 환경보호의 국가목적을 위한 헌법개정은 H. Kohl 수상의 시정연설(1987.3.17)의 정책프로그램이었다. 자연 및 환경보호의 영역에서 현존하는 헌법률적 국가목표들에 대한 개관은 H. Hoffmann, Natur und Naturschutz im Spiegel des Verfassungsrechts, in: JZ 1988, S. 273ff.(Nachw.).

214) 이는 다채로운 프로그램과 국민교육적인 동인을 담고 있는 바이에른주헌법

통일명령과 함께 전문에 규정하는 것은 그 고유한 언어형식을 훼손할 것이 우려되고, 사회국가조항을 규정하고 있는 기본법 제20조의 국가형태조항에 규정하는 것은 개정의 대상이 될 수 없는 헌법핵심의 정체성을 불분명하게 만들 수도 있고 또 기본권 부분에 규정하는 것은 그것이 소추가능한 주관적 공권의 근거가 되는 것으로 인식하게 만드는 (헌법정책적으로 바람직하지 아니한) 빌미가 될 것이 우려된다.

“인간의 자연적인 생존기반”에 대한 국가의 책임을 헌법형식 129
으로 선포하는 계획들은 법실무상 규율 자체에 대한 관심을 끌지 못한다.[215] 기본법의 헌법상황은 어떤 특정한 방향으로 변경되어야 하는 것이 아니다. 바로 이 점에서 환경보호와 관련된 개헌의 과제와 종래의 기본법개정들은 다르다.[216] 국가는 환경정책을 위하여 헌법을 통한 수권을 필요로 하지 아니한다. 헌법은 그것에 대하여 아무런 장애도 되지 아니한다. 오히려 반대로 생명, 건강과 재산권에 대한 기본권적 보장은 유독한 공해의 방지에 대한 국가의무도 포함하고 있다.[217] 기존의 국가의무들은 구호성의 국가목표조항이 될 수도 있지만, 그보다는 실질적으로는 오히려 더 정밀하게 차별화되고 또 기본권주체를 위하여 관철될 수도 있다. 장래 세대의

과 같은 헌법의 맥락에서 상응하는 국가목표에는 해당되지 아니한다(바이에른주헌법 제3조 제2항, 제31조 제2항 및 제141조에 있는 환경규정 참조). 이에 관하여는 H. Soell, Der mediale Umweltschutz im geltenden Verfassungsrecht, in: WiVerw 1986, S. 205(208ff.).

215) 이에 관하여는 O. Depenheuer, Politische Wille und Verfassungsänderung, in: DVBl., 1987, S. 809.

216) Vgl. Hofmann(각주 213).

217) 근본적인 논의는 BVerfGE 49. 89(140ff.); Kalkar 53, 30(57ff.); Mühlheim-Kärlich 56, 54(73ff.); Fluglärm. 상세한 내용은 Ch. Degenhart, Kernenergierecht, 1982, S. 144ff.; Hofmann(각주 33), S. 266ff.; Leben und Gesundheit, 1987, S. 17ff.; HBStR Bd. V, Staatliche Schutzpflicht.

삶의 기회의 보호는 공공복리에 내포되어 있는 당연한 미래범주[218]에 속하고, 이는 헌법제정자가 "신과 인간에 대한 책임"을 인식하면서 명시적으로 표현한 바이기도 하다. 여기에서 헌법개정으로 채워져야 할 헌법상의 흠결은 찾아볼 수 없다.

130 물론 헌법전이 개정되면 장래의 해석자는 그에 따라 실질적으로도 무엇인가 변해야만 한다는 결론을 쉽게 도출할 수는 있을 것이다. 그러나 헌법텍스트 자체는 변해야만 할 것과 그 방법에 대하여 침묵하고 있는바, 그 새로운 규범의 효율성을 극대화하고, 해석을 통하여 결정내용상의 흠결을 보충하는 것은 법학적 경쟁을 통해 기획될 것이다.[219] 불분명한 헌법규범은 환경정책의 탈의회화와 사법화로, 즉 독자적인 결정권한이 제3권력으로 이전되는 결과로 이어질 수도 있다. 종래의 개헌안 중 어떤 것도 환경보호의 국가목표를 규정하는 것이 불문의 국가목표들에 비해 해당 국가목표를 우선하는 것인지 여부를 밝히지 않고 있다. 헌법도그마틱상 그러한 우선은 정당화될 수도 없다. 그럼에도 불구하고 개별적인 규정을 두게 되면 편향적인 해석을 조장하게 되고 또 헌법적으로 정당한 공공복리의 요청들 간에 균형이 불안해질 수도 있다. 그렇게 되면 헌법영역에서의 상대적인 법적 안정성을 해치는 지속적인 부담요인이 초래될 수 있다. 헌법제정자가 초기의 백지상태에서 국가목표를 규정할 것인지 여부와 또는 헌법개정입법자가 해석을 통하여 보완되고 발전되는 기본질서의 예민한 구조에 개입할 것인지 여부는 근본적으로 다른 문제이다. 헌법개정입법자가 스위스의 예[220]에 따라 오늘날의 다양하고 중대한 국가목표들을 광범위하고 개방된 균형 잡힌 목록에 규정하는 식의 결정을 한다면 위험은 감

218) 앞의 단락 25. Vgl. auch Robbers(각주 64), S. 217ff.
219) Vgl. Depenheuer(각주 215), S. 813f.
220) 앞의 단락 120.

소될 수 있을 것이다. 그러한 목록은 당대에 인기가 덜한 국가목표들에 대해서도 주의를 환기한다는 점에서 적어도 국민교육적인 효용을 가질 수 있을 것이다.

개별적인 국가목표를 헌법에 규정하는 것을 뒷받침하는 중요 131
한 법학적 이유는 그것을 처음부터 정치적 투쟁에서 벗어나게 만드는 것이다. 하지만 실질적인 헌법의 자명한 구성부분이 된 것에서 알 수 있듯이 실천적인 국가목표로서 환경보호는 오늘날 보편적으로 인정되고 있다. 반면에 다른 공법 및 사법상의 요청들과의 관계에서 그 규범적인 비중은 논란되고 있다. 특히 그것을 집행하는 실제 방법이 많이 논란되고 있다.[221] 그러나 헌법전에 국가목표규정을 둔다고 해도 그것이 이 미결 문제에 대하여 어떤 진지한 답을 줄 수는 없다. 결국 국가목표규정은 (실망스러운 것일 수도 있는) 생태학적인 희망을 담은 자기목적적인 상징과 단순한 통합의 징표만을 제시하는 것일 뿐이다. 하지만 기본법의 양식에 부합되는 것은 산만한 명시적 규정을 통한 통합이 아니라 엄격하게 사법상 적용될 수 있는 법적 보장이다.

D. 범주로서 국가과제

I. 국가행위의 범주들

1. 일련의 범주들

국가행위와 관련해서는 그 내용상의 문제를 논의하기 전에 그 132
국가행위의 이론정립을 위해서는 우선 적절한 범주들을 발견하는 문제가 제기된다. 내용의 문제는 바로 이 범주화의 도움을 통해서

221) Salzwedel, HBStR §85.

인식 · 형성되고, 토론 및 해결될 수 있다. 그런데 이미 이 예비단계에서도 어려움이 적지 아니하다. 국가목표와 국가과제론은 – 오랫동안 외면되어 왔고, 오늘날 발전도상에 있는 – 이제까지 만족할 만큼 분명하고 충분히 차별화된 개념을 정립하지 못하였는바, 그것은 기본법의 효력하에서 국가법의 실제와 이론상의 필요에 부응하지 못한다. 관련된 용어도 그 의미가 다양하게 사용되고 있다.

133 그렇기 때문에 우선 범주들을 분명하게 하는 것이 필수적이다. 국가행위의 목표에서 수단으로, 일반적인 것에서 특수한 것으로, 공공복리의 이념에서 실제 구체화의 다양한 단계에서의 그 실현으로 진행하는 것이 하나의 의미 있는 구성이 될 수 있다. 이러한 구분들에 더해서 국가행위와 사적 행위를 동시에 포괄하는 범주들과, 특히 국가에게 배정되는 범주들이 구별될 수 있다. 이러한 관점에 따라서 다음과 같은 범주들의 목록이 제시된다.

- 공공복리
- 공익과 국가목표들
- 공적 과제와 국가과제
- 권한과 권능
- 국가기능과 행위형식

2. 공공복리

134 a) 공공복리는 모든 목표과제들 중에 가장 포괄적이고 추상적인 것이다. 본래의 고전적인 의미에서 공공복리는 공동체의 선한 상태의 전형을 지칭한다.[222]

b) 그것의 도출된 (도구적인) 의미는 헌법국가의 책임영역, 즉

222) 앞의 단락 1ff., 17ff., 32ff.

원칙적으로 국가의 현실적인 활동영역보다 더 광범위한 책임영역에 해당된다. 이 의미의 공공복리는 기본권주체가 그의 인간의 존엄성에 맞게 자유롭게 자신을 발전시켜 나갈 수 있는 모든 외적 조건들을 포함하는 포괄개념이다.[223]

3. 공익과 국가목표들

a) 협의의 공공복리의 개별적인 요청들, 즉 공익들은 국가행 135
위의 정당한 목표들과 근거들을 표시하는 것일 뿐이다. 하지만 이들은 원칙적으로 사적 행위와도 친하다.[224]

b) 반면에 국가목표는 국가가 자신의 독자적인 과제로 하고 또 그것을 위하여 국가 스스로가 계획의 주체로 나서는 모든 공익들을 의미한다.[225]

4. 공적 과제들과 국가과제들

a) 공적 과제들은 공익들에 부합되는 활동영역들이다.[226] 이 136
공적 과제는 공공복리의 일종으로서 그 특수한 의미에도 불구하고, 국가는 물론이고 사회적 주체에 의해서도 수행 및 실현될 수

223) 앞의 단락 26f., 41ff.

224) 앞의 단락 28ff.

225) 앞의 단락 115ff.

226) Vgl. BVerfGE 15, 235(241); 53, 366(401); H. Peters, Öffentliche und staatliche Aufgaben, in: Fs. f. H. C. Nipperdey, Bd. Ⅱ, 1965, S. 877(878); Martens(각주 9), S. 117; M. Krautzberger, Die Erfüllung öffentlicher Aufgaben durch Private, 1971, S. 106; F. Ossenbühl, Die Erfüllung von Verwaltungsaufgaben durch Private, in: VVDStRL 29(1971), S. 137(151ff.); ders., Rundfunk zwischen Staat und Gesellschaft, 1975, S. 361. 공적 과제의 범주에 대한 비판은 H. H. Klein, Zum Begriff der öffentlichen Aufgaben, in: DÖV 1965, S. 755(758f.); Bull(각주 72), S. 48f., 50; Stern(각주 188), S.13. 공적 과제 범주의 상이한 의미의 측면에 대해서는 J. Isensee, Subsidiaritätsprinzip und Verfassungsrecht, 1968, S. 174ff.

있다. 이러한 점에서 이 과제들은 본질적으로 국가에만 유보되어 있지는 아니하다. 오히려 공적 과제들이 전면적으로 국가에게만 배타적으로 주어져 있지 않다고 보는 것이 헌법에 따라 정립된 국가와 사회의 교차적인 관계에 부합된다.[227] 이 과제들 중의 모든 것이 원천적으로 국가의 고유한 지배대상으로 인정되지 아니한다. 예컨대 법률에 따라 언론과 방송에 의해 실현되는 공적 과제나, 교회 또는 정당들을 비롯하여 더 나아가서는 자유로운 교회부속병원 등에 의해 실현되는 공적 과제들이 없지 아니하다.[228]

137 b) 그에 따르면 국가과제들은 공적 과제들 중의 일부를 구성한다. 국가과제들은 국가가 헌법의 척도에 따라 그 한계 내에서 포착하는 과제들이다.[229] 예컨대, 내적 안전과 경찰의 위험방지, 사회적인 국가목표와 사회부조의 구별과 같이, 국가목표들과 달리 국가과제들은 그 대상이 제한된다. 국가과제들의 질은 우선 실정

---

227) 공적 과제와 국가적 과제의 상호관계에 대해서는 근본적으로 세 가지의 구상이 제시된다. 의도적으로 동일시하는 견해(예컨대 E. R. Huber, Wirtschaftsverwaltungsrecht, Bd. I, 1953, S. 523ff.)와 엄격한 구별의 입장[근본적으로 Peters(각주 226), S. 877ff.]과 함께 공적 과제를 단순한 사회학적인 용어로 보아서 그 규범적 내용을 부인하는 견해가 있다[예컨대 H. H. Klein(각주 226), S. 759]. 연방헌재는 통일된 용어로 사용하지 않는 바, 공적 과제 및 국가적 과제 외에 '공법적'(öffentlich-rechtliche) 과제라는 용어도 사용한다(BVerfGE 31, 314(329). 이 판례에 대해서는 Krautzberger(각주 226), S. 97ff.; W. Leisner, Werbefernsehen und Öffentliches Recht, 1967, S. 24f.; Ossenbühl, Rundfunk(각주 226), S. 35.

228) §3 PresseG Nordrhein-Westfalen, §11 S. 1 LRG Nordrhein-Westfalen(vgl. WDRG). §1 Abs. 1 S. 2 PartG, §2 KHG Nordrhein-Westfalen. Zur "öffentlichen" Aufgabe des kirchlichen Krankenhauses: BVerfGE 53, 366(401); Depenheuer(각주 123), S. 162ff., 166ff. 노사자치협약상의 "일반적인 이익"의 과제에 대해서는 BVerfGE 50, 290(369).

229) 같은 의견. Peters(각주 226), S. 880; Leisner(각주 227), S. 23; Martens(각주 9), S. 131; Ossenbühl, Erfüllung(각주 226), S. 153 m.w. zahlr. Nachw.; ders., Grundfragen zum Rechtsstaat der Freien Sparkassen, 1979, S. 41; Bull(각주 72), S. 50.

법에 의존된다.[230] 많이 비판되고[231] 자주 오해되는[232] 연방헌법재판소의 표현, 즉 국가가 어떤 형식으로든 공적 과제로 포착하게 되면 그것은 국가의 과제가 된다는 문장은[233] 적어도 근본적으로는 계속 사용될 수 있다. 다만 국가가 법의 형식 속에서 그것을 포착하고[234] 또 헌법적 한계를 지키는 전제조건하에서 그렇다. 수용의 사실만으로는 국가과제를 뒷받침하는 논거로 충분하지 못하다. 그것은 합법성도 필요로 한다.

공적 과제와 국가과제의 구별과 관련된 좀 더 본질적인 틀은 기본법이다. 이는 국가과제로 표지가 붙게 되면 국가에 대한 특수한 헌법의 명령이 적용된다는 점에서 분명해진다. 예컨대 민주적 정당성의 필수성, 권력분립규칙, 법보호체계, 특별책임법, 기본권 기속 등이 그것이다.[235] 또 한편 국가과제와 공적 과제의 구분은 “헌법해석의 문제”임이 드러난다.[236] 요컨대, 국가과제는 두 가지 요소를 갖는바, 공익 속에 자리 잡고 있는 과제와 합헌적인 국가의 창설행위가 그것이다.[237]

제한된 측면에서만 국가와 관계되는 과제는 그 전체가 국가의 138
일이 되지 아니한다. 사립학교에 대한 학교감독이 국가의 업무로

230) Peters(각주 226), S. 895.

231) 예컨대 Peters(각주 226), S. 890f.의 견해

232) 이에 관해 적확한 구별은 Ossenbühl, Rechtsstatus(각주 229), S. 33f.

233) BVerfGE 12, 205(243).

234) Vgl. Bull(각주 72), S. 105; 비슷한 입장은 Krautzberger(각주 226), S. 41, 48. Vgl. auch U. Scheuner, Voraussetzungen und Form der Errichtung öffentlicher Körperschaften- (außerhalb des Kommunalrechts), in: Gs. f. J. Peters, 1967, S. 797(813f.).

235) Vgl. H. H. Klein(N226), S. 758; Ossenbühl, Erfüllung(각주 226), S. 36.

236) Vgl. auch Ossenbühl, Erfüllung(각주 226), S. 154; ders., Rechtsstatus(각주 229), S.36.

237) Ebenso Ossenbühl, Erfüllung(각주 226), S. 154 Fn. 76.

인정된다고 해서 그 경영이 국가과제가 되는 것은 아니다.[238] 동일한 생활영역이 한 측면에서는 국가활동에, 다른 측면에서는 사적 활동에 해당될 수 있다. 공적 과제의 분업적 수행은 자유민주주의에서 예외이기보다는 원칙이다. 국가는 기본권적 자유와 경제성을 위하여 개입의 수단을 배분해야만 한다. 게다가 국가의 권한과 권능도 공적 과제 전체를 자신의 과제로 할 수 있을 만큼 충분하지 아니하다.

139 공적 과제의 수행에 국가가 개입하는 정도에 따라 다음 다섯 단계로 구별될 수 있다.[239]

1. 국가의 행정 자체를 통한 공적 과제의 완전한 수용(국방, 경찰의 위험방지, 우편역무, 원칙적으로 국립학교와 대학).
2. 자영 서비스업자와 공조 또는 경쟁관계 속에서 국가가 과제수행에 참여하는 단계(사회부조 및 청소년지원[240]의 공적 기구, 생활배려,[241] 정치교육.[242])
3. 예컨대, 병원서비스의 안정을 도모하기 위한 과제와 같이 직업 및 경제조정,[243] 보조금, 유도적 계획 등의 간섭을 통한 사인활동의 조절.[244]

---

238) Zutreffend J.H. Klein(각주 226), S. 757, 758 Fn. 35. 또한 이에 관하여는 Ossenbühl, Rechtsstatus(각주 229), S. 40.

239) 공적 과제 수행의 가능한 대안의 범위에 대해서는 BVerfGE 17, 371(377); 비슷한 견해는 BVerfGE 68, 193(213); Peters(각주 226), S. 878f., 882ff.; Isensee(각주 226), S. 194.

240) 이에 관하여는 BVerfGE 22, 180(204ff.); R. Wegener, Staat und Verbände im Sachbereich Wohlfahrtspflege, 1978, S. 21ff.

241) HBStR Bd. Ⅲ, Ruefner, §80 Rn. 28ff.

242) Vgl. BVerfGE 73, 1ff. – politische Stiftungen.

243) 이에 관하여는 R. Pitschas, Berufsfreiheit und Berufslenkung, 1983, S. 106ff., 136ff.; J. Pietzcker, Der Staatsauftrag als Instrument des Verwaltungshandelns, 1978, S. 304ff.

244) 이에 관하여는 Depenheuer(각주 123), S. 32ff., 189ff.

4. 일반적인 법률을 수단으로 하는 법적 윤곽질서의 창설과 집행, 예컨대 기본권적 자유를 토대로 하는 사적인 공공복리창출에 대한 고전적인 법치국가적 해결책들.
5. 공공복리에 중요한 영역이지만, 국가적 규율 및 조직력과 유리된 영역에서 사적 활동의 촉진과 지원. 예컨대 공동체의 종교, 윤리, 문화 및 지적 생활기반을 규정, 형성 및 갱신할 수 있는 사적 공익단체들에 대한 세제상의 혜택과 재정지원 등이다. 이 단체들은 국가와 달리 기본권적 자유의 주체이기는 하지만 기본권에 따른 이격 및 중립성의무에 구속되지 않기 때문이다.[245]

5. 권한과 권능

어떤 과제가 국가과제로 수행되어야 하는 경우에 권한과 권능 140
의 범주들이 제기된다.[246] 말하자면 이 문제는 국가과제의 존재를 전제로 한다. 따라서 행위주체로서 국가에 대해서만 적용된다.

a) 따라서 권한은 국가과제와 동일시되어서는 아니 된다.[247] 141
사회와 구별되는 국가와 연관되는 국가과제가 먼저 있는 경우에 비로소 수직 및 수평적으로 조직된 국가조직체계 속에서 특정한 조직단위에 그 수행을 맡기고 또 직접 또는 간접적인 특정 국가단체와 기타 행위수권을 갖춘 행정청 또는 행정기관을 설립하는 등의 문제가 제기된다. 권한은 국가 내부에서 한 조직단위와 기타의 조직단위 사이에 법적인 활동반경을 구획한다. 권한이 간접적으로 관련된 시민들에게 관할 기관의 행위에 대한 권리의 근거가 될 수

245) Isensee/Knobb-Keuk(각주 43), S. 350ff., 356ff.
246) 그러나 비유적인 의미에서 국가를 상대로 한 사인의 권한에 대한 언급도 있다(앞의 단락 170).
247) Zutreffend Bull(각주 72), S. 52F.; HBStR Bd. Ⅲ, P. Kirchhof, §59 Rn. 19ff., 24ff.; Bd. Ⅳ, Zuständigkeitsordnungen.

있다고 하더라도 그것은 일차적으로 국가조직적인 연관성을 갖는다.[248] 국가과제와 권한은 관련된 행위에 대한 국가의무를 필수적으로 내포하지 아니한다.

142 b) 권한을 통해 과제가 할당되었다고 해서 국가기관에게 시민의 기본권적 보호영역 속에서 필수적인 제한을 가할 수 있는 권능이 법적으로 주어지게 되는 것은 아니다.[249] 예컨대 경찰법들은 과제의 배정(권한: 가령 Nordrhein-Westpfalen주 경찰법 제1조)과 행위수권(권능: 가령 Nordrhein-Westpfalen주 경찰법 제8조 제1항)을 구분한다. 권능의 부여는 사전에 이미 규정되어 있지 않는 한, 잠재적으로 -논리적으로 선행되는- 권한의 논거가 된다. 반면에 법률유보의 원칙 때문에 그 역은 인정되지 아니한다. 이에 따라 국가의 목표와 수단 간에 괴리가 생겨날 수 있다. 말하자면 수단은 효과적인 과제수행의 필요성에 못 미칠 수가 있다.

143 특정한 과제영역에서 또 일정한 한계 내에서 국가의 미흡한 권능은 시민의 자유를 위하여 수인될 수 있고, 사정에 따라서는 불가피한 것이기도 하다.[250]

---

248) 이에 관하여는 R. Mußgnug, Das Recht auf den gesetzlichen Verwaltungsbeamten?, 1970.

249) H. J. Wolff, in: ders./O. Bachof, Verwaltungsrecht I, 1974, §§30 Ⅲa 3(S. 184); E. W. Böckenförde, Die Organisationsgewalt im Bereich der Regierung, 1964, S. 47, 300 Fn. 24; Bull(각주 72), S. 53f. 기본법 제30조상의 혼란스러운 용어사용례에 대해서는 Th. Maunz/ Dürig, Komm. z. GG, Art. 30 Rn. 5; Bull(각주 72), S. 53ff.

250) 하지만 연방헌재의 지침은 또 다른 측면에서 유효하다. BVerfGE 30, 1(20): "국가의 최고헌법기관에게 과제를 부여하고 그 목적수행을 위하여 특별한 공직을 예정하면서 헌법기관과 공직에 헌법위임의 수행을 위해 필수적인 수단을 마련해주지 않는 것이 헌법에 담긴 뜻일 수는 없다." HBStR, Bd. Ⅲ, P. Kirchhof, §59.; Bd. Ⅴ, Staatliche Schutzpflicht.

6. 국가기능과 행위형식

하나의 국가목표 또는 국가과제와의 특수한 연관성과는 무관하게 국가행위의 수단의 차원에서 국가기능과 행위형식의 범주들이 설정된다.[251] 144

a) 국가기능들은 국가권력의 구성부분들이고 발현형식들이다. 이들은 권력분립의 준거점을 형성한다.[252] 국가기능에는 입법,[253] 통치와 행정[254] 및 사법[255]이 있고, 재정고권, 인사 및 조직권력, 학교감독, 외교권 등과 같은 의회와 행정부의 개별적인 기능들도 해당된다. 145

b) 국가기능들에는 개별적인 행위형식들이 조응한다. 입법부에는 법률, 행정권에는 행정행위 등이 그것이다. 행위형식의 내부에서는 공식적인, 사실상의 형식으로 구별된다. 전자의 경우는 법률, 법규명령, 규칙, 행정행위, 판결 등이고, 후자의 사실행위에는 비공식적인 계몽과 자문, 홍보활동, 수사학과 상징을 통한 국가의 자기홍보 등이 포함된다.[256] 146

Ⅱ. 국가과제의 법원과 인식근원

기본법은 국가과제를 편제화하지 않고 있다. 국가행위의 영역에서 규율해 놓은 것은 주로 국가기능과 권한들이다. 연방의 권한목록은 원칙적으로 연방과 주 간의 관계에 대한 규정이기는 하지만, 그것을 국가와 사회 간의 관계에 간접적으로 적용하는 것도 147

251) HBStR, Bd. Ⅲ, P. Kirchhof, §59 Rn. 140ff.
252) 이에 관하여는 N. Achterberg, Probleme der Funktionenlehre, 1970, S. 109ff.
253) HBStR, Bd. Ⅲ, Ossenbühl, §§61-66.
254) HBStR, Bd. Ⅲ, Schröder, §67.
255) HBStR, Bd. Ⅲ, Bettermann, §73.
256) HBStR, Bd. Ⅲ, P. Kirchhof, §59 Rn. 171ff.

허용하는 것이라면 당연히 국가목록으로 전환될 수는 없다. 기본법 제30조의 일반조항에 따르면 권한들의 범위와 간접적으로 그것의 근거가 되는 모든 국가과제들이 폐쇄적인 것이 아니다. 새로 제기되는 과제가 기본법 제30조에 따른 권한추정을 뒷받침하는지 여부는 그것이 국가과제에 해당되는지 여부에 달려 있다. 오로지 국가과제만이 권한의 가능한 대상이기 때문이다.[257]

148 다른 한편 기본권이 일방적으로, 전면적으로 가능한 국가과제에 대한 부인으로 또 국가권한에 대한 부정적 한계로서 이해되어서는 아니된다.[258] 기본권은 그 스스로 여러 가지 관점에서 국가과제를 형성한다.[259] 예컨대 기본권의 법적, 사회적 전제조건과 그 양태에 맞는 전제조건의 충족을 위한, 사적인 침해에 대한 보호의무의 수행을 위한, 절차의 마련을 위한 국가과제 등이 그것이다.[260] 예컨대 전체 학교에 대한 국가의 감독과 관련한 제도적 보장과 같은 예외적인 경우에만 국가과제는 명시적으로 규정된다.[261] 헌법전은 현존의 또는 가능한 국가과제들에 대하여 많은 준거들을 제시하기는 하지만, 전체를 다 규정하고 있지는 아니하다.[262]

149 좀 더 완전한 내용은 안전 또는 사회법 같이 과제를 규정하는 법률들뿐만 아니라, 조직과 절차를 규정하는 법률들에 의해서 형성된다. 당연히 모든 과제가 법률에 의해 규정되는 것은 아닌바,

---

257) HBStR, Bd. Ⅳ, Zuständigkeitsordnung.

258) H. Ehmke, Prinzipien der Verfassungsinterpretation, in: VVDStRL 20(1963), S. 53(89ff.).

259) "기본권의 국가과제연관성"과 "국가과제의 기본권연관성"에 대해서는 P. Häberle, Staatsaufgabenlehre, in: AöR 111(1986), S. 595(602f., 604f., 611).

260) HBStR Bd. Ⅲ, Schmidt-Assmann, §70 Rn. 15ff.; Bd. Ⅴ, Staatliche Schutzpflicht; Teilhaberecht, soziale Grundrechte; Staatliche Hilfe zur Grundrechtsausübung; Verfassungserwartungen.

261) HBStR Bd, Ⅵ, Schule und berufliche Ausbildung.

262) 기본법에서 국가과제의 체계를 도출하려는 시도는 Bull(각주 72), S. 149ff.

특히 유도 및 선도기능 등의 단순한 사실상의 조치들에 의해 수행되는 과제의 경우가 그러하다.

특히 과제를 구획하고 업무를 분담하는 행정계획적 과제에 대하여 많은 것을 규정할 수 있다.[263] 조직과 기능적 체계 및 재정적 비중에 따라 돈과 관련된 국가기관의 과제를 총체적으로 규정하는 예산은 가장 중요한 준거를 제공한다.[264]

예산법상 사전에 규정되어 있는 과제영역(기능체계)별 구획은 실제 응용과학인 국가과제론에 의해 설계되는 일정한 '기능계획'에 따른다. 다만 그 범주화는 우선 학문적인 과제이다.[265]

---

263) Vgl. H. Lecheler, Verwaltungslehre, 1988, S. 54f.

264) Vgl. W. Leisner, Haushaltsplan und Staatszielbestimmungen der Bayerischen Verfassung, in: BayVBl. 1968, S. 257ff.; Bd. Ⅳ, Der Staatshaushalt.

265) §11, Abs. 1 Nr. 1b, Abs. 2 HGrG, §14 Abs. 1 Nr. 1b, Abs. 2 BHO. 연방의 예산체제에 대한 연방재무성의 행정규칙에 포함되어 있고 또 연방예산법(BHO) 제14조 제2항과 예산기본법(HGrG) 제11조 제2항에 의거한 기능별 예산계획은 재정에 영향을 미치는 국가적 과제의 영역을 다음과 같이 구분한다.

0. 일반적인 서비스(정치 및 중앙행정; 외무; 국방; 공공안전과 질서; 법보호)
1. 교육, 학문, 연구, 문화(행정; 학교와 취학 전 교육; 대학; 교육진흥; 기타 교육; 대학 외 학문, 연구, 개발; 문예진흥; 교회)
2. 사회보장, 전쟁피해 정리, 복구(행정; 실업보험을 포함한 사회보장; 가족 및 청소년지원; 전쟁 및 정치적 사건에 따른 피해에 대한 사회급부; 노동시장정책 및 노동보호; 자연재해; 재산형성의 촉진; 기타 사회적 사안)
3. 건강, 스포츠 및 여가(건강시설 및 조치; 스포츠와 여가; 공기와 물 및 토양의 정화; 소음방지, 원자로안전, 방사선보호)
4. 주택, 공간질서 및 지방자치단체 사무(주택; 공간질서, 토지계획, 측량; 지방자치단체역무; 도시건축촉진)
5. 영양, 농업 및 삼림(행정; 농업구조개선; 소득안정화조치, 기타 영역들)
6. 에너지 및 수리경제, 영업, 공공서비스(행정; 에너지 및 수리, 문화건축 및 광업; 가공영업 및 건축; 상업; 무역; 금융 및 보험; 기타 서비스; 기타 영역들; 지역개발조치)
7. 교통 및 정보(행정; 도로; 수로 및 항구; 해운진흥; 궤도운송; 항공; 기상정보; 정보; 기타 영역들)
8. 기업, 일반적인 토지 및 자본재; 특별재산(농림기업, 생활배려기업, 조

Ⅲ. 국가과제의 종류

1. 배타적 국가과제와 경쟁적 국가과제

150 옐리네크는 국가과제를 크게 두 가지 부문으로 나눈다. 즉 국가에게만 배타적으로 할당되는 활동과 국가가 개인적, 사회적인 생활에 대하여 단순히 규율, 후원, 촉진하거나 또는 방어하는 입장에서 관여하는 활동이 그것이다. 전자의 경우가 배타적인 국가과제이고, 후자는 경쟁적인 국가과제이다.[266] 여기에서 경쟁적 과제는 동종의 활동을 말하는 것이 아니라, 그 활동들과 관계되는 생활영역의 동일성을 의미하는 것일 뿐이다. 경쟁적인 국가과제는 국가의 교육, 문화 및 경제촉진이나 학교, 생활배려 등에서 찾아진다. 배타적인 국가과제는 그 수행이 근본적으로 필수적으로 국가에 유보된 수단, 즉 물리적인 강제를 통해서 결정되는 과제들이다. 특히 사법과 강제집행, 경찰과 국방 등이 전형적인 예이다. 오늘날의 사회적인 조건상 통일된 결정을 필요로 하는 과제들, 예컨대 통화고권, 공증업무 등도 이에 해당된다.[267] 하지만 이들 영역에서도 국가의 공무수탁에 의존되어야만 하는 것이 아닌 사적인 활동의 부분이 잠재적으로 현실적으로 존재한다.[268]

합적인 생활배려 및 운송기업; 광업 및 영업; 기타 교통기업)
9. 일반적인 재정(조세 및 일반적인 재정배분; 채무; 생활배려; 부조와 지원; 적립; 기타; 전회계년도 결산; 예산 개요, 예산기술상 정산)

266) Jellinek(각주 70), S. 255. Vgl. auch Krüger(각주 9), S. 766ff.

267) Vgl. BVerfGE 7,377(397); auch BVerfGE 30,292(311) 그 본질상 오로지 국가기관들에 의해서만 수행될 수 있는 전형적인 기능들. 상세한 것은 mit Nachw. Isensee(각주 226), S. 158ff., 167ff.

268) 가령 조정재판소, 사설(국가의 공무수탁을 근거로 하지 않는) 경비(이에 관해서는 Ch.-D. Bracher, Gefahrenabwehr durch Private, 1987, S. 40ff., 115ff.) 및 은행을 통한 조폐 등이 그 예들이다. Vgl. auch P. Badura, Der Paketdienst der deutschen Bundespost, in: JbDPB 1977, S. 76ff.; HBStR Bd. Ⅲ, Steiner, §81 Rn. 2, 8ff.

옐리네크의 이 구별은 여전히 헌법적인 의미를 갖는다. 배타적인 국가과제는 예컨대 직업의 자유와 같은 기본권적 자유의 대상이 아니다. 그것은 원천적으로 기본권의 보호영역 밖에 있다. 사인에게 개별적인 기능이 수탁될 수는 있지만,[269] 국가에 유보된 과제의 전면적인 양도, 즉 민영화는 허용되지 아니한다. 151

2. 의무적 국가과제와 사실상의 국가과제

배타적인 국가과제들은 의무적인 국가과제와 완전히 같지는 않지만 대체로 일치한다. 전자는 오로지 국가만이 수행할 수 있는 과제이고, 후자는 국가가 수행해야만 하는 과제를 말한다.[270] 이러한 맥락에서 우선 법적 의무화가 주목된다. 하지만 이 의무화가 오로지 헌법과 법률의 근거에 의해서 뒷받침되어야만 하는 것은 아니다. 그것은 지배적인 국가관[271]과 사회윤리적인 견해들로부터 주어질 수도 있다. 사항강제에 의해서도 법적 효력이 있는 필수성이 인정될 수 있다. 오늘 국가가 자유롭게 수용한 과제가 내일은 거부할 수 없는 의무로 변할 수도 있다. 국가에게는 자신의 선행활동에 따라 일종의 보증인적 지위가 더 크게 인정되기 때문이다. 152

문헌에 보면 일단 성취된 사회국가적 급부의 수준은 사회국가조항에 의거하여 헌법적으로 보장된다는 견해가 제기되고 있다. 만약 이 논제가 성립된다면 사회국가적 활동의 전체가 헌법에 의해 필수적인 것으로 여겨져야 할 것이다.[272] 하지만 이 견해는 사 153

---

269) 위험예방과 관련된 공무수탁에 대해서는 Bracher(각주 268), S. 26ff., 62ff.

270) "국가에 필수적인" 과제의 개념에 대해서는 P. Kirchhof, Der Begriff der hoheitsrechtlichen Befugnisse in Art. 33 Abs. Ⅳ des Grundgesetzes, 1968, S. 111ff., insbes. S. 112; 비판적인 견해는 Krautzberger(각주 226), S. 52. 연방헌법재판소는 유효한 법질서상 고권적으로 수행되어야만 하는 관할권의 경우 "원초적인 국가과제"라고 표현한다. BVerfGE 73, 280(294)-Notar.

271) 이런 의미에서 Peters(각주 226), S. 892; Stern(각주 188), S. 16.

272) "사회적 후퇴의 금지"의 이론에 대해서는 M. Kittner, in: GG-Ak, Art.

회국가조항이 단지 국가목표만을 규정한 것일 뿐, 국가과제를 보장하는 것이 아니고 또 이 목표의 실현은 민주주의의 정치과정에 맡겨진 것이라는 점을 오해한 것이다. 오늘날 필수적인 국가과제에는 법질서의 정립과 유지, 사법보장, 기본권의 보호 및 학교감독 등이 포함된다. 도로와 교통수단을 통한 국토개발도 마찬가지다.[273] 운수회사경영과 전체 우편역무의 제공 등이 일반적으로 필수적인 업무가 되는 것은 물론 아니다. 오랜 자유주의 전통에도 부합되는 것이기도 하지만, 국가에 의한 문화진흥도 더 이상 그 전체가 사실상의 국가과제에 해당되는 것일 수는 없다. 문화국가의 정체성과 연계되는 범위 안에서 문화진흥은 의무적인 국가과제가 된다.[274]

3. 목적적인 국가과제와 수단적인 국가과제

154 국가과제가 공익을 직접 추구하는 것인지(목적적 국가과제) 또는 공익에 간접적으로만 기여할 뿐 공공복리실현을 위하여 국가적

---

20 Abs. 1-3, Ⅳ Rn. 29, 79. 반론은 J. Isensee, Der Sozialstaat in der Wirtschaftskrise, in: Fs. f. J. Broermann, 1982, S. 365ff. m.w. Nachw. 연방헌법재판소가 사회국가원리가 "정당한 사회질서의 배려에 대한 의무에 근거가 되는 것이기는 하지만, 개별적으로 그 과제들의 실현방법에 대해서는 아무것도 말하는 바가 없다. 만약 그렇지 않다면 사회국가원리는 민주주의원리와 상충되는 것이 된다."고 강조하는 것은 적확하다. BVerfGE 59, 231(263); HBStR Bd. I, Zacher, §25 Rn. 79, 87ff.

273) Vgl. H. Krüger, Marktwirtschaftliche Ordnung und öffentliche Vorbehaltung der Verkehrswege, 1969, S. 4, 12; "길은 국가존재의 요소이다. 존재의 실존적인 의미에서 그러하다! …길이 없다면 국가는 현존할 수 없다." HBStR Bd. Ⅲ, Steiner, §81 Rn. 1f.

274) H. v. Frisch의 타당한 견해는 Die Aufgaben des Staates in geschichtlicher Entwicklung, in: G. Anschütz u.a.(Hg.), Handbuch der Politik, Bd. I, 1920, S. 63ff. 요즘의 견해는 E. R. Huber, Zur Problematik des Kulturstaats, 1958; U. Steiner/D. Grimm, Kulturauftrag im staatlichen Gemeinwesen, in: VVDStRL 42(1984), S. 7ff.; S. 58ff.; HBStR Bd. Ⅲ, Steiner, §86 Rn. 1f., 3ff., 28.

수단과 연계되는 것인지(수단적 국가과제)에 따른 국가과제의 구별은 헌법적으로 중요한 의미를 갖는다. 전자의 국가과제에는 위험방지, 학교수업, 우편 및 사회복지 역무, 사법서비스 등이 해당된다. 이들 활동은 관련된 공익을 직접 실현한다. 반면에 국가재정, 조직 및 공공 서비스 등의 경우는 그렇지 아니하다. 이들은 본래 공공목리목적을 위한 수단일 뿐이고,[275] 다만 그 자체는 불가결한 것이고 따라서 간접적으로 공공복리에 의거하여 정당화된다. 수단적인 국가과제는 목적적인 국가과제와 달리 협의의 국가와 관계된다.[276] 이 경우 국가는 스스로 국가과제가 되고, 그렇기 때문에 국가가 스스로를 자기목적으로 오인하고 또 자신의 봉사적 역할을 벗어나서 조직의 확장, 경제적 욕망, 개인의 사적인 이익 등을 독자적인 권력요소로 악용하게 될 위험이 초래된다.

이 위험들을 방지하는 것은 헌법적 제도의 측면에서 중요한 155
의미를 갖는다. 이는 특히 일반적인 공직과 직업공무원제도에 대한 헌법적 보장과 관련해서 중요한 의미를 갖는다. 이는 공직자에게 부여된 목적적인 국가과제의 우선성이 유지되고, 공직수행의 효율성과 순정성이 보장되고 또 직무상의 정당성에 대한 공직의무의 우선성이 보장되며, 공직자의 사회적인 사익이 일반의 요청보다 우위에 있지 아니하도록 하는 것(공직자의 파업금지) 등과 연관된다. 조직권과 재정 및 인사고권이 통합된 기획부처를 창설하고 인력을 배치하는 것은 오로지 일반에 대한 서비스공급의 필요성을 위한 것이지, 공직응시자의 사적인 생계상의 필요성을 위한 것이 아니다. 관료에 대한 직업적 경제적 보장은 그의 지위에 따른 결과이지 그것이 목적이 아니다.[277]

---

275) 유사한 구별은 H. P. Ipsen, Rechtsfragen der “Ausgliederung” des Werbefernsehens, in: NJW 1963, S. 2102(2105).

276) 국가개념의 분열에 대해서는 앞의 단락 7ff.

277) 상세한 것은 J. Isensee, Der Zugang zum öffentlichen Dienst, in: FG

E. 자유헌법 속의 국가과제

I. 헌법국가의 보편적 관할성

1. 일반국가론의 도그마

156 조직유형으로서 현대국가에 고유한 속성의 하나는 그것의 보편적 관할성이다. 그 토대는 자신의 고유한 영향 반경을 정의하고, 스스로 자신의 과제를 선정하는 것이다. 말하자면 현대국가는 이른바 '권한에 관한 권한'(Kompetenz-Kompetenz)을 갖는바, 자신의 과제를 수행할 수 있기 위하여 스스로 법적인 행위근거(권한)를 창설하는 법적 힘을 갖는다. 그 대상이 제한되어서 사전에 주어진 관할권만을 갖고 일방적으로 확장할 수 없는 관할권과 세입을 전제로 하였던 이전의 국가들과는 달리 현대국가는 자유로운 결단과 독자적인 책임하에 상황에 따라 필수적인 것으로 여겨지는 과제를 독자적으로 설정할 수 있는 일반 또는 백지수권을 요구한다.[278] 어떤 생활영역도 근본적으로 국가활동의 대상에서 배제되지 아니한다. 기본권적으로 차단되어 있는 사생활의 영역도 국가 법질서의 바깥에 있는 것은 아닌바, 침투가 불가능하지 아니하다. 소송에서 국가는 사법(私法)의 생활영역과 관련된 경우에도 사법적(司法的) 보호와 위험한 경우에는 경찰보호를 제공해야만 한다. 조세는 직업, 가족 및 사생활의 영위에 직간접적으로 영향을 미친다. 긴급한 위험상황에서 국가가 모든 곳에 존재하는 편재성(遍在性)이 극명하게 드러나는바, 예컨대 경제위기에서 개인의 소비와, 위험 전염병

---

aus Anlaß des 25jährigen Bestehens des Bundesverwaltungsrechts, 1978, S. 337ff.; HBStR Bd. Ⅲ, Lecheler, §72 Rn. 17ff., 107fff.

278) 재인용 Krüger(각주 9), S. 760f. 이 문제에 관해서는 Bull(각주 72), S. 90ff.; HBStR Bd. I, Isensee, §13 Rn. 45.

이 창궐하는 경우 개인위생 등에 대한 지원, 권고나 규제를 통한 국가의 개입은 정당화되고 요구될 수 있다.

일반국가론에 따라 현대국가에 인정된 보편적 관할성의 도그 157
마는 그것이 헌법국가에 적용될 수 있기 위해서는 다양한 측면에서 수정을 필요로 한다. 그것은 단지 잠재적, 세속적인 것으로 존재할 뿐이고 또 국가의 조직가능성의 범위 안에서 보충적인 것으로 인정되는 것일 뿐이다.

2. 국가의 잠재적 가능성 - 전체성은 아니다

국가의 보편적 관할성은 공동체의 모든 생활영역에서 도전에 158
대응하는 잠재적인 가능성일 뿐이다. 모든 과제를 실제로 수행하고 그에 필요한 모든 수단을 남김없이 동원하는 현실적인 편재전능성을 뜻하는 것은 아니다.

보편적 관할성을 포괄적으로 실행에 옮기는 국가는 전체국가 159
이다. 반면에 헌법국가는 필연적으로 부분국가이다. 헌법국가는 국가의 권한과 권능의 모든 잠재적 자원을 완전히 소진하여서는 아니 된다. 시민과 사회집단들에게 기본권에 따른 공공복리 실현의 장을 개방해야만 하기 때문이다. 하지만 이 잠재적인 보편적 관할성은 국가행위에 대한 구속, 조절, 구획 및 제한 등의 헌법적 예방조치들에 의해서 제한되지 아니한다. 그것은 오히려 그러한 조치들의 필수적인 전제조건이다. 연방과 주 간의 권한배분은 이 필수성을 분명하게 보여준다. 기본법은 근본적인 권한목록에서 열거형을 취하고 있기는 하지만, 사안의 본질상 일반조항과 불문의 관할권을 추가적으로 활용할 수밖에 없고 또 그렇기 때문에 개별적인 과제의 열거나 정의를 통하여 완전히 포괄될 수 없는 잠재적인 보편적 관할성을 소여로서 고려하는 것도 불가피하다.

헌법의 기능은 공공복리의 필요성에 따른 실체적 정당성이 갖 160

추어지지 못했음에도 불구하고 국가가 자신의 잠재적인 권한을 행사하고 활동반경을 확대하려고 나서는 것에 대하여 보호책을 강구하는 데 있다. 자유국가는 자신의 기본권 및 민주주의제도를 통해서 양보와 집단선호에 따른 확장이나 칼 슈미트가 말한 전체주의 국가형태에 대한 대응보다는 오히려 우선 권위주의국가에 대항하는 것이다. 전체국가의 전체성은 국가의 허약함에 따른 결과이다. 즉 정당과 조직된 이익의 공세에 버틸 수 있는 대책과 힘이 없고, "모든 사람에게 양보하고, 모든 사람들을 만족시키고, 보조금을 지급하고 또 상충하는 이익들에 동시에 호의를 베풀어야만 하는" 국가의 허약성이 그것이다.[279]

3. 한계로서 국가의 세속성

161 보편관할성은 세속적인 생활영역에 국한된다. 국가의 세속성은 현실적인 공공복리과제를 수행할 수 있기 위해서 전통적인 현실초월의 성스러운 과제신탁을 부정해야만 하는 현대국가의 역사적인 구조법칙이다. 종파적인 내전을 피하고 내적 평화와 정치적 통일성을 다원주의시대에 "모든 시민의 고향"이 될 수 있게 하기 위해서 헌법국가는 최종의 진리를 위한 투쟁에서 당파성을 가져서는 아니 된다.[280] 헌법국가는 그 어떤 종교나 총체적인 세계관과 동일한 것이 되어서는 아니 된다.[281]

162 하지만 그렇다고 해서 종교가 국가의 활동영역에서 완전히 벗어나 있는 것은 아니다. 세속적인 국가가 종교를 자기 것으로 해서는 아니 되지만, 사회생활의 정신적인 힘으로서 종교를 무시할

---

279) C. Schmitt, Weiterentwicklung des totalen Staats in Deutschland (1933), in: ders., Verfassungsrechtliche Aufsätze, 1958, S. 359(362).

280) 재인용 BVerfGE 19, 206(216).

281) 부동성의 원칙에 대해서는 Krüger(각주 9), S. 32ff., 178ff. 세속성에 대해서는 M. Heckel, Säkularisierung, in ZRG kan. Abt. LXVI(1980), S. 1ff.

수는 없다. 헌법국가는 개인적으로 또 교회를 통해 조직된 형태로서 종교를 기본권적 자유의 현실로서 존중해야만 한다. 헌법국가는 다른 자유권을 포함하여 종교의 자유의 윤곽조건을 조직해야만 한다.

종교적 중립이 그 영역의 완고한 분리와 접촉자체를 금기시하는 이격을 뜻하는 것은 아니다. 기본법의 국가법체계에서 종교적 중립성은 예컨대 교육, 사회, 문화적 역무같은 공동의 과제영역에서 국가와 교회의 협력을 부인하지 아니한다. 국가는 자신의 중립성을 유지하면서 평등과 동등성의 전제 하에 교회와 종교를 진흥한다.[282]

4. 국가적 조직가능성의 한계

옐리네크의 상대적인 국가목적의 이론은 오로지 인간의 내면 163
에만 속하는 것들은 그 어떤 것도 국가에 의해 창출될 수 없음은 물론이고, 도덕, 문화, 학문, 국민의 물리적인 삶까지도 국가에 의해서 직접 생산될 수 없다는 점 또 근본적으로 전체 국민의 문화를 생산하는 요소들은 오히려 그 대부분이 개인과 비국가적인 사회에 자리잡고 있는 점에 대한 확인에서 출발한다. 그에 따르면 국가의 활동영역에는 단지 연대적인 인간의 삶이 외부적으로 표출되는 것일 뿐이다.[283] 여기에서 국가의 보편관할성은 국가적 수단의 좁은 가용범위를 통해서 간접적으로 제한된다. 말하자면 현실의 실제적 한계일 뿐이다. 국가는 조직하는 또 조직된 통일체이

---

282) 상세한 내용은 Schlaich(각주 91), S. 244ff.; K. Meyer-Teschendorf, Staat und Kirche im pluralistischen Gemeinwesen, 1979, S. 119ff.; HBStR Bd. Ⅵ, Religionsfreiheit; Grundlagen des Staatskirchenrechts.

283) Jellinek(각주 70), S. 250ff. 이러한 방향의 논문들로는 A. L. Schlözer, Allgemeine StatsRecht und StatsVerfassungsLere, 1793, S. 94f.; R. v. Mohl, Encyclopädie der Staatswissenschaften, 1872, S. 76f., 80ff.; R. Schmidt, Allgemeine Staatslehre, Bd. I, 1901, S. 150f. 도구적인 공공복리개념에 대한 단서는 F. J. Stahl, “왜냐하면 국가의 과제는 인간생활의 총체성이 아니라 인간공동체의 총체성을…”(Die Philosophie des Rechts, 2. Bd., 1878, S. 150). Vgl. auch v. Frisch(각주 274), S. 63ff.

다.[284] 하지만 조직이 가능한 것은 단지 외적인 행태일 뿐이다. 주관성과 윤리적인 사유, 경제적 이성과 정치도덕, 학문적인 직관과 예술적인 창조성, 인구증대와 국민건강 등은 국가에 의해서 조직될 수 없다. 따라서 국민의 정신적, 물리적인 생활의 기반은 국가의 계획과 규율의 바깥에 있다.

164 그러나 이들은 공공복리에 대한 책임영역의 밖에 있지 아니하고 또 단순히 국가의 과제영역 밖에 있지는 아니하다. 국가는 자신이 스스로 창출할 수 없는 (그러나 해치거나 없앨 수도 있는) 것들을 보전, 진흥 및 촉진할 수 있다.[285] 국가의 과제는 물리적인, 정신적인 삶의 조건들을 조직하는 데 있다. 오로지 그런 것은 아니지만, 우선은 법적 조건과 사회국가와 관련된 실질적인 조건들이 그 대상이 된다. 헌법국가는 학교고권에 의거하여 젊은이들이 기본권적, 민주적 자유를 책임지고 행사할 수 있게 하기 위하여 필요한 이론적, 실제적, 도덕적 토대를 제공해주어야 하는 과제를 위임받는다. 그 권능이 제한되어 있고 또 그것이 규율보다는 지원을, 입법보다는 지침의 설정을 가능하게 하는 것이라고 할지라도 국가는 자유권과 평등권에 기속되는 전제 하에 국가생활의 윤리적인 전제조건과 법의식 및 정치문화에 대해서도 일반적인 책임을 진다. 가능한 국가과제들이 개인과 사회의 자기발전의 조건에 국한된다고 하여도,[286] 그것에는 기본권적 자유의 실현을 뒷받침하는 분위기의 조건, 특히 교육과 직업선택, 투자결정 및 노동정책 등이 의존하는 미래에 대한 믿음도 해당된다. 민주국가는 사회의 저류와 동향에 대하여 공공복리에 부합되게 합리적으로 반응하여야만 한다. 국가가 불합리한 희망과 불안에 대하여 반응하는 경우 대의제

284) Heller(각주 86), S. 233, 237, 238f.

285) 상세한 내용은 J. Isensee, Demokratischer Rechtsstaat und staatsfreie Ethik, in: Essener Gespräche Bd. Ⅱ(1977), S. 92ff.

286) 도구적 공공복리개념에 관해서는 앞의 단락 26.

도는 국가가 계획적으로 책임의식을 갖고 반대방향으로 조절할 수 있도록 한다. 국가는 정신적인 도전에 대해서는 정신적인 수단을 갖고 대응할 수 있다. 다만 그렇다고 해서 헌법에 의거하여 국가에게 사회의 정신적인 선도의 역할이 부여되는 것은 아니고 또 민주적인 선거를 통해 선출된 공직자라고 해서, 법치국가원리에 따른 관료라고 해서 법이 아니라 카리스마에서 주어지는 정당성과 힘이 긱각 부여되지는 아니한다. 헌법국가에 행위권능이 충분히 주어지지 않는다고 해도 그것이 그 대상의 관점에서 보편적 관할성과 공공복리책임의 축소를 초래하지는 않는다. 다만 그 수행의 밀도가 감소될 뿐이다. 보편적 관할성의 내재적인 축소는 헌법국가에만 해당될 뿐이지, 모든 국가에 일반적인 것은 아니다. 20세기의 전체국가는 인간을 총체적으로 장악하고 정치적 사유의 통일성을 확보하는 것에서부터 기인한다. 그것은 세속종교적인 이데올로기와 암시와 억압의 현대적인 수단을 지배한다.

5. 보충성원리의 규제

국가와 사회, 합법성과 도덕성, 일반성과 특수성, 객관적인 원 165
칙과 주관적인 원칙을 분명하게 구별하면서 헌법국가를 질적으로 제한하는 독일의 관념주의는 최고의 공공복리이념, 즉 개인의 자유로운 개성신장을 일종의 양적 제한, 말하자면 국가목표와 과제를 복지증진은 배제하고 안전보장에,287) 행복원칙은 배제하고 법원칙의 유지로288) 축소함으로써 촉진하려고 하였다. 하지만 보편관할성이라는 현대국가의 원칙에 대한 이러한 부정은 역사를 통해서 부정되었다.

하지만 몰(R. v. Mohl)과 옐리네크(G. Jellinek)가 대표하는 자 166
유주의 국가론은 국가활동에 대한 한계를 통해서 개인과 사회의

287) W. v. Humboldt, Ideen zu einem Versuch, die Grenzen der Wirksamkeit des Staats zu bestimmen, 1792.

288) Kant(각주 111), A 235f., 261, S. 145f., 159.

자유를 보호한다는 기본사상을 수용하고, 그것을 보충성의 원리 속에서 사실상의 보편관할성과 합치시킨다. 말하자면 그에 따르면 가능한 국가목표와 과제 자체가 제한되는 것이 아니라, 그 실행만이 제한된다. 자유로운 개인과 단체의 행위를 통하여 제시된 목표를 달성할 수 없는 한 또 국가가 자신의 수단을 가지고 더 좋은 방법으로 관련 이익을 촉진할 수 있는 한에서 실제 국가활동이 착수될 수 있고 또 (경쟁적인 국가과제의 경우) 그래야만 한다.[289]

순수한 자유주의적 보충성원리는 20세기에 들어서 카톨릭 국가론과 융합되고, 그 고전적인 형식은 1931년 5월 15일 발표된 교황칙서 “Quadragesimo anno”[290]에서 찾아진다. 개인이 자신의 선도적 역할과 능력으로 수행할 수 있는 것이 그에게서 박탈되어서 사회에 맡겨져서는 아니 되는 것과 마찬가지로 보다 작은 하위의 공동체가 수행할 수 있는 것이 보다 큰 상위의 공동체에 맡겨지는 것은 정의에 어긋난다. 또한 그것은 효과적이지도 아니한 동시에 전체 사회질서에 혼란을 야기한다. 모든 사회활동은 그 본질과 개념상 보충적이다. 사회는 사회전체의 구성부분을 지원해야 하는 것이지, 그것을 파괴하거나 흡수해서는 아니 된다.[291]

167 보충성원칙은 경쟁적인 국가과제의 영역에서 분권적으로 공공복리를 실현하는 자유주의적 구상을 내포한다. 문제가 되는 공익을 실현할 수 있는 준비와 능력을 갖춘 경우라면 그 수행은 우선 개인과 사회단체들에게 맡겨진다. 보충성원리는 헌법적 목적론을 권한규칙으로 전환한다. 사인에 의한 공적 과제의 실행은 기본권

---

289) Jellinek(각주 70), S. 259, 263; 유사한 견해는 v. Frisch(각주 274), S. 62ff. 보충성의 원리에 대해서는 R. v. Mohl(각주 283), S. 3ff., 235; ders., Die Polizei-Wissenschaft nach den Grundsätzen des Rechtsstaates, 1866, S. 5, 19ff. 이에 관하여는: Isensee(각주 226), S. 58ff.

290) In: AAS XXIII(1931), S. 177(203).

291) 참고 원전과 2차 문헌은 Isensee(각주 226), S. 18f.

적 자유에 속한다. 이는 원천적으로 주어진 것이고 어떤 정당화를 필요로 하지 아니한다. 그러나 공공복리 실현의 수단으로 창설되고, 개인과 집단의 개성신장을 위한 전제조건을 보장하기 위하여 결정하고 또 원천적인 자유의 주체에게 활동영역을 열어 주어야 할 의무를 지는 국가는 정당화를 필요로 한다. 보충성원리는 제2차적인 역할에 충실해야 하는 법치국가적인 합리성의 덕성에 부합된다. 말하자면 국가는 오로지 일반의 수탁자로서 부여받은 물질적 인적 수단을 오로지 개인에게 우선 맡기는 것이 적합하지 아니한 과제의 수행을 위해서만 사용해야 한다는 것이다.[292]

자유를 존중하고, 가능하게 만드는 권한규율은 자유주의 국가 168
이념을 담지하는 법치국가의 실질적인 내용에 속한다.[293] 그것은 공공복리의 다양한 요청에 대해서는 개방적이다. 오늘날 이 권한규율은 무엇보다도 사회적인 국가목표가 인입된 영역에서 분명하게 확인된다. 기본법은 사회적인 국가목표의 영역에서 국가에 대하여 최저수준의 효과적인 사회정의 실현의 책임을 부여하고 있다. 하지만 국가에게 사회적 활동을 독점시킨 것은 아니다.[294] 사회국가조항은 국가목표를 포함하지만, 국가유보는 내포하지 아니한다. 반면에 사회국가적 활동은 사인을 우선하는 기본권적 유보에 배치된다. 보충성의 원칙은 사회의 자율규제가 사회적 정의의 요청에 부응하지 못하고, 시장과정의 결과가 수정을 필요로 하는

292) 자유국가의 본질인 법치국가적 합리성에 대해서는 Weber(각주 60), S. 1034ff.; Krüger(각주 9), S. 53ff.; Bull(각주 72), S. 105.

293) G. Dürig, in: Maunz/Dürig, Komm. z. GG, Art. 2 Abs. 1 Rn. 52; Isensee(각주 226); E. Schmidt-Jortzig, Subsidiaritätsprinzip und Grundgesetz, in: ders./A. Schlink, Subsidiaritätsprinzip und Kommunalordnung, 1982, S. 1ff.; Häberle(각주 259), S. 608; 부정적인 견해는 Bull(각주 72), S. 190ff.; R. Herzog, Subsidiaritätsprinzip und Staatsverfassung, in: Der Staat 2(1963), S. 399ff.; HBStR Bd. I, Rupp, §28 Rn. 51ff.

294) BVerfGE 22, 180(204).

경우에만 비로소 사회국가적 개입이 작동되는 것을 통해서 자유주의적 목표와 사회적 목표 간의 실천적 조정을 이루게 된다. 사회의 독자성은 사회국가적 개입이 용인되는 영역에서도 개인과 단체의 기본권을 통해서 보호된다. 이는 사회국가적 규율에 따른 잠재적인 수혜자와 부담자, 급부를 필요로 하는 사회구성원과 급부능력이 있는 구성원 모두에게 해당된다.

169 이는 특히 서비스중개자에게 유효하다. 예컨대 자선기구를 운영하는 교회 같이 사회봉사의 주체들은 그들의 활동영역에서 기본권적으로 보호받는다.[295] 국가적으로 조직된 계획 및 재정체계에 편입되거나 또는 이들 체계 없이는 더 이상 봉사능력이 없게 되는 것 등을 통해서 이들에 대한 기본권적 보호가 배제되어서는 아니 된다.[296] 오늘날 기본권적 자유는 상당 부분이 사회국가적인 선급부의 토대 위에서만 실현될 수 있다. 이들 급부의 경제적 의존성(이는 흔히 국가의 사전적인 급부제공의 결과이다)이 자유의 실체를 파괴하는 요인이 되어서는 아니 된다. 자유공동체의 맥락에서 사회적인 국가목표는 기본권적 활동의 효과적인 활성화를 정당화하는 것이지 그것의 국가화를 정당화하는 것이 아니기 때문이다. 기본권적 자유는 사회국가적 조직과 함께 법치국가적 법률 및 법치국가적 절차와도 조화된다.[297] 따라서 기본권을 지지하고 또 기본권을 통해서 매개되는 보충성원리에 대해서 제기되는 반론, 즉 오늘날 사회적인 선도는 대부분 국가의 지원을 필요로 하고, 따라서 더 이상 권한의 우선을 인정할 수 없다는 반론은 설득력을 갖지 못한다.[298] 사회국가적인 조직과 재정상의 지원은 바로 사회적 선

---

295) 사회국가와 협력하는 자원봉사자에 대한 법률상 보호는 §17 Abs. 3 SGB-Allg. Teil. 기본권적 보호에 대해서는 Depenheuer(각주 123), S. 104ff.(Nachw.).
296) 이에 관하여는 Depenheuer(각주 123), S. 164ff., 180ff., 189ff.
297) HBStR Bd. Ⅴ, Staatliche Hilfe zur Grundrechtsausübung.
298) 예컨대 Bull(각주 72), S. 193.

도의 지속을 가능하게 해야 하기 때문이다. 또 한편 현실적인 과제수행의 부담이 경감된 보충적인 사회국가는 잠재적으로는 사회 내의 관용에 대하여, 그리고 위기와 정당하지 못한 사회적 의존성 및 사적인 침해 등에 대한 사회적 안전에 대하여 포괄적인 보증인으로 계속 남아 있어야 한다.

Ⅱ. 국가과제 실현에 대한 기본권적 지침과 한계

1. 권한규범으로서 기본권

전통적인 이해에 따르면 이질적인 논제이지만, 기본권과 국가 170
과제는 서로 추동하는 관계에 있다.[299] 주지하는 바와 같이 기본권은 양면적인바, 한편으로는 기본권의 법적, 사회적 조건을 보장할 것을 국가에게 요구한다. 이 범위에서 기본권은 국가과제를 구성한다.[300] 다른 한편 기본권은 국가를 제한하는바, 이러한 맥락에서 기본권은 공적 과제의 사적 수행에 대한 권한규범을 구성한다.[301] 이 두 번째의 기능을 통해서 기본권은 국가작용에 포함될 수 없는 활동영역들을 획정하고, 그에 따라 보충성원칙을 실행한다.[302] 공공복리실현을 위한 시민의 권한은 관련 기본권의 보호영역에 따라 상이하게 설정되는 국가에 의한 제한의 금지 또는 한계에 따라 차별화되어서 보호된다.[303] 예를 들면 기본권적 권리의 보호는 학교

---

299) 적확한 언급은 Häberle(각주 72), S. 193.

300) 앞의 단락 148.

301) 앞의 단락 82f.; 앞의 각주 246.

302) 상세한 내용은 Isensee(각주 226), S. 281ff.; HBStR Bd. I, Rupp, §28 Rn. 48ff., 51ff.

303) 보충성의 원리가 고착적이고 충분히 분화되지 않았다는 획일적인 비판은 오해와 인식의 오류 때문이다. 예컨대 Bull(각주 72), S. 199.; HBStR Bd. Ⅲ, Herzog, §58 Rn. 36f.; Rollenfitsch, §84 Rn. 33.

의 경우와 친권의 영역[304]에서 다르게 나타나고, 의사표현 및 언론의 자유의 영역과 단결의 자유의 영역[305]에서 다를 수밖에 없다.

2. 사인에 의한 공적 과제수행의 보호와 촉진

171 기본권적인 권한보호는 국가의 고권적인 규율을 통한 전형적인 제한만이 아니라 과제수행에 대한 경쟁적 참여와, 더 나아가서는 행정독점의 창설을 통한 사적 과제수행의 금지까지도 포착한다.[306] 사인이 공적 과제를 수행하는 한, 국가는 연방정부의 단계이론에 상응하는 바대로 과잉금지의 차별화된 적용을 통해서 공공복리를 근거로 하는 정당화를 필요로 한다.[307] 여기에서 분명하게 알 수 있는 것은 영역의 보호가 선재하는 목표에 따라 수단만을 평가하는 단지 형식적인 과잉금지원칙을 통해서 제공될 수 있는 것이 아니고,[308] 그것은 오히려 보충성원칙이 필수불가결한 목표심사를 필요로 한다는 것이다.[309] 공익에 따른 정당화의 강제는 기본

304) 보충성의 원리는 연방헌재에 의해 명시적으로 인정되었다. BVerfGE 10,59(83f.).

305) 사안별로 보충성의 원칙이 인정된 예들은 BVerGE 38, 281(303) – Arbeitskammer. Vgl. BVerGE 44, 332(341f., 345); 58, 233(253). Vgl. auch Biedenkopf(각주 210), S. 178ff.; Badura(각주 127), S. 263; E. Picker, Verhandlungsbegleitende Arbeitskämpfe, in: DB 1985, Beil. Nr. 7, S. 12f. 비판적인 견해는 W. Zöllner, Arbeitsrecht, 1983, S. 106.; HBStR BD. Ⅵ, Koalitionsfreiheit.

306) Vgl. W. Schick, Gemeindemonopol und Grundgesetz, in: DÖV 1962, S. 641ff.; Isensee(각주 226), S. 286ff.; HBStR Rüfner, §80 Rn. 28ff.

307) HBStR Bd. Ⅵ, Die staatliche Berufsregelung und Wirtschaftslenkung.

308) So Scholz(각주 165), Art. 9 Rn. 271.

309) 연방헌재의 결정례들은 BVerfGE 6, 389(LS 2); 21, 245(249); 65, 1(43f.) – zu Art. 2 Abs. 1 GG; BVerfGE 10, 89(107) – zu Art. 3 Abs. 1 GG; BVerfGE 25, 256(264) – zu Art. 5 Abs. 1 S. 1 GG; BVerfGE 76, 1(51, 75) – zu Art. 6 Abs. 1 GG; BVerfGE 7, 377(403ff.); 30, 292(315ff., 323ff.); 71, 162(173) – zu Art. 12 Abs. 1 GG; BVerfGE 56, 249(261f.); 74, 264(284ff.) – zu Art. 14 GG.

권적 권한영역에 접촉되는 모든 국가행위에 일반적으로 해당된다. 우선 현존하던 국가활동의 정당화근거가 나중에 없어지게 되면 그 즉시 기본권적인 개성신장을 위하여 원칙적으로 민영화[310] 또는 탈규제와 과제를 사회의 자율에 반환하는 것이 요구된다.

도구적인 국가과제와 이들 국가과제가 기여하게 되는 행정기 172
술적, 재정적 목표들은[311](예컨대 국가활동의 단순화나 완화) 사인의 기본권제한의 근거가 될 수 없다.[312] 국가의 행위가 근거를 갖고 이미 정당화된다면 그것들은 부수적인 목적으로 당연히 추구될 수 있을 것이다. 세입목적은 조세를 선도 및 정당화하고, 조세국가는 조세를 기반으로 사회적인 그리고 기타의 목적적인 재정과제를 공평무사하게 수행할 수 있다.[313] 그러나 조세 외의 영역에서 세수의 목적은 단지 부수적인 목적으로만 고려될 수 있을 뿐이다. 따라서 관련되는 사적 경쟁자의 기본권영역에서 국가의 영리활동, 즉 생

310) 이에 관하여는 Dürig(각주 293), Art. 2 Abs. 1 Rn. 52; W. Leisner, Berufsbeamtentum und Entstaatlichung, in: DVBl. 1978, S. 733ff.; H. Lecheler, Privatisierung – ein Weg zur Neuordnung der Staatsleistungen?, in: ZBR 1980, S. 69ff.; ders.,(각주 263), S. 70ff.; Institut für angewandtes Wirtschaftsrecht(Hg.), Privatisierung der Risiken?.; HBStR BD. Ⅲ, Rüfner, §80 Rn. 48ff.; Ronellenfitsch, §84 Rn. 42ff.

311) 이에 대하여는 앞의 단락 154f.

312) 예컨대 §20 Abs. 2 S. 1 OBG Nordrhein-Westfalen: "질서처분은 행정청의 감시업무를 경감하기 위한 목적만을 가져서는 아니 된다."

313) 기본법상의 조세국가에 대해서는 Krüger(각주 9), S. 897; Isensee(각주 39), S. 414ff.; P. Kirchhof, Die Finanzierung des Leistungsstaates, in: Jura 1983, S. 505f.; K. Vogel, Der Sozialstaat als Steuerstaat, in: A. Randelzhofer/W. Süß(Hg.), Konsens und Konflikt, 1986, S. 133ff. 기본법상 조세국가의 명제에 대하여 부정적인 견해는 G. Püttner, Die öffentlichen Unternehmen, 1985, S. 197ff.; A. Dickersbach, Die wirtschaftliche Betätigung der öffentlichen Hand im Verhältnis zur Privatwirtschaft aus öffentlichrechtlicher Sicht, in: WiVerw 1983, S. 187(202); HBStR Bd. I, Vogel, §27 Rn. 51ff., insbes. 69ff.; HBStR Bd. Ⅲ, Ronellenfitsch, §84 Rn. 32, 38f.

존배려와 같은 공익이 아니라 경제적인 영리를 위한 국가활동은 정당화될 수 없다.[314] 다만 (기본법에 의해 양허된) 선헌법적인 틀 속에서의 활동이나 또는 공익을 직접 추구하는 기회에 단순히 부수적으로 영리활동이 수반되는 경우, 예컨대 철도광고에서 보이듯이 주변 부지를 활용하는 활동, 말하자면 기왕에 주어져 있는 데 활용되고 있지 않는 자산을 활용하는 등의 활동이라면 달리 이해될 수 있을 것이다.[315] 또한 수용은 오로지 일반의 복리를 위한 경우에만 허용된다. 예컨대 도로건설과 같이 목적적인 국가과제를 직접 수행하기 위한 경우가 아니라 공권력 주체의 행정부담을 경감하기 위한 목적이라면 허용되지 아니한다.[316]

173 사인에 의한 공적 과제의 수행은 국가적 지원에 대한 헌법적 정당성을 창출한다(다만 법적 청구권의 근거가 주어지는 것은 아니다). 당연히 급부수혜자는 일정한 기간 안에 공익의 실제 실현을 보장해야만 하고, 따라서 기본권적 자기구속을 감수해야만 한다.[317] 이는 특히 국가가 사인을 위하여 제3자의 기본권을 제한하

---

314) 국가의 영리활동에 대한 원칙적인 불허용의 견해는 Dürig(각주 293), Art. 2 Abs. 1 Rn. 52; 상론은 Leisner(각주 227), S. 37ff. Krüger(각주 9), S. 327f.; J. Isensee, Privarwirtschaftliche Expansion öffentlich-rechtlicher Versicherer, in: DB 1979, S. 147ff.; 추가적인 참고문헌은 F. Ossenbühl, Bestand und Erweiterung des Wirkungskreises der Deutschen Bundespost, 1980, S. 107, Fn. 209; J. Hidien, Gemeindliche Betätigung rein erwerbswirtschaftlicher Art und "öffentlicher Zweck" kommunaler wirtschaftlicher Unternehmen, 1981, S. 71f. Fn. 111, S. 135 Fn. 99; HBStR Bd. Ⅲ, Rüfner, §80 Rn. 19; Ronellenfitsch, § 84 Rn. 31ff.

315) Vgl. Leisner(각주 227), S. 70ff.; Ossenbühl(각주 314), S. 316f.; D. Ehlers, Verwaltung in Privatrechtsform, 1984, S. 94.

316) So BVerfGE 38, 178(179f.); Papier(각주 164), Art. 14 Rn. 498.

317) 보조금통제에 대해서는 §44 Abs. 1 BHO, §26 Abs. 1 HGrG, Zur Kontrolle der Aufgabenerfüllung durch Steuervergünstigung, §§59ff. AO. 이에 관하여는 H. F. Zacher, Verwaltung durch Subvention, in: VVDStRL 25(1967), S. 308ff.

는 경우, 예컨대 간접적으로 지역정책에 도움이 되고 장기적으로는 고용안정을 보장하는 사적 투자계획을 활성화시키기 위하여 수용을 하는 경우 등에 해당된다.[318)]

3. 공적 과제에 대한 사인의 의무

기본권은 국가가 기본권주체들에게서 공적 과제를 박탈하는 174
것에 대해서만 아니라 그들에게 공적 과제를 강제하는 것에 대해서도 기본권주체를 보호한다. 국가의 입장에서 사인에게 공적 과제를 위탁하는 것은 과제수행을 용이하게 하기 위한 경제적인 수단이 될 수 있다. 사인에게 비용을 전가시키는 것도 마찬가지다. 그런데 이는 기본권과 충돌을 초래한다. 한편으로 해당 과제로부터 배제되지 않도록 사인을 보호하는 관련 기본권(예컨대 직업의 자유)이 문제가 되고, 다른 한편 모든 시민에게 공평부담을 보장하는 평등권이 문제가 된다.

헌법의 규칙에 따르면 국가는 (배타적 과제이든, 경쟁적 과제이 175
든) 자신의 조직과 공직자(일정한 경우에는 공무수탁사인)를 통해서 자신의 과제를 수행하고, 조세의 공동부담을 통해서 비용을 댄다. 비조세적인 부담금은 특별한 정당성을 필요로 한다.[319)] 특수한 사회집단에게 부담이 되는 특별부담금은 부담금의무자와 부담금부과를 통해 추구되는 공적 목적 사이에 특별한 관계, 즉 재원조달목적상 특별한 집단적 책임에서 도출되는 특별한 사항근접성이 있는 경우에만 허용된다.[320)] 타자에게 이익이 되는 특별부담금에 대하여

---

318) BVerfGE 74, 264(285ff.) – Boxberg. Vgl. auch Papier(각주 164), Art. 14 Rn. 499ff.; Krüger(각주 9), S. 766.

319) BVerfGE 55, 274(297ff.). Vgl. auch K. H. Friauf, Öffentliche Sonderlasten und Gleichheit der Steuerbürger, in: FS f. H. Jahrreiß, 1974, S. 45(48); Isensee(각주 39), S. 409ff., 426ff.

320) BVerfGE 55, 274(297ff.). Vgl. auch BVerfGE 57, 139(167f.); 67, 256(275ff.). Vgl. auch J. Isensee, Nichtsteuerliche Abgaben – ein

인정되는 이 원칙은 사인에 의한 역무와 물질적 급부요청의 경우에도 적용되어야만 한다. 다만 특별희생에 대한 보상이 주어지는 경우라면 사정이 다르다. 기본적으로 석유저장의 공적 과제를 사인인 수입업자에게 위탁하는 것은 기본법 제12조 및 제3조의 기본권과 관련하여 정당화될 수 있다.[321] 그러나 기업경영과 관련 없는 근로자에 대한 정치교육[322]이나 고용주들이 영향을 미칠 수도 없고 수행할 수도 없는 모든 청소년에 대한 교양교육[323] 등에 대한 비용부담에 대하여 기업을 끌어들이는 것은 정당화될 수 없다. 또 재정적인 이유로 수용을 하거나 사회적 목표나 기타 일차적인 목표실현을 위한 재원을 조달하기 위하여 특별희생을 요구하는 경우 국가는 재산권과 함께 부담평등의 기본권을 침해하는 것이 된다.[324]

176 사회국가가 한 사회집단의 지원에 대한 필요를 자신의 과제로 한다고 해서, 그리고 단지 어떤 집단이 필수적인 금전과 기타의 급부를 할 수 있는 능력이 있다고 해서 그 공적 과제의 수행을 위하여 다른 집단을 동원하는 것이 정당화되는 것은 아니다. 사회국가가 실행할 수 있는 연대성은 헌법적 지침에 따라 우선 공동체 전체의 과제이다. 그것은 조세수입과 급부국가적 공여를 통해서 실현된다. 사회적 국가목표는 전체 헌법질서에 의해서 조건이 주

---

weisser Fleck in der Finanzverfassung, in: Staatsfinanzierung im Wandel, Schriften des Vereins für Sozialpolitik NF Bd. 134, 1983, S. 435ff., 454ff.

321) BVerfGE 30, 292(310ff.). 근본적인 논의는 Ossenbühl, Erfüllung(각주 226), S. 175ff.

322) 오류의 예는 BVerfG in: NHW 1988, S. 1899ff. 연방헌법재판소의 판례는 아직 일관성이 없다.

323) 연방헌법재판소는 직업교육부담금과 관련하여 옳은 전제에서 잘못된 결론을 도출하고 있다. BVerfGE 55, 274(311ff.). 예술가에 대한 중개상의 사회보험금부담을 도출하는 근거로 제시되는 양자 간의 특수한 연대 및 책임관계의 정당성구성도 사리에 맞지 않는 억지이다: BVerfG, in: NJW 1987, S. 3115ff.

324) 앞의 각주 316.

어지고 상대화된다. 따라서 그것은 자유와 평등에 대한 기본권적 보장과 상충되지 아니한다. 오히려 그것은 기본권의 윤곽 내에서만 실행될 수 있을 뿐이다. 포괄적으로 공공복리를 명분으로 하는 것은 도움이 되지 아니한다. 공공복리는 모든 공적 요청들이 수렴된 통일성의 이념이고, 따라서 개별적인 국가목표의 비대화를 배제하기 때문이다.[325] 그렇다면 결국 전체의 차원에서 보면 공적 과제의 사인위탁은 국가의 재정조달가능성, 기능적 능력과 통치가능성의 한계를 노정하고 있는 국가과제의 과잉을 완화하기 위한 특허 받은 해결책은 아니다.[326]

기본권적 자유의 관점에서 볼 때 사인이 스스로 공적 과제를 177
수임하는지 또는 국가에 의해서 강제되는지 여부는 본질적인 차이를 가져온다. 자유권은 원칙적으로 공공복리에 대한 자율적인 역무에 대하여 개방적이다. 그것은 (오로지 그런 것은 아닐지라도) 타율적인 역무는 대체로 배제한다. 헌법국가가 공공복리의 실현을 위하여 시민에게 의무를 부여할 수 있는 범위 안에서 그 의무들은 일반적이고 균등해야 하며, 자유존중의 과잉금지원칙에 따라 형량되어야 하고, 또한 원칙적으로 타당한 급부와 관련된 것이어야만 한다. 하지만 공공복리는 그것을 넘어서 의무를 초월하여 개별적이고, 불평등하고 과도한 급부를 제공하는 시민의 기여를 필요로 한다. 따라서 국가는 공공복리를 실현하는 자유의 에너지를 잘 관리하고 후원해야 하고 또 자신이 생산 또는 강제할 수 없는 필수적인 것을 법적으로 허용되는 범위 안에서 촉진하고 지원해야 하는 과제를 부담한다.

---

325) 앞의 단락 116.

326) 국가과제 과잉의 원인과 위험에 대해서는 U. Matz, Der überforderte Staat: Zur Problematik der heute wirksamen Staatszielvorstellungen, in: Hennis u.a., Regierbarkeit, Bd. I(각주 9), S. 82ff.; K. Eichenberger, Der geforderte Staat: Zur Problematik der Staats-aufgaben, ebd., S. 103ff.; P. G. Kielmannsegg, Demokratieprinzip und Regierbarkeit, ebd., S. 118ff.

≪참고문헌≫

Hans Herbert von Arnim, Gemeiwohl und Gruppeninteressen, 1977.

Hans Peter Bull, Die Staatsaufgaben nach dem Grundgesetz, 1977.

Kurt Eichenebregr, Die Sorge für den inneren Frieden als primäre Staatsaufgabe(1977), in: ders., Der Staat der Gegenwart, 1980, S. 73ff.

Ders., Der geforderte Staat: Zur Problematik des Staats-aufgaben, in: W. Hennis/P. G. Kielmannsegg/U. Matz(Hg.), Regierbarkeit, Bd. I, 1977, S. 103ff.

Ernst Fraenkel, Deutschland und die westlichen Demokratien, 1970.

Peter Häberle, Öffentliches Interesse als juristisches Problem, 1970.

Ders., Die Gemeinwohlproblematik in rechtswissenschaftlicher Sicht, in: Rechtstheorie 14(1983), S. 257ff.

Ders., Verfassungsrechtliche Staatsaufgabenlehre, in: AöR 111(1986), S. 595ff.

Wilhelm Hennis, Amtsgedanke und Demokratiebegriff, in: FS für Rudolf Smend, 1962, S. 51ff.

Josef Isensee, Subsidiaritätsprinzip und Verfassungsrecht, 1968.

Ders., Das Grundrecht auf Sicherheit, 1983.

Georg Jellinek, Allgemeine Staatslehre, 1914.

Herbert Krüger, Allegemeine Staatslehre, 1966.

Walter Leisner, Privatinteressen als öffentliches Interesse, in: DÖV 1970, S. 217ff.

Wolfgang Loschelder, Vom besonderen Gewaltverhältnis zur öffentlich-rechtlichen Sonderbindung, 1982.

Wolfgang Martens, Öffentlich als Rechtsbegriff, 1969.

Friedrich Meinecke, Die Idee der Staatsraison in der neueren Geschichte(1924), in: ders., Werke Bd. I, 1957.

Dietrich Murswiek, Die staatliche Verantwortung für die Risiken der Technik, 1985.

Fritz Ossenbühl, Die Erfüllung von Verwaltungsaufgaben durch Private, in: VVDStRL29(1971), S. 137ff.

Hans Peters, Öffentliche und staatliche Aufgaben, in: FS für Hans Carl Nipperdey, Bd. Ⅱ, 1965, S. 877ff.

Hans Heinrich Rupp, Wohl der Allgemeinheit und öffentliche Interessen - Bedeutung der Begriffe im Verwaltungsrecht, in: Wohl der Allgemeinheit und öffentliche Interessen (Schriftenreihe der Hochschule Speyer Bd. 39), 1968, S. 116ff.

Peter Saladin, Verantwortung als Staatsprinzip, 1984.

Ulrich Scheuner, Staatszielbestimmungen, in: FS für Ernst Forsthoff, 1974, S. 325ff.

Klaus Schlaich, Neutralität als verfassungsrechtliches Prinzip, 1972.

Klaus Stern, Staatsziele und Staatsaufgaben in verfassungsrechtlicher Sicht, in: Bitburger Gespräch, Jahrbuch 1984, S. 5ff.

Dolf Sternberger, Das allgemeine Beste(1961), in: ders., "Ich wünschte, ein Bürger zu sein", Neun Versuche über den Staat, 1970, S. 170ff.

Michael Stolleis, Gemeinwohlformeln im nationalsozialistischen Recht, 1974.

[저자 약력]

1937년 - 독일 Niedersachsen주 Hildesheim에서 출생
1957-1961년 - Freiburg, Wien, München 대학교에서 법학과 철학 수학
1961년 - 법학실무수습과정 및 국가시험 통과
1967년 - Erlangen-Nürnberg 대학교에서 법학박사학위 취득
1970년 - 국가법, 행정법 및 세법 정교수자격 취득
1971-1975년 - Saarland대학교 정교수 봉직
1975-2002년 - Bonn대학교에서 봉직 및 정년퇴직
1997년 - Poland Warschau 카톨릭 신학대학에서 명예법학박사학위
2002/2003년 - Jena대학교 초청교수
2003/2004년 - Berlin대학교 초청교수
2010년 - Eichstätt 카톨릭대학교 Otto von Freising 교수
2012년 - Peru Huánuco대학교 명예박사학위
현재 Bonn대학교 명예교수

주요 저서 및 논문

Subsidiaritätsprinzip und Verfassungsrecht, Duncker & Humblot, 1968.

Beamtenstreik. Zur rechtlichen Zuläßigkeit des Dienstkampfes, Godesberger Taschenbuch-Verlag, 1971.

Die typisierende Verwaltung: Gesetzesvollzug im Maßenverfahren am Beispiel der typisierenden Betrachtungsweise, Duncker & Humblot, 1976.

Wer definiert die Freiheitsrechte?. Selbstverständnis des Grundrechtsträgers und Grundrechtsauslegung des Staates, Broschiert, 1980.

Das Grundrecht auf Sicherheit. Zu der Schutzpflicht des freiheitlichen Verfassungsstaates, de Gruyter, 1987.

Kassenartztmonopol und nichtärtztliche Leistungsbringer, Carl Heymanns, 1995.

Am Ende der Demokratie - oder am Anfang?. Duncker & Humblot, 1995.

Das Volk als Grund der Verfassung: Mythos und Relevanz der Lehre von der verfassungsgebenden Gewalt, Schöningh Padeborn, 1995.

Das Grundrecht als Abwehrrecht und staatliche Schutzpflicht, ²HStR V, §111, Verlagsgruppe Hüthig-Jehle-Rehm, 2000.

Tabu im freiheitlichen Staat: Jenseits und diesseits der Rationalität des Rechts, Schöningh Padeborn, 2003.

Religionsbeschimpfung: Der rechtliche Schutz des Heiligen, Duncker & Humblot, 2007.

Menschenrechte als Weltmission, Duncker & Humblot, 2009.

Recht als Grenze-Grenze des Rechts Texte 1979-2009, Bouvier, 2009.

이덕연

연세대학교 법과대학, 법과대학원
독일 Bonn대학교 비교법학석사, 법학박사
공주대학교 법학과 교수
연세대학교 법과대학 교수
강원도 지방노동위원회 공익위원
헌법재판연구원 초빙연구위원
현 연세대학교 법학전문대학원 교수
  한국헌법판례연구학회장
  국회 입법지원위원단 위원

강태수

연세대학교 법과대학, 법과대학원
독일 Bonn대학교 법학박사
청주대학교 법과대학 부교수
현 경희대학교 법학전문대학원 교수
  방송통신위원회 행정심판위원
  헌법재판연구원 초빙연구위원

Josef Isensee 교수 논문선집

언어와 헌법 그리고 국가

2013년 12월 15일 초 판 제1쇄인쇄
2013년 12월 20일 초 판 제1쇄발행

저 자 이덕연 · 강태수
발행인 이명재
발행처 신조사
서울특별시 마포구 염리동 161-5 201호
전 화 (02) 713-0402 FAX (02) 713-0403
등 록 1994. 7. 4, 제17-179호(倫)
E-mail: sinjosa@sinjosa.co.kr http://www.sinjosa.co.kr

저자와 협의하여 인지첩부를 생략함

파본은 바꿔드립니다.

정 가 30,000원

ISBN 978-89-92841-81-8